汉民族与陕西文化研究

2017年汉民族研究会年会暨"汉民族与陕西文化两岸学术研讨会"论文集

主　编／方　勇　王　欣
副主编／曾少聪　杨东宇

中国社会科学出版社

图书在版编目(CIP)数据

汉民族与陕西文化研究：2017年汉民族研究会年会暨"汉民族与陕西文化两岸学术研讨会"论文集/方勇，王欣主编. —北京：中国社会科学出版社，2019.5

ISBN 978-7-5203-5127-0

Ⅰ.①汉… Ⅱ.①方…②王… Ⅲ.①汉族-民族文化-研究-陕西 Ⅳ.①K281.1

中国版本图书馆CIP数据核字(2019)第199833号

出 版 人	赵剑英
责任编辑	王鸣迪
责任校对	邓晓春
责任印制	张雪娇

出　　版	中国社会科学出版社
社　　址	北京鼓楼西大街甲158号
邮　　编	100720
网　　址	http://www.csspw.cn
发 行 部	010-84083685
门 市 部	010-84029450
经　　销	新华书店及其他书店
印刷装订	北京市十月印刷有限公司
版　　次	2019年5月第1版
印　　次	2019年5月第1次印刷
开　　本	710×1000　1/16
印　　张	41.75
插　　页	2
字　　数	599千字
定　　价	229.00元

凡购买中国社会科学出版社图书，如有质量问题请与本社营销中心联系调换
电话：010-84083683
版权所有　侵权必究

2017年汉民族研究会年会暨"汉民族与陕西文化两岸学术研讨会"参会代表合影

序　言

　　我国是一个统一的多民族国家，汉族是我国人口最多的民族，她不仅在中国繁衍生息，而且分布世界各地。汉文化是中华文化的重要组成部分，在中华文化中占有极其重要的地位，它已深深地扎根于海峡两岸以及海外华人社会中。历史上，陕西是汉民族和汉文化的重要发源地之一，从西周到唐朝有十多个王朝在这里建都，是我国政治、经济和文化的中心，并留下了大量的文物古迹。著名的"丝绸之路"就是以长安为起点，连接中亚、西亚、南亚和欧洲各国，进行政治、经济和文化交流。近年来，我国实施"一带一路"建设，西安是"丝绸之路经济带"的起点。由于陕西历史悠久，文化底蕴深厚，因此开展汉民族研究，必须加强陕西历史和文化的研究。

　　2016年11月24日，应陕西师范大学中国西部边疆研究院王欣院长的邀请，我到该院作"清代移民台湾与新疆研究"学术讲座。讲座期间，我与王欣院长和杨东宇副教授座谈，为了进一步推进海峡两岸汉民族与陕西文化研究，商议第二年在陕西师大召开"汉民族与陕西文化两岸学术研讨会"。接着，我们分别向陕西师范大学领导、中国社会科学院民族学与人类学研究所和国际合作局的领导、中国民族学会汉民族研究会方勇会长请示开会事宜，得到相关单位领导的大力支持。本次研讨会被国务院台湾事务办公室列为2017年对台交流重点项目。

　　2017年9月15—16日，由中国社会科学院民族学与人类学研究所、陕西师范大学、中国民族学会汉民族研究会共同主办的

"2017年汉民族研究会年会暨'汉民族与陕西文化两岸学术研讨会'",在陕西师范大学隆重召开。本次会议有来自北京、广东、云南、浙江、黑龙江、福建和台湾等地区的领导和专家学者100多人参会,他们来自国家民族事务委员会、中华全国台湾联谊会、中国社会科学院、台湾"中央研究院"、北京大学、中山大学、厦门大学、陕西师范大学、安徽大学等60余所高校、科研机构和有关部门。与会领导和专家学者经过两天的学术交流,提出了许多新的观点和见解,深化了汉民族与陕西文化的研究。会议期间,大家觉得有必要出版这次研讨会的论文集。会议负责人委托我为全书写一篇序言,我个人对这一领域的研究实在不多,但恭敬不如从命,只好勉强写就这一短序。

论文集收录了3篇领导致辞、5篇学术报告(即大会主旨发言)、10篇汉民族起源与发展研究的论文、14篇汉民族与其他民族交流研究的论文、13篇汉民族与地域文化研究的论文,并附上本次研讨会的综述。三位领导的致辞,高度肯定在"丝绸之路经济带"起点的西安市举办"汉民族与陕西文化两岸学术研讨会",具有重要的学术价值和现实意义,通过本次会议的研讨,将推动汉民族与陕西文化研究,深化"一带一路"建设研究。论文集的各篇文章紧紧围绕汉民族与陕西文化这一主题展开论述,这些论文有如下几个特点:第一,研究内容比较全面,具有一定的深度。论文集的文章讨论的范围涵盖了汉民族的起源与发展、汉民族与其他民族的交往交流交融、汉民族与区域文化及其海洋文化、海外华人文化等方面,一些文章提出自己的真知灼见,具有一定的深度。第二,既关注历时研究,也重视现实研究。论文集中有些文章探讨汉民族的形成与发展,还有一些文章阐述在全球化时代和"一带一路"建设进程中汉民族的发展与汉文化的变迁。第三,宏观研究与微观研究相结合。论文集的文章有的重视宏观的研究,有的注重微观的研究,两方面的研究相辅相成,使论文集探讨的内容既丰富,又比较深入。第四,深入阐释汉民族研究的现实意义和学术价值。纵观历史,汉民族在中华民族的形成和发展过程中发挥了重大的作用。在

序言

实现中华民族伟大复兴和构建人类命运共同体的新时代，我国各族人民的交往交流交融日益密切，中国与世界各国的交往交流也越来越频繁，汉民族的作用就越来越大、责任也越来越重。加强汉民族的历史和文化的研究，对促进我国经济、社会和文化的发展，增强民族团结和中华民族凝聚力、铸牢中华民族共同体意识、维护祖国统一和边疆稳定；对外共创合作双赢、和平友好睦邻关系，构建人类命运共同体等，都具有重大的现实意义和学术价值，并具有深远的国际影响。

本论文集代表当今学者在"汉民族与陕西文化"这一大主题下的不同研究成果，从各篇论文中我们可以看出个别作者的较高学术水准以及他们共同关心的问题，同时也可以由此探索出在这一主题下许多可以再进一步努力的方向。

在论文集选编过程中，中国民族学会汉民族研究会前会长杜荣坤研究员和张昌东先生、中国社会科学院民族学与人类学研究所白翠琴研究员提出了宝贵意见。中国社会科学院民族学与人类学研究所博士生翟晓华同学协助论文集选编的一些具体工作。

本书的出版，得到中国社会科学院台港澳事务办公室和陕西师范大学中国西部边疆研究院的资助。在此，特别感谢中国社会科学出版社的领导以及孙铁楠和王鸣迪编辑对本论文集出版给予的大力支持。

曾少聪
2019 年 3 月 27 日

目 录

致 辞

2017年汉民族研究会年会暨"汉民族与陕西文化
两岸学术研讨会"的发言 …………………… 冯旭东（3）
在"汉民族与陕西文化两岸学术研讨会"上的
讲话 ………………………………………… 杨毅周（6）
在2017年汉民族研究会年会暨"汉民族与陕西
文化两岸学术研讨会"上的致辞 …………… 张昌东（10）

学术报告

新时代新形势下，为促进和繁荣汉民族研究作出
新贡献 ……………………………………… 杜荣坤（17）
陕西华夏族、汉族的形成及其特点 …………… 周伟洲（23）
费孝通与中国婚姻研究：一个长期的对话 …… 庄英章（32）
海外华人、侨乡与围龙屋
　　——梅州南口侨乡村的田野考察 ……… 周大鸣　段　颖（38）
汉民族发展与东南地区海洋文化 ……………… 曾少聪（59）

汉民族形成与发展研究

费孝通视野里的汉民族研究 …………………… 李立纲（79）
论汉族形成于中原地区 ………………………… 任崇岳（112）
简论渭河古代文明 ……………………………… 霍彦儒（131）

民族认同视角下的伏羲研究
　　——以古史辨派、新月诗派为例 ………… 杜 谆（148）
秦人与炎黄 …………………………………… 高 强（163）
秦汉开疆东南对闽越台湾的影响 …………… 徐晓望（173）
清季海防与塞防之争平议：论析光绪年间新疆与
　　台湾新建行省的历史背景 ………………… 刘石吉（186）
明代汉族移民与滇池流域开发 ………………… 陆 韧（217）
宋代闽西移民与客家民系形成 ………………… 靳阳春（231）
清代西南边疆山区移民与地方社会 …………… 罗 勇（243）

汉民族与其他民族交往交流交融研究

略论茹姓四言联"望出河内；源自柔然"与
　　民族意识 ………………………… 白翠琴　杜倩萍（259）
明清闽、粤、赣跨界畲族"归流"及其
　　社会空间建构 ……………………………… 肖庆伟（269）
"丝绸之路"与民族文化的融合 ……………… 杨海中（280）
论清代满汉关系对中华民族多元一体格局形成的
　　主导作用 …………………………………… 何晓芳（292）
试述贵州多元民族文化的共存共荣 …………… 翁家烈（297）
城隍庙在东南亚的传播 ………………………… 刘家军（311）
唐代诸州置寺观政令在蕃州的实施 …………… 王义康（324）
建构与再现：吴凤传说与"汉番关系" ……… 施沛琳（340）
西夏的"二十四节气" ………………………… 彭向前（358）
新疆汉族移民的社会融入及其经验价值
　　——基于典型案例的实证研究 …………… 张晓琼（369）
传承与变迁：柬埔寨狮子桥村土生华人的土地神
　　崇拜探析 …………………………………… 郑一省（381）
美国北卡罗来纳州华人基督教会的文化调适 … 刘 丽（400）
"一带一路"视野下的海港发展：以淡水港为中心
　　探讨（1860—1895） ……………………… 卞凤奎（419）

"一带一路"视野下的云南侨乡新开放探讨 ……… 何作庆（435）

汉民族与区域文化研究

蜕变中的台湾农村 …………………………… 陈祥水（451）
金钱在华人文化与宗教中的观念与仪式 ……… 张 珣（470）
坐月子的仪式性功能与象征意涵 ……………… 翁玲玲（492）
生命的流动与安置：台湾与槟城华人女性的族群
　　叙事、移动与日常 …………………………… 简美玲（506）
福建省民俗学研究的兴起与发展 ……………… 陈育伦（536）
闽台区域文化的共性 ……………… 石奕龙 陈尊慈（544）
从绥抚到威压：日本殖民台湾时期的理蕃政策 … 周典恩（562）
中药大黄的名称变异、药用与转运 …………… 杨东宇（582）
资本积累与本土身份建构：以清初迁台的浯江
　　郑氏家族为例 ………………………………… 王建红（593）
闽台戏曲传播与两岸民族文化认同研究 ……… 张小琴（608）
非物质文化遗产的生产性保护探究
　　——以宣纸为例 ……………………………… 汤夺先（617）
粤东北客家地区墓祭与女性祖先崇拜 ………… 夏远鸣（631）
惠安雕艺中民俗文化的体现 …………………… 林瑞峰（644）

2017年汉民族研究会年会暨"汉民族与陕西文化
　两岸学术研讨会"综述 ………………………… 季 涛（656）

致　辞

2017年汉民族研究会年会暨"汉民族与陕西文化两岸学术研讨会"的发言

冯旭东

(陕西师范大学副校长)

尊敬的各位学界前辈、各位嘉宾、学者、老师、同人：

今天，2017年汉民族研究会年会暨"汉民族与陕西文化两岸学术研讨会"在陕西师范大学隆重举行。本届研讨会将围绕"汉民族和陕西文化"的主题，探讨两岸历史文化和民族发展的理论，研究推进两岸交流合作的具体工作和促进两岸关系全面发展的新思路，是很有意义的。我非常荣幸地代表陕西师范大学，向大会致以热烈的祝贺，并向与会的两岸专家学者表示热烈欢迎。

陕西师范大学的历史文化研究有着悠久的历史传统。自1944年建立陕西省立师范专科学校时，即设有史地系。经过74年的发展，我校设有研究生院和21个学院、1个基础实验教学中心及民族教育学院，共有63个本科专业，18个博士后科研流动站，15个博士学位授权一级学科，112个博士学位授权学科专业，40个硕士学位授权一级学科，197个硕士学位授权学科专业。有国家重点学科4个，4篇博士论文入选全国百篇优秀博士论文，7篇博士论文入选全国优秀博士学位论文提名论文；有国家基础学科人才培养和科学研究基地2个，教育部高等学校学科创新引智基地2个，国家工程实验室1个，国家级实验教学示范中心4个，国家级虚拟仿真实验教学中心3个，教育部人文社会科学研究基地1个，国家体育总局体育社会学重点研究基地1个，教育部重点实验室和工程研究中心4个，陕西省重点实验室和工程研究中心14个，陕西省人文社会科学重点研究基地5个，陕西省哲学社会科学重点研究基地1个，陕西省实验教学示范中心12个，各类研究中心（所）60个以及中国唐史学会、中国古都学会等几十个学术团体和学术机构。近5年来，人文社会科学研究方面共承担省部级以上科研项目1006项，其中国家社科基金项目219项，教育部项目145项；特别是2016年，获批国家社科基金项目57项，居全国第4位，其中，后期资助项目数连续3年居全国首位。

中国民族学学会汉民族研究会成立于1989年，在历任会长的带领下，开展了广泛的学术研究，举办学术研讨会，出版研讨会论文集，推动汉民族研究活动全面深入开展，为加强民族平等团结，增进中华民族凝聚力，维护国家统一和建设中国特色社会主义做出了长足的贡献。民族学这门学科在我国有着优秀的传统。从老一辈的吴文藻、费孝通、林耀华等先生的开创到今天，这门学科显示着无限的生机。20多年来，汉民族研究会走过了曲折坎坷但又充满探索精神的道路，不同年龄群的中国民族学工作者，重视田野调查和实证精神，在我国广袤的民族地区，不辞辛苦，深入实际，辛勤耕耘，积累了丰富的民族志田野调查资料，进行了大量的个案研究，为中国民族学、人类学的发展繁荣奠定了雄厚而坚实的基础。同时，中国的民族学工作者们也怀抱"他山之石，可以攻玉"的学习精神，促进我国民族学、人类学的国际交流，虚心学习和借鉴西方民族学、人类学的各种理论成果，结合中国的国情和实际，不断探索，我国的民族学、人类学领域里呈现出了"百花齐放、百家争鸣"的好气象好氛围，我国的民族学、人类学在不断地探索中发展和繁荣。我们面对着一个社会和文化都在发生重大变迁的时代，中华民族的发展繁荣，需要民族学和人类学工作者更加深入地研究中国社会和各个民族，关注我们国家和各个民族的命运，为我们国家的繁荣、民生的幸福、各民族的团结、中华民族精神的升华，贡献自己的聪明才智；时代给了我们民族学、人类学工作者各种机遇和挑战。

当前，陕西师范大学以深化教育综合改革为契机，积极推进"双一流"建设，全面提高教育教学质量、科研水平和社会服务能力，正朝着以教师教育为主要特色的综合性研究型大学的目标努力奋斗。本次承办大会的中国西部边疆研究院是陕西省哲学社会科学重点研究基地，承担着我校民族学一流学科建设的重任。该院实力雄厚，学科带头人周伟洲教授是教育部社会科学委员会学部委员、陕西省社科名家。拥有新疆智库专家、教育部长江学者特聘教授和"新世纪人才"、陕西省"百人计划"和"青年英才"等一批中青年学者，他们多有曾留学美国和英国著名大学的经历。该院主编了《丝绸之路大辞典》，出版了15种"西部边疆研究丛书"，举办的《西北民族论丛》入选CSSCI学术集刊，主持了包括国家社科基金重大项目在内的科研项目，荣获教育部科学研究优秀成果一等奖等一些标志性成果。

我相信，此次研讨会对于我校的"双一流"建设将会具有巨大的推动作用。

值此金秋之时，在这个我们难忘的良辰吉日，在这个具有历史意义的时刻，让我们共勉，弘扬老一辈民族学家、人类学家的学风与传统，同时也不断改进我们民族学研究的不足和弱点，立足本土，放眼世界，博采众长，实事求是，直面现实，关注民生，多做调查研究，同心同德、一起致力于促进中国民族学、人类学在新世纪的学术繁荣。

最后，预祝此次研讨会圆满成功。祝各位学者、同人们能够在这场研讨会中大有斩获。

谢谢大家！

在"汉民族与陕西文化两岸学术研讨会"上的讲话

杨毅周

(中华全国台湾同胞联谊会副会长)

各位领导、各位来自海峡两岸的专家学者、各位来宾：

大家好！

很高兴能受邀参加"汉民族与陕西文化两岸学术研讨会"。在此，我受汪毅夫会长的委托，谨代表中华全国台湾同胞联谊会，向研讨会的成功召开表示热烈祝贺！

我国是多民族国家，中华民族是"多元一体"的国家民族（有学者称之为"国族"）。习近平主席指出，"我国是统一的多民族国家。我国各族人民同呼吸、共命运、心连心的奋斗历程是中华民族强大凝聚力和非凡创造力的重要源泉"。五千年中华文明史，就是中华民族各民族交往融合的历史，各民族相互交往融合是中华民族发展的主流，增强了中华民族的包容力和凝聚力，推动着中华民族的发展和进步。中华各民族都为中华民族的形成、发展、壮大做出了积极的贡献。汉民族是中华民族的主体民族，汉民族具有高度的文明感召力、四海包容力、向心凝聚力，在中华民族的发展过程中发挥着关键性的作用，形塑着中华民族和中华文化的基本形态，是中华民族形成大统一局面、中华文明持续五千年不中断的核心因素之一。

作为中华民族大家庭的一员，台湾同胞具有强烈的民族认同感和文化认同感，在历史上形成了台湾同胞光荣的爱国主义传统，成为抵制侵略、反对异族统治的精神动力。例如，1923年台湾著名文化抗日运动领导人蒋渭水在日本殖民法庭上辩论时说："台湾人不论怎样，做了日本国民，随即变成日本民族。台湾人明白的是中华民族即汉民族的事，是无论什么人都不能否认的事实。"日据时期台湾社会运动领导者之一的杨肇嘉说："台湾人民永远不会忘记祖国，也永远不会丢掉民族文化！在日本人强暴的统治之下，渡过了艰辛苦难的五十年之后，我们全体台湾人民终以纯洁的中华血统归还给祖国，以纯洁爱国心奉献给祖国。"日据时期台湾著名作家巫永福在他写的诗《祖国在海的那一边》中呼喊："未曾见过的祖国隔着海似近似远 梦见的，在书上看见的祖国 流过几千年在我的血液里呀！住在我胸脯里的影子 在我心里反响呀！是祖国唤我呢或是我唤祖国？还给我们祖国呀！向海叫喊，还我们祖国呀！"日本殖民统治者也不得不承认："本来汉民族经常都夸耀他们有五千年传统的民族文化，这种意识可以说是牢不可破的。台湾人固然是属于这汉民族的系统，改隶虽然已经过四十余年，但是现在还保持着以往的风俗习惯信仰，这种汉民族的意识似乎不易摆脱。"

然而，令人遗憾的是，这些年来，李登辉、陈水扁、蔡英文当局出于"台独"的政治目的，在台湾大肆推动"去中国化"政策，对台湾社会，特别是青少年的国家认同造成了巨大的混乱，产生了极为恶劣的影响。不过我们也看到，广大台胞的中华民族认同、中华文化认同却根深蒂固，难以撼动，并没有被改变。最近台湾当局搞什么"灭香行动"改革、搞学校课本降低文言文比例的改革，就引起了台湾社会的强烈反对，最后不得不放弃其政策主张。这充分体现了台湾同胞民族认同与文化认同的坚韧性，中华民族和中华文化的优越性。我们深信，"台独"势力在台湾的"去中国化"是永远也不可能实现的。

中华民族曾经拥有高度的文明，近代以来却衰落了，积贫积弱，饱受欺凌，受尽屈辱。经过一百多年中华各族的仁人志士的牺牲奋斗，今天我们终于又重新站起来、富起来、强起来了。"我们比历史上任何时期都更接近中华民族伟大复兴的目标，比历史上任何时期都更有信心、有能力实现这个目标。"在这个时候，"中华民族要为人类做出更多的贡献"。为此习近平提出了"一带一路"的倡议，提出了互联互通、共商共建共享、人类命运共同体等先进的理念，为新的全球治理提供中国方案、中国智慧、中国经验，为新时代的全球化带来希望，为国际社会多数国家所赞赏，被列入联合国的决议中。

当今人类正处于大发展大变革大调整的时代。基辛格博士也说这是西方400年来未有之变局。英国历史学家彼得·弗兰科潘在其最近的畅销书《丝绸之路——一部全新的世界史》中说，人们已经习惯于接受一部内容沉闷的文明史：从古希腊到罗马到文艺复兴启蒙运动到政治民主到工业革命，最后到美国的出现，其中蕴含着追求生命、自由和幸福权利的真理。他说：事实上，连接着欧洲和太平洋、坐落在东西方之间的那块区域，才是地球运转的轴心。事实上，东西方之间的桥梁正是文明的交叉点。这些国家绝非处在全球事务的边缘，而是国际交往中心，并且自古以来就是如此。世界旋转的轴心正在转移——移回到那个它旋转千年的初始之地，丝绸之路。陕西是汉民族这个名字的来源地，是丝绸之路的起点，在"一带一路"这个新时代，包括整个中国西部，都将迎来新一轮的全新发展机遇，将重回人类文明中心，重现昔日的辉煌！

我所服务的中华全国台湾同胞联谊会，是生活在祖国大陆的各族台湾同胞的人民团体，算是台湾同乡会组织，是联系海峡两岸的桥梁和纽带，自1981年成立以来，本着"沟通、联谊、服务、团结"的宗旨，以沟通增进两岸同胞的共识，以联谊密切两岸同胞的感情，以服务提升两岸同胞的福祉，以团结两岸同胞推动两岸关系和平发展，推进祖国和平统一进程。我半个月前才到西安，在这里举行了两岸媒体记者走"一带一路"的启动仪式。两岸媒体记者乘着高铁，沿着"一带一路"向西，真实地感受了"一带一路"，收获良多。今后，我们将继续秉持两岸一家亲的理念，大力推动两岸同胞的融合发展，与两岸同胞一起，共同建立两岸命运共同体，以达成两岸同胞的心灵契合，最终实现中华民族伟大复兴的中国梦。

在实现中华民族伟大复兴的路上,既需要汉民族发挥主体民族的作用,更需要中华各民族的大团结,更需要两岸同胞的大团结。我相信,在中华民族的伟大复兴征途中,台湾同胞不能缺席,也不可能缺席。

最后预祝研讨会取得圆满成功!祝各位身体健康!万事如意!

在 2017 年汉民族研究会年会暨"汉民族与陕西文化两岸学术研讨会"上的致辞

张昌东

（中国社会科学院民族学与人类学研究所原党委书记、中国民族学学会汉民族研究会原会长）

尊敬的各位专家学者、各位来宾：

大家上午好！今天，由中国社会科学院民族学与人类学研究所、陕西师范大学、中国民族学学会汉民族研究会共同主办的 2017 年汉民族研究会年会暨"汉民族与陕西文化两岸学术研讨会"在满园秋色的陕西师范大学隆重召开，我受中国社会科学院民族学与人类学研究所现任党委书记、汉民族研究会会长方勇教授的委托，代表中国社会科学院民族学与人类学研究所、中国民族学学会汉民族研究会，对这次研讨会的顺利召开表示祝贺，向拨冗参加会议的各位领导、向来自海峡两岸的各位专家学者、各位嘉宾表示热烈欢迎和衷心感谢！

这次研讨会以"汉民族与陕西文化"为主题，我认为其既有特殊的历史意义，也有重要的时代价值。所谓特殊的历史意义，主要指陕西西安是中国历史上经济社会繁荣发展最早、建都朝代最多的城市。从奴隶制鼎盛时期的西周，到封建社会达到巅峰时期的唐王朝，先后有西周、秦、西汉、隋、唐等 13 个王朝在这里建都长达 1140 年之久，使西安成为古代中国的政治、经济与文化中心。特别是公元前 221 年秦王嬴政灭韩、魏、楚、赵、燕、齐六国之后，定都咸阳（古曰长安，今为西安），建立了中国历史上第一个君主专制的中央集权国家，为后来两千多年中华民族形成统一的多民族国家奠定了基础。继秦而起的汉朝进一步开拓疆域，北遏匈奴，南服百越，设郡西南，"凿通西域"，征服异族，在与许多周边民族的交流交往交融中逐渐发展形成了统一的汉民族。与此同时，自秦、汉时期建立的一整套政治、经济制度和衣冠礼乐等社会习俗也逐渐形成了以中原地区为代表的汉族传统文化。由此可见，以西安为中心的陕西地区自古以来就是汉民族的重要发祥地和主要聚居地之一，也是以汉文化为重要组成部分的中华民族传统文化的重要发源地之一。我们今天继续拓展和深入研究汉民族的起源和汉文化的发展与传播，理所当然地离不开对陕西历史及其地域文化的发掘、梳理与研究。

至于说到这次研讨会的时代价值，我认为应该是围绕如何抓住"一带一路"倡议为包括陕西在内的中西部地区在新时期的腾飞和跨越式发展提供的难得机遇，学术界如何为推进"一带一路"倡议的贯彻落实，特别是在推进沿线各国之间的人文交流中发挥积极作用等问题展开研讨，达成共识。公元前2世纪，张骞出使"凿通西域"，开辟了古老的中华帝都长安城连接西亚和欧洲各国通商贸易的古代"丝绸之路"，促进了沿途各国各地的经济社会发展和人文交流。千百年来，"和平合作、开放包容、互学互鉴、互利共赢"的丝绸之路精神薪火相传，成为促进沿线国家繁荣发展的重要纽带和东西方文化交流合作的象征，是世界各国共有的历史文化遗产。历史总是以穿越时空的力量昭示未来。2013年9月和10月，习近平总书记在出访中亚和东南亚国家期间，先后提出了共建"丝绸之路经济带"和"21世纪海上丝绸之路"（简称"一带一路"）的重大倡议，得到国际社会的高度关注和沿线国家的积极响应。为此，国家有关部门在2015年专门制定和颁布了推动共建"一带一路"的规划。毫无疑问，"一带一路"构想的提出，是以习近平总书记为核心的党中央高瞻远瞩，审时度势，统筹国内国际发展大局，应对国际经济形势的新发展和国际政治格局的新变化，加强周边国家经济合作和人文交流，维护我国周边安全，在我国对外开放政策和外交战略方面作出的重大调整与完善。与此同时，"一带一路"倡议对推动我国中西部地区特别是沿线省区的经济转型升级，加快改革开放步伐也提供了难得的机遇。西安作为十三朝古都和古代"丝绸之路"的起点，曾经历了近千年的经济繁荣和人文荟萃的历史辉煌。我们完全有理由相信，在新的历史时期，古都西安和陕西人民一定会继承和弘扬"丝绸之路"精神，紧紧抓住"一带一路"倡议提供的难得机遇，奋发有为，努力拼搏，再创经济社会全面发展繁荣的新辉煌。

众所周知，我国是一个统一的多民族国家，汉民族是我国人口最多、分布范围最广的民族。汉民族作为中华民族的主体民族，在中华民族多元一体格局的形成和发展过程中发挥着不可替代的作用。同样，汉文化作为中华文化的重要组成部分，在各个历史朝代与许多不同民族的交流交往交融中经历了海纳百川、融汇升华各民族传统文化精华的聚变过程，形成了在中华文化中最具凝聚力、影响力和渗透力的文化体系。遗憾的是，由于历史的原因，汉民族研究和汉文化研究在我国学术界较长一段时间被忽视了。包括费孝通和林耀华等老一代学者在内的许多学界同人一直在呼吁加强汉民族和汉文化研究。

习近平总书记在论述建设具有中国特色的哲学社会科学时明确指出，"要加强对中华优秀传统文化的挖掘和阐发，使中华民族最基本的文化基因与当代文化相适应、与现代社会相协调，把跨越时空、超越国界、富有永恒魅力、具有当代价值的文化精神弘扬起来。"我认为，在新的历史条件下，进一步加强我国汉民族和各少数民族发展的历史与现状的研究，对增强中华民族的凝聚力，促进汉民族与各少数民族的平等团结、和睦相处、和衷共济、和谐发展，维护祖国的统一和长治久安，推动我国社会主义文化的大繁荣大发展都具有重要的理论意义和现实意义。陕西历史悠久、文化底蕴深厚，不仅是研究汉民族起源和汉文化发展变迁的重要基地，也可以为推进"一带一路"倡议的贯彻落实提供历史的借鉴。我相信在这次研讨会上，各位专家学者在西安古都的历史氛围和浓郁的秦文化感染下，能够激发灵感，深入思考，畅所欲言，围绕相关专题展开研讨并取得预期的成果。

  最后，我预祝本次学术研讨会取得圆满成功！并祝愿各位领导、各位专家学者和来宾身体健康、精神愉快！谢谢大家！

学术报告

新时代新形势下,为促进和繁荣汉民族研究作出新贡献

杜荣坤

(中国民族学学会汉民族研究会名誉会长、
中国社会科学院荣誉学部委员)

主席、同志们、朋友们:

我有机会再次来到我国著名的历史文化古都西安,参加汉民族学术讨论会,感到十分高兴和荣幸。2002年,在宝鸡市当地政府和霍彦儒先生等大力支持下,召开过一次"炎帝与汉民族国际学术研讨会"。那次会议参加的人很多,取得了很好的成效,是一次圆满的学术会议。时隔15年,今年又来到陕西省参加"汉民族与陕西文化研讨会"。而现今正面临着在以习近平同志为核心的党中央领导下所开创之新时代新形势。在一系列治国理政的新思想、新战略、新举措、新理论等指引下,我国包括陕西省的改革开放事业与现代化建设,都取得很大成就,各民族的经济文化事业和福祉都有较大发展与改善,世界的政治经济形势亦发生了很大变化,今非昔比。当前在陕西地区,乃至世界各国人民都要求走共同发展、共同富裕、实行双赢、和平发展的道路,汉民族之作用越来越大,责任越来越重,各民族和各国之间,在经济和文化等方面之交流也日益频繁。加强对汉民族源流、历史,特别是对汉民族文化、社会、经济活动、生活方式、语言文字、文化艺术、意识形态、风俗习惯和宗教信仰及海外华人等诸多领域的研究和了解,进一步认识汉民族在经济、文化发展中及创造和平国际环境方面之作用与影响,对促

进各民族之间的交流与合作，增强民族团结和中华民族凝聚力、向心力，维护祖国统一和边疆稳定，加速我国的改革开放与现代化建设，对外共创合作双赢和平友好睦邻关系，构建人类命运共同体等，都具有重大的现实意义和学术价值，并具有深远的国际影响。

本届汉民族研究学术讨论会的主题为"汉民族与陕西文化"，其内涵丰富，意义重大。因为陕西省和古长安，在历史上不仅是汉族远古先民发源地之一，亦是汉民族发源地和汉文化发源地之一，为汉族及少数民族13个王朝建都之所。社会经济发展基础坚实，文化底蕴深厚。历史上所进行的诸多改革，两千余年来，经久不衰，至今仍在发挥着重要和巨大的作用。不仅限于对陕西社会经济的发展，而且对全国的发展和进步都产生着重要影响，乃至于对全世界都有着深远影响。公元前221年，秦始皇统一六国，建立秦朝，为中国历史上第一个中央集权君主专制的王朝，建都古陕西咸阳。并进一步统一东南、西南地区，推行郡县制，在政治、经济、文化等多方面进行了改革，其中著名者，如在全国实行"车同轨""书同文"、统一了文字、统一了度量衡、统一了货币等等。多项改革，不仅便利了全王朝领域和陕西地区，乃至于对全世界都起着重要作用，具有国际性影响。中国自古以来，南北方言既多且杂，互不相通，但自秦始皇统一文字后，通过"书同文"，即共同文字之交流，使各地言语终于相通，对社会经济和文化之发展起了很大的作用，乃至对沟通中外、发展对外关系、开展对外贸易等都起着重要作用。故当时古中亚等地的人常以"秦"来称呼中国，代表中国，称中国人为"秦人"。

多年来，随着中国社会经济之发展，中国已成为世界第二大经济体，受到各国之瞩目，纷纷要求加强与中国之联系。为此，很多国家成立了孔子学校、孔子学院、孔子研究院、华夏文化研究中心等，学习中国文化、汉文化、汉文字。同时，还建立了其他一些国学研究机构，编纂儒教典籍汇编，筹建中华文化标志城等等。

秦王朝统治时期，虽然仍沿称华夏族或称华族、夏族，但当时华夏族已成为主体，已具备汉族称谓之主要条件。公元前206年，西汉王朝继秦而立，建都古长安（今西安市西北），亦进行政治、经济和文化等多方面改革，国力为亚洲之最。在汉武帝统治期间（公元前140—前87年在位），华夏族作为主体民族，正式被称作汉族。汉武帝在位期间，曾进行多项改革，如政治思想方面"独尊儒术"，以"儒学"作为其统治思想，经济上将盐、铁和铸钱，收归国有，大力兴修水利，移民实边，实行屯田制度。其中最有名者，他曾两次派遣张骞出使西域，开拓古"丝绸之路"，极大地促进了内地和西域，中国和中亚、南亚乃至欧洲与非洲之经济、文化交流。两千多年来，这条古丝绸之路，历久不衰，至今仍发挥着重要作用。2013年和2015年，习近平同志在古"丝绸之路"基础上，即循此向国内外发出要和各国联合建立"丝绸之路经济带"和"21世纪海上丝绸之路"（即"一带一路"）之倡议，得到国内外各族人民的支持和拥护，引起世界瞩目。

两汉后，隋、唐王朝亦兴起于古陕西地区，皆建都于长安。由于经过魏晋南北朝之民族大迁徙、大融合，汉民族有很大增长。至隋唐，华戎兼容，经济文化丰富多彩，绚丽灿烂，特别是唐代，国力鼎盛，中国封建社会经济文化之发展达到了罕有高度。长安等地已成为各民族和中外人士荟萃之所，各民族文化如胡歌、胡曲、音乐、舞蹈、绘画、工艺、胡服、胡食和各族语言、宗教等，皆汇集于此，进行自由交流。长安成为国际性大都市，呈现出一派繁华兴旺景象。唐代经济文化之发展和综合国力在当时已为世界之最。

及至近现代，1840年以后，在反帝反封反殖斗争中，特别是在抗日战争和解放战争时期，陕西各族人民都进行了英勇斗争。1936年，在全国及陕西各族人民和蒋介石对日本不抵抗主义进行针锋相对斗争、抗日呼声和行动风起云涌的形势下，东北军和十七路军在张学良将军和杨虎城将军领导下，于西安策划发动"西安事变"，逼蒋抗日。经中共积极调停，最终取得胜利，震惊中外。

1937—1947年，在以毛泽东为首的党中央领导下，于陕西延安地区建立红色政权，是中共中央所在地，培养了大批革命干部，领导全国人民进行革命斗争，并彻底粉碎了蒋介石国民党军队的大举进攻，名闻世界。在支援抗日战争和民族解放战争中，陕西各族人民都作出了巨大贡献。新中国成立后，特别是我国进入以现代化建设为中心和改革开放之新时期，陕西各族人民以其深厚的历史文化底蕴和科技实力优势，为我国和本省现代化建设，振兴中华，竭尽全力，功不可没。

  以上简要论述，主要为说明本届"汉民族与陕西文化"研讨会主题的重要性，其内涵之丰富深刻性。由于陕西地区是我国以汉族为主体多民族历史和文化主要发源地之一，具有悠久历史和长期革命斗争史，留下许多优秀的历史文化和革命文化，这些文化之影响力，至今仍在发挥着重要和巨大的作用，遗迹尚存，是我国宝贵的资源和财富。如何进一步开发？更好地利用其为我国当代的社会主义现代化建设和提高人民生活服务？这是个值得深入探讨的问题。

  由于经济发展的规律和时代之特点，要将我国优秀之传统文化"古为今用"，不能一成不变加以开发利用，必须要用改革和创新的精神，推陈出新，才能行之有效，发扬光大。如前所述之"一带一路"模式，虽然是古丝绸之路的延伸和发展，但它与历史上古丝绸之路既有共同点，又有差别，且差别很大。例如，在通商的目的、通商范围、交通、通商手段、贸易内容和通商途径、文化、人才和技术之交流、民族关系、国际关系等方面，都有很大差别，甚至有本质区别。对此我认为当前至少有三方面的问题值得大家进一步探讨。

  第一，关于"丝绸之路经济带"战略问题研究。应关注"丝绸之路经济带"作为国家发展战略计划的现实意义、政治意义和理论学术价值。"丝绸之路经济带"实现途径、对新疆和有关省市区及沿边国家社会经济文化发展的作用和影响。

  第二，古代"丝绸之路"与现代"一带一路"有何异同点的研究。包括通商目的、范围、内容、手段、途径、交通、通商地区及国家之间的民族关系、国际关系等等。"一带一路"在许多方面与古丝绸之路都有不同之处。如在经营目的上，古丝绸之路一方面是为满足封建王朝统治阶级的需要，另一方面也是个体经营，自负盈亏，互相竞争。而今之"丝绸之路经济带"和"21世纪海上丝绸之路"的开辟，其目的是进行相互合作，贸迁有无，共建双赢和多赢，目的性质不一样。又如在通商范围方面，今之"一带一路"几乎涉及中国东南西北大部分地区及亚、欧、非、美、澳等洲各国，涵盖数十个国家，在经济文化交流方面，为构建人类命运共同体创造了有利条件。再如在通商物品方面，古丝绸之路主要是丝绸、瓷器、茶叶、香料、药材、珠宝、金银器等。而今之"一带一路"，除了日常商品买卖外，主要是以能源为中心及资金、技术、人才、信息和基础设施建设等方面的合作和交易。交通方面也有所不同，古丝绸之路主要靠驼马队及船舶运输货物，而今丝路经济带之发展，驼马队已为高效的汽车、火车、飞机以及网络平台所替代。此外，对中华民族共同体意识、国内民族关系和对外国际关系、中西文化交流等的研究，都关系到"一路一带"发展计划之实现（含能否实现）和发展等问题。

第三，随着"一带一路"的广泛开展，如何促使汉文化和中华文明在世界各地进一步传播，这也是需要深入探索的课题。只有物质文明建设、精神文明建设、政治文明建设等齐头并进，才能使中华民族复兴大业得以实现。

由于"一带一路"包含的内容非常复杂，牵涉的范围极为广泛，故有关课题研究，需要进行多学科、多专业、多地区、多国家等综合协作进行，这就需要相关学术单位统一组织协调，才能更好地完成这方面的课题研究，为"一带一路"的顺利开展献计献策。

总之，汉民族和汉文化研究，当前要研究和解决的问题很多。为了适应新时代赋予我们的新任务，迎接新的汉民族汉文化研究高潮的来临。我们必须要在研究体系上有所构建，理论方法上有所创新，研究课题上有所拓展，研究资料上有所突破。同时，还有赖于研究者综合素质的提高、群体合作的加强及后继人才的培养。我们作为社科工作者和汉民族研究者，对我国新时代、新形势下所出现的新问题和困难，有责任和义务去关心这些问题，进行调查研究，收集新情况，研究新问题，解决新问题，提出对策性建议。

汉民族历史悠久，汉文化丰富多彩，要讨论的问题很多。因时间关系，本届学术讨论会只能主要围绕已确定之主题来进行探讨。对汉民族和汉文化深入研究是长期的事，我国今年将召开中国共产党第十九次全国代表大会，届时一定会提出很多新课题，供学术界研究探讨。我衷心希望本届研讨会能为学者提供一个研究汉民族、汉文化交流学习心得和展示自己成果之机会，创造一种宽松的学术气氛，使代表们能展开自由热烈而深入的讨论，以收到会议预期之效果，把我国汉民族、汉文化研究推向新台阶，为促进我国汉民族研究的繁荣发展作出新贡献。

最后，对陕师大中国西部边疆研究院和汉学会的盛情邀请和热情接待，表示衷心感谢。

祝会议取得圆满成功！

谢谢大家！

陕西华夏族、汉族的形成及其特点

周伟洲

（陕西师范大学中国西部边疆研究院）

一 陕西华夏族的形成

华夏族，又称"夏"族，是汉族的前身。华夏族形成于何时？国内学术界有的认为始于我国第一个奴隶制国家夏朝；有的则认为，经夏、商、周三代，大约在西周时，华夏族才算正式形成。这两种看法各自都有充分的理由。但是，如果我们从现在一般使用的"民族"（即"古代民族"或狭义的民族）这一概念来分析，则上述两种看法中前者较为确当。因为，古代民族的产生是伴随着国家的产生而出现的。恩格斯说："从部落发展成了民族和国家。"① 国家用各种政治、经济和文化措施，使原始社会氏族、部落或部落联盟程度不一地解体，在国家统治的一定地域内，逐渐使用同一语言和文字，过着共同的经济生活，并由此产生共同的文化和心理认同，最后形成古代民族。我们研究中国古代历史上的民族，就是指此。

根据上述对民族的理解，我们认为，事实上在黄河中下游的氏族、部落和部落联盟，或称之为"酋邦""聚落""邦国"，在新石器中晚期文明社会中，发展到国家阶段时，即我国第一个国家——

---

① 《马克思恩格斯全集》第20卷，人民出版社1986年版，第516页。

夏朝诞生后，华夏族也就随之形成。所谓"华夏"或"夏"族名称之来源，也就是因夏朝而来。"夏……大也。"①《尚书正义》注"华夏"一词说："冕服华章曰华，大国曰夏。"夏自禹开国，至桀灭亡，共传十四世，十七王，历时四百多年。其中心地区，在今山西南部和河南西部，称为"王畿"。在王畿的周围，还有臣属于夏的、与之有亲疏不同的方国（诸侯国）或部落、部落联盟。经过夏国长期的统治，这些方国或部落，特别是与夏王室通婚或有亲属关系的方国，在经济、文化方面逐渐接近夏王畿，其人民则成为华夏族的一部分。如最后灭亡夏朝、兴起于黄河下游原系"东夷"的"商人"即是。

据《尚书·甘誓》、《史记》卷二《夏本纪》等记载，夏禹死后，其子启即立，"与有扈氏战于甘（今陕西户县南），作甘誓"②。有扈氏与夏王室同姓，其地历代注疏均说在今陕西户县。即是说，当时夏国统治的范围，西边至少已达今陕西关中户县以东，陕西关中东部原氏族、部落（方国）已成为华夏族的一个组成部分。这一结论也为考古学的资料所印证。在相当于原始社会末期，陕西及其紧邻的山西、河南均存在着一种具有相同内涵的"龙山文化"。这是夏国建立后，陕西，特别是其东部地区氏族、部落形成华夏族的基础。国内考古学界近年来在河南偃师等地，发现了一种早于商代的文化遗存，命名为"二里头文化"，并认为这种文化即夏文化。

陕西考古工作者在陕西东部为探索夏文化遗存做了大量工作，发掘和发现了一批商代遗址，其中也有一些与"二里头文化"相近，估计为夏文化的遗址，如华县南沙村遗址下层即是。③ 又华县元君庙、华阴横陈村也发现类似二里头文化的墓葬。④ 此外，在蓝

---

① 《尔雅注疏》卷一《释诂第一》。
② 《尚书正义》卷七《甘誓第二》；《史记》卷二《夏本纪》。
③ 北京大学考古教研室考古报告编写组：《华县、渭南古代遗址及发掘》，《考古学报》1980年第3期。
④ 北京大学考古教研室：《元君庙仰韶墓地》，文物出版社1983年版；中国社会科学院考古研究所陕西工作队：《陕西华阴横陈遗址发掘报告》，《考古学集刊》1984年第4辑。

田泄湖遗址、大荔赵庄遗址、西安老牛坡遗址均发现有二里头文化的墓葬或灰坑。这些事实说明了，夏朝的势力已扩展到陕西境内；①陕西华夏族在夏代已逐渐形成，主要集中在关中东部。

二　陕西汉族的正式形成及其特点

（一）秦人、汉人和汉族

秦王二十六年（前221），崛起于关中的秦国，经过五百多年的发展，终于在战国末秦王嬴政在位时，先后灭亡六国，统一全国，建立了中央集权制的封建国家。嬴政灭亡六国后，改称"始皇帝"，废除分封制，分天下为36郡，统一度量衡，"车同轨，书同文"，徙天下豪富于京师咸阳。又取闽越地，置闽中郡（今福建）。秦始皇三十三年（前214），又略取南越地，置桂林、南海、象郡；西北逐匈奴，自榆中（今陕北与河套地区）并河以东属之阴山为44县。这样，秦始皇在西到甘肃，北抵内蒙古，东至海，东北及辽河以东，南达两广的广大地区，实现了政治上的统一；采取了一系列统一的措施，使先秦以来以华夏族为主体，包括四周各民族在内的多民族，统于一个国家之内，我国历史上统一的多民族国家正式形成。

华夏族是先秦时我国的主体民族。战国七雄，均属华夏族，故又称之为"诸夏"。同时，各国人又以国名或地区名称之，如秦人、燕人、赵人、鲁人、齐人、宋人、魏人等。但作为民族的称谓，则统称之为"华夏"或"诸夏"。在秦始皇统一六国后，诸夏、华夏作为族名仍然使用，以与匈奴、氐、羌、越、夷等族相区别。同时，华夏或诸夏，又统称为"秦人"。这一名称主要的含义是指秦朝的人，但实际上也成为诸夏、华夏族在秦统一后的别称。由秦朝直接统治的一些非华夏族，有的则称之为"秦胡"②，或以

---

① 参见陕西省考古研究院商周考古研究部《陕西商周考古发现与研究》，《考古与文物》2008年第6期。

② 内蒙古居延所出汉简中有"秦胡"记载，意为秦朝统治下的胡人。

25

此族之名称之，如匈奴、氐、羌等。

因为秦朝是我国第一个统一的多民族中央集权的封建国家，国力强盛，声威远播，故统一的秦朝虽然立国时间很短，但是"秦人"的称谓仍在国外有一定的影响。印度及西方国家称中国为"支那""脂那""至那"等，便是今天西方各国犹称中国"China"的语源。关于China（支那）的本源，尽管中外学者意见分歧，但是多数学者认为，其本来自"秦"。

汉朝继秦朝统一全国后，汉朝人在很长时期内，仍被称为"秦人"。如《史记·大宛列传》记西汉伐大宛（今费尔干纳盆地）的贰师将军李广利的话说："闻宛城中新得秦人，知穿井。"《汉书·匈奴传》记："于是卫律为单于谋'穿井筑城，治楼以藏谷，与秦人守之'。"今新疆拜城有东汉永寿四年（158）"刘平国治关亭颂"刻石，内记："龟兹左将军刘平国以七月廿九日发家，从秦人孟伯山、狄虎贲、赵当卑、万口羌、石当卑、程阿羌等六人。"[①] 以上"秦人"，意为秦朝人。可见汉代仍称华夏族为秦人。

图1　东汉"刘平国治关亭颂"刻石

（摘自新疆维吾尔自治区博物馆编《新疆文物》第25页图41）

尽管如此，汉朝建立后，"汉""汉民""汉军""汉人"等称

---

① 录文见王炳华《"刘平国刻石"及有关新疆历史的几个同题》，《新疆大学学报》1980年第3期。

谓也开始流行起来。"汉"的来源，是刘邦入关后，项羽封他于汉中，为汉王。后刘邦灭项羽，统一诸夏，建立汉朝，"汉"这个名称使用则逐渐广泛。汉武帝之后，正式出现了"汉人""汉民"之称。如《汉书·张骞传》记武帝时，贰师将军伐大宛，宛贵人杀其王，遣人与贰师相约，"汉无攻我，我尽出善马，恣所取，而给汉军食"。贰师"闻宛城中新得汉人（《史记·大宛列传》作'秦人'）知穿井，而其内食尚多"。汉元帝时，郎中侯应说："近西羌保塞，与汉人交通。"① 到东汉时，"汉人""汉民"的称呼更加普遍。如《后汉书·西羌传》引司徒椽班彪上言："今凉州部皆有降羌，羌胡被发左衽，而与汉人杂处，习俗既异，言语不通。"如果说，"汉人"称谓在西汉时更多地表示以朝代名为称的话（即"汉朝之人"意）；那么，在东汉时，汉人已有表示一个族的共同体的族称之意，以与"羌胡"等其他民族相区别。即是说，我们今天所称的"汉族"的"汉"，是源于汉朝的"汉"。这是华夏、诸夏族发展到汉代时才正式形成的名称。

汉代以后，汉人、汉民，即汉族的称谓开始广泛使用。特别是到了魏晋南北朝时，由于外族大批内徙，民族矛盾尖锐，区分"夷夏"更为严格，故"汉人"的称谓更加固定和明确。隋唐以后，除了继续使用华夏、夏、华、诸夏等族名，以及以朝代名称之外，"汉人"（汉族）的称谓使用更为广泛，以至使用至今。这就是汉族名称长期发展、演变的历史。②

从汉族名称发展、演变的历史，可知汉族的前身是秦以前的华夏族，只是到汉后期才逐渐改称汉人（汉族）。因此，华夏与汉族在质的方面没有根本的变化；但是，华夏族仅是汉族的前身，经过秦、汉两代数百年中央集权制封建国家的统治，无论在名称及其他各方面都有所发展和变化。从这个意义上讲，汉代可以说是中国汉族正式形成的时期。春秋战国时的华夏族分裂为各个诸侯国，各国

---

① 《汉书》卷九四《匈奴传下》。
② 参见贾敬颜《"汉人"考》，《中国社会科学》1985年第6期。

有相同之处，又有区别的文字、度量衡和风俗，并未完全统一，甚至包括了许多不同的族体。然而，经过秦、汉的统一，诸夏族又进一步融合、同化，基本上具有共处于统一的国家之内，有相同的语言文字，共同的经济生活及共同文化和心理认同，成为稳定的族的共同体，有了共同的族称，正式形成一个强大的民族。因为秦、汉王朝对于汉族正式形成起了决定性的作用，而秦汉又均建都于陕西关中，关中长安成为全国政治、经济和文化的中心，所以，陕西汉族的正式形成，也当在汉代。其发展的特点就更具有典型的意义。

（二）陕西汉族发展的特点

在汉代，陕西汉族正式形成，其发展的第一个特点就是同其他地区一样，即其前身华夏族是不断融合了先秦以来邻近的许多其他民族后，逐渐形成和发展的。由陕西境内较早的夏人、商人、周人、秦人为主干，不断融合陕南的巴人、蜀人，关中、渭北及西北的诸戎、白狄、义渠等而逐渐发展壮大。下面仅就汉代于关中所设置郡县名称，来分析一下陕西华夏族融合当地其他民族的情况。据《汉书·地理志》载：京兆尹（治长安，今西安）有12县，内有新丰县（今临潼东北），下注："骊山在南，故骊戎国。秦曰骊邑。高祖七年置。"则汉时新丰原有骊戎居住，有部分骊戎东迁，后骊戎融入华夏族。下邽县（今华县西北），应劭注："秦武公伐邽戎（在今甘肃天水），置有上邽，故加下"；颜师古注："邽音圭，取邽戎之人而来为此县。"则汉下邽县原有邽戎。

《汉书》卷一九上《百官公卿表》记："列侯所食曰国，皇太后、皇后、公主所食曰邑，有蛮夷曰道。"《后汉书》卷二八《百官志五》亦记："凡县主蛮夷曰道。公主所食汤沐曰邑。县万户以上为令，不满为长。侯国为相。皆秦制也。"由此可知，秦汉时所谓"道"，即是汉代郡县制中与县同级之行政单位，因有"蛮夷"（即少数民族）居处其间，故不称县，而名之曰"道"。据《汉书》卷二八下《地理志》记，西汉时"道"有30多个，多沿秦代而设置。其中在今陕西境内的有两个，即左冯翊（治今西安）的翟道

(今黄陵西,秦时属上郡),另一个是上郡属之"雕阴道"(今甘泉),则翟道、雕阴道到西汉时仍有狄族与汉人杂处其间。[1]

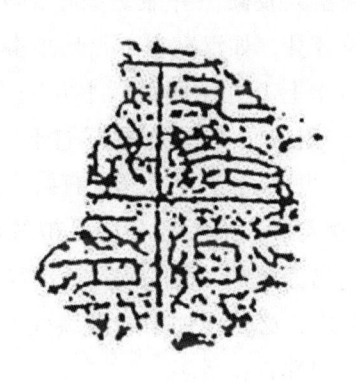

图2 秦封泥"翟导(道)丞印"

右扶风(今眉县西)有21县。内槐里(今兴平),下注:"周曰犬丘,懿王都之。秦更名废丘。"则槐里原为犬戎所居之地,关中犬戎大部分融入华夏。

陕西关中是汉代汉族聚居之地,是全国政治、经济和文化的中心,从地名尚能反映出该地华夏族(汉族)不断融合其他民族而逐渐壮大的情况,陕西及全国其他地区就可想而知了。

陕西汉族发展的第二个特点,其成分有了很大的变化,不仅吸收、融合其他民族的成分,而且也大量杂入了全国其他地区华夏族的成分在内。秦始皇统一六国后,为了削弱六国的势力,迁全国各地豪富"十二万户"于京师咸阳,并每破一国,即仿其国宫殿修筑于咸阳原上,"所得诸侯美人钟鼓,以充入之"[2]。始皇三十五年(前212),秦又修阿房宫,"因徙三万家丽邑(今临潼东北),五万家云阳(今淳化西北)"[3]。前后共迁入关中二十万户,每户如以

---

[1] 参见周伟洲《关于秦汉地方行政体制中的"道"》,载《陕西历史博物馆馆刊》第4辑,西北大学出版社1997年版。

[2] 《史记》卷六《秦始皇本纪》。

[3] 同上。

五口计，就有一百万人。汉朝建立后，统治者为了"强干弱枝"及北御匈奴，又"徙齐诸田、楚昭、屈、景及诸功臣家于长陵。后世世徙吏二千石、高訾富人及豪杰并兼之家于诸陵"，以致使汉帝陵人口猛增，有的竟设置县，如汉高祖、吕后所葬之长陵置县，户口达"五万五十七，口十七万九千四百六十九"；汉武帝所葬之茂陵置县，"户六万一千八十七，口二十七万七千二百七十七"。而当时京师长安的人口，也不过"户八万八百，口二十四万六千二百"[1]。关中汉帝诸陵人口，绝大部分应是被统治者迁徙来的全国各地豪富大姓，他们当为汉族（华夏族），秦汉时先后迁徙全国各地大量的汉族入居关中，必然使关中的汉族成分也有所变化，使之与全国各地汉族的共同性日益增多。

陕西汉民族发展的第三个特点，陕西汉族的前身和主干为先秦时的周人、秦人，由于陕西本身的地理环境及农业发展较早等特征，与全国其他地区的汉族相比较，又具有自身的特点。这种区别与特点，就如同今天我国南方人与北方人在语言、风俗、习性上的差异一样。据《汉书·地理志》的记载，秦地民风及习俗的特点是，"其民有先王遗风，好稼穑，务本业，故豳诗言农桑衣食之本甚备"，"始皇之初，郑国穿渠，引泾水溉田，沃野千里，民以富饶"。即是说，陕西关中汉族精于农耕，以务农为生，故有"天府"之称。然而，由于汉初有大量各地豪富大姓迁入，"是故五方杂厝（古'错'字），习俗不纯"，"其世家则好礼文，富人则商贾为利，豪杰则游侠通奸"。关中东部夏阳（今韩城）一带汉人，"多阻险轻薄"。又因关中为全国商业中心之一，故汉民去本就末，经商者不少，列侯贵人众多。他们锦衣丰食，奢侈拟于帝王，"嫁娶尤崇侈靡，送死过度"。

在今陕南，秦汉时为汉中郡（秦治南郑，西汉治安康），原系蜀人、巴人的一部分，汉时逐渐汉化，则其俗与巴蜀同，"民食稻鱼，亡凶年忧，俗不愁苦，而轻易淫泆，柔弱褊厄"。陕北之地，

---

[1] 《汉书》卷二八《地理志》。

秦、汉时为上郡（治肤施，今陕西榆林党岔镇），其地"迫近戎狄"，汉民则"修习战备，高上气力，以射猎为先"，多出名将，"民俗质木，不耻寇盗"。

图3　秦汉上郡治所肤施遗址（今陕北榆林党岔镇，周伟洲　摄）

费孝通与中国婚姻研究：
一个长期的对话

庄英章

（台湾"中央研究院"民族学研究所）

一 前 言

费孝通的学术生涯，从初民社会研究到农村社区研究，并从农村社区到城镇研究，提出区域性比较研究方法。Malinowski 认为《江村经济》（1987）一书是人类学实地调查和理论工作发展中的一个里程碑。此书虽以中国人传统的生活为背景，然而它并不满足于复述静止的过去。它有意识地紧紧抓住现代生活最难以理解的一面，即传统文化在西方影响下的变迁。贯穿该书的两个主题是：土地利用和农户家庭中再生产的过程。他集中力量描述中国农民生活的基本方面，并从家庭、婚姻谈起，也就是费孝通所谓的生育制度。传统中国社会中一项最突出的特点即文化诸面向的多变异性，从区域到区域之间，甚至村落之间或城镇之间往往存在着极大的歧义。婚姻习俗和语言一样，歧义性也是相当明显（Wolf, 1989; Stockord, 1989），在中国大部分的地区，不但有多种婚姻形态，其具体内容一地到另一地也有所不同。

中国传统的婚姻形态，根据婚后居处地点和改换居处时的年龄两大特点，主要可归类为三种：娶嫁婚、童养媳婚和招赘婚。招赘婚的情况是新郎放弃他在原来所居父系家庭的地位，并且被其妻子的家庭接纳为正式成员之一；与招赘婚形成对比的是娶嫁婚和童养媳婚。娶嫁婚与童养媳婚的差异在于，新娘在前者的情况下是一个已属婚龄的年轻女子，后者则新娘在其婴孩或童年时期即已住进夫家。

二 费孝通的童养媳婚假设

在《江村经济》一书中，费孝通对童养媳婚的兴起与没落，提出一项经济穷困理论来解释，整个脉络如下：

费孝通在江村研究期间，由于经济萧条，村里婚事几乎中止。农村工业的不景气从根本上向现存的婚姻程序进行了挑战。因为不可能无限期推迟，所以出现了年幼的儿媳妇"小媳妇"制度，即其他地方所说的"童养媳"。

小媳妇的大致形态是女孩很小的时候，被男孩的父母领养。未来的婆婆甚至还要给小女孩喂奶，并一直要抚养她到结婚。如果这女孩是在她丈夫家中养大的，那么婚姻的一切复杂程序如做媒、行聘、接亲船、轿子等都不再需要了。有些"小媳妇"甚至也不知道她自己的父母。而那些与自己父母还保持联系的女孩，由于早期即与父母分离，父母对她们也就没有特别的兴趣。

由于这种新的制度，家中的成员关系和姻亲之间的关系起了很大的变化。费孝通曾观察到许多从幼年就被未来的婆婆带领大的女孩子，十分依附婆婆，就像一个女儿对母亲一样。特别是，如果这家真的没有女儿，情况就更是如此。甚至那些受到未来的婆婆虐待者，逐渐习惯于自己的地位，在婚后也不至于经受不起。故婆媳之间的纠纷，即使不能完全避免却常常不是那么尖锐。姻亲关系是松散的，在许多情况下它已经消失了。

"小媳妇"制度是受到轻视的，因为这个制度是在经济萧条的时候产生，而且通常是贫困人家才这么做。此外，它使姻亲联系松散，影响亲属结构的正常功能。对妇女地位甚至对年轻夫妇建立一个独立的家庭都有不利影响，因为他们缺少双方的父母供给的聘礼和嫁妆。

费孝通根据田野访谈，显示出此类型的婚姻，在太平天国运动

(1848—1865）之后，曾在很相似的情况下流行过。太平天国运动以后接着是普遍的经济萧条。但一旦情况恢复正常，传统婚姻就取代了这种类型的婚姻。

三 台湾童养媳婚的现象与解释

（一）从大甲的贞节牌坊故事谈起
林春娘事略

林春娘（1778—1863），大安乡中庄村人，七岁为大甲余长荣家童养媳。春娘十二岁时，未婚夫余长荣至鹿港经商，不幸溺毙，时年十七岁。春娘父林光辉以女幼，及余家贫困为由，力主春娘另择夫婿，然春娘宁死不屈，曾欲以利剪断喉殉节。

余氏家无祖产，春娘婆媳二人依织布维生，事亲殷勤与至孝。春娘勤于纺织生产，经济稍有起色后，收养族子为嗣，不久即告夭折。其后又收余致祥为嗣，并娶通宵巫氏妻。未料大甲瘟疫流行，致祥染病丧生。春娘偕巫氏婆媳二人卒居燕处，抚育幼孙，巫氏也因节孝而获旌表。

（二）台北海山闽南社区之童养媳婚研究：武雅士（Arthur Wolf）

武雅士在台北盆地闽南社区的田野研究，发现在19世纪至20世纪之交童养媳婚极为普遍，并指出家庭贫穷并不是童养媳婚姻制度产生的唯一因素，不少富裕的家庭也采取童养媳婚的策略。此外，童养媳婚可减轻婆媳之间的紧张关系。因此武雅士试图利用Westermark的性嫌恶观点对童养媳婚俗进行解释，认为童养媳婚是中国人避免近亲禁忌的一项极佳的策略（1968；1980）。

（三）南台湾屏东平原客家社区之童养媳婚研究：巴博顿（Burton Pasternak）

巴博顿的田野研究地是在南台湾屏东平原的客家社区，他观察到美浓的童养媳婚比例很少,并没有武雅士在台湾北部所看到的那么高。因此,巴博顿试图从方言群的因素解释台湾童养媳婚的差异性,认为台湾童养媳婚地区性的不同比例,可能导因于闽客方言群的差异(1983)。

(四)竹堑地区的童养媳婚研究:庄英章

庄英章在竹堑闽客社区的比较研究,发现20世纪初闽客社区童养媳婚比例均相当高,约占25%(1994)。此外,根据头份陈氏宗族拓垦的例子,陈家从清乾隆年间渡台的第一、二代均为隆恩佃,到第三代跻身当地的商绅阶级,才开始采行童养媳婚,且极为普遍。换言之,陈家致富以后才开始采行童养媳婚。台湾在移垦社会时期,拓展中的家族为了提早建立姻亲网络关系,也普遍采取童养媳婚之策略(1991)。

(五)婚姻市场研究假设:庄英章、武雅士

庄英章和武雅士根据日据时期台湾户籍数据库档案,分析全台24个田野研究点的妇女婚姻形态,提出婚姻市场假设,以解释童养媳婚的分布及其发生之频率。

19世纪20世纪之交,北台湾的童养媳婚比例为30%—40%,中部降为15%—20%,而南部更低于5%。究竟是什么原因导致南北童养媳婚比例产生如此高的差异?

庄英章和武雅士认为,童养媳婚是大婚形态的突变,台湾北部高比例的童养媳婚是因为南北性别比例的不平衡。而产生性别比例不平衡的主因则是19世纪后期,台北高速成长的茶、樟脑贸易,吸引大量中南部男性移民北上谋生所导致。也因此使得台北盆地婚姻市场中的女性,产生供不应求的现象。

上述现象从台北盆地逐渐向外扩散,往南延伸桃园、新竹,往东则扩及宜兰。乡村及城镇妇女卷入婚姻市场圈,婚姻年龄不断降低,迫使许多家庭不得不在儿子婚龄前,为他们抚养媳妇仔。

性别比例不均衡或所得提高不一定造成童养媳婚的增加,唯有

成年女性人口不足,及财富剩余的情况同时存在,才导致童养媳婚的比例明显增加(Chuang & Wolf, 1995: 781-795)。

四 结 语

对 Malinowski 而言,田野过程中必须与社区居民有长期的对话,言谈几乎反映出所有事物,而长期对话也反映出长期的变迁。顺着这个脉络,人类学家之间也应该要有长期的对话。我们要了解费孝通的中国婚姻研究,也应该要在长期的对话脉络中来看。例如,费孝通先生对童养媳婚的理解所反映的是时代的脉络,更重要的是费孝通先生强调区域比较的重要性。

Malinowski 在费孝通的《江村经济》序言里,高度赞扬这本书开启了人类学跨入汉人社会研究的里程碑。虽然这本著作的重点并非婚姻,但是他试图从社会经济的背景以及提出区域比较研究,时至今日都是值得遵行的方向。我们从上述林春娘的贞节牌坊可以了解,清代台湾即使未完婚的童养媳还是力求克尽传统媳妇应尽的责任,显示出童养媳在清代台湾社会文化已经是相当普遍,同时相当能够被接受的习俗。从我们以往进行的台湾童养媳婚研究显示出,贫穷并非导致童养媳婚出现频率增加的主因,经济对童养媳婚的形成背景并非关键因素,甚至台湾经济发达地区童养媳婚的比例反而更高。当然,这仅仅是台湾的例子,未来还需要继续费孝通先生提倡的区域比较研究,才能进一步了解童养媳婚的社会文化经济脉络底下的区域差异性。

参考文献

一 中文文献

费孝通:《江村经济:中国农民的生活》,中华书局香港分局1987年版。

费孝通:《生育制度》,载《费孝通文集》第四卷,群言出版社1999年版。

庄英章:《家族与婚姻:台湾北部两个闽客村落之研究》,台湾"中研院"民族所。

二　英文文献

Chuang, Ying-Chang, "Chinese T'ung-yang-hsi Marriage: The Ch'en Family of Tou-fen", Taiwan. Proceedings of the National Science Council, Part C: Humanities and Social Science, 1 (2), 1991.

Chuang Ying-chang and Arthur P. Wolf, "Marriage in Taiwan, 1881 – 1905: An Example of Regional Diversity". (with Arthur P. Wolf) *The Journal of Asian Studies*, 54 (3), 1995.

Chuang Ying-chang, *Guest in the Dragon: Social Demography of a Chinese District, 1895 – 1946*, New York: Columbia University Press, 1983.

Stockard, Janice E., *Daughters of the Canton Delta : Marriage Patters and Economic Strategies in South China, 1860 – 1930*, Stanford: Stanford U. Press, 1989.

Wolf, Arthur P., "Adopt a Daughter-in-Law, Marriage a Sister: A Chinese Solution to the Problem of the Incest Taboo", *American Anthropologist* 70 (5), 1968.

Wolf, Arthur P., "The Origins and Explanation of Variation in the Chinese Kinship System". in K. C. Chang ed., *Anthropological Studies of the Taiwan Area: Accomplishments and Prospects*, 1989, pp. 241 – 260.

Wolf, Arthur P. and Chieh-Shan Huang, *Marriage and Adoption in China, 1845 – 1945*, Stanford: Stanford University Press, 1980.

海外华人、侨乡与围龙屋

——梅州南口侨乡村的田野考察[*]

周大鸣　段　颖[**]

（中山大学人类学系）

客家迁徙历史，可谓历史悠久，从中原五次迁徙，再到奔走、定居南洋，客家在各地建立起了双边甚至多点的跨国关系。在往来之间，客家华侨、华人在不同的历史时期与故乡保持着不同的联系，对地方社会的发展予以极大关注与支持。海外客家人与侨乡的互动，具体反映在移民、侨汇、宗族、围龙屋等诸多方面。其中，围龙屋作为客家物质文化的重要表征，其兴衰变化也反映出海外华人与侨乡关系的历史变迁。本文即基于对梅州市南口镇侨乡村的田野调查，通过对围龙屋文化及其历史变化的叙述、分析，探讨海外客家人与侨乡、围龙屋的关联，并从侨乡围龙屋的发展中透视侨乡的社区历程。

---

[*] 本文基于2010年中山大学人类学系2007级本科生的田野调查，作者时任带队指导教师，同时也参与了该次田野调查，在此谨对黄嘉琪、俞小婷、刘念、刘拓等同学表示感谢。

[**] 周大鸣，中山大学历史人类学研究中心副主任、移民与族群研究中心主任，教育部长江学者讲座教授；段颖，中山大学人类学系副教授，移民与族群研究中心研究员。

一 侨乡与围龙屋

梅州市南口镇侨乡村为梅州著名侨乡，位于麓湖山脚，三面环山，风景秀丽，苍翠郁郁，溪流潺潺。全村面积1.5平方千米，由寺前排、高田、塘肚三个自然村组成，现有村民650户，2735人[①]。村中以潘姓为大姓，约2000人，小姓还有温、黄等。新中国成立后，地区行政改革，三村合一，命名侨乡村，顾名思义，侨乡村仍因其华侨众多而得名。侨乡村称谓由来虽只有半个多世纪，但其自然建村历史则可上溯四百余年。村中建于不同时代，风格独特、错落有致的围龙屋建筑群，即是明证。由于保存较为完好，侨乡村被誉为"客家世界第一古村落"。

侨乡村的围屋大致可分为三个建造时期，早期以明嘉靖年间的老祖屋为代表，如老祖屋、品一公祠等，是客家宗族聚居、祠宅合一的大型集合式住宅；过渡时期以清中叶的上新屋为代表，随着宗族后嗣的开枝散叶，一部分潘姓族人分家之后，搬出老祖屋，另择新地，建设围龙屋；后期以清末的"南华庐""南华又庐"等华侨屋为代表，由于人多田少，当时侨乡村许多人被迫下南洋谋生，事业有成之后，荣归故里，置地建房，侨乡人一般称之为华侨屋。

侨乡村围屋建筑各具特色，现存围屋98座，包括寺前排村30座、高田村28座、塘肚村40座。围龙屋以中央堂屋为核心，横屋面向堂屋，在两侧呈对称分布，堂屋位于中轴线上。后面半圆部分由院落、化胎和围屋组成，围屋两头与横屋后端相接；门前为禾坪与水塘，禾坪平时可晒谷，岁时节气时则作为临时的娱乐设宴场所，半圆形水塘，平时可养鱼、洗涤、防火，因水能聚财，所以屋前池塘大多也具有风水意义。而华侨屋则部分继承了围龙屋的特色，同时也融入了不少南洋建筑风格，规模未必有围龙屋大，但大多显得富丽堂皇，其中又以具有"十厅九井"的南华又庐最为出名。

---

① 统计数据由南口镇政府提供。

二 围龙屋文化

一个围龙屋的整体布局由三部分组成，屋舍主体，屋舍前的禾坪、池塘，以及后面的化胎和围屋间。其中前面的部分也包括水井、斗门，屋舍主体又有堂屋、横屋及杂屋。整个围龙屋的建筑格局呈轴对称，若俯瞰整体，忽略池塘，整座屋子就像拱门一样。但在实际建造过程中，往往有很多因素不能遂人意，地皮、风水、资金等问题都会影响到整体的效果。此外，占地面积大是这种屋子给人最直观的印象。初期的围龙屋，由于客家人聚族而居的生活习惯，都建造成集体住宅，加上化胎、围屋间、禾坪、池塘等，给人的感觉就像一个小型村落。

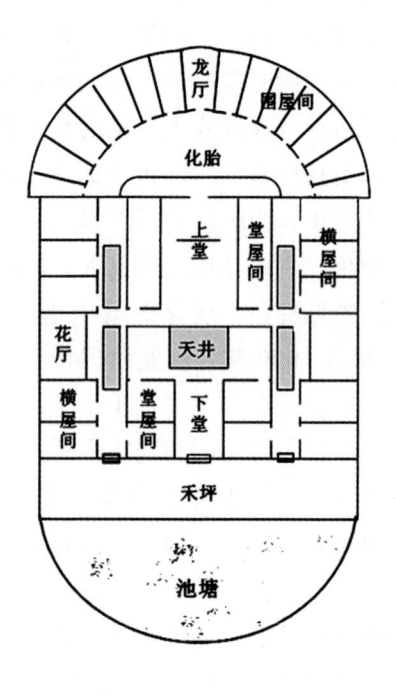

图1 典型形制"两堂两横一围龙"的围龙屋造型

正屋大门前的狭长平地为晾晒作物的禾坪，再往前就是一个半月形的池塘，这个池塘的形状和用途历来都有许多说法，风水师一说是为聚财，一说是为挡煞，不相信风水的村民则认为是为了调节空气湿度，在紧急时作救火用。但实际生活中，一般只用来养鱼，而且也并非全部水塘都是完整的半月形。在村里没有自来水以前，每家都配有一口井，这些井往往在水塘附近，但有时由于风水讲究或取水便利，井会开在房屋的其他方位。由于客家人民间信仰习俗颇多，井边都会有井神的神位，有时水塘附近还会有弥陀（池塘神）的位置。

正屋的结构也还有分类，堂屋多为两进式和三进式的，各堂的两侧都有堂屋间和堂屋厅。一般来说，两进式的上下堂间通畅无阻，仅以天井相连，三进式的中堂与上下堂间常隔有屏风门。横屋在堂屋外围，左右两边的横屋也是对称的。杂屋又称"杂横"，是最外围不规则的横屋，但并非家家户户都有。中下堂一般作摆放杂物和会客之用，而上堂则是整个围龙屋的信仰中心，屋里供有诸多神位。上下堂之间天井地上的排水口处，常插有供给土地神的几炷香。走进上堂，正对着神龛，从上至下排列着三个神位，右上方是观音像，左侧稍低一点是财神像。中间的神龛也分两部分，上面摆着祖先牌位，一般最显眼的是这座围龙屋的开基祖的牌位；下半部分摆着本宅龙神伯公的神牌。上堂的墙壁上总是有稀稀落落的几个燕子的巢，当地住民将这些鸟巢看作吉祥如意的象征，即使燕子飞走了，也还是保留了燕子窝。

观音像和财神像的下方分别开着两扇小门，门后有的人家会供着仙师①，绕到后面正中还有一扇门，打开门便是化胎。化胎底下也有神位，是代表金木水火土的五星龙神伯公之位。化胎是围龙屋的独特之处，外形看起来是呈球面隆起的石坡。关于化胎的名称，一般解释是"化育万物""变化而有胎息"之意。房学嘉认为这种寓意与客家人的生殖崇拜有关，化胎表面铺满石头，也正是女性子

---

① 这也就是行业神鲁班、杨筠松和廖炳（三者都与风水地理有关）。

宫与万子千孙的隐喻。化胎最外围是一圈圆弧，与屋子外围的"围龙"相衔接。"围"也是围龙屋的另一独特之处。这层屋子的地势一般依化胎最外围的高度而定，基本上围屋的基础都比正屋要高，故围龙屋的纵剖面看起来又有"前低后高"的特点。早期的围屋常常不止一围，原因是子孙繁衍，住地紧张，需要不断向外扩建。最内围的围龙两端与最内围的横屋相连，并依此类推。围龙最正中有一间独立的不住人的房子，被称为"龙厅"。龙厅，上堂后门，祖先神龛和大门基本连成一线，这也构成围龙屋的中轴线，两边房屋都是围绕它对称分布。

在堪舆信仰传统深厚的客家社会，即使是平凡的建筑也会因讲究风水而披上神秘面纱，围龙屋更是一种充满了风水符号的建筑。在此仅举两例，其一，围龙屋与风水的联系首先从选址开始。"围龙"之"龙"，指的是山脉。古代的风水学说带有万物有灵的色彩，绵延起伏的山脊被视作盘旋飞跃的巨龙，汉代管辂在《管氏地理指蒙》中说，"指山为龙兮，象形势之腾伏"。山脉也如人的血脉，而天地之气，则沿着山脉（龙脉）而行。龙脉末梢向四处蔓延广布，带着天地的生气回转跃动，梅县地处多山地带，在此建设房屋，也需要找到一根末梢来承接化育万物的灵气。找到了龙脉的走向后，这条走势将要穿过围龙屋的龙厅，进入家宅，点燃整个屋子的生息。所以风水师找寻龙脉，就是为了屋子能将这一股活力之泉围拢，让全家受到它的庇护。

其二，化胎也是依照山形而建的，与龙脉的关系很大。风水学说中最忌横冲直撞，龙脉入屋，化胎的坡度就由风水师说了算。建围龙屋有"急龙缓受，缓龙急受"的说法，越是走势凶猛的龙脉，就越需要平坦的化胎，反之，饱满的化胎也是引龙脉入室的手段。例如塘肚村的田心堂，就属于缓龙急受的类型。相关的说法又有"千斤门楼，万斤化胎"，指的是化胎是否符合风水规范对于整座围龙屋建设的成败有万斤之重。前面说到，化胎之名有"变化而有胎息"的意涵，化胎受到天地之气的孕育，而作用在"人杰"上，这体现了古代堪舆学说中"天人合一"的思想。当地人认为建什么房出什么人，也是这个道理。

此外，作为客家人传统的居住空间，围龙屋还体现出以下特征。

围龙屋具有整体的开放性与畅通性。围龙屋的整体相通性可以表现在房屋排水系统的设置上。围龙屋背山而建，整体呈现出前低后高的态势；多个天井是均匀分布的，并且通过管道相互连通，这样就避免了某一处的积水过于严重，并且所有的排水管道都直接通向围龙屋前的半月形水塘，"肥水不流外人田"，也是对水资源的一种储存和再利用。这种建筑设计把围龙屋整体进行连接和沟通，保证了外力的均匀缓冲，使围龙屋自身就成了一个自我调节的生态循环系统。

围龙屋亲近自然、与自然和谐共处。围龙屋的选址十分讲究"风水"，实际上是在强调人与自然的和谐，自然美与人文美的统一，因此，它体现了人与自然和谐共生。居住在山区的客家人艰苦奋斗，努力将穷山恶水建成美丽家园，在生产和生活的实践中，既改造自然，又适应自然。他们将客家围屋建造在青山绿水之间，没有青山绿水，也要人造出屋后风水林，屋前大榕树、大池塘，房屋与田园、林木、水池构成风光如画的美景。与自然相融相协调，巧妙地利用自然，这些使围龙屋本身成为一个可持续的自然生态系统，"天人合一"，体现了客家人的生存和生活理念，即顺应自然，利用自然，与自然和谐共处。

围龙屋承载了客家人的文化理念和价值观念。围龙屋是客家族群源于生存需要而产生的文化创造，是客家人对生存压力的调适，其不仅具有保存人身财产安全之意义，而且还引申为一种社会规范和价值观念。大围屋的祖宗设在上堂，自上堂前面逐级降低，显得祖宗尊贵。中堂即是宗祠，各种祭祀及宗族大典活动即在此举行，可收团结凝聚之效，亦可对族人行为发生非正式的社会控制作用。祖堂两边建横屋，子孙分住两边，以宗族为中心，有利于增强宗族的凝聚力与培养集体主义精神。以宗族为中心，紧紧围绕在祖宗周围，有利于实行宗法制度。

在围龙屋里大家聚在一起，互帮互助，遇到困难的话，大家就会很团结。比如有人生病了，大家伙儿就一起来看望，再比如婚丧喜庆大家愿意帮忙一起做。团结的力量大，这种风气一代一代地传承下来。把祖先好的东西全部传承下来。好的传统会讲，流传下来。好的习惯、教育会给你一个印象和烙印，这些是榜样，给人启发。围龙屋里的生活其实能体现出家族、宗族的凝聚力和传承力。①

围龙屋是客家人的独特建筑，它不仅仅是客家人的居住场所，更深刻地反映了客家人和客家文化的诸多特性。围龙屋是客家人、客家文化的一种外化表现，而反过来，外在的建筑房屋这种物化形式也会影响居住在其中的客家人。即围龙屋与客家人、客家文化之间是相互影响、相互建构的。人能够作用于外在的物，物同样能够作用于人，只不过物对人的这种作用具有间接性和隐秘性罢了。

三 宗族、海外华人与围龙屋

围龙屋与宗族聚居。聚族而居是侨乡人传统的居住方式，而围龙屋正是宗族聚合的建筑体现，同时也是宗族凝聚的精神空间。对于客家聚族而居的原因，客家学者有其自身的解释（如中原迁徙论）②。自罗香林先生的《客家研究导论》之后，大多数客家人对罗氏论述深信不疑，"客家的中原情结或心态，是客家人强烈的族群意识的体现，也是一种客家在'中心—边缘—中心'挣扎的心路历程，是对中原正统地位的攀附与回归。当客家人被视为'獠''匪'的时候，客家人最需要的是将自己与中原汉文化之间建立起

---

① 房学嘉等编著：《客家文化导论》，花城出版社2002年版。
② 吴永章：《客家传统宗族社会论略》，《嘉应学院学报》2005年第5期。

正宗的联系。"①

科大卫、刘志伟认为，明清以后在华南地区发展起来的"宗族"，并不是中国历史上从来就有的制度，也不是所有中国人的社会共有的制度，而是明代以后国家政治变化和经济发展的一种表现，是国家礼仪改变并向地方社会渗透过程在实践和空间上的扩展。② 宗族的实践，是宋明理学家利用文字的表达，推广他们的世界观，在地方上建立起与国家正统拉上关系的社会秩序的过程。另有客家学者强调客家族群很大程度上继承了中原家族制度，体现其"以郡望自矜"的客家意识，同时传统的士族制度也塑造着客家的宗族文化。③ 然而，从相似的"遗传"因素中更应解读客家人如何将"中原传统"在地方展现，又如何运用乡土调适后的宗族与国家互动，如何随时势变化调整地方宗族的生存发展策略。

至于防御的需要，聚居的确可以起到一定的作用，但是作为聚居的载体围龙屋原本却没有什么防御功能。侨乡村早期的围龙屋例如老祖屋、德馨堂等，并没有完全封闭，而是一个四通八达的开放空间。梅江流域的围龙屋在初期并没有特殊的防御性，虽然在光绪《嘉应州志》上有关历代各种匪患的记载不绝于书，只有到清代中叶，一种改进的围龙屋才封闭起来。至20世纪三四十年代造的"华侨屋"则有铳眼、炮楼出现。④

除去围龙屋的延续因素，还包括贫穷、节省土地和集体劳作。这三个原因也是互相联系的。陈志华、李秋香在《梅县三村》中也提到了侨乡村显见的贫穷。与今日侨乡村相反，在村里人大量出海之前，寺前排、高田和塘肚并不富裕。客家还是以农耕为主，而侨乡村位于一个小的山间盆地中，耕田并不多。既没有什么外来收

---

① 周建新：《深化客家研究的再思考——从罗香林及其〈客家研究导论〉谈起》，《客家研究辑刊》2007年第2期。
② 科大卫、刘志伟：《宗族与地方社会的国家认同——明清华南地区宗族发展的意识形态基础》，《历史研究》2000年第3期。
③ 张卫东：《客家文化》，新华出版社1993年版。
④ 陈志华、李秋香：《梅县三村》，清华大学出版社2007年版，第29—30页。

入,又没有肥沃的土地,贫穷在所难免,也就很难从祖屋中搬迁出来新建自家的房子。当土地非常珍贵之时,兴建新的住房似乎很奢侈,并且围龙屋大多建在山麓下,没有占用大量耕地,宗族聚居也可以节约土地。再者客家的农耕主要靠女性完成,女性没有男性身强力壮,需要整个群体的支持。围龙屋的宗族聚居使得互相帮助更加方便,孩童也可以在聚居中完成社会化。

然而,宗族聚居并不总是好事,也很容易滋生人们之间的矛盾。住在一起的不同家庭基本没有隐私,而且很容易发生互相比较的想法,别人过得比自己好一点难免会不舒服。人们的传统观念还是住在祖宅里是没有出息的表现,有本事还是应当出去建新房。如今寺前排老祖屋、塘肚出水莲、品一公祠里都还有人居住,但一般都是经济状况不太好的家庭或者老人。

华侨屋与宗族发展。一批又一批的侨乡人在海外奋斗,拼搏后多有发迹者,他们除了不间断地为侨乡的亲人给予生活费用和物资,在积攒了一定积蓄后,均纷纷在家乡建造房屋,大大地改变了侨乡村的面貌,也改变围龙屋聚族而居的宗族互动方式。寺前排、高田和塘肚三村的华侨屋建设相应地于20世纪最初四十年间达到高潮[1],直到被日本帝国主义发动的侵略战争打断。

1. 海外华人、华侨屋与宗族情结。侨乡华侨回乡起屋一方面出于经济理性,"量少而分散"侨资特点和海外职业结构,限制了华侨的投资实业能力与数量;加上国外排华、国内动荡,村民逐渐意识到"家"的物质基础,同样是宗族延续的根基所在。这同时也体现着华侨的宗族情结,既带有光宗耀祖的象征意义,也有承祖

---

[1] 当时较为出名,现存较好的有:潘氏钦学系十五世祥初的南华又庐(1904年)、展初的承德楼(1912年)和育初的儿子所建的焕云楼(20世纪40年代),还有星福的伟新庐、松桂的锦冈围(均为20世纪40年代)等;潘氏钦罗系的十五世君勉的荫华庐(1919年),十六世植我的东华庐和东华又庐(1919年)、宇怀的宇安庐(20世纪30年代)、季文的继曾庐(20世纪30年代)、植我的弟弟德我的德华庐(1933年)等。塘肚的华侨屋相对寺前、高田的少,重要的有十五世森寿建的敦义庐(20世纪30年代)、十五世经猷和伦猷的景星围(20世纪30年代)、十五世银猷和钜猷完成的锦和庐(十四世缵珍初建于20世纪30年代)、十七世锦三的锦华庐(20世纪30年代)等。

训、扬宗光之敦教作用。房屋不仅是人居的物质存在，更是一种情感表达，它包含着数代人对家族渊源与先祖记忆的建构，一辈族人漂洋过海白手起家的记录。再从家庭结构上看，村里的童养媳、子嗣高堂也给予了华侨以"上有老母，下有妻小"的亲缘纽带，关系到自己血脉的传承。故而从现实和情感上看，华侨屋与家族的发展延续密切相关，是情结的表达，也是责任的体现。

2. 华侨、屋名与宗族。大大小小的房子，大都有名。名称有很强的时代特色与宗族色彩，最老的以风水"喝形"命名，如寺前排老祖屋叫"猫形"，塘肚潘伸公（前溪公）祖屋叫"牛形"，品一公和允彝公合建的围龙屋叫"出水莲"。在侨乡观念中，屋形风水直接关系到宗族的盛衰与子孙后代的繁衍。稍为晚近的屋名就有所变化，或以房派关系命名，如"上新屋"和"下新屋"；或以所在的小地名命名，如寺前排的"上窝""下窝"，塘肚的"神子窝""沙子尾"等。此外，因为大型围龙屋的祖堂起着房派小宗祠或香火堂的作用，所以，有些围龙屋便直接称为"祠"，如品一公祠、允彝公祠等。

到19世纪末，第一代华侨造的房子，多称为堂，以昭显祖源之"堂号"；光绪二十八年（1902）潘立斋亦在"田唇前"（今高田村东端与寺前排村邻接处）建造的双围龙屋——德馨堂，现在村里老一辈仍习惯称其为"麻子园"。

随后，华侨出资的大型住宅相继而起，多以"庐"为名，也偶有以"居"为名者。当时华侨屋的名称大致有三种类型：一是以庐名敦训子孙者：高田与寺前两村交界的"敦贻庐"，即有"敦从祖德，贻谋子孙"之意，潘均辉外祖屋"燕诒居"，则取义"燕语宗光，诒训祖德"。二是取庐屋出资建造者的字号：如高田"琛如庐"，寺前的"荫华庐"一类。三是与其出国谋生地相关：寺前排"美华庐"屋主正是在美洲发迹；旅日华侨潘植我名其居所为"东华庐"；潘祥初在南洋经商致富相继建造"南华又庐"。以居房夸耀于乡里，承训于后代。

最后也是最"洋气"的几幢两层和两层以上的华侨屋，直称为楼,如"焕云楼""绳贻楼""承德楼"。新中国成立后,尤其是改革开放后,建房热潮再次兴起,一座座砖瓦结构的城市型"楼"房坐落在老祖屋或华侨屋旁边。传统延续,每座新楼都有一个"楼名",或许也是对"华侨年代"的文化延续。

"屋(祠)"—"堂"—"庐"—"楼"名字的变迁,反映的不仅是华侨经济带来的房屋结构与形制的变化,更有着不同的文化内涵,及凝于字面背后的观念变化。以围屋为宗族聚居空间逐渐分散;华侨屋以家庭为核心,逐渐凸显出同一宗族不同房支、家庭的发展差异,其背后是华侨的社会资源与跨国网络的对比。各户的关系微妙地变化,随着宗族生活空间的分散,家庭的独立性更强,日常生产生活的联系也日渐疏离,成为新中国成立后历次政治运动冲击的薄弱处。

四 社区历史、海外华人与围龙屋

宗族时期的围龙屋。1949年以前,侨乡村是一个宗族治理下的华南农村。村子以潘姓为主,据《潘氏族谱》记载,潘姓的开基祖——陈婆太四百年前从兴宁迁徙的途中来到这里,原本要在停歇之后前往他处,但是当地人见陈婆太一名女性出外不易,因而劝其留下,并将老祖屋中的几间房屋分给她使用。早期的潘姓子孙,由于人数颇少,都住在老祖屋内,后来人越来越多,老祖屋就不断地扩建,以至于在老祖屋外面盖起了新的围龙屋。在这个宗族繁衍扩大的过程中,潘姓子孙由最初集中在寺前排开始向高田、塘肚扩展,建立各房家业。

可见,早期围龙屋是许多小家庭以宗族或房支或大家族集体聚居的大型住宅;它以祖堂(家庙,相当于宗祠、支祠、香火堂)为中心,祠宅合一,村里没有独立的宗祠。侨乡村里的围龙屋大体可以分为两大类和一种过渡形态。早期的一类多为清代中叶以前造的,以"老祖屋""品一公祠"等为代表,是早年务农的客家人所建,大家族聚居。这类早期围龙屋最典型地反映了客家的宗族共同体生活传统。这些围龙屋虽然可能因历代积累而规模很大,但质量不高,祖堂窄小,房屋低矮、阴暗,材质低劣,施工粗糙,居住空间较为拥挤。

侨乡村另一类老屋是在光绪后期,尤其是20世纪三四十年代在海外发迹的华侨建造的房屋,以"东华庐""荫华庐"为代表。这类建筑汲取了西方建筑理念,高敞华丽,功能合理,设施比较齐全,装修较为精致。它们虽然还部分采用传统的围龙屋形制,有祖堂,规模较大,却并不是为大家族聚居的,而是以一个核心家庭为主导,最多两三代人居住。在这两大类之间,还有不少清代中叶造的围龙屋,如"上新屋"等,是一种过渡类型。两类围龙屋代表着两个时代,蕴含着两种不同的社会历史内容,也呈现出贫富阶层的生活和文化。

社会主义运动时期的围龙屋。新中国成立初期,全国开展了土地改革运动。在宗族治理的村庄,宗族势力被看作是地主恶霸,首先受到清理。在侨乡村,土地改革有意在通过团结小姓势力,来打倒大姓势力,以此来打破封建社会时期宗族统治的格局。当时,村里有钱的华侨往往被划成地主,尽管他们并没有霸占很多贫苦农民的土地。但与穷苦的农民相比,他们修葺了豪宅,家里有很多从南洋带回来的舶来品,一些参与过国民党工作的人家里还留有一些枪支,也雇用了农民来自家的田地里耕作。因此,侨乡村的土地改革以此划分出了"华侨地主""华侨工商业""华侨小商"、富农、中农、贫下中农等。在村民的记忆中,侨乡村有五间围龙屋被划成里地主,如锦华庐、德馨堂、庆云庐、荫华庐、南华又庐,被划为地主成分的多是建造了自己新屋的华侨,土地改革不仅将生产资料进行了重新分配,同时也将生活资料进行了分配。华侨地主的财产包括土地财产和家内财产,屋内的舶来品以及土地都分配给了贫下中农。

在土改时期,有野战部队驻扎在侨乡村,因而原本要分给贫下中农的房屋便让给部队居住。1959年,落实华侨政策,又将这些房屋归还给了华侨。野战部队驻扎在围龙屋的时候占用了大量的房间，从两侧横屋到围龙屋内的房间，而围龙屋原来的主人则集中在比较小的几间屋子里。围龙屋内的部分被用作药房的房间进行了小的修改，但在那一时期对围龙屋外形的改造仅此而已，此外再没有其他的破坏。

土改之后，计划经济随之到来，以生产队为单位的集体分配在侨乡村展开。侨乡村每个围龙屋由数量不等的多个家庭组成，生产队最初是由互助组开始的，每个互助组由三到五个家庭组成。互助组的职能是发挥几个家庭各自的生产优势，义务性地互相帮助，在互助组的基础上组成了初级社，例如，品一公祠就属于两个初级社。据潘姓村民回忆，品一公祠里最多的时候住着二三十户人家，大家没有专门的房间用来吃饭，因而就在天街①上吃饭，甚至家人少的就站着吃或者边走边吃。

像品一公祠这样将一个大的围龙屋人为地划分成几个初级社的情况仅仅算是其中之一，仅代表侨乡村在人民公社时期最普遍的一种生产队划分方式，此外还有两种比较典型的划分方式。一是几个小的围龙屋由于家庭人数较少，人为将他们划到一个初级社里，构成这样初级社的家庭很可能是不同姓氏的，如黄姓、刘姓、钟姓有可能与几户姓潘的人一起被划分到一个初级社里，这些同处在一个初级社里的家庭很有可能之前并不认识。还有一类现象，如当时德馨堂的二房与兰馨堂的一家自愿组合，打破了围龙屋里的宗族格局，因此就出现了长房与二房是分开两个生产队的状况。出现这类状况多是因为这几家人的关系比较好，因为互助组的组成前提就是自愿组合，有助于生产活动的开展，因而就出现一些同一个围龙屋内，有少数家庭与多数家庭不属于同一个生产队的状况。

侨乡村以围龙屋为生活共同体的社会格局开始被打破，取而代之的是以家庭为单位按照一定数量组成的初级社，在侨乡村分布着数十个初级社，由初级社构成 27 个生产队，这 27 个生产队同属于侨乡村生产大队。这样一来，家族内部的凝聚力被大大削弱，这一

---

① 围龙屋内房间与房间之间的过道。

时期家族的管理者不再是家族内部有威望的人，而是由生产队——这一外部力量来进行管理，从内部开始离散宗族的凝聚力。

图2　品一公祠全景

1955年至1958年是人民公社化的高潮，全国各地纷纷积极地响应。在侨乡村生产大队的带领下，给每个生产队集体下达生产任务，统一分配劳动，按工分计算劳动量，统一生产、收购，统一按工分分配劳动产品。这种集体计划经济的一大弊端就是无法调动个人劳动的积极性，大家认为干多干少一个样，只要按时出工，就有工分拿，是否出力不影响个人所分配到的劳动成果。在计划经济时代，侨乡村有三个食堂集体供食。村民们在集体食堂里吃饭，不需要缴纳任何费用。这样一来，在生产量不变甚至降低，消费量却提升的情况下，就出现三个月就将全年的粮食用完，剩下多半年时间里村民们没有饭吃的现象。

"大跃进"时期，响应国家"大炼钢铁"的号召，各家各户都将家里的铁制品捐献出来。除去生活用品中铁制的锅具等，甚至将围龙屋上原本铁制的栏杆、门闩都被拆掉交公了。此外在大炼钢铁的时候需要大量燃料，村民砍伐了山林里很多原始的粗壮树木。

1960年至1962年，国民经济萧条，不过侨乡村里仍有海外寄回的侨汇补贴家用。国家对华侨有优惠政策，村民可以凭借侨汇到专门的商店里面购买商品。这个时期农业生产以生产队为单位，当时按照人口、时间来分配工作，实行多劳多得制。这时，侨乡村不再新建围龙屋，建房需要耗资巨大，占地面积也大，一般村民无法承受。

"文化大革命"时期，从全国范围来看，农村受影响程度并不像城市那样严重，但侨乡村的生产、生活秩序还是受到影响，主要体现在对围龙屋的破坏以及乡村权力格局的改变上。

五　围龙屋的现状与修缮

围龙屋的现状。1978年，党的十一届三中全会召开，全国上下开始将工作的重心转移到经济建设上来，在农村开始实行家庭联产承包责任制，再次调动起农民的生产积极性，农村的经济发展有了起色，也成为农村社会发展的转折点。但是，随着时代的发展以及农村家庭、经济结构的转变，原先聚族而居的社会生态，已然成为过去。在如今的侨乡村，没有人居住、已被废弃的围龙屋达半数之多，由于没有人进行修缮和保护，有些已经倒塌。那些无人居住的围龙屋，要么闲置，任凭杂草丛生，要么已成为杂物间，用来存放农业生产器具以及农忙时节新收回来的稻谷等，也有一些人在老屋里面养殖家禽。在这些老屋内，天井和化胎上多是杂草丛生，室内堆放的杂物毫无秩序可言，尘土、蛛网布满每一个房间的角落。

这些看上去废弃了的围龙屋，有些是有主人的，而且就住在附近，他们会定期回来看看老屋里自己的房子，尽管没有人居住了，但是还是会关心老屋的安全问题，但已不那么上心。而有些房间主人远在南洋，且事业发展、国家认同已逐步转向当地，很少回来，房门上锁，里面的境况究竟如何，无人问津。还有一些人在搬出老屋的时候已经彻底将老屋内属于自己的房子卖掉了，断绝了与老屋之间的关系。也有一些人保留自己对老屋的所有权，将屋子租给别人使用。

现在尚有人居住的围龙屋大致可分为两类，一类是居住在老屋内，通常是从祖上开始就一直在那里居住的人，传了很多代人。他们之所以没有搬出去住，大多是经济原因。很多搬出者都是有一定经济能力，能够自己建得起房子的人。另一类是居住在早期有钱华侨自己修葺的围龙屋内，这样的华侨屋要么是华侨后裔继承家产居住在此，要么是旅外房主专门请人住在围龙屋里替他们看管房子。这类围龙屋也是侨乡村至今保存最好的围龙屋，如绳贻庐、承德堂等。总体来说，有人居住的围龙屋保存较完好，人们多少会对其进行适当的维护。

今天虽然很多围龙屋都已无人居住，但其祠堂的功能依旧清晰可见。在侨乡村走访的所有围龙屋内，在上堂都摆放着神龛，但神龛的规模、新旧程度有所不同，有些不仅供奉着祖先的牌位，同时还悬挂着祖先的画像，祖上留下的家训完好地贴在上堂门楣上，而有些仅仅有个祖先的神位，供奉些香火，连祖先的牌位都没有。但尽管如此，村民们都会在过年时回到祖屋祭祖，香火依旧旺盛。

从现在的围龙屋很难再看到早年鼎盛的生活图景，尽管原来大家也是以各自家庭为单位生活，但是毕竟同处在一个围龙屋下，日常的相处少不了。但是现在大家纷纷从围龙屋里面搬了出来，平日里的接触很少。虽然家户之间的矛盾减少了，但是联系也没有原来那么紧密。现在只有婚丧嫁娶或添丁摆酒时，家族内成员才会在围龙屋内摆酒团聚。即便是春节祭祖，很多家族也不是约定时间一起进行，而是小家庭各自为政。族人有些已迁至外地不能经常回来，就算在家之人，祭祖程序也是省而又省，但村民仍然强调，虽然祭祖的仪式没有以往那样繁杂，但是村民仍保留着尊祖敬宗之情。

围龙屋的修缮。今天，保存下来的最早的围龙屋已有四百多年历史，晚近修建的也有六七十年，这与围龙屋的主人对围龙屋的修缮与保护是分不开的。对围龙屋的修缮小到使用者平日里的添砖补瓦，大到发动家族全体成员共同捐资翻修。值得一提的是，没有一间围龙屋是完全属于个人，即便是华侨修建的新式围屋，传到今天都是有几个兄弟共同继承的父业，围龙屋始终是公共财产，因而修葺围龙屋自然也不是一个家庭的事情。

围龙屋的修缮工作涉及家族成员的合作，无论国内还是海外，这个过程有前期的动员、组织策划、实施、经费等一系列环节，其中每一部分都非常重要，都会直接影响到家庭关系的和谐以及个人在家族中的地位与声望。凡是进行大型修整的围龙屋，都在堂屋处刻有芳名碑，芳名碑上刻着为修葺围龙屋捐款的人名以及捐款金额。而也有一些保存情况较差的围龙屋，经主人介绍是因为无法很好地组织起大型的修葺工作，因而勉强地做一些小修小补居住到今天。下面将以兰馨堂2005年修缮为例，说明围龙屋的修缮过程。

图3 修葺一新的兰馨堂

兰馨堂坐落在侨乡村的高田村，至今已有三百年历史，现在常年居住在其中的有四户人家，还有三户人家在梅县建有新房，但偶尔也回到这里居住，与老屋之间保持着比较密切的联系，这其中包括主持重新修建围龙屋的两个骨干，潘培林和潘志华两位老人。现在兰馨堂可以看到上堂的位置悬挂着两个灯笼，一为刘姓，一为潘姓。历史上兰馨堂本是刘姓祖屋，而此时的祖屋是只有堂屋和横屋，没有围屋。后来刘姓的女儿和潘姓的儿子——瑞先公恋爱，瑞先公原住塘肚村，他的父亲有十一个儿子，家里的人丁是比较兴旺的，而瑞先公又是排行老大，刘姓主人看到潘姓家里人丁比较兴旺，而且瑞先公自己很有前途，答应把自己的女儿嫁给瑞先公，同时将自己的家业给瑞先公继承，兰馨就是瑞先公的号。

兰馨堂最近一次重修是在2005年，这是规模较大的一次修整，七十多年前和一百多年前有几次小的修整。

（一）修缮的原因

原来在香港的华侨回来，看到老屋破败，上堂的位置都用来养鸡鸭，卫生状况较差，而且漏雨，因此老一辈族人倡议，"祖宗是大家的，要修就得大家一起修"。房子修好了，更重要的是维护和珍惜。

（二）修缮的过程

（1）成立筹备小组。筹备小组主要是由内宗德高望重的长辈组成，要具有一定的代表性，最好是说话算数的叔公头来担任，当时雄发叔公还在世，在征求了他的意见后，组成了以潘培兴为组长的兰馨堂重修筹建小组，潘志华任副组长。

（2）修建的原则：修旧如旧。遇到私人自己的房间，是采取三七开的原则，公家出七，个人出三，这样大家便比较积极而且自愿地进行捐款修建了。老屋的形状一定要秉承原来的规格，不得有任何修改。

（3）开会。在确立了修缮负责的人员之后，就召集各房代表开会讨论修建的方案。为此，兰馨堂特意召开了重修老屋筹备会议。在会上叔公头说明委托二老来主持修缮的事宜，并且根据事情的进度定期作汇报。会上另一个重要事宜就是向宗亲内的人员告知在祖宗的护佑下现在家族人丁兴旺的状况，既有国民党中将，也有武官，原来是二十多户，现在有三十多户人家在这里居住。

（4）资金的筹措问题。资金的问题，要有预算，总共筹了三次款，第一次的时候预算只有4万元，在预算制订后，一方面是发动居住在侨乡村内的族亲们捐款，另一方面是与在国内其他地方和海外的华侨取得联系进行捐款。为了避免大家对财务支出产生误会与不信任，他们制定了严格的单据报销制度。当时整个修缮的过程共筹款项 69398 元。

（5）施工。在施工的时候主要请的是木匠和土建的师傅，有些是从外面请来，有些就是家里人。这两种工人的来源都是要付钱的，但是作为筹备小组成员却是自愿的，没有任何工资报酬。潘志华则亲自主持和监督修缮工作。

在重修的过程中非常重视风水，请来了专人进行堪舆，然后把他们的结果拿到兴宁一有名的风水师，最后确定结果，按照这个方案来进行施工建设。

（三）重修祖屋的影响

重修祖屋促进了家族成员的团结，关系也比以前联系更多，现在成立了维护管理房屋的专门小组，制定相应的规章制度。现在在上堂的周围可以看到用来防止鸡鸭进入的栅栏，以此来保持整个兰馨堂的整洁。

现在堂前面的鱼塘，原来是尝产，可以用来支付家里的公共开支，但是在人民公社化时期，将鱼塘统一归给生产队，现在鱼塘开支主要是用来支付兰馨堂的电费。现在像集体祭祀这样的工作都是由族内的宗亲自己捐款来负责的，就是在每年春节的时候每家每户至少捐款 10 元，来支付一年的费用。

重修祖屋唤起了家族成员强烈的宗族意识，在重修祖屋的第二年，兰馨堂重修小组的骨干趁势号召大家再次捐资，对祖坟进行修缮。当时很多人已经不知道祖坟的具体地址，而是根据潘志华的记忆找到大致的方位，在风水师的帮助下找到了祖坟，但是发现已经有别人家把围墙建在了祖坟上面，经与屋主商量发现若是在此地重修祖坟花费会比较大，而且主人家也不是很同意，于是决定在原地立碑之后迁坟，在风水师的帮助下选择了风水比较好的地方，作为新的祖坟所在地。

现在每逢春节，大家便会回到祖屋里面一起拜祖祭祀。顺序是，每年春节下午一点的时候，全家人在门口集合，敲锣打鼓地换上新衣服，一路走到塘肚村的允彝公祠祭拜，再到品一公祠祭拜，最后再回到自己家里拜自己的祖宗。由于兰馨堂的建造者——瑞先公是长子，因此每年都是兰馨堂的人先祭拜过之后其他家的人才能进行祭拜。在客家人的习惯中，在前去祭祀的路上献给祖先的物品都由女人来挑，男人不挑东西。自从修葺好了祖屋之后，大家的集体意识明显加强了很多，在集合的时候也不像以前一样拖沓。

六　结语：围龙屋的传承与未来

现在，越来越少的人住在围龙屋里，能够像兰馨堂那样进行有组织有策划的翻修工作，在整个侨乡村也仅此一例，由此可见，围龙屋的传承势必成为一个严峻问题。离开围龙屋的人，抱着各种各样的原因，围龙屋里的生活条件相对较差，年轻的人很少有能够适应里面的居住环境，同时，大部分年轻人因为工作的原因离开了侨乡村，而早已定居海外的侨乡村人及其后裔，虽对围龙屋的修缮给予了大力支持，但他们自己仅只是偶尔回家祭祖省亲，更不可能返回侨乡居住。

与老屋之间的距离远了，很多人对老屋的感情随之变淡。在某种程度上，老屋是宗族祖先的象征，疏远了与老屋关系多少意味着对祖先与宗族观念的淡化。村民反映，祭祖程序的简化，主要原因是回乡之人越来越少，不是所有搬出去的人都会回来祭祖，有相当数量的年轻人，搬出去就再也没有回来过。

现在围龙屋传承与保护的骨干力量多为年约五六十岁的村民。围龙屋的翻修、重建祖坟以及家族事务的管理都是由这些人来完成的。尽管他们的工作大多显得日常、琐碎，他们手中也没有掌管家族权益的大权，但是他们对老屋感情甚深，他们将老屋视之为祖先以及客家文化的象征，同时也是抹不掉的历史记忆。因此，对他们而言，修缮祖屋，具有敬祖敬宗的重大意义，希望能够代代相传。

如今，侨乡村因其人居环境优美，历史积淀丰厚，围龙屋建筑独具特色而被誉为"客家世界第一古村落"，梅州市正着手以此为基础，推广客家民俗文化旅游，并计划将客家围龙屋申报世界文化遗产，这一系列变化逐步受到侨乡村民乃至旅居海外的侨乡人的关注，也引起了关于围龙屋文化的表述与重构，以及由旅游开发而带来的多方博弈。侨乡村的围龙屋，在经历了曲折的历史过程后，又将步入一个新的发展阶段。

汉民族发展与东南地区海洋文化[*]

曾少聪[**]

（中国社会科学院民族学与人类学研究所）

摘　要：中国是一个陆海兼具、生态环境多样的国家。海洋是中华民族生存和发展的重要环境。地处中国边陲的东南地区，自秦汉以后逐渐成为汉民族的一个重要聚居区，这一地区长期处于中央王朝权力控制的边缘地带，成为中国向海洋发展的重要力量。东南地区人民在漫长的历史岁月中不断地向海洋发展，形成了自己的海洋经济、海洋社会和海洋文化，这些内容体现了中华文明海洋性的一面。本文阐述了东南地区的海洋发展，探究了东南地区海洋环境与东南沿海社会发展的关系，说明东南地区的社会发展充分地利用了海洋环境与海洋资源，指出东南地区的经济、社会和文化具有浓厚的海洋性特征。通过对东南地区的海洋发展与海洋文化的研究，本文提出东南地区的海洋发展培育了海洋文化，而海洋文化又推动了东南地区的海洋发展，进而说明汉文化不仅有深厚的大陆文化色彩，而且具有浓郁的海洋文化特色。

关键词：中国　东南地区　海洋发展　海洋文化

---

[*] 本文得到杨国桢教授主持的 2009 年教育部哲学社会科学研究重大攻关项目第 15 号招标课题"中国海洋文明史"（项目批准号：09JZD0015）、曾少聪主持的 2011 年福建省哲学社会科学规划重大项目"海峡西岸经济区的生态环境与地域特色文化研究"（项目批准号：2001Z014）的资助，在此致谢！

[**] 曾少聪，中国社会科学院民族学与人类学研究所研究员、博士生导师。

中国是一个陆海兼具、生态环境多样的国家。海洋是中华民族生存和发展的重要环境。中华民族不仅在内陆发展，而且向海洋发展，甚至移民海外繁衍生息。在现今中国的版图内，有1.8万余千米的海岸线，1.4万余千米的岛岸线，沿海岛屿6500多个，4大海域的海洋国土面积达300余万平方千米，相当于陆地国土面积的1/3。在漫长的历史岁月中，中华民族不断地向海洋发展，形成了自己的海洋经济、海洋社会和海洋文化，这些内容体现了中华文明海洋性的一面。[1]

关于中国海洋发展的研究，滨下武志教授提出朝贡贸易圈和"海洋亚洲"的概念，把中国沿海地区与环中国海周边各国、印度洋沿岸诸国视为海域世界的重要区域，作整体的研究。[2] 以北京大学何芳川教授为首的亚太区域史项目组，以环太平洋作为区域分析单元，从世界现代化进程、环太平洋区域的历史发展的视野切入，研究中国航海文明、太平洋贸易网络和中国的海外移民。台湾"中研院"人文社会科学研究中心海洋史研究专题中心，探讨中国海洋发展史，已经出版《中国海洋发展史论文集》十多辑，由"中研院"中山人文社会科学研究所出版。以厦门大学杨国桢教授为首的中国海洋史课题组，以海洋中国与世界为研究平台，从中国海洋社会经济史入手，研究中国海洋发展史，着重探讨中国的海洋经济、海洋社会和海洋文化。由杨先生主编的《海洋与中国丛书》（8本）、《海洋中国与世界丛书》（12本），已经由江西高校出版社出版。以往的研究主要从中国海洋发展史的角度探讨中国的海洋发展，较少讨论中国的海洋文化，更少论及汉民族海洋发展与海洋文化的关系。历史与现在，东南地区一直是中国向海洋发展最活跃的地区，也是汉民族的重要聚居区，东南地区展现的海洋文化是汉文化的重要组成部分。

---

[1] 杨国桢主编：《海洋与中国·序》，江西高校出版社1998年版。
[2] ［日］滨下武志：《近代中国的国际契机——朝贡贸易体系与近代亚洲经济圈》，朱荫贵等译，中国社会科学出版社1999年版。

一　汉民族南向发展

有关汉民族和汉文化，凌纯声教授指出："亚洲地中海为南北向，可以台湾分开为南北两地中海，有时我们称北洋和南洋。……中国文化是多元的，文化的形成是累积的，最下或最古的基层文化，可以说是发生和成长于亚洲地中海沿岸的海洋文化。……华夏民族来自大陆，因此他们是代表大陆文化。古代居于亚洲大陆东岸的海洋民族，中国史书概称之为'夷'，又因所据方位不同，在东北者曰东夷，在东南者曰南夷或蛮夷。"[①] 凌先生指出华夏民族来自大陆，代表了大陆文化。汉族的先民来自华夏族，因此汉文化来源于大陆文化。换句话说，大陆文化是汉文化的基础。

秦始皇统一中国并建立了秦朝，随后汉朝建立，并统治中国400余年。秦始皇对外北击匈奴，南征百越。汉武帝时期攘夷拓土、东并朝鲜、南吞百越、西征大宛、北破匈奴，奠定了汉地的基本范围。虽然秦汉时期中国版图空前扩大，但是汉族人口分布仍集中在黄河和淮河流域。从西晋末年起，汉族人口逐渐向长江、珠江及中国东南部大规模迁徙。到明清时期，南方汉族人口便超过了北方。清朝后期为充实边疆，大量引入山东汉族。自明朝中叶以降，汉族开始较大规模的海外移民，主要移居东南亚地区，从19世纪起又有汉族向欧洲、北美等地移民。

在宋代以前，我国历代王朝的活动范围主要在内陆地区。李亦园教授指出："我国疆域广大，幅员辽阔，早期历史之活动都以内陆为中心；开疆辟土，与异族和异文化之接触，亦莫不以陆路为主。然自宋代以后，海疆的开拓逐渐重要，以东南地区为根据地的海外贸易与拓殖也逐渐受注意，而经由海路的文化接触更取代了前

[①] 凌纯声：《中国古代海洋文化与亚洲地中海》，载《中国边疆民族与环太平洋文化（上）》，台北联经图书1979年版，第335—336页。

此西向陆路的关系，故海洋发展的历程已经成为中华民族发展史上不可或缺的一页。"① 东南地区向来是中国海洋发展最活跃的地区，② 这里的人民积极参与海洋发展，使东南地区的文化具有浓厚的海洋文化特征。

但是，中国的海洋发展并不是一帆风顺，明朝实行海禁，是唐宋元以来中国海洋发展的灾难性转折点。抗战前夕，雷海宗先生在批判中国文化缺乏尚武精神，流于文弱时，便特别指出明季中国南方海洋发展的重要意义。"由明三百年间，由任何方面来看，都始终未上正轨，整个的局面都叫人感到是人类史上的一大污点。并且很难说谁应当对此负责。……整个民族与整个文化已经发展到绝望的阶段。在这普遍的黑暗中，只有一线的光明，就是汉族闽粤系的向外发展，证明四千年来唯一雄立于东亚的民族尚未真正走向绝境，内在的潜力和生机仍能打开新的出路。郑和七次出使，只是一种助力，并不是决定闽粤人民南洋发展的主要原动力。……汉人本为大陆民族，至此才转换方向，一部分成了海上民族，甚至可以说是尤其宝贵难得的水路两栖民族！"③

陈寅恪教授在其晚年的研究中更专门指出，"闽海之地"在中国历史格局中非同寻常的地位。"自飞黄、大木（郑芝龙、郑成功）父子之后，闽海东南之地，至今三百余年，虽累经人事之迁易，然实以一隅系全国轻重。治史之君子，溯源追史，追究世变之所由，不可不于此点注意及之也。"④ 陈寅恪先生谈到的"闽海之地"，主要是说该地的海洋发展。

---

① 李亦园：《中国海洋发展史论文集·序言》，台湾"中研院"三民主义研究所1984年版。
② 中国东南地区指位于中国东南部的大部区域，包括广东省、海南省、福建省、浙江省、江西省、江苏省、台湾省、上海市、香港特别行政区、澳门特别行政区。地形以山地丘陵为主，总称东南丘陵，其中以南岭为界，以北是江南丘陵，以南是两广丘陵，东部以武夷山为界，是浙闽丘陵。其也包括东海与南海。
③ 雷海宗：《中国的文化与中国的兵》，商务印书馆2001年版，第157—158页。
④ 陈寅恪：《柳如是别传》，上海古籍出版社1980年版，第727页。

二　东南地区海洋发展

王赓武教授指出:"我开始研究南中国海的早期贸易的时候,不仅为中国与这一地区早在公元前三世纪的联系所震撼,也为中国与这个像地中海似的地区之间日益增长的商业联系而惊叹不已。中国早在公元前三世纪就与南中国海发生联系,沿海的早期贸易出现了良好的发展趋势,秦汉军力抵达南中国海之后,尤其是三国时期(220—280),吴国的官商寻求与东南亚诸王国和港口建立更密切的关系。从此,中国与南海诸国建立的关系不断发展。到唐朝以后,随着南中国人口的迅速增长,双方之间的贸易和外交关系变得越来越密切,来自中国与南海的各商人集团也因此获益。直到16世纪欧洲人东来之后,这种情况才有所改变。"①

地处中国边陲的闽南地区,长期处于中央王朝权力控制的边缘地带,又承袭了闽越族善舟楫的传统,海洋经济、社会和文化得到较大的发展,成为中国向海洋发展的一股强劲力量。闽南地区的先民是百越民族的一支闽越族,越人善于用舟,习于水战。他们"以船为舟,以楫为马,往若飘风,去则难从"②,自秦汉开始,特别是晋、唐时期,大批中原汉人南移,来到闽南地区,他们与闽越人接触和融合,形成了闽南文化。闽南人接受了汉人的农耕文化,也继承了闽越族的海洋文化,他们在发展农业生产的同时,也积极地向海洋发展,踊跃参与东西洋航路的商贸活动。宋、元时期,泉州已成为世界一大名港。

自明中叶开始,漳州月港的兴起,成为中国著名的走私港。特别是太平洋航路开辟以后,月港进入了前所未有的发展时期。太平洋航路是指从西班牙殖民地墨西哥的阿卡普鲁科港至马尼拉,再从马尼拉到中国月港与广州港的航路。从1593年起至1821年墨西哥

---

① 王赓武:《越洋寻求空间——中国的移民》,《华人研究国际学报》2009年创刊号。
② 袁康:《越绝书·越绝外传记地传》,转引陈国强等《百越民族史》,中国社会科学出版社1988年版,第41页。

独立,这二百多年间就是历史上著名的大帆船贸易时期,闽南人是中国参与太平洋航路贸易活动的主力。在西班牙占领菲律宾初期,中国每年仅有两三艘船舶往返于菲律宾群岛之间。① 在太平洋航路开辟以后,吕宋成为东西方商品的集散地,菲律宾群岛航运的中心,中国往返于吕宋的船只不断地增多。据张燮《东西洋考》记载,月港鼎盛时期,从这里往外通商达40多个国家和地区。清代,厦门港逐渐地取代了月港,成为中国一个著名的港口。

闽南人民向海洋发展的结果,大批闽南人移居沿海岛屿和海外地区,增强了闽南与海外的联系。此外,也有大批的外国商人来到泉州和厦门等闽南地区,例如泉州陈埭和百奇丁氏和郭氏的祖先,他们是来闽南地区经商的阿拉伯人。大批的外国人来到泉州,遂使泉州成为世界宗教的聚居地。由于闽南人积极地向海洋发展,闽南地区形成的文化具有农耕文化的性格,也兼具海洋文化的特征。

三 东南地区经济的海洋性

东南地区的海洋经济包括海岸带农业、滩涂养殖、近海和远洋捕捞、海上运输、海上贸易、港市的发展等多种形式,这里我们着重探讨东南地区的海岸带农业和滩涂养殖。通过海岸带农业和滩涂养殖来看海洋经济的发展,以及当地居民面对海洋环境采取的文化适应。

(一) 海岸带农业

1. 垦田模式中的海洋性

东南地区大多是人多地少,为了解决温饱,需要向海岸带索要土地来发展农业。海岸带农业的生态环境与内陆有别,受海洋的影响较大。平原海岸带区尤其是入海河流形成的冲积平原,地势平

---

① 曹永和:《台湾早期历史研究》,台北联经出版事业公司1981年版,第117页。

坦，淡水资源丰富，成陆前为受海潮间歇浸渍的潮间带土壤，经过改良可以逐渐向滨海盐土、水稻土转化。而大部分山地丘陵海岸区，淡水不足，不宜耕作，但海湾众多，泥沙沉淀的大量滩涂地一直是围海造田的重点。① 东南地区漫长的海岸线上，有着大量的海洋滩涂资源。这些滩涂有的历经沧海桑田般的变化，经过自然抛荒，土壤中的盐分渐弱，变得可以耕作。随着海岸地区农业开发的不断深入，人们对海洋科学认知的提高，开始有目的地利用海岸滩涂围海造田，大量的滩涂地被改造为农田，发展起涂田、埭田、塘田、海田等多种农业开发形式。② 无论是筑堤拒潮、引淡水洗盐，还是种植耐盐作物过渡，均需海洋知识的积累及从海洋社会经济实践中汲取营养。正是沿海人们在长期的社会经济实践中，掌握了海洋潮汐和海水盐度的规律，才摸索出一整套围海造田的办法。

2. 水利工程中的海洋性因素

在改造沿海滩涂上，海岸带水利工程是与涂田、埭田等农田技术开发类型相辅相成的。与内陆地区相比，海岸带水利工程的海洋性因素集中表现在其"蓄淡洗盐"和"拒海防潮"的独特功能上，所谓："海乡水利不外捍卤蓄淡二事，盖以海近山浅，河流短，非外有堤防、内有潴蓄，则不可以备旱潦。"③ 有些缺乏淡水的沿海丘陵、岛屿岸带，其水利形式则有所不同。这些无溪泉资灌的"海田"，就因地制宜，在田头地尾挖井，汲取地下水灌溉、改良土壤。如闽南地区，"泉、漳间山薄无泉，海近易浅，故其地喜雨恶旱，田中多置井，立石如表，辘水灌溉"。惠安东部沿海更是此类之典型。此地"地顾濒海，田称瘠焉，田既瘠矣，而溪泉又不达，于是民间田者，辄凿泉以取水。当夏，桔槔涓滴之水，以死争之"。加之砂质土地，易旱，"昜月不雨，泉竭水涸，天遂以灾，不获

---

① 于运全：《海洋天灾》，江西高校出版社2005年版，第254—255页。
② 同上书，第255页。
③ 民国《定海县志》卷一《水利》，中国地方志丛书本。转引自于运全《海洋天灾》，江西高校出版社2005年版，第260页。

闻矣"。①

　　海岸带农业虽不属于海洋产业，但因为应对独特的海洋气候和频繁的海洋灾祸而展现了海洋性的特征。这主要表现为：耕地的拓展多靠围海造田，农田开垦模式表现为涂田、埭田、海田等特殊形式；发展起利用潮水之力灌溉的潮田；水利功能除蓄淡灌溉之外，还有"洗盐"和"拒潮"。此外，有些不适合农作的海岸带丘陵、岛屿地带，多发展起形式多样的海洋生计模式，农业开发只是辅助性的。海洋带农业作为古代农业的一种类型，具有陆海双重性格，既是传统农业文明的渗透和延伸，又是和当地海洋文明互动和涵化的结果。海洋作为中华民族生生不息的活动空间，人们因应海洋灾害发展起的有海洋特色的农业模式，是海岸带农业不同于内陆的根本原因。②

（二）滩涂养殖

　　福建沿海地区的滩涂、浅海面积广阔，开发利用潜力大、效益佳。据有关资料表明，福建沿海拥有滩涂面积约 20 万公顷，浅海面积 42 万公顷。这些滩涂、浅海大都分布在港湾、河口附近地带，开发利用方便。莆田县滩涂、浅海面积最大，达 7.72 万公顷；其次是霞浦县，面积达 6.96 万公顷；仙游县面积最小，仅 0.06 万公顷。滩涂按其底质的不同，大体可分为泥质、沙泥质和沙质三种。泥质滩涂主要分布在闽江口以北的湾内和湾口，宽 1000—3000 米，这些地方一般受风面小，滩面较平坦。沙泥质滩涂主要分布在沙埕港、罗源湾、三都澳、福清湾、兴化湾和泉州湾等港湾内。这些地方受风面较小，宽度可达 1000—4500 米。1950—1980 年，滩涂年均淤涨面积达 7 平方千米，搞好滩涂开发，可适当弥补沿海人多地

---

　　① （清）张宇：《惠邑分疆议》，嘉庆《惠安县志》卷三十二《文集》。转引自于运全《海洋天灾》，江西高校出版社 2005 年版，第 262 页。
　　② 于运全：《海洋天灾》，江西高校出版社 2005 年版，第 263—264 页。

少的不足。① 因此，养殖缢蛏和牡蛎成为福建养殖业的重要内容。

在沿海养殖业中，村民随潮水涨落而作息，与农耕社会的日出而作、日落而息有一定的差异。在闽南沿海乡村，最常见抓蛏方式是手工捉苗，因为一年四季都可以在滩涂上收获自然生长的缢蛏。因为价格的原因，捕获的小缢蛏放到埭田里继续放养，而捕获的成熟缢蛏则可以直接拿到市场上销售。在天然滩涂上起捕蛏苗时，乡民们跟随潮汐的涨落结对出海驶往滩涂，由一条船或两条船组成船队。通常一条船上男性船员3—4人，分别负责掌舵、轮机和其他事物，女性则10—20人专门负责在滩涂上抓蛏苗。出海时，女性往往集中在一条船上先出海以赶海潮。出海的时机选择在潮水将要退却的时候，太早出海则到达目的地后滩涂还在水面以下，需要等潮水退去。太晚则潮水已经退下，不利于行船。而回来的时间则是潮水刚刚回涨的时候，必须在潮水回涨淹没滩涂前将所有下到滩涂劳作的妇女接回船上，并计算当日的工资。村民随潮水涨落而作息，潮汐规律是决定劳作周期的决定性因素，这显然有别于山地农耕区域按太阳运行周期"日出而作、日落而息"的起居劳作规律。②

四　东南地区社会的海洋性

探讨东南沿海社会的海洋性，可以从东南地区直接或间接的各种海洋活动中，人与海洋之间、人与人之间形成的各种关系的组合，包括海洋社会群体、海洋区域社会等不同层次的社会组织及其结构系统进行讨论。在这里主要讨论东南地区社会的婚姻家庭和船上社会组织方面。

---

① 福建省地方志编纂委员会：《福建省志·地理志》，方志出版社2001年版，第241页。
② 吴振南：《海岸带资源开发与乡民社会变迁——以竹塔村为中心的生态人类学研究》，博士学位论文，厦门大学，2012年。

(一) 婚姻家庭

因结婚而产生的夫妻关系并组成的家庭,是社会的一个基本单位。在东南地区的家庭结构与内陆地区的家庭结构有所不同,这里出现了双边家庭,以及抱养子从事海洋活动等习俗。

1. **双边家庭**

早期东南地区的海外移民,他们定居在国外,往往形成双边家庭。以菲律宾华人的部分家庭为例,来看双边家庭的情形。所谓"双边家庭"是与"单边家庭"(或称单头家庭)相对而言的,单边家庭是指华人只在祖籍地或移居地的一方成立家庭;双边家庭是指华人在祖籍地有一个家庭,在移居地又成立一个家庭。虽然目前还没有确切的统计数据可以说明华人双边家庭所占的比例,不过,据笔者在菲律宾侨社的田野调查和在漳州与泉州沿海地区侨乡调查所获得的资料,以及侨乡的族谱所反映的婚姻状况推测,双边家庭在菲律宾的华人社会中是一个很普遍的现象,也存在于早期海洋移民到东南亚的华人社会。

2. **公鸡或雨伞代替新郎的结婚仪式**

闽南人向海洋发展直接影响到部分人的婚姻与家庭。很多闽南人到海外谋生,有的在出国时未婚,在海外有一定积蓄后,经家乡父母安排,回国成亲,婚后二三个月又只身出洋,将新婚妻子留在家乡。也有的甚至没有经济能力回乡成亲,由水客或父母一手操办,出现了别具一格的结婚仪式,即由公鸡或雨伞代替新郎出席结婚仪式这一悲喜交加的独特现象。①

3. **抱养子下南洋**

为了发展海上贸易,漳州和泉州地区还出现了抱养男孩去从事海上贸易活动的现象。《福建通志》载:"海澄有番舶之饶,行者入海,居者附赀,或得窭子、弃儿,抚如己出,长使通夷,其存亡

---

① 裴颖:《华侨婚姻家庭形态初探》,《华侨华人历史研究》1994 年第 1 期。

无所患苦。"① 又据漳州《龙溪县志·风俗略》的记载:"生女有不举者,间或假他人子为子,不以窜宗为嫌。其在商贾之家,则使之挟赀四方,往来冒霜露,或出没巨浸与风涛,争顷刻之生,而己子安享其利焉。"② 由此可见,最初抱养养子,一种情况是自己没有儿子,抱养子续香火;另一种情况是自己有儿子,抱养子在海外拼生死,让自己的亲生骨肉在家安享其利;或者等到养子在海外获得成功时,养子再把其养父母生的儿子带到海外。抱养子从事海上贸易与海上移民,尤以泉州为甚,例如菲律宾著名的华商李清泉、邱允衡等人都是抱养子。

(二) 社会组织

杨国桢教授指出,当他走进海洋史研究领域,就有一点不同的感受。海洋史的研究客体是直接或间接地从事海洋活动的群体,他们创造文明的舞台是大海。流动的海水和平静的土地,漂泊的船舶与定居的房屋,是全然不同的生态环境,他们的生产和生活方式和社会组织形态理应不同。③ 杨先生还指出,在帆船时代,中国的船上社会群体大致有:一以捕捞为主的渔民和疍民,二以运输为生的船户和水手,三以经营海洋贸易为生的海商,四以海上抢劫为生的海盗,五以海上巡防和作战为职责的舟师(水军、水师)。④

1. 船上人员的分工

从事海洋活动的载体是船只,在不同的历史时期和不同的海域,行使的船只的大小不同。不过,除了在近海捕鱼的船只可以一个人之外,其他船只很少是一个人的。船上的人员少则十多人,多

---

① 陈寿祺等:《福建通志》卷五十六《风俗》,华文书局股份有限公司1968年版,第1149页。
② 乾隆《龙溪县志》卷之十《风俗略》。
③ 杨国桢:《中国船上社群与海外华人社群》,载杨国桢《瀛海方程》,海洋出版社2008年版,第157页。
④ 同上书,第157—158页。

则数十人或数百人不等,这就出现了船上人员的分工。斯波义信在《宋代商业史研究》一书中,整理出宋代海洋船舶劳动作业的组织情况如下:(1)上级船夫——船长[船主、船户、船头、纲首(副纲首)];(2)上级船夫——干部船员[杂事、事头、直库];(3)上级船夫——劳动监督[三老、长年、大翁、头目、首领、部领、使头、火长、梢工、碇手];(4)下级船夫——水夫[水手、火工、火人、火下、夫儿、人夫、作拌]。① 船上人员的分工,实为船上的一个组织系统。

2. 海盗组织

明清时期,由于朝廷不能对东南海域和南海实行有效的控制,遂在该海域出现了大量的海盗。"在19世纪初叶,闽浙沿海出现了下列主要盗帮:(一)安南总兵王贵利所统帅之舰队,共有兵船28艘;(二)由总戎将军王胜长所率领之舰队,拥有兵船20艘;(三)由庄有美带领之凤尾帮,约有海盗船50—70艘;(四)以林亚孙为首之澳帮,亦有海盗船50—70艘;(五)以江文武为首之箬黄帮,计有盗船12—20艘;(六)拥有30余艘海盗船之蔡牵帮。据估计,上述独立不相隶属之海盗帮,船只总数约达200余艘,伙众约有万余人。"② "大型盗船可乘80—90人,中型及小型盗船约可分别搭乘50—60人或30—40人。有些巨型海盗船,如蔡牵于1809年所乘坐之旗舰,可载盗众260余人。"③

由于盗帮的船只数十艘,每只船上的人员数十人或数百人,这就需要有个组织。各帮内部组织结构如下:(一)各帮皆有一无可争议的领袖,各帮帮主身系一帮之存亡。(二)在大帮之内尚有分帮,每分帮所具有之盗船,通常不超过12艘,每分帮也有一个半

---

① [日]斯波义信:《宋代商业史研究》,东京风间书房1968年版;中文版,庄景辉译,台北稻禾出版社1997年版,第85—87、104页。转引自杨国桢《中国船上社群与海外华人社群》,载杨国桢《瀛海方程》,海洋出版社2008年版,第158页。

② 张中训:《清嘉庆年间闽浙海盗组织研究》,载中国海洋发展史论文集编辑委员会主编《中国海洋发展史论文集》(二),台湾"中研院"三民主义研究所1986年版,第163页。

③ 同上书,第171页。

独立的帮主。(三) 各盗帮之最基层组织为大小不一之各种盗船，每一盗船皆有船长一名。在每条盗船之上，尚有其他分工之现象。依功能来说，除了老板（船长）之外，就属负责航海之舵工最为重要，地位次于舵工的为司炮火，他们负责舰炮及火攻器械之维护。每条船也有非战斗人员，负责管账、写账及发照。其他非技术性之工作，如起帆抛锚、搬运货物、煮饭洗衣等都由被掳上船之人操作。①

3. 船上社群

虽然乡土地域观念对于船上社群的建构具有重要的意义，但是由于船上人员需要有一定的专业知识，如航海知识、熟悉海域及周边地区的环境、熟悉人际关系等，因此船上人员不能仅仅局限在某一个地域，它往往是跨县、跨府、跨省甚至跨国家的组合。以嘉靖年间的海盗船为例，在26名籍贯可查的朱濆帮众中，有23名隶属福建，3人原籍广东；73名籍贯可查之蔡牵帮众中，67人籍属福建，4人籍属浙江，2人原籍广东。②又如"嘉靖二十七年（1548）福建漳州龙溪县'山狗老'（陈伍伦）船。是年八月在浙江金乡卫蒲壮二所海面被抓获，计：福建漳州府龙溪县5人（贼首1人、大总头目1人、三总头目1人、未详身份2人），玄钟所1人（千户）；泉州府同安县1人（二总），南安县1人（大总头目），兴化府莆田县2人（头碇1人、直库1人）；福州府福清县3人（头碇1人、未详身份2人），连江县1人（直库）；广东潮州2人（大总头目1人、二总1人），海南1人（三总），广东1人（未指出县名和身份），浙江省宁波1人（押班），乐清县2人（总铺1人，未详身份1人），万安所1人（押班）"③。

---

① 张中训：《清嘉庆年间闽浙海盗组织研究》，载中国海洋发展史论文集编辑委员会主编《中国海洋发展史论文集》（二），台湾"中研院"三民主义研究所1986年版，第169—173页。

② 同上书，第169—175页。

③（清）朱纨：《三报海洋捷音事》，《甓余杂集》卷4。转引自杨国桢《中国船上社群与海外华人社群》，载杨国桢《瀛海方程》，海洋出版社2008年版，第159页。

五 东南地区文化的海洋性

东南地区人民向海洋发展的结果之一，形成了东南地区的海洋文化特征。这一区域的海洋性特征主要表现在民间信仰、价值观念、语言、饮食习俗、建筑风格等方面。下面我们拟从民间信仰、价值观念两个方面探讨东南地区的海洋特征。

（一）民间信仰
1. 妈祖信仰

闽南人十分崇拜妈祖。妈祖信仰起源于莆田，由于闽南人向海洋的发展，使得妈祖信仰在闽南地区极为普遍。妈祖，原名林默，又称林默娘，莆田湄州岛人，传说出生于宋建隆元年（960），卒于雍熙四年（987），在世28年。妈祖以女巫的身份进行活动到死后成为"通天女神"，这有一个逐渐演变和发展的过程。大致是宋代略简，元代演变，明代发展，清代完备或定型。[1] 南宋绍兴二十六年（1156）赐封妈祖"夫人"称号，妈祖由一般地方小神变为具有特殊名分的官定神明。绍熙元年（1190）妈祖由"夫人"晋封为"妃"，使妈祖身价倍增，神名远播，逐渐成为各地航海者崇拜的女神。"惟圣妃神灵赫，凡航海之人，赖以为司命。"[2] 元代妈祖信仰又得到发展，元王朝重视海上贸易，航海贸易需要海上保护神。此外，元王朝还重视南粮北调的漕运航道。但运河淤塞，朝廷只得开拓海道，用海船载粮北上，这对巩固元王朝的统治起了重要的作用。因此元王朝为了保证漕运的安全，必需仰赖妈祖海神的保佑。"国朝漕运，为事最重，故南海诸神，有功于漕者皆得祀，唯

---

[1] 林国平、彭文宇：《福建民间信仰》，福建人民出版社1993年版，第152页。
[2] （宋）真德秀：《西山先生真文忠公文集》。转引自林国平、彭文宇《福建民间信仰》，福建人民出版社1993年版，第154页。

天妃功大号尊，在祀最贵。"① 由此可见，在元代妈祖信仰已传遍国内沿海地带。明清时期，随着闽南人大批移居沿海岛屿和海外，移民也把祖籍地的妈祖信仰带到移居地，例如台湾和菲律宾等地。妈祖信仰虽然不是闽南人的独特信仰，即使是以农耕为主的族群，他们因为内河的航运，也祭拜妈祖，但是由于闽南人是向海洋发展的一股强劲的力量，作为航海者的保护神，闽南地区的人民普遍信仰妈祖。

2. 水长上帝

闽南人不仅信仰海神妈祖，而且还信仰"水长上帝"。厦门是个美丽的海岛，岛民很早就从事海上捕捞和渔业生产，以及海上贸易活动。《鹭江志》记载了乾隆三十一年七月，莫风翔撰写的厦门《水仙宫》碑文："鹭门田少海多，居民以海为田，恭逢通洋弛禁，夷夏梯航，云屯雾集。鱼盐蛤之利，上供国课，下裕民生。"② 由于厦门人向海洋发展，厦门人则崇信水长上帝。"上帝庙，在草仔，背山面海，祀元［玄］武帝，称曰：水长上帝。盖人析［祈］祷于潮生时即应，退则否，亦奇事也。"③

3. 送船科仪的针路

送船科仪是闽南海洋文化的又一表现。送船科仪是闽南地区道士使用的遗物，在这遗物中记载了清代的东西洋针路。杨国桢教授根据伦敦大英图书馆东方和印度部图书阅览室（Oriental and India office Collection Reading Room）里保存的一套道教科仪抄本（编号No. 12693，共有35种），从书中添加的一些地方性内容，考证它们是闽南海澄县（今属龙海市）、漳浦县民间道士使用的遗物④。在这抄本里，有一篇《安船酌钱科》，其中记载往东西洋的航路。例如，"往东洋"航路所经的海外国家和地区有："交雁、红豆屿、

---

① 乾隆《海宁州府志》卷十四（元）王敬方《褒封水仙记》。转引自林国平、彭文宇《福建民间信仰》，福建人民出版社1993年版，第155页。
② （清）薛起凤主纂：《鹭江志》，鹭江出版社1998年版，第32页。
③ 同上书，第34页。
④ 杨国桢：《从民间道教科仪书看清代闽南出洋航路》（打印稿），1995年。

谢昆美（吕宋岛北部）、吉其烟、南阆、文莱（Brunei）；密雁（Vigan）、美洛阁、布投（即布楼屿）、雁同、松岩、玳瑁、磨老英、里银、中卯、吕宋（Luzon）；吕房（即今马尼拉 Manila）、磨老英、闷闷、磨里你、内阁、以宁、恶同、苏落（即苏禄，Sulu）、斗仔兰、蓬家裂、文莱。"[1]

4. 引水魂

闽南人向海洋的发展，形成了比较特别的"引水魂"仪式。闽南人到海外谋生，他们并不想在国外永久定居，他们大多数人是希望到海外赚一些钱，然后衣锦还乡，具有强烈的叶落归根观念。但由于各种原因，必然会有一些华侨客死他乡，对于客死他乡的华人，其在国内的家属或亲人必须将其灵魂引渡回来，这就产生了闽南地区特有的一种"引水魂"习俗。[2]

5. 万圣爷

渔民在海上捕鱼，如果遇到海上漂浮的尸体，不能视而不见，一定要把他打捞起来，送上岸埋葬，并在该船上做个佛供奉起来。若打捞到人骨头，则送到岸上的小庙（头目宫），逢年过节要拿祭品去祭拜。如果不这样做，渔民的心里会不舒服，他们会担心自己以后出海不顺，万一在海外遇到暴风雨或其他意外，就会怪罪于当时对尸体或骨骸视而不见的报应。这反映了渔民祈求平安和相信因果报应的心理。[3]

（二）重利崇商的价值观念

对于海洋的观念，东南地区的人民与陆地人民有着很大的不同。在古代社会，海洋并没有明确的边界，东南地区的人民把能够

---

[1] 杨国祯等：《明清中国沿海社会与海外移民》，高等教育出版社1997年版，第206—207页。

[2] 陈育伦：《侨乡与侨乡民俗》，载陈国强主编《福建侨乡民俗》，厦门大学出版社1994年版，第19页。

[3] 曾少聪：《大岞话的特点》，载陈国强、石奕龙主编《崇武大岞村调查》，福建教育出版社1990年版，第56页。

涉足的海域看成是一个整体，可以不受任何限制的航行。即使在不同国家对海洋划分了疆界，由于政府无力有效地控制海洋，水上世界的居民并不理会国家的边疆，政府的分界与他们生存的辽阔海域天地几乎无关。对于生存仰赖海洋的人们，存活的关键常常是一种他们可以来去无阻、不受任何限制的海域。官方企图限制交通和管制商业，但都无法遏制人们在国际水域的交往，当地居民仍频繁地航行于不同国家之间。

像陆地一样，海洋也有一系列生态系统，支持着高度专业化的海洋社群。为了获取海洋生态系统的资源，渔民会像农民耕作土地那样去耕作海洋，而商人则以其适应各种水域的船舶穿梭于广阔的海域。海洋社群依赖海洋为生，与人们依赖土地为生的大陆不同，这个地区的人们倾向于商业，而不是耕作。人们通过水面装运和交易商品的生活形态，贸易是命脉，通过海洋把商品运送到各地。[①]

东南地区海上贸易发达，在重利崇商观念的影响下，人们的价值观念也发生了变化，民间社会形成敢于冲破条条框框束缚的态势。"漳、泉滨海居民，鲜有可耕之地，航海商渔乃其生业，往往多至越贩诸番，市易诸夷。"[②] 在厦门，"服贾者以贩海为利薮，视汪洋巨浸如衽席，北至宁波、上海、天津、锦州；南至粤东；对渡台湾。一岁往来数次。外至吕宋、苏禄、实力、噶喇巴，冬去夏回，一年一次。初则获利数倍至数十倍不等，故有倾产造船者。"[③]

六　结　论

中国是一个陆海兼具、生态环境多样的国家。海洋是中华民族生存和发展的一个重要环境，东南地区是中国向海洋发展最活跃的

[①] ［美］穆黛安：《广东的水上世界：它的生态和经济》，张彬村译，载汤熙勇主编《中国海洋发展史论文集》（第七集上册），台湾"中研院"中山人文社会科学研究所，第146—147页。

[②] （清）顾炎武：《天下郡国利病书》卷九十六《报取回吕宋囚商疏》。

[③] 《厦门志》卷十五《风俗记》。

地区之一。由于东南地区人民向海洋发展，使得东南地区的经济、社会和文化具有海洋性特征。

东南地区的海洋经济包括海岸带农业、滩涂养殖、近海和远洋捕捞、海上运输、海上贸易、港市的发展等多种形式。海岸带农业和滩涂养殖是东南地区人民对海洋生态环境的一种适应。海洋带农业作为古代农业的一种类型，具有陆海双重性格，既是传统农业文明的渗透和延伸，又是和当地海洋文明互动和涵化的结果。东南沿海社会的海洋性，可以从东南地区直接或间接的各种海洋活动中探寻，它包括人与海洋之间、人与人之间形成的各种关系的组合，包括海洋社会群体、海洋区域社会等不同层次的社会组织及其结构系统等方面。东南地区的双边家庭、抱养子从事海洋活动、船上的社会组织，均有别于传统的陆地社会，显示了鲜明的海洋性特征。东南地区人民向海洋发展的结果之一，形成了东南地区的海洋文化特征。这一区域的海洋性特征主要表现在民间信仰、价值观念、语言、饮食习俗、建筑风格等方面。通过东南地区的民间信仰和价值观念，可以看出沿海地区与内陆地区文化的差异，这里的文化兼具陆地和海洋特征。

虽然我们强调东南地区经济、社会和文化的海洋性特征，但是我们不能忽视它们的大陆性特征。"就像海岸沿线的其他水上世界一样，以生态环境状态而言，我们必须理解到它是一个水陆互动的地区，它的海洋性活动最终还是要依赖陆地。"[①] 这是因为海上的活动并不能自给自足，若没有岸边的支持，任何海上的活动都无法进行。

汉民族不仅在内陆发展，而且向海洋发展及向海外移民。由于东南地区是汉民族的重要聚居区，东南地区的海洋发展是汉民族发展的重要内容，东南地区的海洋文化是汉文化的重要组成部分。由此可见，汉文化既包含了陆地文化，也包含了海洋文化及其他文化，事实上汉文化是一种多元文化的融合体。

---

① ［美］穆黛安：《广东的水上世界：它的生态和经济》，张彬村译，载汤熙勇主编《中国海洋发展史论文集》（第七集上册），台湾"中研院"中山人文社会科学研究所，第162页。

汉民族形成与发展研究

费孝通视野里的汉民族研究

李立纲
（云南省社会科学院）

摘 要：费孝通一生的学术事业，可以概括为两个方向：农村研究和民族研究。前者从江村经济始，经过云南三村调查，接续后期的小城镇研究、乡镇企业、城乡关系和区域研究。主题是志在富民。后者由最初的大瑶山调查起，接续50年代参与民族访问团和少数民族社会历史调查、边区调查、少数民族地区考察、发表中华民族多元一体演讲。主题是民族团结。费孝通有关汉民族研究经历的思想，基本上贯穿于整个民族研究过程中。在《中国民族学当前的任务》《中华民族多元一体格局》《简述我的民族研究经历和思考》《关于汉民族研究的一些想法》《〈盘村瑶族〉序》以及一系列有关民族研究的文章、讲话中有较集中的论述。其最重要的观点：汉族和各少数民族一起，共同构成中华民族整体；中华民族是多元一体的，多元构成一体，一体影响多元；汉族与少数民族是平等、团结、互助、亲爱的关系；汉族是中华民族团结、凝聚的核心，也是中华民族伟大复兴的团结、凝聚的核心；20世纪50年代集中对少数民族的调查，有其历史和政治的背景，但当时理论准备不足，而且忽略了对汉族的关注，在取得很大成绩的同时，也留下了某些遗憾；学术研究要对汉族和少数民族作平行研究。

关键词：民族研究 中华民族多元一体 汉族的民族学研究

费孝通一生的学术研究经历，从较为宽泛的层面来说，包括两个方面，一是有关农村的研究，一是有关民族的研究，可简称农村研究和民族研究。江村经济调查、云南三村调查、后期大量的乡镇企业研究、小城镇研究、城乡关系研究，以及多次重访江村，可以归为农村研究。从早年的大瑶山调查，到20世纪50年代在少数民族地区的访问和少数民族社会历史研究，在少数民族地区的考察，再到后来的中华民族多元一体理论的提出，以及多次重访瑶山，都可纳入民族研究的范畴。直到费孝通在自己的右派问题改正之后，在重新获得学术研究时期之初，也曾经表达过这样的想法：说自己有两笔"老账"要偿还，一笔是农村调查，另一笔是民族研究。

费孝通对汉民族问题的观点和看法，既见之于他对民族调查和民族问题的研究中，也分别见之于他在一些有关民族研究的回忆、体会，对一些民族研究论著的序言，对一些有关民族研究学术会议的致辞、祝贺信当中，更是系统地呈现于对民族问题的重要探讨之中，也体现在对中华民族多元一体理论的阐述中；既反映了他对汉民族研究现状的看法，也表达出他对汉族的地位、特征和作用的观点（包括汉族在历史上的地位和作用，汉族与各少数民族的关系，汉族在中华民族整体当中的位置，汉族在中华振兴当中特有的作用等）。在费孝通的整个研究活动当中，以汉族为专题的研究作品诚然不多，但如果我们从整体上来看费孝通的民族研究，还是能够让我们在一个较为宏观和完整的层面上，对费孝通汉族研究问题上的观点和看法，有一个较全面的了解。

费孝通对民族研究问题有着较多的思考，见于在对少数民族地区的考察访问和各种相关文章、讲话、序言、祝贺信当中。当然也有专门的研究，如费孝通最为重要也是思考时间最长的一项有关民族的研究，就是中华民族多元一体格局的研究。他的《简述我的民族研究经历和思考》，则是写于1986年的一篇重要文章，他简明扼要地叙述了自己整个民族研究的经历及其思想。[1]

因此，"费孝通汉民族研究"，可以从一个较为宽泛的视角来理

---

[1] 文章见《北京大学学报（哲学社会科学版）》1997年第2期。

解。它包括费孝通有关民族工作、民族调查活动、民族的学术和理论研究的种种活动。是与其对少数民族的调查、对少数民族地区的考察和访问结合在一起的，是通过与少数民族的研究对比的思考产生的，也是在对民族问题和民族理论的思考和研究中成熟的。

一 费孝通民族（汉民族）研究经历

依据上述的认识，我们可以将费孝通民族（汉民族）研究的经历分为几个大的阶段作一番大体的回顾。

费孝通汉民族研究经历，时间始于1935年秋天到广西作瑶族调查，此后延续了半个多世纪。从大的研究经历来看，可分为前后两段。前一段从1935年赴大瑶山调查始，至1957年成为右派。这时期的最后一篇与民族问题相关的文章是《大理历史文物的初步察访》（1957年2月8日）。后一段是从右派问题改正，重新开展学术研究活动的1976年，这时有文章《民族研究向前看》（1976年11月），最后一篇有关的文章是《又一次访问定西》（2003年9月）。

"我一生有两篇文章都是从三十年代写起……。到广西大瑶山去调查。进行到一半出了事，这第一篇《少数民族的社会调查》文章没有做完。"第二篇文章就是"写一本关于中国农民生活的书。这是第二篇文章的开始"[①]。这"第一篇文章"的最初标志性成果就是费孝通和王同惠共同完成的《花蓝瑶社会组织》，"第二篇文章"是从江村调查开始的。换句话说，"第一篇文章"指的是民族研究，"第二篇文章"指的是农村调查。

（一）1935年广西大瑶山调查

"第一篇文章"的第一步就是赴广西作瑶族社会和体质调查，

[①] 费孝通：《两篇文章》，载《费孝通学术文化随笔》，中国青年出版社1996年版，第48—49页。

时间是 1935 年。这次是费孝通和新婚妻子王同惠到广西大瑶山作社会调查。这也是费孝通第一次到少数民族地区进行调查。

这次调查的起因,一方面是"刚好广西省政府有研究'特种民族'的需要"①,另一方面是在张君劢的推荐下,由广西省政府邀请而成行。在费孝通所写提交给广西省政府的《广西省人种及特种民族社会组织及其他文化特性研究计划》中说到此次调查的意义和研究方法:"人种研究之目的,除以正确数量规定人种体型类别外,尚可借以明了中国民族扩张、迁移之大势,及各族分布、交融同化之概况。其方法则赖人体测量术,遍量人体各部之长宽、周围、色彩、形状,然后用统计方法加以分析,以获结论。所用材料则无分汉、苗,均应搜集;汉人测量时拟用民团为材料,因民团为当地人民,既加编制,又受调练,且有纪律,工作易于着手。"②

这次调查的分工,费孝通负责进行体质调查,王同惠则负责调查社会组织。体质调查资料在昆明丢失,无缘问世;社会组织调查资料,由费孝通整理写成《花蓝瑶社会组织》一书。

通过此次调查,费孝通初步认识到民族(少数民族)地区社会问题的复杂性,民族关系的复杂多样性。在《花蓝瑶社会组织》一书的编后记中,他说:"研究中国文化的困难,就是它的复杂性,不但在地域上有不同文化型式的存在,就是在一个型式中,内容亦极错综。"③ 而广西这样的区域,又有其特殊性,对于认识中国文化有着特殊的价值:"同时,边境社区的研究材料本身是认识中国文化的一部分极重的材料。现在遗留在边境上的非汉族团,他们的文化结构,并不是和我们汉族本部文化毫不相关的。他们不但保存着我们历史上的人民和文化,而且,即在目前,在族团的接触中相互发生着极深刻的影响。这里供给着不单是民族学的材料,亦是社

---

① 费孝通:《桂行通讯》,原载《北平晨报》,载《费孝通民族研究文集》,民族出版社 1988 年版,第 4—5 页。
② 同上。
③ 费孝通:《〈花蓝瑶社会组织〉编后记》,载《费孝通民族研究文集》,民族出版社 1988 年版,第 35 页。

会史的一个门径。"①

(二) 1950 年参与中央访问团，访问贵州、广西

1950 年费孝通参加中央访问团到民族地区调查访问。他担任访问团副团长，并兼任第三分团团长。第三分团的访问任务是在贵州和广西。"我在 1951 年和 1952 年先后参加西南及中南访问团，并负责领导贵州和广西两个省的实地访问工作。这两年可说是我进行民族研究真正的开始。"② 从这一年的 7 月至次年的 1 月从贵州返回北京，后来又到广西访问，完成访问团的工作任务。费孝通的时间和注意力更多在贵州方面。在访问过程中，费孝通不忘自己民族学社会学研究者的身份，结合工作尽可能作了一些社会历史调查。回到北京，他写出了《贵州少数民族情况及民族工作》和《广西龙胜民族民主建政工作》的报告，还写了一本小册子《兄弟民族在贵州》。这本小册子包括 7 篇在贵州的考察文章，这些文章先在《新观察》杂志发表，再结成册由三联书店出版。关于贵州访问工作，费孝通说："今天我们要在这复杂和不平衡的民族情况下进行革命工作，建立人民政权，对于这种情况必须有充分的了解。因之，了解情况也是我们访问团的任务之一。但是，我们十分惭愧，这个任务我们并没有很好完成。我们能力的不足和时间的限制，不但所得到的材料是局部和片面的，而且一定有很多是不正确的；我们的分析又是肤浅的，而且一定有很多是错误的。所以下面所提供的材料只能作参考罢了。"③

在多民族地区的访问，让费孝通进一步认识到民族的深刻含义："从全国范围看，贵州是少数民族与汉族接触的边缘。汉族在历史上从中原向边区扩张，少数民族依靠这多山的自然条件，奋斗

---

① 费孝通：《〈花蓝瑶社会组织〉编后记》，载《费孝通民族研究文集》，民族出版社 1988 年版，第 36 页。
② 费孝通：《简述我的民族研究经历和思考》，《北京大学学报（哲学社会科学版）》1997 年第 2 期。
③ 费孝通：《贵州少数民族情况及民族工作》，载《费孝通民族研究文集》，民族出版社 1988 年版，第 45 页。

反抗，部分地保存至今。但又因各民族反抗的强弱，各地区自然条件的不同，封建统治阶级的统治，帝国主义的侵略及其影响亦发生不平衡的情况。有些民族在某些地区在不同程度上尚未保存其前封建主义的原始社会性质。但一般说，由于长期受汉族政治及经济上的影响，贵州少数民族的社会密切联系于汉族的社会，是整个贵州社会经济的一部分，因之，基本上也已进入半封建半殖民地的阶段。但是少数民族社会由于长期的民族压迫，经济落后，还有其和汉族社会不相同的特点。"①

在贵州和广西的访问考察，费孝通对民族这个人们共同体有了最初的深切概念："……深入到贵州和广西两省分布在各处的少数民族的村寨中去，和群众亲切联欢和交谈。在和众多的少数民族直接接触中，我才深切体会到民族是一个客观普遍存在的'人们共同体'，是代代相传，具有亲切认同感的群体。同一民族的人们具有强烈的休戚相关、荣辱与共的一体感。由于他们有共同的语言和经常生活在一起，形成了守望相助、患难与共的亲切的社会关系网络。总而言之，我理解到民族不是个空洞的概念而是个实实在在的社会实体，同属于一个民族的人们的认同感和一体感是这个社会实体在人们意识上的反映即一般我们所说的民族意识。民族意识具体表现的不仅自己所属的民族有个名称（自称）而且别的民族也常用不同的名称相称（他称）。一般说，我们所接触的少数民族群众都知道自己属于哪个民族。为了答复中国有哪些民族的问题，我认为首先可以从各地少数民族自报的民族名称入手。"②

（三）1951年，任中央民族学院副院长、中央民族事务委员会委员

这一年6月，费孝通出任中央民族学院副院长。8月，被任命

---

① 费孝通：《贵州少数民族情况及民族工作》，载《费孝通民族研究文集》，民族出版社1988年版，第45页。
② 费孝通：《简述我的民族研究经历和思考》，《北京大学学报（哲学社会科学版）》1997年第2期。

为中央人民政府民族事务委员会委员。他主持学院教学、科研和部分行政工作，但一直关注并身体力行做一些有关民族研究的事情。[1]他"建议聘请一批历史学家、语言学家、民族学家来民院执教，并推动民族研究。这个建议得到领导上的同意，而且确实向这方面走出了一步"[2]。虽然行政事务繁忙，但是他还写了"综合性地介绍各民族历史的基础课"的讲义。这门课只讲了一个学期[3]，在以后多年中都没有再涉及。直到1988年，费孝通在香港作了一个"中华民族多元一体格局"的长篇讲演。这篇演讲，是以30多年前的那本讲义作为一个基础，或是一个引子。但这个引子对费孝通来说十分重要，他一直没能忘怀。"我记得1953年我在中央民族学院负教务上的责任时，为了要为学生提供有关中国各民族的基本情况。曾四处求人讲授，最后只能自己担任，利用有限的历史资料和中央访问团的调查资料，编出了一本讲义。在编写时就深切体会到中国的各少数民族在族源上，在发展中都是密切相关联的。我们这个中华民族就是由这密切相关的各部分，在复杂的历史过程中结合成的。但是怎样以这个过程为纲，把中华民族这个民族实体讲清楚，我没有把握。这门功课我只试讲了一年就停止了。但是我的愿望并没有熄灭。"[4]

后一个职务，即担任中央民族事务委员会委员，主要是参加民族事务委员会的有关各种会议，组织宣传中国共产党的民族政策，宣传《共同纲领》有关民族政策的内容。

（四）1956年，参加少数民族社会历史调查

这一年，全国人民代表大会常务委员会决定组织对中国各少数

---

[1] 费孝通：《简述我的民族研究经历和思考》，《北京大学学报（哲学社会科学版）》1997年第2期。

[2] 同上。

[3] 同上。

[4] 费孝通：《中华民族研究的新探索》，载《费孝通民族研究文集新编》（下卷），中央民族大学出版社2006年版，第364页。

民族进行一次全面的社会历史调查。费孝通只参加了开始的一段工作,"负责筹备、组织和开始时在云南省的实地调查。1957年我被召回京,不久就受到政治上反右斗争扩大化的影响,被迫停止社会调查工作"①。

这期间,费孝通结合民族学院的行政工作和民族事务委员会的各种活动,写下了大量与民族有关的文章。这些文章虽然较多属于本职工作的性质,但是也体现出其对民族历史、民族文化、民族理论和民族关系的关注。这一时期费孝通所写的文章,除了上面提到的以外,重要的还有如下这些:《关于广西壮族历史的初步推考》《学习共同纲领中的民族政策》《关于黔西民族识别工作的参考意见》《自由平等的民族大家庭的大宪章》《对于宪法草案有关民族问题基本规定的一些体会》《关于民族识别问题的意见》《开展少数民族地区和与少数民族历史有关的地区的考古工作》《关于建立中央民族博物馆的意见》《开展少数民族地区调查研究工作》《中国民族学当前的任务》(和林耀华合写)、《关于对待民族民间文艺遗产的一些意见》。特别应当提到的是《中国民族学当前的任务》一文。该文引用了李维汉的如下一段话:"国内各民族,包括汉族和各少数民族在内,用自己辛勤的劳动发展了生产,创造了各民族的历史和文化,对我们伟大祖国的缔造都有重要的贡献"。接着说:"……我国向社会主义过渡时期在民族问题方面的任务是:巩固祖国的统一和各民族的团结,共同来建设祖国的大家庭;在统一的祖国大家庭内,保障各民族一切权利方面的平等,实行民族区域自治;在建设祖国的共同事业中,逐步地发展各民族的政治、经济和文化,逐步地消灭历史上遗留下来的各民族间事实上的不平等,使落后民族得以跻身于先进民族的行列,逐步过渡到社会主义社会。"② 该文说:"我国的民族工作,在实践中获得了重要的成就和

---

① 费孝通:《简述我的民族研究经历和思考》,《北京大学学报(哲学社会科学版)》1997年第2期。

② 费孝通、林耀华:《中国民族学当前的任务》,载《费孝通民族研究文集》,民族出版社1988年版,第121、123页。

丰富的经验，同时也从实践中提出了许多需要民族学者进行研究的问题。这些问题也就是当前民族学的任务，其中重要的有下列四项：一、关于少数民族族别问题的研究；二、关于少数民族社会性质的研究；三、关于少数民族文化和生活的研究；四、关于少数民族宗教信仰的研究。"[1] 应当说，文章所提到的这些课题和研究领域，都是当时我国民族研究领域需要专门开展研究的重要方面，有的问题还不仅仅限于当时的需要，也是中国民族研究长期需要关注和研究的，比如第三和第四两个方面的问题，不仅是今天需要深入研究的，而且随着时代的发展，这两方面都应该有更多的新内容需要研究。

（五）20 世纪 80 年代以来的区域调查和少数民族地区的考察

1980 年，费孝通的右派问题得到改正。这时费孝通已经 70 岁了。重新获得学术研究的机会，费孝通无比珍惜。

他曾说自己是"最先下水，最后出头"，有一种终于解脱的感觉，也道出了一种人生的紧迫感。虽然年纪已大，他还是花大量的时间到全国各地做考察，并参加各种学术活动。考察和学术活动之后，一般都会写下文字。参加会议也会准备发言稿，或即席发言后有记录稿，再整理成文字发表。他所到的地方，少数民族地区占有相当大的比重。他先后赴新疆、宁夏、甘肃、青海、内蒙古、云南、贵州、广西等少数民族地区和汉族地区，有时是做调查，有时是参加学术会议，有时是参加一些纪念性的活动。不少地方去了若干次。比如，他曾九访江村，七入定西，七进云南，五上大瑶山。

这一时期费孝通在少数民族地区的考察和其他活动，涉及面非常广，内容也相当丰富，但总是贯穿着一个非常重要的一个主题就是如何帮助少数民族地区尽快发展起来，尽快使少数民族群众摆脱贫穷状况，和汉族的先进地区一道进入小康社会。

---

[1] 费孝通、林耀华：《中国民族学当前的任务》，载《费孝通民族研究文集》，民族出版社 1988 年版，第 123 页。

这一时期费孝通最重要的一个具有方法论特征的研究,就是跨区域研究,这是费孝通农村研究和民族研究相结合在更大区域里的实践。这种跨区域研究,其有一个特点,就是从研究对象出发,从问题出发,不受行政区划的限制。这个想法,和费孝通所主张的民族与行政是不完全对应的,民族问题的界限和行政区域的界限也不是重合的,有直接关系。大家较为熟悉的由西南民族研究学会提出并开展研究的六江流域综合研究,就受到费孝通的赞赏和支持。"……计划很好,一是跨省,二是跨学科,打破了过去的老框框。照这样做,看来民族研究就可以提高一步,我支持这个想法……"[1]

本来费孝通在恢复学术活动的第二个时期里,曾打算在农村研究的同时,继续进行民族研究,但这个愿望没能实现。1981年,费孝通受邀请到伦敦接受英国皇家人类学会颁发的1981年度赫胥黎奖章。他接受老师雷蒙德·弗斯(Raymond Firch)的建议,请他在这次英国之旅中,讲讲几十年来江村发生的变化和现实情况。于是他利用这次机会,在这一年的10月初回到家乡做了一次短期的农村调查。以这次调查的内容和思考,费孝通在这个仪式上作了"三访江村"的学术演讲。费孝通在这次对江村的调查中,亲眼看到农村欣欣向荣的景象,深受鼓舞,也得到启发。这个带有偶然性的事件,影响到此后费孝通研究重心和调查内容更多偏向农村。这与此次对江村的重访收获,以及演讲在英国获得的极大反响有很大关系。

因此,费孝通此后的学术研究,农村调查占了较大的比重,而对民族调查和民族研究就没有更多的专门时间去做了。也许,按先前的想法,费孝通在民族研究方面会花更多的精力和时间。就现在我们看到的费孝通成果汇集,民族研究的成果仍然非常丰富。只是到少数民族地区进行具体的调查,就不能亲历亲为了。

"从50年代后期到70年代后期,我没有条件做学术研究,白

---

[1] 费孝通:《支持六江流域民族的综合调查》,载《费孝通民族研究文集》,民族出版社1988年版,第292页。

费孝通视野里的汉民族研究 ◆◆◆

白丢了20年。80年代我才恢复学术工作,年龄已过70,事实上已不可能和少数民族同吃、同住、同劳动地进行缜密的观察和深入研究了。"① 因此,费孝通在这一时期的民族研究,基本上没有再在村落和社区进行具体调查。也可以说这一时期他对社区的理解范围扩大了,用他的话来说就是"区域研究"。在这种区域研究中,少数民族地区所占比重很大。因此,这一时期他对于民族的研究,主要结合民族政策和社会整体的变迁与社会结构的变化,较多的是一些宏观的思考、过去认识的提升和理论的总结。因为有着民族地区和民族问题的背景,所以他有时也将这种研究称为民族社会学研究。

费孝通所到的新疆、宁夏、甘肃、青海、内蒙古、云南、贵州、广西等省区,都是少数民族居住较多的地区。这些地区,有的称作"边疆地区",有的依传统的概念叫作"边区",前者一般指的是中国领土的边缘地带,后者则是带有政治含义的地域概念。二者都是离政治中心较远,而且在改革开放以后经济发展程度较为滞后的地区。在这些地区当中,贫困县较多。费孝通热衷于到这类地区做调查,契合着他一生"志在富民"的追求;这类地区又是我国少数民族居住较多、民族关系问题较复杂、少数民族与汉族关系较为敏感的地区,这又从学科的角度显示出费孝通作为一个社会学家和民族学家的专业特点。

这一时期,费孝通紧随调查,写下了大量的文章,包括学术文章、报告、讲话、随笔等。这一时期的文章,谨举例如下:《中国的现代化与少数民族的发展》《怎样开展民族研究工作》《民族社会学调查的尝试》《切实提高少数民族经济和文化》《关于民族地区经济与文化发展上的几个问题》《确立社会主义民族关系》《社会主义现代化建设中的民族问题》《谈谈边区开发的科学研究》《西部经济发展和各民族共同繁荣》《对民族地区发展的思考》《对民族工作的一些看法和意见》《发挥民族优势 开拓民族经济》

---

① 费孝通:《费孝通民族研究文集·序》,民族出版社1988年版。

《少数民族地区发展战略》《民族区域自治和少数民族的发展》《全国一盘棋——从沿海到边区的考察》《发挥民族优势脱贫致富》《边区民族社会经济发展思考》《"兴边富民行动"好》《积极拥护、支持西部开发大战略》《开发大西北》等。这一时期还发表了民族研究的重要报告《中华民族多元一体格局》，综述性的重要文章为《简述我的民族研究经历和思考》。

在这类省区作区域调查和民族关系研究中，有一个十分突出的主题，也是费孝通持续的关注点，就是少数民族地区怎样才能尽快地得到发展。这个主题的背景，又是在一个大格局里面的少数民族与汉族的关系。这个大格局，就是"中华民族"的整体发展。在这个大格局之下，在谈到少数民族和汉族关系的时候，较多谈到少数民族地区如何发展。几乎在每一次这类考察中，在相关的文章和报告中，都会提到这个主题。1982年7月在内蒙古呼和浩特考察时，费孝通作了《关于民族地区经济与文化发展的几个问题》的讲话。他说："很早就想到内蒙古来看看，今天如愿以偿。借此机会，谈谈我30多年来从事民族工作的一点体会，主要是谈谈在四个现代化过程中，少数民族地区经济与文化发展上的几个问题"，"帮助少数民族缩小经济、文化上的差距，是巩固和发展社会主义民族关系的一项极重要的工作。"① 针对内蒙古的情况，费孝通说："如果内蒙古的10多亿亩草地能达到像澳大利亚那样的精牧，那国家的经济面貌就可以有一个很大的变化，汉族就可以松一口气了。全国可牧草原的总亩数比农业地区的总亩数还多，如果都能发挥自己的特长，不是走汉族地区的道路，而是走适合自己地区特点的路子，发展是大有前途的。汉族同志不应光看到少数民族落后，还要看到他们有可能发展，同时要满腔热情地帮助促进这个发展。"②

---

① 费孝通：《关于民族地区经济与文化发展的几个问题》，载《费孝通民族研究文集》，民族出版社1988年版，第306、311页。

② 同上书，第312页。

二　费孝通"中华民族多元一体格局"

对汉民族带有专题性质的研究，或者是直接涉及汉民族研究问题的，本文主要以费孝通1988年发表的《中华民族多元一体格局》这篇演讲做案例来分析。这个分析包括后来发表的《中华民族研究的新探索》（发言稿，1990年）和《论民族》（文章，1986年）。这是一项对于中国境内民族的整体性研究成果，也是一项对于中华民族从含义、结构到一系列内容所作的系统分析。谈到对中华民族整体的研究，必然包括对汉族的研究。费孝通的这篇演讲，应有多处重要篇幅谈到汉民族。

在费孝通整个民族（汉民族）研究经历中，"中华民族多元一体格局"理论的提出和对汉民族的具体看法，具有十分重要的意义。它不仅对汉民族的历史和特征作了较为精当的论述，而且在中华民族这个背景之下，分析了汉族与少数民族的关系，恰如其分地叙述了汉族在中华民族当中的位置。

1988年8月，费孝通先生在香港中文大学作演讲，发表了一篇十分重要的学术成果，这就是"中华民族多元一体格局"理论。

费孝通先生这一研究成果，把民族理论研究与中国民族工作的实践结合起来，把对汉族的研究与少数民族的研究结合起来，不仅是对中华民族形成和发展规律的一次总结，也是对中国的民族关系和民族问题作了一次较为宏观的概括和分析。因此，这篇报告对我国的民族研究和实践具有重要的意义。

以本文的主题为关键词，我们从费孝通的这篇报告中，提取出基本的、重要的论述，试作分析：

"中华民族是一体"：

> 我将把中华民族这个词用来指现在中国疆域里具有民族认同的十一亿人民。它所包括的五十多个民族单位是多元，中华民族是一体，它们虽则都称"民族"，但层次不同。我用国家

疆域来作中华民族的范围并不是很恰当的，因为国家和民族是两个不同的又有联系的概念。我这样划定是出于方便和避免牵涉到现实的政治争论。同时从宏观上看，这两个范围基本上或大体上可以说是一致的。①

汉族是中华民族的核心，最初称为华夏：

……中华民族这个多元一体格局的形成还有它的特色：在相当早的时期，距今三千年前，在黄河中游出现了一个由若干民族集团汇集和逐步融合的核心，被称为华夏，像滚雪球一般地越滚越大，把周围的异族吸收进入了这个核心。它在拥有黄河和长江中下游的东亚平原之后，被其他民族称为汉族。汉族继续不断吸收其他民族的成分而日益壮大，而且渗入其他民族的聚居区，构成起着凝聚和联系作用的网络，奠定了以这个疆域内许多民族联合成的不可分割的统一体的基础，成为一个自在的民族实体，经过民族自觉而称为中华民族。②

"汉族"名称可追溯到两千年前：

汉族这个名称不能早于汉代，但其形成则必须早于汉代。有人说：汉人成为族称起于南北前初期，可能是符合事实的，因为魏晋之后正是北方诸族纷纷入主中原的十六国分裂时期，也正是汉人和非汉诸族接触和混杂的时候。汉人这个名称也成了当时流行的指中原原有居民的称呼了。

当时中原原有的居民在外来的人看来是一种"族类"而以同一名称来相呼，说明了这时候汉人已经事实上形成了一个民族实体。上面从华夏人开始所追溯的2000多年的历史正是这

---

① 费孝通：《中华民族多元一体格局》，载《费孝通民族研究文集新编》（下卷），中央民族大学出版社2006年版，第244页。
② 同上书，第244—245页。

个民族诞生前的孕育过程。

  汉族的形成是中华民族形成中的一个重要阶段，在多元一体格局中产主了一个凝聚的核心。①

中华各民族里你中有我、我中有你：

  汉族形成之后就成为了一个具有凝聚力的核心，开始向四周围的各族辐射，把他们吸收成汉族的一部分。②

  汉族被融合入其他民族主要有两种情况：一种是被迫的，有如被匈奴、西羌、突厥掳掠去的，有如被中原统治者派遣去边区屯垦的士兵、贫民罪犯；另一种是由于天灾人祸自愿流亡去的。③

  ……移入其他民族地区的汉人很多就和当地民族通婚，并且为了适应当地的社会生活和自然环境，也会在生活方式、风俗习惯等方面发生改变，过若干代后，就融合于当地民族了……④

  我们过去对于历史上民族之间互相渗透和融合研究得不够，特别是汉人融合于其他民族的事实注意不够，因而很容易得到一种片面性的印象，似乎汉族较杂而其他民族较纯。其实所有的民族都是不断有人被其他民族所吸收，同时也不断吸收其他民族的人。⑤

中华民族格局形成的六个特点：

  一是中华民族多元一体格局存在着一个凝聚的核心；二是

---

 ① 费孝通：《中华民族多元一体格局》，载《费孝通民族研究文集新编》（下卷），中央民族大学出版社2006年版，第251页。
 ② 同上书，第256页。
 ③ 同上书，第263页。
 ④ 同上。
 ⑤ 同上书，第264页。

少数民族聚居地区占全国面积一半以上；三是除回族外，少数民族都有自己的语言；四是导致民族融合的具体条件是复杂的，主要是出于社会和经济的原因，也有政治的原因；五是组成中华民族的成员众多，是个多元的结构；六是中华民族成为一体的过程是逐步完成的。①

中华民族进入 21 世纪以来的两个重大变化和一个可能的趋势性：

中华民族在进入 21 世纪以前已产生了两个重大的质变。第一，过去几千年来的民族不平等的关系已经不仅在法律上予以否定，而且事实上也作出了重大的改变。第二，中国开始走上工业化和现代化的道路。第三，还可以提出一个问题：少数民族的现代化是否意味着更大程度的汉化？②

关于对汉族"核心"的表述，可作进一步分析。

在整篇演讲中，提到"核心"这个词有 13 处，而且都是说"汉人""华夏"和"汉族"是核心。与此形成对照的是，整篇演讲中没有一处提到"主体民族"。

试看是在什么情况下的"核心"：

距今三千年前，在黄河中游出现了一个由若干民族集团汇集和逐步融合的核心，被称为华夏，像滚雪球一般地越滚越大，把周围的异族吸收进入了这个核心。它在拥有黄河和长江中下游的东亚平原之后，被其他民族称为汉族。汉族继续不断吸收其他民族的成分而日益壮大，而且渗入其他民族的聚居区，构成起着凝聚和联系作用的网络，奠定了以这个疆域内许

---

① 费孝通：《中华民族多元一体格局》，载《费孝通民族研究文集新编》（下卷），中央民族大学出版社 2006 年版，第 273—278 页。
② 同上书，第 278—279 页。

多民族联合成的不可分割的统一体的基础，成为一个自在的民族实体，经过民族自觉而称为中华民族。①

——这说的是中华大地上最初的华夏核心，就是后来称为"汉族"的核心。

禹时的"九州"，"奠定了日益壮大的华夏族的核心"②。

——禹时距今已经有 4000 年了，这时已经奠定的汉族有前身华夏族作为核心的地位。

……（距今）2000 多年的历史正是这个民族诞生前的孕育过程。③

——两千多年前是汉族孕育的阶段。

汉族的形成是中华民族形成中的一个重要阶段，在多元一体格局中产生了一个凝聚的核心。④

——中华民族多元一体格局的凝聚核心产生。

在这里要指出的，这只是形成中华民族多元一体格局的又一步。第一步是华夏族团的形成，第二步是汉族的形成，也可以说是从华夏核心扩大而成汉族核心。⑤

---

① 费孝通：《中华民族多元一体格局》，载《费孝通民族研究文集新编》（下卷），中央民族大学出版社 2006 年版，第 244—245 页。
② 同上。
③ 同上书，第 251 页。
④ 同上。
⑤ 同上书，第 252 页。

——华夏核心扩大而成汉族核心。

汉族形成之后就成为了一个具有凝聚力的核心，开始向四周围的各族辐射，把他们吸收成汉族的一部分。①

——吸收周边的民族，成为汉族的成员。这是凝聚力的一种表现。

北方及西方非汉民族在上述地区建立地方政权表明有大量的非汉人进入了这个地区，由于混而未合，所以这时"汉"作为民族标记的名称也就流行，而且由于汉人的政治地位较低，"汉人"也成为带有歧视的称呼，但是进入华北地区的非汉人，一旦改牧为农，经济实力最终还是要在社会地位上起作用。②

——汉族群体在扩大，不但人数增加，还将过去未开垦的土地，包括一部分靠近中原的草原改造成农田。这从土地这个根本上巩固了汉族的核心地位。

从唐到宋之间的近500年的时间里，中原地区实际上是一个以汉族为核心的民族熔炉。许多非汉族被当地汉人所融合而成为汉人。当然融合的过程是复杂的，但结果许多历史有记载的如鲜卑、氐、羯等族名逐渐在现实生活中消失了。③

——若干曾经在历史上显赫一时的民族，被强大和具有超级融合能力的汉族所融化了。

---

① 费孝通：《中华民族多元一体格局》，载《费孝通民族研究文集新编》（下卷），中央民族大学出版社2006年版，第256页。
② 同上书，第257页。
③ 同上书，第257—258页。

直到战国时期，荀子还说："居楚而楚，居越而越，居夏而夏。"夏是指中原一带的一个核心，不论哪个地方的人，到了越就得从越，到了楚就得从楚，可见楚和越和夏还有明显的差别。

无可否认的是，在春秋战国的 500 多年里，各地人口的流动，各族文化的交流，各国的互相争雄，出现了中国历史上的一个文化高峰。这 500 年也是汉族作为一个民族实体的育成时期，到秦灭六国，统一天下，而告一段落。①

——这里说的是汉族作为现在我们看到的巨大民族实体在历史上是具有区域性和阶段性形成的。

中华民族多元一体格局存在着一个凝聚的核心。②

——这是最根本的。在费孝通论述汉族形成的历史，或是在分析汉族与"中华民族"的关系及其在其中的地位的时候，这都包含了这样一个根本性的内容。

经过多次北方民族进入中原地区及中原地区的汉族向四方扩散，才逐步汇合了长城内外的农牧两大统一体。又经过各民族流动、混杂、分合的过程，汉族形成了特大的核心，但还是主要聚居在平原和盆地等适宜发展农业的地区。同时，汉族通过屯垦移民和通商在各非汉民族地区形成一个点线结合的网络，把东亚这一片土地上的各民族串联在一起，形成了中华民族自在的民族实体，并取得大一统的格局。这个自在的民族实体在共同抵抗西方列强的压力下形成了一个休戚与共的自觉的

---

① 费孝通：《中华民族多元一体格局》，载《费孝通民族研究文集新编》（下卷），中央民族大学出版社 2006 年版，第 250—251 页。
② 同上书，第 273 页。

民族实体。这个实体的格局是包含着多元的统一体。所以中华民族还包含着50多个民族。①

——从华夏的几个部落,发展壮大成为中原地区的超级稳定和庞大的共同体,最后朝着近代民族统一体方向演变,形成中华民族大共同体最具凝聚力的核心。北方民族进入中原地区,陆续成为汉族的成员,以及中原地区的汉族向四方扩散,向外围发挥影响并融合外族人口,是汉族人数不断增多的两种基本方式。这也说明"中华民族成为一体的过程是逐步完成的"。

我们注意到,在谈到中华民族和汉族的时候,学者们在对汉族作出界定的时候,往往用的都是"主体"或"主体民族"概念。这种表述,有时是无意地说出,有时是专门的论述。不论是无意说出还是有意为之,往往是专指汉族人口数量巨大这个特征,有的时候还包含其他因素。但不管怎么说,这在社会中是一种常见的说法。那么"主体"("主体民族")和"核心"在表达汉族的时候是不是有什么不同呢?也许,一般情况下人们不会多作专门研究去区别它们,好像没有什么不同。但细究起来,二者还是有着明显区别的:前者("主体")更多用在描述现状,后者("核心")较常用在描述历史变迁;前者一般表示现实的和静止状态,因而有静态的意思,后者往往说的是一种变动的状态,发展的含义更多一些;前者较多说的是一种客观形态,后者却是有着一种主观认定的意思。② 费孝通在这篇演讲中用这样多的"核心"来表述汉族的形成

---

① 费孝通:《中华民族多元一体格局》,载《费孝通民族研究文集新编》(下卷),中央民族大学出版社2006年版,第277—278页。
② 我们能够理解:在讲"主体民族"的时候,往往想到的是人口,占有整个国家(这个国家全部民族人口)的绝大多数。这个人口的绝大多数,加上历史上的作用和现实中的影响,还会带来一种强势文化认同和社会认同,成为国家整体意志形成的巨大推动力。但"核心"这个概念,它还有一层更深的含义,是内在的、根本的,而不限于外在的一些表现。它已经内在地存在于这个主体之中。换句话说,"主体"更多偏向于形态,"核心"却是体现在实质。这二者的关系也可以由此得以明了。

的演变，固然有描述历史变迁这一特定需要，但也要看到这是对汉族的实质性内涵的肯定。我们在联想到费孝通反复讲述汉族在中华民族当中的地位的时候，就能够理解这里"核心"的意义了。①

从"费孝通视野里的汉民族研究"这个主题，我们可以从较为宏观的视角来作些探讨，也可以从若干具体的问题入手进行讨论。费孝通在这篇演讲当中所涉及的，既有非常宏观的大问题，也有一些非常具体的问题。当费孝通在演讲中反复提到汉族的核心作用的时候，给了我们一幅汉族由小到大，人数由少到多，居住区域从黄河中下游逐渐向四围扩散，与各少数民族不断交流、冲突、融合、统一，经过一波又一波的动态演变的图景。由此来看，这个核心是实实在在存在的，也体现在其作为主体民族的作用当中。

三 费孝通对汉民族研究的一些具体意见

费孝通在各种不同场合发表过有关汉民族研究的看法。内容大体有三个方面：一是对汉民族本身的看法，包括汉民族的状况、本质和发展；二是对汉民族与少数民族关系的看法，这主要是在中华民族大格局的背景下来看汉民族；三是对汉民族研究的意见。

（一）对汉民族本身的看法和对汉民族与少数民族关系的若干论述

费孝通对汉民族本身的看法，最根本的一个观点，就是汉民族是中华民族的核心。费孝通在"2000年国际汉民族研究学术讨论会"有一个发言，其中说道："汉族是中华民族团结、凝聚的核

---

① 在这篇演讲中，费孝通只有一个地方提到"主体"："公元399年在吐鲁番盆地及邻近地区建立的麴氏高昌国原是一个以汉人为主体建立的国家。这些汉人是汉魏屯田士兵和晋代逃亡到这地区的人的后裔。"（《费孝通民族研究文集》第263—264页）讲的是麴氏高昌国（"少数民族"政权），而先前却是一个以"汉人为主体"建立的国家。由以汉人为主的政权变为以少数民族为主的政权。

心，在最终完成祖国大统一的进程中也是如此。"① 在《中华民族多元一体格局》这篇演讲中，费孝通多次提到汉民族（汉人）在中华民族形成过程中的核心作用，如上文引述。这种核心作用，一方面是由于汉族长期形成的经济和文化影响力，所产生的巨大向心力，另一方面是在形成和巩固中华民族这一实体过程中的巨大推动力。

我国民族居住的特点，也是在历史和现实变动中形成的，就是各少数民族之间，少数民族和汉族之间，普遍存在交互杂居的情况。"大家知道，我国民族有个很重要的特点就是相互掺杂，孤立地看一个民族的历史不容易看得出它的特点，大家不是反映很多民族的简史很难写吗？主要是重复，就是那么几条材料，这个民族也写，那个民族也写；还有写进入社会主义的过程时，也是一般化的罗列一些情况，这些也是相同的。"②"在中国这样长的历史里，民族变化多端，你变成了我，我变成了你，我中有你，你中有我……"③形成"小聚居、大杂居"的格局。④ 中国各民族是"一个以汉族为主体的各民族大杂居、小聚居和聚居中有杂居、杂居中又有聚居的交错局面"⑤。民族之间相互杂居，生活和影响分不开，不仅经济生活分不开，政治生活也分不开。研究民族，不讲汉族，少数民族的问题也讲不清楚。

关于对汉民族与少数民族关系的看法，基本的观点就是汉族和少数民族是相互帮助的一个整体，是"一家人"。"无论是少数民族还是汉族，都是靠我们民族大家庭的团结互助，才能有今天。所

---

① 费孝通：《关于汉民族研究的一些想法——在"2000年国际汉民族研究学术讨论会"上的发言》，《中央民族大学学报》2001年第1期。

② 费孝通：《支持六江流域民族的综合调查》，载《费孝通民族研究文集》，民族出版社1988年版，第291页。

③ 费孝通：《在国家民委召开的民族问题五种丛书工作会议上的讲话》，载《费孝通民族研究文集》，民族出版社1988年版，第346页。

④ 费孝通：《西部经济发展和各民族共同繁荣》，载《费孝通民族研究文集新编》（下卷），中央民族大学出版社2006年版，第33页。

⑤ 费孝通：《边区民族社会经济发展思考》，载《费孝通民族研究文集新编》（下卷），中央民族大学出版社2006年版，第424页。

以，说汉族离不开少数民族，少数民族离不开汉族，这绝不是空话，而是实际。没有汉族的帮助，少数民族地区发展不起来；没有少数民族的支持，祖国边疆就难以巩固，汉族地区也难以更好地发展。大家是一家人。"① 1984年3月份在一次国家民委召开的民族问题五种丛书工作会议上，费孝通在谈到中国对自己国内民族的识别和认定上认为，要根据中国的实际，不能照搬苏联的"资本主义上升时期"才形成民族的理论。费孝通认为：中国的民族发展程度参差不一，但我们对发展水平不同的少数民族都要称作民族，"不去分民族、部族、部落。那样分可不得了"，接着说"中华民族是一个不可分割的整体。中华民族这个整体又是许多相互不能分离的民族组成。组成部分之间关系密切，有分有合，有分而未断，合而未化，情况复杂"②。

在为《盘村瑶族》一书所写的序言中，费孝通多次提到瑶族与汉族的关系，提到汉族离不开少数民族，少数民族离不开汉族。费孝通还说：长期以来对汉族缺少研究，以致对"当前世界上人口最多的汉族怎样形成的过程都说不清楚"③。"民族互助在现阶段主要是先进的汉族对后进的少数民族在物质上和智力上的支援。这就需要汉族克服大汉族主义，少数民族改变故步自封的思想。过去被民族压迫制度所封锁的大门要大大地打开。这就是从封闭到开放的过程。民族之间经济和文化上的交流是各民族共同繁荣的关键。在社会主义建设的前进中，越来越明白地显示出少数民族离不得汉族，汉族离不得少数民族。具体分析这个历史过程，取得应有的经验教训，对今后各民族的发展是十分重要的。"④ "我最近越来越感觉到在民族地区做社会调查不应当只调查少数民族，因为在民族地区的

---

① 费孝通：《关于民族地区经济与文化发展上的几个问题》，载《费孝通民族研究文集》，民族出版社1988年版，第314—315页。

② 费孝通：《在国家民委召开的民族问题五种丛书工作会议上的讲话》，载《费孝通民族研究文集》，民族出版社1988年版，第346页。

③ 费孝通：《盘村瑶族·序》，载《费孝通民族研究文集》，民族出版社1988年版，第330页。

④ 同上书，第338页。

汉族常常对这地区的发展起着重要的作用。少数民族的社会不能离开他们和汉族的关系而存在的。要研究民族地区的社会也不能不注意研究当地的民族关系,特别与汉族的关系,希望今后作民族研究的人能考虑我的这种体会。"①

在一本《费孝通传》中,作者谈到费孝通有关汉族和少数民族政治关系的问题时这样说:"他在五十年代所写的关于少数民族的文章……只粗粗的谈少数民族过去受汉族压迫,而今天却取得很大进展。"② 在叙述费孝通在贵州访问时所作的调查时说:"他估计该省少数民族约400万,即占全省人口的30%—40%。至少有二十个或三十个少数民族,他们人数少的仅几千人,分布在几个村庄,人数多的逾百万,像苗族。有些是土著居民,有些是被汉族从中原赶到这里来的……他一再谈到少数民族受汉族压迫的悲惨境况。"③

(二) 对汉民族研究的意见

在多次谈到有关少数民族研究和汉族研究的话题时,费孝通认为,在对少数民族进行研究的时候,也要对汉族进行研究。基本的一点就是要"平行地"对汉族和少数民族进行研究。

在2000年国际汉民族研究学术讨论会上,费孝通有一个发言,题目就叫《关于汉民族研究的一些想法》,其中说:"1957年以前我有机会参加大规模展开的民族识别和少数民族社会历史调查。当时,无论对我本人而言,抑或对整个民族研究工作而言,重点都放在对少数民族的调查研究方面,没有对汉族作平行的研究,但在进行民族识别时,我们需要从中国的实际出发,区分哪些是少数民族?哪些是汉族?在自报少数民族中,哪些是单一民族?哪些是某

---

① 费孝通:《盘村瑶族·序》,载《费孝通民族研究文集》,民族出版社1988年版,第341页。
② [美]戴维·阿古什:《费孝通传》,董天明译,时事出版社1985年版,第180—181页。
③ 同上书,第181页。

个少数民族中或是汉族中有不同名称和地区性差别的群体？当时，我已感觉到中国的民族研究必须包括历史上影响最大和人数最多的汉族在内。"[①] "在我开始参加民族研究的那一段时间里，我们一提民族工作就是指有关少数民族事务的工作，所以很自然地民族研究也等于是少数民族研究，并不包括汉族的研究。回想起来这种不言而喻的看法是在中央访问团时期已经形成了。"[②]

在相当长的时期内，学术界对汉民族的研究是不多的。要是将这种对汉民族的研究状况与对少数民族的研究作一个对比的话，就能够看出，对汉民族的研究不论是受重视的程度还是研究成果的数量，都无法与对少数民族的研究相比。大家都看到这种现象，都知道这种情况的存在不是一天两天。其原因，本文不展开分析。本文仅就费孝通的视野所涉，对汉民族研究的不足和需要重视的理由作一些具体分析。

（三）汉族没有得到应有研究的原因

在《迈向人民的人类学》中，费孝通说到中华人民共和国成立之初，对国内民族情况缺少了解，所以需要对民族进行调查，"比如，中国究竟有哪些民族？各有多少人？分布在什么地方？——这些基本情况，由于长期的民族压迫，在解放初期我们是不清楚的。通过调查搞清楚这些情况的任务就落到了民族研究者的头上"[③]。以此为历史背景，产生了中国民族研究的一个特有现象。在《中华民族研究新探索》一文中，费孝通在叙述了 50 年代民族调查工作经历后，这样清楚地作了说明：

[①] 费孝通：《关于汉民族研究的一些想法——在"2000 年国际汉民族研究学术讨论会"上的发言》，《中央民族大学学报》2001 年第 1 期。
[②] 费孝通：《简述我的民族研究经历和思考》，《北京大学学报（哲学社会科学版）》1997 年第 2 期。
[③] 费孝通：《迈向人民的人类学》，载《费孝通民族研究文集》，民族出版社 1988 年版，第 237—238 页。

这项工作当时即称作民族研究。我在 1950 年到 1957 年参与组织了全国的少数民族社会历史调查。

民族研究这个名称就是这样开始的。这项研究事实上并不包括对汉族的研究。理论上原是说不过去的。但是在我国，汉族长期以来占人数最多，经济文化最发达，关于它的社会历史情况已经有现存的各学科在研究。少数民族的社会历史却一向被忽视。所以解放后迫切需要的是了解少数民族的社会历史，由此而产生的民族研究实际上成为不包括汉族在内的少数民族研究。后来民族研究又被称为民族学。这是中国民族研究和民族学产生和发展的历史背景。

这样历史背景里产生和发展出来的民族研究和民族学有它的长处和短处。长处是突出对中国少数民族的研究对象，对当时的民族工作是适应的……

……缺点在于把应当包括在民族这个整体概念中的局部过分突出，甚至从整体中割裂了出来。中国民族研究限于少数民族，势必不容易看到这些少数民族在中华民族整体中的地位以及它们和汉族的关系，而且如果对这些少数民族分开来个别加以研究，甚至对各民族间的关系也不易掌握。民族学这个学科也同样受到局限。从严格的理论上来说是中国少数民族的研究只能是民族学范围内的一个部分，而不能在二者之间画等号。[①]

如果说上面所引述的是从当时我们国家的一个整体状况来说的话，那么在这个状况存在的同时，还有一个状况，就是汉族的学术研究长期以来没有得到应有的重视，没有开展对汉族的必要的民族研究。

这涉及如下几个方面的问题：

---

① 费孝通：《中华民族研究新探索》，载《费孝通民族研究文集新编》（下卷），中央民族大学出版社 2006 年版，第 362—363 页。

一是将民族研究和历史研究、文化研究、经济研究混为一谈。比如，有的人就这样认为：有了中国通史，就可以代表汉族通史，有了中国经济史、中国文化史，也可以代表汉族经济史、汉族文化史。汉族的历史等方面的研究不等于汉族的民族研究，汉族作为一个民族共同体，是民族研究的对象，不是历史典籍哪一类的研究可以代替的。

二是研究对象不以先进还是后进、是大还是小来区别。后进民族固然需要抓紧调查研究（否则有些资源会随着时间的流逝而消失），先进民族也要进行研究，不仅因其先进，要研究他的先进在何处，因何而先进，还因为作为一个民族实体，民族有民族的存在方式、活动方式，不从民族视角来观察和研究这个民族，就无从知晓这个民族何以成为一个民族。同样的道理，不研究汉族，就不会知道汉族作为一个民族的生存和活动，就不会明了汉族之所以是一个"汉族"（民族）的原理。民族学和历史学、文化学、经济学研究的内容是不一样的。尽管研究对象都是汉民族这样的人群，但是不同的内容就形成不同的研究结果，提供给人们的就是不一样的认识。

三是一个民族不论大小，都有着作为民族实体区别于其他民族的特征。汉族也一定有自身所特有的一系列特征，并且这些特征一定是非常突出的。这些非常突出的汉族的民族特征，就是民族研究者需要认真对待的。这也就是民族学研究者研究汉族的基本依据。中华民族大家庭一共有56个民族，这56个民族各有自己的特征，都是需要区别对待，认真研究的。如今现状是：中华民族大家庭当中的55个民族都已经有大量的研究成果，有的是学术性的，有的是宣传性的，人们只要有需求，都可以较容易地得到各个少数民族的研究文字材料，但要找汉族的研究专著或是宣传材料却不那么容易。

四是在中华民族大家庭中。有56个民族，如果只研究55个民族，却对汉族这个民族不研究，这也是说不过去的。这不仅在学术逻辑上有不通之处，同时也是另外一种民族间的"不平等"。这种

"不平等",是汉族(或以汉族为主导的社会主流意识)的一种潜意识,是想当然的。民族研究就研究那些落后的民族,小的民族,我是先进的民族,是大民族,不用研究。这就形成一种学术上的"大汉族主义"。

关于这一点,费孝通也举例说过:

> 我们汉人不大容易体会少数民族的感情。比如说,京剧里扮演少数民族的角色,面谱被画得乌七八糟,少数民族当然感到不舒服。这种民族感情,我们汉人毫不在乎。再如《蔡文姬》一剧,郭老写这个剧本,本来是表达了文姬归汉的感情,但少数民族看了很有意见,他们认为这是破坏了他们同汉族的婚姻。当然不能说郭老有大汉族主义,但是就没料到会出现这样的效果。我在民族研究所曾担任过副所长,我也有责任。这个研究所专门研究少数民族,对汉族形成的发展根本无人过问,好像汉族不需要研究了。要研究民族关系,却只研究民族地区的少数民族,不研究汉族,甚至说汉族不属于民族研究的范围。①

(四)对 20 世纪 80 年代兴起的汉民族研究的支持和鼓励

20 世纪 80 年代以来,国内学术界联合兴起了一场"汉民族研究"的学术活动。1986 年 6 月 25 日,在广西南宁召开了"全国首次汉民族研究学术讨论会"。这次会议由中国社会科学院民族研究所、四川民族研究所、广西民族研究所、云南大学历史系、广西民族学院民族研究所五家单位共同发起举办。这次会议得到费孝通的关心和支持。以此次会议为起点,这个系列的"汉民族研究学术讨论会"已经连续召开十多届,至 2017 年已经持续了 31 年。从第二届(在广东汕头召开)起,以"国际汉民族研究学术讨论会"的

---

① 费孝通:《社会主义现代化建设中的民族问题》,载《费孝通民族研究文集新编》(上卷),中央民族大学出版社 2006 年版,第 507—508 页。

名义召开。其间，成立了中国民族学学会汉民族分会。汉民族分会成立后，对每一次汉民族学术讨论会都进行了积极的组织和筹划。每次会议，都得到费孝通的关心和支持。2000年，在福建泉州召开了"2000年国际汉民族研究学术讨论会"，费孝通在这次会议上作了《关于汉民族研究的一些想法》的发言。这个发言中就明确提出要对汉民族和少数民族进行"平行的研究"。在发言中费孝通回想到当年进行民族识别工作时，对哪些是少数民族哪些是汉族都说不清楚，"当时，我已感觉到中国的民族研究必须包括历史上影响最大和人数最多的汉族在内"。发言特别提到：

汉族是中华民族团结、凝聚的核心，在最终完成祖国大统一的进程中也是如此。

最后，我非常感谢福建省的领导和参与筹备本次学术讨论会的各单位的领导及工作人员，为本次学术讨论会付出了辛勤的劳动和认真的努力。你们的智慧、辛劳和所付出的财力、物力必会开花结果。本次学术讨论会的圆满成功不仅是对汉族研究的发展作出积极的贡献，同样会对促进中华民族的大团结作出积极的贡献。[①]

四 费孝通汉民族研究的思考

关于"民族研究"和"社会研究"的思考。

社会中的一个成员，他也一定是某一民族的成员。对其作各种不同角度的观察和研究，就是我们所说的"社会科学研究"。把问题局限于狭义的社会研究，将其与民族研究相对时，就是我们现在要讨论的"民族研究"和"社会研究"的关系。

社会视角（非民族视角）的研究，这里暂且用作与民族视角相

[①] 费孝通：《关于汉民族研究的一些想法——在"2000年国际汉民族研究学术讨论会"上的发言》，《中央民族大学学报（哲学社会科学版）》2001年第1期。

对的一种研究。对研究对象究竟是作"民族"视角的研究，还是作"社会"视角的研究，往往成为所谓的不同学科的理论和方法的成立依据。从狭义的学科来看，这就构成民族学和社会学的研究视野。

我们将进入费孝通的思路，来具体讨论这个问题。

> 我不是专攻历史学的人，但对过去以汉族为中心的观点写成的中国的历史一直有反感。[①]
>
> 我心里感到内疚的是对少数民族的研究并不像对汉族地区的农村研究那样深入。我 1935 年负伤离开广西大瑶山以后，研究的对象就转移到了家乡和内地农村，直到 1950 年我才参加中央访问团到少数民族地区去工作。我从事民族工作有 7 年之久，到过的地方不少，接触到的少数民族也不少，但并没有利用这机会在少数民族里蹲点，进行长期的观察和体验生活。往往是走马观花，得到一些印象和一般知识，作为科学的资料严格来说是很少的。这是我对自己工作不能满意的主要根据。[②]

在这段话里，费孝通讲的是过去对汉族关注较多，相对而言，对少数民族的认识和了解太少。但这里指的不是"民族研究"意义上的汉族研究和少数民族研究，而是对汉族地区的各种研究和少数民族地区的研究。另外，费孝通这里表达的是自从 20 世纪 30 年代大瑶山调查以后，再没有机会到少数民族地区去做调查了。这两个意思一定要明白，不然就会以为费孝通说的是对汉族的研究太多而对少数民族的研究太少。

关于汉族的"民族研究"没有受到重视问题，费孝通是有自己的明确意见的。

---

① 费孝通：《简述我的民族研究经历思考》，载《费孝通民族研究文集新编》（下卷），中央民族大学出版社 2006 年版，第 520 页。
② 费孝通：《费孝通民族研究文集·自序》，载《费孝通民族研究文集》，民族出版社 1988 年版，第 3 页。

费孝通视野里的汉民族研究

费孝通分析对汉族缺少必要的研究的原因时，已经提到两个方面的问题，一个是中华人民共和国初建立，因对国内民族情况缺少必要的了解，所以集中力量对少数民族进行调查，因而当时只专注于少数民族的研究而忽略了对汉族的研究；另一个是汉族自己的优越感在其中起了作用。但没有说破与西方传统人类学的影响这一层。

了解费孝通民族研究思想的人们，比较熟悉下面这段话：

> 社会学、人类学、民族学各有它们传统的领域，但都有交叉部分。我们只能就事论事，很难用是否"合理"来衡量。比如我们所通用的"民族学"却不包括汉族的研究在内，顾名思义当然是不合理的。但是如果民族学一方面要包括考古、历史、语言、体质、民俗、社会、文化各方面的研究，一方面又要包括所有的民族，那就和"人类学"等同了。在中国，目前的民族学实际上是指对少数民族的研究，甚至只指对少数民族当前的社会情况的研究，如果是如此，那也就和"民族社会学"等同了。①

在同一篇讲话中，费孝通还专门就社会学、人类学、民族学和民族研究，它们的产生、特点和各自的研究领域作了详细说明，并对这几门学科的细微不同也有所辨析。说到人类学的产生与英国帝国主义为统治世界各殖民地人民的关系时，最初的人类学就是在这种背景下产生的，因此它的研究对象是海外那些原始民族。在《迈向人民的人类学》一文中对此有明确的阐述。费孝通所说的人类学的这个初期特点，就是西方学术界以"文明"人自居，到海外去调查那些没有文字的"野蛮"民族。同时，这种人类学是不研究自身的，它只研究别人，即"他者"。由此联想到，以汉文化为主流意

---

① 费孝通：《谈谈怎样开展民族研究工作》，载《费孝通民族研究文集》，民族出版社1988年版，第267页。

识的学术界,长期以来总是只研究少数民族而不研究汉族,潜意识觉得汉族是先进的,不必研究。这是否受到西方那种人类学以自己的优越性来看待落后民族,只研究"他者",而不研究自己的做法的影响呢?这个问题不是一个实证的问题,但可作为一个让我们思考的问题提出来。

上文曾经引述过费孝通的一段话,这里再将这段话中的最后一句重复如下:

> 从严格的理论上来说是中国少数民族的研究只能是民族学范围内的一个部分,而不能在二者之间画等号。①

作为学者,费孝通对自己的学科定位是"社会学、人类学、民族学"。"我是由人类学、社会学、民族学里得到的方法和知识去做我一生认为值得做的有意义的事。"② 他坚持对问题的研究不要从学科和理论出发,也不拘泥于某一学科和某一理论,而是应当从对象出发,从解决实际问题出发。"我们的理论是和实践相结合的。我们并不是为了解而了解,为提出一些理论而去研究,我们是为了实际的目的,为少数民族进行社会改革提供科学的事实根据和符合少数民族利益的意见。所以这可以说是一种应用的人类学。"③

他对汉族和少数民族研究问题的看法,对于为什么对汉族和对少数民族没有实现"平行的研究";对于汉民族问题的认识和看法,特别是放到"中华民族多元一体"格局中来看,就从一个更高的视角将问题呈现在大家面前,不仅是中华民族包括汉族这样一个简单而明显的结论,而是给了我们更多对这个问题的认识,其中不乏若干新的视角:从实践和理论上论证汉族与各少数民族之间是平

---

① 费孝通:《中华民族研究的新探索》,载《费孝通民族研究文集新编》(下卷),中央民族大学出版社2006年版,第363页。
② 费孝通:《论人类学与文化自觉》,华夏出版社2004年版,第11页。
③ 费孝通:《迈向人民的人类学》,载《费孝通民族研究文集》,民族出版社1988年版。

等的关系，他们都是中华民族当中的成员；中华民族作为"民族"来看，有着不同的层次，"中华民族"是上位民族概念，汉族和各少数民族是下位民族概念；中华民族既是"多元一体"的，又是"一体多元"的，多元形成一体，一体影响多元；汉族和各少数民族是平等的，但历史发展和现实当中，汉族因其一系列特点，在中华民族整体当中发挥着核心和凝聚的作用。

从研究方法上，可以这样说，费孝通对汉民族的研究，对中华民族多元一体格局问题的研究，让我们看到他对探讨问题一以贯之的基本态度和思想方法：不轻易下结论。有几分把握就说几分话，不把话说满；有想法就要说出来，把观点抛出来让大家讨论，再丰富自己的看法；不拘泥于已经形成或自己掌握的一套方法和理论，也不局限于某种固有的研究方法，而是尽量采用多种方法和途径，集中对问题进行思考和探讨，得出自己的结论。这些都是给我们的有益启示。

论汉族形成于中原地区

任崇岳

(河南省社会科学院历史所)

摘　要：中华民族是指现在中国疆域里具有民族认同的13亿人民，在中华民族所包含的56个民族中，汉族是主体民族。汉族这一名称始于汉朝，但汉族的形成却是在中原地区。这是因为中华文明发轫于中原地区，夏、商、周三代的政治、经济、文化中心也在中原地区。夏朝建立之后，华夏族的名称也随之产生，到了战国时期，华夏族与居住在洛阳附近的少数民族融合，使华夏族更加壮大，这个华夏族就是汉族的前身。虽然秦王朝存在时间短暂，但是在全国范围内实行的"车同轨、书同文"等政策，加速了汉民族的形成。秦朝之人被称为秦人。到了汉朝，秦人改称汉人，汉人有了共同的语言、共同的地域、共同的经济生活以及共同的心理素质，形成了事实上的汉民族，而"汉人"自称和他称的出现是汉民族民族意识增强的表现，也是汉民族形成在形式上的认同。

关键词：中原地区　华夏族　汉族　秦朝　汉朝

一　汉族、汉人

中华民族是指现在中国疆域里具有民族认同的13亿人民，"它所包括的五十多个民族单位是多元，中华民族是一体"[①]。在中华

[①]　费孝通：《中华民族多元一体格局》，中央民族学院出版社1989年版，第1页。

民族所包含的56个民族中,汉族是主体民族。汉族形成于何时?费孝通教授认为,"汉作为一个族名是汉代和其后中原的人和四围外族人接触中产生的"①。吕振羽先生说:"华族自前汉的武帝、宣帝以后,便开始叫汉族。"② 史学家吕思勉说:"汉族之名,起于刘邦称帝之后。昔时民族国家,混而为一,人因以一朝之号,为我全族之名,自兹以还,虽朝屡改,而族名无改。"③ 范文澜也认为:"汉族自秦汉以下,既不是国家分裂时期的部族,也不是资本主义时代的资产阶级民族,而是在独特的社会条件下形成的独特民族。"④ 1957年3月三联书店出版了《汉民族形成问题讨论集》一书,多数学者认为,汉民族在秦汉时期已经形成。也有少数学者认为,列宁在《卡尔·马克思》一文中曾经说过:"民族是社会发展的资产阶级时代的必然产物和必然形式。"因而民族是资本主义上升时期的产物,中国在1840年鸦片战争之后才产生资本主义,汉族应形成于鸦片战争之后。还有一种观点认为,汉民族的形成应与资本主义萌芽的历史相一致,也就是说,中国的资本主义萌芽之日,即是汉民族的形成之时。而资本主义何时萌芽,有说明末清初者,也有说唐宋者,这意味着汉族形成于唐宋之际或明末清初。后几种说法胶柱鼓瑟,拘泥于经典作家的片言只语或历史上的某一重大事件而置实际情况于不顾,因而同意者寥寥。如今汉族形成于汉代,已是学术界的共识。

与汉族相联系的还有汉人问题,二者有相同之处,但并非同一概念。汉族指的是汉民族,而汉人则指的是汉朝之人,南北朝时称中原人为汉人。秦朝吞并六国,统一天下后,声威远播,秦朝之人遂被称为"秦人"。秦朝国祚甚短,不久,便被汉朝所取代,于是"秦人"的称呼便改成了汉人。如《后汉书·耿恭传》记载,他曾

---

① 费孝通:《中华民族多元一体格局》,中央民族学院出版社1989年版,第7页。
② 吕振羽:《中国民族简史》,生活·读书·新知三联书店1950年版,第19页。
③ 吕思勉:《先秦史》,上海古籍出版社1982年版,第22页。
④ 范文澜:《试论中国自秦汉时期成为统一国家的原因》,《历史研究》1954年第3期。

领兵与匈奴在西域作战，原来臣服汉朝的车师（原名姑师，汉代西域三十六国之一）又叛归匈奴，"与匈奴共攻恭，恭厉士众击走之，［车师］后王夫人先世汉人，常私以虏情告恭"①。这里的汉人是指汉朝之人。同书《西域传》称，汉代西域三十六国之一的于阗一度受另一国家莎车控制，"莎车将君得在于阗暴虐，百姓患之。明帝永平三年（60），其大人都末出城见野豕，欲射杀之，豕乃言曰：无射我，我乃为汝杀君得，都末因此即与兄弟共杀君得，而大人休莫霸复与汉人韩融等杀都末兄弟，自立为于阗王"②。同书《南匈奴传》记载：汉朝与南匈奴交战，匈奴"单于见［汉朝］诸军并进，大恐怖，顾让韩琮曰：汝言汉人死尽，今是何等人也？"③匈奴单于责备韩琮说，你说汉朝军人已死尽，这里冒出来的人又是什么人呢？这里的汉人指汉朝军人。《资治通鉴》卷65记述建安十一年（206），"乌桓乘天下乱，略有汉民十八万户，袁绍皆立其豪酋为单于，以家人子为己女妻焉"④。这里的"汉民"也指的是汉朝之人。汉族虽在汉代已经形成民族，但史乘中仍以汉人称之，这一称呼一直延续到中华民国时期。

到了南北朝时期，"汉民"的含义已不是指"汉朝之民"，而是指汉族之人了。把持东魏朝政的高欢是鲜卑化的汉人，他的儿子高洋废东魏而建立了北齐政权。高欢曾对鲜卑人说："汉民是汝奴，夫为汝耕，妇为汝织，输汝粟帛，令汝温饱，汝何为陵之？"又对汉人说："鲜卑是汝作客，得汝一斛粟、一匹绢，为汝击贼，汝何为疾之？"⑤高欢说此话时为大同三年（537），距东汉灭亡已300余年，此处说的"汉民"显然不是指汉朝之人，而是指汉族人了。清末光绪年间，任过山西道监察御史的大学者李慈铭在《越缦堂日记》一书中对高欢善于调和夷夏关系作了精辟透彻的解释：

---

① 《后汉书》，上海古籍出版社1987年标点本，第109页。
② 同上书，第298页。
③ 同上书，第301页。
④ 《资治通鉴》，上海古籍出版社1987年标点本，第435页。
⑤ 同上书，第1042页。

论汉族形成于中原地区

> 中国人别称汉人起魏末。北齐以高氏,虽云渤海蓨(今河北景县)人,而[高]欢之祖徙居怀朔镇(今内蒙古固阳县西南),已同胡俗。故《北史·神武纪》云:"神武既累世北边,故习其俗,遂同鲜卑。"及执魏政,其姻戚同起者,如娄昭、尉景、刘贵等,皆中国种族,遂目中原人曰汉人。①

高欢的祖先本是河北景县一带的汉人,到他祖父时徙居今内蒙古固阳县,这里古代是鲜卑人聚居之区,高氏祖孙三代生活于鲜卑人中,已融入鲜卑,高欢于是成了鲜卑人。他当了东魏的丞相,独揽朝政后,提携汉人姻亲娄昭、尉景、刘贵等人。文中"皆中国种族,遂目中原人曰汉人"一句颇可玩味。在高欢看来,娄昭等人皆是中国种族指的是中原地区的汉人,与居住在塞北的鲜卑人相对应,于是中原人便成为汉人了。明朝人汤显祖的《牡丹亭》第四十五出《寇间》一折中,有"禀大王,拿的个南朝汉子在此。"② 所谓"南朝汉子"云云,也指的是南朝的男性汉族人。清人王士禛《池北偶谈·汉军汉人条》称:"本朝制,以八旗辽东人号为汉军,以直隶省人为汉人。"③ 清朝把汉族人分为隶属于辽东八旗的汉军,称直隶省(今河北大部及河南、山东部分地区)的人为汉人。辛亥革命后,中华民国取代了清朝,明确汉、满、蒙、回、藏为五大民族,号称"五族共和","大概也只是在'五族共和'之说倡导以后,汉人才正式改称汉族"④。汉族之名始于中华民国时期,但汉族这一名称是由"他称"改转为"自称"的,正如费孝通所说:"汉作为一个族名是汉代和其后中原的人和四围外族人接触中产生的。民族名称的一般规律是从'他称'转为'自称'。"⑤

---

① (清)李慈铭:《越缦堂日记》第59册,广陵书社2004年版,第51—52页。
② (明)汤显祖:《牡丹亭》,中州古籍出版社1994年版,第349页。
③ (清)王士禛:《池北偶谈》,中华书局1982年标点本,第57页。
④ 贾敬颜:《汉人考》,《中国社会科学》1985年第6期。
⑤ 费孝通:《中华民族多元一体格局》,中央民族学院出版社1989年版,第7页。

二　在中原地区形成的华夏族是汉族的前身

20世纪30年代，以顾颉刚先生为代表的"古史辨"派提出了"层累地造成的中国古史"观点，曾在史学界引起了一场轩然大波。此说或有可商兑之处，但对于汉民族形成于中原地区来说，层累地造成的观点是恰当的。

考古资料表明，中原地区是华夏文明的摇篮和发祥地，数十万年以前，已有原始人类栖息生活在这块土地上。20世纪70年代，豫南南召县杏花山及淅川县境内便发现了旧石器文化早期的人类牙齿，被称为"南召猿人"。"南召猿人"和"北京猿人"的时代大致相当，都是现代黄色人种的祖先。除"南召猿人"外，灵宝的朱阳，陕县的侯家坡、赵家湾、张家湾，三门峡的水磨沟，以及渑池、伊川、巩义、荥阳、汝州、西峡、卢氏等地，都发现有旧石器时代的晚期遗址。这些遗址表明，我们的先民很早就在中原大地上胼手胝足，披荆斩棘，认识自然，改造自然了。

考古学家苏秉琦认为，黄河中下游存在两大文化区，即黄河中下游的仰韶文化和黄河下游的龙山文化。龙山文化的前身是大汶口文化，黄河流域与龙山文化同一时代的还有中原龙山文化和齐家文化，中原龙山文化的前身是仰韶文化。这些文化统统被称为龙山时代。"河南的龙山文化正是在仰韶文化的基础上吸收了山东的龙山文化而兴起的。所以可以说华夏文化就是以黄河中下游不同文化的结合而开始的。"① 费孝通先生这个见解得到了学者们的认同。佟柱臣先生认为，仰韶文化与龙山文化互相渗透、互相融合，就产生了华夏文化。"仰韶文化就是华夏族的前身文化的早期"，"龙山文化是华夏族前身文化的晚期。"② 陈连开先生认为，"河南龙山文化与陕西龙山文化等与山东龙山文化可以互相区分为另一种地区性新

---

① 费孝通：《中华民族多元一体格局》，中央民族学院出版社1989年版，第6页。
② 佟柱臣：《从考古学上看中华民族的融合与统一》，载《中华民族研究新探索》，中国社会科学出版社1991年版，第24页。

论汉族形成于中原地区

石器文化,然而河南与陕西龙山文化与山东龙山文化大体平行发展而又互相渗透,却是一个相当典型的文化汇聚与交融的现象。这种文化汇聚与交融,反映着创造文化的两大氏族部落集团的交往、斗争、融合过程。许多事实表明最早发达于黄河中下游的国家制度、文字制度、青铜文化,其主要来源,应从黄河中下游东西相对两个文化区汇聚交融当中去追溯"[1]。可以说,河南龙山文化与陕西、山东龙山文化的交汇融合,就是华夏文化的源头。

人类的进化是由原始群进入氏族,然后有部落及部落联盟组织,进而有国家的成立。炎、黄二帝与颛顼时代已进入部落及部落联盟时期,从这时起才有比较可靠的历史传说。徐旭生先生认为,上古时期有三大部落集团,即华夏、东夷、苗蛮:"伏羲和女娲传说来自南方的苗蛮,太暤和少暤传说来自东方的夷,同来自西北方的华夏的传说来源非一,所以即使说有氏族或个人,而相对的世次的先后也无法知道。"[2] 这三大部落集团由相争而演变为和平共处,最终互相融合,才形成了尔后的汉族。司马迁在《史记·五帝本纪》中说:"三苗在江淮,荆州数为乱。于是舜归而言于帝,请流共工于幽陵,以变北狄;放驩兜于崇山,以变南蛮;迁三苗于三危,以变西戎;殛鲧于羽山,以变东夷,四罪而天下咸服。"[3] 这是一种以华夏为核心的正统观,强调了中原地区在中华文化起源及发展中的独断性,但也客观描述了以中原地区为核心,华夏及"四夷"相互融合的历史事实。应当指出的是,东夷、苗蛮的活动区域虽然超出了中原地区,但是他们与华夏集团的相互融合过程却是在中原地区进行的。

在华夏族的发展历史中,炎帝、黄帝作为神化了的人物而彪炳史册。从先秦时代起,华夏族就尊奉炎、黄二帝为先祖。《世本》与《大戴礼记》明确归纳出以黄帝为始祖的统一谱系和以黄帝为首

---

[1] 陈连开:《中华新石器文化的多元区域性发展及其汇聚与辐射》,《北方民族》1988年第1期。
[2] 《史记》,首都师范大学出版社2008年标点本,第37页。
[3] 同上书,第7页。

◆◆◆ 汉民族与陕西文化研究

的五帝世系，司马迁据以作《五帝本纪》，第一次形成了华夏有同一来源的古史系统，使我们对华夏族的发展脉络有了一个初步的认识。黄帝与炎帝曾经有过3次激烈的战争，炎帝败北，向黄帝称臣，归顺于黄帝，至此，两个集团融合为炎黄集团。"炎、黄二帝率众融合成炎黄集团在中华民族的历史上具有重要意义。中原地区完全被炎黄集团所控制，炎黄集团的先民们深深地植根于华夏大地。炎黄集团被视为汉民族的族源，炎、黄二帝被汉族尊为祖先，至今海内外的华人都认为自己是炎黄子孙。炎、黄二帝已成为一种文化纽带，把汉民族紧紧凝聚在一起。"① 还有黄帝与蚩尤之战，尧、舜、禹与三苗之战，也都是围绕着中原地区的争夺与开发而进行的。争夺战争的结果，加速了中原文化与四方文化的融会交合，进而加速了文明国家在中原实现的进程。

汉族的前身是华夏族，华夏族是历经夏、商、周3个朝代在中原地区形成的，中原地区是夏、商、周三代政治、经济、文化中心，因此司马迁才说"昔三代之居，皆在河洛之间，故嵩岳为中岳，而四岳各如其方。"② 嵩山因居天下中心，故称中岳。中岳在中原地区。

夏部族是黄帝后裔，居住在中原地区河洛一带，公元前2100年前后建立了夏王朝，这标志着我国历史已进入文明时代，华夏族的名称也随之产生。许慎《说文解字》在解释"夏"字时说："夏，中国之人也。"夏朝所居的中国在何地？20世纪70年代出土于陕西宝鸡贾村塬的何尊铭文，记述周成王营建成周时说："惟王初营宅于成周，复禀武王礼"，又说："惟武王既克大邑商，则廷告于天下曰：余其宅兹中国，自之乂民。"③ 很显然，铭文中的中国即成周，成周即洛阳，在今河南洛阳市东郊汉魏故城一带。夏族作为夏朝的主体民族，自认为居天下之中，当然也就有四方，即东

---

① 王冠英等：《中国文化通史·先秦卷》，中共中央党校出版社2000年版，第104页。
② 《史记》，首都师范大学出版社2008年标点本，第516页。
③ 转引自李学勤为河洛文化研究丛书写的序，载《中原移民简史》，河南人民出版社2006年版。

西南北的概念。夏王朝对四方不同于夏的民族称为夷，因此也会有四方夷人的概念，也就是"四夷"，从现存的文献资料来看，夏代已有东夷、北狄、西戎、南蛮的观念和称谓，夏朝与东夷、南蛮关系密切。"帝禹立而举皋陶荐之，且授政焉，而皋陶卒。封皋陶之后于英（今安徽金寨县东南）、六（今安徽六安县北），或在许（今河南许昌）。而后举益，任之政。"① 皋陶，偃姓，东夷族首领。益即伯益，也称大费，东夷族嬴姓各族祖先。皋陶和益是东夷族少昊的后裔。禹为天下之君而推举皋陶与益当继承人，反映了夏族与东夷族相友善的一面。禹死于会稽（今浙江绍兴），死之前，"以天下授益。三年之丧毕，益让帝禹之子启，而辟居箕山（今河南登封市东南）之阳。禹子启贤，天下属意焉。及禹崩，虽授益，益之佐禹日浅，天下未洽。故诸侯皆去益而朝启，曰：吾君帝禹之子也。"益不但让位，干脆居住在中原地区的箕山之阳，这支东夷人后来就融入夏人中了。其实，皋陶和益仅是东夷族中比较显赫的一支，并非东夷的全部。据《后汉书·东夷传》所说，夷有九种，即"畎夷、于夷、方夷、黄夷、白夷、赤夷、玄夷、风夷、阳夷。"这些夷族在夏代皆称之为九夷、诸夷，他们分布于西起豫东平原，东达东海之滨，南至淮水流域，北到济水地区等夏王朝的东方地区。② 他们原来服从夏王朝的统治，"夏后氏太康失德，夷人始畔，自少康已后，世服王化，遂宾于王门，献其乐舞。桀为暴虐，诸夷内侵，殷商革命，伐而定之。"③ 终夏之世，东夷人时服时叛，交往既多，夏、夷之间融合之处就越多。夏王朝的南部还有生活于今河南南阳盆地与湖北江汉平原之间的三苗部族。大禹时夏部族与三苗曾有过激烈的战争，以三苗败北告终，《墨子》卷五《非攻下》云："昔者三苗大乱，天命殛之……禹亲把天之瑞令，以征有苗……苗师大乱，后乃遂几。"④ 三苗溃败后，一部分迁居南方，

---

① 《史记》，首都师范大学出版社2008年标点本，第15页。
② 郑杰祥：《夏史初探》，中州古籍出版社1988年版，第107页。
③ 《后汉书》，上海古籍出版社1987年标点本，第287页。
④ 《墨子》，首都师范大学出版社2008年标点本，第42页。

一部分居住原地的归依夏王朝,后来这些三苗族便融入华夏族中。

继夏朝而立的是商朝。殷人是东夷族,据说是帝喾后裔契的子孙。商人因其始祖契封于商而得名,商地即今河南商丘。商朝的主体民族是夏族,朝代鼎革之后称商人。其他族是少数民族,在文献记载中称为"方"或"邦",甲骨文中则称为"方",其实"方""邦"含义相同。商王朝与方国之间既有和平共处的一面,也有桴鼓相攻的时期。这些方国一方面承认商王的共主地位,并通过纳贡等形式表示对商王朝的臣服,另一方面又觊觎商王朝的财物而不时发动掠夺战争。商朝的北方和西北方有土方、舌、鬼方等游牧民族,郭沫若认为,舌和土方居住在今陕西西北部直到内蒙古河套地区,而鬼方则活动在今陕北、内蒙古及其以北的辽阔地区。[①] 陈梦家认为"鬼方在晋南,西周春秋时期在陕西境内"[②]。邹衡则认为土方在今山西石楼县一带,鬼方在山西南部,夏商之时或当靠北。[③] 商高宗用了三年时间打败了鬼方,鬼方的一部分人被迫西移,一部分则迁入中原内地。考古资料证明,商朝中期以后,山西境内的考古文化分为两种类型,其中分布在晋东南地区的一种与郑州、安阳等地的商文化基本相同,同属于商文化的一部分。居住在商朝北方的少数民族生存环境恶劣,那里气候冱寒,赖以生存的物资匮乏,他们需要不断迁徙以寻找新的牧场和狩猎场所,在南下过程中与商人兵戎相见,便不可避免。

居住在商朝西方的是羌族等,总称西戎。甲骨文中有关羌的卜辞甚多。《诗经·商颂·殷武》云:"昔有成汤,自彼氐羌,莫敢不来享,莫敢不来王,曰商是常。"常即长,君长也。这是说西方的氐羌都把商王当君长看待。羌族主要分布于岐周之西,即今之青海、甘肃地区。他们也是随牲畜迁徙的游牧族,有一部向东移动,与华夏族交错居住。商朝与羌人之间也有战争,武丁时伐羌用兵最多的一次达1.3万人。商人俘获的羌人多用于奴隶劳动和祭品,生

[①] 郭沫若:《中国史稿》(第一册),人民出版社1976年版,第163—164页。
[②] 陈梦家:《殷墟卜辞综述》,科学出版社1956年版,第275—276页。
[③] 邹衡:《夏商周考古学论文集》,文物出版社1980年版,第279—281页。

存下来的羌人后来都融入了商人中。商王还曾娶羌女为妻，表明商、羌在民族融合的道路上已开了先河。商朝的南方有荆楚，西南方有庸、蜀、羌、髳、微、卢、彭、濮等，这些族群在不同程度上受商朝的控制，商王武丁为了开疆拓土，曾南征荆楚，《诗经·商颂·殷武》云："挞被殷武，奋伐荆楚，罙（深）入其阻，裒荆之旅。"诗中"挞"是迅疾的样子，"殷武"即殷王武丁，"阻"是险要之地，"裒"是俘获，"旅"是士兵。这是说武丁深入荆楚的险要之地，俘获了他们的士兵。庸、蜀等 8 国在江汉之南，他们受商文化的影响，与商文化关系密切。商的东方是东夷集团，甲骨文称东方夷人为"尸方""儿方""人方"。商朝曾多次对东夷发动战争，尤其在帝乙、帝辛之世，商王对东夷发动了大规模的战争，都大获全胜。帝乙末年迁居到沬，即今河南淇县的朝歌。"其子纣继位后，继续对东夷用兵，费了很大力量，打退了东夷的扩张，俘虏了'亿兆'夷人作自己的军队。纣对东南的经营，使中原文化逐渐发展到了东南，对我国历史有一定的贡献。"① 纣俘掳来的数量庞大的东夷人，后来便融入华夏族中。

周人是兴起于渭水流域的羌族，至武王时灭掉殷商，建立周朝。西周时期夏、商、周三族融合的雏形已日渐形成，三族交叉居住，彼此的族群差异逐渐减少，民族理念上也渐趋一致。他们都拥有共同的祖先观念，奉黄帝为共同始祖；在地域上，商、周两族都认为其祖先起源与兴起的地域是大禹开拓的，周人称其兴起的西土为"区夏"。他们都有以农业为主的经济，以青铜技术与甲骨、钟鼎文字为代表的文化，都有共同的祖称——夏、中国。可以说，夏、商、周三族到西周时已具备了属于同一民族共同体的基本条件。

周平王迁都洛邑，是为东周。至此，夏、商、周的政治、经济、文化中心都在中原地区，"与此同时，边裔的戎、狄也乘机内徙，与中原诸夏杂居。当时中原内地，几乎到处都有戎狄。周襄王

---

① 郭沫若：《中国史稿》（第一册），人民出版社 1976 年版，第 166 页。

娶戎狄妫后",于是戎狄或居于陆浑(今河南嵩县),东至于卫(今河南滑县一带),"侵盗暴虐"①。与陆浑之戎同时迁往中原的还有阴戎。《后汉书》卷17《西羌传》云:"允姓戎迁于渭汭,东及轘辕。在河南山北者,号曰阴戎。阴戎之种,遂以滋广。"②渭汭即今陕西渭河入黄河处,轘辕即轘辕山,在今河南偃师东南,允姓戎与阴戎所居之地大部分在今河南境内。后来陆浑戎叛晋,为晋所灭,这一部分人融入华夏族中。伊洛随戎后来也为韩、魏两国所灭,除一小部分西迁外,其余的都融入华夏族中。戎蛮夷狄不仅杂居内地,就是周天子所居住的洛阳周围也布满了戎蛮夷狄。《国语》卷16《郑语》记载:"当成周者,南有荆蛮、申、吕、应、邓、陈、蔡、随、唐;北有卫、燕、狄、鲜虞、潞、洛、泉、徐、蒲;西有虞、虢、晋、隗、霍、杨、魏、芮;东有齐、鲁、曹、宋、滕、薛、邹、莒,是非王之支子母弟甥舅也。则皆蛮、荆、戎、狄之人也。"③其中狄、鲜虞、潞、洛、泉、徐、蒲、隗都是赤狄、白狄或其他诸狄,营为东边之夷,荆为南边之蛮。这些少数族群在进入中原之前,社会发展比较缓慢,既无姓氏,也不知诗书礼仪为何物,在进入中原后,受到华夏文化的熏陶,逐渐有了姓氏、文化和风俗,习惯上也逐渐向华夏族靠拢,与中原保持一致。同样,中原诸夏也从戎蛮夷狄中学到了不少东西。经过春秋战国500余年的纷争与迁徙,进入中原地区的蛮、夷、戎、狄已大部分融入华夏族中,成为后来汉民族的重要组成部分。活动于边裔地区的各族,有的也融入华夏族,有的虽未融入,但他们都与中原华夏族共同保持着密切的联系。与华夏族共同体一起,成为中华民族多元共同体的组成部分。"经春秋战国的民族大迁徙与大融合,在战国已实现华夏的大认同,华夏已形成了稳定的民族共同体。"④

---

① 《史记》,首都师范大学出版社2008年标点本,第1091页。
② 《后汉书》,上海古籍出版社1987年标点本,第293页。
③ 《国语》,华龄出版社2002年标点本,第235页。
④ 陈连开:《论华夏、汉民族的形成》,《烟台大学学报》1991年第2期。

三 秦朝"车同轨、书同文"等政策促进了汉民族的形成

公元前221年，秦始皇统一全国，公元前207年灭亡，秦朝在历史上只存在了15年，是个短命王朝。尽管如此，秦朝所颁布的一些法令、措施，却加速了汉民族在中原地区形成的进程，可谓功莫大焉！

许慎在《说文解字·叙》中说，当战国时，"分为七国，田畴异亩[亩]，车涂异轨，律令异法，衣服异制，言语异声，文字异形"，严重阻碍了华夏各族的交往，迟滞了汉民族形成的过程。秦始皇二十六年（前221），秦始皇下令，"分天下以为三十六郡……收天下兵，聚之咸阳，销以为钟镰，金人十二，重各千石，置廷宫中。一法度衡石丈尺，车同轨，书同文……徙天下豪富于咸阳十二万户。"[1] 秦始皇采取这些措施的初衷在于加强秦朝的封建统治，但在客观上却加速了汉民族形成的进程。

秦朝统一全国后，废除分封制，实行中央集权，分天下为三十六郡，郡设守、尉、监，实现了华夏族的统一。秦始皇三十三年（前214），秦国夺取了岭南越地，设桂林（今广西桂平）、南海（治番禺，今广州）、象郡（今广西崇左），把南方的大片土地收入囊中，同时徙百姓50万人戍守五岭，与越人杂处。在北方，派"蒙恬斥逐匈奴，收河南地（秦汉时称内蒙古河套一带为河南），为四十四县。筑长城，因地形用制险塞，起临洮，至辽东，延袤万余里"。[2] 于是秦朝的疆域北至内蒙古，南至岭南，东至于海，西至甘肃，实现了政治的统一，从西周以来分裂割据的局面不复存在，秦朝的政令如臂使指，通行无阻，正如汉人贾谊在《新书》中所说："及至始皇、奋六世之余烈，振长策而驭宇内，吞二周而亡

---

[1] 《史记》，首都师范大学出版社2008年标点本，第58页。
[2] 《资治通鉴》，上海古籍出版社1987年标点本，第48页。

诸侯，履至尊而制六合，执敲朴而鞭笞天下，威震四海。"① 政令的统一，增强了华夏族的凝聚力。

　　书同文是秦朝一件值得大书特书的举措。我国的汉字从远古的结绳记事到形成汉字，经历了漫长的过程，即使从商代后期算起，也有了3000余年的历史。到了战国时期，由于长期分裂割据，各诸侯国自成一体，政治、经济、文化均有差异，而百姓之间更是老死不相往来，以致再现了"言语异声、文字异形"的局面。以"者"字为例，秦国写作者，楚国写作者，齐国写作者，燕国写作者，三晋（韩、赵、魏）或写作者，或写作者。再如"一个'马'字，齐有三种写法，楚、燕、三晋各有两种写法。一个'安'字，齐、燕各有二种写法，三晋竟有四种写法"②。文字的混乱，给诸侯国带来了不少麻烦，不但阻碍了文化的发展，而且严重影响了诸侯国文书的传播，更不利于华夏族的统一与稳定。有鉴于此，秦始皇统一天下后，采纳丞相李斯"罢其不与秦文合者"的建议，于秦始皇二十六年（前221）、秦始皇二十八年（前219）两次下诏，以秦国文字为基础，并汲纳参照六国文字制定成小篆，作为法定的主要字体，以隶书作为日常使用文字，在全国范围内推行。同时命丞相李斯、中车府令赵高、太史令胡毋敬3人分别用小篆作《仓颉篇》《爰历篇》《博学篇》，又命程邈作隶书，作为文字范本颁布全国。这一举措结束了战国以来"文字异形"的局面。不过，小篆虽是法定字体，但隶书笔画平正，便于书写，在民间流行得更广泛，到了汉代，隶书终于取代小篆成为主要文字。秦代统一文字和隶书的广泛使用，有利于统一多民族国家的形成和文化发展，更是汉民族形成的必要前提。

　　统一货币和度量衡是秦朝的又一重大举措。战国时各国货币的形制与轻重大小不尽相同，不利于各地的经济交流。秦朝规定以黄铜为上币，单位为镒（20两）；以秦国过去流行过的圆形方孔铜钱

---

① （汉）贾谊：《新书》，首都师范大学出版社2008年标点本，第540页。
② 白寿彝：《中国通史》（第四卷上册），上海人民出版社2004年版，第207页。

为下币，文曰半两，重量也是半两。货币的统一，促进了商贸往来，使得中原地区的华夏族在经济上联系得更加紧密。度量衡制定在战国时期也不统一。比如度量长短的尺子，长短不一，即使在楚国一国之内，铜尺长度就相差好几厘米。再如量制、衡制，各国也是极不统一，甚至名称都不相同。如魏国的量制分为益、斗、斛，齐国则以升、豆、区、釜、钟为单位。衡制更是混乱，连名称都不一样。比如赵国的衡制单位是钘、镒，楚国的衡制单位称铢、两、斤，周朝的则称孚、折。因为度量衡既是商品交换的必需工具，国家税收也需用度量衡，度量衡制度不统一，造成了经济混乱，给人们的日常生活带来了诸多不便。秦朝统一全国后，采用商鞅时制定的度量衡标准器，把全国的度量衡统一起来。"文字、货币、度量衡的统一，为经济、文化的发展提供了便利条件，促进了统一国家的发展。"① 秦朝时汉民族尚未形成，但秦王朝施行的许多措施为汉民族的形成做了强有力的铺垫。

四　汉族形成于中原地区

"汉承秦制"是指汉朝在职官制度、郡县制上承袭了秦朝的做法并有所发展。职官制度保证了皇帝至高无上的权威，便于政令畅通无阻；郡县制则是把编户齐民固定在一定地域的土地上，为国家缴纳贡赋。这两大措施加速了汉民族在中原地区的形成。

共同的地域是形成一个民族的首要条件。人类社会都是先由血缘关系发展为地缘关系，然后再逐步发展为部族、民族，因此，人与地域的关系如何，对于一个民族共同体的重要性来说，是不言而喻的。到了汉代，汉人的基本分布区域为黄河中下游的中原地区与长江中下游地区，"以西汉元始二年（2）为例，当时诸州总户数为12356470户，共57671401口。这些都是赋税户口数字，基本上是汉人，极少数可能是编入户籍的边郡中的当地民族。在总人户数

---

① 孙毓棠等：《秦汉史》，中国大百科全书出版社1986年版，第6页。

中，黄河中下游及淮河以北6州合计占总户数52.8%，占总人数的62.54%。长江中下游荆、扬及益州三州合占总户数的19.45%，总人数的20.10%"①。既然汉人中总人数的百分之六十都集中在黄河中下游即中原地区，汉族形成于中原地区也就顺理成章了。特别是汉代实行的郡县制把大部分人居住的共同地域——中原地区联结为一个稳定的不可分割的整体，人们聚族而居，长期固定生活在这块土地上，不再漂泊迁移，华夏族才有可能变成后来的汉族。

共同的经济生活，是形成一个民族的第二个必要条件。传说中华夏族的祖先黄帝原是西北的游牧族，进入中原地区后逐渐演变为以农业为主的部族了。夏代重视农业，《论语·泰伯篇》孔子曾赞扬夏禹说："卑宫室而尽力乎沟洫。"②《论语·宪问篇》又说："禹、稷躬稼而有天下。"③所谓"躬稼"是禹和稷下地种田（稷是舜禹时的农官，周朝祖先）。夏朝的夏小正就是指导农耕的农历。商代最主要的生产部门是农业。甲骨文中田字写作、，田字中的方格明显表示的是田地的疆界和沟洫。卜辞中有"王大令众人曰劦口田"的记载，劦口田即众人齐心协力耕田，表明夏时生产力低下，生产工具落后，故须协作。卜辞中出现的谷物有禾、黍、稷、麦、秜（稻）等，同时也饲养牛、马、猪、羊、鸡、犬等家畜。周朝也以农立业。《诗经·周颂》中的《噫嘻》《载芟》《臣工》等篇，《诗经·小雅》中的《圃田》《采芑》《白华》等篇中，有不少赞颂周朝农业发达的诗句。夏、商、周三代的主要农业区都在华夏族聚居的中原地区。影响所及，连春秋战国时期进入中原地区杂居的蛮夷戎狄也逐步接受农耕生活方式，转为与华夏族无异的农耕民族。秦朝称百姓为"黔首"，推行"使黔首自实田"的政策，承认私人对土地的占有权，因而造成了广大的自耕农民，"于是男耕女

---

① 任崇岳、白翠琴：《中原地区历史上的民族融合》，内蒙古人民出版社2004年版，第61页。
② 杨伯峻：《论语译注》，中华书局1980年版，第84页。
③ 同上书，第146页。

织的小农经济定型化，成为整个社会的基本经济成分。"① 这种生产方式，有利于华夏族凝聚融合为汉族。

生产力水平在汉代有很大发展。战国时铁器已开始推广，西汉时冶铁业有了长足发展。据《汉书》卷28《地理志上》记载，弘农郡的宜阳、渑池，河内郡的隆虑（今河南省林州市），河南郡的河南（今洛阳市），河东郡的耿乡（今登封市东南），汝南郡的西平，南阳郡的宛县（今南阳市宛城区）等地均设铁官管理冶铁，一直到东汉相沿不替。两汉时期今河南境内的冶铁遗址竟有14个县市之多，郑州古荥镇冶铁遗址已有鼓风设备，"已经用煤作为工业燃料，已能生产脱碳钢板"；巩义铁生沟冶铁遗址已能生产球墨铸造铁，"它比西方人用现代生产技术制造的球墨铸铁要早1000多年"②。当时中原地区已普遍使用牛耕，铁制农具也已普遍推广，今鹤壁、巩义、南阳等地发现有西汉的铁犁镜，南阳还发现有播种用的耧足范，济源发现有西汉的陶风车模型。当中原地区使用先进的铁器农具时，江南大部分地区仍处在"伐木而树谷，燔莱而播粟，火耕而水耨"的阶段，这与中原的农业生产水平相差甚远。

农耕民族的生产与水利息息相关。汉代中原地区的水利事业有了飞跃发展，有许多享誉全国的大工程。以南阳为例，西汉时召信臣任南阳太守时，躬耕劝农，出入阡陌，考察郡中水泉，开通沟渎，灌溉良田3万顷，"民得其利，蓄积有余"③。百姓称他为"召父"，为之立祠祭祀。东汉光武帝时，杜诗任南阳太守，"修治陂池，广拓土田，郡内比室殷足，时人方于召信臣"，他还"造作水排（水力鼓风机），铸为农器，用力少，见功多"④。其原理是水排能把空气送入冶铁炉，以此提高铸造农具的效率和质量，这比欧洲发明的水力鼓风机要早1100年，南阳人称之为"杜母"。位于汝阳（今汝南）的鸿隙陂是占地数千顷的大型水利工程，可灌溉良田数

---

① 陈连开：《论华夏、汉民族的形成》，《烟台大学学报》1991年第2期。
② 张文彬、程有为：《简明河南史》，中州古籍出版社1996年版，第87页。
③ 《汉书》，喀什维吾尔出版社2002年标点本，第616页。
④ 《后汉书》，上海古籍出版社1987年标点本，第140页。

万亩,建于西汉武帝时期,使得汝阳成为闻名遐迩的鱼米之乡,成帝时被丞相翟方进等人所毁。东汉初邓晨任汝南太守时主持修复,鸿隙陂再度造福汝南,连年五谷丰登,和帝时何尚任汝南太守,在鸿隙陂灌区修筑鲷阳旧渠(今新蔡北),灌溉良田3万多顷。汉代在酸枣(今延津)、瓠子河(今濮阳南)的治黄工程也颇有成效。汉代中原地区已普遍使用水井灌溉,洛阳出土有大量的两汉陶水井模型,说明水利设施已相当完善。

随着农业和手工业的发展,商业也繁荣了起来。两汉时商业集中在长安、洛阳、宛(南阳)、临淄、邯郸、成都、番禺等地,除了成都、番禺外,其余城市均在黄河中下游的中原地区,河南就占了洛阳、南阳两个。小农经济的定型化及统一的度量衡、货币,政治经济文化中心的出现,标志着生活在中原地区的汉人在汉代时已有了相当稳定的共同经济生活,这是汉民族形成的又一基本特征。

共同的文化是形成一个民族的第三个必要条件。从夏商周至春秋战国时期,华夏族的文化是百家争鸣,这种局面虽然有利于学术繁荣,但是不利于巩固中央集权专制统治。因此秦始皇统一六国后,采纳了李斯"焚书坑儒"的建议,以此实行"法制",但秦始皇"禁文书而酷刑法"的暴虐行为,很快断送了秦朝社稷。为矫正这一弊端,西汉初年道家的黄老无为思想占据了统治地位。集中阐释黄老无为思想的著作是陆贾的《新语》,他强调治天下必须无为。这种无为而治的政策,使汉初"农民生活比较安定,社会生产较易恢复,也使汉朝的统治秩序渐形巩固"[①]。但到了文帝、景帝时期,王国势力膨胀,尾大不掉,商人豪强盘剥农民,百姓生活每况愈下,匈奴肆无忌惮地寇掠边境,无为而治已不适应当时形势,必须改弦更张。汉武帝时,董仲舒在贤良对策中说:"当更张而不更张,虽有良工不能善调也;当更化而不更化,虽有大贤不能善治也。故汉得天下以来,常欲善治而至今不可善治者,失之于当更化

---

① 孙毓棠等:《秦汉史》,中国大百科全书出版社1986年版,第86页。

而不更化也。"① 那么，应当如何更化呢？董仲舒说：

> 《春秋》大一统者，天地之常经，古今之通谊也。今师异道，人异伦，百家殊方，指意不同，是以上亡以持一统；法制数变，下不知所守。臣愚以为诸不在六艺之科孔子之术者，皆绝其道，勿使并进。邪辟之说灭息，然后统纪可一而法度可明，民知所从矣。②

汉武帝接受他的建议，"罢黜百家，独尊儒术"。以"春秋大一统"之义作为汉王朝立国的根本指导思想，儒家处于独尊地位。从此以后，儒家学说成为整个汉代乃至两千年封建社会的统治思想，儒家学说影响到社会的各个角落，不但莘莘士子以儒学为晋身之阶，而且儒家学说也成为判断是非的标准。春秋大一统思想维护了国家统一，巩固了中央集权，也成为维系华夏族长期稳定的思想纽带。正是有了人们认同的统一的文化，华夏族才能嬗变为后来的汉族。世界四大文明古国中只有中国文化薪火相传，其原因就在于中国文化具有独特的魅力。儒家学说的独尊地位是在中原地区形成的。

共同的心理素质是形成一个民族的第四个必要条件。中原地区的汉人尊奉的是以孔子为代表的儒家学说，这一学说的核心是"仁"，《论语》一书中孔子109次提到"仁"。"仁"是孔子所立的道德标准。孔子说："人而不仁，如礼何？人而不仁，如乐何？"③ 做了人而不仁，便无法对待礼仪制度，无法对待音乐。千百年来，汉人无不奉"仁"为圭臬，作为处世的指南。由"仁"而延伸出的"三纲五常"（君为臣纲、父为子纲、夫为妻纲称三纲，君臣、父子、兄弟、夫妇、朋友之间的关系称五常）、礼义廉耻等封建道德规范，潜移默化地成为中原汉人一致认同的价值取

---

① 《汉书》，喀什维吾尔出版社2002年标点本，第386页。
② 同上书，第390页。
③ 杨伯峻：《论语译注》，中华书局1980年版，第24页。

向，对汉民族共同心理素质的构建起了至关重要的作用。可以说三纲五常、礼义廉耻（古代称礼义廉耻为国之四维，四维不张，国乃灭亡）"既为中央集权的封建国家提供了理论基础，也为华夏族向汉民族发展转化的统一和稳定的民族共同体奠定了思想基础"①。

中原地区汉人宗教观念的核心崇天敬祖是从上古至秦汉时期最重大的宗教礼仪活动。佛教在东汉时期从西域传入中原地区，道教也创建于东汉，汉人对宗教采取兼容并蓄的态度，佛、道成为中原汉人信奉的两大宗教，与祭天敬祖、相信善恶有报等都被纳入自己的信仰之中。这一信仰对汉民族心理素质的形成和发展产生了深远影响。

在民族观念上，伴随着汉代政治、经济、文化的统一，各地区之间联系的紧密，华夏族与其他少数民族之间的畛域日益削弱，特别是"大一统"观念的确立，不再强调华夷之别，而是宣扬"普天之下，莫非王土；率土之滨，莫非王臣""四海之内皆兄弟"。因此司马迁在《史记》中既描述了华夏族的历史，也客观地罗列出了少数民族发展的历史轨迹；既写出了华夏族与少数民族各自的特点，又突出了四方夷族与华夏族同出一源的亲如手足的关系。华夏族与四方夷族的融合更是屡见不鲜。"汉族的壮大并不是单纯靠人口的自然增长，更重要的是靠吸收进入农业地区的非汉人，所以说是像滚雪球那样越滚越大。"②

综上所述，中原地区的汉人在汉代已经有了共同的地域、共同的经济生活，共同的文化和共同的心理素质，已经形成了事实上的汉民族。"汉人"作为族称被广泛使用，是在汉朝以后。用"汉"取代"华夏"，并非这一人们共同体的改变，更不是新民族的形成，只不过是民族名称的变化而已。"汉人"自称和他称的出现是汉民族民族意识增强的表现，也是汉民族形成在形式上的认同。

---

① 任崇岳、白翠琴：《中原地区历史上的民族融合》，内蒙古人民出版社2004年版，第66页。

② 费孝通：《中华民族多元一体格局》，中央民族学院出版社1989年版，第13页。

简论渭河古代文明

霍彦儒

(宝鸡炎帝与周秦文化研究会)

摘 要：渭河是黄河中上游最大的一条支流。与黄河一样，同为中华民族的母亲河。所谓渭河文明是指古代产生于渭河流域的物质文明和精神文明、制度文明的总和。她既是中华文明的重要源头和组成部分，又是"三皇"即伏羲、炎帝（神农）、黄帝的起源地，历史上四个重要朝代——周秦汉唐的立都和龙兴地。因此，在中国乃至世界历史上占有极其重要的地位。研究渭河文明，对我们进一步认识中华文明起源，对把关中—天水建设成为彰显华夏文明的历史文化基地具有积极的启示和借鉴作用。

关键词：渭河 中华文明 三皇 周秦汉唐

渭河是黄河中上游最大的一条支流。与黄河一样，同为中华民族的母亲河。所谓渭河文明是指古代产生于渭河流域的物质文明和精神文明、制度文明的总和。

渭河形成于早更新世，距今约200万年，域内人类活动踪迹约有80万—100万年以上。渭河发源于甘肃省渭源县的鸟鼠山，至陕西潼关县港口镇注入黄河，全长818千米，流域面积约为13.5万平方千米，流经地域：甘肃省的定西市、平凉市、庆阳市和天水市，宁夏回族自治区的固原市，陕西省的宝鸡市、杨陵区、咸阳市、西安市和渭南市等三省（区）10市（区）84个县（区）。渭河以陇山和子午岭为界，分为上、中、下游三个地区。上游为甘肃的陇东地区，中下游为陕西的关中地区。本文依据有关文献和考古资料，通过对渭河流域考古学文化、"三皇"的文献传说、周秦汉唐历史的论述，旨在说明渭河在中国乃至世界历史上所占之重要地位，以进一步了解、认识中华文明的起源，对把关中—天水建设成为彰显华夏文明的历史文化基地亦具有积极的启示和借鉴作用。

一 渭河流域是中华文明破晓之地

渭河流域的史前文化可追溯至距今100多万年以前。1963年在陕西蓝田县公王岭考古发现一颗猿人牙齿化石，定名为"蓝田中国猿人"（又称"蓝田人"）。经测定，他的时代距今约80万—115万年左右，比"北京人"更早。继之，又发现了"陈家窝人"，其年代距今约五六十万年。与此时基本相同的还有平凉泾川县出土的第五层古土壤带。随后，还发现了早期智人的代表性化石"大荔人"和现代智人的代表性化石"黄龙人"。此外，在固原、天水、庆阳、镇原、环县、眉县、麟游、潼关、渭南等地相继亦有旧石器中、晚期遗存的发现。这些远古人类遗存的发现，说明渭河流域因其气候温暖、雨量充沛、植被丰茂，在距今100万年前后，就已是原始先民活动较为集中的地区之一。

距今约1万年前后，原始社会由旧石器时代进入新石器时代，母系氏族公社也进入一个发展和繁荣的阶段。遍布于渭河流域氏族公社的人们，在长达五六千年的历史进程中，先后创造了老官台文化、仰韶文化和龙山文化。渭河流域成为中华文明的重要发祥地之一。按照著名历史学家李学勤先生所说，渭河是中华文明的破晓之地。老官台文化（亦称前仰韶文化）是属于新石器早期的一种文化遗存，距今约8000—7000年。此类文化在陕西、甘肃境内，主要分布于渭河流域及其支流。在渭河上游有3处，以秦安大地湾Ⅰ期（属前段）、师赵村Ⅰ期（属后段）遗存为代表；在渭河中游有13处，多分布在宝鸡附近的渭河两岸及其支流，现发掘的有宝鸡关桃原和北首岭下层；在渭河下游发现有7处，多分布于华县与临潼之间的渭河两岸，其中经过正式发掘的有临潼白家和零口、渭南北刘和白庙村、华县老官台和元君庙、长武下孟村等。

此时期文化的基本特征：经济生活以粟作农业为主，渔猎、采集经济占相当的比重。聚落和房屋面积均较小，房屋多为结构简单的圆形半地穴式，居住面为长期踩踏而形成的硬土面。窖穴有圆形、长方形、袋状不规则形等，一般较小而浅。墓葬形制多为长方形竖穴土坑，常见有仰身直肢葬，也有屈肢葬和瓮棺葬，已有了随葬品出现，说明此时已有了灵魂观。石器分为打制和磨制两种，打制石器较多并含有少量的细石器；磨制石器一般仅磨刃部，有斧、刀、铲、凿等。陶器均为手制，胎壁厚、火候低、硬度较小；多为夹细砂陶，泥质陶很少；陶色多呈红褐色，表面常见灰或黑色斑块，往往有器内表黑而外表红的现象；纹饰以绳纹最常见，还有锯齿纹、乳钉纹、戳划纹和少量简单的彩绘等；主要器形有三足罐、三足钵、圈底或平底钵、圈足碗、小口鼓腹罐等。特别值得重视的是，在临潼白家、大地湾早期等遗址内发现有迄今为止最早的彩陶，对探讨中国彩陶的起源，具有重要的意义。老官台文化的产生，说明其主人是继承发展新人文化的，标志着渭河流域的母系氏族社会已进入一个新阶段，"出现了早期农业氏族公社，他们沿河或在近水源的阶地平野或山脚下，聚族而居"，过着半耕半牧的经济生活。

在老官台文化的基础上，距今约六七千年又诞生了仰韶文化。此类文化遗址以河南西部、山西南部、陕西关中为中心，向四方扩展，涉及整个黄河流域，而又以渭河流域的关中地区最为密集。被苏秉琦先生称为中国古文化两大重要区系（一个指源于渭河流域的仰韶文化，另一个指源于大凌河流域的红山文化）之一。仰韶文化分早、中、晚三期，先后延续了2000多年，距今约7000—5000年，相当于仰韶文化前期至龙山文化的出现，即母系氏族繁荣阶段，以及由母系氏族社会向父系氏族社会的过渡阶段。在目前发现的多处仰韶文化遗址中，有代表性的遗址共有10处。其中，渭水流域就占有7处：西安半坡、临潼姜寨、宝鸡关桃园和北首岭、长武下孟村、华县元君庙、秦安大地湾等。具体地说，渭河上游，仰韶文化早期是以大地湾仰韶文化早期、王家阴洼下层、师赵村Ⅱ期等遗存为代表；中期是以大地湾仰韶文化中期、王家阴洼上层、师赵村Ⅲ期等遗存为代表；晚期是以大地湾仰韶文化晚期等遗存为代表。

在陕西的渭河中下游，根据仰韶文化延续时间长、分布地域广的特点，考古界又将其分为早期的半坡和史家类型，中期的庙底沟类型，以及晚期的半坡晚期或西王村类型的三阶段四类型。早期：距今约为7000—6000年，又分为前后两段。前段（距今7000—6500年），以西安半坡早期、宝鸡北首岭中层、临潼姜寨Ⅰ期等遗存为代表；后段（距今6500—6000年），以渭南史家、华阴横阵墓地、华县元君庙、临潼姜寨Ⅱ期等遗存为代表。中期：距今约为6000—5500年，以宝鸡福临堡Ⅰ期、姜寨Ⅲ期、泉护村Ⅰ期、案板Ⅰ期、王家嘴早期等遗存为代表。晚期：距今约5500—5000年，以半坡晚期、姜寨Ⅳ期、北首岭上层、福临堡Ⅱ—Ⅲ期、泉护村Ⅱ期、案板Ⅱ期、王家嘴晚期等遗存为代表。

从考古发现看，这一时期的基本文化特征为：一是农业为仰韶文化的基础经济，在大地湾、半坡、北首岭、下孟村、泉护村等遗址内发现有粟，姜寨遗址中发现有黍，半坡遗址中还发现了白菜或芥菜籽，早于中原仰韶文化达千年以上。生产工具有石、骨、角、蚌、陶等多种质地，磨制石器有斧、锄、刀、磨盘、磨棒等，其中长方形穿孔石刀和两侧带缺口的石刀较具特色。家畜饲养尚不发达，可确认的家畜有猪、狗，还可能有鸡。渔猎、采集仍占有一定比重，常见有网坠、鱼钩、鱼叉、镞、矛等工具，彩陶中多见有反映渔猎生活的鱼纹、网纹、鹿纹、鸟纹等。二是聚落多呈向心或凝聚式的圆形布局，半坡、姜寨等聚落的居住区有壕沟围绕。房屋多为圆形或方形的半地穴式，也有地面建筑，较晚阶段还出现了墙基挖槽起建的大型房屋。有人认为，这具有"中国宫殿式建筑雏形"的"大房子"，"对探索中国古代建筑的渊源，对五千年中华文明的形成提供了重要线索。"居住面用草泥土涂抹，或以加有料礓石粉的混合土铺垫，也有经火烧烤者，较晚阶段出现了白灰居住面。

房屋周围分布有窖穴，其形状有袋状、桶状、锅底形等。居住区外的周边，一般分布有陶窑和公共墓地等。三是制陶业有了较大的发展，陶窑以横穴式最为常见。陶器多用手制，并出现了轮修口沿的技术；器形以细泥红陶的尖底瓶、圆底或平底钵、盆等最具代表性；施纹方法有拍印、戳刺、刻画、贴附和彩绘等形式，以绳纹、线纹、弦纹为主，各种纹样的彩陶最富有特征。在半坡等遗址的陶器黑彩上，还发现了50多种刻画符号，有人认为是起源阶段的简单文字。此外，在仰韶文化的晚期，随着社会的进一步分工，出现了剩余产品，有了贫富差别，随之也有了交换，私有制开始萌芽。

继仰韶文化之后，是龙山文化。渭河流域的龙山文化分为早期、晚期。其年代在距今约5000—4000年之间，为新石器时代末期至金石并用时代，是父系氏族公社发展和原始社会解体的时期，相当于野蛮高级阶段向文明社会的过渡时期。龙山文化遗址，在目前渭河流域发现有近千处。渭河上游的龙山文化早期有天水师赵村遗址的第Ⅴ、Ⅵ期，晚期有天水师赵村第Ⅶ期等；渭河中下游的龙山文化分为庙底沟二期和客省庄二期两种类型。前者主要有陕西华阴县横阵村，华县泉护村、虫阵村，武功县浒西庄、赵家来，扶风县案板村等。其年代在距今约5000—4400年之间，为龙山文化的早期。后者的年代在距今约4400—4000年之间，又可分为康家、双庵两个类型。康家类型以临潼渭河北岸康家遗址为典型代表，主要分布于关中的渭河下游地区。试掘或发掘的有长安客省庄二期，西安米家崖，临潼姜寨Ⅴ期、康家等。双庵类型以岐山县北部山脚下的双庵遗址为典型代表，此类遗址主要分布于关中的中、西部地区，以泾河、雍水、漆水等渭河干支流一带为中心。试掘或发掘的有双庵、赵家来、凤翔县大辛村等。

此期文化的基本特征为：农业和畜牧业较仰韶文化时期有了较大发展。石器多为磨制，大都棱角清晰，制作精细，钻孔技术普遍应用；还大量地使用了蚌器，采用了新农具木耒。在龙山文化后期，又出现了人拉的三角石犁。文献记载的共工氏、鲧、禹父子的"壅防百川""疏通九州"，凿井技术的发明，说明龙山时期渭河流域的先民已有了田间管理、兴修水利的知识和技术。农作物不仅有粟、黍，还有稻、豆、油菜、芥菜等。从出土的家畜遗骨看，猪、狗、牛、羊、马、鸡"六畜"均已齐全，说明此时的饲养业已很发达，手工业也比仰韶文化时期进步。陶器制作由家庭副业而变为富有经验家庭的专业。制作方法更多采用轮制，并且掌握了高温封窑技术。因而陶器壁薄、质坚、造型端正规整。陶器多有绳纹、篮纹；器形中尖底瓶、圆底器基本消失，三足器增多，新出现了斝、鬲、鼎等器种。陶色以灰陶为主，在渭河东部有一部分黑陶，西部有一部分红陶；此期的村落遗址密集，仅宝鸡渭水两岸探测就有200余处，有些遗址面积很大，大都在10万平方米以上，如双庵达100多万平方米。房屋内普遍为抹白灰居住面，一般为单间建筑，也有双间和分间的，说明当时父系家庭的社会结构已经稳定，在赵家来遗址首次发现了版筑夯土墙。在宝鸡桥镇、甘泉营盘山遗址还发现了可能为中国最早之一的瓦。居址附近很少发现墓地，一些遗址的灰坑中常见人骨架，即"乱葬坑"，反映了社会成员已有等级。卜骨的出土，说明已有巫术。从长安斗门镇花园村龙山文化遗址窖穴中发现的15块兽骨、兽牙、骨笄上有刻画符号看，已不同于仰韶时期的陶器刻画符号，已有了图形文字，与黄帝命"仓颉作书"的传说是基本吻合的。渭河流域的龙山时代遗存中，渭河中下游的关中地区的文化序列较为清楚；以浒西庄、案板遗址为代表的关中西部龙山时代早期文化，源自本地区的仰韶晚期文化，并进一步发展为龙山时代晚期的客省庄文化。在以后的发展过程中，一种意见认为演变为典型的齐家文化，另一种意见认为可能与先周文化有一定的关系。

　　总之，渭河流域经过旧石器时代到新石器时代，又经新石器时代的前仰韶文化、仰韶文化，再到龙山文化，一步步从蒙昧时代，走向野蛮时代，又走向文明时代，成为中华文明的重要发祥地、破晓地。

二 渭河流域是"三皇"起源之地

关于"三皇"有多种说法，本文依据《玉函山房辑佚书》引《礼稽命征》的说法，"三皇"即伏羲、炎帝（神农）、黄帝。这三位"人皇"被尊崇为中华民族的"民族始祖"和"人文始祖"。自唐代起，各地就开始修建"三皇庙"。根据文献记载与考古发现相印证，"三皇"均起源于渭河流域。

（一）伏羲起源于渭河流域——今甘肃天水一带

《帝王世纪》云："太昊帝庖牺氏，风姓也，母曰华胥。燧人之世，有大人之迹出于雷泽之中，华胥履之，生庖牺于成纪。"《水经注》《补史记·三皇本纪》《遁甲开山图》等史籍亦说伏羲"生于成纪"。成纪，即今天水。据考天水在古代为西犬丘，为西周时秦国的国都，曾称上邽、成纪，周、秦、汉、唐时分别为陇西郡、天水郡和秦川郡，都设有成纪、冀县、冀州等县治，其具体地点在今天水市西北的关子镇和三阳川。又有一说在秦安县之阳兀川。当然，说伏羲起源于今天水一带还有其他的依据。经考古工作者勘察，今天水地区有一百多处新石器遗址，秦安县的大地湾遗址，距今约有8000年的历史，其分布点之广、文化层位之多和出土文物之丰富，都是国内罕见的。有论者认为："伏羲、女娲文化是大地湾文化的先驱，大地湾文化是伏羲、女娲文化的继承和发展。"传说这里还是女娲氏的出生地。有关伏羲、女娲遗迹在此处亦有多见。在三阳川至今还留存伏羲画卦之卦台山及"龙马负图"的龙马洞；今天水市西还建有规模宏大的伏羲庙；今凤凰山古代原有娲皇寺；卦台山有汉代碑首留存等。现在，每年在天水、秦安都有祭祀伏羲、女娲的典礼活动。

伏羲氏起源于今天水，因"崇拜太阳，所以一直由西向日出处的东方迁徙，其目的是要寻找出处的宝地，故名太昊"。《帝王世纪》记载："燧人氏没，庖牺氏代之，继天而王，首德于木，为百王先。帝出于震，未有所因，故位在东方主春，象日之明，是称太昊"，"蛇身人首，有圣德，都陈"。"陈"，依故荣氏《开山图注》

所说，为宝鸡陈仓（另有一说"陈"为今河南淮阳）。若此说不错，这说明伏羲在迁徙东方时，曾在宝鸡陈仓居住过。从传说炎帝、周文王演义伏羲八卦为六十四卦，可以看出伏羲文化在宝鸡渭河流域是流传很广的。

至于有文献说伏羲为三苗之主，在今陕西蓝田，山东菏泽，河南的淮阳、商水、上蔡、信阳等地也有遗迹、传说，可看作为伏羲文化及伏羲后裔的迁徙活动之地。

（二）炎帝（神农）起源于渭河流域——今陕西宝鸡一带

《国语·晋语四》："炎帝以姜水成"。最早记载了炎帝是从宝鸡渭河流域起源的。"姜水"地望，郦道元在《水经·渭水注》记载："岐水又东径姜氏城南，为姜水。"是说姜水在今岐山、扶风的交界处，为渭河北的一条支流。《大明一统志》及从清顺治年间到民国十一年历代所修《宝鸡县志》皆说"姜氏城"和"姜水"在今宝鸡市区渭河南，"姜氏城"即今"姜城堡"，"姜水"即今"清姜河"。如《大明一统志》："姜氏城在宝鸡县（原县治在今宝鸡市区中山路中段——引者注）南七里，城南有姜水，即此。"明万历五年（1577）《重修凤翔府志》："姜氏城，（宝鸡）县南七里，城临姜水。《帝王世纪》：'神农氏母有蟜氏，游华阳而生炎帝，长于姜水'，即此。"清姜河为渭河南的一条支流。"姜水"地望不管是在渭河北，还是渭河南，都在宝鸡渭河流域是毋庸置疑的。与文献资料相印证的，宝鸡渭河流域有关桃园、北首岭、福临堡、石嘴头等数百处前仰韶文化、仰韶文化和龙山文化遗址，其时代与炎帝所处时代大体吻合；有大量出土的生产、生活用具，与炎帝"刀耕火种""斫木为耜，揉木为耒""教民生谷"等发明创造基本一致。此外，秦灵公三年（前422）设吴阳下畤祭炎帝，姜姓裔族姜螈、姜太公遗迹及大量流传的有关炎帝的民间故事等，为炎帝诞生于宝鸡渭河流域亦提供了佐证。为此，自古以来，宝鸡地区就有多处神农庙、炎帝祠以祭祀这位伟大始祖。经近年来对刘家文化遗址的研究，亦"从考古学上证明了宝鸡市区是姜姓羌族的活动中心，随后向东推进，在扶风亦出现了刘家文化。"学者们将此文化命名为"姜戎文化",邹衡先生称为"姜炎文化"。他说:"姜炎文化的中心分布地域适在宝鸡市区之内","宝鸡地区是姜炎族的老家"。徐旭生先生在20世纪30年代就认为宝鸡市区的清姜河流域和岐山之姜水流域"全是姜姓所居旧地"。故,郭沫若、范文澜、周谷城、白寿彝等绝大多数专家学者认为:炎帝诞生于姜水。姜水就在宝鸡。宝鸡是炎帝故里。

据《国语·晋语四》记载:"炎帝为姜。"同书《鲁语》说:"炎帝为姜姓之祖也。"《帝王世纪》亦说:"神农氏,姜姓也。"关于"姜"的来源,大多数学者认为与"羌"有关。《后汉书·西羌传》里说:"西羌之本……姜姓之别也。"是说羌为姜之一种(也有说姜为羌之一种)。实际上"羌"和"姜"本是一字:"羌"从人,作为族之名;"姜"从女,为羌人女子之姓。章太炎《检论·序种姓》说:"羌者,姜也。晋世吐谷浑有先零,即尹白兰,其子吐延为羌酋姜聪所杀,以是知羌亦姜姓。"邹衡先生说:"住在甘肃的羌人一直称羌,而住在陕西(可能包括甘肃东部)的羌人,则别称为姜了。"关于羌人的地望,邹衡先生认为:"从地望上说,据《后汉书·西羌传》的记载,辛店文化和寺洼文化的中心分布地区,今天的甘肃南部一带正是羌人的大本营。"李伯谦先生认为:"现已知羌的中心活动地域大体在今陕、甘交界地区。"发现于扶风、宝鸡一带的刘家类型文化遗存,即被学者们命名的"姜戎文化"(姜炎文化),其"来源于齐家文化,而刘家文化又与辛店文化有一些相似之处,学术界普遍认为齐家文化、刘家文化为古羌人文化"。从以上所述得知,今天水地区亦是姜炎族即炎帝的活动地之一。

炎帝在宝鸡渭河流域繁衍壮大后,又分出多支,向东、向南、向西、向北迁徙,因此,山西长治、河南淮阳、山西高平、山东曲阜、湖北随州、湖南株洲等地,均遗留有炎帝(实为炎帝文化)的遗迹,因而也就出现了祭祀炎帝的典礼活动。

(三)黄帝起源于渭河流域——今陕甘交界(渭河中上游)一带

依据文献传说,黄帝起源于渭河流域主要与渭河流域的三处地域有关：一是宝鸡渭河流域。《国语·晋语四》载："黄帝以姬水成。"这是关于黄帝诞生于宝鸡渭河流域的最早文献记录。关于"姬水"地望，文献上没有记载。今人研究，主要有两种说法：一种说法认为是今"岐山县南横水河"。"姬"与"岐"同音。另一种说法认为"发源于今麟游西偏北的杜林，于今武功入渭的古漆水"。笔者认为后种说法比较可靠。一是此水与姜水相邻，二是这不仅是因姬、漆二字音相通，而且还有一个重要原因，古漆水为周人的起源地。我们知道，周人姬姓，为黄帝之后裔。黄帝之曾孙帝喾的元妃姜嫄所在的有邰氏族居地就在漆水河之畔。在今杨凌区（原为宝鸡管辖，今独立设区）姜嫄村立有陕西省人民政府所立的"姜嫄遗址"碑。因此说，不论是岐山横水，还是武功漆水（武功县原属宝鸡，现划入咸阳市），都为宝鸡渭河流域的一条支流。所以说，宝鸡亦是黄帝故里是有依据的。

　　同时，还有其他的资料可佐证。罗泌《路史》说黄帝"徙治陈"。其儿子罗苹则解释，"陈"即"陈仓"。《史记·封禅书》载："黄帝郊雍上帝，宿三月。"这意思是说黄帝曾在"雍"（今凤翔）地祭祀过天帝。依此记载看，黄帝曾在此建都是可能的。黄帝的臣子岐阳发现了黄芩、党参等几十种草药。《帝王世纪》云："岐伯，黄帝臣也，帝使岐阳尝味草木，典治医病，经方《本草》《素问》之书咸出焉。"当年岐阳生活之地"岐阳村"如今尚存，"岐阳一号遗址"被陕西省人民政府列为省级文物保护单位。《史记·封禅书》记载：秦灵公三年（前422）在"吴阳设上畤祭黄帝"。今在凤翔雍山血池遗址发现了刻有"上畤"二字的陶片，印证了文献记载的真实性。传说黄帝臣子、发明汉字的鼻祖仓颉，死后曾葬在岐山，这里至今还建有仓颉庙。

　　二是北洛水（渭河一条支流）中上游，即今延安黄陵地区。有学者认为，姬水即黄陵县境内的沮水河。《史记·五帝本纪》载："黄帝崩，葬桥山"。桥山就在今黄陵县，这已被史学界所公认。因此，有学者从考古学方面加以考证，认为若以黄帝时代的年代框架对应距今6000—5000年前后仰韶文化的中晚期，那么，按照公布的仰韶文化调查数据看，陕西发现的仰韶文化遗址最多，达2040余处，仅在渭河及其支流泾河、洛河流域，即关中和陕北南部的延安地区，两地相加达1774处，"是仰韶文化的主要分布区和中心所在"，而不是其他地区。调查表明，黄帝陵所在的陕北南部延安地区，是仰韶文化的重要分布区之一，已发现遗址545处。其中面积超过100万平方米的特大型遗址3处，如富县交道遗址面积为250万平方米，洛川圪盘遗址150万平方米，洛川新店遗址120万平方米。面积在30万平方米以上的大型遗址也近30处。这些遗址，最早属于仰韶文化早期，而大部分则属于所谓黄帝文化的仰韶文化中晚期。这些遗址的年代与黄帝时代基本吻合。王晖先生认为黄帝与庙底沟文化关系密切。在陕西、晋南、豫西发掘和普查到且被确认的21个庙底沟聚落群中，仅延安就有8个；陕西402个庙底沟遗址，仅延安一个地区就有172个。另外，在金文中发现了与黄帝妻子嫘祖（或称"方雷子"）名为"方雷"的方国，其地就在北洛水流域。这说明直到西周时期，方国还存在。在绥德、长武、岐山、扶风等地发现了100多件带有"天鼋""天"的器物。郭沫若释"天鼋"为古文献中的"轩辕"，"这就说黄帝的名号，在考古文物资料中找到了证据"。

　　三是天水渭河流域。有文献记载，黄帝的发祥地在今天水。《水经·渭水注》说："南安姚瞻以为黄帝生于天水，在上邽城东七十里轩辕谷。"《山海经·海外西经》载："轩辕之国，在穷山之际"，"穷山在其北，不敢西射，畏轩辕之丘。在轩辕国北"。穷山，本神话地名，今按地理方位，似应指六盘山一带。轩辕国在穷山南，应指天水、秦安之间。《帝王世纪》说："黄帝生于寿丘，在鲁城东门之北"，即今"兖州曲阜东北六里"。何光岳先生认为："山东曲阜之寿丘，乃黄帝族以后东迁到曲阜而带去的地名。最早的寿丘，应从姬、姜二水和轩辕谷附近去找。"何先生的意见是有道理的。张岂之先生在《黄帝与陕北黄土高原》一文中也说黄帝"生"于今山东很难成立，"第一，黄帝出生于母系氏族社会，当时山东是夷人的主要活动区，作为姬姓少典族后裔的黄帝怎能出生于夷人的主要活动地区？第二，从考古发现看，在新石器时代，我国北方人主要居住在黄河支流的二级台地上，而山东处于黄河下游，在那洪水浩荡的年代里，下游两岸怎能居住呢？在山东黄河干流两岸很少发现新石器时代的遗址，也可说明这一点。第三，从历史上看，在周成王以前，没有迹象表明姬姓势力已发展到山东境内"。《清一统志》卷二百十"秦州"条目：寿山，在州北一里，下有鲁谷水。寿山不高，与土丘相似。鲁谷下在秦州城之北。秦州在秦未西迁至此之前，乃为黄帝之裔、十二姓中的姞姓鲁人所居，并因而得名。鲁水所在地叫鲁城，其北门有寿丘，则为此寿山无疑。州东有轩辕谷，水出南山轩辕溪。这些轩辕谷、轩辕溪、寿山均在一起，正是黄帝轩辕氏的最早居地。而不远有姜水、姬水。北邻清水县有羌水，出羌谷，传说是神农氏的居地。这也正好符合姬（黄帝）姜（炎帝）二族互通婚姻的居住情况。此外，在今甘肃的平凉崆峒山、庆阳子午山一带也传说留存有黄帝和黄帝后裔的遗迹和故事。

  总之，渭河流域有关黄帝的文献记载，密集的考古学文化、黄帝活动遗迹及大量民间传说，虽则还不能完全肯定黄帝的起源地在渭河流域的某一处，但我们可以肯定地说，渭河中上游，包括泾河、北洛河流域，即从陕甘交界到延安之间的这一片地域就为黄帝的起源地。其中心区域应该在宝鸡渭河流域的支流——姬水（漆水河）一带。这与著名史学家张岂之先生所说"黄帝起源于陕北黄土高原"，其二者范围大体是一致的。

  黄帝以宝鸡渭河流域"姬水"为起点，沿黄河北岸迁徙至河南灵宝、新郑、淮阳，河北涿鹿，以后又迁往山东曲阜、湖南的熊湘山等地。所以这些地方亦留下了黄帝（实为黄帝文化）的遗迹和有关生葬的传说。

三　渭河流域是周秦汉唐龙兴之地

  自炎黄、"五帝"时代以降，渭河流域进入中国历史时期。

简论渭河古代文明

"关中自古帝王州",自此以后,在渭河流域的中游即今西安、咸阳,曾先后有十三个王朝建都。而在中国历史乃至世界历史上影响最大、最长久,且建都时间最长的四个王朝——周秦汉唐就在此立都,为中华文明乃至世界文明的发展,做出了重要贡献,将渭河文明、中华文明推向历史的顶峰。

夏商时期,根据有扈氏与夏启战于甘(今陕西户县一带)的传说,反映出夏文化已出现在渭河流域。关于殷商文化在渭河流域的情况,根据西安老牛坡遗址和商人与周人交往可知,殷商势力已进入渭河流域的关中地区。在宝鸡渭河流域就曾发现了殷商的器物。

从西周起,渭河流域的历史发展到一个新高峰,迎来了渭河流域继炎黄文明之后出现的第一个中华文明发展新阶段。发迹于泾、渭流域的周人,经过后稷、公刘数百年的奋斗,到古公亶父迁居周原(今扶风、岐山),又经过三代(古公亶父、季历、周文王)周人不懈努力、艰苦创业,通过大力发展农业,促进了周人的经济和社会发展,人丁兴旺,交通发达,军力增强,先后征服了西北方的犬戎、密须,扩大了地盘,解除了周人西北的后顾之忧。文王又在畿内之地推行"德治",整肃民风,礼贤下士,招揽人才。经过近百年的励精图治,周国崛起。为了"翦商",文王又迁都于丰(今西安西南沣河西岸),形成了对殷都的钳形包围,从战略上完成了灭商的准备。周武王继父之志,又将都城扩展至沣河东岸,建立镐都。《史记·周本纪》载:武王九年,"东观兵,至于盟津(今河南孟县)",在孟津大会诸侯,为灭商做舆论和军事准备。此后两年。武王看伐商时机成熟,便率领戎车、虎贲、甲士等万人,又联合庸、蜀等八个方国部落,一举推翻了商王朝,建立了西周。

周朝的建立,是继夏、商之后的第三个王朝,是中国早期国家发展的鼎盛时期。经过征讨管蔡叛乱和徐、奄等东夷部落,不仅统一了黄河中下游地区,而且将疆域推进至长江流域,进一步加强了华夏、东夷、苗蛮等部族的融合。西周王朝在渭河流域经过300多年的发展,政治、经济、文化、科技、军事等各个方面,都达到了奴隶社会的最高峰。国家制度的完善,礼乐制度的创立,甲骨文、金文的成熟，《诗经》《尚书》的产生，以及以青铜器为标志的手工业的繁荣，建筑技术的先进等，将西周整个社会引入文明之门。西周社会不仅影响了中国社会两千多年，而且其所创立的礼乐文明、道德伦理至今还有其生命力，成为中华优秀传统文化的重要组成部分。

自秦襄公进入渭河流域的宝鸡建立秦国，秦人先后在关中渭河流域立国达五百余年。秦人在此设"畤"祭"四帝（白帝、青帝、炎帝、黄帝）"、修筑雍城、伐戎扩地、变法强国、设立郡县、横扫六合、统一天下。秦人所制作的石鼓文、创作的《诗经·秦风》和吕不韦等门客集体编撰的《吕氏春秋》等在中国文学、书法、学术史上占有重要地位。秦王朝建立后，终结了五百余年中国社会的分裂割据，使中国第一次走上多民族统一的国家历史。而这种统一就是在渭河流域完成的。虽然秦王朝在中国历史长河中非常短暂，但是它对中国历史的影响却是深远的，尤其是"大一统"的中央集权专制的政治制度，对后世的封建政治制度产生了重大影响，为中国统一国家的建立奠定了基础。秦朝所制定的"车同轨，书同文"，统一货币、度量衡等改革，修建驰道、直道，不仅促进了经济、社会的发展，而且对加强、稳固国家一统也起到了重要作用。为防御外敌入侵而修建的万里长城，现已成为中华民族团结奋进、自强不息的一种精神象征。不仅如此，秦王朝又南征百越，北击匈奴，使秦朝的疆土"东至海暨朝鲜，西至临洮、羌中，南至北向户，北据河为塞，并阴山至辽东"（《史记·始皇本纪》），成为当时最大的东方国家。总之，秦王朝为统一国家而推行的一系列改革和措施，不仅对当时社会，而且对以后两千年的封建社会的发展都有着重大意义。

汉王朝是继秦王朝后在渭河之滨建立的又一个"大一统"封建专制政权。它继承秦人郡县制，使国家政治制度在秦的基础上更为完善和成熟。汉初以"黄老"无为而治作为国策，休养生息。经过几代人的努力，出现了"文景之治"，使经济、社会、文化等各方面复苏而走向繁荣，成为中国历史上继西周后又一个鼎盛时代。雄才大略的汉武帝即位,"罢黜百家,独尊儒术",采用"霸王道杂之"的政治策略,在内以"尊儒"为旗号,对外展现出拓疆开土之勃勃雄心,数征匈奴,"凿空"西域,以"丝绸之路"沟通东西两大文明,为中西文化交流、多民族融合、"大一统"国家巩固做出了重要贡献。其创立的"霸王道"为后世所沿用。在文学、史学、艺术等方面所产生的汉赋、乐府诗至今脍炙人口,"究天人之际,通古今之变,成一家之言"的《史记》,开纪传体通史之先河。今天,我们常说的汉族、汉人、汉字、汉语等,也都缘汉帝国而得其名。

立都于渭河流域之畔的大唐帝国,将中国封建社会推向巅峰,三百多年的唐人历史,书写了中华民族、中华文化、中华文明的黄金史。无论是在物质文明方面,还是在精神文明、制度文明等方面,都取得了令人瞩目的成就。在外交上,唐人奉行修文德以交远方的外交政策,曾经先后与世界上370多个番国来往,汲收外来文化,传播唐文化。不仅促进了唐文化不断创新,大放异彩,而且推进了世界文明的发展。在国家制度上,推行三省六部制,奠定了宋以后的封建政治制度。在土地制度上,进行赋税和财政制度改革,实行"两税法"。在用人制度上,唐用隋创立的科举制,使一大批文学之士脱颖而出,为官僚队伍注入了活力。这一制度为后世所遵行,成为主要的选官之途径。

唐代更为推崇的是"四方取则"的京师之地——长安城。其城不仅规模宏大,气势恢弘,而且格局严格,"百千家似围棋局,十二街如种菜畦"(白居易)。长安城在唐代发挥了重大作用。这里是政治家的乐园,曾有多少帝王将相在此出将入相,施展宏图;这里是外来文明的天堂,以长安城为中心,不仅建成国内交通网络,而且开辟了多条对外通道,如沙漠、草原、西南、海上等多条丝绸之路;这里是艺术家的舞台,阎立本、吴道子、虞世南、张旭等均在此挥毫作画、飞笔留墨。正如北宋苏轼所说:"君子之于学,百工至于技……至唐而备矣。"这里还是诗歌文学生长的沃土,杨炯、陈子昂、杜甫、李白、刘禹锡、杜牧、李商隐、韩愈、柳宗元、元桢、白居易,等等。他们推陈出新,为后代留下了数万首脍炙人口、美不胜收的千古绝唱。

总之,不论是在物质领域,还是在精神领域;无论是物质文明,还是精神文明、制度文明,唐代将渭河文明、中华文明推向了历史的最高峰。它所表现出来的博大包容的气度,尊才重贤的社会风气,学术思想的自由环境,求真务实的生活作风,和谐相处、多情多义的人际关系,蓬勃向上、积极进取、开拓创新的精神气质等,都为后世树立了样板和楷模。"贞观之治""开元盛世",犹如两座丰碑,永远地树立在中华文明史上,熠熠闪光。正如周一良先生所说:"唐朝历来被视为中国古代的黄金盛世。他有着空前繁荣的经济、绚丽多彩的文化、富有进取精神的统治集团和一个强有力的政府,无论是在政治上还是经济上,都是蒸蒸日上,充满了活力。"

虽说唐以后,渭河流域不再作为政治中心而存在,但是,由于渭河流域得天独厚的自然环境和人文环境,也不失在中国历史乃至世界历史舞台上,产生一个个、一件件有重要影响的人物和事件。如生于斯、长于斯的张载,创立的"气化"哲学思想和"关学"流派,提出的"为天地立心,为生民立命,为往圣继绝学,为万世开太平"的"'四为'歌",至今还活在人们的口头,成为世人做人立志的"座右铭"。

四 结 论

渭河流域是中华民族、中华文化、中华文明的重要发祥地之一,是中原通往西域、西南、西北的重要文化和经济通道,在中国历史上具有举足轻重的地位。渭河流域曾先后出现三次大统一和四次鼎盛期。三次大统一:第一次是炎黄时代。炎黄二帝曾以渭河流域为起源地,发展、壮大,走向中原,通过炎黄阪泉、涿鹿之战,建立华夏联盟集团,华夏族形成,统一黄河中下游。第二次是周朝。周人以渭河流域为根据地,一举灭掉殷商,统一长江以北地区。第三次是大秦帝国。秦人又以渭河流域为据点，统一天下，建立起中国历史上第一个大一统集权专制国家。四次鼎盛期分别为周、秦、汉、唐，使渭河文明、中华文明一步步走向辉煌，为世界文明做出了重要贡献。

民族认同视角下的伏羲研究

——以古史辨派、新月诗派为例

杜 谆

(天津工业大学文化与社会发展战略研究中心)

摘 要：20世纪20—40年代，以顾颉刚为代表的古史辨派和以闻一多为代表的新月诗派对伏羲进行了研究。虽然二者的研究内容各有侧重，采用不同的方法得出了不同的结论，但在研究目的上却是殊途同归：增进民族认同以寻求民族复兴之路。古史辨派的伏羲研究重在"破"，借由演进法和层累说，顾颉刚等人把伏羲从历史地位回复到神话地位，把历史人物还原成神话人物，打破了伏羲在中国历史系统中的偶像地位。新月诗派的伏羲研究重在"立"，借助图腾说和训诂法，闻一多论证了中华民族的文化同源和种族同根，建立了伏羲在中国神话系统中的根源形象。

关键词：民族认同 伏羲 顾颉刚 闻一多

自1840年以来，中华民族面临生死存亡，救亡图存运动此起彼伏。1911年后，中华民族的内忧外患并未因辛亥革命而解除，反因时代的变迁、社会的转型而愈演愈烈，并随日本侵华而至极。面对传统与现代、独立与殖民之间的矛盾，一些知识分子通过研究中华民族的历史、文化，从民族认同上探寻解决之道，古史辨派和新月诗派的伏羲研究就是其中的代表。

一　古史辨派的伏羲研究

古史辨派的出现是时代的必然，它顺应了反传统的时代思潮。一切反传统必然表现为反现实，借着对现实的批判而达到反传统的学术目的，并施力于现实社会。古史辨派亦莫能外。一直以来，人们对古史辨派有一个偏见，认为他们只有破坏没有建设，他们的研究完全出于自身的学术兴趣而无现实意义，不客气的说法认为古史辨派是一个自私的学术派别。实际上，只需稍微读一读《古史辨》的一些序言，联想到古史辨派形成时的中国社会现实，偏见还是可以消除的。20 世纪 20 年代，关于中华民族有一个无法回避的疑问，就是中华民族已经衰老还是尚在少壮。这是一个再现实不过的传统问题，顾颉刚希望借助对中国通史的研究来回答这一问题，以产生实际的功用。他在《古史辨第一册·自序》中写道：

> 我生于离乱之际，感触所及，自然和他人一样地有志救国；但是我既没有政治的兴趣，又没有社会活动的才能，我不能和他人合作，我很想就用了这个问题的研究做我的唯一的救国事业，尽我国民一分子的责任。我在研究别种问题时，都不愿与实用发生关系；唯有这一问题，却希望供给政治家、教育家、社会改革家的参考，而获得一点效果。①

在顾颉刚看来，要想研究中国通史，首先必须打倒偶像。他认为中国的古史里藏有很多偶像，其中帝系是种族的偶像、王制是政治的偶像、道统是伦理的偶像、经学是学术的偶像。这四种偶像都建立在不自然的一元论之上，帝系归于黄帝的一元论、王制归于五德或三统的一元论、道统归于尧舜传心的一元论、经学归于孔子编

---

① 顾颉刚：《古史辨第一册·自序》，载顾颉刚编著《古史辨》（第一册），上海古籍出版社 1982 年版，第 90 页。

撰的一元论，并由道统说统一一切。为了学术的发展、民族的生存，这些偶像必须被打倒，顾颉刚说：

> 我们无论为求真的学术计，或为求生存的民族计，既已发现了这些主题，就当拆去其伪造的体系和装点的形态回复其多元的真面目，使人晓然于古代真像不过如此，民族的光荣不在过去而在将来。我们要使古人只成为古人而不成为现代的领导者；要使古史只成为古史而不成为现代的伦理教条；要使古书只成为古书而不成为现代的煌煌法典。这固是一个大破坏，但非有此破坏，我们的民族不能得到一条生路。[①]

也正是顾颉刚等人对古史系统的破坏，自《古史辨》第一册发表以后，批评的声音可谓是不绝于耳，这一点仅从顾颉刚撰写的一系列相关序言中就可以看出一二。在《古史辨》的前四册序言中，顾颉刚一再谈到古史系统的破坏与建设问题，声明破坏也是建设的需要，只有首先推翻伪的古史，才能建设真的古史。为此，以顾颉刚为首的古史辨派采用历史演进的方法研究古史，揭示出中国古史的层累规律。

"历史演进法"是古史辨派的基本方法，这一方法是崔述故事法的继承和发展，它把历史的演进视为故事的演变，以故事的层累观历史的层累，顾颉刚曾坦言："老实说，我所以敢大胆怀疑古史，实因从前看了二年戏，聚了一年歌谣，得到一点民俗学的意味的缘故。"[②] 胡适曾对历史演进法有一个简要的概括：

> （1）把每一件史事的种种传说，依先后出现的次序，排列起来。（2）研究这件史事在每一个时代有什么样子的传说。

---

① 顾颉刚：《古史辨第一册·自序》，载顾颉刚编著《古史辨》（第一册），上海古籍出版社1982年版，第13页。
② 顾颉刚：《我的研究古史的计划》，载顾颉刚编著《古史辨》（第一册），上海古籍出版社1982年版，第214页。

(3) 研究这件史事的渐渐演进由简单变为复杂,由陋野变为雅驯,由地方的(局部的)变为全国的,由神变为人,由神话变为史实,由寓言变为事实。(4) 遇到可能时,解释每一次演变的原因。①

通过对历史演进过程的分析,顾颉刚提出了"层累的造成中国古史"的结论,这一结论包括三点:第一,时代越后,传说的古史期越长;第二,时代越后,传说中的中心人物越放越大;第三,即不能知道某一件事的真确的状况,但可以知道某一件事在传说中的最早的状况。②

在伏羲相关研究中,顾颉刚等人熟练地运用了演进法和层累说。顾颉刚等人的伏羲研究成果颇丰,有《与钱玄同先生论古史书》《论〈易·系辞传〉中观象制器的故事》《五德终始说下的政治和历史》《汉代学术史略》《战国秦汉间人的造伪与辨伪》《三皇考》《三统说的演变》《〈潜夫论〉中的五德系统》等论著。在这些论著中,顾颉刚等人把有关伏羲的文献记载加以罗列,按时间顺序作比较研究,分析伏羲史迹从无到有、由简到繁的演变过程。他们认为,伏羲史迹的演变具有层累特点,伏羲原本是先秦诸子争鸣时虚构出来的人物,随着记载的增多,伏羲渐与太昊、河图等发生联系,伏羲的功绩越来越多,伏羲的形象越来越完善。伏羲与太昊原非一家,其合二为一是阴阳五行说、三统说影响的结果,现实的政治目的是为王莽篡政服务。自刘歆首创太昊伏羲氏之称以来,纬书和伪书据之发挥,伏羲最终确立了三皇之首的位置。至于伏羲的时代,由于伏羲的晚出,他的时代被排在了早出的帝王如尧舜之前,上古史得以延伸。当更为晚出的盘古出现以后,伏羲时代又被排在了盘古时代之后。透过不同时代的伏羲记载,顾颉刚等人总结出伏

---

① 胡适:《古史讨论的读后感》,载顾颉刚编著《古史辨》(第一册),上海古籍出版社1982年版,第193页。
② 顾颉刚:《与钱玄同先生论古史书》,载顾颉刚编著《古史辨》(第一册),上海古籍出版社1982年版,第60页。

羲史迹的演变过程，并对其演变原因加以解释，如伏羲在不同的信仰环境中，经常被赋予不同的神性，在道教中代表着一种修道的境界，在元代则由百王之先沦落成医药之神。在顾颉刚等人看来，伏羲本属于神话人物，只是由于后人的伪造、伪传，才逐渐演变为历史人物，所以关于伏羲等古代帝王的古史是不可信的。

需要注意的是，演进法和层累说有一个特质，认为古史的伪造或伪传都是古人有意为之，无关古史本身。这样一来，演进法和层累说就忽视了古史自身的发展规律，其对上古史的解释难免有不够圆通之处。为弥补这一缺陷，古史辨派的另一位重要人物杨宽就研究方法作了补充，提出了神话分化说。他说：

> 古史传说之先后发生，自有其层累，亦自有其演变发展之规律，非出向壁虚造，庙号与神祇称号之混淆，实为神话转变为古史之主要动力，此多出自然之演变；知识阶级之润色与增饰，特其次要者耳。古史传说之产生与演变，出于无意自然者多，出于有意杜撰者少，出于时代潮流之渐变者多，出于超时代之突变者少，视大众意识而转变者多，出于一二人之改变者少。持讬古改制之说者，竟谓少数诸子之力足以徧伪古史，此未免夸大其词矣。[①]

杨宽认为，古史传说、古史系统出于各民族的神话，有其自身的演变规律，并不是有人故意作伪造成的。具体而言，古史传说的来源，多由于殷周东西二系民族神话之分化与融合。舜、帝喾、太皞、帝俊等本为殷人东夷之上帝，颛顼、尧本为周人西戎之上帝，由于神话的分化（如太皞实亦帝喾、舜之分化），东西两系分别分化成不同的上帝系统；由于神话的融合，东西两系形成相杂的五帝组合，如舜分化的太皞仍在东夷系的五帝中，而舜及其分化的帝喾

---

① 杨宽：《中国上古史导论》，载吕思勉、童书业编著《古史辨》（第七册·上），上海古籍出版社1982年版，第148页。

则被吸收为西戎系的五帝成员。至于伏羲所在的三皇，本于太一生阴阳的宇宙论之神话化，由五帝传说可知三皇传说，即"五帝之传说既由上帝神话演变分化而成，而三皇之传说亦由上帝之神话哲理化演成者"①。

如果说层累说强调古史演变的主观因素，分化说则强调古史演变的客观因素，二者在学理上存在互补。但二者又各有缺陷，特别是分化说，它把古史分为信史和神话两部分，被认为不可信的传说则归入神话时代，这一做法难免武断，徐炳昶、苏秉琦就认为"自从怀疑派学者把它无条件地送到神话的区域里面，而后我国历史上神话时代过到历史时代的步骤遂变成了一跳，同自然不作跳进(Natura non Facit saltus) 的大原则完全违背，任何民族的历史没有这样子变化的"②。

但无论如何，为了探寻民族历史的真相、构建有本有源的民族认同，古史辨派通过文献考据，成功地把伏羲从历史地位回复到神话地位，把历史人物还原成神话人物，打破了伏羲在中国通史中的偶像地位。这一学术成果意义非同寻常。因为相对于中国通史上的其他偶像，伏羲可谓是四种偶像的集大成者。帝系方面，顾颉刚等人虽据正史系统把种族的偶像归于黄帝的一元论，但在正史系统外，伏羲继天为王、百王之先的记载影响甚巨。伏羲的始祖身份与国人的炎黄子孙观念，千百年来在大传统与小传统之间交相辉映。王制方面，如果不是五德、三统之说，太昊与伏羲也就不会合二为一，太昊伏羲氏更不会成为王朝更迭的政治工具。道统方面，因"伏羲为道统之宗"③，故尧舜传心源于伏羲，明清亦曾在文华殿、永明殿、传心殿祭祀伏羲等历代圣师。经学方面，虽则孔子被树成了学术偶像，但伏羲也是一位学术巨人，他所画之八卦为经学提供

---

① 杨宽：《中国上古史导论》，载吕思勉、童书业编著《古史辨》（第七册·上），上海古籍出版社1982年版，第396页。

② 徐炳昶、苏秉琦：《试论传说材料的整理与传说时代的研究》，载杜正胜编《中国上古史论文选集》（上册），台北华世出版社1979年版，第95页。

③ 《明史》卷五十《礼志·圣师》，中华书局1974年版，第1295页。

了哲理基础。尤其是西汉以后，伏羲的人文之祖身份日隆，其经学中的偶像地位已神圣不可动摇。进一步来说，王权政治下的中国通史上的四种偶像，又可合并为道统、治统两类。伦理和学术的偶像归于道统，种族和政治的偶像归于治统。道统为师，始于伏羲，经历代圣贤而终于孔子。道统如天，天不变道亦不变，王朝统治者师于圣贤，即为继道统；治统为君，亦始于伏羲，治统常新，后世帝王承前代而治，即为新治统。对于王朝统治者而言，既要在道统上师于伏羲，又要在治统上法于伏羲，即所谓继道统而新治统。

总之，为着民族的现实生计和未来光荣，古史辨派以学术这一天下公器为手段，拆去了伏羲史迹中伪造的体系和装点的形态，回复了伏羲的本来面目。不过，古史辨派在复原伏羲的神话地位、揭穿基于伏羲历史地位的民族认同之无源无本的同时，并未在中国的神话系统中建立起以伏羲中心的新的民族认同，完成这一任务的是以闻一多为代表的新月诗派。

二 新月诗派的伏羲研究

新月诗派中研究伏羲用力最多者当属闻一多。朱自清曾谓，闻一多集诗人、学者、斗士三重人格于一身，不同时期，三重角色各有侧重，但始终交融在一起。身为学者和斗士时，不失诗人气质；身为诗人和学者时，不失斗士精神。[①] 作为新月诗派的学者型诗人，闻一多的学术研究同样具有斗士的精神和诗人的气质，其令人耳目一新的伏羲研究名文《伏羲考》可谓是新月诗派诗歌原则的学术再现。新月诗派讲究用理智节制情感，以主观情愫的客观对象化来代替直抒胸臆，把情感幻化成形象，用闻一多的话来说就是"记得的只是最根本最主要的情绪的轮廓。然后再用想象来装成那模糊影响

---

① 朱自清：《开明版〈闻一多全集〉序》，载孙党伯、袁謇正主编《闻一多全集》(12)，湖北人民出版社1993年版，第442页。

的轮廓"。① 梳理《伏羲考》的叙述进路，不难发现闻一多对新月诗派诗歌原则的学术运用。

与顾颉刚等人相比，闻一多的伏羲研究具有更为现实的社会目的。自日本发动全面侵华战争后，中华民族被推上了生死存亡的危急关头。唤醒民众意识、团结起来一致对外，是时代赋予有识之士的历史使命。而唤醒民众、加强团结，最有效的学术途径就是增进"中华民族是一个"的民族认同感。增进的途径无非两个方面，一是文化认同，二是种族认同，《伏羲考》正是一篇为增进认同而作的文章。1946年8月3日，朱自清作《中国学术的大损失》一文悼念闻一多，文中特别强调了闻一多研究伏羲的现实功能，他说：

> 闻先生研究伏羲的故事或神话，是将这神话跟人们的生活打成一片；神话不是空想，不是娱乐，而是人民的生命欲和生活力的表现。这是死活存亡的消息，是人与自然斗争的记录，非同小可。②

闻一多撰写《伏羲考》，除了思想上呼应反传统、理论上借鉴人类学之外，还有两件事应该对闻一多撰写《伏羲考》产生过影响。一是湘黔滇之行。自1938年2月19日起，闻一多随西南联大师生由长沙迁往昆明，历时68天，行程3000余里，途经湘黔滇三省二十七县。这不啻是一场深入的实践调查，闻一多由此加深了对中国社会特别是苗区的认识。某种意义上来说，《伏羲考》就是湘黔滇之行的学术性表达。二是茅盾的建议。1938年12月底，茅盾和顾颉刚在昆明约见了闻一多、朱自清、吴晗等人，茅盾建议西南联大的教授加强和地方人士的联系，以利于当地抗战文艺工作的开展。闻一多表示赞同，并倡议先和云南大学的同行加强联络。闻一

---

① 闻一多：《致左明》，载孙党伯、袁謇正主编《闻一多全集》（12），湖北人民出版社1993年版，第246页。
② 王丽丽编：《朱自清学术文化随笔》，中国青年出版社2000年版，第306页。

多对抗战文艺工作的积极态度，势必影响到《伏羲考》的撰写。

《伏羲考》由《引论》《从人首蛇身像谈到龙与图腾》《战争与洪水》《汉苗的种族关系》《伏羲与葫芦》五部分连缀而成，其主题有二：文化起源和种族起源。《伏羲考》是闻一多对中国民族和文化进行长期思考的结果，它尝试着为中国的民族和文化开出一个医疾的药方。1943年11月，闻一多在《致臧克家》的信里表达了这种愿望：

> 近年来我在联大的圈子里声音喊得很大，慢慢我要向圈子外喊去，因为经过十余年故纸堆中的生活，我有了把握，看清了我们这民族，这文化的病症，我敢于开方了……我的历史课题甚至伸到历史以前，所以我研究了神话，我的文化课题超出了文化圈外，所以我又在研究以原始社会为对象的文化人类学（《人文科学学报》第二期有我一篇谈图腾的文章，若找得到，可以看看）。①

闻一多虽未言明民族和文化的病症是什么，但推测起来无非是民族和文化的传统观念。以传统思想来看，华夷有别是国人对中国民族和文化的基本认识。闻一多就是要打破这一传统观念，重新探求中国民族和文化的源头。为此，闻一多选取伏羲作为对象开始了对古代神话传说的研究和再建工作。西南联大期间，华罗庚曾与闻一多隔帘而居，对闻一多这一时期的工作比较了解，他后来回忆到：

> 我伏首搞数学，他埋头搞"槃瓠"……"槃瓠"的结果，是写了一大篇"伏羲考"，他的欣喜常常溢于言表。实际上，他这样钻进故纸堆中的工作意义何在，当时很少有人理解，然而，我后来看到郭老对一多这段时间研究和从事古代神话传说

---

① 闻一多：《致臧克家》，载孙党伯、袁謇正主编《闻一多全集》（12），湖北人民出版社1993年版，第380—381页。

的再建工作评价甚高，说一多先生是"钻进'中文'——中国文学或中国文化——里而去革中文的命""他搞中文是为了'里应外合'来完成'思想革命'，这就是他的治学的根本态度。"一多先生从研究神话故事入手，探求祖先的生活情况，探求"这民族，这文化"的源头。①

闻一多认为，民族文化起源于神话，而神话本身则是荒古时代的图腾主义的遗迹。要探求民族文化的起源，必须探讨图腾，如果民族的图腾相同，那么民族的文化也就同源。为证明中华文化一源的观点，闻一多把民族图腾定为龙。龙是一种化合性的图腾，它以一种生物形态为主干，以其他若干生物形态为附加部分，化合而成，闻一多详细描述了龙图腾的形成过程：

> 龙图腾，不拘它局部的像马也好，像狗也好，或像鱼，像鸟，像鹿都好，它的主干部分和基本形态却是蛇。这表明在当初那众图腾单位林立的时代，内中以蛇图腾为最强大，众图腾的合并与融化，便是这蛇图腾兼并与固化了许多弱小单位的结果……大概图腾未合并以前，所谓龙者只是一种大蛇。这种蛇的名字便叫作"龙"。后来有一个以这种大蛇为图腾的团族（Klan）兼并吸收了许多别的形形色色的图腾团族，大蛇这才接受了兽类的四脚，马的头，鼠的尾，鹿的角，狗的爪，鱼的鳞和须……于是便成为我们现在所知道的龙了。②

---

① 华罗庚：《知识分子的光辉榜样——纪念闻一多烈士八十诞辰》，转引自闻黎明、侯菊坤《闻一多年谱长编》，湖北人民出版社 1994 年版，第 607 页。华罗庚在原文中注明，"檠瓠"泛指闻一多当时从事的古代神话传说的再建工作。"檠瓠"本身属于古代神话中关于人类产生的传说这个内容里。引文中郭沫若有关闻一多思想革命的论述，是郭沫若为开明版《闻一多全集》所写序言的一部分。见孙党伯、袁謇正主编《闻一多全集》（12），湖北人民出版社 1993 年版，第 436 页。

② 闻一多：《伏羲考》，载孙党伯、袁謇正主编《闻一多全集》（3），湖北人民出版社 1993 年版，第 80 页。

为从神话中探寻文化的起源，闻一多采用了逆向推论的方法。结合石刻和绢画中的人首龙（蛇）身神画像，根据文献记载，闻一多认为人首龙（蛇）身神就是伏羲、女娲或他们的化身。人首龙（蛇）身属于半人半兽型，在其之前，必然还有一个全兽型的龙（蛇）神阶段。通过分析文献中有关二龙（蛇）的记载，闻一多认为神话中的二龙（蛇）如蛟龙、螣蛇、两头蛇等就是全兽型的龙（蛇）神阶段。但无论是半人半兽型还是全兽型的龙（蛇）神，都是龙（蛇）图腾在神话中的遗留。值得注意的是，闻一多关于龙（蛇）的论述，以双数为主，这是为论述种族同根作铺垫。

闻一多在论述中特意强调，关于龙蛇的传说，无法也不必将它们分清楚。恰恰分不清楚才显得更有意义，因为图腾的合并意味着团族的融合，这符合图腾社会的发展规律。闻一多对龙蛇分不清楚的强调，绝不仅仅是为了描述图腾社会发展必循的途径，深层的用意是为了说明龙图腾是中华民族的文化之源。在此基础上，闻一多论述了中华民族文化同源的观点：

> 龙图腾团族所包括的单位，大概就是古代所谓"诸夏"，和至少与他们同姓的若干夷狄。他们起初都住在黄河流域的上游，即古代中原的西部，后来也许因受东方一个以鸟为图腾的商民族的压迫，一部分向北迁徙的，即后来的匈奴，一部分向南边迁移的，即周初南方荆楚、吴越各蛮族，现在的苗族即其一部分的后裔。留在原地的一部分，虽一度被商人征服，政治势力暂时衰落，但其文化势力不但始终屹然未动，并且做了我国四千年文化的核心。东方商民族对我国古代文化的贡献虽大，但我们的文化究以龙图腾团族的诸夏为基础。龙族的诸夏文化才是我们真正的本位文化，所以数千年来我们自称为"华夏"。[①]

[①] 闻一多：《伏羲考》，载孙党伯、袁謇正主编《闻一多全集》（3），湖北人民出版社1993年版，第86页。

利用文献记载，闻一多还对龙图腾的几个大的团族如夏、共工、祝融、黄帝、匈奴等进行了考证，得出他们都是龙的传人的结论。在"从人首蛇身像谈到龙与图腾"一节末尾，闻一多还把《山海经》中关于人首龙（蛇）身神的记载列成一个总表，并特别提醒注意各神的方位分布。从该表可以看出，东西南北中五方皆有人首龙（蛇）身神的分布，这从地理空间上再次证明了中华民族文化同源的论点。

由此可见，闻一多关于各民族文化同源的论点包含两个层次：一、龙图腾的形成。力量较大的蛇族兼并力量较弱的马、狗、鱼、鸟、鹿、鼠等族以后，团族上以蛇族为主体形成龙族，图腾上以蛇图腾为主干形成龙图腾。团族的融合形成了龙族，图腾的化合形成了龙图腾，这是第一层次的民族文化同源。二、龙图腾的扩散。由于他族的压迫，以龙为图腾的龙族在地理位置上发生了变动。恰恰因空间分布的扩散，龙族扩大了龙图腾的影响，其诸夏文化也成了中国的本位文化，这是第二层次的民族文化同源。闻一多一再强调，龙是我们立国的象征，是每个中国人的象征。

种族同根是《伏羲考》的另一结论，结合洪水故事，闻一多分两步论证了这一观点：第一步，葫芦是人类的共同来源；第二步，伏羲、女娲是葫芦。

闻一多认为，通常所谓的洪水故事内容复杂，包含着多样而错综的主题，如人种来源、天灾经验、民族仇恨等。这些主题本来各自独立，因时间的原因而在人们的记忆中得以象征性地糅合在一起。他认为洪水故事中最基本的主题就是人种来源——即造人传说，洪水只是造人事件的特殊环境，居于从属地位，洪水故事本应为造人故事之延伸。

接着，闻一多开始论述造人故事与葫芦的关系，"正如造人是整个故事的核心，葫芦又是造人故事的核心"①。通过分析四十九

---

① 闻一多：《伏羲考》，载孙党伯、袁謇正主编《闻一多全集》（3），湖北人民出版社1993年版，第107页。

个故事的内容,闻一多发现故事情节和葫芦在两处发生关系,一是避水工具,一是造人素材。闻一多首先论述了避水工具与葫芦的关系,按照原始传说中情节越合理、离原始形态越远的规律,他认为葫芦及其同类的瓜,是避水工具中较早的说法,而其他避水工具如鼓、桶、臼、箱、瓮、床、舟等,则是后来陆续修正的结果。在此基础上,闻一多论述了造人素材与葫芦的关系,他认为造人素材可以分为较怪诞和较平实两组,较怪诞的就是葫芦生人,较平实的则是各种合理的形式。依照越合理、越失真的原则,最早的造人传说应较为怪诞,即人种从葫芦中来,或由葫芦变成,而各种平实的形式则是后起的合理化的观念形态。他进一步推测,避水工具中的葫芦是对造人素材的葫芦的抄袭,他说:

> 我们疑心造人故事应产生在前,洪水部分是后来黏合上去的,洪水故事中本无葫芦,葫芦是造人故事的有机部分,是在造人故事兼并洪水故事的过程中,葫芦才得以它的渡船作用,巧妙的做了缀合两个故事的连锁。总之,没有造人素材的葫芦,便没有避水工具的葫芦;造人的主题是比洪水来得重要,而葫芦则正做了造人故事的核心。[①]

在证明人类源于葫芦的基础上,闻一多开始论证葫芦与伏羲、女娲的关系。借助于训诂,闻一多认为伏羲、女娲就是一对葫芦精,二人本皆谓葫芦的化身,所不同者,仅性别而已。由此他得出了苗族、汉族同祖一源的结论,并解释了故事中人种源于葫芦的原因:

> 苗族传说以南瓜为伏羲、女娲的第二代,汉族以葫芦(瓜)为伏羲、女娲本身,这类亲与子易位,是神话传说中常

---

① 闻一多:《伏羲考》,载孙党伯、袁謇正主编《闻一多全集》(3),湖北人民出版社1993年版,第109页。

见的现象，并不足妨碍苗族的伏羲与伏羲妹即汉族的伏羲、女娲。至于为什么以始祖为葫芦的化身，我想是因为瓜类多子，是子孙繁衍的最妙象征，故取以相比拟。①

对于西南地区流传的其他传说始祖如槃瓠，闻一多也逐一作了考证，他认为伏羲与槃瓠同出一源，二者字异而声义同。在初本系一人，为二民族共同之祖，同祖故同姓，槃瓠即伏羲。换言之，槃瓠、伏羲是同一神话传说之分化，奉槃瓠、伏羲为始祖的不同民族本是同根生。

文化同源、种族同根，是《伏羲考》在当时的学术环境中得出的经典之论。不可否认，以今日的学术标准看，《伏羲考》对图腾文化理论、生殖文化理论的运用，在学理上存在缺陷。但《伏羲考》毕竟不是一篇为学术而作的理论著作，它有更实际的现实目的，对于《伏羲考》来说，结论怎么来的尚为其次，首要的是结论具有什么样的社会意义。闻一多在后来的《龙凤》一文中，不仅对《伏羲考》中的民族图腾作了修正，而且直接点明了《龙凤》的写作主旨，以回应《伏羲考》的社会意义：

> 龙是原始夏人的图腾，凤是原始殷人的图腾……因之把龙凤当作我们民族发祥和文化肇端的象征，可说是再恰当没有了。若有人愿意专就这一点着眼，而想借"龙凤"二字来提高民族意识和情绪，那倒无可厚非。可惜这层历史社会学的意义在一般中国人心目中并不存在。②

总而言之，20世纪20—40年代，为了寻找中华民族的出路，深怀民族忧患意识的知识分子纷纷拿起天下之公器，以学术研究求民族复兴之路。其中，以顾颉刚为代表的古史辨派和以闻一多为代

---

① 闻一多：《伏羲考》，载孙党伯、袁謇正主编《闻一多全集》（3），湖北人民出版社1993年版，第111页。
② 同上书，第159页。

表的新月诗派，都选择了伏羲作为研究对象。虽然他们的研究各有侧重，通过不同的研究方法得出了不同的研究结论，但是在研究目的上确是殊途同归：增进民族认同以寻求民族复兴之路。如果说顾颉刚等人的伏羲研究是"立"之前的"破"，闻一多的伏羲研究则是"破"之后的"立"。巧合的是，几乎是紧随着《古史辨》最后一册集结成书，《伏羲考》也基本上完成了现存篇章。一破一立的伏羲研究，为今天的我们全面而正确地认识伏羲的民族认同价值提供了重要学术参考。

秦人与炎黄

高　强

（宝鸡文理学院历史文化与旅游学院）

摘　要：秦人自认为是颛顼之后，是黄帝之后，这是一种文化认同和族群认同，对炎黄文化和华夏民族的认同。有了这种认同，秦人就可以跻身以炎黄族为核心的华夏谱系，就有资格成为华夏的成员，最终成为汉民族乃至中华民族的成员。秦人通过增加畤祭的对象，对天帝祭祀系统进行整合，展现了秦人包容八方的胸襟，这有利于秦人一统天下。秦人历经磨难，百折不挠，奋斗不息，终成大业，这是对炎黄精神的最好诠释。然而，秦人自强不息有余，厚德载物不足，秦文化是一种失衡的文化。秦文化成就了秦人的统一伟业，也导致了秦朝的迅速覆亡。

关键词：秦人　炎黄　颛顼　畤祭

本文所谓秦人指的不是今天的陕西人，而是历史上的秦人。史党社先生曾就"谁是秦人"的问题进行过比较详尽的分析[①]，主要观点有：秦人是一个在西周中期非子之后才得名并开始形成的人群；从西周晚期到战国早期，秦人指的是在秦的政治版图内具有共同的祖先传说、共同的文化等特征的一群人；从战国中期到秦代，秦人大致是指在秦的版图内具有名籍的"国民"。笔者基本赞同上

[①] 史党社：《日出西山——秦人历史新探》，陕西人民出版社2013年版，第260—366页。

述观点，但对秦人范畴的界定有所不同，一是从时间上延伸至西周中期以前秦人的前身，二是从空间上排除了秦朝时老秦国疆域以外的人。之所以要延伸至西周中期以前，是因为非子以前虽无秦人之名，却有秦人之实，如不包含非子以前的"秦人"，恐怕无法反映秦人的历史全貌。之所以要排除秦朝时老秦国疆域以外的人，是因为秦国虽然凭借强大的武力统一了六国，"但统一的'秦人'认同直至秦亡都没有建立起来"①，因此秦代的原六国之民只是秦朝之人，而非秦人。

炎黄二帝是中华民族的象征，炎黄文化是中华文化的根源。秦朝是中国第一个中央集权的大一统王朝，秦文化对中国的影响极其深远。深入探讨秦人与炎黄之间的关系，探讨秦人如何继承、重构、发展炎黄文化，或许有助于我们更好地理解秦历史文化乃至中国历史文化。

一　秦人颛顼之后

秦人来自哪里？族源如何？学者众说纷纭。有的持东来说，认为秦人东来，源自山东，原是东夷的一支。有的持西来说，认为秦人西来，源自甘肃，原为西戎的一支。还有学者认为，"秦人源于东而兴于西"②，"源于夷夏，成于戎狄"③，这实际上是东来说的变异。秦人的族源是多元复杂的，陈连开先生认为大致有几大部分：占统治地位的秦公族、数量不少于秦公族的"周余民"以及被征服的西戎。④占统治地位的秦公族应该就是东来的老秦人，而更多的中下层秦人则来自西戎和"周余民"。

秦人最初很有可能是东夷的一支，他们帮助商人灭掉了夏，逐

---

① 史党社：《日出西山——秦人历史新探》，陕西人民出版社2013年版，第264页。
② 黄留珠：《秦文化二源说》，《西北大学学报》1995年第3期。
③ 徐日辉：《秦早期发展史》，中国科学文化出版社2003年版，第42页。
④ 王钟翰主编：《中国民族史》（增订本），中国社会科学出版社1999年版，第68页。

渐向西迁徙。有商一代，特别是仲衍之后，"嬴姓多显"①。殷商末年，飞廉、恶来等嬴姓之臣助纣为虐，故而在武王灭商后遭到周人镇压。清华简《系年》载："飞东逃于商盖氏。成王伐商盖，杀飞，西迁商盖之民于邾，以御奴之戎，是秦先人。"②"邾"即今天甘肃甘谷的朱圉山，此为秦人东来之又一佐证。

秦襄公受封诸侯，建立秦国以后，便开始与西戎争夺岐丰之地，但却死于伐戎战争中。襄公之子文公经过努力，终于在公元前750年击退西戎，占据岐地，并且"收周余民"③，把平王东迁后留在周原一带的大批周人变成了自己的子民。这不仅壮大了秦人的队伍，而且有利于秦人农耕水平的提高和文化软实力的增强。

公元前623年，秦穆公采用由余的计谋，大举进攻戎人，"益国十二，开地千里，遂霸西戎"④。称霸西戎使得秦国稳定了西部，为日后东进奠定了基础。更重要的是，进一步促进了西戎与秦人的融合。

三皇五帝是中华民族早期的代表，中国人喜欢溯源至三皇五帝。那么秦人的先祖是三皇五帝当中的哪一位？或者说秦人自己认为是谁的后裔？《史记·秦本纪》曰："秦之先，帝颛顼之苗裔。"《史记·秦本纪》的主要依据是秦人自己写的《秦纪》，应该能够代表秦人的看法。《世本》曰："颛顼是黄帝之孙"；《大戴礼记·五帝德》曰："颛顼，黄帝之孙，昌意之子也，曰高阳。"由此可知，秦人是颛顼之后，也就是黄帝之后。凤翔秦景公墓出土的石磬铭文曰："高阳有灵"，高阳即颛顼，可见秦人自认为是颛顼之后。有学者认为，"秦人母系先祖出于颛顼族是《秦本纪》开宗明义的第一句话，他源于秦国史官所记之《秦纪》，且有《世本》《汉书·地理志》与秦公一号大墓出土石磬铭文的双重证据为凭，具有

---

① 《史记·秦本纪》。
② 李学勤：《清华简关于秦人始源的重要发现》，《光明日报》2011年9月8日第11版。
③ 《史记·秦本纪》。
④ 同上。

坚实的依据"[1]。颛顼"不可能是后世秦人为攀附华夏而伪造出来的华夏祖先，而且用他也与华夏族攀附不上什么关系"[2]。也有学者认为，秦王族以颛顼为祖是主观构建的结果，秦不一定真的就是颛顼之后。[3] 顾颉刚先生曾经指出："疑颛顼由神而人，始于郊祀之祀上帝；其后以人王之配享而推之为人王之祖先，浸假而化为黄帝之孙，遂列为人间之五帝；然其上帝地位并未因此撤销，故凡言五方帝及五时帝者仍奉为北方与冬时之帝也。"[4] 也就是说，颛顼本来是神，由于神话的历史化，摇身一变成了人王。

这里有三个问题需要回答：颛顼是人还是神？颛顼代表东夷还是华夏？颛顼是不是秦人的祖先？钱穆先生曾经指出："神话有起于传说之后者（如先说关羽之传说，而渐变为神话）。不能因神话而抹杀传说（如因看《三国演义》而怀疑及于陈寿《三国志》）。"[5] 他认为"人的神化，神的人化"两种现象并存。[6] 历史与神话之间确实存在着"互渗现象"[7]，颛顼等"古史传说人物的出现绝非偶然，而是人—神—人，历史—神话—历史长期变化的结果"[8]。笔者认为，颛顼的原型是龙山文化时期的酋邦首领，由于其功绩卓著，遂被神化，成为越来越多族群崇奉的祖先神。

《左传·昭公八年》曰："陈，颛顼之族也。"《左传·昭公十七年》曰："卫，颛顼之虚也，故为帝丘。"杜预注："卫，今濮阳县，昔帝颛顼居之，其城内有颛顼冢。"《山海经·大荒东经》曰："东海之外大壑，少昊之国，少昊孺帝颛顼于此。"从颛顼生葬、

---

[1] 陈平：《关陇文化与嬴秦文明》，江苏教育出版社2005年版，第147页。
[2] 同上书，第149页。
[3] 史党社：《日出西山——秦人历史新探》，陕西人民出版社2013年版，第137页。
[4] 顾颉刚：《史林杂识初编》，中华书局1963年版，第195页。
[5] 钱穆：《国史大纲》（上册），商务印书馆1996年版，第8页。
[6] 钱穆、姚汉源：《黄帝》，生活·读书·新知三联书店2004年版，第22页。
[7] [法]列维-布留尔：《原始思维》，丁由译，商务印书馆1981年版，第435—440页。
[8] 赵沛霖：《先秦神话思想史论》，学苑出版社2002年版，第28页。

活动及后裔的传说看，颛顼最初应为东方族群的首领和祖先神。

至于说秦人究竟是不是颛顼之后，其实并不重要，重要的是秦人认为自己是颛顼之后，这是一种文化认同和族群认同，对炎黄文化和华夏民族的认同。有了这种认同，秦人就可以跻身以炎黄族为核心的华夏谱系，就有资格成为华夏的成员，最终成为汉民族乃至中华民族的成员。

二 秦人畤祭炎黄

秦文化在形成过程中受到多种文化因素的影响，其中不可避免地受到当时的高位文化——周文化的影响。秦人继承了周人的天帝观念，也继承了雍州天帝祭祀的传统，并根据自身需要，开创了独特的畤祭体系。《说文解字》释"畤"云："天地五帝所基址，祭地。"《史记索隐》云："畤，止也，言神灵之所依止也。亦音市，谓为坛以祭天也。"《史记·封禅书》云："自古以雍州积高，神明之隩，故立畤郊上帝，诸神皆聚云。盖黄帝时尝用事，虽晚周亦郊焉。"就是说早在黄帝时代，雍州就是畤祭上帝的地方。黄帝时代有无畤祭，难以稽考，但畤祭在雍州古已有之，历史悠久，当为事实。获得2016年全国十大考古新发现的凤翔雍山血池秦汉祭祀遗址，位于秦都雍城郊外，面积达470万平方米，首次发现由坛、壝、场、道路、建筑、祭祀坑等各类遗迹组合而成的"畤"文化遗存。这是与古文献记载吻合、时代最早、规模最大、性质明确、持续时间最长，且功能结构趋于完整的秦汉时期国家大型祭祀遗址，证明雍山一带确实是秦汉时期国家祭祀的中心。

秦人先后设有六畤。秦襄公作西畤，祠白帝；秦文公设鄜畤，祭白帝；秦宣公设密畤，祭青帝；秦灵公作吴阳上畤，祭黄帝；作下畤，祭炎帝；秦献公作畦畤，祀白帝。西畤在甘肃礼县，畦畤在陕西栎阳，其余四畤皆在陕西宝鸡。六畤之中白帝之畤占据了一半，徐旭生先生认为，"白帝少皞的祀典特别隆重，是因为他是秦人所自出；青帝太皞继立，是因为他系同集团的明神。二三百年后并祭黄帝、炎帝，是因为多数被统治着的人民的信仰对象不得不加以崇奉。"① 至于说秦人畤祭中为何唯独没有黑帝？有学者认为，秦人是颛顼之后，秦人自然会祭祀黑帝，只是采取的是更高级别的禘礼，不入其他四帝的郊祭之列，故而秦人畤祭中无黑帝之畤。② 也有学者认为，在秦人心目中，颛顼是祖先，是人王，不是上帝，因而没有像其他四帝那样立祠祭祀。③

六畤之中最值得关注的是吴阳上畤和下畤。《史记·封禅书》曰："秦灵公作吴阳上畤，祭黄帝；作下畤，祭炎帝。"《史记·封禅书》集解徐广曰："凡距作密畤二百五十年。"秦宣公作密畤为公元前672年，其后二百五十年就是秦灵公三年（前422），据此判断秦灵公作畤祭黄帝、炎帝当在公元前422年左右。吴山又名岳、吴岳，位于今天陕西省宝鸡市陈仓区，与雍山隔千河相望，被尊为"五镇"之西镇。《史记·封禅书》曰："自华以西，名山七，名州四。曰华山、薄山、岳山、岐山、吴岳、鸿冢、渎山。"在吴岳条下徐广注曰："在汧也。"《后汉书·郡国志》曰："汧阳有吴岳山。"《史记·封禅书》索隐："吴阳，地名，盖在岳之南。"顾颉刚先生说："南岳何以不列于南经而反列于西经，则知其山自在西方不疑。"④ 况且秦灵公不可能跑到秦国版图以外的其他诸侯国去设畤，因此秦灵公设畤祭祀炎黄的吴阳只能在关中西部的吴山之南。近日在雍山血池遗址发现刻有"上畤"字样的汉代陶器残片，进一步说明位于千河东西两岸的雍山、吴山、灵山一带，应该就是秦汉时期的畤祭中心。

秦灵公为何畤祭炎黄？徐旭生先生认为，是因为多数被统治着的人民的信仰对象不得不加以崇奉，可谓一语中的。春秋末年至战

---

① 徐旭生：《中国古史的传说时代》（增订本），文物出版社1985年版，第207页。
② 王晖：《秦人崇尚水德之源与不立黑帝畤之谜》，《秦文化论丛》（第三辑），西北大学出版社1994年版。
③ 史党社：《日出西山——秦人历史新探》，陕西人民出版社2013年版，第299页。
④ 顾颉刚：《史林杂识初编》，中华书局1963年版，第37页。

国初年，秦国与晋国及后来从晋国分离出来的韩国，为争夺黄河以西洛河以东之地，进行了长达百年之久的斗争。厉共公时，秦已控制"河西地"，灵公继续强化对"河西地"的控制，采取了"击晋少梁""城堑河濒"等措施。秦灵公在吴阳设畤祭黄帝、炎帝，当然不是随意而为。首先，当时周余民已经成为秦人的重要组成部分，因此祭祀周人的祖先神黄帝，以及与周人联姻的姜姓族人的祖先神炎帝，有利于新的秦人共同体内部的凝聚。其次，进入战国时期以后，原本林立的诸侯方国经过不断地兼并，形成七雄相争之势。随着大一统趋势的出现，人们同宗共祖的意识也不断增强。秦人认识到再像过去那样仅仅祭祀白帝和青帝，显然已经不能适应向东发展、图谋中原的需要。于是，秦人将祭祀对象扩大到影响很大的黄帝、炎帝，畤祭炎黄，这样既可以团结秦人，凝聚人心，又可以抬高自己，利于东进。从秦襄公在西垂作西畤，到秦献公在栎阳作畦畤，时间跨越了300年，地点向东推移了800里，恰与秦人东进之节奏相一致。秦人通过增加畤祭的对象，对天帝祭祀系统进行整合，奠定了五帝祭祀的基础。"五帝是五个老祖宗，代表中国的五大族系"，五帝共尊就是当时的"五族共和"。[①] 秦人同时畤祭白帝、青帝、黄帝、炎帝，展示了包容八方的胸襟，这对于秦人后来横扫六国，一统天下，大有益处。

三　秦人自强不息

秦人所创造的秦文化是东夷文化、周文化和西戎文化的杂糅和融汇，其远源是远古时期炎帝族和黄帝族创造的炎黄文化。秦人不管是不是炎黄后裔，他们都不愧是炎黄文化和炎黄精神的传人。秦人在数百年的时间里，从一个偏居一隅的族群逐渐发展壮大，历经迁徙、起伏、磨难、奋斗，最终崛起于关中，击败六国，一统中

[①] 李零：《我们的中国》第一编《〈茫茫禹迹〉自序》，生活·读书·新知三联书店2016年版，第5页。

国，其内在动力正是自强不息的炎黄精神，其外在条件则是自炎黄时代后期萌芽产生的大一统观念。

史籍记载炎帝培育粟谷，发明耒耜，创设市场，遍尝百草，"和药济人"，最终因误尝含有剧毒的"断肠草"而不幸身亡。黄帝发明了衣裳、舟车、宫宇等，统一了各部落，创立了早期国家制度，被誉为"人文初祖"。因此，炎、黄二帝成为自强不息、造福民众的典范，成为中华文明和中华民族缔造者的化身和象征。秦人历经磨难，百折不挠，奋斗不息，终成大业，正是对自强不息精神最好的诠释。

崇尚一统、追求一统是中国文化的核心特质，也是中国人最基本的价值取向之一。大一统观念萌芽于炎黄结盟，初步形成于周代，最终确立于秦汉时期，秦人是大一统观念最好的践行者。尽管中国历史上曾经多次出现分裂局面，然而统一却是常态与趋势。傅斯年先生指出：中国人"未统一时，梦想一统，既统一时，庆幸一统；一统受迫害时，便表示无限的愤慨。"① 钱穆先生认为，"中国历史之伟大成就，首要在其'大一统'理想之实现"②。杨向奎先生指出："一统和大一统思想，三千年来浸润着我国人民的思想感情，这是一种向心力，是一种回归的力量。这种力量的源泉不是狭隘的民族观念，而是一种内容丰富，包括有政治、经济、文化各种要素在内的'实体'，而文化的要素有时更占重要地位。……它要求人们统一于'华夏'，统一于'中国'，这'华夏'与'中国'不能理解为大民族主义或者一种强大的征服力量，它是一种理想，一种自民族、国家实体升华了的境界。"③ 中国能如此广袤辽阔，中国人能如此生生不息，中国文化能如此绵延不绝，大一统观念所造就的向心力、凝聚力居功至伟。

由秦相吕不韦组织门客编纂的《吕氏春秋》，"兼采儒、墨，

---

① 林文光选编：《傅斯年文选》，四川文艺出版社2010年版，第176页。
② 钱穆：《民族与文化》（新校本），九州出版社2012年版，第26页。
③ 杨向奎：《大一统与儒家思想》，北京出版社2011年版，第1页。

合名、法，知国体之有此，见王治之无不贯"①，"是真正的战国思想的总结之作"②。《吕氏春秋·审分览》曰："故一则治，异则乱；一则安，异则危。"表现出强烈的大一统取向。吕览十二纪之序《序意》曰："尝得学黄帝之所以诲颛顼矣。"③黄帝是大一统的开创者，颛顼是黄帝的孙子，是黄帝大一统伟业的继承者。吕不韦借用"黄帝诲颛顼"的说法，旨在表明秦国要像颛顼继承黄帝大一统功业那样统一天下。

秦朝建立后强力推行"车同轨，书同文，行同伦"的政策，虽然未能建构起六国之人的"秦人"认同，但却进一步强化了大一统的观念，大大加强了中国各地及各族之间的联系，客观上促进了汉族乃至中华民族的形成。

令人遗憾的是，秦人在继承与弘扬自强不息精神的同时，却忽视了炎黄精神的另一个重要内涵，即厚德载物。炎黄精神是中华民族精神的根源与核心。什么是中华民族精神？学界虽然见仁见智，但均认为"自强不息、厚德载物"是中华民族精神的主要内涵。梁启超先生在清华大学演讲时把"自强不息、厚德载物"视为中华传统美德，并以此来激励清华学子。张岱年先生认为，"自强不息、厚德载物"就是中华民族精神。④

自强不息既可以指向善，导致善，也可以指向恶，导致恶。因此，仅仅强调自强不息是不够的，还必须抑制人的恶欲，防止自强不息成为恶欲膨胀和强权肆虐的助推器。周秦时期的哲人们早就注意到了这一点，他们提出"恃德者昌，恃力者亡"⑤，他们为"自强不息"安装了"厚德载物"的保险。《周易·象传》曰："地势坤，君子以厚德载物。"意思是说地势宽厚，承载万物，君子应当

---

① 《汉书·艺文志》。
② 田延峰：《中华帝制的精神源头——秦思想的发展历程》，人民出版社 2011 年版，第 308 页。
③ 陈奇猷：《吕氏春秋新校释》，上海古籍出版社 2002 年版，第 654 页。
④ 张岱年：《文化传统与民族精神》，《学术月刊》1986 年第 12 期。
⑤ 《史记·商君列传》。

像大地那样广博宽厚，包容万物。自强不息和厚德载物是事物不可分割的两个方面，正如天地、阴阳、男女、刚柔一样，缺少了任何一方都会失衡，都会出问题。秦人自强不息有余，厚德载物不足。秦人片面地继承了炎黄文化，秦文化是一种失衡的文化。秦文化成就了秦人的统一伟业，也导致了秦朝的迅速覆亡。

秦汉开疆东南对闽越台湾的影响

徐晓望[*]

(福建省社会科学院历史研究所)

摘　要：秦始皇和汉武帝都曾积极经营东南，但因时代久远，学界对其历史过程和作用都有一些疑点。笔者认为，其一，秦军南下东南，将浙江流域、赣江流域纳入郡县管理之下，一度建立闽中郡，这都大大削弱了闽越的地方势力，为汉与闽越的融合打下基础。其二，汉武帝经营闽越，是闽越历史上的重大转折，开启了汉人与闽越人融合的历史进程。其三，汉代东南的动荡，促使一部分闽越后裔向海外移民，是他们开拓了台湾北部，北台湾的十三行文化应是闽越人移民的遗迹。总之，台湾海峡与长安虽然相距数千公里，但是，秦汉朝廷的决策很早就影响海峡的人文生态，这对东南土著最终融入汉民族具有重要的意义。

关键词：秦汉　闽越国　台湾十三行文化

秦、汉两个伟大的朝代雄峙西北，开拓四方，尤其关注向东南的开拓。秦汉之际的闽越国虽然僻处东南海隅，来自西北一波强似一波的文化浪潮冲击，却使这块土地发生巨大的变化，从而影响了早期台湾文化。

---

[*] 徐晓望，福建省社会科学院历史研究所二级研究员，闽台文化研究中心主任。

一 秦军与闽中郡的设立

战国末年，秦军南下。秦王政二十五年（前222），"王翦遂定荆江南地，降越君。置会稽郡"①。会稽今名绍兴，它是越王勾践的都城。会稽郡的辖地已经逼近闽中，其后闽越王也向秦军投降，《史记·东越列传》："闽越王无诸及越东海王摇者，其先皆越王勾践之后也，姓驺氏。秦已并天下，皆废为君长，以其地为闽中郡。"如其所记，秦朝废除闽越国，在闽地设闽中郡。无诸和摇都被降为"君长"。不过，由于考古一直未能找到秦军进入古代福建的遗迹，福建学者也有人质疑秦军是否真正进入闽地？有人考证秦军进入岭南的五路大军所走路线，可以证明这些大军都没有进入福建的领域。实际上，秦军五路讨伐岭南而不进入闽中，应是此前闽、越二王都已经降秦，所以，秦军不必再向闽中进军。秦军是在秦始皇二十五年（前222）便获得"降越君"的战果，而秦始皇伐岭南则是在秦始皇三十三年（前214），秦废闽越王而设闽中郡应当是此间8年的事。《汉书·贾捐之传》记载贾捐之评论秦的疆土时说："秦兴兵远攻，贪外虚内。务欲广地，不虑其害。然地南不过闽越，北不过太原。"太原在秦朝的统治之下是没有争议的，因而"北不过太原"与"南不过闽越"这句话对应，可以证明秦朝确实统治了闽越的疆土。可见，闽中郡不应是虚设，而是真实存在于秦朝。在闽侯县的庄边山，曾经出土过一座楚人之墓，墓中器物的风格说明它是一座战国至汉初时期的墓，它说明大约在秦朝的前后，有楚人进入闽中定居，并死于当地。②墓主极有可能是秦军的一个将领。不过，秦朝对闽中郡的统治是否长久，则是有争议的。汉代大臣田蚡讨论有关闽越之事，《汉书·严助传》载："蚡以为越人相攻击，其常事，又数反复，不足烦中国往救也。自秦时弃不属。"这说明

---

① 《史记·秦始皇本纪》。
② 林公务：《福建闽侯庄边山的古墓葬》，《东南文化》1991年第1期。

秦国最终放弃了闽中郡，否则不会有"弃不属"这句话。此外，"弃不属"这句话也说明秦朝肯定统治过闽中郡，因为，没有得到，就不会有放弃。

和秦代绝大多数诸侯都被灭国的命运相比，闽越王无诸的遭遇算是幸运的。顾炎武在《日知录》第二十二卷指出，卫君角和闽越国的无诸与摇，都是秦始皇时代未被消灭的战国时代诸侯。那么，为什么无诸和摇能躲过秦朝的打击？汉宰相田蚡说越人叛服无常，应是指无诸及摇在降秦之后又叛秦。秦军在公元前214年进军岭南，随后遇到岭南越人的激烈反抗，秦军增兵镇压岭南越人。战事尚未结束，秦始皇死于公元前210年，其后陈胜、吴广发动起义，秦朝最终灭亡。闽越国的无诸与摇叛秦，应是在秦军进入岭南之后。其时秦军在岭南受挫，无暇顾及闽中，才会有"弃不属"。闽越王无诸与摇因此生存下来。因他们已经打出反抗秦朝的旗号，其后才会参加陈胜、吴广反抗秦朝的暴动。《史记·东越列传》："及诸侯畔秦，无诸、摇率越归鄱阳令吴芮所谓鄱君者也，从诸侯灭秦。当是之时，项籍主命，弗王，以故不附楚。汉击项籍，无诸、摇率越人佐汉。汉五年（前202）复立无诸为闽越王，王闽中故地，都东冶。"于是，闽越国复兴。

二 汉代的闽越国

南海国。闽越贵族受封的不止无诸一人，《汉书·高帝纪》载：汉高祖十二年（前195），"诏曰：南武侯织亦粤之世也，立以为南海王"。可见，粤人后裔南武侯织在这一时期被封为南海王。此处的粤人，即为越人，可以理解为闽越国人。汉高祖在建立闽越国之后，又建立南海国，应有分化闽越国之意。关于南海国究竟在何地，史无明载。不过，秦时在岭南设南海郡，其辖地西至广州、东至潮州，汉初南海郡在南越王赵佗的管辖之下，南武侯织虽被封为南海王，只怕不能占有全部秦代的南海郡，最多只能占南海郡的一个角落。朱维幹先生考证，此地应在汀、潮、赣之间。《长汀县志》记载南武侯的封地"南武"在今武平境内,饶宗颐在《潮州志》大事记中说:潮安和饶平两县交界,有地曰南武崟,有山曰南武山,可能是南武侯的封地。① 因而所谓南海国,应是在闽中郡与南海郡交界的地方,即今闽粤赣三省交界处。此地在战国时代原归闽越国管辖,秦代被划归南海郡。秦朝被推翻之后,此地本应划归闽越国,但汉高祖将此地敕封给南武侯织,一是监督岭南的南越国,二是分闽越王国之势。但是,南海国存在的历史不长。汉文帝初年,汉高祖的少子刘长被封为淮南王,其辖地正好挡住了南海国与汉朝廷之间的交通。刘长有异心,特意与闽越交好。而南海国的存在,对闽越国威胁很大。于是,淮南王在南海国与汉朝廷之间挑拨关系,《汉书·淮南王传》:"南海王织上书献璧帛皇帝,(间)忌擅燔其书不以闻。"其后,南海国与汉朝发生冲突,淮南王刘长派将领间忌前去讨伐,"以其军降,处之上淦"。南海民众不堪淮南国的虐待,"后复反,会天暑多雨,楼船卒水居击棹,未战而疾死者过半"。以上是《汉书·严助传》的记载。不过,淮南王刘长也未能长久,他筹划造反的阴谋暴露,于汉文帝六年(前174)被废。从时间推算,南海国的存在也许不到20年。

南海国境后归南越国管辖,《福建通志》记载:"漳浦县蒲葵关,在漳浦县西南四十里,即盘陀岭,汉时南越故关也。"如其所载,当时漳浦县的南部,今诏安县等地,当时都属于南越国管辖。漳浦县境还有越王城的遗址,"越王城,即建德城,在太武山,有石城。越王建德避兵于此,殿基犹存。按,汉元鼎五年,将军路博德等征南越。南越王建德与其相吕嘉夜亡入海,疑即此地"。《南越志》:"绥安北有连山。昔越王建德伐木为船,其大千石,以童男女三千人举之。人船俱坠于潭,时闻拊船有唱唤督运之声,往往有青牛奔驰,与船俱见。南宋沈怀远次绥安诗:'余善已辞师,建德仍伐木。'盖本于此"②。这些史料都说明汉初的福建漳浦县一带

---

① 朱维幹:《闽越建国及北迁》,《铁苍文集》,第12页。
② 雍正《福建通志》卷六三,文渊阁四库全书本。

是归南越国管辖的。

闽越王摇是闽越国的另一个受封者。《史记·惠帝纪》："孝惠三年（前192），举高帝时越功，曰闽君摇功多，其民便附。乃立摇为东海王，都东瓯。"《史记·越王勾践世家》又说："（无彊）后七世至闽君摇，佐诸侯平秦，汉高帝复以摇为越王，以奉越后。东越闽君皆其后也。"这两条史料都是在说闽君摇被封为闽越王一事。史料表明，汉朝对闽君摇十分重视，封其为王，是为了奉祀越王勾践的香火。这里有个问题，汉高祖早已封无诸为闽越王以延续越国的香火，此时何以又封闽君摇？无诸应于此前死去，因而有了闽越王的继承问题。汉朝对属国采取分化打击的政策，在承认无诸子孙继承王位的同时，故意让老资格的摇当上东海王，从而将闽越国分割，加上当时尚存于世的南海国，实际上闽越已被一分为三。

由于汉朝对闽越国的离间策略，闽越国对汉朝也有不臣之心。正如淮南王刘安所说："越人名为藩臣，贡酎之奉不输大内，一卒之用，不给上事。"① 汉分封在南方的诸侯常有谋叛之举，他们多与闽越国联系。汉景帝三年（前154），吴楚之乱发生。吴国"南使闽、东越，闽、东越亦发兵从"②。吴王造反失败，吴国太子逃入闽越国，闽越王施以庇护。淮南王暗中谋反，"令人使闽越、匈奴"③。其时，汉朝北有匈奴、南有闽越，皆被视为大患。

闽越国初创时人口不多。南越王赵佗对汉朝使者说："且南方卑湿，蛮夷中间，其东闽越千人众号称王，其西瓯骆裸国亦称王。"④ 可见，在南越王赵佗看来，闽越不过是"千人众"。汉高祖死后，吕后执政，一度与南越国的赵佗关系紧张，"岁余，高后崩，即罢兵。佗因此以兵威边，财物赂遗闽越、西瓯、骆，役属焉，东西万余里"。如果《史记·南越尉佗列传》的这段记载可靠，在无诸之后，闽越一度在名义上隶属于南越国。由此看来，当时夹于闽

---

① 《汉书·严助传》。
② 《汉书·景帝纪》。
③ 《史记·淮南衡山列传》。
④ 《史记·南越赵佗列传》。

越及南越之间的南海国属地，应当也是归南越国管辖。不过，随着时间流逝，闽越国逐渐强大起来并与南方的南越国及浙江境内的东越国都发生了冲突。汉武帝建元三年（前138），闽越王郢发兵进攻东越国。东越国即为摇的王国，《汉书》上又称"东海国""东瓯国"，位于今浙江省的温州市境内。东越在吴楚七国之乱时曾出兵万余人，其实力不俗。但闽越的攻势十分凌厉，将东越军队围困于东瓯城中。东越向汉朝求救，汉武帝派宠臣严助至会稽郡发兵声援。闽越听说汉朝出兵，便解围而去。东越士民感到无法抵挡闽越的攻势，便向汉朝要求内附，得到汉武帝的许可后，东瓯民众举众迁徙江淮之间的庐江郡。《史记·汉兴以来将相名臣年表》："东瓯王广武侯望率其众四万余人来降，处庐江郡。"东瓯在吴楚之乱中曾经动员万余人的兵力，若按每户五人出士兵一个的比例，东瓯应有5万以上的民众。在经历战乱之后还能有4万余人迁至江淮之间，已经算是不错的。从东瓯国的人口看闽越国的人口，闽越国应有8万至10万人口，在打防御战时可动员2万左右的士兵。

建元六年（前135），闽越王郢又向南越国发动攻势，争夺两国边疆之地。据《通典》第一八二卷的记载："潮州，亦古闽越地，秦属南海郡，秦末属赵佗，汉初属南越，后亦属南海郡。"闽越国实力增强后，对南越国占领这块地当然不会满意。此时南越和闽越强弱异势，闽越便在边境发动攻势，挑起战争。南越国向汉朝称臣已久，新国王胡便向汉朝请援。汉武帝派出两支大军向闽越国开进。郢听说汉朝声援南越，马上撤军返回闽越。而后听说汉军继续向闽越进军，马上下令全国动员。时值盛暑八月，士兵十分辛苦，多有怨言。野心勃勃的郢之弟余善乘机发兵袭杀郢，以郢之头向汉军请和。其时闽越的盟友淮南王刘安上疏汉武帝，以汉军不适合南方气候为由，劝汉武帝罢兵。其时汉武帝已经有意用兵北疆，便接受刘安的意见，与闽越国议和。汉朝方面认为："郢等首恶，独无诸孙繇君丑不与谋焉。乃使郎中将立丑为越繇王，奉闽越先祭祀。"① 汉朝这一安排曾稳定一时。不过，余善因是无诸的嫡派子孙，在闽越国内掌重权。他与南方的汉诸侯国有关系。其后汉朝与匈奴开始打仗，汉军倾全力北向，无暇顾及南疆。余善乘机坐大，自立为王。《史记·东越列传》记载："余善已杀郢，威行于国，国民多属，窃自立为王，繇王不能矫其众持正。天子闻之，为余善不足复兴师，曰，余善数与郢谋乱，而后首诛郢，师得不劳。因立余善为东越王，与繇王并处。"

余善政变之后，与汉朝相安无事23年。元鼎五年（前112），与闽越相邻的南越国发生政变，国相吕嘉杀死国王与太后。四月，汉朝发兵十余万分五路南下岭南。余善听说战事发生，也率领甲士8000人乘船进入南越境内，进至揭阳一带。其后季节转变，南海上盛行南风，军队无法南进。但汉朝以为余善故意屯兵，坐观成败，对余善已经有看法。汉楼船将军杨仆上疏朝廷，要求转用兵于闽越国。汉武帝持重，让出击南越的军队屯兵梅岭和豫章。梅岭在今江西中部，距离福建很近，是一个用兵之地。豫章今为江西省会南昌，位于江西中北部，对闽北的威胁也很大。余善得知汉朝有出兵闽越的计划后，自称"武帝"，主动发起攻击。（按，"武帝"的称号最早是由南越王赵佗自封，以和中原的皇帝抗衡。赵佗向汉称臣之后，弃"武帝"之号。其后南越王婴齐图谋自立，"藏其先武帝玺"，试图以"武帝"号召尚武的南方越人）闽越国末年，闽越国已经有三王，余善之外，新的越繇王是居股，另有一王应是文献中出现的"西于王"，余善自称"武帝"，是自居于其他二王之上，同时取得命令其他二王的合法权力。不过，余善此时面对的汉军是击败匈奴的精锐部队，伏波将军路博德仅用千余人便攻下南越的国都。余善主动出击，虽有小胜，但挡不住汉朝大军。眼看闽越国的形势危如累卵，闽越国内部再次发生兵变，越繇王居股率人袭杀余善，向汉朝投降，时为汉武帝元封元年，即公元前110年。

对怎样处置闽越国，汉武帝已经有成算。此前东瓯和南海国民众

---

① 《史记·东越列传》。

已经被迁于江淮间，使地广人稀的江淮地区多了一些劳力，有利于江淮的开发。《史记·东越列传》："于是天子曰：东越狭多阻，闽越悍，数反复。诏军吏皆将其民徙处江淮间。东越地遂虚。"汉代的闽越国始建于公元前202年，于公元前110年灭国，共存在93年。

秦汉之际的台湾海峡西岸存在着三个诸侯国：闽越国、南海国、东海国，表明秦汉之际台海西岸经济文化水平尚可。不过，汉武帝将闽越诸国遗民迁往江淮一带，这使当地文化发展脉络中断，其后闽地虽有逃居山地海岛闽越遗民存在，但他们主要是底层民众，人口也少。在汉代多数时间，闽中是相当荒凉的，一直到东汉末年设立建安郡，才有较显著的发展。

至于北上的越人，有越巫进入汉朝宫廷，对喜欢越文化的汉武帝有相当影响，而由越人组成的"越骑"，也是汉代抗击匈奴的重要骑兵力量。

三　北台湾的十三行文化与闽越遗民

台湾北部的十三行文化起源于汉代，笔者认为它是由闽越遗民迁徙台湾后开创的一种文化，十三行文化与闽地之间有商业联系。[①]

20世纪50年代后期，台湾考古学家在台湾北部的淡水河区域发现了十三行文化，此地为淡水河的出海口，其上游为台北市区。清乾隆年间此地港市十分繁荣，有十三家船头行营业，故有"十三行"之称。在此地发现古人生活遗址后，这个古人建立的文化被称为"十三行文化"。据台湾学者的考察，十三行文化主要分布于台湾北部，从台北盆地到台湾东北角海岸线都有遗址发现。

十三行文化中最早引起人们注意的是山坡上随处可见的铁渣，这些铁渣应为古人炼铁的弃物，它的存在，自然说明古代台湾有冶铁业。众所周知，金属冶炼业往往代表了古代群落的发展水平，能

---

① 徐晓望：《论唐宋流求与台湾北部的十三行文化》，《福州大学学报（哲学社会科学版）》2012年第1期。

够冶铁的群落，其生产力水平不会太低。台湾学者说："十三行遗址出土铁渣、矿石、煤等，显示这个文化的主人已经知道炼铁。考古学家在十三行遗址中发掘出炼铁作坊，证实了炼铁是在聚落内进行的。十三行遗址的内容丰富，让我们对这个文化有亲切的了解，例如，我们知道他们以农业为主，渔猎也相当发达，他们的埋葬方式是侧身屈肢。出土的骨骸有受伤致死者与无头葬，大约是战争之故。或有猎人头之俗。"[1] 由此可见，表明在古代的台湾北部有一个较发达的农业文化。它与大陆之间有商业联系，是一个非常值得研究的对象。关于十三行文化，从其被发现数十年以来，经过刘斌雄、臧振华、刘益昌等考古学家的努力，现在已经可以勾画出十三行文化的大致面貌。[2] 以下总结十三行文化的主要特点。

1. 十三行文化的年代。十三行区域原为圆山文化居民住地，在距今2000年至1800年之前，有一支具有较高文化水准的人群进入该地区（其时约相当于大陆的东汉朝代），他们是十三行文化的主要创造者。这一文化一直延续到明代前期。约在500年前汉人进入台湾北部后，当地居民的文化有了不同的面貌。一般认为，台湾北部平埔族系的凯达格兰族群是其后裔。

2. 十三行文化的核心区域是台北的淡水河流域以及台湾北部沿海的平原，它的南传在台中一带受到不明的阻力，所以，十三行文化主要分布于台湾的北部区域，在台南只有零星发现。

3. 十三行文化的人种暂未有结论，其男性身高平均约1.65米，女性平均身高约1.60米。他们死后流行土葬，但其坟墓没有堆土，坟顶与地面取平。埋葬的男女大多为屈肢葬，全部面向西方。近来也发现了直肢葬和无头葬，所谓无头葬，可能与台湾的猪头习俗有关，而直肢葬，多为凶死的人。不过，他们大多没有棺椁，直接埋葬于土中。

---

[1] 周婉窈：《台湾历史图说》，台湾"中研院"台研所筹备处1997年版，第18页。
[2] 刘斌雄：《台北八里坌史前遗址之发掘》，《台北文献》1963年第3期；臧振华、刘益昌：《十三行遗址抢救与初步研究》，台北县政府文化局2001年版。

4. 十三行文化的主人以农业为主，在其居住地，发现了稻谷等其他农作物的遗迹。他们的食物包括贝类和哺乳动物。他们丢弃的贝壳多在某一地方，形成福建沿海常见的贝冢。

5. 十三行文化的主人所居住的房子以木建筑为主，类似于古代东南亚（含福建、广东）流行的干栏建筑。

6. 十三行文化的主人饲养猪和鸡等家畜。

7. 1991年发现的炼铁坊说明，十三行文化的主人已经能炼铁，但其铁器数量不多。他们还能制作青铜簇，形制类似于大陆的风格。

8. 从骨骼分析，十三行文化的主人擅长划船，他们与大陆之间存在贸易，在其地发现了汉至宋代的各式铜钱。但这些铜钱上有小洞，看来主要用作装饰品挂在身上。十三行遗址也出土了许多用玛瑙、玻璃制成的装饰品，以及金银首饰、铜刀、铜碗、铜铃等铜制品。大陆输出的陶瓷在台湾北部屡屡被发现，十三行文化的主人主要使用大陆生产的陶瓷。

9. 十三行文化的主人能够烧制红土陶器和类似于福建新石器文化的印纹陶，但因烧制温度不够，台湾的印纹陶多为红色的。十三行文化的主人能够制造各式各样的陶器。

10. 从发现的陶纺轮来看，他们已经能够制作纺织品和树皮布。

虽说学界发现十三行文化已经有数十年，但人们多是从考古意义上对其进行研究。实际上，若是结合台湾古史仔细思考十三行文化的发展水平，就可知道它足以颠覆以往学术界对台湾古史的看法。

首先，对古代台湾发展水平的看法。台湾成为学界经常议论的对象，是从明代开始的。自从明万历三十年（1602）福建学者陈第实地考察台湾的"东番"以来，学界通常认为台湾的"番族"处在渔猎、采集阶段，而后荷兰人的研究似乎也证明了这一点。然而，十三行文化表明，早在1800年前，台湾已经有了农业，而且能够冶炼铜铁，这对传统观念是一个突破。

其次，在原生态的台湾，北部经济发展水平比南方高。台湾的南部直到明代后期仍然保持着渔猎为主的生活方式，由于明代汉人开垦台湾是从台南开始的，所以，人们一直认为台湾南部经济发展水平比北部先进。其实，在汉人大批抵达台湾之前，台湾北部经济要比南部更为进步。

最后，台湾与大陆的商业联系比我们想象的更为密切。它始于汉代五铢钱的流入，并在唐宋时期发展到较高的水平。十三行文化的主人使用大陆生产的陶瓷器。

以上三点认识有助于我们重新建构台湾古史，例如，台湾农业史及冶金史的发端，过去人们以为台湾的农业和冶金行业都是明代之后由汉人带入台湾的，实际上这一过程可以上推至汉代。又如：台湾古史在一定程度上受到大陆物质文化的影响，对这一点，过去是存疑的，现在得到一定程度的证明。再如，中国古籍上的流求国究竟在何处？有的人认为是在冲绳群岛，有的人认为是在台湾南部，而十三行文化的发现使我们多了一个选择：它有可能是在台湾北部。以上三点认识在台湾史研究方面具有重要意义。

除了以上三点认识之外，十三行文化的发现也引发了诸多的问题，十三行文化的主人来自何处？他们为什么会有冶铁业和农业？十三行文化为何最终消失？如果我们要弄清十三行文化主人与大陆之间的贸易关系，这是需要研究的。

考古发现，十三行文化的主人死后葬式，皆为头朝西方。就中国人的葬式而言，这是一种比较罕见的葬式，多数情况下，下葬之人头朝苍天，或是朝东——那是太阳升起的地方，或是朝南，这与中国人传统风水观念相符。因此，头朝西只有一个理由，西面是他们祖先居住的地方，他们生前不能归葬故土，死后头朝故乡，或许有一日灵魂能够回到家乡。十三行所在的淡水河，是一条从东向西流淌的河流，淡水河口的正对面，正是闽越国都冶城（今福州屏山之下）所在地。台湾考古界对十三行文化的来源讨论不多，一般认为它是本土文化与外来文化的结合。同时，又有人主张：自秦汉以后，很长一段时间内，台湾文化受大陆文化影响较少，一直到明代才有变化。笔者认为，十三行文化的外来文化之源正是闽越国，由闽越遗民将冶铜炼铁之术传到台北淡水河区域。至于闽越国遗民为何会到台湾北部,则与闽越国的剧变有关。大约在十三行文化兴起之前,闽越国发生了巨大的变化。

闽越国是汉高祖刘邦分封的一个王国,它位于今闽浙赣三省地区,后被汉武帝消灭。《史记·东越列传》:"于是天子曰:东越狭多阻,闽越悍,数反复。诏军吏皆将其民徙处江淮间。东越地遂虚。"其时也有少许闽越人不愿离开故土,"遁逃山谷"①。除了以上这些人之外,笔者认为:还会有些人逃亡海外,他们来到中国台湾、日本诸岛以及东南亚各地,将越人的水稻文化传播于当地。闽越考古使我们知道,汉代闽越人已经懂得炼铁冶铜,他们的主要陶器是红色和灰色的印纹陶,其物资生产水平接近中原区域的水平。②将闽越国的物质文化与台北淡水河流域十三行文化相比,闽越国的文化略高一筹。十三行文化的主人之所以能够炼铁冶铜,应是闽越国遗民进入十三行文化区域的缘故。闽越的制陶术相当成熟,其红陶的制作水平与十三行文化相当。十三行文化中没有灰色印纹陶,可以看作淡水河十三行文化的主人无法达到炼制印纹陶所需的高温。闽越移民来到台湾后,缺少称手的工具,因此,他们的炼铁及冶铜水平一直停留在初级阶段,无法进一步提高。他们对铁器和青铜的认识,使他们喜欢铁器和铜器,这是历史记载中流求人喜欢铁器的背景。

在十三行文化遗址出土了一些与大陆有关的器物。1999年台湾学者臧振华出版了《台湾考古》一书,其中揭示了30枚在十三行文化遗址出土的铜钱。其中有一枚东汉时代的五铢钱,这是出土文物中年代最早的铜币。③东汉时代的五铢钱流入台湾,说明当时

---

① 《宋书》卷三六《州郡志》二,中华书局1974年版,第1092页。
② 徐晓望、杨琮等:《福建通史·上古卷》,福建人民出版社2006年版。
③ 以上使用有关五铢钱的史料转引自张崇根《台湾四百年前史》,九州出版社2008年版,第265—267页。按,除了《台湾考古》之外,臧振华还有《考古学与台湾史》,载臧振华编《中国考古学与历史学之融合研究》,台湾"中研院"历史语言研究所1997年版。

的十三行文化区域与大陆之间存在贸易关系。不过，当时的十三行文化的主人不使用金属货币，他们得到汉朝的五铢钱，每每给其打上小孔，作为项链戴在脖子上。由于他们喜欢汉人的东西，就得与汉人贸易，这是两岸贸易发展的基础。[①]

秦汉时期的闽中虽然与西北远隔千山万水，但因强大的秦汉王朝积极经营东南，因而对秦汉时期的闽中产生巨大的影响，其中如闽中郡的设立和闽越国的兴亡，都与秦汉王朝有密切的关系。闽越国灭亡后逃居台湾北部的闽越移民又为台湾带去了十三行文化，使古代的台湾文化别开生面，并为两岸文化交流打下基础。

---

① 徐晓望：《论唐宋流求与台湾北部的十三行文化》，《福州大学学报（哲学社会科学版）》2012 年第 1 期。

清季海防与塞防之争平议：
论析光绪年间新疆与台湾
新建行省的历史背景[*]

刘石吉
（台湾"中央研究院"人文社科中心暨近代史研究所）

一 引 言

鸦片战争（1839—1842）后，古老中国的门户为西洋的坚船利炮所洞开；自是而后，一连串外来的冲击，使中国自觉或不自觉地走上近代化的道路。近百年来，历史发展的特征就是这种外患的日迫与严重，及知识分子所从事的变法图强运动，两股势力在作平行的发展。中西海上接触，开中国数千年来未有之变局；东南海疆所受一连串外人的威胁，均使得清廷不得不措意于"洋务"，尤其是讲求海防之术，以为"师夷长技以制夷"，使中国自存于世界列强之中。清代的海防议论与海防计划，就是在这种中西接触、开空前未有之巨变的情况下产生的。[①]

然而清季朝政之腐化、政治之陵夷、社会之动乱与经济之解体

---

[*] 本文初稿原刊于台湾《"故宫"文献》1971年第2卷第3期，原题为《清季海防与塞防之争的研究》，为40年前旧作。此学刊早已绝版。兹将旧文加以修订，并做润饰改写，提供研讨会参考。唯全文主要论旨仍旧。

[①] 关于清季海防论兴起之背景，参见王家俭《魏源对西方的认识及其海防思想》（台湾大学文学院1964年版；《台大文史专刊》之九）和《清季的海防论》（《师大学报》1967年第12期）。

清季海防与塞防之争平议：论析光绪年间新疆与台湾……历史背景 ◆◆◆

固为外力所促成，但中国国内本身所隐藏的潜在危机亦有其决定因素。[①] 内乱与外患频仍，终清之世，成为一种恶性循环的态势；两者互为影响，终使政局崩解，清廷应付乏力。咸丰（1851—1861）、同治（1862—1874）年间，太平天国、捻军等，都是在外力侵逼的情况下所产生的大规模内乱。

咸、同时期是中国近代史上的多事之秋；内有太平天国，外有英法二次联军之役，俄人亦在北方蠢动；内政与洋务之措置均极棘手。太平天国之战使得地方督抚势力坐大，更严重损害清廷固有财源，使得全国财政解体，渐次走上仰赖外债之途[②]。财政的困难使清廷无力从事大规模的改革措施，加以内乱未靖，劳师远征，所费不赀，终有同治末年塞防与海防的争议。

同治十三年（1874）的海防与塞防之争有其重要的历史背景与意义。此争论之起，实由彼时两派政治家对拯救中国所抱持的方策不同：以左宗棠为首的塞防论者强调肃清西北之乱的必要，并警觉到俄人在西北边陲的野心；以李鸿章为首的海防论者则注意到列强在东南沿海的威胁，并敏锐地体会到日本侵略的危险性。彼时朝野上下正掀起自强运动的浪潮，注重洋务之讲求，海防措施自为其中之要项，是为改革派津津乐道；然西北未靖，俄人虎视边陲，清廷自不能不会意及此。此二事同为急迫，其决定亦关乎清廷日后命运。在国家有限的财源下，何者应为优先的考虑，乃引发一大争辩，此争辩之结果，多少影响到日后对日本、俄国的外交取向，亦

[①] See Kuang_Ching Liu, "Nineteenth Century China: The Disintegration of the Old Order and the Impact of the West", in *China in Crisis*, Vol. 1, *China's Heritage and the Communist Political System*, Book 1. eds., by Ping_ti Ho & Tang Tsou, The University of Chicago Press, 1968, pp. 93 – 178.

[②] 太平天国之后，各省督抚权大，政权与财权、军权集于地方大吏，各省厘金平均只有20%解部，1861年开始举借外债以应付军需，终清之世，直到民国初年，外债在中国经济发展中占极重要地位。关于中国近代之外债，参见王树槐《中国近代的外债》（《思与言》1968年第5卷第6期），又参见徐义生编《中国近代外债史统计资料，1853—1927》（中华书局1962年版）; Chi_ming Hou, *Foreign Investment and Economic Development in China, 1840 – 1937*, Harvard Univ. Press, 1965, pp. 23 – 49。

决定中国之为海权国或陆权国的地位。[1]

终清季之世,海防与塞防之争论一直存在着。本文仅就同、光之际这段时期中,各地方督抚有关海防与塞防的议论,以及后人的研究与批评做进一步的综合探讨,并尝试去分析此种议论产生的背景及其所代表的意义。本文之作实得之于徐中约《海防塞防之争》一文(原文英文发表于《哈佛亚洲研究学报》第 25 期)的启发,因而引起笔者再度深入探讨此一史实的兴趣。

二 海防与塞防之争产生的背景

海防与塞防之争可说是一种"攘外"与"安内"孰为优先之争,亦是一种现代与传统的价值观念之争。左宗棠之观点,可说充分反映出传统中国一向对中亚草原蛮族之入侵的戒惧心理;李鸿章的议论却显示其对新崛起的日本之严重威胁,及中国在国际社会新处境中之敏锐觉醒。塞防论者首重西北之乱,海防论者重在东南海疆之外患;在本质上,一为内乱,一为外患,所强调者不同,然其重要性则一。

先是,同治三年后,捻军继起叛乱,波及西北各省,几成燎原之势。捻军底定后,回势更炽,陕西、甘肃动乱不安,新疆全境几全陷于阿古柏之手。同治十年,俄国更趁势占领伊犁河流域。清廷于同治五年任命时在东南筹办海防的闽浙总督左宗棠为陕甘总督,以致力于西北之乱的平定,直到同治十二年,左氏廓清陕、甘全境,完成初步使命,准备率领大军向新疆推进,以扫荡残余。[2] 正当此时,日本侵入台湾,东南沿海警报再起,清廷的海防措施再度面临挑战。东南沿海,自西方新重商主义(neo-mercantilism)盛行,列强

---

[1] cf. Immanuel C. Y. Hsu, "The Great Policy Debate in China, 1874: Maritime Defense vs. Frontier Defense", *Harvard Journal of Asiatic Studies*, 25, 1965, pp. 212 – 228.

[2] See Arthur W. Hummel, *Eminent Chinese of the Ching Period* (Washington, 1944) II, pp. 762 – 767;郭廷以:《从张骞到左宗棠》,《大陆杂志史学专书》第一辑第七册,第156—174 页。

清季海防与塞防之争平议：论析光绪年间新疆与台湾……历史背景 ◆◆◆

东来以后，屡次掀起战火。鸦片战争之后，有识之士，均洞察到海防的迫切需要，而开始讲求"师夷长技以制夷"的洋务；再经过二次鸦片战争，清廷传统水师的缺陷益为暴露，海防的讲求，新式海军的建立成为当务之急，自强运动就是在此种背景下产生的。同治中兴时代（1862—1874）的自强运动，固然功亏一篑，成效不大，但却使国人对西方的认识更进一步，而西人所提供的"合作政策"也给中国带来短期的和平，使清廷得以全力应付国内乱事，以从事初步的改革运动。[1]

此种消极的改革运动，在同治十三年日本侵扰台湾事件中却充分显出其弱点。明治维新以后，日本逐渐向外扩张势力，朝鲜、东北与台湾均是它侵略的目标。这一年中，日本以惩罚台湾民众杀害琉球水手为借口，派兵入侵台湾。清廷无力保护台湾，不愿冒着战争的危险，终于在同治十三年九月二十二日的专约中承认日本行为正当，并赔款五十万两。[2] 此事件虽得以解决，然而正是"山雨欲来风满楼"，这是以后日本对华长期侵略的开端，也是帝国主义瓜分中国的一个警号，它也显示出清廷不完备的海防措施的危险性。五天以后，恭亲王奕䜣指出：

> 日本兵据台湾番社之事，明知彼之理曲，而苦于我之备虚。……今日而始言备，诚病其已迟；今日再不修备，则更不堪设想矣。溯自庚申之衅，创巨痛深，当时姑事羁縻，在我可亟图振作，人人有自强之心，亦人人有自强之言，而迄今并无自强之实，从前情事，几于日久相忘。[3]

---

[1] See Mary Wright, *The Last Stand of Chinese Conservatism*：*The T'ung-chih Restoration*, *1862－1874*, Stanford University Press, 1957, pp. 21－42.

[2] 李剑农：《中国近百年政治史》，斯坦佛大学出版社 1967 年版，第 156—158 页；郭廷以：《近代中国史事日志》，正中书局 1963 年版，第 582—593 页。

[3]《筹办夷务始末》，国风出版社 1962 年影印本，同治朝，98：19—20（以下简称《始末》，不再注出版者）。

他更以为,"日本小国,备御已苦无策,西洋各国之观变而动,患之频见而未见者也",主张致力于海防建设,以预防来自东南海疆的侵略。

虽然恭亲王的言论颇能刺激彼时洋务派官员的心理,使之全力倡议海防,但清廷却始终不忘情于"圣祖蕳之、世宗畬之、高宗狩之"的"西北周数万里之版章"①。盖此地区在清代历史上有其重要意义,清廷自不能随意弃守,何况左宗棠的西征军事已奏捷,正全力向新疆推进呢。在此种府库空虚,财用极绌,又不可能暂缓西征,节饷以备海防的情况下,清廷之决策实属为难,其可说是夹在"历史"与"价值"的张力(tension),亦即"传统"与"现代"的困局之中,而不得取舍。②

海防与塞防之争议就是在同治十三年的这种特殊的政治情况下产生的(这时代已是"同治中兴"的末期),此两者不能兼顾表示清朝国力衰微的征兆;而改革派人物之重视近代化的海防设施,企图使清廷苟存于强权的世局之中,亦可见这个古老帝国覆灭前"回光返照"的一面③。另一方面,海防与塞防之争,可说是在西方帝国主义从陆上与海上两面侵略中国的情况下,中国有识之士所感触而发出的爱国言论。此种言论之分歧,其所持之观点,颇值得进一步探讨。这些救国方策,表示中国近代知识分子在面对西方文化挑战时,所做的种种不同的反应模式。

三 海防论者所持观点之分析

日本侵略台湾事件发生后,同治十三年九月二十七日总理各国

---

① (清)魏源:《圣武记》卷3,世界书局1962年影印本。
② 海防与塞防之争对清廷来说是一种"两难式"(dilemma)。此处用"历史"(history)与"价值"(value)冲突的观念,借自Joseph R. Levenson,参见氏著"History & Value: The Tension of Intellectual Choice in Modern China", in *Studies in Chinese Thought*, ed. by Arthur F. Wright, University of Chicago Press, 1953, pp. 146 – 194。
③ "同治中兴"代表清廷覆灭之前回光返照的一面。事实上,并没有一个真正的同治中兴,它的结果是失败的。参见 Mary Wright, op. cit.

清季海防与塞防之争平议：论析光绪年间新疆与台湾……历史背景 ◆ ◆ ◆

事务衙门所上奏折中，极力强调"能守然后能战，能战然后能和"，主张讲求备御海防之策，以防西洋各国之挑衅；并详拟练兵、造船、简器、筹饷、用人、持久六条，发下各省督抚复议，这段时期的塞防与海防之争议于焉开始。①

主张海防最力者在中央为恭亲王与文祥，在地方则为直隶总督李鸿章、办理船政大臣沈葆桢、前江苏巡抚丁日昌、山西巡抚鲍源深、署山东巡抚漕运总督文彬、盛京将军都兴阿、两广总督英翰、安徽巡抚裕禄、浙江巡抚杨昌濬、福建巡抚王凯泰、闽浙总督李鹤年、两江总督李宗义、江西巡抚刘坤一等人。尤以李鸿章的言论最能代表时人的见解，他的眼光敏锐，最能洞识变局，了解时代潮流的归趋。他分析当时的局势，以为：

> 历代备边，多在西北，其强弱之势，客主之形，皆适相埒，且犹有中外界限。今则东南海疆万余里，各国通商传教，来往自如，麇集京师及各省腹地；阳托和好之名，阴怀吞噬之计，一国生事，诸国构煽，实为数千年未有之变局。轮船电报之速，瞬息千里；军器机事之精，工力百倍；炮弹所到，无坚不摧；水陆关隘，不足限制，又为数千年未有之强敌。外患之乘，变幻如此，而我犹欲以成法制之，譬如医者疗疾，不问何症，概投之以古方，诚未见其效也②。

中国处于此种"数千年未有之变局"中，其国策自应经过一番检讨，必须变成法以应付新局势。他采用易经"穷则变，变则通"的教训，以为"不变通则战守皆不足恃，而和亦不可久"，变通之道，即在于整顿海防；欲整顿海防，舍变法与用人两者外别无下手之方。可见李鸿章等海防论者是充分将变法的观念与海防观念合二

---

① 《始末》，98：19—20，详细条文可参考《洋务运动文献汇编》第1册，世界书局1963年影印本。

② 《始末》，99：14a；《李文忠公全集》，文海出版社1962年影印本，奏稿，24：11（以下不再注出版者）。

为一，亦即将洋务自强运动的中心思想赋之于海防的争论上。海防论者的中心观点即是此种变通"成法"扭转国策的主张。

海防论者之思想言论正合于同光新政运动之时代潮流，其主张毋宁说是必然的。然吾人若全盘分析彼时海防论者所持之理由，或可对此种言论之产生有进一步的了解。以下试综合分析与解释海防论者之观点。

（一）以为洋人异于"发、捻"，两者性质不同

李鸿章指出："发、捻、苗、回诸贼，皆内地百姓，虽有勇锐坚韧之气，而器械不及官军之精备，可以剿抚兼施；外洋本为敌国，专以兵力强弱角胜，彼之军械强于我，技艺精于我"①，故洋人较难对付，必须全力整顿海防，以抵抗新的外敌，这亦是海防论者主张变更旧制的理由。

（二）以为塞防不若海防重要，海防密迩京师，关系密切；新疆则路途悬远，鞭长莫及

此种主张，当与李鸿章个人处境有关：他手下的淮军于沿海防务上担任重要角色，他本人亦于同治九年（1870）授命为直隶总督兼北洋大臣，总揽海防及海军大权于一身，靠着朝廷的支持，以推动其海防计划。他当然重视京畿的安危。② 他认为新疆悬远，去之不为不可，新疆不复，于肢体之元气无伤；海疆不防，则心腹之大患越棘。时山西巡抚鲍源深亦有类似之主张，反对耗费于边陲而竭财于内地。③ 盖关外西征不若海防之重要，此亦李鸿章主撤关外

---

① 《始末》，99：15b。

② 1870年后，时任直隶总督的李鸿章，由于局势演变与外力的入侵，逐渐总揽海防和海军大权，重视沿海防务，实行一种保卫京师的固本政策。参见王尔敏《淮军志》，台湾"中研院"近代史研究所1967年版，第384—385页；Kuang_Ching Liu, "Li Hung-chang in Chihli : The Emergence of a Policy, 1870 - 1875", in *Approaches to Modern Chinese History*, edited by Albert Feuerwerker, Rhoads Murphy, & Mary Wright (University of California Press, 1967), pp. 68 - 104.

③ 《东华录》，台湾1963年影印本，光绪朝，第5—7页（以下不再注出版者）；姚欣安：《海防与塞防的争论》，载包遵彭等编纂《中国近代史论》第一辑第五册，正中书局1959年版；原题《清末新疆政策底史的发展》，原刊《西北研究》1932年第3期。

之饷，匀移为海防之用的原因。

（三）李氏更强调东南沿海为财赋之区，此与"天下根本"的京师同等重要，尤以吴淞一带更扼长江门户，必须屯重兵以守[①]

东南沿海一带，自唐宋以来，渐成全国财赋要区，所谓"辇东南以供西北"[②]是也，亦为全国经济重心，尤以苏松一带更为江南财富之区，国家依之为外府。元、明、清以来，苏、松、常州一带，重税浮粮，累世不变。[③] 太平天国之后，东南财赋破坏，故国家财政亦因之崩解，陷入极端困难。李氏强调东南为心腹之区，累有财赋之利；西北则荒僻无用，徒增漏卮而已。

（四）海防论者导因于对日本的侵略野心之觉醒，故亦特别强调日本的威胁，及其他西方列强的野心

浙江巡抚杨昌濬的言论很能表达这种心理，他指出：

> 西洋各国以船炮利器称雄海上已三十余年，近更争奇斗巧，层出不穷，为千古未有之局，包藏祸心，莫不有耽耽虎视之势。日本东隅一小国耳，国朝二百年来相安无事，今亦依附西人，狡焉思逞，无故兴兵屯居番社，现在事虽议结，而履霜坚冰，难保不日后借端生衅。且闻该国尚在购器练兵，窥其意

---

① 李鸿章以为"自奉天至广东，沿海袤延万里，口岸林立，若必处处宿以重兵，所费浩繁，力既不给，势必大溃。惟有分别缓急，择尤为紧要之处，如直隶之大沽北塘山海关一带，系京畿门户，是为最要；江苏吴淞至江阴一带，系长江门户，是为次要。盖京畿为天下根本，长江为财赋奥区，但能守此最要次要地方，其余各省海口边境，略为布置，即有顿失，于大局尚无甚碍"。参见《始末》，99：20b。

② （清）王夫之：《读通鉴论》，广文书局1967年影印本，23：3a。

③ 参见钱穆《国史大纲》，台湾商务印书馆1969年版，第552—563页；萧一山：《清代通史》，台湾商务印书馆1963年版，第675—678页；吴缉华：《明代社会经济史论》上册，学生书局1970年版，第17—32、33—73页。尤有进者，李鸿章所主持的淮军自始即以长江下游的东南财赋之区为饷源，即使淮军北上担负直隶海防任务后仍然如此。参见 Stanley Spector, *Li Hung-chang and the Huai Army, A Study in Nineteenth Century Chinese Regionalism*, University of Washington Press, Seattle, 1964, pp. 142 – 151, 195 – 233, esp. pp. 208 – 213。

纵不公然内犯，而旁扰琉球高丽，与我朝属国为难，则亦有不容坐视之理。故为将来御侮计，非预筹战守不可，即为保目前和局计，亦非战守有恃不可。①

他已经预见日本对琉球、朝鲜的侵略野心，并提出西洋各国"包藏祸心"的警语。

大学士文祥亦认为防日本为尤亟，因为："以时局论之，日本与闽浙一苇可杭。倭人习惯食言，此番退兵，即无中变，不能保其必无后患……或唆通西洋各国，别滋事端，虽欲委曲将就，亦恐不能。"②他以为未雨绸缪之计，正宜乘此无事之时，认真办理，不容稍懈，否则一味迁就，后患无穷："夫日本东洋一小国耳，新习西洋兵法，仅购铁甲船两只，竟敢藉端发难，而沈葆桢及沿海疆臣等，佥以铁甲尚未购妥，不便与之决裂。是此次之迁就了事，实以制备未齐之故，若再因循泄沓，而不亟求整顿，一旦变生，更形棘手。"③

李鸿章亦以为"泰西虽强，尚在七万里以外；日本则近在户闼，伺我虚实，诚为中国永久之患"，故极力讲究海防，而以日本为其假想敌人。海防论者此种论调，对日后"联俄抗日"的外交政策，实具深远的影响。④

（五）财政困难，军事没把握胜利，关外实难底定

山西巡抚鲍源深对此点争论最痛切，他认为：

自古立国之经，必先足用；足用之道，必先充实内地而后以余力控制边陲，未有竭内地之藏，供边陲之用，而能善其后也。……今之内地空虚极矣，自咸丰初年军兴以来，殚竭财赋以佐饷需者，为数已不可胜计；迨发捻既平，滇黔胥靖，而各

---

① 《始末》，99：34b–41a。
② 《始末》，98：40b—41。
③ 同上。
④ 《始末》，99：32b；cf. Immanuel C. Y. Hsu, op. cit。

> 省犹协拨频仍，不遗余力。以内地甘陇未清，不得不竭力图维勉资军食，其实百计搜括，已极艰难，乃自肃州告捷，因出关师行紧要，征饷益繁。……盖关外用兵，骡驼之费，转运之资，较之关内且增数倍。然其事果有把握，计期可以告蒇，各省即设法筹措，尚冀有日息肩；无如边地荒邈，回情狡谲，恐非剋日成功之举；设迁延岁月，边外之征需未已，内地之罗掘先穷；万一贻误戎机，悔将何及①。

关外用兵既有重重困难，且正当国家新创之后，即使勉强支持，亦是剜肉补疮，其无能勉应者，则早呈捉襟见肘之势。若果孤注一掷，而令内地空虚，则中原一旦有水旱刀兵之事，其奈之何？此种论调亦充分显示出海防论者着眼于京畿安危的"固本"主张。

事实上，西北远征军除财政上的困难外，所遭遇之阻碍亦很大。此时西方帝国主义浪潮扩张至亚洲各地，国际风云险恶，日本、英国固纷寻衅于东南，而西北阿古柏势力已成，并与英国、俄国、土耳其等国勾结，此时进兵不独无胜利把握，反可能招致阻挠，牵动全局。且西征军事之兵力编配，军费筹措，粮食供给，交通运输等困难正多，而气候酷寒，强敌当前，孤军奋战，尚在其次。②综合这些理由，又值举国上下讲求海防的时候，新疆军事之值得进一步检讨，可说是必然的。

（六）以为新疆荒僻，恢复无用；而又强邻环伺，即使勉图恢复，将来断不能久守

此为海防论者反对西征军事的重要论点。李鸿章的议论最为理直气壮：

> 近日财用极绌，人所共知；欲图振作，必统天下全局，通

---

① 《东华录》，光绪朝，第5页。
② 郭廷以：《从张骞到左宗棠》，《大陆杂志史学专书》第一辑第七册。

◆◆◆ 汉民族与陕西文化研究

盘合筹，而后定计。新疆各城，自乾隆年间始归版图，无论开辟之难，即无事时岁需兵费尚三百余万，徒收数千里之旷地，而增千百年之漏卮，已为不值。且其地北邻俄罗斯，西界土耳其、天方、波斯各回国；南近英属之印度，外日强大，内日侵削，今者异势，即勉图恢复，将来断不能久守。

他更警觉到阿古柏与英、俄、土耳其等通盟交往，以为"揆度情形，俄先蚕食，英必分其利，皆不愿中国得志于西方"，故以中国此时之国力，实不及专顾西域，否则迁延日久，所费不赀，"师劳财痛，尤虑别生他变"，在这方面，他是主张暂弃关外，专清关内，并设法将塞防之饷匀移为海防之用：

今虽命将出师，兵力饷力，万不能逮。可否密谕西路各统帅，但严守现有边界，且屯且耕，不必急图进取。一面招抚伊犁、乌鲁木齐、喀什葛尔等回酋，准其自为部落，如云、贵、粤属之苗猺土司，越南、朝鲜之略奉正朔可矣，两存之则两利；英、俄既免各怀兼并，中国亦不至屡烦兵力，似为经久之道。……此议果定，则已经出塞及尚未出塞各军，似须略加覈减，可停则停。其停撤之饷，即匀作海防之饷。否则，只此财力，既备东南万里之海疆，又备西北万里之饷运，有不困穷颠蹶者哉？①

由此可看出李鸿章的胆识，他是此时海防论者中唯一明白主张停撤关外之饷匀移为海防之用的人。他主张西征军屯田耕战，以节军饷，又主裁军②，此实为一个明显的退缨政策。他又将阿

---

① 以上所引李鸿章的议论，参见《始末》，99：23b—24b；《李文忠公全集》，奏稿，24：18b—19b。
② 山西巡抚鲍源深更具体的主张西征军屯田以守，他以为有六利：计口授粮，饷少易给；转输便而省费多；易战兵为防兵，可安边保境；息劳养锐，奋兴士气；以逸待劳可制贼之命；所费者暂，所省者长。如此则内足以固守关塞，外足以慑服羌戎云。参见《东华录》，光绪朝，第6页。

古柏与西南土司及沿边藩属一体看待，意在维持传统朝贡制度下"存祀主义"的精神，而不主武力征剿。然此实以清初诸帝艰辛得来之土地委之于不顾，盖所谓奉中国之正朔，亦不过欺人之谈。此为李鸿章蒙受后人诋毁及其政策之终于失败，不被清廷采纳的原因。①

（七）以为缓复新疆，不为不孝，而只是一权宜办法而已

此点可由上引鲍源深的奏折充分表现出来：

> 新疆为高宗开拓之地，正当乘此兵威，力图收复。第事有宜审时量力，参酌于万全者……天下事有先本计而后末图，舍空名而求实益者，亦唯于轻重缓急间一权衡之耳。夫古之圣人曰善继善述，于前人未竟之志事乘时而亟图之，固为继述之善；于前人难竟之志事审时而徐图之，亦未尝非继述之善。善者，因时变通之谓也。

所以他主张于"边陲小醜"则暂示羁縻，于内地封疆则先培元气，而采取一种固守不战的政策。他建议：

> 可否请敕下西征各军，未出关者暂缓出关，已出关者暂缓前进；挑选精锐数千，驻扎安西、敦煌、玉门一带，防守关塞；北则于河套要隘，相地布扎，扼贼东趋。其业经西进之师，可退者退，不可退者会合其他防兵，固守城池，勿轻远击，并仿赵充国屯田之议，令各处驻扎之兵，且耕且守。②

可见鲍氏的见解与李鸿章多有相同者，他们同样认为只有如此消极地削弱塞防力量，才有助于海防建设。即令如此，亦是一时权

---

① 姚欣安：《海防与塞防的争论》，载包遵彭等编纂《中国近代史论》第一辑第五册，正中书局1959年版。
② 《东华录》，光绪朝，第5—6页。

宜之计，旨在养精蓄锐，以海防建设而培国本，以待将来之进取恢复西北。

以上为海防论者所持之观点。此外亦有认为海防之利，除拱卫京师外，尚可扬威海面，使内地奸匪敛迹，而免除外夷之要挟；且外洋水师，无事则分防洋汛，兵船捕盗，商船载货；有事则通力合作，连为一气，兵船备战，商船转运；如此则海上屹然重镇，可战可守，甚是大用。[1]

至于海防论者所提出之解决方案亦甚复杂。其最基本者，当是建立一支近代化的海军，事实上，亦即整个自强运动"兵工文化"的内容。海防论者有鉴于西洋各国之船坚炮利，故均转而仿求西法，例如李鸿章即主张将沿海各省之艇船舢板裁并，以专养轮船。同治十一年（1872）轮船招商局成立，这是李氏主持之"官督商办"企业之一要项，亦是他发展海防事业的具体表征。[2] 他以为制造轮船，未可裁撤，为谋持久，可造商船。同治十三年，他上奏估计开办海防计购船、练兵与简器三项，约需一千万两，主张停内府不急之需以供应海防费用，即在各省无款可存留借抵之情况下，必不得已，应提部存及各海关四成洋税之款，以为开办之需，其有不敷，则拟暂借洋款抵用。此外他又主张开矿，以为养船练兵之资；并要求沿海各省整顿货厘与盐税，每省每年限定酌拨数万两以协济海防。李氏亦重视到彼时外国鸦片入口骤增，流毒中土的问题。他主张暂弛各省罂粟之禁，而加重进口洋药之税厘，使外洋烟土在没有厚利可图的情况下根绝，然后妥立规条，严格限制，以为戒除，如此则"民财可杜外耗之源，国饷并有日增之势"，庶几可以筹饷而议海防。[3]

---

[1] 此为浙江巡抚杨昌濬的看法，参见《始末》，99：37b—38a。

[2] 关于李鸿章奏设轮船招商局的经过，可参见 Albert Feuerwerker, *China's Early Industrialization: Sheng Hsuan-huai (1844-1916) and Mandarin Enterprise*, Harvard University Press, 1958, pp. 96-188；吕实强：《中国早期的轮船经营》，台湾"中研院"近代史研究所1962年版，第225—265页。李氏所创办的新式企业甚多，此处不拟赘述。

[3] 参见《始末》，99：24b—28b；《李文忠公全集》，奏稿，24：19b—22b。

清季海防与塞防之争平议：论析光绪年间新疆与台湾……历史背景 ◆◆♦

　　李鸿章主张的筹饷方法，除上举"开源"措施外，又主"节流"，他认为裁艇船以养轮船，裁边防冗军以养海防战士，停官府不急之需，减地方浮滥之费以裨军事而成远谋都是节流的大要，必须在这方面上下一心，局中局外一心，以为全力讲求自强之策。他又主张变通科举，以洋务取士；并派公使驻外，"外托邻邦报聘之礼，内答华民望泽之诚"，如此则有裨于中外通商交往云。①

　　此外，其他海防论者亦有极具体的主张。江苏巡抚吴元炳认为："御外之道，莫切于海防；海防之要，莫重于水师。将领不得其人，有兵如无兵；形势不扼其要，有险如无险"，极力强调整顿水师的重要。②浙江巡抚杨昌濬亦认为海上宜设重兵，即使所费甚巨，亦不得不如此，因为："日本以贫小之国，方且不惜重资，立师西法，岂堂堂中夏，当此外患方殷之际，顾犹不发愤为雄，因循坐误，以受制于人哉？"③故他主张南、北、中三洋宜设水陆军三大支，分屯于闽广、江浙与直奉山东，听命于南北洋大臣节制调遣，无事则分防洋汛，有事则连为一气。丁日昌所提出的"海洋水师章程六条"、文彬与王凯泰所拟定的防海策略与部署，均有如是之主张。④此外亦多有提出设立制造局，以造轮船枪炮；裁汰老弱兵员，精练水师；切实整顿财政，设立官局，加收盐厘以为海防之用。并有主张注重江防，以守为战者；亦有重视东南海防，主将福建巡抚移驻台湾，以扼海疆门户者。⑤

---

　　① 《始末》，99：29b—34b；《奏稿》，24：23a—24b，27。
　　② 《始末》，100：43b。
　　③ 《始末》，99：36a。
　　④ 亦可参见《洋务运动文献汇编》第1册，第30—33、35—38、61—62、77—78页；《始末》98：23a—27a，98：31，99：37，99：44b—46a。尤以丁日昌海洋水师章程提出后，议海防者较从前尚实际而少空谈；此种"三洋水师"乃一崭新观念，以后议论"分洋设防"者大抵以此为本。参见王家俭《清季的海防论》。
　　⑤ 此时所有设立制造局、精练水师、整顿财政、注重海防的主张具散见于《筹办夷务始末》，同治朝，卷98，99，100；亦可参见《洋务运动文献汇编》第1册。又沈葆桢更以为"年来洋务日密，偏重在东南；台湾海外孤悬，七省以为门户，其关系非轻"，故主张福建巡抚移驻台湾。这是以后台湾建立行省的张本。参见《道咸同光四朝奏议》，台湾商务印书馆1970年影印本，第2640—2643页（以下简称《四朝奏议》，不再注出版者）。

199

虽然主张海防者之言论正合于时代要求，海防之重要性亦无可置疑，然来自塞防论者的压力仍大，彼辈主张重视西北之乱及俄人之威胁，反对将西征军饷移为海防之用。从两派的争论中，吾人可见出20世纪70年代西方帝国主义在东亚扩张的情形，与彼时中国有识之士之觉醒及其所提出的救国方案。

四　塞防论者所持观点之分析

同治末年，塞防论者最著名的当推时任陕甘总督左宗棠、湖广总督李瀚章、湖南巡抚王文韶与山东巡抚丁宝桢。其中以左宗棠的言论最为激切，亦最能代表当时多数中国人的看法，他对新疆军事的认识与贡献，使他在历史上享有大名，成为一个杰出的政治家与军事家。

19世纪中叶整个中国真是多灾多难，内而有珠江流域的天地会，长江流域的太平军，黄淮流域的捻军，西南地区的苗与回，而陕甘的骚动更予新疆回众以有力的煽诱与良机；加以彼时西法模仿只得皮毛，保守精神浓厚，"清议"得势，士大夫虚骄腐化，致使改革人物处境艰难。同时，清廷对外还要对付帝国主义的侵略：此时代英法发动战争，北京天津相继失守；俄乘势东侵，东北领土大半丧失；日人蠢动于沿海，而英俄更分由南北进入中亚，益令新疆情势趋于复杂，同时南方的法国已在越南构衅，中国"缮防固边"的政策面临严重挑战，结果是无处不失败，除了西北方面，其余的失败均不堪言状。塞防论者重视西北之肃清总算收到某种程度之效果，至少在列强蚕食鲸吞中国的情况下，为西北边陲保持了一片净土。

反对关外西征之论调，虽然为中国有力者如李鸿章等人所倡，但结果终不能阻止清廷及左宗棠等恢复失地之注重塞防政策，这当与西北边陲在中国历史上的重要性有关。对大部分中国人而言，"西域"这名词实是神秘、冒险与军事上的荣耀综合而成的；自汉以降两千年，中国各朝代均有远征军以讨伐西域，此亦可看出历代严防"胡人南下牧马"之一贯边防政策，可知在传统的骑射时代中，中国本土王朝之命运实与西部、北部边陲之控制与否息息相关。故新疆地区对中国国防决策上有其重要性，而中国与西域之关系实为各朝代兴衰命运之指标。① 清人崛起关外，其国防政策自亦重视北部边陲，历代帝王亦是"宵旰筹边，不遗余力"②，即使在中西海道会通以后，此种传统国防政策亦不可轻易变更。由此可见出彼时塞防论者之议论自有其深远之历史背景，其终得清廷之同情与接纳，毋宁说是意料之中的事。

但左宗棠等人的议论亦非全是本着传统，在某些方面，吾人似可看出其新颖超人的眼光。左氏的经验使他对中外局势有进一步的了解，而发为识见远大、理由充足的议论，他并不是一个传统主义者，他也不反对海防措施；但当沿海承平无事，外人不启衅端时，西北之乱适起，此实不得不重视，此亦左氏塞防主张的重要背景。③

综合分析之，塞防论者所持观点如下：

（一）俄人狡焉思逞，威胁渐形，非西洋诸国可比，故必先注重西陲军务

此以湖南巡抚王文韶之言论最为明切，他比较海防与塞防说：

> 江海两防，亟宜筹备，当务之急，诚无逾此。然窃谓海疆之患不能无因而至，其所视成败以为动静者，则西陲军务也。西洋各国俄为大，去中国又最近……而其狡焉思逞之心，则故别有深谋远虑，更非英、法、美诸国可比也。比年以来，新疆之事，邸钞所不尽宣，人言亦不足信；然微闻俄人攘我伊犁，殆有久假不归之势，履霜坚冰，其机已见，今虽关内

---

① cf. Immanuel C. Y. Hsu, op. cit.
② （清）魏光焘：《戡定新疆记》，台湾商务印书馆1966年影印本。
③ 参看 Wen-djang Chu, *Tso Tsung-t'ang's Role in the Recovery of Sinkiang*（《清华学报》1958年新1卷第3期）。

肃清，大军出塞，而艰于馈运，深入为难。我师迟一步，则俄人进一步；我师迟一日，则俄人进一日；事机之急，莫此焉甚。彼英、法、美诸国固乘机而动者，万一俄患日滋，则海疆之变相而来；备御之方，顾此失彼，中外大局，将有不堪设想者矣。

可见他重视西北俄国势力甚于东南沿海列强，颇能洞察俄人之野心，故主张全力西征，支持左宗棠的远征军，俄患既除，东南威胁自免。他的看法是："但使俄人不能逞志于西北，则各国必不致构衅于东南，此事势之可指而易见者。非谓海防可缓，正以亟于海防，而深恐西事日棘；将欲其历久坚持，而力有所不逮，势有所不及也"①。

由于清廷饷绌，自不得不要求西征军速战速决，否则夜长梦多，贻误戎机。可见王文韶重视俄国帝国主义的侵略更甚于英、法与美国，此种辩论，在不反对海防的情况下是很巧妙的。左宗棠则不太同意王氏对俄人的看法，他以为俄人未必对新疆有领土野心，但无论如何不能停撤西征军事，盖即就守局而论，亦必须先恢复乌鲁木齐后，再察看定议。②

伊犁将军荣全指出俄人占领伊犁，渐生异志，不但有久假不归之志，且欺凌强暴之事层见叠出，故必须大军之镇抚，先发制人，否则伊犁终不得催讨。③办理西征粮台的礼部侍郎袁保恒更上疏痛陈西征军事的急切，他说：

肃州未复以先，外夷迟回观望而不敢遽肆者，恐我内地即平，移师西迈，不能不存顾忌耳；若内地无事，而迁延日久，外人窥我无进取之心，无恢复之力，势必益肆恣陵。自肃州蒇事，我军即声言出关，而以粮运艰阻，已误一年，戎心之启，

---

① 《始末》，99：60b—61b。
② 《左文襄公全集》，文海出版社1964年影印本，奏稿，46：37（以下不再注出版者）。
③ 《始末》，99：42。

清季海防与塞防之争平议：论析光绪年间新疆与台湾……历史背景

本在意中；近闻俄患不靖，势渐东侵，倘白彦虎为所牢笼，安集延被其勾引，大局更难措手矣，况倭夷寻衅台湾，海防紧要，沿海各省相继奏停协饷，西事日艰，征饷日绌，如不早思变计，唯恐一误再误，边患棘于西北，财力敝于东南，将非徒新疆一隅忧也。①

新疆军事迟延日久，则内乱外患相逼而至，何况靡费东南海疆，正使西事更难措手，影响所及，实非浅鲜。袁氏的议论也不忘怀于沿海防务，亦了解到中国历史上边境叛乱，则必有外力乘机勾结入侵的事实，故有如是安内攘外之主张，此种言论可说是极为合理的。

（二）西方各国志在通商贸易，不愿启衅，初无切急之险可言

左宗棠很明白地指出：

> 窃维泰西诸国之所以谋我也，其志专在通商取利，非必别有奸谋，缘其国用取给于征商，故所历各国壹以占埠头、争海口为事，而不利其土地人民……自通商定议埠头口岸已成，各国久以为利，知败约必妨国用也，商贾计日求赢，知败约必碍生计也，非甚不得已，何敢辄发难端。②

他看清了列强帝国主义经济侵略的一面而不认为有扩张领土的野心，自不会轻易开战，此当然是他一相情愿的想法。湖广总督李瀚章也认为东南防务宜认真图谋，但西北征军尤贵及时清理；以为新疆之乱在尚未剿灭净尽以前，实难遽议撤兵。③

山东巡抚丁宝桢更明白指出俄国之威胁大于日本；前者为心腹之疾，泰西诸国则只是四肢之病。俄人心存狡黠，意图窥伺，乘机

---

① 《四朝奏议》，第2607—2609页，《西征兵事饷事宜专责成疏》。
② 《左文襄公全集》，奏稿，46：32b—33a。
③ 《始末》，100：12b—13b。

◆◆◆ 汉民族与陕西文化研究

观变，不得不预为防患，因为：

> 外洋各国与中国水路虽通而陆路不通，且均还在数万里外，日本洋面虽近而陆路尚阻，唯有俄罗斯则水陆皆通中国，而水路较各国为近，陆路则东北、西北直与黑龙江、新疆各处连环，形势在在可虞。况该国……每遇各国与我口舌等事，彼往往两利俱存，务为见好，此即意存窥伺，乘机观变之大较也。臣窃谓各国之患，四股之病，患远而轻；俄人之患，心腹之疾，患近而重。现在东南海防渐次筹办，而北面为京畿重地，以东北形胜而论，俄则拊我之背，后路之防，实尤紧切。臣犹虑将来时势稍变，各该国互相勾结，日本窥我之东南，俄夷扰我之西北，尤难彼此兼顾。①

比较丁氏与李鸿章的见解，吾人可见明显对比：李氏以为海疆为中国心腹之区，丁氏则以为俄人为中国心腹之患；李氏是对沿海新式外敌的猛省，丁氏则具传统心理取向，秉承历代重视北方国防前线的策略。

（三）新疆为北方屏障，亦为西北国防第一线。重新疆所以保蒙古，保蒙古所以卫京师

此点由左宗棠于光绪三年六月十六日所上《统筹关外全局疏》中可清楚看出：

> 中国边患，西北恒剧于东南；盖东南以大海为界，形格势禁，尚易为功；西北则广漠无垠，专视兵力为强弱，兵少固启戎心，兵多又耗国用。以言防无天险可限戎马之足，以言战无舟楫可省转馈之烦，非若东南之险阻可凭，集筹较易也。周秦至今，惟汉唐为得中策，及其衰也，举边要而捐之，国势遂益

---

① 《始末》，100：41。

204

以不振,往代陈迹可覆按矣。……我朝定鼎燕都,蒙部环卫北方,百数十年无烽燧之警,不特前代所谓九边皆成腹地,即由科布多、乌里雅苏台以达张家口亦皆分屯列戍,斥堠遥通,而后畿甸晏然,盖先朝削平准部,并勘定回部,开新疆立军府之所贻也。是故重新疆者所以保蒙古,保蒙古者所以卫京师;西北臂指相联,形势完整,外患自无隙可乘。若新疆不固,则蒙部不安;匪特陕甘山西各边时虞侵轶,防不胜防,即直北关山,亦将无安眠之日。况今之与昔事势攸殊,俄人拓境日广,由西而东万余里,与我北境相连,仅中段有蒙部为之遮阂。徙薪宜远,曲突宜先,尤不可不豫为绸缪者也。①

可见左氏充分发挥新疆在国史上的重要性的观念,他也强调保卫京师安全的必要,但他的"固本"政策与李鸿章不同:李氏注意到 19 世纪来自沿海的新式外敌,左氏则着眼于来自塞外草原的传统外患。清人崛起塞外,具有一种大陆取向(land-oriented)式的战略思想②,加以中国历代均置国家重心于北方的事实,使左宗棠的激切言论颇能震动人心,而得到清廷的接纳。此种思想,有其深厚历史背景;直到光绪二十五年,魏光焘在他的《戡定新疆记》里仍然有类似的主张,他说:"朝廷得新疆以屏蔽西陲,关陇数千里屹然自成要区;海氛虽恶,一旦率三秦之众,卷甲东趋,真有建瓴莫御之势,匪仅聊固吾圉,以之鞭挞四夷称雄五大洲不难矣。"③这段话可反映出清代一般士大夫阶级的战略思想仍然有很浓厚的传统色彩。

(四)我有利器,则各国必不致启衅,海疆可晏然

左宗棠认为沿海西人不敢辄发战端以毁商约,因西人固无领土

---

① 《左文襄公全集》,奏稿,50:75b—76b;《四朝奏议》,第 3276—3277 页。
② 此种战略思想可说是由于历史上中国和西域之密切关系,以及传统旧式军事技艺与作战方式所产生的。cf. Immanuel C. Y. Hsu, op. cit.
③ (清)魏光焘:《戡定新疆记》,台湾商务印书馆 1966 年影印本。

之野心，我则缮固以守，西人亦不无顾忌。他说："自轮船开办，彼挟以傲我者，我亦能之；而我又抟心抑志，方广求善事利器，益为之备，谓彼犹狡焉思启，顾而他之，亦非事理所有。"① 可见出这是一种"师夷长技以制夷"的心理反应，这在对西方的认识方面，可说仍然有其限制，这种限制，亦是整个洋务运动失败的症结所在。

（五）以为海防无须借塞防之饷；塞防之饷奇绌，不得移为海防之用

这是左宗棠争议塞防最重要的基点，也是西征军事最感困难的地方，正如魏光焘所说"塞外用师，筹饷难于筹兵，筹粮难于筹饷；路阻以远，劳费倍千，百筹转运更难于筹饷筹粮"②，关外用兵可说十倍艰难于内地。且新疆一向是"协饷"省份，其平时经费即需内地各省接济，行军作战，所需更多；即是后方之甘肃亦不能自给，而各省及各海关应解交左氏之款银，积欠甚巨；东南各省关以办理海防为名，亦不肯照数实拨，平均每年仍差二百多万两。③ 在此情形下，西征军事之难可想而知，故左宗棠于此言之最为痛切，他认为"论者乃议停撤出关之饷匀作海防，夫使海防之急倍于今日之塞防，陇军之饷裕于今日之海防犹可言也"，但事实并非如此，西征军饷可谓极度匮乏，每年甚至只发三个月之满饷，至同治十二年底，欠常年饷达八百二十万两，而各省关积欠之军饷则更达三千数百万。④ 在此种财政困难、出关粮运巨款欲停不可、欲垫不能的情况下，左氏尚坚持塞饷不可削减，西军不可裁撤：

论者拟停撤出关兵饷，无论乌鲁木齐未复无撤兵之理，即乌鲁木齐已复，定议画地而守，以征兵作戍兵，为固围计，而

---

① 《左文襄公全集》，奏稿，46：33a。
② （清）魏光焘：《戡定新疆记》，台湾商务印书馆1966年影印本。
③ 郭廷以：《从张骞到左宗棠》，《大陆杂志史学专书》第一辑第七册。
④ 《左文襄公全集》，奏稿，46：34。

清季海防与塞防之争平议：论析光绪年间新疆与台湾……历史背景 ◆◆◆

乘障防秋，星罗棋布，地可缩而兵不能减，兵既增而饷不能缺；非合东南财赋通融挹注，何以重边镇而严内外之防？是塞防可因时制宜而兵饷仍难遽言裁减也。

另一方面，他又认为海防建设已能自力更生，需饷有限，而无须挪借塞防之饷。他的理由是：

> 海防应筹之饷……始事所需如购造轮船、购造枪炮、购造守具、修建炮台是也；经常之费如水陆标营，练兵增饷及养船之费是也。闽局造船渐有头绪，由此推广精进，成船渐多，购船之费可省，雇船之费可改为养船之费，此始事所需与经常所需无待别筹者也。海防之应筹者，水陆练军最为急务，沿海各口风气刚劲，商渔水手取才非难，陆路则各省就精兵处募补，如粤之广、惠、潮、嘉，闽之兴、泉、永、漳，浙之台、处、宁波，两江之淮、徐、凤、泗、颍、亳诸处，皆可训练成军，较之招募勇丁，费节而可持久。现在浙江办法，饷不外增，兵有实用，台防议起，浙之开销独少，似非一无可恃者比也，海防应筹者止此。①

陇军饷缺，海防则尚可自立维持，自无移塞饷以充海防经费之理。何况东南为财赋之区，饷筹较易；西北则荒瘠困窘，无饷可筹，无兵可招，故必须相互通融挹注，局面方可维持。②

---

① 郭廷以：《从张骞到左宗棠》，《大陆杂志史学专书》第一辑第七册。
② 参见（清）魏光焘《勘定新疆记》，台湾商务印书馆1966年影印本。左宗棠在光绪元年八月十五日《请敕各省匀济饷需片》，认为海疆经费随时随地可立办，而塞饷则需预为筹措，盖海疆皆富饶之区，为通商利源厘税之所在，且东南为泽国秔稻之乡，筹饷较易，而粮与饷可合二为一。西北则荒瘠落后，民不聊生，且交通运输欠便，故其粮价脚价非由官方另筹津贴不可，必须仰赖东南各省之协饷。（参看《左文襄公全集》，奏稿，47：33a-34b）又西北招兵亦难。伊犁将军荣全曾指出新招的边兵，"颠沛流离，技艺生疏，一时尚难成劲旅"，且各地人众良莠不齐，殊难处置。（参见《始末》，99：43a）左宗棠的远征军可说是以老湘军为班底的。

（六）以为险要未扼，不能撤兵；而规复新疆，不特无縻饷之虞，且有节饷之实

左宗棠很详细地分析天山南北两路的形势说：

> 天山南北两路旧有富八城、穷八城之说，北自乌鲁木齐迤西，南自阿克苏迤西，土沃泉甘，物产殷阜，旧为各部腴疆，所谓富八城者也；其自乌鲁木齐迤东四城，地势高寒，山谷多而平川少，哈密迄南而西抵阿克苏四城，地势偏狭，中多戈壁，谓之穷八城。以南北两路而言，北八城广而南八城狭，北可制南，南不能制北，故当准部强盛时，回部被其侵削，后为所并。高宗用兵准部以救回部，准部既平……回部有之，腴疆既得，乃分屯列戍，用其财赋供移屯之军，节省镇迪以东征防糜费实亦不少……

故主张先收复乌桓以驻守，在巴里坤、塔尔巴哈台等路屯重兵以为犄角，再兴办屯田，招徕人民以实边塞，而后始可议停饷撤军。否则必自撤樊篱，"我退寸则寇进尺，不独陇右堪虞，即北路科布多，乌里雅苏台等处恐亦未能晏然"①。如此，则停兵节饷固有损于塞防，亦未必有益于海防。

海防论者主新疆荒僻，恢复无用，徒增漏卮而已；塞防论者则反对此说，事实上，以后历史发展证明新疆边陲非但不虚糜军饷，反倒有利于清廷财政。魏源在道咸年间就已经指出新疆不唯未尝糜饷，而且可节国帑。②光绪四年左宗棠所上《复陈新疆宜改行省疏》中，亦以为新疆利源可开、饷银可省，何况新疆、甘肃每岁所需饷银四百数十万两，本是承平时预拨估拨常例，即于全陇澄清，

---

① 《左文襄公全集》，奏稿，41：35b—36b。
② 参见（清）魏源《圣武记》卷4，世界书局1962年影印本。他指出："西域南北二路地大物渊，牛羊麦面蔬瓜之贱，浇植贸易之利，金矿铜矿之旺，徭役赋税之简，外番茶马市缎互市之利，又皆阡陌内地"云。

西域收复之时照常拨发，于部章亦无不合，况经理得宜亦可节省，于国家经出之费实不无小补。①

（七）以为前代帝王经营所得之地，不应轻易放弃

此点实为清廷之主张收复失地之全部动机。这全是一种孝顺观念在作祟，故认为只有全力注重西北军事，收复固有土地，才能安慰祖先在天之灵。② 左宗棠的塞防言论固然目光远大，颇能洞烛先机，但仍然是发挥这种孝顺祖先与历史教训的观念，而成为一种理性与情绪之微妙糅合。③ 他的塞防主张固有许多精辟的议论，但仍然念念不忘先帝的基业：

> 高宗先平准部，次平回部，扩地两万里。北路之西以伊犁为军府，南路之西以喀什噶尔为军府，当时盈廷诸臣颇以开边未已，耗敷滋多为疑，而圣意闳深，不为所动，盖立国有疆制，置方略各有攸宜也。④

西北边陲在清代传统上有其重要性，康熙帝经营蒙部，乾隆帝亦先后招抚准噶尔（1757）、喀什噶尔（1759），从而奠定其"十全武功"与西北百年和平安定的基础；故左宗棠的论调，可说是对清廷传统战略政策的一个强力肯定。⑤ 事实上，清朝祖先成法的约束极严，后代帝王秉承祖制遗训，似不可能无视历史传统而放弃前代帝王经营成果的。

（八）以为阿古柏之乱惨烈，为谋一劳永逸之计，必尽先肃清

左宗棠以为阿古柏之乱惨烈，甲于天下，是为法所必诛，时不

---

① 参见《左文襄公全集》，奏稿，53：35b—39a；《四朝奏议》，第3537—3544页。
② 参见姚欣安《海防与塞防的争论》，载包遵彭等编纂《中国近代史论》第一辑第五册，正中书局1959年版。
③ cf. Immanuel C. Y. Hsu, op. cit. 姚欣安以为左宗棠的观点全是注意新疆本身重要地位，不是基于孝顺祖先观念，亦非确实。
④ 《左文襄公全集》，奏稿，46：35。
⑤ cf. Immanuel C. Y. Hsu, op. cit.

可缓者，为使其永久帖服计，必须全力剿讨，使其不致波及内地，一味招抚，反招后患。① 盖阿古柏之乱本质上是一种内乱性质，在中国传统各朝代中，吾人极少看见王师与叛贼妥协的。中国的正统观念，以为叛贼必稽天讨，此可谓名正言顺，何况安内所以攘外，清廷必欲先肃清关外内乱，重视边陲军务，良有其因。

西征军事终得到朝廷之正式批准，光绪元年左宗棠被任命为钦差大臣督办新疆军务，着手筹办西征事宜。新疆军事困难重重，特别是在清廷财政困绌、军事颓敝与政治腐败的时候，更是显然。正如左宗棠所说，这是"自周秦以来，实亦罕见之鸿烈"②。其成功得益于中原十一省之协饷，户部大量的拨款与透过他的幕僚胡光墉的借举外债，以购置战备，而得以成。③ 左氏亦采用屯田的办法，且战且耕，以利军民，他的方法是：

> 于师行地方，且战且耕，随地招徕，难民复业，杂居耕种，比事定后，地已开荒成熟，仍还之民，民归旧业，各安陇亩，非兵屯，亦非民屯。……官军开荒，于军食有裨，于哈民故业无损；而哈民复业，得免开荒之劳，尤所心愿。所办屯务，于关内外无殊，是视哈密如关内外也。④

但此亦缓不济急，故仍多以采购为主，如此则需解决后勤补给与交通运输问题，左氏乃设后路粮台，由袁保恒和刘典负责筹划粮运。经过几年的艰苦征讨，乃先后镇压了北疆的准噶尔（1876），

---

① （清）左宗棠：《敬陈进兵事宜疏》（同治十年），《四朝奏议》，第2308—2310页。
② cf. Immanuel C. Y. HSU, op. cit.《左文襄公全集》，书牍，20：30a。
③ cf. Immanuel C. Y. HSU, op. cit; See also John K. Fairbank, Edwin O. Reischauer & Albert M. Craig, East Asia: The Modern Transformation (Boston, 1965), pp. 368 - 370. 西征军饷从光绪元年至三年总数为二千六百七十四万余两；光绪四年至六年之经费亦达二千五百六十二万余两。参见《左文襄公全集》，奏稿，55：52a - 70b, 59：21a - 33a。左氏之西征军饷亦多赖外债，此系由其幕僚胡光墉筹措，See C. John Stanley, *Late Ching Finance: Hu Kuang_ yung as an Innovator*, Cambridge, Mass, 1961, pp. 12 - 18。
④ （清）左宗棠：《敬筹移设粮台采运事宜疏》，《四朝奏议》，第2625—2629页。

清季海防与塞防之争平议：论析光绪年间新疆与台湾……历史背景 ◆◆◆

平定阿古柏（1877），同年喀剌沙尔、库尔勒、库车、阿克苏、乌什、叶尔羌、英吉沙尔、和阗均先后归顺。光绪四年（1878），西北边陲除伊犁一隅为俄势所据外，大清帝国在西域全境之声威再度建立。①

五　对塞防与海防论争之评议

本文前已指出：塞防与海防之提议，表示清季两派政治领袖对西方列强帝国主义的炮舰政策（gunboat policy）之野心的觉醒，而发为不同方式的救国言论。可见他们的出发点正确，其公忠体国之心不可抹杀，不必以个人野心，意气之争，一己私见来解释。事实上，即使主张塞防最有力的左宗棠也认为当时"时事之宜筹，谟谋之宜定者，东则海防，西则塞防"，必须两者并重，盖所有论海防与塞防者，"皆人臣谋国之忠，不以一己私见自封者也"②。以后的历史已经可以证明：日本与俄国确实对中国海疆与北部边陲构成严重威胁，两国长期对华所做的鲸吞蚕食的侵略，实已构成19世纪以来东亚历史发展的基调，其影响日后世界政局发展亦极深远。就此意义而言，19世纪70年代的中国海防与塞防论者可以说是时代的先觉者。他们正视日、俄侵略野心的危险性而适时提出警语，并能拟出具体的解决的办法，他们可说是中国近代形式的民族主义的倡导者。③

李鸿章与左宗棠救国方案固暂有分歧，然两人同为同治时代的中兴人物，吾人检讨中兴人才盛衰及其功业之成败，宜注意到

---

①　郭廷以：《从张骞到左宗棠》，《大陆杂志史学专书》第一辑第七册；Wen_ djang Chu, op. cit. 清廷传统是以新疆地区供满人发展，不用汉人统治；故左宗棠所领西征军事极其成功，打破满人垄断新疆的局面，这对清朝传统政策而言，也可说是一大变革。

②　《左文襄公全集》，奏稿，46：32。

③　关于中国近代民族主义的兴起，参见李恩涵《论清季中国的民族主义》（《思与言》1968年第5卷第6期）。中国近代形式的民族主义是西方入侵后的产物，在此之前，中国历史上只发展出一种超民族主义式的文化主义（culturalism），See John K. Fairbank, *Trade and Diplomacy on the China Coast*, Harvard University Press, 1953, pp. 23 – 24。

此时代的学术思想背景。李、左两人都是深受传统儒家思想影响的人物，他们的思想背景直接反映到同治中兴的成败，也影响近代中国知识分子在面临西方文化挑战时，所作的各种抉择。尤有进者，李、左二人深染理学色彩，此种理学思想，在清季由于今文学的兴起，外患的刺激，逐渐具有经世致用的特色。此时的学术思想，亦由"为学问而学问"而导向于"为经世而学问"，自龚自珍（1792—1841）、魏源（1794—1857）以来，经世学风，一时称盛。① 道咸以后，中兴人才如曾国藩、李鸿章、左宗棠、胡林翼等人均以理学家，而本知行合一之精神，扶济一时之危难，遭逢际会，乘时而兴。尤以曾国藩的学术思想，此时代已由早年崇尚义理之学转为容纳宋学、汉学于一家的礼学，由性理而达于经世，可说继承了清初经世之学的余绪，这种经世思想，在湖南有其渊源，亦有其影响。② 湖南学风自王船山以降，经历诸儒之阐扬，经世之风，益多弥漫。③ 左宗棠受此学风熏陶，李鸿章受曾国藩影响，此种经世思想之蕴积，又适时局动乱，蘩目时艰，自易发为爱国言论与行动；塞防海防之议各殊，然其源于彼时经世致用之学术思想。

海防建设是近代中国在面对西方优势文化冲击下所遭遇的一项极端重大而严肃的课题。终清季之世，海防议论逐渐成为知识分子所讲自强论与洋务论的主要内容④，亦为近代中国对西方挑战的主要反应模式。李鸿章的海防言论本质上可说是中国近代化运动的产物，他极为强调变通成法以应付近代世界的大变局，他不但了解西

---

① 参见萧一山《清代通史》，台湾商务印书馆1963年版，第1741—2004页；王家俭：《魏源对西方的认识及其海防思想》，台湾大学文学院1964年版，第1—7页。

② 萧一山：《清代通史》，台湾商务印书馆1963年版，第732—738页；骆雪伦：《从曾国藩和魏源的经世思想看同光新政》，《大陆杂志》1968年第36卷第1期。

③ 王夫之是湖南衡阳人，为明末清初大理学家，具有浓厚经世思想与民族思想，此影响了日后湖南学风很大。有清一代，湖南大儒如魏源（邵阳人），陶澍（安化人），贺长龄、唐鉴（善化人），曾国藩、罗泽南、李续宾（湘乡），胡林翼（益阳）等均以理学家而富经世思想。参见萧一山《清代通史》，台湾商务印书馆1963年版，第732—734页。

④ 王家俭：《清季的海防论》，《师大学报》1967年第12期。

清季海防与塞防之争平议：论析光绪年间新疆与台湾……历史背景 ◆◆◆

方帝国主义的严重威胁，也了解到东南沿海一带在中国国防与经济上的重要性；他的救国方略是为保卫京畿与沿海各省而设计的。他具有正确超然的眼光，并能做一种客观、冷静与实际的推算①；他所发出的警语固然有点危言耸听，但事实证明这不是杞人忧天，中国领土被列强瓜分势力范围之祸已不幸言中。他的议论虽然是低调，但比较合理。② 他是一个不为传统所囿，而能面对现实的人。

李鸿章撤边防之议固不足称道，他对新疆经济利益之低估亦颇可商榷，但这是清朝国势微弱与此时国人一般世界知识所限使然，原不足独责李鸿章。近人多有批评李鸿章，以为他的海防议论是基于个人自身权位与利益之考虑，甚至认为他忽视塞防的主张具有一种"投降主义"的意味，企图避免与俄国开战以保存其淮军，巩固其权势地位。③ 这种主张实无甚根据，只是囿于晚期"地方主义"（regionalism）的观念，而发为不正确的批评而已。④ 李鸿章自同治九年（1870）接任直隶总督，并兼任北洋通商大臣，总揽海防与海军大权；其权力之演变与坐大均来自朝廷，并非地方官以及地方政府自身权力的扩张；即使李氏权力之执行，亦在符合中央之愿望，而非与中央对立。他所代表的是中央政府，不是地方权势。⑤ 事实上，同光时代的自强新政固为各省主政者所推动，但通常得到中央有力的支持。只有如此，才是新政计划成功的主要关键。⑥

同治十三年以后，清代的海防措施渐趋积极与主动，而迈向一个新的阶段。海防与塞防之争的结果，虽然塞防主张被清廷采纳，但是海防计划与建设并非全然停顿；相反的，在光绪元年至光绪二

---

① cf. Immanuel C. Y. Hsu, op. cit.
② 参见蒋廷黻《中国近代史大纲》。
③ cf. Immanuel C. Y. Hsu, op. cit.
④ 以"地方主义"（regionalism）观念来解释晚清地方政局是国外学者的一般偏见，其中最典型的譬如：Franz Michael, "Military Organization and Power Structure of China During the Taiping Rebellion", *Pacific Historical Review*, 18 (1949): 466 - 483; "Regionalism in Nineteenth-Century China", introduction to Stanley Spector, op. cit.
⑤ 王尔敏：《淮军志》，台湾"中研院"近代史研究所1967年版，第384—385页。
⑥ Kwang-Ching Liu, *Li Hung-Chang in Chihli: The Emergence of a Policy, 1870 - 1875*, op. cit.

十年甲午战争之前，却是清代海防论最为高潮的时期，海防建设亦最有成绩，终在光绪十四年（1888）成立北洋舰队①，海防建设可说是同光新政的中枢。由于塞防与海防的争议，使朝野上下更重视沿海防务，积极从事海军建设，使中国近代化运动更向前迈进。

论者或以为同治十三年的海防与塞防之争结果西征军事得以优先考虑，此举严重削弱了海防用饷而影响海军建设，亦即认为中国新建海军之贫弱与西北长期用兵有关，盖如移塞饷充海防之用以建立新式舰队，加以严密组织，则甲午海战中国或可不败云。② 此论亦可商榷。本文不拟讨论近代中国之海军经费问题，依据 J. Rawlinson 的研究指出：19 世纪后半期中国未能成功组织一支强大统一的近代海军之原因，财政与经济、训练与装备的问题尚属其次，最重要的乃是制度与观念的问题。此结论很可供吾人参考，从而可用以解释中国近代化运动迟缓落后的症结所在。③

以左宗棠为首的塞防论者有其深远的历史背景，从上文所列的各种议论，不难看出西、北部边陲在清朝传统国防上的重要地位。塞防议论的背景本文前已申谕，此处不拟赘述。唯左宗棠主西征之言论，固然本之于传统的价值观念，但他本人并不是保守主义者，他极具现代眼光与知识。他的塞防言论对守旧的士大夫来说是极动听的高调④，但他并不反对海防。同治五年（1866）他在闽浙总督任内奏请设立轮船制造局于福州马尾，用于捍卫东南海疆；同治十一年（1872）他上疏复陈福建船政局不可停止，说：

---

① 参见王家俭《清季的海防论》。此期间重要的西法模仿事业约有：筹办铁甲兵船（光绪元年）；派武弁往德国学习水路军械技艺，又派遣福建船政学堂学生出洋学习（光绪二年，是年为中国派留欧学生之始）；购买铁甲兵舰，设水师学堂于天津，又设南北洋电报局（光绪六年）；设开平矿务局，创设公司船赴商贸易（光绪七年）；筑旅顺军港船埠，又设商办织局于上海（光绪八年）；设武备学堂于天津（光绪十一年）等，此皆为李鸿章所经办的事业。

② cf. Immanuel C. Y. Hsu, op. cit.

③ See John L, Rawlinson, *China's Struggle for Naval Development, 1839 – 1895*, Harvard University Press, 1967; "China's Failure to Coordinate Her Modern Fleets", in *Approaches to Modern Chinese History*, pp. 105 – 132.

④ 参见蒋廷黻《中国近代史大纲》。

清季海防与塞防之争平议：论析光绪年间新疆与台湾……历史背景 ◆◆◆

  制造轮船，实中国自强要著；西洋各国，恃其船炮横行海上，每以其所有，傲我所无，不得不师其长以制之。……此举为沿海断不容己之举，此事实国家断不可少之事。若如言者所云即行停止，无论停止制造，彼族得据购雇之永利，国家旋失自强之远图，骧军实而长寇志，殊为失算。①

  可见他的思想亦不是过时的，他并没有误用传统"骑射时代"的思想于新式的"炮舰时代"②。他的塞防政策奠基于传统，正视中国国内的叛乱，但更强调俄国侵略的危险性与卫护西北门户的重要性。他在危机重重的时代里，一片粉饰升平而讲求洋务的风气中，独能洞烛机微，预为防患，而主张一种稳健的政策，实在是很高明的。

六　结　论

  中西海道会通以后，中国逐渐走上近代化的道路。在近代中国的改革运动中，知识分子（包括在朝与在野者）实扮演极重要的角色，由于他们的出身背景，思想教育与对时局的感触不同，以致所揭示的救国言论与方策亦颇不一致。即如在内忧外患，危亡无日的情况下，亦颇能刺激全国有志之士，纷纷从各种角度去探讨当前面临的危机，从不同方向去为国家寻找生存的途径。如此不同的言论与方策，常能蔚为一大争论，以供朝廷与人民之采择，例如道光十五年至十六年（1835—1836）鸦片弛禁与严禁之争议，同治十三年（1874）海防与塞防之争议，光绪十五年（1889）津通铁路之争议，以及光绪末年宣统初年（1908—1910）革命与君宪两派的论战。此均可反映彼时思潮，并影响日后政局发展。

---

  ①《四朝奏议》，第2354—2359页；《左文襄公全集》，奏稿，41：31a—34b。
  ② 徐中约以为左宗棠误用骑射时代的军事观念于现代的炮舰时代，即使左氏的主张是出之于理直气壮，但在本质上可说是过时的。See Immanuel C. Y. Hsu, op. cit.

215

同治十三年的海防与塞防之争有其重要意义，此种言论之出现正显示出西方帝国主义在华扩张之一斑，及知识分子所发出之警语。19 世纪 70 年代正是西方民族国家巩固其强权，并肆志向外扩张其帝国主义侵略政策的时代。此时俄国亦致力改革内部，并向中亚与近东扩张其势力；日本也放弃锁国政策，开始从事维新运动，渐次向外发展。中国受制于内乱外患，元气未复，正勉力从事一个不彻底的改革运动，以图抗拒来自列强的侵凌。此时代海防与塞防的议论可说是一个防止帝国主义威胁的蓝图。李鸿章、左宗棠等人所作的警语，使中国朝野上下逐渐体会到列强的侵略本质，亦使得日后全国人心普遍觉醒，民族主义得以发展。清廷西北边陲地区已招致外来帝国主义的威胁，这表示在"传统"的领域里已经遭受外来新文化的攻击；另一方面东南海疆的财赋之区逐渐成为全国重心；但这个新工业的发源地带，亦将蒙受西方列强的侵逼。潮流的归趋，时局的体认，均使清廷必须变法自强，从事近代化改革，以苟存于强权的世局之中。

塞防与海防论者代表清季一批公忠体国并富有新思想的封疆大吏，他们言论激昂，爱国心切，颇能切中时弊，鼓动风潮，其意义深长而影响久远。但他们的认识亦有不足者，这是时代的限制使然。这种限制，加上清廷所受传统的约束，尤其处于帝国主义压迫的情况下，其影响所及，延误了中国的近代化，也注定了清廷覆亡的命运。此种历史际遇，对知识分子个人与整个国家民族来说，都是悲剧。[①]

---

① 或有认为左宗棠西征的成功，使中国误以为传统文化应付近代世界强权的有效性；再加后来曾纪泽伊犁交涉的成功，使清廷信心越增，保守势力越大，更为反对西方文明，故直到 19 世纪 80 年代，清廷仍未能从事近代化工作云。(See J. K. Fairbank, et, al., *East Asia: The Modern Transformation*, op. cit, p. 324; pp. 368 - 370) 这种批评并不正确。近代中国知识分子的世界认识固然有其限制，但他们是中国近代化运动的先驱者，其言论思想与事业影响近代中国史极大。1880 年前，清廷已经从事改革运动，其成功亦颇可观；如果说中国近代化运动比较欧美与日本迟缓许多，那么，西方帝国主义的压制中国应该是一大原因。清廷重视塞防，得以挽回新疆，固然加强清廷的信心，但毋宁说使中国更认清西方文明（帝国主义亦是西方文化的特产），因而刺激清廷从事进一步的改革运动，虽然这种改革是被动与消极的。

明代汉族移民与滇池流域开发

陆 韧

(云南大学)

摘 要：明代是云南省政治、经济、文化中心滇池流域的省会城市建设、重大水利工程兴建和农业垦殖加速发展的重要时期，明代滇池流域开发的驱动力有两个重要因素：一是大规模的汉族军事移民进入和屯田；二是大规模的滇池水利建设。汉族移民与当地各民族人民相互交融，共同促进了滇池流域的开发，其人地关系实现了和谐发展。

关键词：明代 汉族军事移民 滇池流域开发 昆明筑城 水利建设

明代是云南社会历史发展进程中的重要时代。在这个时代，云南社会的人口构成、民族分布、生产关系、经济基础、政治体制和文化趋向发生了划时代的历史变迁，深刻地影响了明清乃至近现代的云南社会，发轫了今天云南社会诸多特征，强化了云南与祖国内地一体化同步发展，开创了云南历史发展的新纪元。在这个历史时期，汉族军事移民对云南政治、经济、文化中心滇池流域的开发与省会城市建设发挥着极其重要的作用。

一 明代进入滇池流域的汉族移民

明代是滇池流域又一个重点开发时期，如同以往历史时期滇池地区的重大开发一样，滇池流域的大规模开发往往因为大规模的移民而引发，明代是云南历史上最重要的汉族移民迁入时期，滇池流域的开发除了当地世居民族以外，由于汉族移民的进入，极大地增加了开发生力军。笔者在攻读博士学位期间完成了《变迁与交融——明代云南汉族移民研究》，专门研究了明代云南汉族移民问题，得出如下结论："以实证的方式，考订了明代进入云南的汉族移民的类型、方式和数量等问题。认为明代进入云南的第一大类汉族移民是军事移民。论文对军事移民进入云南的时间、方式、组织形式、军籍管理制度及其人口的发展等作了细致考察。汉族军事移民第一代人口八十余万，是汉族移民的主流，主要在明代初期进入；明代中后期三征麓川和反对缅甸洞吾王朝侵扰时也有部分军队留屯云南，从而形成了一百二十余万人口的庞大的汉族军事移民。第二大类移民是罪徙移民，即贬谪安置或充军人口，终明一代都有大量这类移民进入云南，对于这类移民进入云南的方式、分布定居的特点，论文都做了认真研究，但由于没有确切的史料依据，对其数量难以考说。第三类为民屯移民和自发式移民，主要有官府组织的民屯移民、因商而寓、因官而寓、因学而寓，以及内地人民逃避战乱和沉重的赋税负担而避居云南的移民，而且这类移民的数量相当巨大。"[①] 当时研究的核心成果是明代云南汉族军事移民人数达到120余万人，从而导致云南国民结构的重大变迁，而进入云南的汉族移民以军事移民为主，在云南进行屯田农业开发，与当地世居民族相互融化，共同开发云南。这个研究中，滇池地区是明代吸纳汉族移民最多的地区，滇池流域明代的开发与军事移民的屯田活动密切相关。

明代进入云南的军事移民是随着平定云南的军事行动展开的。自元代开始以中庆路为主滇池流域就是云南的政治、经济、军事、文化和交通中心，元代中庆路城（今昆明主城）也是云南行省会

---

① 陆韧：《变迁与交融——明代云南汉族移民研究·摘要》，博士学位论文，云南大学，1999年。

明代汉族移民与滇池流域开发

城，是元代云南行省的政治军事统治核心。因此明初平定云南的军事活动首先是以夺取和掌控云南政治军事经济中心昆明而展开，因而昆明成为明初平定云南最主要的镇戍重镇，滇池流域也成为明代最早的军事移民定居地。明代滇池流域的军事移民是伴随着平定云南的军事行动展开和增强的。从军事移民的角度看主要有以下几次大规模的进入：

进入滇池地区的军事移民是随着洪武十四年（1381）九月至洪武十五年（1382）闰二月平定云南军事行动开始的。洪武十四年九月，朱元璋调集30万官军①起程征讨平定云南，洪武十五年闰二月基本平定了云南。朱元璋最初为平定和统一云南制定了快速集结、强力征讨、少量留镇、"分兵散守"②、主力撤回的战略，并打算在云南平定以后，只将征南大军中的少量兵力留镇于云南重要战略要地，主力则全部撤回内地。然而，云南的情况远比朱元璋所想的复杂得多。云南地处西南边疆，攻之不易，守之更难；云南民族众多，社会经济发展程度差异极大，明朝虽然取得了统一云南的军事胜利，但各民族势力据险自守，时常发动反抗明朝统治的斗争，威胁着明朝在云南的统治。为此，朱元璋果断调整了治滇方略，命其养子、征南右副将军沐英率部分征南军主力留镇云南，并采取"大军屯聚"③于重要战略城镇、交通干线，实施重臣镇守、留屯大军、移民实边的特殊措施。这一战略调整和沐英率领部分征南大军留镇云南，拉开了明朝对云南军事移民的序幕。昆明城就是当时最重要的镇戍重心，迅速建立起第一批军事卫所。洪武十五年（1382）正月，征南大军攻占省会云南府城（今昆明），在城内设置云南左、云南右、云南前、云南后4个卫。在明朝初年平定云南第一批设立的9卫1千户所中，近40%以上的官军镇戍于昆明城，形成明代最早、最集中的军事移民区。同时明朝政府于洪武十五年二月建立了云南都指挥使司和

---

① 《明太祖洪武实录》卷138、139、142。
② 《明太祖洪武实录》卷146。
③ 《明太祖洪武实录》卷144。

云南布政使司，管理云南的军政事务，明朝云南统治机构驻地云南府城（今昆明），云南府城实际成为明代统治云南的政治经济军事中心，各种统治机构逐一建立。

洪武二十八年（1395）陕西西河中护卫整卫调入云南，长期屯驻扎于云南府城（今昆明）[1]，设置云南中卫。永乐元年又将广南卫迁于云南府城（今昆明）中。[2] 在平定云南和设置卫所的过程中，明代云南的卫所，从洪武十五年开始设置，到明朝中叶，各种规制基本建立起来，卫所的建制逐渐完善。明朝的军事制度，"大率五千六百人为卫，千一百二十人为千户所，百十有二人为百户所"[3]。在卫所设置的过程中，由于镇戍的需要、卫所所在地屯田土地的多寡、气候、水利等条件及各地社会经济发展程度的差异等因素的制约，使云南的军卫建制不可能统一，各卫领辖的千户所数量差异很大。云南府城是明代重点镇戍的地区，其卫所编制超过明朝正规员额，每卫官军竟达9000余人，大大超过5600人的正规编制，充分体现了明太祖在云南实行"大军屯聚"、重兵驻守的方略。[4] 如此，明代昆明城区除汇集了云南行政、军事和司法最高机构：云南布政使司、云南都指挥使司、云南按察司，也是云南驻军最集中的地区，昆明城内分布着云南左卫、中卫、右卫、前卫、后卫和广南卫6个卫指挥机构，6卫官军及其家小不啻20余万人驻扎或环城进行军屯，使滇池地区成为明代云南最大的屯田区，而且6卫数万屯田官军不仅分布于滇池流域的云南府，而且在相邻的澄江府屯田，农田水利成为推进屯田和巩固云南政治经济稳定的先决条件。

---

[1] 参见《明史·兵志二》卷90、《明太宗永乐实录》卷22。
[2] 陆韧：《明朝统一云南、巩固西南边疆进程中对云南的军事移民》，《中国边疆史地研究》2005年第4期。
[3] 《明史》卷90《兵志·卫所》。
[4] 陆韧：《明朝统一云南、巩固西南边疆进程中对云南的军事移民》，《中国边疆史地研究》2005年第4期。

二 汉族军事移民对昆明城市建设及其水利建设的贡献

(一) 云南省会昆明城筑城

当云南卫所制度和军政统治机构逐渐建立起来后,依照明朝内地的规制,设治必筑城,屯驻于昆明的卫所官军开始了滇池流域最大规模的筑城和城市建设活动。明代昆明城的筑城和城市建设是以汉族移民为主力展开的。由于云南为明朝新征服平定的地区,所以要求云南府城务必城高池深,使城成为既能卫民安居,又能据守屯防的军事堡垒。明代云南会城昆明,南诏为东都,元代设行省治所于其中,遂逐渐发展为云南政治、经济、文化的中心。云南形成了设卫即筑城,筑城则大规模屯兵、移民充实的规制。明朝因之为会城和云南府治所,洪武十五年云南布政司调卫所军士和云南府民夫在元代中庆路城的基础上进行大规模整修,该城的最大特点是云南前、后、左、右、中、广南6卫与云南府城同城,隶属云南都指挥使司,选址的地理特点具有注重军事防御性、具有制内与御外的功能,水利条件好、交通便捷的特点,北靠蛇山,"东有金马山,与西南碧鸡山相对,俱有关,山下即滇池。池在城南,周五百里,其西南为海口,至武定府北,注于金沙江。又东有盘龙江,西注滇池"[①]。明代云南府城于"洪武十五年(1382)筑,周回一里三百二十四步[②]、周围九里有奇,开六门,东曰咸和、曰永清,南曰崇正,西曰广威、曰洪润,北曰保顺,上各有楼,其崇正门之楼则铜漏在焉,而重楼战格雄于南纪。西城上有钟楼。其演武之地有二处:一在崇正门外,曰小教场;一在保顺门外,曰大教场。环城有池,可通舟楫。前有坊四,曰忠爱(在正德年间后建)、曰安远、曰金马、曰碧鸡。其外有重关楼凡九,各跨衢市之隘,万历庚申按

---

① 《明史》卷46《地理志七》。
② (明)周季凤:正德《云南志》卷1《云南等处承宣布政使司》,载方国瑜主编《云南史料丛刊》第6卷,云南大学出版社2000年版,第108页。

御史潘俊建"①。其规制符合内地省城规制，城墙近5千米，开六门，各门有城楼，并有护城河，城外有演武场。

明代昆明城城内规制模仿内地省会城市的规制，具有镇山、中轴线和重要军政机关的布局特点，其以五华山为镇山，以今正义路至南门（今近日楼百货大楼附近）为中轴线，重要的军政机关，如黔宁王府、云南布政使司署、云南都指挥使司署、云南提刑按察司署都集中在正义路、威远街一带。同时还有云南前、后、左、右、中、广南6卫的卫指挥机关"散置于城中，各有经历司，卫镇抚，左、右、中、前、后及广南六千户所，其千户所亦各有所镇抚一、百户所十"②。于是昆明城内三司并置，省、府、卫同治，在昆明城周围屯聚6卫31个千户所，仅汉族军事移民就可达20余万人口③，不仅是云南的政治、经济、军事、文化中心，而且因其城市规模宏大，城防体系完备，屯兵力度最大，成为明代汉族移民定居最多的都会。

云南会城修筑与滇池关系密切，"滇池，在府治南，一名昆明池，一名滇南泽。周广五百余里，合盘龙江、黄龙溪诸水汇于此。池中产衣钵莲花，盘千叶，蕊分三色，而鱼虾、兔鸟、菱芡、孤蒲之利为西南之最"④。而"云南城，洪武十五年筑，周回一里三百二十四步，凡六门：东曰咸和，东北曰水清，南曰崇正，西曰广威，西南曰洪润，北曰保顺"⑤。从云南会城修建的各门名称看，

---

① （明）陈文：景泰《云南图经志书》，李春龙、刘景毛校注，第9页；（明）周季凤：正德《云南志》卷1《云南等处承宣布政使司》，载方国瑜主编《云南史料丛刊》第6卷，云南大学出版社2000年版，第108页；（明）邹应龙修，李元阳：万历《云南通志》卷5《建设志第二》，载方国瑜主编《云南史料丛刊》第6卷，云南大学出版社2000年版，第526页；（明）刘文征：天启《滇志》卷5《建设志第三》，古永继点校，第181页。

② （明）陈文：景泰《云南图经志书》，李春龙、刘景毛校注，第9页。

③ 明制每个千户所1120名军士，每名军士携1个军余驻营屯田，军士和军余都带有家小，故能形成庞大的军士移民群体。参见王毓铨《明代的军屯》，中华书局1965年版。

④ （明）周季凤：正德《云南志》卷2《云南府》，载方国瑜主编《云南史料丛刊》第6卷，云南大学出版社2000年版，第125页。

⑤ （明）周季凤：正德《云南志》卷1《云南等处承宣布政使司》，载方国瑜主编《云南史料丛刊》第6卷，云南大学出版社2000年版，第108页。

六门中，两门名称与滇池水环境关系密切，明代洪武十五年修筑昆明城，其东北门名"水清"，说明有清水流淌穿城而入，应当是当时昆明城东北南流并且成为昆明护城河的盘龙江；西南门名曰"洪润"，因当时滇池水域广大，几乎达到昆明西南门附近（今昆明市小西门一带），出了西南门，就是滇池，滇池巨浸，直抵昆明西南城门，故称"洪润"；明代昆明作为云南会城，是云南军政中心，为保全省会稳定平安，扬威蛮夷之区，云南官府在牢固地确立为云南政治、经济、文化中心的地位同时，进行水利建设，其城门的设置和命名还有"引清水灌良田，阻遏洪水润会城"之意。明代以汉族军事移民为主力所修筑的昆明城奠定了明清时期云南省会城市的基本格局和发展风貌。除了修筑云南省会昆明城外，汉族军事移民还在滇池流域水利工程的兴建中发挥了重大作用，明代滇池流域最重大的水利工程几乎都是以汉族军事移民为主力兴修的。

（二）明代滇池"海口河"的深挖与疏浚

以人力干预滇池水位，缩小滇池水域面积进行农业开发为特征的元明清时代，滇池最重要的控制性水利工程仍然是出湖口——海口河工程的建设。元代至元年间张立道进行海口河工程建设，疏浚并下挖海口河石龙坝以上河段3米左右，加大滇池湖水的下泄，从而首次实现了人力对滇池水位和水域干预，使滇池北部岸线退缩，涸出土地"万余顷"。但是根据三角洲成陆演进和滇池出水河流海口河狭窄的特征，元代海口工程并非一蹴而就，而且有很大的局限性。第一，元代滇池出湖水利海口河下挖3米，未能实现最大化水位下降和北部岸线退缩与大面积成陆，难以满足滇池地区农业开发需要；第二，滇池北岸逐渐成陆的湖盆平原，仍然时常遭受水患之苦，而且还有大片区域未能完全成陆可进行开发，仍是季节性湖沼区域，尚不具备农业开发条件；第三，元代海口河水利工程虽然重要，但并非一劳永逸，泥沙冲击和堆积，使滇池出湖水利海口工程时常遭受淤塞壅堵，下泄不畅致使夏秋季节滇池湖岸盆地仍然水患严重。"滇池即昆明池，土人名之为海，海之大，周围三百余里。

环海之田，资以灌溉，号为膏腴者，无虑数百万顷。每五六月雨水暴涨，海不能容，所恃以宣泄者唯海口一河，而两岸之山诸箐沙口齐下，冲入海中，填塞壅淤，宣泄不及，则沿海田禾，半遭淹没。"①

因此，自洪武十五年明朝平定云南后，留镇云南的征南右将军沐英就关注滇池水患问题，在沐英主政时期，开始了官府主持的海口河控制性水利工程建设。《明史·沐英传》说沐英主政云南的洪武十五年至洪武二十五年（1382—1392）时，"在滇百务具举，简守令，课农桑，岁较屯田增损以为赏罚，垦田至百万余亩。滇池隘，浚而广之，无复水患"②。这说明沐英主政云南，大力进行屯田和农业开发，而滇池地区是其重点区域，针对滇池出湖河流海口河的壅隘，首先主持进行了"浚而广之"水利建设，即疏浚深挖和拓宽海口河河道，加大滇池水的下泄量，使滇池湖岸地区减少水患。由于记载语焉不详，难以了解沐英主持海口水利工程的具体情况，但根据沐英主政云南为明朝平定云南之初，百废待举，沐英对海口河的疏浚和拓宽工程也许有局限，可能只是在元代海口河工程基础上的疏浚和拓展。

沐英对滇池出湖水利海口河疏浚的工程建设并没有很好地解决滇池湖岸地区水患问题，洪武至弘治年间，"滇为云南巨浸，每春夏水生弥漫无际，池旁之田岁殀其害"③。滇池周边春夏之际湖水"弥漫无际"，导致滇池周边田亩"岁殀其害"，成为滇池地区农业发展的最大阻碍。

弘治年间（1488—1505），云南社会经济趋于稳定，卫所屯田大规模展开，云南省会城昆明在滇池之北部湖盆平原，滇池对其社会经济和生产发挥了重要作用。"弘治十四年，巡抚右副都御史应

---

① （清）鄂尔泰：《修浚滇省海口六河疏》；（清）贺长龄：《皇朝经世文编》卷118《工政二十四·各省水利五》。
② 《明史》卷126《沐英传》，中华书局1974年标点本，第3759页。
③ （明）周季凤：正德《云南志》卷2《云南府》，载方国瑜主编《云南史料丛刊》第6卷，云南大学出版社2000年版，第125页。

明代汉族移民与滇池流域开发 ◆◆◆

大猷、金谋协、镇守太监刘泉、总兵官黔国公沐崑令军民夫卒数万，浚其泄处，遇石则焚而凿之，于是池水顿落数丈，得池旁腴田数千顷，夷汉利之，众谓是役功倍于金汁河。"① 根据正德《云南志》的记载，弘治十四年（1501）仍然进行的是滇池控制性水利——海口河工程，目的是"浚其泄处"。此次工程以当时云南最高军政长官巡抚右副都御史应大猷、金谋协、镇守太监刘泉、总兵官黔国公沐崑共同调集"军民夫卒数万"，动用的是当时镇戍屯田的云南各卫所"军"，滇池地区民众"民"和当地少数民族的兵卒民夫数万人，所以是明代中期滇池流域最重大的控制性水利工程。弘治年间的海口工程是在元代的基础上进行的，而具体主持该工程的是云南巡抚陈金，由此可见这是云南最高军政统治集团高度重视共同主持的重大工程。

（三）滇池北岸盘龙江分水河渠控制性工程——"南坝闸"

滇池流域最重要的入湖河流盘龙江上有两个最重要的控制性水利工程，一是元代修筑的松华坝，实现了盘龙江上游拦水和抬高水位的功能，由此，在盘龙江松华坝以南形成分水灌溉河渠体系。二是明代南坝闸的修筑，南坝闸是滇池北岸湖盆平原昆明城南元明海口工程降低滇池水位约6米情况下，新的逐渐涸干土地的农田开发，在盘龙江下游，即明清云南府城南门外（今昆明近日公园）以南广大区域农田开发和盘龙江下游"一河十尾"灌溉体系形成的控制性水利工程。这两项工程的共同作用，使滇池北岸地区形成了独特的河渠灌溉体系。

元至元年间的海口河工程下挖河道3米，明弘治十四年再次大规模整治和疏挖海口河工程，"挖低河床一丈五尺为准"，也是3米左右，使滇池常年水位在元代基础上有所下降。虽然不可能准确地降低滇池水位6米，但滇池水位的下降是非常明显的，促进滇池北

---

① （明）周季凤：正德《云南志》卷2《云南府》，载方国瑜主编《云南史料丛刊》第6卷，云南大学出版社2000年版，第125页。

部湖盆平原迅速涸干扩大,"于是池水顿落数丈,得池旁腴田数千顷,夷汉利之,众谓是役功倍于金汁河"①,说明滇池北部湖盆平原加速形成,大面积土地露出滇池,使明代云南府城南门外呈现出"平原中部,河渠错综,复有多数沼泽,星罗其间"②景象。因此,明代中期以后,滇池北岸湖盆平原的开发重点逐渐转移到昆明城南门外的广大新成陆、海沟与平陆交错的昆明南郊湖滨地带,也成为汉族军事移民明中叶以后最重要的屯田开发区。

为开发昆明南郊湖滨地带,利用盘龙江来水进行灌溉,借助自然形成的昆明南郊湖滨"海沟",开挖拓展为灌溉河渠,是明代中后期和清代滇池流域水利和农业开发最重要的区域。盘龙江下游南端最重要的控制性水利工程——南坝闸便是在明代滇池这样的水环境变化条件下和昆明城南门外湖滨土地具备农业开发的条件下进行建设的。南坝闸工程是明代官修编年史《明实录》唯一记载的滇池流域水利工程,足以说明其在明代滇池地区水利建设和农业开发中的作用,《明英宗睿皇帝实录》卷235景泰四年(1453)十一月癸亥记载:

> 云南总兵官都督同知沐璘奏:"云南城东有水南流,其源发自邵甸会九十九泉为一,至松华坝又分为二,一绕金马山麓,流入滇池;一从瓦窑村流至云泽桥,亦入滇池。其间军民田亩不下数十万,旧于水之下流筑堤堰蓄水以灌田,但夏秋霖潦泛涨,则壅滞不得疏洩,臣欲起近水得利之家出工料造石闸,以时启闭"。从之。

这也是唯一被《明史》记载的滇池水利。《明史》卷88《河渠志六》说:"云南总兵官沐璘言:'城东有水南流,源发邵甸,会九十九泉为一,抵松华坝分为二支:一绕金马山麓,入滇池。一从

---

① (明)周季凤:正德《云南志》卷2《云南府》,载方国瑜主编《云南史料丛刊》第6卷,云南大学出版社2000年版,第125页。
② 冯绳武:《滇池西北岸水道考》,《地学集刊》1943年版,第272页。

明代汉族移民与滇池流域开发

黑窑村流至云泽桥，亦入滇池。旧于下流筑堰，溉军民田数十万顷，霖潦无所泄。请令受利之家，自造石闸，启闭以时。'报可。"① 这充分表明南坝闸工程为明代云南滇池地区最重要的控制性水利工程。这一工程虽然记载为景泰四年十一月癸亥，由明朝云南最高军事长官总兵官沐璘向朝廷奏请且得到朝廷准允后进行建设，而且起点很高，以造石闸、随时启闭、灌溉下游数十万亩农田为目的。以"云南总兵官沐璘"奏请明朝修建的南坝闸工程，必定是以定居于滇池流域的汉族军事移民卫所官军为主力修建的，南坝闸工程组织有序，以镇戍昆明城的卫所军官分工负责组织建设，主要力夫为屯田卫所官军，"仍择将校之有智计者田凯、李振、郭进董其役。其条画之出、用度之宜，则沐、郑二公自主之"，人力物力得到充分保证，因此工程进行非常顺利。南坝闸工程大约景泰四年八月动工，次年三月完成，用工"合之凡八万二千九百有奇"，"于景泰甲戌八月十有三日始役，而以明年三月一日卒事。其所用之工力，合之凡八万二千九百有奇"②。

明代滇池最大的入湖河流盘龙江上最重要的控制性水利工程，为汉族军事移民卫所屯田的发展创造了新的条件。明朝平定云南，实行大规模的卫所镇戍，实施大规模屯田和对滇池流域进行农业开发。自洪武以来历朝地方长官都有兴修南坝闸的动议，但均因边疆战事和准备条件不成熟而搁置，即"惟我皇名混有区宇，云南南侍远弗庭，洪武于戌，黔宁王时为西平侯，奉命率师平之，留镇其地，定以经制，昭以威信，厚以惠利，伸兵民并力于田亩，耕获不违其时，而南坝之修，岁有恒役。后定边伯继领镇事、思弘前绪，谋造石闸以蓄泄，为经久利。方储材命工，值边境多事，未就其志"。明代盘龙江控制性水利工程"南坝闸"修建完成后，水利效能极其显著，当时"既成，云南之兵民无少长皆悦曰：'自今以

---

① 《明史》卷88《河渠志六》，中华书局1974年标点本，第2157—2158页。
② （明）陈文：《南坝闸记》，载（明）刘文征天启《滇志》卷19《艺文志十一》，古永继点校，云南教育出版社1991年标点本，第634页。

始，田不病于旱潦'"①。为滇池北岸湖盆平原的大规模开发创造了条件，同时极大消除了昆明城区水害隐患。"南坝闸，距郡城五里许……景泰癸酉，今总兵管都督同知沐璘谋于参赞军务右佥都御史郑颙，会众以议请允，乃甃石为闸，设以守者，因水之盈缩而时其启闭，民甚便之。"②在盘龙江上的水利工程核心是"南坝闸，在府城南，盘龙江所经，亦赛典赤修。总兵沐璘、巡抚郑顺甃石为闸，添设守者，因水盈缩，时其启闭，民甚便之"③。与之配合的还有"四道坝闸，亦在盘龙江下，弘治间置。漾田小北闸、堕直闸，俱在盘龙江上"④。可见明代基本完成了盘龙江上的控制性或关键部位的水利工程，为明末清代进一步开发南坝闸以南的地区创造了条件。

三 汉族军事移民在滇池流域的屯田开发与分布

明代云南始终贯彻军事征战、卫所设置与屯田镇戍相结合的治滇方略。洪武十九年（1386）九月，云南镇守总兵沐英上奏建议在云南"宜置屯，令军士开耕"，实施卫所屯田。沐英的建议被明太祖采纳。⑤云南开始实施卫所屯田。"云南屯田最为重要，盖云南之民多夷少汉，云南之地多山少田，云南之兵食无所仰。不耕而待哺，输之者必怨；弃地以资人，而得之者益强，此前代之所以不能乂安此土也。今诸卫错布于州县，千屯伦列于原野。收入富饶，既定以纾齐民之供億；营垒连络，又足以防盗贼之出没，此云南屯田之制所以甚利最善，而视内地相倍蓰也。又内地各卫俱二分操

---

① 以上所引均见（明）陈文《南坝闸记》，载（明）刘文征天启《滇志》卷19《艺文志十一》，古永继点校，云南教育出版社1991年标点本，第634页。
② 景泰《云南图经志书》卷1《云南府·山川》，李春龙、刘景毛校注，云南民族出版社2002年标点本，第6—7页。
③ （明）刘文征：天启《滇志》卷3《地理志·堤闸·云南府》，古永继点校，云南教育出版社1991年标点本，第121页。
④ 同上。
⑤ 《明太祖洪武实录》卷179。

守，八分屯种，云南三分操守，七分屯种。"①

明代云南府城汇集了镇戍6卫的指挥机关，而十余万人的卫所官军军事移民在昆明城筑城镇戍，出城屯田，滇池流域就是其最早、最集中的屯田区，以"云南三分操守，七分屯种"而论，则有十余万卫所官军进行屯田。据正德《云南志》记载，明代中叶滇池附近的集中屯田点就有100多个②。而滇池北岸湖盆平原自元代赛典赤进行海口河、松华坝、金汁河的水利建设，已经成为最具潜力的农业开发区，于是"皇明平滇阳，环山皆为屯"③，滇池北部坝区为云南府城的6卫官军屯田提供了重要的条件，城的南门正处于成陆过程中，尚不能稳定地进行农业生产。沐英率领的滇池地区卫所屯田后，开拓农田与兴修水利并举，"岁校屯田所入增损以为赏罚，计远近垦田至九十七万亩。以滇池末浅狭，霖雨泛滥濒池之田不可以稼，乃督万丁，自池口入渠滥川中浚而大之，无复水患"④。由于明代中期以前，滇池北岸只有云南府城的北面和东面具备了农业开发的条件，因此较早的卫所屯田主要分布在当时云南府城的北部、东部和南部晋宁州。

总之，由于明代汉族军事移民是滇池流域开发的主力军，特别是明中叶加大了滇池农田水利建设，以卫所官军为滇池水利建设的主要劳动力和农业开发者，明代海口河深挖疏浚工程、南坝闸工程、金汁河堰闸工程、银汁河新河道疏挖和堰闸建设工程、松华坝加固工程、西院横山水洞灌溉工程等一系列控制性水利工程都是在屯田卫所官军与当地百姓的共同配合下进行的，即"环海卫所州

---

① （明）周季凤：正德《云南志》卷2《云南府》，载方国瑜主编《云南史料丛刊》第6卷，云南大学出版社2000年标点本，第126页。
② 同上书，第126—127页。
③ （明）刘文征：天启《滇志》卷21《艺文志·龙泉山道院记》，古永继点校，云南教育出版社1991年标点本，第707页。
④ （明）刘文征：天启《滇志》卷21《艺文志·黔宁昭靖王庙记》，古永继点校，云南教育出版社1991年标点本，第696页。

县,若云南六卫屯戍之籍以及安宁、易门两守御所"[1] 等滇池地区驻防屯田卫所成为治理滇池和兴修水利的主力,极大地改善了滇池流域的农业条件,使滇池流域的农业开发向更广更深的领域拓展。而明代卫所屯田的主要分布区正好处于上述滇池水利工程收益的区域,如银汁河灌区、金汁河灌区、宝象河灌区、盘龙江南坝闸以北灌区、横山水洞灌区等。由此可见,明代滇池流域开发的驱动力有两个重要因素:一是大规模的汉族军事移民进入和屯田;二是大规模的滇池水利建设。正是这两大因素的互动作用,滇池地区当地百姓与汉族移民的相互交融,共同促进了滇池流域的开发,其人地关系实现了和谐发展,并为清代的农业水利条件的完善和滇池全流域的整体开发创造了条件。

---

[1] (明)刘文征:天启《滇志》卷24《艺文志·海口修浚碑》,古永继点校,云南教育出版社1991年标点本,第822页。

宋代闽西移民与客家民系形成[*]

靳阳春[**]

（三明学院文化传播学院）

摘　要：宋代闽西社会经济有重大发展，人口的快速增长是其主要原因。五代末至北宋初汀州第一次接受大批北方移民，两宋之际汀州第二次接受大批北方移民。大批来自不同文化背景的移民拥有共同的经济来源，在共同的经济社会中结成命运共同体，促进了各族群间的相互交流。在这样一个长期的大范围的活动中，生活在汀州的各个族群相互接触、冲突和整合，这对汀州各族群的交流融合和族群文化的同一化起着极为重要的促进作用，并最终促成了客家民系和客家文化的形成。

关键词：宋代　闽西　移民　客家

闽西是中国东南区域开发最晚的"边陲"[①]地区，唐开元年间

---

[*] 本文为国家社科规划一般项目"移民、变动与控制：宋代汀州社会发展研究"（项目批准号：16BZS048）的阶段性成果。

[**] 靳阳春，三明学院教授，博士。研究方向：中国东南区域民族与族群文化。

[①] 彭兆荣认为："中心"和"边陲"是以汉文化认同为标准确立的对立概念，反映出权力的、地理空间的以及民族的这三个层次的等级秩序思想。伴随着汉文化的四面扩张，以汉人为主导的国家政治力量及社会控制不断由"中心"向"边陲"地区渗透，因此"边陲"地区以是否纳入国家权力的控制范围，即"化内""化外"而言。参见彭兆荣《边际族群：远离帝国庇护的客人》，黄山出版社2006年版，第7—13页。

设置汀州，辖三县。① 宋初，辖长汀、宁化二县。② 南宋，辖长汀、宁化、武平、上杭、清流、莲城六县。③ 唐五代时期，汀州经济落后。迨至宋代，由于中国经济重心和政治中心的进一步南移，福建一跃而为"近里"④，经济社会迅速发展。汀州在此时期人口大量增加，经济快速发展，社会风气丕变，形成了与相邻地区迥异的独特区域文化风貌，即后世所称"客家文化"。

闽西是目前所知福建境内最早的古人类活动地区，考古成果表明闽西原居民是闽越族，⑤ 直至唐朝闽西居民主流还是闽越族。⑥ 唐五代时期，汀州居民除闽越族和山都木客等土著民族外，还生活一定数量的外来人口，既有从北方迁入的汉人，也有来自今鄂西南和湘西地区的武陵蛮。唐代福建境内闽西北和闽西南都见到了莫瑶的踪迹，至宋代武陵蛮或莫瑶则广泛分布于闽粤赣交界区域，成为畲族和客家的共同先民。⑦ 汀州人口大量增加经历了二次高峰。

一 五代末期至北宋初年是汀州第一次接受北方移民的高峰期

关于北方移民进入汀州的时段，罗香林认为唐末黄巢起义时期

---

① （唐）李吉甫：《元和郡县图志》卷29《江南道五·汀州》，中华书局1983年版，第722页。
② （宋）乐史：《太平寰宇记》卷102《汀州》，中华书局2007年版，第2034页。
③ （宋）胡太初修，赵与沐纂：《临汀志》，福建人民出版社1990年版，第3—4页。
④ （宋）刘克庄：《后村先生大全集》卷93《漳州谕畲》，四部丛刊初编·集部，北京书同文数字化技术有限公司2001年电子版。
⑤ 参见林惠祥《福建武平县新石器时代遗址》，载《林惠祥人类学论著》，福建人民出版社1981年版，第252页；陈国强《闽台旧石器时代古人类与文化》，《福建师范大学学报（哲学社会科学版）》1994年第9期；林惠祥《福建长汀县河田区新石器时代遗址》，《厦门大学学报（哲学社会科学版）》1957年第1期；尤玉柱、董兴仁、陈存洗、范雪春《福建清流发现的人类牙齿化石》，《人类学学报》1989年第8卷第3期；福建博物院：《福建考古的回顾与思考》，《考古》2003年第12期。
⑥ 谢重光：《畲族与客家福佬关系史略》，福建人民出版社2002年版，第49—51页。
⑦ 谢重光：《福建客家》，广西师范大学出版社2005年版，第18页。

已有移民进入福建宁化、汀州、上杭、永定等地。① 谢重光认为唐末、五代和宋初全国动乱时期有大批移民进入汀州。② 周振鹤认为就迁往闽赣山区的移民规模而言,唐末五代的移民比两宋之际要大。③ 吴松弟认为唐末五代时汀州有很多移民迁入应无问题,只是不知是否有北方移民。④ 要而言之,学界对于北方移民进入闽粤赣交界区,即"客家大本营"的时段定位在唐末五代时期的认识较统一。但是,对于北方移民大规模进入汀州的时段并无明确界定。⑤ 笔者以前贤的成果为基础,对唐末五代至北宋初年的汀州及周边州军的户口、政区设置、移民情况等方面进行梳理,以期对北方移民大规模进入汀州的时段进行准确界定。

户口方面,论者多以唐元和年间(806—820)汀州数据与宋太平兴国年间(976—984)汀州数据比较,从而得出从唐末到宋初有大量移民进入汀州的结论。⑥ 这种结论无疑是中肯的,但是不够细致,一个明显的疑问是从唐元和到太平兴国长达一百五六十年的时段内,是否有持续移民进入汀州导致汀州人口大量增加?还是在某一个时段有大量移民进入汀州导致汀州人口大量增加?五代时汀州户口数据阙如,无法进行数据上的比较,因而不能从户口数据获知大规模移民进入汀州的准确时段。但是从其他方面能得到相关信息。

---

① 罗香林:《客家研究导论》,广东省兴宁市政协文史资料研究委员会编《兴宁文史第27辑》(罗香林专辑),2003年版,第63页。
② 谢重光:《福建客家》,广西师范大学出版社2005年版,第18页。
③ 周振鹤:《客家源流异说》,《学术月刊》1996年第3期。
④ 吴松弟:《中国移民史》第3卷《隋唐五代时期》,福建人民出版社1997年版,第305页。
⑤ 谢重光先生把大规模移民进入闽西的时段界定在唐末至宋初,北宋后期及两宋之间,尤以唐末至宋初、两宋之际最为突出。参见谢重光《畲族与客家福佬关系史略》,福建人民出版社2002年版,第79页。
⑥ 如吴松弟认为太平兴国年间(976—984)汀州户口为元和时的九倍。见吴松弟《中国移民史》第3卷《隋唐五代时期》,福建人民出版社1997年版,第305页。谢重光认为太平兴国年间汀州户口比唐元和时增幅达917%。见谢重光《畲族与客家福佬关系史略》,福建人民出版社2002年版,第79页。

（一）政区设置

先来看看福建的政区增置情况。

唐末五代时期，福建地区共增置一州十三县一场，即剑州、闽清县、宁德县、永贞县、剑浦县、顺昌县、松溪县、归化县、建宁县、永春县、清溪县、德化县、同安县、长泰县、崇安场。① 这反映出福建地区在此时期的发展是极为迅速的，其人口也应有快速增长。在增置的十五个州县中，闽北增置剑州，福州增置三个县，剑州增置二个县，建州增置一县一场，邵武军增置二个县，泉州增置四个县，漳州增置一个县，而汀州竟然没有增置一个新的行政区。由此可以推断，在唐末五代时期，虽然福建地区接纳了大批移民，导致人口快速增长，但汀州的人口并没有太多增长，因为"州县建置的基础是人口增加，开发程度提高"②，因而这一时期迁入汀州的北方流民应该不多。

唐代福建新设九场三镇，即梅溪场、感德场、归德场、大同场、桃源场、武德场、小溪场、上杭场、武平场、永贞镇、黄连镇、归化镇。③ 在九场三镇中，除汀州的上杭场、武平场外，其余七场三镇全部在唐末五代时期升置为县，表明这一时期进入福建的移民基本居住在闽北和闽东沿海地区。其间虽然有大批跟随王潮的光州入闽者进入汀州，但是其居住在福建其他地方。这就为五代末期至北宋初年进入汀州的大批北方移民提供了居留空间。

再比较一下与汀州相邻的赣南政区的增置情况。

五代直至宋初，赣南的人口尚未达到饱和。赣州在唐末五代时期接受移民时，首先是在内部安置，当内部无法继续容纳时，移民

---

① 据《新五代史·南唐世家第二》《五代会要·州县分道改置》《三山志·地理类三》《宋白续通典辑本·南剑州》《宋白续通典辑本·建州》《太平寰宇记·江南东道》统计。
② 谢重光：《客家文化述论》，中国社会科学出版社 2008 年版，第 95 页。
③ 此据朱维幹《福建史稿》上"场镇的设置"，福建教育出版社 1985 年版，第 126—128 页。

可以通过汀赣间的诸多通道继续前行进入汀州，赣南的行政区设置可以证明这一点。唐代虔州"管县七：赣，南康，信丰，大庾，雩都，虔化，安远"①，后在武夷山西侧设置瑞金监②，表明赣南的人口已逐步向东涌动，但并没有迹象显示赣南人口已达到饱和，也就不会有大量人口向汀州迁移。直到五代南唐时期，除瑞金监升为县外，另外增置了石城、上犹、龙南三县。③ 石城与宁化相邻，瑞金与长汀相邻，龙南与粤北相邻，上犹与湖南相邻，这说明此一时期赣南又接纳了大量移民，人口已扩散到州境的边缘，因而在远离州治的偏远地区已开始设立新县。

此时赣南人口仍然没有达到饱和，来自北方的流民仍然可以在赣南找到容身之所，无须继续迁徙，因而也不会有成批的移民进入汀州。北方流民继续涌入，使得赣南在宋初太平兴国八年（983），又新置兴国、会昌二县。④ 会昌县与汀州交界。自此之后直到元代的三百多年间，赣南竟未再新置一个新县。因此可以认为，直到北宋初赣南的人口才达到饱和状态，自此以后向南迁移的北方流民只能经过赣州继续向闽西或粤北，主要是向闽西迁移，流民开始途经赣南大量进入汀州南部，致使汀州人口激增。太平兴国（976—984）年间，有主户19730户，客户4277户，总计24007户。⑤ 因而在赣南人口达到饱和之后不久，汀州即于宋淳化五年（994）升上杭、武平二场并为县。⑥

由此可见，唐末五代时期进入赣南的北方民众实际上始终处于

---

① （唐）李吉甫：《元和郡县图志》卷28《江南道四·虔州》，中华书局1983年版，第672页。
② （清）顾祖禹：《读史方舆纪要》卷88《赣州府》，中华书局2005年版，第4068页。
③ （宋）乐史：《太平寰宇记》卷108《虔州》，中华书局2007年版，第2186—2187页。
④ （宋）王存：《元丰九域志》卷6《江南路·西路》，中华书局1984年版，第251页。
⑤ （宋）乐史：《太平寰宇记》卷102《汀州》，中华书局2007年版，第2035页。
⑥ （宋）王存：《元丰九域志》卷9《福建路·汀州》，中华书局1984年版，第404页。

流动之中。而"只有具备一定的移民的数量,并生活在一个相对封闭的环境中,才能长期保持并延续北方的文化特征"①。在拥有上述条件后,还必须在一个稳定的环境中,经过长时段与其他族群的交流融合,才可能孕育形成一个新的民系。显然,流民是无法完成这一任务的。

(二) 移民方面

朱维幹先生对唐末五代时期迁入福建的移民进行了考证,所列移民落户于福建有名姓可考者,建州14人,泉州6人②,福州2人,漳州1人。③ 吴松弟对唐末五代迁居福建的127例北方移民进行了统计,迁入福州31人,泉州36人,建州31人,另有29人具体居住地无考,而未见有移入漳州和汀州的实例。④ 此一时期迁入福建的人口数量是非常多的,光州移民的迁入是在此期间人数最多最重要的一次移民。此次移民规模很大,陆游说:"唐广明之乱,光人相保聚,南徙闽中,今多为大家。"⑤ 其移民人数,《资治通鉴》载南迁之始,"悉举光、寿兵五千人,驱吏民渡江"⑥,而此部兵马"自南康入临汀,陷漳浦"时,已"有众数万"⑦。吴松弟估计有"二三万人左右"⑧。宋代许多福建人的墓志铭和神道碑,凡提到祖先在唐末五代自光州迁入者,均有"举族迁入""全家迁

---

① 吴松弟:《客家源流南宋说》,《复旦学报(社会科学版)》1995年第5期。
② 其一为陈渊。据刘敬《金门县志》卷1《沿革》载:"陈渊于贞元十九年为浯州(今金门县)牧马监,从渊而来者十二姓。"转引自朱维幹《福建史稿》(上),福建教育出版社1985年版,第130页。由此可知,唐末五代时期迁入泉州有名姓可考者虽然只有6人,实则迁入泉州者要远多于此数。
③ 详见朱维幹《福建史稿》(上),福建教育出版社1985年版,第130—131、147—150页。
④ 吴松弟:《中国移民史》第3卷《隋唐五代时期》,福建人民出版社1997年版,第306—310页。
⑤ (宋)陆游:《渭南文集》卷33《傅正义墓志铭》,中国书店1986年版,第207页。
⑥ 《资治通鉴》卷256《僖宗光启元年正月》,中华书局1956年版,第8320页。
⑦ 《新五代史》卷68《闽世家第八》,中华书局1974年标点本,第845页。
⑧ 吴松弟:《中国移民史》第3卷《隋唐五代时期》,福建人民出版社1997年版,第302页。

入"之语。①

唐末五代时期北方流民迁入福建，主要分布在福、泉、建三州的各县。② 一方面是因为闽北和闽东沿海是福建地区较早开发的地区，另一方面则是由于交通的原因。闽北是中原王朝经营福建最早进入的地区，闽赣之交的杉关路和分水关路，以及闽浙之交的柘岭路，则是福建与中原交通的最早通道，因而也成为唐末五代时期北方移民进入福建的首选通道。③ 闽北的富庶吸引了大批流民定居④，各方人士汇聚闽北。⑤ 这一点还在"以唐天宝福建各州辖境为单位，统计自唐开元至北宋初太平兴国年间的各州户数增长百分比，可以发现西部建州最高，达837%"⑥，得到证明。而闽北与汀州之间并无道路可通⑦，兼之汀州经济落后，故北方移民极少向汀州迁徙，多由水路沿闽江而下，或沿在唐元和二年（807）陆庶开凿的自福州至延平的西门路而下，向福建东部沿海迁徙。

唐末五代时期经赣南进入于汀州的流民最多的是王潮入闽，"自南康入临汀，陷漳浦，有众数万"⑧，从江西南康过临汀直达漳州。后南唐亦由此路进攻闽国。此路即越长汀县西60里的新路岭，直抵瑞金县，乃汀赣分界之所，是由江西进入汀州的主要通道，但

---

① 吴松弟：《中国移民史》第3卷《隋唐五代时期》，福建人民出版社1997年版，第304页。

② 同上。

③ 靳阳春：《宋元时期汀州区域开发与客家民系形成》，中国社会科学出版社2015年版，第49页。

④ 如"将溪据闽之上游，地险而隘。……鱼稻果蔬，与凡资身之具，无所仰而足，故五季之乱，人乐居焉。"参见（宋）杨时《龟山集》卷24《资圣院记》，清康熙四十六年本，第19页。

⑤ 《八闽通志》："自五代乱离，江北士大夫、豪商、巨贾，多避乱于此。故建州备五方之俗。"参见（明）黄仲昭修纂《八闽通志上》卷3《风俗》引《建安志》，福建人民出版社1991年版，第42页。

⑥ 吴松弟：《中国移民史》第3卷《隋唐五代时期》，福建人民出版社1997年版，第305页。

⑦ 《闽中沿革表》载："汀州采访录附杨睿曰：……（汀州）其东北境，今长汀、宁化地毗连将乐、邵武一带，自是山洞盘互，道梗未通。"参见（清）王捷南《闽中沿革表》卷5《长汀县》，道光十九年本。

⑧ 《新五代史》卷68《闽世家第八》，中华书局1974年标点本，第845页。

是"峭险壁立,砂砾崎岖,行者病焉"①,极其难行。跟随王潮由光州入闽者,虽由汀州入闽,所居却在福建其他地方,"光启间,十姓从王潮光州固始入闽,或于三山,于莆,于漳,于潮"②。如北宋大学士苏颂的先祖随王潮入闽,定居泉州同安;③生于唐末的慧悟禅师,其先君也是从王氏入闽,居晋安;④宋代文人陈襄,其先祖也是从王潮移居至闽,居福唐;⑤《黄中美神道碑》言:"盖(黄)公讳中美,字文昭,其先光州固始人,从王潮入闽,居建之浦城,后徙邵武。"⑥

综上所述,唐五代时期,汀州经济落后,缺乏进入的便利通道,很少有北方流民从闽北进入汀州。当时赣南尚属地旷人稀,成为北方流民为躲避战乱向南迁移时的容身之所,因而也没有大量流民从赣南进入汀州。汀州人口在唐末五代时期基本属于自然增长,人口数量不可能急剧增长,所以周边地区升置了大批政区,而汀州无一。直到北宋初年,赣南人口达到饱和,再也无法容纳新的移民时,开始有大批移民途经赣南从武夷山南段众多低矮隘口进入汀州南部,因此于宋淳化五年(994)升上杭、武平二场并为县。这是汀州第一次接受大批北方移民的时期,也是汀州人口增长的第一个

---

① (宋)胡太初修,赵与沐纂:《临汀志》,福建人民出版社1990年版,第40页。
② 郑芝龙:《石井本郑氏宗族谱序》,《台湾文献丛刊》069种,台湾银行1970年排印本,第1页。
③ 《叔父卫尉寺丞景陵府君墓志铭》:"叔父讳绎,字襋甫。谨案家谱:苏氏自唐许文正公壤至叔父,凡三徙籍,今为安州景陵人……自固始从王潮入闽,又属泉州同安人。"参见(宋)苏颂《苏魏公文集》卷62,景印文渊阁四库全书,第192册,台湾商务印书馆1983年版,第665页上。
④ 《故唐慧悟大禅师墓志铭》:"大禅师名冲煦,字大明,姓和氏。……末叶堙沈,徙居固始。先君从郡豪王氏南据闽,方今为晋安人也。"参见(宋)徐铉《骑省集》卷30,景印文渊阁四库全书,第185册,台湾商务印书馆1983年版,第229页上。
⑤ 《先生行状》:"公讳襄,字述古,其先本光州固始人。当五代之末随王氏入闽,因家于闽之福清,令为福唐人。"见陈襄《古灵集》卷25,景印文渊阁四库全书,第193册,台湾商务印书馆1983年版,第705页上。
⑥ 该碑为南宋淳熙十五年(1188)正月二十八日刻,碑在福建邵武铜青山下,拓片通高192厘米。朱熹篆并正书,方士繇题额,翁镇等镌。该拓片收录于北京图书馆金石组编《北京图书馆藏中国历代石刻拓本汇编》43册,中州古籍出版社1989年版,第148页。

高潮时期。

二 两宋之际是汀州第二次接受北方移民的高峰期

宋代汀州户口持续增长，经历了两次大的增长时期：第一次是从太平兴国（976—984）24007户增至元丰年间（1078—1085）81454户①，历时一百年左右，增幅达239%；第二次是从北宋末崇宁元年（1102）至南宋中叶庆元年间（1195—1200）②，又历时一百年左右，汀州户数从81454户增至218570户，净增137116户。

学者认为第一次增长处在承平时期，一百年间汀州户口增长两倍多，基本上属于人口正常的自然增长。可以肯定的是，此一时期汀州虽然也接受了一部分外来移民，但是数额不可能太多。③ 那么第二次人口增长则是两宋之际的靖康之乱使得北方汉人再次大量南迁，其主要迁入地就是汀州，汀州迎来了第二个人口增长高潮，增长了一倍还多。关于这次移民的构成，主流是北方汉人，主要有四部分人：南宋初期迁入的北人；南宋中期迁入的归正人；南宋后期自江南其他地区迁入的北人后裔；驻守当地由北方人组成的军队。还有一部分原居住在江西中南部的汉人和来自荆湘地区武陵蛮、莫瑶等畲族先民。④

汀州成为宋代北方移民南迁的主要接纳地，有以下原因：

一是内部的吸引力。汀州因为地处遐方，国家权力范围很难延及，建置较迟，再加上土著人口多且落后，故而开发较晚，其社会经济落后于相邻的其他州郡。而这正好满足了流民进入汀州后对空

---

① 据《太平寰宇记》卷102《汀州》和《元丰九域志》卷9《福建路·汀州》统计。
② 据《宋史·地理志》《临汀志》统计。
③ 谢重光：《畲族与客家福佬关系史略》，福建人民出版社2002年版，第77—78页。
④ 详见吴松弟《中国移民史》第4卷《辽宋金元时期》，福建人民出版社1997年版，第351—353页；谢重光：《畲族与客家福佬关系史略》，福建人民出版社2002年版，第77—78页。

间、资源及社会角色的需求，所以大量流民留在了汀州。武夷山的心理屏障作用也形成对流民的吸引力。对于在北方战乱中失去家园的流民而言，翻越武夷山虽然艰难，但是绵亘高耸的武夷山脉宛如一道天然屏障，把他们与饱受其害的战乱隔绝开来，只要能有一个安身之所，能够再创家园，就有足够的吸引力。①

二是外部的推力。迨至宋代，汀州周边的福建其他地区和赣南地区早已人口饱和，北方流民无处存身，只能流向地旷人稀的汀州。

三是外部的交通。历史上从江西进入闽西的途径不外两段，一是从武夷山北段的分水关和杉关等几条通道翻越武夷山入闽，先到闽北各县，再从闽北迁入闽西；二是翻越武夷山南段赣闽之间的多处隘口进入闽西各地。② 赣州是北方流民进入汀州主要的途经地。

北方流民迁徙到赣州有水路与江淮相通之便③，更重要的原因是赣州居于长安至广州和洛阳至广州的驿道之上，一是"从长安至岭南的驿路，由长安经襄州（治所在今湖北襄樊）、鄂州（治所在今武汉市武昌）、洪州、吉州、虔州（治所在今江西赣州）直达广州"④。二是"洛阳东行至汴州，循运河东南行经杭州岭南道。此道先从洛阳向东出发抵达扬州（今江苏扬州市），而后至杭州（今浙江杭州市），自杭州向西南循钱塘江陆行，至睦州（今浙江建德市东），再南行至婺州（今浙江金华市），自婺州西行至衢州（今浙江衢州市），再由衢州西行，经信州（今江西上饶市）至洪州（今江西南昌市），然后循赣水向南经吉州、赣州，越大庾岭而至广州及岭南各地"⑤。这两条驿道使得北方流民迁徙至赣州极为便利。之后，因为宋代赣州人口已经饱和，大批流民便进入汀州。

---

① 靳阳春：《宋代汀州道路考》，《三明学院学报》2010年第5期。
② 同上。
③ 谢重光：《畲族与客家福佬关系史略》，福建人民出版社2002年版，第75页。
④ 臧嵘：《中国古代驿站与邮传》，中国国际广播出版社2009年版，第94页。
⑤ 曹家齐：《唐宋时期南方地区交通研究》，华夏文艺出版社2005年版，第39页。

结　语

　　移民是一个地区人口急剧增多的主要原因，也是一个地区开发进程加快的重要原因，一定数量的劳动力是地区充分开发的决定因素。唐五代时期，汀州经济落后，缺乏进入的便利通道，很少有北方流民从闽北进入汀州。其时赣南尚属地旷人稀，成为北方流民为躲避战乱向南迁移时的容身之所，因而也没有大量流民从赣南进入汀州。直到北宋初年，赣南人口达到饱和，再也无法容纳新的移民时，开始有大批移民途径赣南进入汀州南部，汀州第一次接受大批北方移民。两宋之际汀州第二次接受大批北方移民。

　　汀州成为宋代北方移民南迁的主要接纳地，一是因为内部的吸引力。汀州因为地处遐方，其社会经济落后于相邻的其他州郡。而这正好满足了流民进入汀州后对生存空间、资源及社会角色的需求，所以大量流民留在了汀州。二是因为外部的推力。迨至宋代，汀州周边的福建其他地区和赣南地区早已人口饱和，北方流民无处存身，只能流向地旷人稀的汀州。而在两次移民高潮之后，汀州人口饱和之后，南宋时期即有汀州移民流向人口稀少的梅州等地。

　　大量移民进入汀州不仅增加了劳动力数量，更因为来自经济文化发达地区，拥有更为先进的生产技术和文化，从而加速了汀州的开发。移民最初不能获得充足的土地资源，不得不寻求新的经济来源，汀州丰富的矿藏资源为其提供了绝好的物质基础。作为北宋时期汀州的支柱产业，矿冶业为大量人口提供了直接从事或间接服务于矿冶业的机会，使大批来自不同文化背景的移民拥有共同的经济来源，在共同的经济社会中结成命运共同体，促进了各族群间的相互交流。北宋时期，汀州私盐贩卖是百姓为改善生活的补充手段。而到南宋，汀州矿冶业衰败，大量从事矿冶业的人口失业；又经历第二次移民高潮，人口再次急剧增加，地狭人稠现象明显，私盐贩卖成为汀州经济生活中大部分人赖以谋生的重要产业，半数以上的人口以此为业。

宋代生活在汀州的各个族群，包括汉族、畲族以及原土著民族，从最初为争夺资源而产生冲突，到后来为了共同的利益而团结战斗在一起。在这样一个长期的大范围的活动中，生活在汀州的各个族群相互接触、冲突和整合，这对汀州各族群的交流融合和族群文化的同一化起着极为重要的促进作用，并最终促成了客家民系和客家文化的形成。

客家民系是汉民族中唯一不以地域命名的族群，其形成受到多种因素影响。而汀州社会的发展变迁是促使客家民系及其文化形成的最主要原因。因而剖析汀州经济社会的变动原因及过程，对理解中华民族多元一体格局的形成有一定的探索意义。

清代西南边疆山区移民与地方社会[*]

罗 勇^{**}

（大理大学民族文化研究院）

摘　要：本章结合清代云南流民政策和处置措施，以巍山西部山区的移民家谱为个案，讨论西南地区流民的迁徙和身份问题。清代道光之前云南的垦荒和挖矿都是鼓励本省人进行，政策上不支持外省流民进入。随着客长制度的推行，以及道光初年允许流民在当地落户，再加上邻近省份人口的饱和、当地的战乱使人口减少、土地荒芜、发展矿业需要等因素，吸引了大量省外流民。由于清朝的户籍制度以及山区的土地所有权等因素，流民即便获得了合法身份，也会被区别看待。

关键词：清代　云南　山区　流民

李根源《滇西兵要界务图注》中载："自楚雄来，凡穷乡僻壤，或深山穷谷中，皆有四川人侨居垦殖。故滇人称川人曰火烟到，以其有火焰之处无不到。滇中土旷人稀，川人能耐苦，善耕种，迁来之人愈多，愈滇土之利也。"[①] 李根源的发现是清代流民

---

* 本文为2016年度国家社科基金青年项目"明清西南边疆移民在地化研究"（项目批准号：16CMZ004）、香港特别行政区大学教育资助委员会卓越学科领域计划（第五轮）"中国社会的历史人类学研究"（项目批准号：AoE/H—01/08）的阶段性成果。

** 罗勇，历史学博士，大理大学第八批中青年学术带头人培养对象，主要研究方向为中国西南边疆历史。

① 李根源：《滇西兵要界务图注》卷1，腾冲李氏刻。

在新居地初期的生活常态。这些流民分散居住在较偏僻的山区、河谷，或参与到附近矿业开发中，或耕种山区的土地。云南省巍山县西部山区，尤其是马鞍山乡铁厂河两岸山麓以及紫金乡金沙坪一带是这类移民的分布地区。与周边居民村落如彝族村落、白族村落，以及坝区汉族村落较为集中相比，他们的村落则分布在山麓的缓坡、台地上，较为分散。他们是汉族，又自认为跟坝区的汉族不同。他们同彝族村寨交错分布，又不和彝族通婚。这些现象反映了移民的社会关系。对移民的社会关系进行研究，有助于深入认识移民在西南边疆地区的在地化历程。因此，笔者试图从该区域的资源、交通、人群分类、土地制度、流民政策和迁徙历程等方面展开论述，在分析这一区域的移民的来源、获得土地的方式、与周边群体关系的基础上，回答是什么因素让山区汉人移民与坝区的汉人身份不同，为什么他们会成为"客"，进而讨论西南边疆地区不同群体之间的关系和移民的身份地位。

一　资源与交通

云南省巍山彝族回族自治县马鞍山乡位于巍山县西北部，南接庙街镇、五印乡，东接大仓镇、永建镇，北连紫金乡，西隔黑惠江与漾濞县鸡街乡相对。该区域有明确记录的历史可以追溯到明代。洪武十五年设蒙化州，正统十三年设蒙化府，辖三十五里，该区域属于三十五里之一。清康熙三十六年在蒙化府推行乡约体系，三十五里分为新兴、蒙城、安远三乡，马鞍山属于新兴乡和蒙城乡。民国初年与大仓约、巡检约、三胜约同属于蒙化县第二区，民国后期设为卫西乡。中华人民共和国成立之后，设马鞍山区，后撤区设乡。乡政府驻地在漾林，境内主要有汉族、彝族、苗族、白族等，辖三胜村、红旗村、青云村、河南村、三鹤村和五里巷村六个行政村，总面积 206 平方千米，① 2010 年第六次人口普查总人口为 1.58 万。②

马鞍山乡因境内产铁矿的马鞍山而得名。全乡山多平地少，地形复杂。境内有铁厂河、歪角河，有马鞍山、大王山、被窝山、五台山、打比么山、作没顶山、茶山等，有铁、铜、银等矿藏。这一区域在明末清初就烧炭采矿，但因为炭远铜深而一度停止。③ 在平定三藩之乱后，蔡毓荣上《筹滇十疏》建议勘察蒙化铁矿是否具备招商开采条件。④ 到光绪时马鞍山铁矿开采最盛，有双龙洞厂、罗旧村山四厂、老长、板桥厂、老厂、中厂、田口村山下厂以及外西区厂等。⑤ 铜矿主要分布在歪角河流域的歪角村，历史上曾开采过，留有 18 个老矿洞。⑥ 甘家坪子是境内主要的银矿，明清时已开采，留有 12 个矿洞。⑦ 矿业的发展形成了挖矿、烧炭、炼矿、运输、商贸的产业链。⑧ 其中，交通是连接各地的基础。

马鞍山乡处于云南境内交通干线的边缘，但由于矿业的发展，该区域成为巍山境内重要的交通节点，沿着铁厂河、歪角河形成南、北两条东西向的交通线。铁厂河流域往东溯铁厂河而上，经过弯腰河，可抵达西山街；往西沿着黑惠江东岸山地溯流而上，从紫金渡黑惠江，抵达漾濞瓦厂，到白竹山与永平交界，再往西抵达龙街、曲硐，连通滇缅交通干线。歪角河流域往西抵达江边，渡黑惠江，到漾濞鸡街，再往西到永平龙街、曲硐，连通滇缅交通干线；东则经过三鹤、张宝、麦作、大黑山，抵达龙于图山，是蒙化土官

---

① 《巍山彝族回族自治县志》，第 53、75 页。
② 《巍山年鉴》，德宏民族出版社 2012 年版，第 369 页。
③ 《蒙化府志》点校本，第 52 页。
④ 《续云南通志稿》卷 179，艺文志·奏议二·蔡毓荣《筹滇十疏》。
⑤ 《巍山彝族回族自治县志》，第 104 页。
⑥ 同上书，第 102 页。
⑦ 同上书，第 103 页。
⑧ 刘昆年：《我对巍山解放前工商业情况的回忆》，载《大理文史资料选编》第四辑，云南民族出版社 2009 年版，第 259 页。

左氏控制歪角河流域的交通线。该区域南部边缘也有连接该区域与巍山坝子和黑惠江以西山地的交通，即从庙街营盘村往西，经过大黑山、石头村、底妈无、龙街、战马古郎，渡过黑惠江，抵达漾濞鸡街。

马鞍山乡往东进入巍山坝子北端之后的交通以大仓、巡检为中心。从大仓出发，往北渡过永济桥，经过巡检、西山、金沙坪、紫金，渡黑惠江，抵达瓦厂，与沿铁厂河往西的线路连通。或者从大仓往东北，经过小围埂、马米厂、银厂箐、红岩，抵达官乃铺或倚江铺，与云南境内东西交通干线连通。又从云南驿往东北行，沿着楚场河到石羊，再往东可以到大姚；或者沿楚场河到三岔河，再沿着一泡江抵达铁锁。从巡检出发的交通线，从巡检往西北经过飞立塘、者摩、四十里桥、平坡，往北经过漾濞渡云龙桥，往西北抵达扎勿，与云龙交界，可到六库等地区；或过云龙桥往西，与滇缅交通干线连通。杜文秀起义时期，杜文秀政权发展与四川的商贸，开通了两条道路。一条从巡检往北，经过瓦窑河、瓦房哨、三台山丫口，进入凤仪，再经过牛井、片角，渡过金沙江到金沙街、期纳，经过宁蒗、盐源，可抵达西昌；一条从宾川经过平川、钟英，经过米场渡口进入永胜。[①] 这些线路成为此后流民迁徙的路线。

以上是清后期以来马帮经常行走的路线。正是这些交通线，尤其是通往内地的交通线，形成了内地居民往蒙化迁徙的基础。

二　人群与身份

一般认为，洱海区域的人群在秦汉时是哀牢夷或者昆明夷，但至少到三国时期哀牢夷已在洱海以南占优势。唐初，哀牢夷建立蒙舍诏和蒙嶲诏。蒙舍诏兼并蒙嶲诏，统一洱海区域、中国西南大部分。由于南诏曾将滇东的西爨白蛮迁徙到滇西，哀牢人也因此被称为爨，有黑爨之称。到元朝后期，这一区域的部分爨人接受招抚，

[①] 《巍山回族简史》，云南民族出版社2000年版，第137页。

成为熟爨,有首领担任火头。未招抚的则称为生爨。到明代爨被称为摩察,他们居住"多依山谷,聚族而居",有江内、江外之分,"江内部夷柔而守纪,江外数支以勇悍"著称。① 到清代爨分为濮落、摩察两支,又统称为罗罗②,清末时受国家文化影响较大,富者亦学汉式,多短衣,妇女衣服如汉装,或缺其前,以布裙半截围之。

僰人是继哀牢之后来这一区域的另一群体。一般认为他们是南诏、大理国时期派驻在蒙化境内的军人或者官员的后裔。到清初僰人贫富分化已很严重。以耕种为业,编入里甲,有当地户籍的叫土著。清初从大理迁来的流民,以纺织为业,富则定居,穷则迁移,不入里甲,没有当地户籍的叫寄住。到清末时,坝区的僰人大多接受了国家文化,融入汉人群体中,只在西北接近赵州的落马处、猪街子等处有四十余户。

在汉族来之前,蒙化境内还有回族。根据地方志,蒙化境内的回族来源有二。一是跟随元世祖而来,他们编入里甲,有当地户籍。二是明初跟随沐英而来屯田的。在清代,蒙化境内的回族最盛时有大小18寨,在蒙化城外的人文巷、公郎的回营以及其他地方也有零星散处。杜文秀起义之后,人口减少,西部山区只有新兴乡的贝贝禄、瓦怒巴有少量分布。

康熙时,蒙化境内的汉族有汉人、客民的区分。汉人是明代卫所军户的后裔。明朝在蒙化境内设蒙化卫,辖左、右、中、前、后、中左、中右、中前八个千户所③,其中汉军千户所七个。④ 清康熙五年撤销蒙化卫,将蒙化卫所属军户改属蒙化府。⑤ 这些明代卫所军户后裔被称为汉人。所以康熙《蒙化府志》说汉人"皆洪

---

① 天启《滇志》卷30《羁縻志·土司官氏·蒙化府》,《云南史料丛刊》卷7,第55页。
② 《蒙化府志》点校本,第54页。
③ 景泰《云南图经志书》卷5《蒙化府·公廨》,续修四库全书·史部·地理类,第102页上。
④ 《蒙化府志》点校本,第115页。
⑤ 康熙《云南通志》,卷四建置郡县,康熙三十年刻本,五十三 b。

武初开设卫所官军之后"。客民则是康熙时从外地迁来经商的商人。其中"豫章、巴蜀之人居多。勤贸易，善生财，或居阛阓，或走外彝"①。跟清代中后期来的没有生计的外省流民相比，客民以经商为合法生计，由同乡客长管理。②

康熙以后蒙化府不再区分汉人和客籍，仅列汉户，将明代卫所移民后裔（汉人）以及康熙时的客民都列为土著汉人，说"本境山多，平原少。汉人皆居平原，居山者尽倮夷"③；"自明洪武中，始有汉族，均从征来者，一宦籍、一军籍。是后来者皆商籍，无甚大姓云"④。

实际上，客籍中有部分是早期来蒙化的流民。虽然云南地方官员认可的垦荒模式是招募本地民、夷垦荒⑤，矿山也只允许本地殷实有力之家或富商大贾招徕本地矿工开采；⑥但随着附近省份人口饱和，仍有流民进入云南。⑦乾隆、嘉庆时期将发现的流民遣返原籍⑧，但仍有流民留下来。如流民贿赂客长，冒充客商；即便是不冒充客商，流民只要按规定登记，接受客长管理，也可进入在移居地居住。⑨道光时期则允许租佃已登记的田地，或在旷远之处垦山种地的流民在移居地居住，将其编入里甲，或设客长管理，并纳入乡约体系进行约束、教化。⑩

允许流民在垦荒地落户之后，流民可以在当地获得合法身份而

---

① 《蒙化府志》，德宏民族出版社1998年版，第48页。
② 《威远厅志》卷3《户口》。
③ 《蒙化乡土志·户口·汉户》。
④ 《蒙化乡土志·户口·氏族》。
⑤ 《清会典事例》，《新纂云南通志》第7册，卷138《农业考一·屯垦、清丈》，第6—7页；《清朝通典》卷1《食货·田制·民田》。
⑥ 《续云南通志稿》卷179《艺文志·奏议二·蔡毓荣〈筹滇十疏〉》；《圣祖实录》卷255"康熙五十二年五月辛巳"。
⑦ 《清朝通典》卷1《食货一·田制·民田》；《世宗实录》卷67"雍正六年三月丁丑"；《高宗实录》卷311"乾隆十三年三月壬子"；贺长龄《皇朝经世文编》卷82。
⑧ 《高宗实录》卷851"乾隆三十五年正月丁未"。
⑨ 《高宗实录》卷650"乾隆二十六年十二月戊辰"。
⑩ 《宣宗实录》卷54"道光三年七月戊寅"；《宣宗实录》卷311"道光十八年六月己丑"；道光《威远厅志》卷3《户口》。

持续涌入，再加上正常的人口繁衍带来人口的增长，云南境内的粮食逐渐出现供不应求的局面，云南境内可供开垦、适宜耕种的荒地逐渐减少，甚至道光十八年已劝民众开垦本不适合农耕地区的荒山①，并开始限制流民进入。② 土地减少和人口增加加剧了不同群体对生存资源的争夺。如道光十八年有人奏滇黔两省外来客民流民盘剥苗人土司田产③，甚至咸丰元年各矿山的矿工"五方杂处，引类招朋，而临安、开化、广南、永昌、广西各府州属兼有夷人、沙人、侬人等犷悍成性，聚众滋扰"④。这些小范围的冲突最终发展成为区域性的争夺。蒙化境内在咸同年间"天灾流行，干戈四起，死于疫者十之一，死于兵者十之三；轻去其乡，流离外境者又十之一二；其存者十四五而已。壬申初，平料民户，籍仅八千余"⑤。"承平后流亡未集，田地荒芜"⑥，等待开垦，矿业也待恢复。⑦ 杜文秀起义之后，移民陆续迁来，从蒙化西部山区有大量矿洞以及笔者搜集到的家谱所记迁徙历程来看，清末已有大量流民在蒙化西部山区垦荒居住。如清末《蒙化乡土志稿》中有阿克塘、江边一带，及公郎之白石岩、白马箐、土莫塘、母底罗、箐头五十余户流民。

蒙化裁撤卫所之后里甲编户和屯户的分布大体以坝区、山区为区别，屯户分布在坝区，里甲编户分布在山区。屯户为明代的卫所移民后裔，里甲编户则以土著爨人、僰人为主，经商的客民则由客长管理，主要居住在城镇，垦荒流民则根据其所居地或归各里乡约、村寨，附入保甲，或新设客长稽束。道光时期乡保甲长负责本辖区流民的统计之后，流民进入山区垦荒必须经过乡保甲长同意。这样乡保甲长实际上控制了流民，并顺势将荒山纳入自己名下，要求流民向乡保甲长租种土地，流民沦为山区乡保甲长的佃户。

---

① 《宣宗实录》卷306"道光十八年二月癸亥"。
② 《宣宗实录》卷311"道光十八年六月己丑"。
③ 《宣宗实录》卷316"道光十八年十一月戊午"。
④ 《文宗实录》卷34"咸丰元年五月丁未"。
⑤ 《蒙化乡土志·户口》。
⑥ 《蒙化志稿》点校本，第48页。
⑦ 《德宗实录》卷593，光绪三十四年六月戊寅。

三 移民中的个体

巍山西部山区如紫金乡的金沙坪、马鞍山乡的前山、后山，其他地方如火山、上河、下河、猴子箐、花椒村都是移民村寨，其村民被当地彝族称为客家。笔者在后山村收集到胡氏、李氏、施氏、郑氏家谱，在三鹤歪角上河自然村，搜集到了龙氏、许氏、文氏族谱。这些族谱记录了这些家庭的迁徙历程，通过分析这些迁徙历程和这些家庭之间的婚姻关系，可以发现个体与社会之间的互动关系，以及这些移民初到该地的社会情况。

后山郑氏《祖德宗功流传纪年谱记》，绵纸手抄本，封面题"祖德宗功流传纪年谱记"，原本抄于1935年，郑万发抄写，1995年郑传寿续写，全谱2900余字。该谱首先叙述郑氏起源和迁徙历程，以及从西昌以来各代的生庚八字，尤详于其祖先从西昌迁来蒙化西山的过程。郑氏据说原籍陕西，后迁入贵州，又从贵州迁到四川省宁远府西昌县所属地名鱼水普格汛街上打鞦坝。到郑先传这一代是清朝道光年间。当时旱潦不匀，历年歉收；又有附近凉山夷人不分昼夜劫抢，侵掠汉族人家。听说云南迤西一带地广人稀，田土沃膏，易得播种。于是郑先传弟兄连家迁移至永平县属白竹山蒋家坪落家佃种。郑先传在永平租佃土地、打铁为生，他死在永平白竹山。郑先传的儿子郑代明"迁动移家不止数处"，到蒙化西山一带当铁匠，死后埋在小围埂公坟。郑代明的儿子郑德福1859年出生在永平白竹山，也是铁匠，迁移到蒙化西山铁厂河后山。此后郑氏便定居于此。

歪角龙氏《龙记泐置藏羽音武陵郡宗族谱籍簿》，手抄本，封面题签"龙记泐置藏羽音武陵郡宗族谱籍簿"，1964年龙震霖编写，全书3000字左右，主要内容包括序、龙氏源流以及生庚簿。据记载，龙氏在洪武时期从江西吉安府迁移到四川重庆南川县东关坝，康熙时迁移到盐源县中所那洒田汛，在那里发展成为大家族。同治时期龙宗顺（1862—1919）斗不过恶霸吕三保，约着赵姓、罗姓两个朋友到云南经商。他们来到蒙化北部的小围埂、碗窑、巡检司一带。后来龙宗顺去保山做生意，留在蒙化的赵姓、罗姓不守法，被抓去充军。龙宗顺因此不敢回家，就到后山为铁厂烧炭，并佃种杨兆儒的土地。杨兆儒也是盐源人，住在前山。经人介绍，杨兆儒将女儿杨氏（1876—1934）嫁给龙宗顺，1898年生龙震霖。1919年龙宗顺死于后山家中。不久，杨氏及其子龙震霖搬到歪角定居。

后山胡氏《胡氏谱序总述改志书启记》，绵纸手抄本，封面题"胡氏宗谱志述记本"，落款"一九七〇年龙震霖恭缮"。之后有续写。龙震霖据胡氏口述誊写。族谱内容包括修谱缘由、序、根源诗、始祖迁移改姓改嫁过程，以及历代生庚八字。胡氏经历了从江西到四川永川，到盐源，再到云南蒙化后山的迁徙过程。始祖胡攀龙由四川永川府大足县移族迁家到盐源县中所司，生子胡琳，胡琳生子胡世爵，胡世爵生子胡文魁，胡文魁生子胡学易。胡学易早亡，妻改嫁周耀，子更名周兴才。周兴才生子周维富，周维富生子周礼常（1895—1971）。清光绪年间，周兴才携子带孙从盐源中所司马鹿塘移居迁家到云南蒙化马鞍山铁厂河后山，送周礼常到学堂发蒙读书，将其归宗胡姓，改名胡昌国。1918年瘟疫，周兴才夫妇去世，周维富全家搬到阿克塘江边。此后胡昌国到后山给龙震霖（1898—1972）当长工。经龙震霖做媒，胡昌国入赘到后山李世华家，与李世华长女李长秀结婚，改名李富和，抱养长子李文清（本名杨金桥，芝麻坎人），另亲生李文光、李文智。李文智这一支归宗胡姓，改名胡仁栋。

后山李氏、袁氏《祖德宗功籍谱记》，A4纸打印稿，封面题"祖德宗功籍谱记"，2005年编，全书5万余字。内容记述袁氏、李氏两家的迁徙历史和历代生庚。据记载，袁氏系江西省人，从江西迁到湖广，又从湖广移家迁至四川省川北道湖广湾。到袁春富时从川北道湖广湾迁移至本省雅州上难道军粮府假通龙枢亩林地金沙江边居住，生子袁有才。袁有才4岁时，夏秋之际洪水涌涨，袁春富捞柴薪落水身亡。妻子改嫁李万林，袁有才改名李有才。李氏也是江西人，清初迁到四川省雅州府穷浦大依县头浽清场，数代又至宁远府冕宁县锣鼓凹子厂。李万林在这里出生，是一个制作木瓢的工匠，娶袁春富之妻，子李有才生四子李世荣、李世华、李世富和李世贵。清光绪末年彝族劫扰，又遇饥荒。听说滇省迤西一代地广人稀，土沃膏腴，李有才携长子李世荣到蒙化县铁厂后山，将李世荣入赘到胡姓。宣统元年李有才回四川将李世华、李世贵接到云南，住在李世荣家。1910年李世荣家迁到漾濞漓坡，次年被土匪杀死，留下二女一男及妻子胡氏，大女儿叫李长秀，就是胡昌国的妻子。李世华娶嫂子胡氏，并照料李世荣的儿女。李世华跟胡氏生女李翠银。李世贵归宗袁姓，其儿子李富兴改名袁文清。

歪角许氏《许氏置藏略述祖籍流芳及生庚命簿》，绵纸抄本，题"许氏置藏略述祖籍流芳及生庚命簿"，2000余字，1948年许琢禄记述，2007年誊抄并续。记许氏迁移历程和生庚簿。据载，许氏从江西到湖北，后随征贵州苗乱。平定苗乱后到四川冕宁定居。到许增才这一代又从冕宁回到贵州。许增才有儿子许洪先（1862）因为兄弟分家田产矛盾，赌气离家出走，到云南旧州，娶旧州张林才的女儿，婚后迁到永平县中锅箐，生子许琢禄、许琢富。许洪先死后被埋在杉阳石竹箐。两个儿子带着母亲又到石门五井，许琢禄在五井高等学校谋职，母亲在这里去世，埋在五井黄土坡。许琢禄娶六库小厂老荒地夏氏，过着四处游荡的打猎生活，长女1920年出生在六库，长子1924年出生在洱源，次子1925年出生在宝丰，次女1931年出生在凤仪，三女1933年出生在东山白鸡厂，小女儿1942年出生在大黑山。1943年次子在歪角被抓去当兵，为了等他的儿子，许琢禄便在歪角住下。

后山施氏《施氏家谱》，A4纸打印本。施姓本来是江西江宁人，第一代祖先施贤夫妇到贵州平越直隶州余庆县余里七排八甲小地名施家寨，生施之荣。第三代施绍廷闻云南迤西各县属地广人稀，田土膏沃，以易耕播，风俗淳朴。于是在道光末年夫妇离开贵州移居至永平县高枧槽墨石坡。在这里生第四代施文达，施文达生子施有贵，施文达葬墨石坡。杜文秀起义平静之后，光绪初年施有贵夫妇移家铁厂河后山佃居。施有贵夫妇在永平生有施仁义、施仁发、施翠云等子女，时间在1859年到1864年之间，到后山1865年生女施巧云。此后施姓便定居在后山。

可以看到，这些家谱都说从江西来到川西南，但并不清楚江西到川西南之间的谱系，也有郑氏说自己来自陕西。姑且不论这些移民的祖源是否真的来自江西或陕西，但有一点可以肯定，明末清初湖广填四川，的确有大量长江中下游以及陕西等地流民进入四川。随着乾隆中期四川境内人口饱和，以及乾隆、嘉庆年间白莲教之乱，为逃兵荒者、白莲教之乱失败后的教徒等再往西迁移，进入云南。也有少量家庭如许氏、施氏是从贵州直接迁到滇西。这两家迁移到贵州跟清代平定苗疆有密切关系。这说明，个人生命史是在大历史背景之下发生的。这些家庭的迁徙历程有利于加深对当时社会历史的认识。

从迁徙时间段来看：李有才在长子李世荣（1879—1911）快到婚配年龄的时候才从冕宁迁移到蒙化铁厂河流域的后山，应该在光绪时期。许洪先（1862—不详）从贵州来云南，也应该是在光绪（1875—1908）初年来云南，他来云南后主要在永平、旧州、宝丰、石门一带活动，他儿子许琢禄（1896—1960）在20世纪30年代才在蒙化境内活动，到歪角定居则是1943年的事情。龙宗顺（1862—1919）从盐源来云南经商，也应该在光绪初年。郑先传及其子郑代明在道光初年遇到永北地区彝人驱逐汉人而离开西昌来到永平，但郑先传的活动范围在永平，到郑代明才开始在蒙化西山、小围埂一带活动，死后埋在小围埂公坟，直到郑德富（1859—不详）才到后山定居，定居时间应该是在同治时期，可能是为了躲避杜文秀起义。胡家在光绪初年从盐源直接搬到后山居住。施家则在道光时期从贵州迁到永平，杜文秀起义平息之后才搬到后山。

与卫所移民后裔的迁移历史相比，这些移民来得晚，且以居住在山地为主。他们来蒙化时，山区、坝区都已纳入清朝的赋役体系。其中，坝区以屯田地、庄田地为主，屯田地、庄田地是国有的，屯田地只能由屯户租佃耕种，庄田地的租佃者则没有户籍限制。这意味着屯户和庄田地的佃户要面临屯租或庄租和田赋的双重负担。坝区以及坝区边缘也有里甲编民，但里甲编民大量分布在山区。原则上里甲编民是自耕农，具有自由处理田地的权利，也可以租佃庄田或民田地耕种，但租佃民田地者只承担租佃，不承担田赋。于是从承租庄田地的佃户手中再租佃耕种，就面临着较高的经济负担，而租佃民田地的经济负担更轻；甚至由于屯田地负担重，一些屯户宁愿租佃邻近民田地，也不耕种屯田地。这意味着，流民能租佃到坝区田地的机会不多，而且租佃坝区田地的负担很重，流民更多的机会在山区。

　　山区地广人稀，即便所有山场都有主人，从事垦殖的流民仍能在山场搭结窝棚，刀耕火种，若被山场主人发现，则搬到另一个地方继续刀耕火种。此外，山区有矿产，流民可以加入矿业开发的产业链，如挖矿、烧炭、炼铁等。从事垦殖的流民要获得当地保长的保结之后才能在当地垦荒、租佃或购买土地。保长也可能将无主山场纳为己有，再将山场租佃给流民，敲诈流民。于是流民成为保长的佃户。有的流民则依靠来得更早的流民，甚至通过通婚获得土地财产以及在当地的合法身份。如龙家既租种来得更早的流民杨兆儒的土地，又娶杨兆儒的女儿为妻。李世荣也投靠来得较早的胡氏，李世荣死后其兄弟李世华继承了其妻子、财产。胡昌国也在龙震霖的帮助下，入赘李家，获得李家的财产。有的在当地定居是偶然，如兄弟儿子被抓兵，在这里临时居住以等待他们回来，但长期不回来，就定居下来。有的是单身来，立足之后再回四川将家人接过来，有的则是一家三口一起来。移民的婚姻主要是在移民之间，如龙氏与许氏，施氏与郑氏，施氏与李氏等。同时这些移民村落周围都是彝族，从这些族谱来看，在移民到该地的早期，婚姻关系虽然复杂，但基本是不同姓氏移民之间相互通婚，有改嫁、兄弟嫂婚等现象，在子嗣方面则有抱养、随母改嫁而改姓、归宗等现象，并没有与彝族通婚的现象。

四 讨 论

现在，马鞍山乡歪角、后山、前山等地的移民后裔是汉族。然而在田野调查中，当地彝族以及这些汉族自己看来，他们跟坝子里的汉族不同。他们认为坝子里的汉族是本地汉人，山区里面讲四川话的人是客家。在当地彝语中，客家被称为阿赫巴，即四川人，坝区的本地汉人被称为赫巴。同样是汉人，为何山区汉人是客家，而坝子里的则是本地汉人呢？

从户籍制度来说，流民取得客民身份、定居之后，就成了当地合法的"客籍"居民。通过文献梳理，我们发现，本地汉人是不同时期移民后裔的复合体，既有明代卫所移民的后裔，也有清初的客籍汉人。尤其是清朝对商人实行的客长制度使一些流民可以通过贿赂同乡客长混入客籍。道光时进行户口清理，允许流民落户，并将此次清理出来的流民列为客籍，而清初的客籍已列为土著汉人。此后进入蒙化的流民在获得当地的客籍身份之前被称为流民、棚民等，一旦他们获得保长的保结，有了客长，他们就接受了政府的管理，获得了客籍身份，被称为客民。因此，客民、客籍、客家等名称的出现，是流民获得当地合法身份的标志，也是流民接受地方政府控制的标志。现在的客家、本地汉人的区别也体现了清代不同时期移民的户籍身份区别。

值得注意的是，20世纪50年代在该区域的民族识别中出现了"土家"的群体。土家自称迷撒巴或腊罗巴，被识别成了彝族，分布在巍山、南涧、凤庆、漾濞、祥云、永平、昌宁、洱源、大理、宾川、弥渡、云县、永胜、景东、双江、新平、耿马、镇沅等地区。其中巍山人口最多。巍山之外的土家人据说是从巍山迁去的，巍山在20世纪50年代之前称为蒙化，因此汉族称他们为蒙化人。[1]

---

[1] 《"土家"族和"蒙化"族识别小结》，《云南少数民族社会历史调查资料汇编》（三）。

巍山境内，被称为土家的彝族村寨往往跟被称为客家的汉族村寨交错分布在山区。这意味着土家称谓的出现跟流民进入山区有密切关系。在山区内部，彝族称这些汉人为客家，客家则称彝族为土家。这种土、客对应的称呼反映了巍山西部山区不同居民来源的先后顺序，即彝族在巍山西部山区居住的时间比汉族的居住时间长，也意味着巍山西部山区的土地原本都是彝族人的，流民最初是佃种彝族的土地，是客人。

汉民族与其他民族
交往交流交融研究

略论茹姓四言联"望出河内；源自柔然"与民族意识

白翠琴　杜倩萍[*]

(中国社会科学院民族学与人类学研究所)

摘　要："望出河内；源自柔然"的四言联，明确显示一部分茹姓群体的郡望和源流。望出河内郡，也就是指河内郡为茹姓望族分布地之一，其居住在黄河中游流域主要是河南省境内。源自柔然，则说明柔然为茹姓渊源之一，其是柔然（茹茹）之后裔及表达对故族怀念之情。这是民族意识和民族认同感的强烈反映。正是此种源远流长的民族意识，促使柔然从弱小部落变成威震大漠南北的汗国。纵然汗国灭亡了，也能使其后裔以茹姓群体长期活跃在中华民族历史舞台上，继续谱写威武雄壮、扣人心弦的乐章。

关键词：柔然　茹姓　渊源　楹联　民族意识

茹姓是我国一个多民族、多源流的姓氏群体，目前大约有17万余人，主要居住在河南、广东、甘肃、山西、浙江、河北、内蒙古、山东等地区，分布在汉、满、藏、蒙古、回、彝、壮等16个民族之中。南北朝时期北方游牧民族柔然则是其主要源流之一。公元4世纪末5世纪初，也就是十六国南北朝时期，在蒙古高原上崛起了一个自称"柔然"（后期称茹茹）的游牧民族，汉文史籍中亦

---

[*] 白翠琴，中国社会科学院民族学与人类学研究所研究员；杜倩萍，中国社会科学院民族学与人类学研究所副研究员。

称其为蠕蠕、芮芮、茹茹、蝚蠕等。社会经济以游牧业为主，辅以狩猎和手工业，后期也略知耕作。其骑兵似"风驰鸟赴，倏来忽往"①，驰骋大漠南北，征服周围诸部，建立柔然汗国，并进一步开拓和延伸草原丝绸之路，促进东西文化交流。其鼎盛时，据《魏书·蠕蠕传》所载："其西则焉耆之地，东则鲜卑之地，北则渡沙漠，穷瀚海，南则临大碛。"汗庭在敦煌、张掖之北。同时与北魏、南朝等都有经济文化联系和交流，称雄蒙古高原达一个半世纪之久（402—555）。

6世纪中期，柔然汗国由于高车西迁分离，内部变乱频仍，于西魏废帝时为突厥所灭。其余众一部分继续留在漠北，受突厥统辖；一部分东迁，与室韦、契丹等融合；一部分西迁逐渐成为裕固族的源流之一。有的学者还认为被突厥所逼西迁的一部分余众曾远渡多瑙河，建立阿瓦尔汗国；另一部分则陆续南迁，初用茹茹为姓氏，以怀念故族，后逐渐汉化，省文为"茹"氏，成为茹姓主要渊源之一。同时，在宗祠通用联中撰写了"望出河内；源自柔然"的四言联，以表达自己对远祖柔然的民族及文化认同感，并反映了其强烈的民族意识。本文拟从三个方面对该问题进行论述。

一 民族意识的内涵及特点

何谓民族意识，首先要了解"意识"的基本含义。简言之，意识就是一种认识，一种感觉，是人们所特有的对客观之能动反映，又反作用于客观现实。民族意识指的是社会成员对自己民族归属、民族利益的自觉感知，是民族存在的自我反映。即是一种民族认同感和对本民族命运前途的看法，以及由此产生的民族精神。它是民族文化素质中一个重要组成部分，民族心理素质最集中的反映和表现。民族认同是其核心要素，而对涉及本民族生存、发展、声誉、荣辱、安危等整体利益的感知和维护，则构成其外在表现。从多民

---

① 《魏书》卷103《蠕蠕传》。

略论茹姓四言联"望出河内；源自柔然"与民族意识

族国家的实际出发，我国既存在中华民族整体意识，又存在各民族颇有特色民族意识的差异性。需严格区分民族意识与民族主义、民族分裂主义的界限，正确处理国家意识、民族意识、宗教意识之间的关系，根据客观标准（例如，客观上是否有利于祖国统一与中华各民族团结，是否有利于国家发展和民族振兴及抵御外侮，是否有利于弘扬优秀民族传统和提高民族文化素质等），对民族意识进行具体分析，采取扬弃态度。[①]

民族意识具有很强的生命力和稳定性的特点。有些民族的共同地域、共同经济生活甚至民族共同语言等特征都已发生变化，但他们的民族自我意识仍然明显存在，成为该民族的重要因素。有些民族的后裔，虽然已融入汉族社会，但其民族意识和文化传统、相关史志记载、碑铭墓志、口头传说、生活习俗仍遗存着，成为他们追根溯源、认祖归宗的主要依据。譬如，成吉思汗后裔校姓长期以来坚持不懈地苦苦追宗求源，其中动力之一，就是强烈的民族意识和民族情感在支撑着。自元代至今，全国有校氏宗族者13000余人。主要生活在河南中牟县及陕西、江苏、山东、湖北等地区，已达700多年。在历史发展长河中，他们早就融入当地的汉族社会，族籍上已成为汉族的一部分。但是他们又似汉非汉，因为在其所发现的碑铭墓志及生产生活遗存的一些蛛丝马迹，则显示了不少蒙古族固有的因素。从校王的代代相传到校秀全碑文之发现，从隐名埋姓到改姓繁衍，从自强不息至英豪辈出，校姓族源一直在云里雾中萦绕。面对此情景，校氏宗亲内外有识之士，决心追根溯源，厘清史实，以解开身世族属之谜。多年来，他们成立了校姓宗亲联谊会，不断地在追寻其先祖的足迹，从文献记载、口头传说、碑文遗迹、风俗习惯等方面入手，采取资料搜集及田野调查相结合的方法，梳理论证，取得了可喜进展，在2012年召开了校氏族源鉴定会，经杜荣坤、任崇岳、李治安、白翠琴、薄音湖等相关专家共同评议论

---

① 参见杜荣坤《略谈民族意识》，《杜荣坤民族研究论集》，中国社会科学出版社2014年版，第532—541页。

证，认定"校姓应为撒答里之后裔，世系为：成吉思汗—术赤—拔都—撒答里—校姓"①。此外，云南保山地区十余万"本人"，与达斡尔可能同为契丹后裔。源自柔然的部分茹姓对先祖永志难忘之情、"华夏茹氏宗亲联谊会"的成立，"华夏茹氏宗谱"编纂工作的开展，并对茹姓源流及历史文化深入探究等，都充分说明了民族意识在民族及族群形成中的作用。

二 民族意识促使柔然余众成为茹姓主要渊源之一

首先，谈一谈民族意识在柔然形成和发展过程中所起的作用。据《魏书·蠕蠕传》和《北史·蠕蠕传》等记载，3世纪中叶，柔然的最高统治集团郁久闾氏始祖木骨闾，原是被拓跋鲜卑力微属下掠俘的年少奴隶，后免为骑卒。4世纪初，拓跋猗卢总摄拓跋三部时，木骨闾在一次军事行动中因迟到，"坐后期当斩"罪，于是他就乘机逃出，"亡匿广漠谿谷间"，并聚集百余名流民，依附游牧于阴山北意辛山一带的纥突邻部，伺机待发。木骨闾卒后，其子车鹿会雄健得众心，不断兼并周边其他部落，拥有不少部众和财富，成为世袭贵族、部帅，并"自号柔然"，而"役属于国（北魏）"。柔然之词的含义各说不一，有"聪明、贤明"之意②；"礼义、法则"之意③；源于阿尔泰语"异国人"或"艾草"之意④；来自故匈奴龙庭所在地——燕然山名，意为"山岭"，车鹿会等人也以龙庭所在以自号⑤。不过车鹿会选"柔然"为本族自号，可能是"聪

---

① 任崇岳主编：《成吉思汗后裔校姓源流》，河南人民出版社2014年版，第1页。
② [日]白鸟库吉：《东胡民族考》下编，方壮猷译，商务印书馆1934年版，第67—72页。
③ [日]藤田丰八：《东西交涉史研究》下编，《西域篇》，星文馆1943年版，第205页。
④ [日]内田吟风：《北亚细亚史研究——鲜卑柔然突厥篇》，同朋舍1975年版，第275、276页。
⑤ 陶克涛：《毡房春秋——柔然篇》，内蒙古人民出版社1997年版，第46—47页。

明、贤明"之意更贴切些。自此以柔然为主体的民族意识也逐步形成。而后来北魏太武帝拓跋焘却站在宗主国的立场,"以其无知,状类于虫,故改其号为蠕蠕"①,作为蔑称。南朝则以"芮芮"或"茹茹"称之。北魏后期至北周期间,南下或汉化之柔然人则常以"茹茹"作为自族称号或姓氏。大同云冈石窟《茹茹造像题记》首行就有"大茹茹国"字样,即是明证。②

5世纪初,五传至木骨闾六代孙社崘(? —410),原居云中(今山西原平西南),后受北魏威胁,率部迁漠北弱洛水(今蒙古国乌兰巴托南土拉河沿岸)。其人勇猛而有权略,于北魏天兴五年(402),自称丘豆伐可汗(后每位可汗按其行为都有自己的号)。《魏书·蠕蠕传》认为"丘豆伐",汉语为"驾驭开张"之意,"可汗",汉语为"皇帝"之意。一说自此"可汗"之称,由原来东胡鲜卑对官家、贵人的尊称,变为最高统治者之称号(有的学者认为起始于拓跋鲜卑)③。后为突厥、回纥、蒙古乃至中亚游牧国家所沿袭。可汗之下设大臣辅佐可汗管理内外事务。后逐渐建有年号,官职日益完备,有国相、国师、俟力发、吐豆发、俟利、吐豆登、俟斤等,有的官号为突厥所继承。社崘为了适应军事征伐的需要,效法北魏,立军法,置战阵,整顿军队④,建立可汗龙庭,使柔然迅速从部落联盟进入早期奴隶制社会阶段,成为亚洲东北部一个强盛的游牧政权,后人也称其为"柔然汗国"。社崘乘北魏初期,拓跋氏锐意进取中原,与后秦、后燕、西秦以及南燕、南凉等政权互争雄长,无暇北顾之机,攻破敕勒诸部落,尽据鄂尔浑河、土拉河一带水草丰茂的地区。接着又袭破蒙古高原西北的匈奴余部拔也稽,尽并其众。其继承者蔼苦盖可汗等还北并贝加尔湖南的贺术亦

---

① 《魏书》卷103《蠕蠕传》。
② 冯家昇:《蠕蠕国号考》,《禹贡》第7卷第8、9期合刊。
③ 随着嘎仙洞祝文的发现,有些学者认为"可汗"一词是"皇帝""君主"之意,应始于拓跋鲜卑。参见米文平《鲜卑石室的发现及初步研究》,《文物》1981年第2期。
④ 《魏书》卷103《蠕蠕传》称:社崘"始立军法:千人为军,军置将一人,百人为幢,幢置帅一人;先登者赐以虏获,退懦者以石击首杀之,或临时捶挞"。

骨国，东破譬历辰部，整个蒙古高原和周围诸族纷纷降附。也就是说最盛时其势北自贝加尔湖以南；东起大兴安岭；南与北魏相峙，争夺漠南控制权；西逾阿尔泰山，占有准噶尔盆地，与天山以南的焉耆交界，"尽有匈奴故庭，威服西域"[①]。"常所会庭则敦煌、张掖北"[②]，一说即在今鄂尔浑河东侧和硕柴达木湖附近[③]。柔然平素逐水草而居，原无城郭，据《南齐书·芮芮传》所载："天监中（510年前后），始破丁零，复其旧土，始筑城郭，名曰木末城"[④]，并以作为冬夏居住的聚集点及防御西边的高车之用。此城大约在汗庭的西南面。

社崙称汗后，正是北魏迁都平城不久，柔然的崛起，成为北魏进取中原的后顾之忧。而北魏的强盛又是柔然南进的阻碍。为了集中对付北魏，社崙及继位者一方面采取近攻远交的策略，运用遣使通好、和亲结盟等手段，联合后秦、北燕、北凉，乃至南朝刘宋、南齐等政权，以共同对付北魏，与之争夺漠南地区的控制权；另一方面在陆续对北魏北境进行骚扰和掠夺的同时，又不断遣使通好，渴望与中原地区进行经济文化交流，以弥补游牧经济的不足，而达到掠夺财富及沟通交流之目的。北魏则视形势对柔然采取讨伐和拉拢相结合的方针，战争征伐与通使联姻交替进行。从402年至487年80余年间柔然南扰和北魏北袭皆达20余次。

与此同时，社崙等柔然统治者还采取措施，加强内部凝聚力。蒙古高原上，诸民族、各部落间，通过战争、迁徙、错居杂处、和亲通婚及经济文化交流，以柔然为核心，又经历一次分化、融合、重新组合的过程。柔然在其发展中，不断汲收其他民族成分，逐渐壮大自己。据《魏书》《北史》及其他南北朝至隋唐乃至宋代时期

[①] 《南齐书》卷59《芮芮传》。
[②] 《魏书》卷103《蠕蠕传》。
[③] 丁谦：《魏书蠕蠕传考证》。有的学者则认为汗庭在燕然山地区，即郁都斤山或乌罗德犍山等一带。
[④] 《梁书》卷54《西北诸戎传·芮芮传》。"木末"之名，一说来自拓跋嗣之字"木末"，嗣扩筑平城之事传到漠北，故以其字名之，也可能是以平城为蓝本而修筑。

略论茹姓四言联"望出河内；源自柔然"与民族意识

有关史籍碑铭等记载，柔然所统辖的姓氏就有60余种。除了原来柔然部众外，还包括鲜卑、匈奴、敕勒、突厥、西域诸族及少数汉人。①

那么，民族意识又是如何促使柔然余众成为茹姓群体的主要渊源之一呢？自北魏天兴五年（402）社崘称汗至太和十一年（豆崘太平三年，487）敕勒副伏罗部脱离柔然西迁立国为止，可谓为柔然的兴盛时期。自此之后逐渐走向衰弱，虽然有敕连头兵豆伐可汗阿那瓌（？—552）在位30来年的"中兴"，但至6世纪中期，突厥兴起，柔然内部分裂，形势发生根本变化。552年，突厥汗国击败柔然于鄂尔浑河流域。阿那瓌兵败自尽后，其子庵罗辰等人逃奔北齐，而留在漠北的分成东西两部：东部余众立阿那瓌堂侄铁伐为主，西部余众则拥立阿那瓌之叔邓叔子为主。东部柔然为突厥击败后，投奔北齐，齐命庵罗辰统率，被安置在马邑川（今山西朔县境）一带。次年，庵罗辰等人叛齐欲返回漠北，经北齐追击，东部柔然基本瓦解，庵罗辰不知所终。北齐天保六年（555），突厥木杆可汗俟斤率军击溃西部柔然，邓叔子领众数千投奔西魏。西魏在突厥使者一再威逼下，只能将邓叔子及以下三千余人交出，遂被惨杀于长安青门外，中男以下免，并配王公家。柔然汗国遂败亡。

作为一个政权，柔然汗国虽然退出了历史舞台，但柔然民众仍然以各种形式活跃在大漠南北、东北、西北及中原地区，其民族归属感、民族意识深深地印在脑海中。且不说留在漠北的仍然有附属于突厥的"奥国"存在②，在契丹处又有"妪厥律部"等③。而就黄河流域一带而言，即有数以万计的柔然余众成为茹姓群体，从民

---

① 白翠琴：《魏晋南北朝民族史》，社会科学文献出版社2007年版，第239—240页。
② （唐）释慧琳：《一切经音义》卷91，为《续高僧传》中"循路西指到芮芮国"一语作注解说："芮芮国，蒸锐反，亦名奥国。北狄突厥中小国名。"
③ （五代）胡峤《陷虏记》中提到：出榆关，"西北至妪厥律，其人长大，髡头，酋长全其发，盛以紫囊。"［日］内田吟风在《北亚细亚史研究——鲜卑柔然突厥篇》第321页中认为"妪厥律"即柔然王族"郁久闾"氏之后裔。

族学、人类学等角度来看，也可称为"茹姓族群"①。

　　成为茹姓渊源之一的柔然余众，主要包括两部分，也可说分两个阶段。第一阶段是在柔然汗国败亡前，由于战争俘获、主动归附、经商迁徙、联姻通婚、和亲陪嫁户、随孝文帝迁都洛阳南下等原因，散居于漠南及中原的柔然人，一说有数十万之多（虽有北魏一次俘获三十余万柔然、敕勒部众的记载，但一部分后又陆续回到漠北，实际上没有这么多人）。北魏为了充实北境，先后把内附和俘获的柔然、敕勒以及内地汉人迁到六镇及平城等地，与拓跋鲜卑军民错居杂处，并将他们充作隶户和营户，以供驱役。为了防止逃亡，还把其中一部分迁入内地。而对归附的柔然上层却倍加优待，封官晋爵，居文武高位，男尚女适，和亲不绝，使其成为统治阶层的一部分。迁居内地的柔然人，通过杂居共处，相互通婚等各种途径，大多先融合于鲜卑，最终融合到中原汉族之中，到了隋唐，居住内地的柔然人基本上汉化。

　　第二阶段是在柔然汗国被突厥击败后，其余众陆续南迁，大多居住在黄河流域两岸地区。多以族名"茹茹"为姓氏，以怀念故族。尤其是在唐太宗贞观四年（630），唐定襄道行军总管李靖等率十余万军队击败东突厥之后，原受突厥控制的部分茹茹人乘机迁入中原，逐渐汉化，省文为单姓茹氏和芮氏。南宋郑樵在《通志·氏族略四·夷狄大姓》中明确指出："茹氏，音如，《官氏志》：蠕蠕入中国为茹氏。又普陋茹氏改为茹氏，望出河内。宋尚书郎茹孝标，庆历登科茹约，越州人。元丰茹平仲，汝州人。"《氏族略五·代北复姓》中又说："茹茹氏，其先蠕蠕种类，为突厥所破归中国。后魏蔚州刺史高平阚茹茹敦，生慎。周宁州刺史、洋公（慎），生师宝、海宝。师宝，隋车骑大将军、安次公，生盛寿。

---

①　族群，为英语 ethnic group 的译名，又常译为"种族集团""民族集团""族裔群体""族类群体"等，为人类学、民族学、社会学等学科应用术语。它指基于种族、民族、语言、宗教、文化、习俗等世代传承的共同特征（或背景），而自我认同或被他人确认的人类群体。

略论茹姓四言联"望出河内；源自柔然"与民族意识 ◆◆◆

海宝，唐右屯卫大将军。"① 这说明此处所提到的除原为普陋茹氏外，不管茹氏或茹茹氏，都是柔然（茹茹）部众迁入中原地区后，沿袭原族名改为茹茹姓，后汉化简文为茹氏，以怀念旧族，永志不忘。

三 "望出河内；源自柔然"四言联是柔然后裔民族意识的强烈反映

南迁的柔然余众主要居住在山西雁门郡、代郡，河南河内郡、河南郡等（即今河南省武陟、洛阳及渑池、宜阳、荥阳、泌阳、济宁、新乡等地）。这些地区的闾氏、郁久闾氏、茹氏、茹茹氏等②，其先大多源自柔然。其历史文化在茹姓楹联中也可得到印证。这种姓氏楹联，也称堂联或楹联，是贴、挂、刻在祠堂门柱或家中神龛上祖宗牌位两侧的联语。流行于黄河中下游一带的茹姓宗祠通用联则生动地反映了茹姓的郡望、源流、堂号及先贤。通常所见的茹姓祠联主要有两种，一是寻根溯源，二是表彰先贤。例如，"望出河内；源自柔然"③ 的四言联，就是寻根溯源楹联的典型。简洁八字，则道出了茹氏的郡望和源流。而另一对七言通用联"瞻崇祖德河南郡，贻世宗功终养堂"，则是典指茹姓的郡望和堂号。河内，春秋战国时以黄河以北为河内，以南为河外。河内郡，秦代始置，治怀县（今武陟西南）。辖境相当今河南黄河以北，京汉铁路（包括卫辉市）以西地区。西晋移至野王（今沁阳市），辖境渐小。隋开皇初废，大业及唐天宝、至德时又曾改怀州为河内郡。河南，古

---

① （宋）郑樵：《通志》卷28、卷29《氏族略四》《氏族略五》，浙江古籍出版社1988年版。
② （唐）林宝：《元和姓纂》九鱼闾氏条、茹茹氏条、九御茹氏条，四库全书本；另见《闾仪同墓志铭》《征虏将军兖州高平太守闾公墓志》（简称《闾详墓志》）、《隋齐州刺史乞伏令和夫人郁久闾氏墓志》（简称《郁久闾募满墓志》）、《大唐故河南郁久闾府君墓志》（简称《郁久闾浩墓志》）等等。
③ 佚名撰的茹姓宗祠通用联。另一四言联"姓开北魏；源出东胡"，则是指北魏孝文帝改"普陋茹氏"为"茹氏"及其源流之事。

时指黄河以南。河南郡，汉高帝二年（前205）改秦三川郡置之。治雒阳（今洛阳市东北）。辖今河南黄河以南洛水、伊水下游，双洎河、贾鲁河上游地区及黄河以北原阳县。其后渐小，隋初废，大业时又改豫州为河南郡[①]。河南省现共有茹姓群体3万人左右。根据对河南茹氏族人始迁祖四门稽考，四门源自洪武、永乐年间的大规模移民运动。长门茹仁秀，祖居渑池坡头，今已繁衍至21世，人口逾万。二门茹义秀，祖居洛阳茹凹，今已繁衍至20世，有800余人。三门茹礼秀，祖居宜阳七里店（东店），今已衍传至21世，有3300余人。四门茹智秀，祖居新乡古风岗（今茹冈），已衍传至22世，有6000余人。始迁祖四门后裔在河南入谱者逾2万人。[②]他们植根于河洛，绵延中原，支脉遍布海内外。遗憾的是，笔者至今尚未能看到有关这些移民迁徙之前的详细资料及有关族谱。他们到底从何处迁来？原住地情况如何？是否有其先民历史记载和口头传说？或与柔然后裔有关的线索及风俗习惯遗痕？凡此种种，皆给对这个问题的深入探讨带来一定难度。

不过，上述通用联已明确显示，他们的郡望和源流。望出河内郡、河南郡，也就是指居住在黄河中游两岸的广大地域。源自柔然，则说明其是柔然（茹茹）之后裔。强烈的民族意识和民族认同感融入联中，沁人心脾。正是这种源远流长的民族认同感和民族意识，促使柔然从弱小部落变成威震大漠南北的汗国。纵然汗国灭亡了，也能使其后裔以茹姓群体长期活跃在中华民族历史舞台上，继续谱写威武雄壮、扣人心弦的乐章。

[①] 《辞海》，上海辞书出版社2010年版，第721页。
[②] 《茹姓》（http://baike.baidu.com/link?url=X9wJ9xNKg-Op_-efsIuZxq5Ol2 vtYMb-SLvLTnnd0UNhrmQ2YVegS0mLqL3P2-HNFOGSxH7ilegMGfAAkEx6WO_）。

明清闽、粤、赣跨界畲族"归流"及其社会空间建构

肖庆伟[*]

(闽南师范大学文学院)

摘 要：闽、粤、赣边界跨区畲族在明朝廷主动经略之下开始"改土归流"，国家权力的出场使该区域畲族完成从"异域"向"内疆"转换并归向主流文化以及国家话语的历史进程，并以此建构自己具备"主流归属"的社会历史空间。

关键词：跨界 畲族 改土归流 社会空间

一 "改土"变迁中的"主"与"客"地位转换

闽、粤、赣毗连处多山脉连绵，地理空间约在北纬20°—30°、东经112°—120°，乃湘、赣、粤、闽或南北或东西交界之域。属亚热带季风性气候，四季常青。自唐至明，属多民族杂居区域，也是瑶、獐、黎等少数民族，尤其是畲人迁徙、居住的广阔地理枢纽。域内山高谷深，水陆交阻，经济方式相对落后，族群矛盾尖锐，朝治荒服，官民两立。山域的相对封闭以及聚落疏散，以致行政控制滞松，族群流而不定，啸乱频仍。

---

[*] 肖庆伟，文学博士，闽南师范大学副校长，文学院教授。主要研究方向为中国古代文学、闽南区域文化与文献。本文为闽南文化专项"闽南家族的日常活动及其文化表述方式：以赤岭、湖西畲族家族为例"的阶段性成果，项目编号为1003A9112。

朱明鼎革后，朝廷强化对南方民族聚居区始有作为，散居山中的畬人也开始其被动"改土"的历史进程。明朝廷一则加紧武力征讨，以进取姿态主动纳未宾服之南方民族濡染"王化"，服于正统。另则绥抚分化，施以瓦解，对南方未宾服族群，分而治之，促使"野人改土"入籍，加快经略"异族"边疆，一统"异域"的步伐。

明以前居住、移徙于闽、粤、赣区域的非汉民族，主要是畬人，或称猺、獞。《广东通志》对此民族的生活特征与族群源流描述如下：

> 猺本盘瓠之种，产于湖广溪峒间……即古长沙、黔中五溪蛮也。其后生息蕃衍，南接二广，右引巴蜀，绵亘数千里，椎髻跣足，衣斑布褐，刀耕火种，喜仇杀，猜忍轻死，又能忍饥，行斗左悬长刀，右负大弩，手持长枪，上下山险若飞……出湖南溪洞，后稍入广西古田等县，佃耕荒田。聚种稍多，因逼胁田主，占据乡落，遂蔓延入东省……其初来，尚以听招为名，佃田纳租，种类与人不同，时相仇杀。故有司及管田之家颇赖其力以捍人。厥后众聚势强，犹人矣。肇、高、廉三府与广州、雷州亦数县有之。[①]

该资料记载，"猺"本是盘瓠之种，"盘瓠"也就是当今畬族几个分姓的共同祖先，可以看出猺人也就是同源之畬人，所在原乡，记为傜人。先为傜人时，乃越五岭南下的"武陵蛮"，或称"五溪蛮"，由粤西和入桂者，演化为今日"瑶族"，居于粤东及闽、赣者，亦有"猺"之谓，或多以"畬人"指称，也就成为"畬族"的主要部分。

顾炎武曾论及福建猺人，曰："猺人楚粤为盛，而闽中山溪高深之处间有之。漳人与虔、汀、潮、循接壤错处，亦以盘、蓝、雷

---

① （清）郝玉麟：《广东通志》卷57《岭蛮志》，文渊阁四库全书本。

为姓，随山种插，去脊就脾，编荻架茅为居。今酋魁亦有辨华文者，山中自称狗王。后各画其像，犬首人身，岁时祝祭。族（弘治）十六年，惠州大帽山寇起，平之（大帽山，本名大望山，在兴宁北九十里。时猺寇据之，势张甚。渠魁彭锦据大信上下，刘文玉据宝龙，练成才、叶清各据险，四出流劫。事闻，特命督抚总镇檄三司统调汉达土兵剿之，始息）。"①

顾炎武记载中的"猺贼""猺寇"也以盘、蓝、雷为姓，与钟姓一起，属畲族四大姓氏。福建猺人，或是顾炎武沿用粤西及湘、桂同种的相似称谓，其实在福建这些姓氏已指畲族。惠州大帽山所谓"猺寇"，其活动空间就集中在粤东兴宁、潮州和梅州，在闽西往来于武平、上杭、永定等地，在赣南区域主要在龙南、安远、寻邬、会昌等地域。闽、粤、赣这些交界区域正是历史上畲族聚居且迁徙活动的地理枢纽区域。顾文中也有"酋魁亦有辨华文者，山中自称狗王。后各画其像，犬首人身，岁时祝祭"的记叙，这些都是典型的畲族原始图腾写照，顾文所指"猺寇"必属畲族。其他以"盗""贼""山寇"称者，可能也包括已定居当地山中的客家人或零星汉人。可见迄至有明一代，畲人活动的区域基本在以闽、粤、赣交界地为中心的跨区地理空间。关于赣、闽畲族与客家聚众揭竿、"作乱"地方者，州、府方志屡有记载：

在福建上杭，洪武二十年（1387），溪南盗钟子仁同广寇作乱，凶焰可畏。② 天顺壬午年（1462），上杭贼李宗政陷落县治，放兵四劫，官军莫能御。在福建长汀，沙县贼陈政景，故邓茂七党也，纠清流贼蓝得隆等攻汀州。（王）得仁与守将及知府刘能击败之，擒政景等八十四人。③ 在福建明溪，归邑治两郡四邑裔土，邓寇虽平，而大帽山贼势反复，欲遏其无东，故建是邑。无所设险，急忙则尽避去；又沙、尤、永安山寇不时聚劫，民无所依，其势益肆。④

---

① （明）顾炎武：《天下郡国利病书》，《广东·二》引《通志》作注文。
② 嘉靖《汀州府志》卷14《人物·风节》。
③ 《明史》卷165《王得仁传》。
④ 嘉靖《汀州府志》卷18《词翰·遗爱祠记》。

以上诸端，模糊称造事者为"山寇""贼""盗"，从田野调查得来的族群及其姓氏分布看，或为客、畲同逆，或也包括其他族群，但以畲人为主是可以肯定的。有畲族如溪南盗钟子人、清流贼蓝得隆、永定渠魁钟三，从其姓氏与涉乱地域观察，均可断其族属于畲。

畲人起事，官家征剿"寇乱"，并最终迫其归化的对抗结果，活口仅有"拥官"与"从贼"两个选择。邓茂七之反，上杭推官王得仁"率民兵赴援，败贼于盖洋，追至大陂，斩首数百级。降者二千人，选其壮士分隶诸军以掩系"①。王得仁将邓茂七麾下降者二千人"选其壮士分隶诸军"，就是将"贼众"又转为"民兵"，使其"入伍"而在政治身份上合法化。天顺间上杭贼首李宗政破县治，后一千七百余户被按察使伍骥招抚，官府则"给以牛种，俾复故业"②。力屈而归附，获牛种复以农桑故业，耕垦安居，原来边界"小区域"的自由之"主"转变为"客"从朝廷的依附之民。由边缘的瑶、獞、畲等化外"异域"状态而向大一统的中心政治靠拢，逐渐成为构成大一统的新元素。

闽、粤、赣畲人跨区流徙呼应构乱，要在其独立之"主"地位受到威胁。康熙《平和县志》载，"旧志论曰：（畲人）性固多悍疾，然居山寂处，自安化外，苟抚驭得人，亦可无事。自当事者多所征求，土人又从而激之，于是不胜其忿，而悍疾之性一发不可复御"③。其安化外，自主逍遥，然"当事者"乍到，企图以王治所在使其"改土归流"，成为编甲完粮的籍隶之民。"改土"的过程，成为"主""客"地位转换的过程，在为独立生存空间而努力的起"乱"，终因明中央王朝相对更为强大的权力话语而被"寇"平，并在这一广阔的毗邻跨界空间，上演了从"游处不定"到"耕桑以食"、从"异域"归向主流的历史运动，也归向更为开阔的社会空间。

---

① 嘉靖《汀州府志》卷18《词翰·忠爱祠记》。
② 嘉靖《汀州府志》卷18《词翰·重建褒忠祠记》。
③ 康熙《平和县志》卷12《杂览志·獞猺》。

二 "归流"中"国"与"民"的相互认同

畲民散居闽、粤、赣交界之多山区域，无论迁徙与否，畲民集中之域"素号难治"。李唐王朝，国家为控制边陲，镇压畲人啸乱，曾派陈元光父子入闽，且在畲民聚居区设漳、汀府治，予以管辖。

明朝廷除用武之外，另一作为之方就是招抚归流，具体办法即在畲人聚居之域设置安抚官员与安抚机构。顾炎武《天下郡国利病书》论及"漳猺人"即漳州畲族时，有如下记载，"国初设抚猺土官，令抚绥之，量纳山赋。其赋论刀若干，出赋若干，或官府有征剿，悉听调用"①。"抚猺土官"曾设广东博罗、潭源、潮州等地，意在羁縻安抚，"土官"在潮州直呼"畲长"或"官"。在其谈及应对赣、闽、粤边界"寇乱"时还提到，"我朝设土官以治之，衔曰官，所领又有，当作畲，实录谓之畲蛮。国朝来，每因寇乱，设县即定。……平远未立之时，程乡立太平营城，设抚民通判主之"②。"抚瑶土官""抚民通判"均为安抚畲人的羁縻之官，但"抚瑶土官"多以畲人酋领担任，专司畲人日常事务。"抚民通判"乃汉人承担的朝廷派出官员，兼领安抚畲、客诸事。"抚民馆"是专司安抚畲人的官方机构，机会成熟可改馆建县，以为长久之计。

在畲族起事渊薮地遍构密网，完善里社伍保组织，是安抚的又一具体措施。荐举"里老"等德高长辈参与治理畲区民间事务。归化县有"里老杨惟金、陈元福等"，在立祠崇礼、向汉正俗等村社事务中发挥了必要的组织管理职能。这些绥抚措施大有成效，的确使不少畲民"回面向化"，归流朝廷，前述上杭畲乱，经招抚之功，"降者前后万余人""归附者千七百余户"③。

---

① （明）顾炎武：《天下郡国利病书》卷7《福建·防闽山寇议》。
② 《天下郡国利病书》卷96《福建六·闽中分处郡县议》。
③ 嘉靖《汀州府志》卷18《词翰·遗爱祠记》。

南赣巡抚之设，就因明朝廷应赣、闽、粤边界的畲人流乱的严峻形势所致。弘治八年（1495），广东左布政使金泽被擢升"都察院右副都御史，节制江西、广东、湖广、福建四省，统辖汀、赣、潮、惠等八府地方，俾专镇于江西赣州，比照梧州总制事例以抚捕之"①。南赣巡抚区，就是明代朝廷向东南、西南拓展中，特设专司招抚且绥靖非汉民族主要职责的军事区域。

南赣巡抚自弘治八年初设，清康熙三年（1664）撤废，延续169年之久。所辖境域广狭因时而变，但一般包括江西南安、赣州，福建汀州、漳州，广东潮州、惠州、南雄、韶州各府，湖广郴州等湘、赣、闽、粤四省八府一州。赣南、闽西南是核心区域，巡抚衙门设在赣州，是该时期赣、闽、粤边界政治中心。南赣巡抚先后数十人，其间最优者就是王守仁。王守仁甫字阳明，中国儒学史上著名的"心学"大师，正德十一年（1516）八月出任南赣巡抚。注重文武兼备，关键山域用"文"，剿抚并用之际，善于攻心。赣南、闽西、粤东成为畲人起事中心区域，但是王守仁文武兼资，到任平定闽西、赣南、粤东三区乱事。王阳明言"破山中贼易，破心中贼难"②，昌崇礼教，多举善政。于闽西、赣南、粤东平寇后，分别设立平和、崇义与和平三县，意在安定新服之畲人，入籍编户、安居土著、完粮纳税、斯成向化之人。

在建立新县与招抚新民，"破心中贼"之功实有效力。王守仁在《添设清平县治疏》中说，"为照建立县治，固系御盗安民之长策……今诚于其地开设县治，正所谓抚其背而扼其喉，盗将不解自散，行且化为善良。不然，不过年余，必将复起……今新抚之民，群聚于河头者二千有余，皆待此（建县治）以息其反侧"③。

多事之区设立新县，就是以设县建置树立一套朝廷教化与礼乐教化的机构，加强控制、加强管理、加强教化，以达到"有司存，

---

① 《天下郡国利病书》卷26《福建备录·引"汀州府志"》。
② （明）王守仁：《王阳明全集》卷4《与杨士德薛尚谦书》。
③ 《王阳明全集》卷11《添设清平县治疏》。

而其学校、祀典、乡饮酒礼，民日由之，遂渐从善而归治"①的效果。为配合新县设置，强化教谕，王守仁在乡村推行"保甲"与"十家牌法约条"，践行"良知良能"的心学主张，从意识上引导新"归流"之畬人回心向化，巩固秩序。

《十家牌法告谕各府父老子弟》言，"尔众中间固多诗书礼义之家，吾亦岂忍以狡诈待尔良民？但欲防奸革弊，以保安尔良善，则又不得不然。父老子弟，其体此意。自今各家务要父慈子孝，兄爱弟敬，夫和妇随，长惠幼顺，小心以奉官法，勤谨以办国课，恭俭以守家业，谦和以处乡里"②。"十家牌法"要旨是朝廷政治权力以保甲组织，有效渗透基层社会，以"国"权强制，与基层村社地缘与族缘相结合，将新"归流"畬人主动接纳于国家编户体系之内，认同新服之民，以推行并维护朝廷统治。

《晓谕安仁余干顽民牌》中记载，"照得安仁、余干各有梗化顽民数千余家，近住东乡，逃避山泽，沮逆王化，已将数年。推选父老弟子知礼法者，晓谕教饰，令各革心向化，自求生路。限在一月之内，仇者释其怨，愤者平其心，逋者归其负，罪者伏其辜，具由呈来，仍旧待以良善。若过限不改，不必再加隐忍姑息"③。配合"十家牌法"的，就是兴办社学。"民风不善，由于教化未明。今幸盗贼稍平，民困渐息，一应移风易俗之事，虽未能尽举，姑且就其浅近易行者，开导训诲，即行告谕……互相劝勉，兴立社学"④。社学在训诲民众、移风易俗方面，使"归流"畬人言行合于礼法。

王守仁扶绥新招畬人的另一重要举措是推行乡约。乡约本是乡民自定教化与安全保障条约。在南赣巡抚特区，最初实行的是王守仁代为订立的《南赣乡约》，首先在赣南推行，然后推向闽西、粤东各区。要旨在于"自今凡尔同约之民，皆宜孝尔父母，敬尔兄

---

① 《天下郡国利病书》卷7《福建·闽中分处郡县议》。
② 《王阳明全集》卷16《十家牌法告谕各府父老子弟》。
③ 《王阳明全集》卷31《家申行十家牌法》。
④ 《王阳明全集》卷33《阳明先生年谱·一》。

长，教训尔子孙，和顺尔乡里，死伤相助，患难相恤，善相劝勉，恶相告诫，息讼罢争，讲信修睦，务为良善之民，共成仁厚之俗"①。以希通过礼仪教化，彰善纠过，培养诚敬、宽大、知耻、隐忍之善人。这些做法缓和了赣闽粤边界的族群矛盾与社会矛盾，使新抚的畲人安于生业，且有改俗慕化、习尚礼仪，向编户良民看齐的思想追求。对于畲民而言，这是加速其汉化的催化剂。乡约的推行，有效调节了闽、粤、赣边界畲人与汉人以及其他族群间的社会关系，并使大量边界跨区畲人主动"归流"自新，一改原初"区"中山处峒居的自然状态，将自己置于当时的主流文化当中，并与一种原来较为陌生的"国"发生认同。

王守仁巡抚南赣之后，嘉靖、万历年间，闽、粤、赣边界区域还曾有畲民起事反复，但明朝当局多以阳明之法，安插新民，使其入籍纳粮，当差服役，在"明朝"一国中，转变"猺蛮"身份而成良民。猺、畲转变为客家，极为普遍，顾炎武就此总结说，"三坑招抚入籍，猺、獞亦习中国衣冠言语，久之当渐改其初服云"②。田野调查表明，原是畲人基本活动之所的闽、粤、赣交界区域，现如今几乎清一色是客家人。也就是说，畲人"归流"，已经"习中国衣冠语言"，依照汉人生活方式，耕田亩而居，遵从礼教制度，成为一国之民。

蓝姓畲人积极鸠资建庙，祠宇祭祖，亦始知慎终追远之德贵。闽、粤、赣边界畲人作为新化之"国民"，已在感情上认同大一统王朝的国家政治及其礼乐教化，并与汉族融合同化。前此大一统史籍文献所载的化外"猺""獞""蛮"等带有歧视性的政治描述，也变为"畲民""客家"等"编户良民"。边界之域的畲人"归流"，又成为其以新民身份归向大一统之"国"，并相互认同的历史进程。

---

① 《王阳明全集》卷17《南赣乡约》。
② 《天下郡国利病书》卷19《广东·连州志》。

三 "信俗兼容"中的文化适应:以闽、粤蓝姓畲族为例

在粤东、闽南地区,畲人信俗一致。居住在这一区域的蓝姓畲族有自己的民族语言、图腾信仰、婚丧节俗、文字叙事、家族集体记忆等,这是属于本民族的独特文化要素。迁入闽南漳州的蓝姓畲族,后有支派迁往广东大埔地区。迁入伊始,蓝氏生存维系乃居首要务。从闽南田野调查获取的资料,宅内蓝生仙藏《漳浦石椅"种玉堂"蓝氏族谱》载,"庆福祖(迁入漳州蓝姓肇基祖)原配冯氏,副妣为佛坛一世祖杨世隆女"[①]。若不计庆福公与杨氏的年龄差异,或是否隔代等准确性的问题,单就杨氏,本为漳浦佛昙汉人,漳浦蓝姓畲族开基祖如何能与畲外通婚?这与畲族族规相悖。若要理解这一选择,就只能是庆福公因"冯氏不能生育"[②],另娶续弦,添补人丁。这对想在当时蔡姓、林姓和潘姓汉族居住地立足的蓝姓畲族来讲是件大事。所以必须放弃本族原有的文化符号,或逐渐淡化与当地文化符号相异的诸多自己的文化规定,尽管与异族通婚将会改变自身的血缘,抑或更多依附在血缘上的社会关系。

畲族的"盘瓠图",是畲族信仰的主要标志。闽南漳州蓝姓《畲族组图》是从广东迁迎回来的。《畲族祖图》描绘了畲族祖先盘瓠的传说,盘瓠咬断番王头,献给高辛帝,因其忠勇,被招驸马,一直到死后葬于盘瓠王墓。《畲族祖图》是畲族人祭祖时的重要供品,因此畲族人对祖图非常重视。每年农历二月、七月和八月十五日是祭祖日,畲族举行祭祖活动都要把该图拿出来供奉,漳浦蓝姓畲族主祭三月三日。田野调查过程中发现,与祖图同挂一室的是《十八层地狱报应图》[③],也是组图。该图文叙事的大意是,人在阳间作恶,死后必遭十八层地狱之苦。这完全是汉民族的劝世传

---

① (据本谱仅存手写本)原宅内蓝生仙收藏《漳浦石椅"种玉堂"蓝氏族谱》。
② 同上。
③ 田野调查资料《畲族组图》(系列图)。

说，也与畲族祖图同列。这也说明了该族群在当地接受了汉族文化要素，逐渐改变自己民族的日常叙事，最起码让自己的叙事增添了异质文化内容。

畲族史诗《高皇歌》是一篇意义敞开的文本，又称《盘古歌》《龙王歌》，是畲族标志性史诗之一。田野资料表明，《高皇歌》是对本族"根源性"的叙述，是族群的一个表征意象，投射出来的仅仅是族群起源和族群信仰的一个层次。但史诗中反映出的族群血缘和宗法纽带，是维系着族群生存机制的有效运行。《高皇歌》中，也体现了畲族族群的个体和群体价值认同。《高皇歌》开篇叙述，初皇帝高辛的正宫娘娘刘氏耳痛难适，从中挖出金虫，"变作龙麒丈二长"，结果他"头像狗来身是人"[①]。神祇成为半神半人的形象，人与神的边界已被拆除，同时也造成价值认同中的边际越界。这也是史诗被当地地域文化潜在塑造和重构的结果。这完全取决于蓝姓畲族在融入主流社会过程中，为适应异己的汉族文化，而采取的族群生存机制和生存模式。

婚丧嫁娶是日常生活的关键环节。漳州蓝姓畲族的新婚标志也明显存在适应主流文化"宏大叙事"的策略。畲民新婚时，须在大门和床眉粘贴"凤凰到此""麒麟到此"的祝福红字。据《漳浦蓝氏"种玉堂"源与流》记载，以及漳浦蓝姓畲族老乡口述，播迁路线，大体上由江西迁至霞美，再迁隆教，后回迁漳浦赤岭，他们也套用了长汀畲民迁潮州凤凰山，再迁漳浦、海澄定居的传说。"凤凰到此"除了象征吉瑞外，又说明了海澄畲族播迁路线，由于想象中麒麟的形象，特别是头部和尾巴都像龙，因此，"麒麟到此"同样除了取用祥瑞之意外，也象征着畲族是龙的传人。但祖图表现的并非如此，故而这又是一例消弭本族文化叙事，用迁徙史的重构，重塑族群集体记忆的典范。龙本是汉族人的图腾，该新婚风俗中的"麒麟"，用"龙"形象的某些特征再塑他们的"麒麟"，这样的日常举动，其背后的文化内涵不言而喻。大历史叙事中，

[①] 田野调查资料《高皇歌》（漳浦赤岭蓝姓畲族博物馆内）。

华、夷社会结构的反映与历史情境的需要，使不同族群文化传承具有一定的神秘性，使它不易受外界影响，从而更有利于保持稳定。但蓝姓畲族历史记忆中的高度稳定性、延续性却只是相对的，表现出更多历史记忆理论中的选择性与可变性。蓝姓畲族迁入福建时，正是中国社会朱明鼎革之际，面对社会变迁，行为者为了适应现实生存需要，切合实际选择，突破原有的历史羁绊，超越传统文化的边界，融入新的社会知识与实践经验，从而往往会实现历史记忆对历史原有规定和模式的重置，因而会扬弃文化发展的"路径依赖"①。

文化是民族"存在"的内在标识，是内涵，任何离开自己文化的民族都是难以维持的，族群身份及其认同就是通过文化要素完成的。历史记忆和民族经历成为这种特殊文化的关键内容，也是与外族区分的内在界限并凝聚本族的文化载体。闽、粤、赣边界畲族本民族文化叙事本身就是一部向汉族主流文化融合与适应，并顽强保留本身特色的紧张历史。

归向主流文化，是中国大历史上任何族群从未改变过的大趋势。闽、粤、赣边界跨区畲人的"改土归流"，展示出这种"边缘"到"中心"融入与适应的过程充满了层次性和多样性，其新身份界定也富于相对性和流动性。但最终使自己的所有文物典章都可在礼乐教化和王政一统的主流制度中找到濡染"主流"文化的根源，并在强大的国家话语裹挟之下，"流"而归"宗"，完成自身社会历史空间的建构以及政治、文化身份的界定和转换。

---

① ［美］道格拉斯·C. 诺斯：《制度、制度变迁与经济绩效》，刘守英译，上海三联书店1994年版。

"丝绸之路"与民族文化的融合

杨海中

(河南省社会科学院)

摘　要：民族文化的融合向来都是双向的。"丝绸之路"的开通，为中原文化与西域各民族文化的交流与融合提供了一个广阔的平台，促进了我国不同民族、不同地域与异质文化的融合，从而形成了绚丽多彩的中华民族文化和以中原文化为主干的国家文化。在中原文化与西域文化的交流与融合中，音乐、舞蹈及农耕、商贸文化取得的成就尤其引人瞩目。

关键词：丝绸之路　民族文化

凡是地域广阔的多民族国家，其国家文化与地域文化均具有鲜明的特色。国家文化的形成是一个极其漫长的过程，它是各地域、各民族不同时期文化交流与融合积淀的产物。国家文化与地域文化重叠度越大，认同度也就越高。

在我国历史上，多民族文化的融合较为集中地出现在汉唐期间。汉代的"文景之治"与唐代的"贞观之治""开元之治"，封建王朝国力强盛、文化高度自信，上至国君下到群臣均能以博大的襟怀、开放与宽容的心态对待异族及异域文化，为不同文明的传入提供了广阔的空间。向达先生在谈到唐代文化成就时就认为："李唐一代之历史，上汲汉、魏、六朝之余波，下启两宋文明之新运。而其取精用宏，于继袭旧文物而外，并时采撷外来之菁英。"① 这说明，汉、唐文明之所以景象万千，蓬勃向上，是与其能够从其他民族及外来文化中汲取营养分不开的。正是"丝绸之路"为其提供了与异族、异域文化交流和融合的广阔平台。

一 不同民族文化的融合

我国是一个多民族国家，其中汉族占总人口的90%以上。汉民族人口之所以如此之多，也是民族融合的结果。众所周知，上古之时，华夏大地上有无数大大小小的"部落"，其中势力最大的部落集团有三，即华夏、东夷与苗蛮。② 华夏集团主要是由活动在中原地区的炎帝、黄帝部落经过长期的共处与战争之后形成的。华夏民族是一个富于开拓的民族，其形成后，又从黄河中下游地区向周边扩散，后遍于四海。三代时，华夏族在中原建立政权，并以地处"天下之中"自居，包括主要诸侯在内的"诸夏"，因政治、文化及血缘有内在的密切关系而称远离中原的部落为夷。《尚书》载，禹治水之后，由于中原农业经济迅速发展，"无怠无荒，四夷来王"。所谓四夷，根据《礼记·王制》载，具体来讲就是"东曰夷、西曰戎、南曰蛮、北曰狄"。

需要指出的是，夏王朝作为中华民族的第一个国家形态，其"国家"的概念并非后世封建王朝之地域国家，其并无固定的疆土与统一的政令，夏只是众多部落或邦国推举的"共主"，因其势力强大（其中包括武力与文化）而使诸多部落臣服。三代之夷、狄、戎、蛮并非今天意义上的"民族"之意，而更多的是部落或族群之义。《公羊传》在解释《春秋》大义时，提出了"内其国而外诸夏，内诸夏而外夷狄""不以中国从夷狄"（《公羊传·成公十五年》）之说，意为中原文化先进，四夷应向中国看齐。由此可知，《公羊传》是从文化上而不是从种族上区分"夷""夏"的。这一

---

① 向达：《唐代长安与西域文明·叙》，河北教育出版社2001年版，第1页。
② 参见徐旭生《中国古史的传说时代》，文物出版社1985年版。

思想是进步的，对于促进民族间的友好交流和共同进步有极为深远的意义。

春秋时期，诸子及士大夫的"夏夷之辨"及"夏夷之变"，反映了中华民族融合及形成的历史过程。当时，"夏夷之辨"不是唯一以"族群"或地域为标准，而是用文化的尺度即周之礼乐为标准加以区分的。如楚国自称蛮夷①，但其后向中原靠拢，以周之礼乐为要，文明日进，中原诸侯便与之会盟，不再以蛮夷视之。相反，郑国原为姬姓之国，因与周天子离心离德，行为不合礼义，于是被视为夷狄。《春秋繁露·竹林》就曾以郑国为例加以说明："《春秋》曰：'郑伐许。'奚恶于郑而夷狄之也？曰：卫侯遬卒郑师侵之，是伐丧也。郑与诸侯盟于蜀，以盟而归，诸侯于是伐许，是叛盟也。伐丧无义，叛盟无信，无信无义，故大恶之。"郑国虽为华夏之国，但却背弃王道，行事无信无义，斥之为夷狄理所当然。同理，对那些向慕王道与中原礼义文化的夷狄之国，加以了肯定且以"中国之"。董仲舒的这一思想，总体上说，都是属于"大一统"观念的。

历史表明，"夷"与"夏"可以互变，二者之间并不存在不可逾越的鸿沟，这一看法是符合民族融合这一实际的。丝绸之路的开通，促进了中原地区的华夏族与少数民族的相互交往，相互融合，从而最早在黄河中下游地区形成了雄厚的中华民族之基础，进而形成了多元一体的中华民族文化。

二 中原文化与西域文化的融合

在历史上，中原文化与西域文化的影响向来都是双向的，中原

---

① 春秋之时，中原国家称楚为蛮夷，如《国语·晋语》云："昔成王盟诸侯于歧阳，因"楚为荆蛮"而"故不与盟"。《孟子·滕文公》称楚人为"南蛮，䴂舌之人"，《诗经·商颂》曰："维汝荆夷，居国南乡。"不仅如此，楚人也自卑地称自己为"蛮夷"，如《史记·楚世家》载，楚武王伐随时云："我蛮夷也，今诸侯皆为叛，相侵或相杀，我人敝甲，欲观中国之政。"楚文王亦言："我蛮夷也，不与中国之号谥。"

文化正是在汲纳、消化、变易域外文化中得到了发展和壮大，从而逐渐演化为国家文化，之后又影响了它们。

中原文化与西域文化的融合是广泛的，涉及政治、经济、社会的各个领域。"一滴水可见大千世界"，这里仅以艺术文化中音乐舞蹈与农耕文化中种植、商贸为例简要说明。

（一）乐舞的交流与融合

在汉语、汉字、汉典书籍、中原乐舞传入西域的同时，西域的音乐、舞蹈、雕塑、魔术等文化也受到了中原的欢迎与接受。

"西域"一词首见《汉书·西域传上》："西域以孝武时始通，本三十六国，其后稍分至五十余，皆在匈奴之西，乌孙之南。"但在《汉书》之前，司马迁已在《史记·大宛列传》中对西域的情况作过简明的介绍。大宛，中亚古国，位于帕米尔高原的西麓，今中亚的乌兹别克斯坦费尔干纳盆地一带。《史记·大宛列传》以张骞出使为主线，以大宛为中心，介绍了西域主要国家乌孙、康居、奄蔡、大月氏、安息、条支、大夏的地理方位、人口、物产及生活习俗等，文中还提及了一些较小的国家如黎轩、郁成、身毒、盐泽、楼兰、姑师、仑头、苏薤诸国。文中不仅记述了张骞出使西域的过程，也记述西域与中原的具体交往。其中谈到了乌孙国时说：

> 乌孙以千匹马聘汉女，汉遣宗室女江都翁主往妻乌孙，乌孙王昆莫以为右夫人。

关于汉室与乌孙通婚一事，《汉书·西域传下》有较为详细的记载：

> 乌孙国，大昆弥治赤谷城，去长安八千九百里。……国多马，富人至四五千匹。……武帝即位，令骞赍金币往。……骞既致赐，谕指（旨）曰："乌孙能东居故地，则汉遣公主为夫人，结为昆弟，共距（拒）匈奴，不足破也。"……（乌孙）

乃发使送骞，因献马数十匹报谢。其使见汉人众富厚，归其国，其国后乃益重汉。……使使献马，愿得尚汉公主，为昆弟。天子问群臣，议许，曰："必先内（纳）聘，然后遣女。"乌孙以马千匹聘。汉元封中，遣江都王建女细君为公主，以妻焉。赐乘舆服御物，为备官属宦官侍御数百人，赠送甚盛。乌孙昆莫以为右夫人。

史载，汉武帝元封元年（前110），乌孙王猎骄靡遣使以良马千匹为聘向汉求婚，元封三年（前108），汉以江都王建之女远嫁乌孙。王建之女名细君，在汉时称为"细君公主"，此后便被称"乌孙公主"。细君出嫁，汉庭"赠送甚盛"，其中就包括一批乐工和乐器。对此，晋朝傅玄在《琵琶赋序》曾有具体的描述。傅玄在考证古《琵琶曲》为何人所作时说："《世本》不载作者。闻之故老云：汉遣公主嫁昆弥，念其行道思慕，使工人知音者，裁筝、筑、箜篌之属，作马上之乐。"[①] 由此可知，细君公主嫁往西域时，不仅带去了乐工及演艺人员，也带去了一批乐器，包括新创制的琵琶。细君公主多才多艺，善书画、音乐及诗歌。她因不懂乌孙语言，曾一度有远离中原的苦闷，作《黄鹄歌》倾诉之：

  吾家嫁吾兮天一方，远托异国兮乌孙王。
  穹庐为室兮毡为墙，以肉为食兮酪为浆。
  居常土思兮心内伤，愿为黄鹄兮归故乡。

据说《黄鹄歌》传到长安后，汉武帝看到后潸然泪下，立即遣使探望并带去了中原的帷帐锦绣等物。乌孙公主也深知和亲之重要，尽其所能为汉乌友好而努力，经常在宫中接待乌孙客人，并将从中原带去的钱币等物赠送他们，还建议国王建造宫室，使国都不再随意迁移。老国王过世后，她又按照汉武帝"从其国俗，欲与乌

[①] 参见黄翔鹏《乐问》，中央音乐学院出版社2000年版，第141—143、172页。

孙共灭胡"旨意下嫁新国王。① 但终因体弱，她在生下女儿后不久，因染病不治而逝。细君公主把青春献给了西域，因而受到乌孙人的爱戴，今新疆昭苏县西部夏特大峡谷谷口、特克斯河畔有其墓在。此墓规制宏大，高约 10 米，底径 40 米，充分彰显了草原上人们对她诚挚的敬仰与怀念之情。

《汉书·西域传下》还记述了继细君公主之后，汉遣楚王刘戊之孙女"解忧公主"下嫁乌孙王之事。解忧公主在乌孙生三男两女：

> 生三男两女：长男曰元贵靡，次曰万年，为莎车王，次曰大乐，为左大将；长女弟史为龟兹王绛宾妻；小女素光为若呼翎侯妻。……
>
> 时乌孙公主遣女（弟史）来至京师学鼓琴，汉遣侍郎乐奉送主女，过龟兹。龟兹前遣人至乌孙求公主女，未还。会女过龟兹，龟兹王留不遣，复使使报公主，主许之。后公主上书，愿令女比宗室入朝，而龟兹王绛宾亦爱其夫人，上书言得尚汉外孙为昆弟，愿与公主女俱入朝。元康元年，遂来朝贺。王及夫人皆赐印绶。夫人号称公主，赐以车骑旗鼓，歌吹数十人，绮绣杂缯琦珍凡数千万。留且一年，厚赠送之。后数来朝贺，乐汉衣服制度，归其国，治宫室，作徼道周卫，出入传呼，撞钟鼓，如汉家仪。外国胡人皆曰："驴非驴，马非马，若龟兹王，所谓骡也。"绛宾死，其子丞德自谓汉外孙，成、哀帝时往来尤数，汉遇之亦甚亲密。

从所记可知，乌孙、龟兹各国皆"乐汉衣服制度"，因而对汉王朝所赠"车骑旗鼓，歌吹数十人，绮绣杂缯琦珍"高兴异常。不仅如此，从中原西归后，一改其游牧之习，"治宫室，作徼道周卫，出入传呼，撞钟鼓，如汉家仪"。在学习中原音乐歌舞时，他们虽

---

① 此语及《黄鹄歌》等皆见《汉书·乌孙传》。

然力图"如汉家仪",但是毕竟原乡文化基因根底深厚,在传习中很自然地加入了民族的元素,因而以新面目出现,"驴非驴,马非马"之讥,其实正是中原音乐歌舞对西域音乐歌舞影响的生动写照。

在中原乐舞西传的同时,大量西域的音乐舞蹈也开始在中原传播并发展。

从汉到北魏,是我国音乐歌舞受西域影响的重要时期。著名历史学家翦伯赞先生认为,汉初是中原音乐歌舞发展的一个关键时期。他说:"武帝时代,是汉代音乐与歌舞的转捩点。正因为这一时代是汉代政治经济的转捩点,自此以后,迄于东汉之末,西域之道畅通,西域的乐曲,不断地传入中原,于是在中原地区古典的音乐中,注入了新的声律,从而又改变了中国古典歌舞的场面。"[1]在无数个西域音乐、舞蹈东传中,《摩诃兜勒》乐曲十分有名,影响很大,因而《史记》《汉书》中均有所记。但《摩诃兜勒》是何时传入中原的,众说纷纭。中国音乐学院教授、曾任中国音乐史学会会长的冯文慈先生说:"到东汉末的灵帝时期前后,来自西域的胡风盛行一时,高潮再起,胡服、胡板、胡舞、胡笛、胡空侯(箜篌之一种)等,深受洛阳的帝王贵胄的钟爱。如果假设《摩诃兜勒》是在这一时期或其后传入并发展,可能性是比较大的。"[2]冯先生所言汉灵帝喜爱胡乐是有依据的,《后汉书·五行志》曰:"灵帝好胡服、胡帐、胡床、胡坐、胡板、胡箜篌、胡笛、胡舞,京都贵戚皆竞为之。"汉时,洛阳盛行胡乐胡舞,不仅史书有载,文学作品也有吟咏。班固《东都赋》曾对宫廷依王制演奏音乐、表演歌舞的宏大场面予以描绘:

> 尔乃食举《雍》彻,太师奏乐,陈金石,布丝竹,钟鼓铿锽,管弦烨煜。抗五声,极六律,歌九功,舞八佾,《韶》

---

[1] 翦伯赞:《秦汉史》,北京大学出版社1983年版,第554页。
[2] 冯文慈:《中外音乐交流史》,湖南教育出版社1998年版,第33页。

《武》备,泰古华。四夷间奏,德广所及,僸佅兜离,罔不具集。万乐备,百礼暨,皇欢浃,群臣醉,降烟煴,调元气,然后撞钟告罢,百寮遂退。

赋中写到了域外乐舞在宫廷表演的情况:"四夷间奏,德广所及,僸佅兜离,罔不具集。""四夷"就包括西域各国。唐代李善及门人曾注《文选》,在解释"僸佅兜离"时引《孝经·钩命诀》曰:"东夷之乐曰侏,南夷之乐曰任,西夷之乐曰林离,北夷之乐曰僸。"从中可知,东汉宫廷中不仅有"四夷"之曲,而且"罔不具集",非常完备,数量、种类之多,可想而知。

西晋之后,由于"狄夷"入主中原,北部及西部大批民众进入中原,他们不仅从事贸易、手工业生产,很多人也兼事乐舞,因而这一时期也是中原音乐歌舞融合西域音乐歌舞而得到发展的重要时期。北魏孝文帝迁都洛阳之后,大刀阔斧推行改革,穿汉服,习汉语,用汉姓,通婚姻等,民族文化融合方面的史实很多、很多,其中也包括音乐。秦汉史专家张广达说:"早在北魏时期,居住在洛阳的西域侨民有万家以上,其中很多人充当了传播西域音乐舞蹈艺术的使者角色。"他指出:"北齐(550—577)盛行的音乐皆是胡乐。据《隋书·音乐志》记载,北齐后主高纬(565—576)'唯赏胡戎乐,耽爱无已。于是繁手淫声,争新哀怨。故曹妙达、安未弱、安马驹之徒,至有封王开府者'。史称后主竟因耽于胡乐而亡国,这虽是夸大之辞,但亦可见齐后主对西域音乐迷恋之深。"①

除了中原政权与狄戎诸国和亲外,也有西域狄戎与中原政权和亲者,北周武帝宇文邕娶突厥公主即一典型之例。突厥木扞可汗俟斤之女有姿色,善歌舞,宇文邕便派使者持厚礼前往聘之。当时突厥在今准噶尔盆地一带,实力雄厚,也欲结好北周图强,于是便同意结亲之事。俟斤可汗深知女儿酷爱音乐,送亲时招募了一支由龟

---

① 张广达:《论隋唐时期中原与西域文化交流的几个特点》,《北京大学学报(哲社版)》1985年第4期。

兹、疏勒、安国、康国等地三百人的西域乐舞人员陪嫁,同时也携带了许多西域乐器,如五弦琵琶、竖箜篌、哈甫、羯鼓等。周武帝天和三年(568),"三月癸卯,皇后阿史那氏至自突厥。甲辰,大赦天下"。"后至,高祖行迎亲之礼。后有姿貌,善容止,高祖深敬焉。"① 北周与突厥汗国的交好,促进了中原与西域音乐的融合与发展,为中国音乐史谱写了新的篇章。

中原与西域的音乐歌舞交流经过八百多年的发展,到唐玄宗已盛极一时,许多西域的乐曲、乐器不仅在宫廷使用,也流行于民间。这不仅在《隋书·音乐志》《旧唐书·音乐志》《新唐书·礼乐志》以及《通典》《唐会要》《唐六典》中有大量的记载,如《隋书·音乐志》载:"今曲项琵琶、竖头箜篌之徒,并出自西域,非华夏之乐器",而且在文艺作品如诗歌、壁画、石刻等中也有大量反映。现仅以《全唐诗》中所咏最有名的几个曲舞为例简要说明。

晚唐诗人郑嵎有《津阳门诗》。津阳门为华清宫外阙,作者借一老人之口,追忆玄宗时事。其中写宫中歌舞盛况时曰:

蓬莱池上望秋月,无云万里悬清辉。上皇夜半月中去,三十六宫愁不归。

月中秘乐天半间,丁珰玉石和埙篪。宸聪听览未终曲,却到人间迷是非。

千秋御节在八月,会同万国朝华夷。花萼楼南大合乐,八音九奏鸾来仪。

都卢寻橦诚龌龊,公孙剑伎方神奇。马知舞彻下床榻,人惜曲终更羽衣。

《津阳门诗》作者自注达32条之多。② 在"却到人间迷是非"

---

① 《北史》本纪第十(帝)、列传第二(后),《周史》本纪第五(帝)、列传第一(后)均有所记且文字相同。

② 该诗及自注见《全唐诗》卷567。

下注曰:"叶法善引上入月宫,时秋已深,上苦凄冷,不能久留,归。于天半尚闻仙乐。及上归,且记忆其半,遂于笛中写之。会西凉都督杨敬述进《婆罗门曲》,与其声调相符,遂以月中所闻为之散序,用敬述所进曲作腔,而名《霓裳羽衣法曲》。"由此可知,《霓裳羽衣法曲》的底本为从"西凉"所进的《婆罗门曲》,是典型的西域情调。诗中有"千秋御节在八月,会同万国朝华夷"句,郑嵎自注云:"上始以诞圣日为千秋节,每大酺会,必于勤政殿楼下使华夷纵观,有公孙大娘舞剑,当时号雄妙。又设连榻,令马舞其上,马衣纨绮而被铃铎,骧首奋鬣,举趾翘尾,变态动容,皆中音律。又令宫妓梳九骑仙髻,衣孔雀翠衣,佩七宝璎珞,为《霓裳羽衣》之类。曲终,珠翠可扫。"从中可知,在盛大豪华的演出中,不仅"华夷纵观"——观众中有许多外国使节、嘉宾,而且节目中也有许多西域歌舞。诗中说"公孙剑会方神奇",自注中说"有公孙大娘舞剑,当时号雄妙"。这个"公孙大娘",就是一个既精汉舞又善胡舞者。杜甫《观公孙大娘弟子舞剑器行·并序》曰:"大历二年(767)十月十九日,夔府别驾元持宅见临颍李十二娘舞《剑器》,壮其蔚跂,问其所师,曰:'余公孙大娘弟子也。'开元三载(715),余尚童稚,记于郾城观公孙氏,舞《剑器》《浑脱》,浏漓顿挫,独出冠时,自高头宜春梨园二伎坊内人泊外供奉,晓是舞者,圣文神武皇帝初,公孙一人而已。"该序文有两点值得注意,一是李十二娘为临颍人,杜甫观其师公孙大娘舞是在郾城。临颍、郾城均为古县,地处河南中部,两县城相距不足30千米。二是杜甫两次观舞相距半个世纪。这从一个侧面表明,西域音乐舞蹈在中原地区的影响既广泛又深远。

杜甫所说《浑脱》原名《泼寒胡戏》,出自波斯,由龟兹传入中原。唐代武则天及中宗时十分流行,宫廷中亦有舞者。由于该舞初入中原时保持着原始状态,戏谑成分较浓,而且"裸体跳足","腾逐喧噪",被认为"亵比齐优",有伤"盛德"及风化,很多大臣如吕元泰、张说、韩朝宗等人认为,宫廷演出甚是不雅,纷纷谏议禁止。中宗无奈,同意宫廷不再上演。此舞于开元元年(713)

正式禁止在宫廷演出。杜甫说，"圣文神武皇帝初"公孙大娘舞《浑脱》天下第一，"圣文神武皇帝"就是唐玄宗，杜甫开元三年（715）在郾城见其演出，可知该舞甚受社会欢迎，宫廷禁止而民间照常演出。此舞20年后又开禁，对此，史籍亦有所记载。据《新唐书·礼乐志》载，各类胡乐及舞蹈传入中原后，依中原礼制，尚不能在宫廷正式演出，直到开元二十四年（736）方允许正式演出，天宝十三年，唐玄宗"诏道调法曲与胡新声合作"，胡汉之曲始得同台演出，结束了长期以来"蕃汉未尝杂奏"的局面。①安史之乱前夕，由于玄宗的喜爱，加之胡人安禄山得宠，故一时胡乐胡舞充斥宫掖。故晚唐诗人白居易、元稹等，将玄宗崇尚胡乐胡舞视为不祥之兆，认为其是造成国家动乱的重要原因。白居易《胡旋女》诗："胡旋女，出康居，徒劳东来万里余。中原自有胡旋者，斗妙争能尔不如。天宝季年时欲变，臣妾人人学圜转。中有太真外禄山，二人最道能胡旋。梨花园中册作妃，金鸡障下养为儿。禄山胡旋迷君眼，兵过黄河疑未反。"②元稹《和李校书新题乐府十二首》中也有一首名《胡旋女》，云："天宝欲末胡欲乱，胡人献女能胡旋。旋得明王不觉迷，妖胡奄到长生殿。胡旋之义世末知，胡旋之容我能传……翠华南幸万里桥，玄宗始悟坤维转。寄言旋目与旋心，有国有家当共谴。"③大历年间，唐朝国力衰退，在朝野总结历史教训时，"胡人误国"之声一时甚喧。这也影响了后人对这一问题的认识。后晋刘昫等撰《旧唐书》曰："开元来……太常乐尚胡曲，贵人御馔，尽供胡食，士女皆竟衣胡服，故有范阳羯胡之乱，兆于好尚远矣。"结论对否不论，但也从一个侧面说明，

---

① 元稹有《和李校书新题乐府十二首》，其《立部伎》言及西域歌舞盛行宫廷："胡部新声锦筵坐，中庭以振高音播……宋沇尝传天宝季，法曲胡音忽相和。"其自注曰："太常丞宋沇传汉中王旧说云：玄宗虽雅好度曲，然而未尝使蕃汉杂奏。天宝十三年（754），始诏道调法曲与胡部新声合作，识者异之。明年禄山叛。"宋沇为开元名相宋璟之孙，善音律，德宗时任太常丞，主管朝廷礼乐。参见《元稹集》，中华书局1982年标点本，第284页。

② 《白居易集笺校》卷3，上海古籍出版社1988年标点本，第162页。

③ 《元稹集》，中华书局1982年标点本，第286页。

唐时中原音乐与西域音乐的交流已达到全面融合的程度。①

（二）农耕与商贸文化

汉代丝绸之路的开通，中原与西域的交流从此畅通无阻。中原的冶铁、造纸及凿井等技术很快就传入西域，茶叶、丝织品、瓷器等日用品也源源不断地西输；西域和中亚、欧洲的物产，如毛皮、汗血马、胡桃、胡葱、胡萝卜、大蒜、菠菜、芫荽、葡萄、石榴、苜蓿等大多是汉代就流入中原的。到了宋朝，中国内地的茶叶和丝绸被各国商人大量贩运到西方，西方的乳香、硇砂、玉石、珊瑚、玛瑙、琥珀、琉璃等同时也被大量转售到中国。至元朝时，由于中西方交通路线增多与更加畅通，中国的雕版与活字印刷术、火药等也通过丝绸之路输送到了欧洲，而欧洲与阿拉伯的天文、数学、医药、建筑等科学技术也通过商人、传教士等传入中国。其中，长安和洛阳成了西域文化最为荟萃、繁荣之大都市。

---

① 《旧唐书·舆服志》卷49，中华书局1975年标点本，第1958页。

论清代满汉关系对中华民族多元一体格局形成的主导作用

何晓芳

(东北大学中国满学研究院)

摘 要：满族自古是中华民族大家庭中的一员，从肃慎到女真再到满族，其与中原王朝和汉民族始终保持密切联系。但由于汉文化对中国少数民族强大的吸引力和凝聚力，绵延整个历史的主流是中原王朝和汉民族与少数民族的文化交往、交流和交融。清代满族作为统治民族而掌握中央政权，从维护自身长治久安目的出发，实行"满汉一家"政策，采取一系列政治文化措施，对今日中华民族多元一体格局的形成，发挥主导作用。

关键词：清代满汉关系 民族政策 各民族互动 多元一体格局

中国自古以来就是一个多民族国家，从先秦时期即开始逐渐形成"华夏"与"中国"的概念。相对于"华夏"与"中国"的是蛮夷戎狄族群。两千多年的王朝史历经中央与地方、华夏与戎狄纷争，在矛盾与纷争中"华夏"与"中国"的文化逐渐与蛮夷戎狄文化相融合。元朝大一统，明朝以长城为界，清代再度空前统一，以满汉文化融合为主导，形成今日中华民族多元一体格局。清代是满族建立的王朝，从其先世建立渤海起，再到清军入关，满族始终向往汉文化，尊崇汉族文明，向汉文明学习并融合内化为本民族文明。满族建立清王朝，处于政治文化的主导地位，不断改善满汉民族关系，对中华民族多元一体格局的形成起到主导作用。主要体现在以下四个方面。

一　打破游牧民族与农耕民族的分界——长城

长城最初是春秋战国各国相互设防的建筑设施，但在秦朝统一以后，秦始皇筑长城，长城即成为以"华夏"与"中国"为中心的内与外、"华"与"夷"的分界线。西汉人曾著书说明长城的文化分界意义："天设山河，秦长长城，汉起塞垣，所以别内外、异殊俗也。"从生产方式看，长城以南为农耕民族，长城以北为游牧民族，尽管元朝大一统不分长城内外，但不过百年明朝重新恢复。自秦朝始，中国两千年王朝不断上演长城内外农耕汉文化为主导的与游牧北方文化为主导的两种文明之间的民族分分合合，国家统一再分裂、分裂再统一的历史大剧。然而，中国历史演进到清代，满族北联蒙古，南向尊崇汉文化，以满洲为根本，建立满蒙汉联合政权，中国大一统成为定局，从此再没有出现分裂。长城不再有农耕文明防御游牧民族的军事意义，因而康熙明确指示从此不修长城。这一举措否定了"内中国外夷狄"的"华夷之辨"，打破游牧民族与农耕民族的分界——长城，从而改写了"中国"的地理坐标，将"中国"的概念边界定位于长城以北游牧民族广阔地区，奠定今日中国民族分布和祖国版图。

二　重新诠释"华夷之辨"——尊孔崇儒

自从西汉"罢黜百家，独尊儒术"以后，儒家思想一直成为中央王朝治国理政的统治思想。由于中央王朝始终（大多数时间）把持在汉民族统治阶级手中，因而孔子所创建的儒家学说便朝着"华夷之辨"方向发展，成为"华夷之辨"的理论依据。满族以东北少数民族入主中原，遭到明末清初汉族士大夫的强烈抵制，以黄宗羲、顾炎武、王夫之为首的知识分子大谈儒家经学、民族气节，以此来调动知识界反清反满意识。而满族不仅没有如同秦始皇大力开展焚书坑儒，却对儒家思想大力赞扬推广，早在关外皇太极时期开始下令八旗学习儒家经书，清军入关的第一个措施即是朝拜孔子，给其加封号。满族作为统治民族，儒家经典成为八旗学校的必修课，皇家必读之书。通过弘扬儒家学说来阐释"格物致知""尊君重道"，重点重新诠释孔子大一统思想，去其"华夷之辨"之糟粕，创新"天下一家"。雍正朝利用曾静案对"华夷之辨"进行一次大扫荡。曾静所著《知新录》中谓"中原陆沉，夷狄乘虚，窃据神器，乾坤翻复"；"华夷之分，大于君臣之伦，华之与夷，乃人与物之分界"。雍正帝借此之机撰写《大义觉迷录》，对曾静所代表的观点进行驳斥，认为君臣之伦至高无上，孔子儒家经典的中心大义是"惟德是辅"，华夏与蛮狄的区别是看其是否知"礼"；国家大一统，只要有德就可以当皇帝，不必区分华夏或蛮狄；至于内华夏外夷狄的区分更是不合理。居于外者知书达礼也是华夏，虽居于中国但不知书达礼也是蛮狄。

在中国历史上第一次由少数民族当政者运用儒家理论系统的阐述"华夷之辨"，对中国传统的解释有了一个完全的颠覆。清代，在少数民族地区的官学里都统一学习儒家理论，用国家政权的力量使儒家理论成为中华民族多元一体格局形成的全民思想基础。

三　弘扬汉族文艺——传承发展中华文明

中华民族多元一体格局形成的文化核心凝聚力是汲收少数民族文化营养而形成的汉文化，而汉文化重要的表现形式是汉族文艺，在中国两千多年的文化传承之中，汉族文艺的表达以唐诗宋词、书法、国画为代表。汉族文艺传承中华文明。中国历史上各少数民族都十分赞扬汉族文明，而且尽力效仿。比如渤海国主、金代后期完颜家族，都有较深厚的诗词功底（汉文）和书画才艺。历届少数民族政权对汉族文艺也都推广，虽然囿于汉语言文字的隔阂而倡导学习有限，但绝没有如同秦始皇那样焚书坑儒的仇视，酿成历史文化大案。

满族建立的清王朝，是中国最后一个封建王朝，恰好又是满族以一东北"蛮夷"（明季部分汉族士大夫语）入主中原，对待汉族文艺是不是大难临头的毁灭，"国将不国"。而事实恰恰相反，汉族文艺一直发展传承到当代。这与满族积极向汉族学习，清朝皇帝贵族热衷学习汉族文化分不开。有清一代，汉族文艺是其皇帝宫廷教育的必修课。康熙时期大力招揽汉人文学之士，开"博学鸿词科"，由此设立南书房。在满洲贵族把持的中央政权里，汉族文艺多才的士大夫依靠此为技艺之长跻身政治，例如张英、张廷玉父子，张廷玉成为托孤的四个辅政大臣之一。

在皇家对汉族文艺欣赏学习的带动下，满族贵族吟诵诗词歌赋成为时尚。康熙、乾隆无不是汉文书法绘画、诗词歌赋全才，乾隆帝一生作诗达上万首，是中国历史上汉文诗最多产的诗人。有清一代，满洲人出现了众多诗词名家和绘画书法高手。例如，纳兰性德、顾太清等成就斐然的满族词人，《雪桥诗话》与《八旗文经》收录了满洲人的大量文艺作品，成为满洲文化一大盛事。经过元朝戏剧、明朝小说繁荣，唐诗宋词在中国传统文化中已经逐渐式微，但到了清朝却出现再度中兴繁荣。乾隆时期编修的《四库全书》是中华文明的大汇集，尽管有人评价说：这是一场文字灾难，但销毁的皆为大汉族主义污辱少数民族的言语书籍和兵书，而代表中国古老核心精神的经书及重要文艺作品的全貌都保留下来，使我们今天才能一睹唐诗宋词的风采，用以为中华文化创新发展提供滋养。

四 确立中央集权多民族统一法制——奠定中国版图

文化没有地理边界，但主体文化形成却必须在边界之内。只有在边界之内形成的主体文化—汉文化才能不断汲收凝聚各民族文化，形成中华民族多元一体格局。清代是中国多民族国家大统一的时代。首先，在政治上，建立以满汉为主的联合中央政权，在中央机构上，实行满汉官缺制；在中央与地方关系上，从康熙到乾隆祖孙三代完成国家统一，平定蒙古、新疆、西藏等地叛乱，收复台湾、击退沙俄侵略。对待平定叛乱收复之地，在采用历史上传统的"因俗而治"基础上，将其法制化，纳入清中央王朝的统一制度管理，使其成为不可分割的地方政权。例如，在蒙古地区推行盟旗制、在新疆推行伯克制、在西藏推行驻藏大臣监督下的政教合一制等。相应的，中央王朝制定了完备的民族法，清朝以《大清律》为根本法，《大清律》是传承中国古典法律——《大明律》稍加修改而制定的根本法，在根本法基础上制定《蒙古则例》《西藏章程》《西宁回子律例》《苗疆则例》等。从此划定了中国的边界，确定中国主权，也为中华民族确立了疆域，即将中国以汉族为主包括边界之内的各少数民族都看作为"王化之内"，在中央王朝的统治下，推行儒家思想文化，有条件的地方实行科举制，规定少数民族首领定期朝觐制。

综上所述，中华民族多元一体格局的形成是中国历史从古到今传承发展的结果，其中清代以满族入主中原，欣赏学习汉文化，注重修善满汉民族关系，对中华民族多元一体格局的形成发挥了主导作用。

试述贵州多元民族文化的共存共荣

翁家烈

(贵州省民族研究院)

一 五大族系交汇于贵州高原

贵州的历史记载，最早见于我国春秋时期，《管子》载齐桓公所言："南至吴、越、巴、牂柯、䩈、不廋、雕题、黑齿、荆夷之国，莫为寡人之命"一语中提及的邦国之一"牂柯"，但有关牂柯国的具体历史，至今尚无任何记录与记忆。贵州历史能确知最早的当属"夜郎"。《史记·西南夷列传》全篇以"西南夷君长以什数，夜郎最大"句开篇，以"西南夷君长以百数，独夜郎、滇受王印"结尾。对战国至西汉时期夜郎国的地理位置、社会状况，以及"西南夷"的影响及与中央王朝的关系作出了精准的表述与记载。但对建立夜郎的族属未作明示，仅以"此皆魋结、耕田、有邑聚"一语笼统带过。直到晋常璩《华阳国志·南中志》方言，夜郎是传说中兴于遯水的"竹王"所建，故夜郎王亦称"竹王"。当"竹王"被斩后，引发"夷濮阻城，咸怨诉竹王非血气所生，求立后嗣"，牂柯太守吴霸即"表封其三子列侯，死，配食父祠，今竹王三郎神是也"。明指夜郎国的君、民族属均为濮人。

唐蒙通夜郎后，中央王朝在夜郎势力范围内相继设置犍为郡和牂柯郡，纳入皇舆，率先实现了对"西南夷"的最早开发。但犍为、牂柯二郡为"初郡"，不同于内地的"正郡"，即《汉书·食货志》所载："且以其故俗治，无赋税。""初郡吏卒奉食币物、传车马被具"等，则取自"南阳、汉中以往各地比给"。地处贵州高原的牂柯郡，山高谷深，道路艰险，吏卒所需物资难以依时按量收取。朝廷遂以"募豪民田南夷，入粟县官而内受钱于都内"的政策变通以应对。邻境巴蜀的豪强地主们便率其租佃的农户移居牂柯郡内垦殖，成为最早定居贵州的华夏后裔——汉人。西汉末期，夜郎部落联盟势力范围内的夜郎王、句町王、漏卧侯之间"举兵相攻"，还"刻木像汉吏，立道旁射之"，以藐视朝威，嗣为牂柯太守陈立计杀，夜郎国灭。

雄踞"西南夷"的夜郎国灭，濮人势衰。氐羌族系的勿阿纳率部于东汉初年自今滇东北攻入黔西北；苗蛮族系的武陵蛮在抗缴增加租税中累遭征剿，部分沿五溪散逃今之黔东北；百越族系的"西瓯"部分跨红水河进入今之黔西南。四个古族系从不同方向进入贵州高原，与聚居其间的濮人族系长时期、大范围地接触、交往和碰撞，出现融合、分化，于唐宋之际渐而形成了后之仡佬、汉、彝、苗、瑶、布依、侗、水等诸多单一民族。元、明、清时期，随着国家军事、政治布局的发展变化，蒙古、回、白、羌等族亦相继进入贵州。一些分而未化、融而未合的群体直至中华人民共和国成立后仍大量存在，被称为待识别民族。其人口数量之大、民族称谓之多居全国之冠，直到20世纪80年代在国家大规模开展民族识别的工作中，其民族族称方基本得以解决。贵州的世居民族确定为汉、苗、布依、侗、土家、彝、仡佬、水、回、瑶、白、壮、畲、毛南、蒙古、仫佬、满、羌18个。在全省4000万人口中，少数民族人口占38%。在全国8个民族省区中，贵州是3个民族省之一。

二　从唐蒙通夜郎到贵州建省

建元六年（前135）番阳令唐蒙奉命"风晓南越"，"南越食蒙蜀枸酱"，问知这一特异的土产系蜀地商贾持窃出市据说拥有精兵十余万的"夜郎"，再经其境内之牂柯江（即北盘江）转输至番禺的信息后，遂上书汉武帝，借助夜郎的实力及其江道以攻制雄踞一方之南越。汉武帝遂以唐蒙为郎中将出使夜郎,"厚赐,喻以威德,约为置吏,使其子为令","夜郎旁小邑皆贪汉缯帛",也效法夜郎侯"且听蒙约"。朝廷在此基础上于夜郎境内西北部设置犍为郡。① 犍为郡虽属"初郡",但其意义重大,是中央王朝开发"西南夷"的开端及重要标志。嗣又于夜郎中心区设置牂柯郡。

夜郎国灭后,无政权依托的濮人势力衰、散,招募来"田南夷"的"豪民"经200余年的稳定发展而势大力强,成为东汉时期拥有部曲的豪强大姓。东汉初年,蜀郡太守公孙述于成都自立为天子,割据一方,牂柯大姓"龙、傅、尹、董氏,与功曹谢暹保境为汉,乃遣使从番禺江奉贡",得到汉光武帝的嘉奖。②

三国时,"南中诸郡并皆叛乱"③。为维持蜀国后方的稳定,诸葛亮率师南征。得到雄踞贵州高原西北部氐羌族系首领济济火的积极支援,"通道积粮以迎武侯。武侯大悦,封为罗甸国王"④。平定南中后,诸葛亮由味县(今云南曲靖)经汉阳(今贵州赫章),取道僰道返回成都。即《三国志·蜀志·费诗传》载:"建兴三年,随诸葛亮南行,归至汉阳,降人李鸿来诣亮。"

"五胡十六国"时期,建都于成都的成汉政权派大将军李寿攻降宁州各郡。唯牂柯太守"谢恕保城拒守,积月不拔,会奕粮尽引还"⑤。《华阳国志·南中志》载"唯牂柯谢恕不为寿所用,遂保境独为晋,官至抚夷中郎将、宁州刺史、冠军将军"。牂柯郡城虽未攻下,李寿篡位后,却"以郊甸未实,都邑空虚"为由,"从牂柯引獠入蜀郡……至是始出巴西、渠川、广汉、阳安、资中、犍为、梓橦,布在山谷,十余万家。獠遂布满山谷,与土人参居。居家颇输租赋,深山者不为编户"⑥。十余万"獠"人北移入蜀,牂柯地

---

① 《史记·西南夷列传》。
② 《后汉书·南蛮西南夷传》。
③ 《三国志·蜀志·王连传》。
④ 嘉靖《贵州图经》卷十一。
⑤ 《晋书·李雄载记》。
⑥ 《蜀鉴》卷四引李膺《益州记》。

299

区的社会生产力极大削弱，亦使本已衰弱的夜郎遗裔更其步入式微。其社会身份由依附关系的农奴，一下子变为"颇输租赋"的农民，后又常被军政权势者不断掠卖他乡为奴为婢而融入汉族之中。

唐宋时期由南下的氐羌族系分解而成的"乌蛮""白蛮"，先后建立强势的"南诏""大理"地方民族政权。紧邻的贵州高原则成为唐宋王朝与之缓冲的边缘地界。唐王朝分别于乌江以北及武陵山一带设置黔中道，下辖黔、思、播、蛮、锦、叙等10个经制州；于乌江以南置黔中都督府，下辖牂、充、庄、蛮等羁縻州数十。宋代，其经制州大部属夔州路；羁縻州辖于绍庆府。此外，尚有地方民族政权罗殿国、自杞国。贵州的经制州，常是官员的流贬地。有唐一代，流放贵州者达三十余人。李白《流放夜郎赠辛判官》诗曰："我悉远谪夜郎去，何日金鸡放赦回？"唐玄宗时，播州人海通法师于乐山凌云山上见山前江水常在夏季猛涨覆舟，决心募凿弥勒大佛像以镇水势。佛像高71米，造型雄伟，仅其脚背即可坐百人。至道元年（995），西南牂柯诸蛮贡方物。宋太宗令其做本国歌舞："一人吹瓢笙如蚊蚋声。良久，数十辈连袂宛转而舞，以是顿地为节。询其曲，则名曰水曲。"① 苗族芦笙歌舞因之进入史册。宋都南迁后，金、元雄峙北方，马道堵截，所需战马仰给于西南。朝廷特在邕州（今广西南宁）设置买马司，"市于罗殿、自杞、大理诸蛮"，"《五经》《国语》……及医、释等书"亦随之而流传入西南民族地区。

元代在全国建立行中书省制（简称行省），作为全国最高地方行政管理机构，共有岭北、辽阳、河南、陕西、四川、甘肃、云南、江浙、江西、湖广、广东11行省。今之贵州，其时分辖于毗邻的湖广、四川、云南3行省。所设八番顺元宣慰司都元帅府，领有顺元等路安抚司、思州军民安抚司、播州军民安抚司、新添葛蛮安抚司、管番民总管府等，实际上成为此3行省毗邻地的政治军事中心。元代在全国大修"站赤"（驿传），以大都为中心设站赤

---

① 《宋史·蛮夷传》。

1500余处，通往全国各地。湖广、四川、云南3行省的驿道相接于贵州高原，以贯穿黔东北、黔中、黔西南由湖广通云南的驿道尤长、尤为重要，成为后来明太祖30万大军平定云南的主要通道，亦是明清两代官、商、民入黔的主干线。

明王朝建立后，元顺帝逃往塞北盘踞，元梁王把匝瓦尔密拥兵云南拒降。朱元璋平定云南后，置重兵控扼。明代于贵州设置24卫，超过西南地区邻省之四川（17卫）与云南（20卫）。其时的贵州土司林立，有的分属于卫管辖，如贵州卫即辖有安抚司1及长官司25个。永乐十一年（1413），思州、思南宣慰使为争夺"沙坑"（朱砂矿）连年争战，朝廷"屡禁之，不能止"[①]，遂将其革废，在其地设置8府，接着在此基础上设贵州布政使司，成为继浙江、江西、福建、广东、广西、湖广、四川、陕西、河南、山东、山西、北平后之第13个布政使司，标志着贵州省的建立。卫所屯田制广布、府州县的广置，导致贵州社会政治、经济、文化及民族等诸领域发生了广泛而深刻的空前巨变。主要表现为政治上土官制与流官制大范围并行，其趋势表现为前者不断削弱，后者日趋发展；随着卫所制的建立，府州县的涌现，汉族人口剧增，城镇兴起，以十二生肖命名的城乡集市贸易普遍建立；卫学、府州县学及书院应时建立等重大社会历史事项的普遍呈现，使长期被视为"苗蛮"或"蛮夷"之地的贵州，在有明一代发展为"苗汉"或"夷汉"杂居之区。康熙时贵州巡抚田雯在其《黔书·序》谓，"自军屯卫所官户戍卒来自他方者，虽曰黔人，而皆能道其故乡，无不自称为寓客。其真黔产者，皆苗、僮、仡佬之种"。卫所屯田制的官兵均须带眷属同往屯戍并编为军户世代承袭，而世居当地的少数民族则将这些新来的汉族官兵及其家眷视为客人而被统称为"客家"。屯军及其眷属主要分布于城镇及交通沿线，故民间流传"客家住街头，苗家住山头，夷家（指布依、侗、水族）住水头"这一立体分布格局的形象概述。李自成攻破北京，崇祯吊死煤山，明

[①] 《明史纪事本末》。

亡。吴三桂引清兵入关，李自成、张献忠先后战殁。①江南一批文武权臣拥立宗室藩王先后建立弘光、隆武、绍兴、永历等小朝廷组织抗清，史称"南明王朝"。"南明王朝"的前三者存在时间很短，唯永历王朝在李定国领导的大西军支撑下长达十五年之久，其间曾驻跸贵州安隆所四年。后为权奸孙可望逼诛的内阁大学士吴贞毓等人的墓冢，有永历帝亲题的"明十八先生成仁处"存留迄今，供后世凭吊者沉思、咏叹。

清代，以雷公山为中心的苗语中部方言苗族聚居区，界于湖南与广西之间，"皆生苗地，广袤二三千里、户口十余万，不隶版图"，保有浓厚原始社会残余。"民自黔之滇、之楚、之粤，皆迂道远行，不得取道由苗地过。内地奸民犯法，捕之急，则窜入苗，无敢过问。"（方显《平苗事宜疏》）雍正四年（1726）云贵总督鄂尔泰在其《改土归流疏》中，在历数土司的种种违法乱纪、残暴属民、进行改土归流之后，却引出"苗患大于土司"的结论，认为"苗性犬羊，何知信义。为长久计……必当相机进剿除"，采取铁血政策，对以雷公山山区为中心的"苗疆"发起大规模的武装进剿。在雍正六年至十一年连续五年的血腥镇压基础上，先后于黔东南苗疆设置八寨、丹江、清江、古州、都江、台拱六厅，派官员管理，史称"新疆六厅"。继又置屯军8930户、强占大量耕地做屯田，对当地苗族施行严密的军政管制。苗民的生命、村落及田土遭到空前的摧残、销毁与剥夺。清代初叶，贵州汉族和少数民族人口数量，尚属"汉少苗多"②。至清代后期，黔北地区以及省会贵阳一带已是"汉多苗少"③。贵州的少数民族人口种类多，其中以苗族人口数量最多、分布面最广、支系亦最为纷繁，又常与其他少数民族参错杂居。汉人对其难以区别，遂对贵州的少数民族通呼之为"苗"，如"仲家苗""倮罗苗""侗苗""水家苗""仡佬苗"等，以致民国年间许多人类学家来黔调研，发文时亦多相沿成习。清代

---

① 《皇朝经世史编》。
② 《清实录·圣祖实录》。
③ 《黔南职方识略》。

后期，贵州全省建有 12 府、3 直隶州、11 厅、33 县。民国年间，省会贵阳设市，全省共有 1 市 81 县。2014 年，贵州共设 6 个地级市、77 个县（区、市）及 3 州 11 自治县。

三　多元文化共存共荣

　　五大古族系存在、进入贵州高原的时间、走向不同，导致其发展为单一民族后的分布格局有异。濮人后裔仡佬族原遍及各地，自夜郎国灭后，渐为从各方进入的各族系挤压分解，加之李寿"引僚入蜀"，人口不断剧减，至新中国成立前仅只 2 万人零星地散布于省内县境；由氐羌族系发展而成的彝族主要聚居于黔西北、黔西南及黔中一带；苗蛮族系的苗族，其后裔分别于黔东北、黔西北、黔东南进入而后遍布全省各地；百越族系越红水河向北推进后，主要聚居于黔东南、黔西南、黔南及黔中地区；汉武帝开发"西南夷"是自"夜郎"始，借助于巴蜀二郡人力、物力，唐宋时期所设经制州亦在乌江以北，故汉族人口以黔北地区居多。明清两代"改土归流"后，周边省区入黔垦荒、逃荒、商贩、工匠者众而不绝。汉族人口以城镇、交通沿线为主渐布全省各地。各民族大范围杂居、小范围聚居成为贵州民族人口分布的历史态势，构成了贵州各族文化传承、传播与变化的客观空间。民族文化之张弛在于民族态势之强弱。入乡随俗往往成为社会历史运行的惯例。明清史籍所称"宋家苗"者，弘治《贵州图经新志》载"曰宋家者，其始亦中州裔。久居边徼而衣冠俗尚少同华人。男女有别，授受不亲。其于亲长亦知孝友"。近有学者考证其原籍为河北真定。又有称为"蔡家苗"者，"与宋家杂处，风俗亦少相类，故二氏为世婚"。此两者系唐宋以来史籍所载有关汉族人口移居贵州后，习染少数民族文化而又保持本族文化基因的实例。

　　五大古族系在贵州高原长时期大范围的接触、交往，导致贵州成为民族众多、民族文化丰厚而独特的省区。

　　战国时期，濮人建立的民族地方政权"夜郎"，成为贵州社会历史的开端。仡佬族为古夜郎创建者濮人留存至今的唯一族裔。最早一直与之接触交往的彝族及其先民至今仍称仡佬族为"濮",称仡佬族先民发祥地的牂柯江为"濮吐诸衣"。旧时民间称仡佬族为"古族"或"古老户",有"蛮夷仡佬,开荒辟草"之说。仡佬族虽早已式微,但对其先民于贵州披荆斩棘的历史功绩却世代铭记。仡佬族老人过世发丧时,不丢"买路钱"(撒纸钱)可穿行他族村寨。在农作物初熟的农历七八月间,贵州许多民族均过"吃新节",唯独仡佬族吃新节时,其妇女提筐背箩结伴往数里或数十里外,无论何家、何族的田埂边摘取数株谷穗回来集体祭祖而不受任何阻拦或斥责。如若未有仡佬人届时去摘取,该田主甚至会产生今年收成可能不好的忧虑。务川仡佬族人"申佑,正统间以进士授监察御史,刚正不阿,勇于弹劾,从跸北征,替死于土木之难"[①],后敕建"三忠祠"而留存至今。

贵州人口最多、分布面最广、与境内各民族皆有接触交往的少数民族为苗族。其以蚩尤为首领之先民九黎与黄帝为首领的部落于"涿鹿"发生我国原始社会末期之空前大战,败后,其部众大部渡河南迁。《拾遗记》载,"轩辕去蚩尤之凶,迁其民善者于邹、屠之地……后分为邹氏、屠氏",成为后来华夏的成员。秦始皇、汉高祖、梁武帝、宋太祖等帝王均以"兵主"视之并予以祭祀。黔东南州之丹寨县境内龙氏苗族每年农历十月隆重祭祀蚩尤的传统一直保持至今。汉民进入苗区谋生,日久,习苗俗或与苗人通婚而成为苗族者众。清代爱必达《黔南识略》卷十九载,"查汉民之黠者,多来自江右。抱布贸丝,游历苗寨……若夫与苗渐狎而诡为苗语、苗装,以通姻者,俗谓变苗"。徐家干之《苗疆闻见录》卷之下载,"其地有汉变苗者,大约多江楚之人。懋迁熟习,渐结亲串。日久相沿。浸成异俗,清江南北皆有之"。苗族支系繁多,其中黔西北境内自称"蒙撒"者为"汉苗",传说缘于"汉父苗母"。因散居鸭池河以西,亦名为"水西苗",妇女头上歪插木梳一把,故

---

① 弘治《贵州通志》卷三。

又称"歪梳苗"。历代官府对苗族压迫剥削深重，苗民的反抗斗争亦甚频繁而强烈。雍正十三年（1735）六月二十四日，湖广总督迈柱在其率兵镇压新辟苗疆的包利、红银率领的反抗时奏言，"窃查历来苗子滋事，不过抢劫民村、拒敌官兵而止。今则汉奸、熟苗，假装僧道、算命、打卦、师巫，乞丐等类，潜入各地方，探听虚实，指引路径，放火为号，从中指挥调度，攻陷城垣，抢劫食库、占据要路、阻塞驿站等事，无所不至"[①]。充分反映出苗族人民在反抗官府压迫剥削的重大斗争中，是得到广大汉民的同情、支持、参与并起着重大作用。

长期居于清水江两岸的苗族和侗族，不仅培植维系着"稻田养鱼"的生态农业，还开创了林业生产贸易。自明代输送"苗木"作为"皇木"运于北京建造宫殿，至清代内地客商组团携银至清水江口，由通汉语的苗民构成的"山客"从雷公山苗区采购之杉木扎排顺水划流至洞庭，然后转运大江南北销售，一直延续至"改革开放"的20世纪80年代。数百年繁盛的林业生产和贸易，派生出留存至今的数十万份有关山林土地租佃、买卖契约文书，成为今天享誉国内外学界研究苗汉文化交流发展独特丰厚而珍贵的文献资料。

"夜郎"国灭后，进入贵州势力最为强大的少数民族为氐羌族系的后裔彝族。诸葛亮征"南中"时，其首领济济火，"通道积粮，以迎武侯。武侯大悦，封为罗甸国王"（嘉靖《贵州图经》卷十一）。宋王朝与辽、西夏、金、元长期对峙，南迁后军事烦仍，所需马匹被迫从北方转向南方。《宋史·兵志》载，绍兴三年，"即邕州置提举，市於罗殿、自杞、大理诸蛮"。"罗殿""自杞"是贵州彝族所建地方民族政权，邕州在今广西南宁。周去非《岭外代答·邕州横山博易场》谓，"蛮子之来，他货亦至。蛮人所赍麝香、胡羊、长鸣鸡、云南刀及诸物，吾商所赍锦、缯、豹皮、文书及七巧之物"，形成了以马匹为主，兼及内地汉民与西南边疆少数民族经济文化交流盛况。明代贵州设有贵州宣慰司、播州宣慰司、

---

① 《清代前期苗起义档案资料》上册。

思州宣慰司、思南宣慰司四大土司。其中贵州司势力最大，辖区最广而最具特色。该司由元之水西宣慰司与水东宣慰司合并构成。水西土司为彝族任宣慰使，水东宣慰宋氏为"夷化"之汉族，任宣慰同知。司署设于贵阳城内，两者合署办公，由宣慰使执掌印信，遇事与同知共商处理。朝廷规定"非有公事不得擅还水西"，若有事需返水西，须经朝廷批准，印信则由宣慰同知代理（《明史·土司传》）。贵州宣慰使霭翠死后，其子年幼，由其妻奢香代袭。洪武四年，"时都督马烨镇守贵州，以杀戮慑罗夷。罗夷畏之，号为马阎王……烨欲尽灭诸罗郡县之。会奢香有小罪当劾，烨械致奢香裸挞之，欲以激怒诸罗为兵衅。诸罗果勃勃欲反。时，宋钦（元之水东宣慰使、明之贵州宣慰同知）亦死，其妻刘氏多智，谓奢香部落曰：无哗，吾为汝诉之天子。天子不听，反，未晚也。诸罗乃已。刘氏遂驰见太祖白事"（嘉靖《行边纪闻·奢香》）。刘氏，名淑贞，汉族，以其远见卓识，不辞奔劳，既为奢香申冤雪耻，亦为贵州化解了一次行将爆发的民族冲突与动乱。奢香更是以国家、民族的大局为要，忍辱负重，不为激变。当朱元璋知情同意处决马烨后，不唯不计旧怨，还主动提出以开凿"龙场九驿"为报，深受朱元璋赏识，特赐其子以汉姓为"安"以资褒奖。

布依族是贵州人口数量、分布面积仅次于苗族的少数民族。人口300万，主要分布于黔南、黔西南两自治州及安顺、贵阳、毕节等市，旧称"仲家"。元、明、清时期，其土司制在红水河北岸，主要表现为以甲统亭，以亭统寨，分兵驻守的军事统辖制度。其亭守称"亭目"，故曰亭目制。源于北宋狄青平侬智高起义后，分兵驻守广西左右江流域，其部属边官世袭而形成。以浙江岑氏为主，下辖王氏、黄氏、杨氏等部将。《王氏族谱》载，"从武襄公狄青征安隆侬智高……智高兵败广西……上表留仲叔，置部下将官住各处镇守……降诏委管长鼋四甲、桑朗四甲"。《杨氏族谱》载，"宋仁宗时，上命八员将帅镇守广西，岑仲淑守古勘硐，杨廉员守上林八甲，黄洪守红水江南北"，"皇祐四年，王凤若与岑仲淑守古勘硐，杨廉占守上林八甲，黄洪守红水江南北……"这些奉命驻守红水两岸的军官后裔，日久变服从其俗。衍化为布依族，成为布依族中的大姓。

明代创建卫所屯田制，共约500个卫分设于全国各地。卫的建制为5600人，下辖前后左中右5所，所下置屯、堡若干。卫所官军皆携眷属，列入军户于驻地世代屯驻，清代废卫所屯田制以绿营制代。屯军及其眷属均改为民，或散或聚，其习俗渐同于普通汉民。唯贵州安顺地区一带，屯军军户多来自江南，卫所屯堡密集而人多势众。军转为民后，生产仍固守祖籍江南的习俗，而被特称为"屯堡人"。其村落布局、民居格式、生产方式、婚丧节庆礼仪、民间信仰、语言文字、妇女装束等至今仍沿袭明代江南社会习俗。1903年，日本学者伊东忠太至安平县（今平坝县）调研时，见屯堡妇女头饰奇特，又多不缠足，而误从当地官员介绍认为属于少数民族而称之为"凤头苗"。"屯堡人"的生产方式，民居格局、建材、年节、婚丧礼仪，对当地各少数民族发生不同程度影响，即如"屯堡人"独创的地戏于周边布依族、仡佬族中有所传播。平坝县大狗场是仡佬族人聚居的一大村落。正月十五，方圆百里内有地戏班子的各族村寨纷纷赶来参加会演，汉、布依、苗、仡佬等各族群众亦涌来观看，异常热闹、壮观！

明清两代，随着"改土归流"的推进，卫所、府、州、县建置的拓展、完成。城乡汉族人口的激增，汉文化的影响面不断拓展，影响度日趋加深，贵州各少数民族均不同程度地受到汉文化濡染与涵化。汉语、汉装，汉族的生产方式、生活习俗，日渐为少数民族仿效、汲纳，以致民间渐出现"夷汉"联姻。

弘治《贵州图经》载，思南府"夷僚渐被德化，俗效中华"，石阡府"郡夷多种"，曰"仡佬""侗人"，"今则渐染中华之教。所变异者多也"。龙里卫之"东苗""西苗""仲家""龙家"之习俗，"间有合于汉礼者"。安庄卫，"环城百里之间，皆诸夷巢穴。风俗粗鄙，异言异服。然与卫人错居，近亦颇为汉俗"。嘉靖《贵州通志》卷三载，中曹长官司仲家"男子戴汉人冠帽……通汉人文字"，思州府"郡内夷汉杂处……自入本朝，夷俗渐变"。思南府,"蛮獠杂居,渐被华风……夷獠多效中华"。"朗溪司侗人……近来服饰亦颇近汉矣"。清平县"仲家……衣服与汉人同,言语稍异……男知读书"。杨义司"其民皆苗、佬、仲家……近来知服役官府,衣服言语稍如华人矣"。普定卫"汉夷杂居,风俗各异……自立军卫以控制之,渐染中原之俗"。安庄卫"地杂百夷……异言异服,然与卫人错居,近亦稍变"。弘治、嘉靖为明代中期。据上两部史书所载,自明王朝于贵州广设卫所、建省、"改土归流"等一系列重大军政设施后,随着汉族人口的大量进入、广泛分布,与各少数民族大范围地错杂而居,汉文化从不同角度、不同方式,对世居贵州的各少数民族发生影响,逐渐为少数民族效仿、吸纳。清代,其影响则更广、更深。鄂尔泰任云贵总督后疏奏认为"改土归流"须以"开辟苗疆"为前提。时任镇远知府的方显于雍正五年(1727)在其《平苗事宜疏》曰,"黔省故多苗。自黎平府以西、都匀府以东,镇远府以南,皆生苗地。广袤二三千里,户口十余万,不隶版图……内地奸民犯法,捕之急则窜入苗,无敢过问"[①]。其时,官府权势未及的苗疆,是被黔省一些为权势所迫汉民的一处避难所。鄂尔泰以铁血政策开辟苗疆后,设"新疆六厅"。至此,黔省全部纳入王朝管辖之内。盛产杉木的雷公山地区,明代因其盛产"苗木"成为进行修建宫殿的"皇木"征集地,清代则发展为全国重要的木材产出区。每年,由安徽、江西、陕西大木商组成的"三帮客"及湖南常德、德山、河佛、洪江、托口五地木商组成的"五勷",总数不下千人。他们从水路至锦屏的茅坪等地购买木材,称为"水客"。木材商们不懂苗语,须由当地懂汉语、能识文断字的苗、侗农民深入山区为之寻找、联系货源,顺水路运至出售谓之"山客"。成交之木材,扎成木排循沅江至洞庭后,散销大江南北。清代清水江流域木材贸易的兴起、繁荣,引发民间山林土地的租佃、买卖等契约文书普遍而持续地发生,留存至今者多达数十万件,成为今天国内外学界争相搜集、研究的独特的"热门"。随着

[①] 《平苗纪略》。

"改土归流"的推进，贵州的大中土司均不复存在。散存的数十个小土司均已衰败、式微、名存实亡，汉族和少数民族民间的交往更直接、自然而通畅，汉文化对少数民族的影响日益深广。李宗昉《黔记》卷三载，"依苗（布依族）在贞丰、罗斛、册亨等处……薙发、服饰俱如汉人，唯妇人束发、短衣长裙，仍苗装也"。"紫姜苗……在平越州者，多出入行伍，大力善战，及读书应试，见之多不识为苗者"，"洞苗（即侗族）在天柱、锦屏二属……男子衣与汉人同……通汉语"。"清江黑苗……种树木，与汉人通商往来，称曰同年"，"六洞夷人（指侗族）在黎平府属……男亦多读书识字者，丧葬礼悉与洞同"。罗绕典在《黔南职方纪略》卷一载，定番州，"州属苗多汉少。苗自仲家、青苗、白苗三种以外，又有谷蔺苗、八番老户，然皆薙发改装与汉俗同"。罗斛州判"其苗有名补侬者，有名青苗者……男服汉装，女仍苗制"。清代后期及民国年间，族际交往更其发展、深化，汉民族的年节及婚丧礼仪渐为一些少数民族不同程度地吸纳。男子着汉装者较普遍，能说汉语者增多，尤其是在城镇及交通沿线较为突出。但就民族文化而言，仅只是量的增加，而非质的取代。从而呈现出，贵州民族文化共性突出而又个性鲜明的特征与特性。

贵州民族这一历史性、整体性的文化特性，是在"跬步皆山"的地理环境，大杂居、小聚居、立体分布及传统农业的经济基础上有机构成、稳定发展而成的。历史上除了反抗官府残暴压迫、剥削外，基本上未出现过民族之间的对抗与战争。汉族与少数民族以及少数民族之间长时期大范围地接触交往，导致各族于生产、生活习俗上的交流、习染，于形式与内容上均多彩纷呈。贵州民族文化最突出、最基本的发展变化态势为，既顽强、牢固地维系着各自固有的文化基因，又不断有选择地吸纳汉文化的某些文化成分。以前者为"源"，以后者为"流"。前者为坚守，后者为吸纳。历经岁月的整合，从而形成丰富多彩、有机衔接的文化传统。改革开放以来，我国社会经济迅猛发展，经济总量已跃居世界第二位，人民物质生活水平总体上空前提高，已进入由传统农业社会向现代工业社会的社会转型期。人们的社会价值取向客观上从传统的集体主义向个人主义转移、发展。植根于传统农业的民族文化的社会根基趋于瓦解、破碎化，民族文化的传承链出现断裂，已引起党和国家的高度重视与关注，特印发《关于实施中华优秀传统文化传承发展工程的意见》。我们当认真学习，深化理解，为我们民族优秀传统文化的传承发展、为实现中华民族的复兴作出力所能及的贡献。

城隍庙在东南亚的传播[*]

刘家军

(厦门大学两岸协同中心、厦门大学人类学与民族学系)

摘　要：在中国源远流长的文化长河中，城隍神是影响中国社会重要的祭祀神之一，他的影响遍布神州大地并跨域外传。中国的闽南地区至迟自唐末以来便是民间信仰的活跃地域，闽南城隍信仰的兴盛、发展、播迁成为当代文化人类学的一个典型田野个案。闽地城隍信仰从原初就与汉文化的宗族、岁时习俗结合在一起，杂糅儒、道、禅等中国传统文化因子，闽南城隍尤其成为厦、漳、泉地区与台胞、侨胞之间的文化丝缕，也是促进祖国和平统一大业的一条具有特殊性的桥接渠道。在当代闽地城隍信俗更是表现出原域性变异、播迁（分炉、分灵、分香）、再创造、反哺、共同记忆与印证等文化特色，成为中国传统"和合""和谐"文化的继承和延续，值得华夏后人给予重视、研究和引导。

关键词：福建　城隍信仰　台湾　东南亚　分炉

城隍是中华民间文化的一个特色，近年来，城隍信仰的丰富文化信息引起了港澳台及东南亚的广泛重视，已成为维系台湾同胞同祖国大陆的精神纽带，是民间文化"神缘"凝聚力的一大亮点。

八闽大地在中原文化与当地土著文化的交融下，自古便是民间

---

[*] 本文是教育部"闽地城隍庙及其在台湾、东南亚的分炉研究"（项目批准号：12YJC850012）的成果之一。

信仰的活跃地区，城隍信仰的兴盛和发展更是一个突出的表现。

一 综述中国城隍信仰和城隍文化的起源、流变与现状

任何一个民间信俗，都有着长期的积淀、流变过程。中国保留至今的城隍文化就是一份典型的人类信俗个案。

（一）中华城隍起源

根据笔者的整理，关于城隍神的最早出土文献主要集中在《礼记》《诗经》《易经》中。城隍其实就是古代年终腊八祭的水庸神。水庸，即护城沟渠。古时称有水城堑为池，无水城堑为隍。

城隍神最早见于周代《礼记》天子八蜡中的水庸神。"八蜡之祭，有水庸，《郑注》，沟也。《疏》云：庸以受水，亦泄水，盖畎浍沟洫之。《春明梦余录》以为后世城隍即古者水庸，按《大易》：城复于隍，城隍即城池也。古者有城必有隍，《诗》云：筑城伊淢淢，即隍也。实庸实壑壑，亦隍也。"① 所谓水庸就是农田中的沟渠，水庸神也就是沟渠神。古代城市要修筑城墙，城墙之外还要有一环护城壕。有水的城堑称为"池"，无水的城堑则称为"隍"。由于城墙、城壕在防卫外敌入侵，保护城市居民安全上的重要功用，水庸神便逐渐升格为城隍神，被视为城市的守护神。

中国自甲骨文、金文、《左传》、《史记》等早初文献中就重复强调人类大事"唯祀与戎"的记载，中国的古书也言及："夫圣王之制礼也，功施于民则祀之，能御灾捍患则祀之。"古代造神祭神大体如此，城隍神也不例外。

显然，不难断定，中国的城隍神信仰至迟在西周就已经存在。

---

① （清）夏炘：《学礼管释》卷五"释水庸"，清咸丰景紫山房本。

(二) 中华城隍流变

从文化人类学的视角来看，新石器时代我国农业生产就已经具有相当规模，并出现原始村落。为了提防野兽骚扰和外族入侵，古时候村落均在外围挖掘深壕防御。而对农神——水庸的崇拜，在民间也逐渐转变为对村落保护神的信仰。村落保护神可以说就是城隍神的原型，他与早期的山、水、风、雨、雷、电等神明一样，属于自然神。随着生产力的提高，人口的集中，城市的发展，乡村简易的防御物演变成了高大的城墙和既宽且深的护城河，村落保护神也就渐渐成了城市保护神——城隍神。古书云"隍是城下池也。城之为体，由基陪扶，乃得为城"。由此，"城隍"的意义就被引申为城和城下池（护城河）。

城隍神的本职乃守护城池，由守土有责、保一方平安引申为监察，是城隍神功能的发展，亦即燮理阴阳。所谓燮理阴阳，即协和治理。《书·周官》："立太师、太傅、太保，兹惟三公，论道经邦，燮理阴阳。"城隍神很快由自然神（城墙、护城河）上升为人格神（社会神、职位神）。随着城隍神从自然神向人格神的转变，其职能也不断扩展。不仅负有守御城池、保证治安的任务，而且还要负责当地水旱吉凶，以及阴阳两间等杂务。

根据有关文献，城隍史上的最早人格神就是汉代的纪信和周苛。相传楚汉荥阳之战中，汉将纪信假扮成汉王，解救刘邦出围，致被项羽烧死。刘邦得天下后，封纪信为十三省总城隍，在长安王曲建庙立祠，每年农历二月初八日祭祀。古都西安以及全国众多城市多有祭祀纪信的。周苛据说楚汉相争时为汉御史，守城庇民，为世人崇敬。城破惨遭烹刑，尸骨无存。刘邦即位后，感其英烈，封为郡县之神。周苛就成为后世城隍神始祖。福建都城隍庙供奉的主神就是周苛。

南北朝时，仅有个别地方城隍立庙。在南梁与北齐的一次战斗中，镇守郢城（今河南信阳县南）的北齐军队因城隍护佑而得胜，城隍神的威信从此提高，修建城隍庙逐步扩展到全国，并从单纯的城池守护神变成社会职能广泛的神祇。唐以后，"郡县皆祭城隍，至今世尤谨"①，城隍被纳入国家祀典，对城隍神的崇拜遍及全国，达到鼎盛。就如《春明梦余录》所指出的："赵宋以来，城隍已祀遍天下，或赐庙额，或颁封爵。"

明初规定京城城隍封帝，开封、临濠、太平三府及和、滁二州城隍封王，府城隍封公，州城隍封侯，县城隍封伯。"（明洪武）三年诏天下府州县立城隍庙……（朱元璋）曰：朕设京师城隍俾统各府州县之神，以监察民之善恶，而祸福之，俾幽明举不得幸免。"②后来又取消封爵，命各地城隍按其行政建制，称某府某州某县城隍神，让城隍神与地方官燮理阴阳。地方长官赴任，必先拜谒城隍。明太祖朱元璋注重吏治，明王朝以神道设教，在城隍神功能上表现得尤为突出。"以鉴察民之善恶，而祸福之，俾幽明举不得幸免。"③城隍庙不似文庙只有县以上方可设置，只要有城即可设置城隍庙。泉州和漳州都是府治、县治同城，同时拥有府、县两座城隍庙。根据明代张乔《重修城隍庙》④的不完全统计，明代有城隍庙一千四百七十二所，以后又不断增加，几乎每个县城均有一座甚至两座建筑宏伟、富丽堂皇的城隍庙。到清代，又出现许多乡镇城隍庙。

朱元璋还规定每年城隍祭典都必须由皇帝及各地方官亲自主持，据明余继登《典故纪闻》卷3载，太祖谓宋濂曰："朕立城隍神，使人知畏，人有所畏，则不敢妄为"⑤，从各地担任城隍爷的人选来看，一般都具有以下三个条件：其一为勤政为民，有功于当地；其二为不畏权势，为人正直；其三为积善行孝，扶弱济贫，弘扬传统道德标准。⑥

---

① （南宋）陆游：《镇江府城隍庙记》。
② （清）嵇璜：《续文献通考》卷79"群祀考"，清文渊阁四库全书本。
③ 《明史》礼志三。
④ 转引自郑土有、王贤淼《中国城隍信仰》，上海三联书店1994年版，第5页。
⑤ （明）余继登：《典故纪闻》卷3，中华书局1997年标点本。
⑥ 郑土有、王贤淼：《中国城隍信仰》，上海三联书店1994年版，第51页。

地处东南一隅的福建，由于城隍庙的文化遗存就相对而言保留下较多，在世界城隍文化里有着自己的特色。

二　福建城隍的特色

（一）皇帝的特殊敕封

尽管都、府、州、县的城隍爷等级分明、爵号不同，但是县级城隍被封为"威灵公"（府城隍）的例外在闽南就存在。例如闽南的安溪县城隍神（原清溪县城隍神）就被封为"府威灵公兼理清溪县显祐伯"，管辖南安、安溪、晋江、同安、惠安五邑。神像戴金冠，身着黄色龙袍。

因安溪古称清溪，安溪城隍庙古代称清溪城隍庙。安溪城隍庙始建于五代后周显德三年（956）。根据有关文献，安溪城隍由于保护安溪、南安、晋江、惠安、同安五县百姓免受旱、涝、风、虫、兽灾之苦，因此两次受敕封，赐金冠、黄龙袍，"敕封清溪显祐伯印"仍存，拜亭楹联故称："宠锡袍冠八闽第一，褒封伯爵五邑无双。"珍藏在庙内的城隍伯主之印，据传系宋代皇帝所赐（见图1），玉质方形，边长7.5厘米，高5厘米，印文为"敕封清溪显祐伯印"篆书，印座上雕有一头上有"王"字纹的卧蟾蜍，以"两栖动物"隐喻安溪城隍阴阳、灵显威赫之意。

图1　宋帝所赐"敕封清溪显祐伯印"（刘家军　摄）

另外，古代闽南的平和县衙与平和都城隍庙合署，也是城隍文化中绝无仅有的事例。因平和县治九峰地处闽粤边境边界要冲，恩准县衙与文庙视同府级建制，故城隍庙规格高，称显祐伯都城隍尊神。当时平和县衙就设在都城隍庙里，人、神"合署"，燮理阴阳。据传，王阳明建县后，觉得九峰太偏僻，人们生活不习惯，会经常跑到漳州"散心"。皇帝问他要怎样才能安心呢？王阳明回答九峰的建筑必须和漳州同一档次。皇帝同意后，王阳明亲自设计的城隍庙、文庙等建筑，就属"府级建制"，因此才有了这轩敞大气的古镇和宏伟壮观的城隍庙。

（二）福建城隍庙的特色人格神——由重要历史人物而来的城隍爷

清代协助施琅平复台湾的将军吴英也成为福建城隍庙及厦门城隍庙的特色人格神之一。康熙二十六年（1687）台南民众建设了吴英将军祠，以后台湾知府杨庭理重修，将吴英将军祠改为吴氏家庙，供奉吴英将军为"台湾公"[①]。"吴英有功于人民，有功于国家，故至今吴英享受海峡两岸、海外华侨、华人中的吴氏族人的祖先崇拜和海峡两岸人民的神明崇拜（尊为台湾公和城隍神）。"[②] 因历史人物吴英的正面能量，吴英作为人格神就分别被福建城隍庙及厦门城隍庙所供奉。

比较典型的城隍人格神所在庙宇是漳州平和九峰都城隍庙，该庙是由明代王阳明先生亲自设计督建，第一进祀为唐朝大诗人王维。明正德二年（1507）和八年（1513），漳州南靖与广东、龙岩交界处爆发了农民起义，起义军转战闽粤赣三省边区，致使"三省震动"。正德十一年（1516）冬，朝廷任命王阳明为都察院右都御史兼巡抚，率三省军队进入这一地区"剿抚"，至翌年春平息了起义烽火。

[①] 连横：《台湾通史》卷10。
[②] 吴幼雄：《吴英研究·序言》，香港风雅图书出版有限公司2010年版。

时任地方最高长官的王阳明深感要使这片土地得到治理,根本办法是在这里"添设一县,以控制贼巢;建立学校,以移风易俗,庶得长治久安"[1]。于是向朝廷提出了于河头添设一县治的建议,朝廷批准了王阳明的请奏。正德十二年(1517)底,划出南靖县的清宁、新安二里共十二图建县,取"寇平民和"之意,名平和县。平和城隍庙于正德十四年(1519)创建,位于平和九峰镇东门内。

苏州祭祀战国时代的春申君黄歇,北京祀文天祥、杨椒山,杭州祀周新,会稽祀庞王,南宁、桂林祀苏缄等,一般都是相近时代的重要人物。然而,像九峰都城隍庙这样把对当地并无特殊贡献,甚至可以说没有任何直接关联且亦非当代人的唐代大诗人王维奉为城隍,确实极为特殊。仔细分析有关文献,因为平和是新建的县城,王维这个人物主要来源于王阳明的偏好,主要是佛教与心学有着密切的联系。大诗人王维一生喜欢修禅拜佛,有"诗佛"的美称,其诗作亦多以佛语禅机入诗,因此,若将王维作为与佛菩萨相关的神灵来祭祀似乎更加顺理成章。应该主要是"心学"的学术思想的相互关联,如果设立人格神,自然要得到王阳明的批准。

(三)福建闽南保留至今的城隍神巡城

闽南的城隍出巡是中国大陆城隍文化的一大传承亮点,备受港澳台及东南亚信客的高度关注。

安溪城隍庙:自清代以来,城隍巡城的路线基本不变。《清溪城隍造船碑记》载:"每年春斋醮迎傩,不惜重费,礼节殷繁。"清代时,恭迎城隍,设醮盛典,热闹非凡。清嘉庆十二年(1807)二月,安溪知县夏以槐特立"示谕"碑。历年设醮之日,规定在上年腊月十六日在神前掷杯奉准,翌年二月初二日贴出文告,把日期昭示全县,规定不论晴雨都要设醮,次日迎傩[2]。每年做醮完毕撤坛,当夜十二时由四位首人恭请清溪城隍伯主整顿衣冠坐上八座交

---

[1] 《平和县志》第974页。
[2] 古时驱逐疫鬼的仪式。

椅。翌晨五时左右，由首人鼓吹恭迎出庙。庙内所有官曹衙役、兵马差事（均须以人装饰代替），由八爷、九爷领头，按序排班行进。由四个首人拈香侍候，主持僧人负责点名。点毕，整队环厅绕行，再大开庙门吆喊而出，与仪仗和大鼓吹、八音、台阁、戏阵排成纵队，出西门迎接伯主进城巡游各街、巷、县衙、儒学、校场（现今路线为：凤山路→八三一路→祥云路→深内→县制药有限公司→凤山黄氏祖墓→返回→深内→凤池庵→迎接城隍伯主进城→祥云路→新华路→城关南市场→河滨路→茶叶大酒店→城关医院→文庙广场→县外贸公司→凤华制衣有限公司→河滨北路→凤声路→新安路→凤山路→城隍庙）。

  海澄城隍庙：海澄城隍神像出巡在每年的农历十月初一日至初十日。城隍爷巡游队伍分4队，第一队为锣鼓队，2人合抬大锣，1人持棍敲击，乐队随行，撑凉伞与持木牌者随后，最后是各村社的北管乐队。锣鼓齐鸣，声势震人。第二队为马队，由金门、厦门、漳州、漳浦等地香客拉马而来，出租给孩童乘骑，组成马队。第三队为蜈蚣艺阵，每2人抬着1个十三四岁未成年儿童成一组，儿童装扮成戏剧中人物，组织衔接相随，如蜈蚣节节前行。第四队为各社选派的歌仔阵、锣鼓阵，紧接着是众多由每2人抬着老妇人的乌轿，随后是各地前来的香客。压阵的是城隍爷和城隍妈的神辇。清代海澄还盛行恭请城隍神送瘟神习俗，俗称送王船、送彩船，简称送船、送彩。其仪式称为"送船科仪"，雅称"送彩科仪"。英国图书馆现存清乾隆三十四年（1769）手抄《送彩科仪》（编号OR12693/15）是一份反映海澄送王船仪式的珍贵文献，涉及城隍信仰、道教文化、开漳圣王、五帝等司瘟诸神。《送彩科仪》内容分为"禳灾圣位""焚香供养""祭拜仪式"和"尾声"四部分。

  平和城隍庙：自明代以来的城隍神出巡亦是格外隆重。每年的正月十五日，官绅民众身穿长衫马褂，手捧长香顶礼膜拜，列队游行，恭迎城隍爷出巡；沿途路祭，沿街鸣放爆竹，各乡社组织的彩旗队、锣鼓队、舞龙队、八音阵、龙队、狮队、铁枝艺、落地扫笔随行表演。农历五月二十五日和十一月初七日，分别为城隍爷、城隍妈寿辰，年年必庆，请道士设醮，剧团演戏。每年正月初七日、十九日南靖县长教、书洋乡的曲江、塔下及高港一带群众，备办旗鼓、鞭炮、彩轿，奉迎城隍妈金身，从百里外的南靖到九峰都城隍庙挂香，返回当地后，游村演戏隆重祭典，以佑辖境平安。闽粤二省邻县人一直把城隍爷、城隍妈当作善神敬奉，海外侨胞和台港澳同胞敬仰备至。1926年，平和官民经3年筹备，曾举办大型打醮结彩楼活动。

长泰城隍庙：为更好地弘扬城隍文化，应广大善男信女的强烈要求，长泰城隍庙于2013年5月5日（农历五月二十六日）在县城举办了"城隍爷公百年来首次出巡"活动。邀请到台湾城隍庙等32个庙宇，福建省城隍联谊会所属的12座庙宇都来参加巡神活动。当地的行政部门也协助确认了城隍神出巡路线：城隍庙→和平路（县政府门口）→建设北路→建设南路→文昌东路—中山南路→锦江东路→龙泉南路→文昌西路→董溪头→银塘南路→人民西路→安太路→锦江西路→龙泉南路→人民东路—中山北路→和平路—回本庙。

霞海城隍庙：自康熙六年（1667），位于同安城南"临海门"附近的霞海城隍庙，在每年农历五月十三日城隍爷圣诞，邻村埔边、后塘、下店、紫场等都组成队伍，奉请小金身巡游。

（四）遍布港澳台及东南亚的分炉、分灵、分香

闽南的城隍庙在台湾及东南亚有着很多的分炉、分灵、分香。比如福建传播到台湾的城隍主要有三种来源：一是直接从福建都城隍庙分灵传到台湾，如台南、南投、新竹等地多座城隍庙。二是由福建都城隍庙统管的各州府县以至沿海卫所的城隍庙分灵到台湾。三是在台湾岛内的分灵再分灵。传播途径多由福建省民众带到台湾，再一种是官员戍台连同城隍信仰一起流传到台湾。还有一种在台湾政绩卓著、为民请命的官员也会升格为城隍，如沈葆桢申请任命郑成功为城隍即为一例。明末郑成功入台，有一批包括安溪张、施二姓随之入台，带去安溪城隍神像二尊，建庙供奉。

1. 安溪的城隍庙分炉

安溪城隍庙是闽南分炉最为热络的城隍庙。随着安溪人外迁,清溪城隍香火被带到各地。据不完全统计,闽南泉州、晋江、石狮、南安等地有清溪城隍分炉70余处。清道光十二年(1832),经商泉州的安溪人又在南门土地庙后建立一座城隍庙。"我安邑僻处山陬,五谷货物,全赖桐城买运,以资民用。居贾行商,概不乏人,皆住泉南土地后绣壤之所。爰集同帮,并伸立盟。天上圣母、显祐伯主,聿新神像,威光普照。道途来往之平安,惟资伯主;舟楫流通之吉庆,咸赖天妃。……至道光十二年,佥议依土地后渡头,就公行所建作庙宇……奉迎天上圣母进后殿,显祐伯进中庙,仝心虔祀。镇浯江之名区,收清溪之活水。"① 此庙应为清溪城隍庙分炉。

台湾清溪城隍分炉达200余处,其中尤以中寮、南投两处最为出名。新加坡的韭菜芭、杨桃园安溪城隍庙颇具规模,文莱、马来西亚及我国香港等地也有清溪城隍分炉。

石狮永宁卫城隍于明嘉靖倭乱中移驾尚无建城的石狮,后又分灵各地。随着移民渡台,石狮永宁城隍香火分炉台湾彰化县鹿港等地。

台北松山霞海城隍庙香火分自同安五乡庄,其施琅任总兵时督造的下海城。

2. 永宁、石狮的城隍庙分炉

历史文化古镇永宁现属石狮市,"东滨大海,北界祥芝、浯屿,南连深沪、福全,为泉襟裙"。宋代建永宁水寨,明洪武二十年(1387)设置永宁卫,始有永宁卫城隍之祀。清道光二十三年(1843)《重修永宁城隍庙序》称:"吾永宁卫为郡要区,名锡鳌城,地连鲤廓。都人士创建庙宇,崇奉城隍。钦神灵之赫濯,侯封宪贲六龙;壮山海之观瞻,庙貌高临五虎。"由于永宁卫地位冲要,

---

① 陈性河:《建立城隍庙》,载郑振满、丁荷生编纂《福建宗教碑铭汇编》(泉州府分册),福建人民出版社2003年版,第375—376页。

规格较高（卫指挥使为正三品），故永宁卫城隍为"忠祐侯"。永宁卫城隍庙除主祀城隍神，还模仿封建仪制，设置二十四司、役吏差官等。

台湾彰化县城隍之祀始于清雍正十一年（1733），鹿港属彰化县辖，却有一座奉祀"忠祐侯"的城隍庙（又名鳌亭宫，号称分府城隍），规格比彰化县城隍高。这就源于"特殊的分炉"现象。乾隆四十九年（1784）开放鹿港与晋江蚶江对渡，鹿港成为大陆农副土特产品的主要进出港，各类"郊行"应运而生。泉州移民源源进入鹿港，占鹿港人口八成以上，至今鹿港尚存泉州街、永宁街、铺锦巷等祖籍地名。乾隆初年，永宁高姓在鹿港开设经营土特产的"日兴行"，失窃甚多，官府无力破案。相传高姓特地回祖家奉请永宁卫城隍"忠祐侯"到台湾断案，贼人惧怕神威，投案自首，失物如数追回，永宁卫城隍从此威震鹿港，被众商家奉为保护神。乾隆十九年（1754），泉郊商户凭借雄厚实力，破格在鹿港不见天街鼎建"鳌亭宫"城隍庙奉祀，门柱上镌刻著名永宁籍郊商"林日茂"捐题楹联："赫濯声灵昭鹿水，绵延香火肇鳌亭"，保留至今。

乾隆五十三年（1788）将原由民间私奉的"鳌亭宫"正式纳入官方祀典，其香火与石狮城隍同源于永宁卫城隍，故称"分府城隍"。因此，永宁城隍庙——石狮城隍庙（清代称"鳌城迁建石狮城隍庙"）——鹿港城隍庙三者一脉同根，一本同源。

随着永宁、石狮移民大量前往鹿港谋生，石狮城隍信仰陆续传播到台南、台中、嘉义等地。光绪年间，王年以把石狮城隍香火带到台南。其后裔将祖宅改建成"忠泽堂"，供奉石狮城隍，后又分灵台北、台中、彰化等地。早在1936年，鹿港城隍庙信众就开始组团来石狮城隍庙进香谒祖，当年进香团使用的"香龛"至今仍保存在鹿港城隍庙，成为这段历史的见证。20世纪90年代以来，台南、高雄、彰化、台中等地城隍信徒先后20余次组团来石狮祖庙进香谒祖。菲律宾马尼拉、宿务都有石狮城隍公庙。

3. 海澄城隍庙的分炉

海澄镇原为龙溪县八、九都地，旧名月港，现属漳州龙海市。

唐宋以来，为海港一大聚落。明嘉靖四十五年十二月（1566年1月）批准设置海澄县，设县治于月港。海澄城隍庙建于明隆庆五年（1571），坐北朝南，三进三殿，硬山顶。海澄城隍庙是明清漳州月港海外交通贸易繁荣的历史见证。清乾隆年间，海澄人吴让到泰国谋生，成为宋卡城主，所建宋卡城隍庙应当为海澄城隍庙分灵。

民间传说海澄城隍十分灵验，附近漳属各县及厦门、同安马巷、金门等地均有信徒前来进香。

4. 厦门集美霞海的城隍庙分炉

康熙六年（1667），时任水师提督施琅在清郑对峙前线的下店乡建城，城隍庙位于同安城南"临海门"附近，面向大海，俗称"下海"（闽南话谐音"霞海"）城隍。每年农历五月十三日城隍爷神诞，邻村埔边、后塘、下店、紫场等组成队伍，奉请小金身巡游。十四日进庙，热闹非凡。1821年，同安人陈金绒奉请霞海城隍爷金身渡台，此后，台湾许多地方也纷纷从台北霞海城隍庙分炉。1958年，同安霞海城隍庙被拆毁，现存"临海门"石匾额。

台北松山霞海城隍庙的祖庙在同安五乡庄。道光元年（1821），同安人陈金绒奉请霞海城隍神像渡台。因泉州府晋、惠、南三邑与同安人"顶下郊拼"（分类械斗），同安人携城隍金身从艋舺退至大稻埕。三年后，其子陈浩然集议建庙。咸丰九年（1859），"台北霞海城隍庙"落成。因坐落于迪化街"鸡母穴"，各行各业，万事顺利，财源广发，万民信仰。每年霞海城隍爷神诞大游行，盛况空前，有"五月十三日看霞海城隍会甲天下"美誉。[①] 1991年，陈氏六世孙陈国汀（明正）感神恩，辗转寻根至集美后溪，其妹陈文文返乡确认"临海门"石匾无误。于是捐资重建祖庙，陈国汀亲自奠基动土，陈文文完成兄长遗志，重建集美后溪霞海城隍庙。

5. 长泰城隍庙的分炉

长泰城隍庙是一座传承城隍文化的千年古庙，类似于海澄城隍

---

① 参阅卢绍荀、朱家麟编《百年交往》，海风出版社2004年版，第68页。

庙在泰国的分炉，如今长泰城隍庙也在台南找到了城隍分炉。祖籍漳州长泰的台湾农民起义领袖朱一贵，被台南小城隍庙奉为城隍爷。①

朱一贵领导的台湾农民运动因内部分裂以及清政府的全力镇压而失败，台湾百姓在"鸭母寮"修建一座"朱一贵祠"专门纪念这位农民起义英雄，并把他的生平事迹编成歌仔戏传诵，在祭祀日、节日时演出，深受老百姓喜爱。后又为朱一贵塑像入祀台南城小脚腿城隍庙主神加以供奉，祈求庇佑台南风调雨顺。新中国成立后，将坐落于"天柱山国家森林公园"的旺亭村朱一贵故居列为县政府文物保护单位。长泰县政府也不时拨付经费修葺朱一贵故居，如今不仅成为旅游景点，还使得朱一贵日益成为两岸民间共同信仰的守护神。很快在台南生活的原长泰亭下朱氏后裔回长泰寻亲谒祖。经调查原亭下朱氏后裔部分迁至城关，部分回到亭下，一部分迁到龙海九湖，又分衍到台湾，根据有关谱牒资料，朱一贵族系亦是南宋朱熹的后裔分支。朱一贵后裔都一致认可台南的小脚腿城隍庙的祖庙就是长泰城隍庙。长泰城隍管委会与台南的一些友善人士也正计划于合适的时间，迎请台南的小脚腿城隍庙小金身回祖庙认祖归宗。

正是由于这种"神缘"的分炉，使得福建与台湾、东南亚的社会联系日益紧密、热络，日益引起海峡两岸各界的重视。

三 结　语

中华城隍信俗文化作为一种民间信仰，其劝人为善、净化心灵、助人为乐、抑制犯罪、和睦邻里、维护社会安定等，都是中国传统的"和合"文化的继承和延续。

另外随着各种理论学说的发展和跨学科研究方法的采用，人类学视野下的民间信仰研究越来越受到学界的重视，民间宗教领域的研究更富于整体性、综合性，新的研究硕果也会不断涌现。

---

① 参阅郑镛、涂志伟编著《漳州民间信仰》，海风出版社2005年版，第30页。

唐代诸州置寺观政令在蕃州的实施

王义康

(中国社会科学院中国边疆研究所)

摘　要：唐朝颁布的诸州置寺观规定不仅在经制州实施，而且也推及羁縻州。然而由于客观条件的限制，只能在一部分羁縻州实施。尽管如此，却说明虽然羁縻州原则上因俗而治，但是仍为唐朝政令、法令所及地区，有与经制州具有同质的一面。同时，寺观是佛教文化、道教文化的载体与传媒。唐朝在羁縻州推及置寺观的政令，说明其在羁縻州传播宗教文化以教辅政，不仅是治理境内四夷的措施之一，而且已经发展成为制度化的管理方式。

关键词：唐代　宗教　政令　蕃州

蕃州通常是指羁縻府州[1]，它是唐代以周边归附诸族为对象设置的一种特殊行政区划，或以内徙部落置于边州境内，或于周边诸族本土设置[2]，其数量远远超过当时的经制州。关于羁縻州形成的历史条件、性质、特点、作用、历史意义及地理沿革诸多问题，多

---

[1]《唐会要》卷73《安北都护府》记载："龙朔三年二月十五日，移燕然都护府于回纥部落，仍改名瀚海都护府。其旧瀚海都督府移置云中古城，改名云中都护府，仍以碛为界，碛北诸蕃州悉隶瀚海，碛南并隶云中。"是知隶属瀚海都护府的碛北铁勒诸部羁縻州，与隶属碛南云中都护府的羁縻州又可称为"蕃州"。

[2] 参见谭其骧《唐代羁縻州述论》，载《长水集续编》，人民出版社1994年版，第133—155页。

年来无论中国学者①，还是日本学者都有积极的探讨。② 近年来，笔者对于蕃州朝集、监察、赋役制度及官员任命诸问题进行了探讨，这将在文中一一提及。至于唐代在蕃州推及置寺观政令的问题，尚未述及。本文所述虽与宗教传播有关，但是内容并非陈述宗教传播的历史，而只是将其视为唐朝在特殊行政区划内推及政令、法令的一个侧面略陈所见，求教于读者。

一 蕃州执行中央政令建立寺院

隋朝建立以后，隋文帝将北魏文成帝开创的郡县置寺制度分期分批地从北方推向全国。唐朝建立后，继承前朝的做法，也是以行政命令的方式在全国州县置寺。高祖时期，国家在京城设寺三所，观二所，天下诸州各设一所。③ 高宗麟德二年（665）规定天下诸州各设一观一寺，以祈愿国家太平、宣扬皇帝威德。④ 则天武后天授元年（690）诏令两京、诸州各置大云寺一区，藏大云经，度僧千人。⑤ 神龙元年（705）二月，中宗复位后，又在天下诸州置寺观一所，以"中兴"为名。⑥ 唐颁布的这些政令不仅在经制州实施，而且也推及羁縻州。

唐河北道侨置幽州境内的羁縻州按规定置有寺观。

---

① 参见王义康《唐代羁縻府州研究述评》，载［日］佐竹静彦等编国际中国史研究学术年刊《中国史学》第 20 卷（魏晋隋唐史专号），日本京都朋友书店 2010 年版；章群：《唐代蕃将研究》，台湾联经出版事业公司 1986 年版，第 119—143 页；章群：《唐代蕃将研究（续编）》，台湾联经出版事业公司 1990 年版，第 24—36 页；高明士：《羁縻府州制度》，《东亚古代的政治与教育》，台湾学生书局 2003 年版，第 29—63 页。

② 参见［日］堀敏一《中华思想》、［日］石见清裕《唐代的对外贸易与在华外国人的相关问题》，载［日］谷川道雄主编《魏晋南北朝隋唐史学的基本问题》，中华书局 2010 年版，第 24—43、44—68 页；［日］伊瀬仙太郎：《周辺諸民族の中国内徙について》，内陸アジア史学会：《内陸アジア史論集》第二，株式会社国书刊行会昭和五十四年。

③ 参见《旧唐书》卷 1《高祖纪》。

④ 参见《旧唐书》卷 5《高宗纪下》。

⑤ 参见《旧唐书》卷 6《则天皇后纪》；《资治通鉴》卷 204，则天后天授元年十月壬申。

⑥ 《旧唐书》卷 7《中宗纪》。

燕州白鹳观：《房山石经》之《观世音经一卷》题记有"燕州白鹳观南岳子焦履虚"①。燕州，武德四年（621）以粟末靺鞨内附部落置，六年自营州迁于幽州。白鹳观无疑是燕州按中央规定建立的道观。

顺州开元观：《王徽墓志》首题"大唐天宝十三载故开元观道士"，志主顺义郡人，父为郡录事参军。志主本人，"爰自弱岁，栖身道门"，死后葬于顺州城北。② 志主生平行迹均在顺州，栖身之处开元观当为顺州开元观。顺州，贞观四年（630）以突厥部落于营州所置州，后迁徙幽州，治所在今顺义。③ 开元二十六年（738），唐玄宗命令全国每州将郭下观、寺改名为开元。④ 开元观是顺州迁至幽州后于境内所置观的改称。

归德郡顺天（开元）寺：《大盘波罗蜜多经》题记中有两款"归德郡顺天寺僧立起为僧师父母合家大小敬造石经"文字，其中一款署年应天元年（761）二月八日上。⑤ 归德郡即归义州，总章元年（668）以新罗户置，后废。开元中又以降奚李诗部落五千帐复置。顺天、应天为史思明僭伪年号。唐乾元二年（759）四月史思明僭位，建元顺天。同年六月，史思明下令于开元寺建塔，改寺名为顺天。⑥ 归德郡顺天寺为唐归义州开元寺。武则天天授元年（690）命两京及诸州所建大云寺，开元二十六年（738）玄宗又命改为开元寺。⑦ 归德郡顺天寺、归义州开元寺即大云寺，为武则天时期归义州遵照敕谕建立的佛寺。

上述以靺鞨、突厥、奚等部落为对象建立的州是置有寺观的。东突厥灭亡后，降户内迁，唐以其部落置府州。永淳元年（682）骨咄禄率领降户出逃，占据漠北建立后突厥政权。开元四年

---

① 北京图书馆金石组：《房山石经题记汇编》，书目文献出版社1987年版，第204页。
② 吴钢主编：《全唐文补遗》第5辑，三秦出版社1998年版，第400页。
③ 参见刘统《唐代羁縻府州研究》，西北大学出版社1998年版，第214页。
④ 参见《唐会要》卷48《杂记》。
⑤ 北京图书馆金石组：《房山石经题记汇编》，书目文献出版社1987年版，第107页。
⑥ 参见《资治通鉴》卷221，肃宗乾元二年四月，注引《蓟门纪乱》。
⑦ 参见《唐会要》卷48《寺》。

(716)，毗伽可汗继位后，欲在境内建立佛、老庙。① 虽然突厥早期曾接受佛教②，但是毗伽可汗对佛、老系统的认识，应是源自唐在以突厥降户建立的府州内置寺观的影响。

唐陇右道羁縻州按朝廷规定置寺从现存资料中可以窥知如下两种情况。

第一种情况是按敕谕规定的寺名建寺。这一敕令推及远在西突厥故地的碎叶。从显庆二年（657）苏定方破阿史那贺鲁至显庆三年阿史那弥射斩真珠叶护，"西突厥全境皆属中国，遂分其种落为府州"③。其中在碎叶置碎叶州。④ 杜环《经行纪》记载碎叶城的情况："天宝七年，北庭节度使王正见薄伐，城壁摧毁，邑居零落，昔交河公主所居止之处，建大云寺，犹存。"⑤ 交河公主又称金河公主⑥，为唐扶立的十姓可汗阿史那怀道女，开元十年（722）玄宗将其嫁于突骑施苏禄可汗。据考证碎叶大云寺的位置在碎叶宫堡之旁100米处，⑦ 杜环留下的这段记载并不是说交河公主的住处改建为大云寺，从时间上讲，交河公主出嫁苏禄也是在武则天颁布建寺敕谕之后，杜环的记载只是说明靠近交河公主住处的大云寺在杜环行经此地时仍然存在。碎叶长期备列安西四镇，以加强对西突厥十姓可汗故地的控制。沙畹以为公元748年北庭节度使王正见攻取碎叶后于其地建大云寺⑧，此说显然有误。据出土造像题铭，在唐高宗调露元年（679）末至武则天垂拱二年（686）之间，内地佛

---

① 参见《新唐书》卷215下《突厥传下》。
② 参见林幹《突厥史》，内蒙古人民出版社1988年版，第177—179页。
③ ［法］沙畹编著：《西突厥史料》，冯承钧译，中华书局2004年版，第421页。
④ 参见陈国灿《唐乾陵石人像及其衔名的研究》，载林幹编《突厥与回纥历史论文选集》（上），中华书局1987年版，第391—392页。
⑤ 《通典》卷193《边防九》。
⑥ 参见岑仲勉《唐史余审》卷2《玄宗》"金河或交河公主"，中华书局2004年版，第90页。
⑦ 参见张广达《碎叶城今地考》，《北京大学学报》1979年第5期。
⑧ 参见［法］沙畹编著《西突厥史料》，冯承钧译，中华书局2004年版，第261—662页。

教已传至碎叶，① 这非唯碎叶是唐军镇的缘故，与碎叶已是唐行政区划有直接关系。建大云寺无疑是碎叶州作为一级地方政府执行朝廷敕谕的结果。

唐在塔里木盆地以龟兹、于阗（于阗所置府号毗沙）、焉耆、疏勒设置四羁縻都督府。今天我们依然能够见到龟兹、于阗、疏勒境内按敕谕规定的寺名建立的佛寺。新罗僧人慧超经唐军最西戍守之地葱岭镇，进入四镇都督府地区后，分别记载了四镇都督府地区不同佛教宗派流传的情况。疏勒，"此亦汉军马守捉。有寺有僧。行小乘法，喫肉及葱韭等"②。龟兹，安西大都护府所在地，唐在塔里木盆地的边防军主要驻扎在此，"足寺足僧，行小乘法，食肉及葱韭等也。汉僧行大乘法"③。于阗，"汉军兵马押领。足寺足僧，行大乘法，不食肉也"④。焉耆，"汉军兵马押领。有王，百姓是胡，足寺足僧"⑤。四地均流传着内地佛教与本土佛教。继而慧超记载了四镇都督府地区按朝廷敕谕建佛寺的情况。开元十五年（727）慧超至安西（龟兹），安西有两所汉僧主持的佛寺。一是大云寺，主持秀行原是京中七宝台寺僧，都维那义超原是京中庄严寺僧，上座明恽也曾是京中僧。二是龙兴寺，主持法海是出生在龟兹的汉人。于阗汉寺龙兴寺主持也是一位汉僧。疏勒汉寺大云寺也由汉僧主持，是岷州人。⑥ 龟兹、于阗、疏勒汉寺内部组织一如内地寺院。其中龙兴寺为中兴寺的改名。唐中宗复位后命天下诸州建中兴寺，但是张景源上疏提出异议，并且请求直接以唐龙兴为名。中宗接受了张景源的建议，随即命令，"其天下大唐中兴寺观，宜改为龙兴寺观"⑦。此外，于阗境内也奉敕令建有大云寺。伯希和所

---

① 参见周伟洲《吉尔吉斯斯坦阿克别希姆遗址出土唐杜怀宝造像题铭考》，载荣新江编《唐研究》第6卷，北京大学出版社2000年版。
② （唐）慧超：《〈往五天竺国传〉笺释》，张毅笺释，中华书局2006年版，第153页。
③ 同上书，第159页。
④ 同上书，第167页。
⑤ 同上书，第177页。
⑥ 同上书，第174—176页。
⑦ 《唐会要》卷48《寺》。

获 2889 号敦煌写卷《须摩提长者经》首题"于阗开元寺一切经"①。于阗开元寺是毗沙都督府奉敕命为大云寺改名的结果。② 于阗奉敕建寺有两所。

第二种情况是按诸州置寺规定建寺。除上述敕谕规定的寺名外,唐四镇地区还建有一些与内地寺名相仿的佛寺。于阗东北丹丹乌里克出土文书记当地有护国寺。③ 龟兹境内有多所汉寺。贞元中悟空从罽宾归来途经龟兹居于莲花寺。④ 大谷文书 1535 号记龟兹境内有金沙寺⑤,或以为汉人所建寺庙。⑥ 直至回鹘统治时期,龟兹还有梵□□寺、□某圣寺等汉寺存在。⑦ 藏文于阗佛教史《于阗国授记》记载了大量僧尼寺院⑧,其中有的蕃汉名称的寺院还是唐四镇地区官员与于阗首领尉迟氏共同主持修建的寺院。⑨ 这说明除按敕谕规定寺名建寺外,四镇地区蕃州内汉寺与部分蕃寺仍属于官办寺院,是安西都护府与所辖蕃州执行唐初以来按州置成规建立的寺院。

唐代剑南道羁縻州也执行按州置寺的规定。今人据方志汇计,

---

① H. W. Bailey, *Khotanese Texts*, Ⅲ, Cambridge University Press, 1969, p. 78.

② 参见张广达《论隋唐时期中原与西域文化交流的几个特点》,《北京大学学报》1985 年第 4 期。

③ 参见[英]奥雷尔·斯坦因《古代和田——中国新疆考古发掘的详细报告》第 2 卷,巫新华等译,山东人民出版社 2009 年版,图版 CXVⅠ—116,记有公元 787、790 年年号的汉文纸质文书分别见 D. VⅡ.7、D. VII. 4. a。

④ 参见(宋)赞宁《宋高僧传》卷 3《唐丘兹国莲花寺莲花精进传》《唐上都章敬寺悟空传》,《大正新修大藏经》第 50 册,新文丰出版公司 2001 年版,第 721 页上栏、722 页下栏。

⑤ 参见[日]小田义久主编《大谷文书集成》第 1 卷,日本法藏馆 1983 年版,第 78 页,图版 134。

⑥ 参见黄文弼《塔里木盆地考古记》,科学出版社 1958 年版,第 17 页。

⑦ 参见马世长《库木吐喇的汉风石窟》,载《中国石窟·库木吐喇石窟》,北京文物出版社 1992 年版,第 221 页。

⑧ 参见张广达、荣新江《于阗佛寺志》,载《于阗史丛考》,上海书店出版社 1993 年版,第 292 页。

⑨ 参见荣新江《慧超所记唐代西域的汉化佛寺》,载冉云华先生八秩华诞寿庆论文集编辑委员会《冉云华先生八秩华诞寿庆论文集》,法光出版社 2003 年版,第 399—407 页。

唐代姚州佛寺共计60座，分布情况为：姚城（3）、宗居（5）、曾州（14）、浪穹（4）、求州（1）、益宁（7）、安宁（1）、望水（1）、喻献（1）、永昌（6）、通海镇（1）、野共州（4）、剑川（1）、巍山（6）、楚雄（1）、永胜（1）、腾冲（3）。① 唐代姚州领三县，姚城为其属县之一。以上汇计佛寺分布地，姚城之外，其他均为唐前期姚州都督府、戎州都督府所辖羁縻州地。

今云南地区在唐代前后经历了唐朝统治时期与南诏统治时期，明、清《一统志》对云南境内的佛寺创建时间可考者，通常注明"唐建"或"蒙氏建"。今人统计的云南佛寺，其中一部分据明、清《一统志》清晰可见为唐前期在羁縻州所置佛寺。

崇圣寺：《寰宇通志》记："在府（大理府）城中，唐开元间建，寺内有三塔。"② 寺内三塔应是南诏重建崇圣寺时所建。③ 明代大理府为唐姚州地（南诏号大蒙），附郭太和县。太和县虽为唐姚州地，但非唐姚州直辖三县地，为姚州所属部落领地。开元末南诏蒙皮罗阁请求朝廷合并诸诏，获得朝廷准许，遂并六诏为一。于是南诏获得太和县地，它诏之地为南诏地，南诏并在其地置羊苴咩城。唐在六诏地置有羁縻州，崇圣寺当为唐前期在姚州都督府所属羁縻州境内建立的佛寺。

石宝寺：《寰宇通志》鹤庆军民府所领剑川州境内，"石宝寺，在剑川州西四十里，唐建"④。明代鹤庆军民府为唐代越析诏地，

---

① 参见张弓《汉唐佛寺文化史》（上），中国社会科学出版社1997年版，第146页。

② （明）陈循等：《寰宇通志》卷111《云南等处承宣布政司·大理府》，明景泰间内府刊初印本，载"中央图书馆"辑《玄览堂丛书续集》第18册，正中书局1985年版，第170页。

③ 关于崇圣寺中三塔创建年代有多种记载，方国瑜以为塔在开成三年。（方国瑜：《大理崇圣寺塔考》，载林超民编《方国瑜文集》第2辑，云南教育出版社2001年版，第18页）又康熙年间《云南通志》记"唐南诏重建崇圣寺"。[（清）范自勋修：《云南通志》卷26《仙释·大理府李贤者》，康熙三十年刻本，学习院图书馆藏近卫本] 据此崇圣寺建于唐前期，唐后期南诏重建崇圣寺又建三塔。传世文献关于三塔创建时间的多种记载，当是后世将寺初建与寺重修并建塔时间相混淆所致。

④ （明）陈循等纂：《寰宇通志》卷113《云南等处承宣布政司·鹤庆军民府·寺观》，载"中央图书馆"辑《玄览堂丛书续集》第18册，正中书局1985年版，第226、229页。

南诏并于鹤川置谋统郡。唐以越析诏置越析州①，其境内石宝寺为唐前期羁縻越析州境内佛寺。

筇竹寺：《大明一统志》记云南府境内，"筇竹寺，在玉案山，唐贞观初建"②。明代云南府为唐代昆州地，后为南诏蒙氏窃据，改为善阐府。玉案山在府城西25里③，明代云南府附郭昆明县，玉案山在昆明县境内。筇竹寺为唐前期昆州境内佛寺。

法明寺：《嘉庆重修一统志》记云南府境内，"法明寺，在宜良县东，唐时建"④。清代云南府仍为唐羁縻昆州地置，其属县宜良，也属唐昆州地。唐昆州境内还建有法明寺。

慈应寺：《嘉庆重修一统志》记楚雄府境内，"慈应寺，在姚州东饱烟箩山，旧名护国寺，唐张虔陀建。"清代楚雄府为唐羁縻傍、望、求、丘、览五州地，贞观二十三年（649），以内附诸蛮末徒祇、俭望二种落置，隶戎州都督府。张虔陀天宝年间主政姚州都督府，慈应寺为天宝年间在羁縻州地所置佛寺。

天宝塔：《嘉庆重修一统志》记征江府境内，"天宝塔，在江川县东三里东山之巅，唐天宝二年建"⑤。清代征江府为唐羁縻黎州地，后南诏蒙氏置河阳郡。征江府所属江川县为唐初所建绛县地。⑥ 唐代羁縻黎州绛县建有天宝塔。

正法寺：《嘉庆重修一统志》记曲靖府境内，"正法寺，在南宁县十五里，唐贞观中建"⑦。清代曲靖府为唐羁縻南宁州地。南

---

① 参见刘统《唐代羁縻府州研究》，西北大学出版社1998年版，第214页。
② （明）李贤等纂：《大明一统志》卷86《云南布政司·云南府·寺观》，台联国风出版社1977年影印本，第10册，第5270页。
③ 同上书，第5260页。
④ （清）穆彰阿等纂：《嘉庆重修一统志》卷476《云南府·寺观》，商务印书馆1934年影印本，第28册，《云南府一》二十二B面。
⑤ （清）穆彰阿等纂：《嘉庆重修一统志》卷481《征江府·寺观》，商务印书馆1934年影印本，第28册，《征江府》十二A面。
⑥ 参见（清）穆彰阿等纂《嘉庆重修一统志》卷481《征江府·寺观》，商务印书馆1934年影印本，第28册，《征江府》二A面。
⑦ （清）穆彰阿等纂：《嘉庆重修一统志》卷484《曲靖府·寺观》，商务印书馆1934年影印本，第28册，《曲靖府》十八B面。

宁州，唐武德初年置。清代曲靖府附郭南宁县，为唐南宁州属县味县地。① 唐在南宁州味县建有正法寺。

云南地区创建佛寺已见诸唐代以前。清征江府河阳县东有华藏寺，"创自齐、梁"②。清大理府太和县西南有宏圣寺，当时人考稽史传确定为隋文帝时建，俗名阿育王塔③。方国瑜认为唐代以前云南尚无佛教可言，至唐其教渐盛。④ 他忽略了唐以前中央政府也在蛮夷地区推行佛教的史实。隋文帝在位期间大崇释教，曾多次颁布敕令，剃度僧尼，在诸州建寺。⑤ 其于开皇十四年（594）又进一步取消寺额限制，规定"率土之内，但有山寺，一僧以上，皆听给额，私度附贯"⑥。唐代在云南地区羁縻州建寺实为前代在蛮夷地区建寺做法的延续。南诏阁罗凤叛唐后自称"阐三教、宾四门"⑦，即南诏境内流传着儒、释、道三教，这种局面无疑与唐以政权力量推行内地佛教和儒、道有直接关系。

唐代黔中道黔州都督府领羁縻州五十余，其佛寺建制虽俟考，然羁縻州汉官却在传布佛教。牂州，武德三年（620）以牂牁首领谢龙羽地置，领建安等三县。⑧ 牛腾为裴炎之甥，裴炎遇害后，武则天贬谪牛腾为牂州建安县丞。牛腾笃信佛教，"以是夷僚渐渍其化，遂大布释教于牂牁中。常摄郡长吏，置道场数处"⑨。牛腾能

---

① 参见（清）穆彰阿等纂《嘉庆重修一统志》卷484《曲靖府·寺观》，商务印书馆1934年影印本，第28册，《曲靖府》二A面。

② （清）穆彰阿等纂：《嘉庆重修一统志》卷481《征江府·寺观》，商务印书馆1934年影印本，第28册，《征江府》十一B面。

③ 参见（清）穆彰阿等纂《嘉庆重修一统志》476《大理府·寺观》，商务印书馆1934年影印本，第28册，《大理府》二十四A面。

④ 方国瑜：《唐宋时期云南佛教之兴盛》，载林超民编《方国瑜文集》第2辑，云南教育出版社2001年版，第523页。

⑤ 韩昇：《隋文帝传》，人民出版社1998年版，第397—411页。

⑥ （唐）道宣：《续高僧传》卷18《隋西京禅定道场释昙迁传》，《大正新修大藏经》第50册，第574页上栏。

⑦ （唐）郑回：《南诏德化碑》，载（清）王昶编《金石萃编》卷160，第4册，中华书局1990年版。

⑧ 参见《新唐书》卷43下《地理志七下》。

⑨ （宋）李昉等编：《太平广记》卷112《牛腾》，中华书局1995年版，第778页。

以摄郡长吏的身份置道场,𢱉州理应按规定置有佛寺。

二 置寺观政令在蕃州执行的基本情况

综上所述,唐代河北道、陇右道、剑南道一些羁縻州置有寺观。换言之,唐朝自建立以后,在全国诸州置寺观的政令不仅在经制州实施,也推及蕃州。然而据此很难断定唐代蕃州普遍执行了诸州建寺观的政令。

由于周边诸族地理位置、特殊的社会结构,经济发展状况的限制,唐朝在羁縻州的统治程度呈现非均等化,仅从羁縻州有无治所府衙也就能看出这一点。如剑南道茂州都督府所辖九羁縻州翼、维、涂、炎、徹、向、冉、穹、笮,除笮州无户口记载外,均有至京师的里距。戎州都督府所辖十五羁縻州协、曲、朗、昆、盘、黎、匡、髳、尹、曾、钩、靡、哀、宗、微,均有户口数及至京师的里距。松州都督府所辖二十四羁縻州岷、懿、阔、麟、雅、丛、可、远、奉、岩、诸、蛾、彭、轨、盍、直、肆、位、玉、嶂、祐、台、桥、序,除部分无户口数外,也均有各州至京师里距。① 所谓各州至京师里距是指各州治所至京师的距离,说明上述羁縻州有城邑治所及办公衙署。剑南道松州都督府,"旧督一百四州,领州,无县户口,惟二十五州有名额"②。何以既有"一百四州"的编制,却"二十五州有名额"?是说"一百四州"中,只有"二十五州"有城邑衙署。唐代剑南道、江南道黔中所置羁縻州情况大多如此。如剑南道黎州所辖五十五羁縻州,"皆徼外生獠,无州县,羁縻而已"③。既置州,却说无州县,也是说这些州只有编制,没有相应的城邑衙署。戎州都督府所管羁縻州,"除没落云南蛮界一十五州,其余虽有名额,元无城邑,散在山洞,不常其居,抚之难

---

① 参见《旧唐书》卷41《地理志四》。
② 同上。
③ (宋)乐史:《太平寰宇记》卷77《剑南西道六》,王文楚等点校,中华书局2007年版,第1561页。

顺，扰之易动。其为刺史，父子相继，无子，即以其党有可者公举之。或因春秋有军设，则追集赴州。著夏人衣服，却归山洞，椎髻跣足，或被毡，或衣皮，从夷蛮风俗。无赋税以供官。每年使司须有优赏，不拘文法。自古至今，其俗难改。其军设并官中优赏等，并废多时"①。即戎州都督府所辖羁縻州多数无城邑，不承担赋税，也无须统计户口，只是授予部落首领刺史，由其世袭统领部落而已。刺史定期赴集都督府，以示听命于朝廷。江南西道黔州都督府所辖五十三州，其中南宁、充等九州，每年朝贡，即定期朝集。②其他四十四州为"洞内羁縻州"③，也是无城邑治所。至于游牧诸族，如陇右道北庭都护府所辖十六蕃州，"杂戎胡部落，寄于北庭府界内，无州县户口，随地治畜牧"④。只有州的建制，却无城邑治所。唐设置的这些州县，授予首领刺史、县令，只是给予了他们节级管理部落的权力。

唐按州置寺的规定能否推及羁縻州，很大程度上取决于羁縻州有无城邑治所。岭南道邕州属右江道思恩等十七羁縻州，"承前先无朝贡，州县城隍不置立，司马吕仁高先天二年奏：奉敕差副使韦道桢、滕崇、黄居左等巡谕，劝筑城隍。其州百姓悉是雕题凿齿，画面文身，兼有赤裩、生獠、提馋相杂。承其劝谕，应时修筑。自后毁坏，不复重修"⑤。城隍是中国宗教文化中普遍崇祀的重要神祇之一，为儒教《周宫》八神之一，也是中国民间和道教信奉守护城池之神。邕州司马奉朝廷敕命派人劝谕辖区内羁縻州修筑城隍，说明从朝廷到地方都很重视羁縻州的设施建设。州县城邑不仅是地方施政所在地，也是文化传播的载体。唐代陇右道安西都护府所辖

---

① （宋）乐史：《太平寰宇记》卷79《剑南西道八》，王文楚等点校，中华书局2007年版，第1605页。
② 参见王义康《唐代蕃州朝集制度试探》，《陕西师范大学学报》2014年第3期。
③ （宋）乐史：《太平寰宇记》卷120《江南西道十八》，王文楚等点校，中华书局2007年版，第2399页。
④ 《旧唐书》卷40《地理志三》。
⑤ （宋）乐史：《太平寰宇记》卷166《岭南道十》，王文楚等点校，中华书局2007年版，第3176页。

四镇地区羁縻州有城邑治所，今人多有述及，无须赘言。剑南道今云南地区，唐建国初期，高祖以韦仁寿出任南宁州都督，韦仁寿奉旨在西洱河地区置八州十七县，授其豪酋为宰牧，诸酋长相与筑城、立廨舍。① 明、清《一统志》中仍记有唐代在云南地区所置羁縻州县的若干城邑治所。河北道侨治幽州境内的羁縻州，也有固定治所。② 黔中道羁縻州中是否置有寺观虽俟考，但唐代若干羁縻州城邑治所遗址至清代犹存。如清代贵州府古迹中有牂州故城与牂州属县牂牁废县（即建安县）、宾化废县③，表明唐代牂州与属县均有城邑治所。上述唐诸道中可考的佛寺，所在羁縻州均为有治所府衙的羁縻州。对羁縻州而言，有治所府衙，一是意味着有财力从事建设，二是意味着有条件设置相应的政府机构，中央也可派遣官员担任羁縻州佐官④，参与管理，有效执行中央政令。反之则否。因此，唐代羁縻州数量众多，情况非一。唐朝屡次颁布的在诸州置寺观的政令，只能在一部分羁縻州实施。

三　置寺观是治理蕃州的措施之一

以上我们探讨了唐代在诸州置寺观的规定在蕃州的执行情况，以下探讨唐在蕃州置寺观的性质、意义。

唐代蕃州名曰"羁縻"，而"羁縻"是一个多层面的问题，包括思想原则、形态或方式、制度等。春秋战国时期，华夏在形成过程中逐渐产生以文化为最高标准将人类共同体区分为华夏与四夷的世界观，并随着王权的逐渐加强，征服了许多四夷，并产生率土皆臣的思想。由于在现实中不可能将所知四夷都纳入中国统治体制之下，中华天子面临如何统治、管理四夷，以及如何处理与未纳入其

---

① 参见《旧唐书》卷185上《韦仁寿传》。
② 参见《旧唐书》卷39《地理志二》。
③ 参见（清）穆彰阿等纂《嘉庆重修一统志》卷500《贵州府·古迹》，商务印书馆1934年影印本，第29册，《贵州府》十七B、十八B面。
④ 参见王义康《唐代中央派员出任蕃州官员吏员考》，《史学集刊》2015年第5期。

统治体制四夷关系问题，在此过程中，逐渐产生羁縻思想。"天子之于夷狄也，其义羁縻勿绝而已。"① 此即说明天子统治四夷不以统治华夏的方式来统治，天子处理与四夷的关系，不以处理与华夏内地臣民关系的思维方式来处理。因此，自西汉以来"羁縻"成为华夏政权处理与四夷关系的思想原则。② 在此思想原则指导下，产生了诸多羁縻四夷的形态或方式。具体来说有以下几种：

朝贡，是先王将分封的诸侯应尽的义务推及四夷，即使要荒之外，"非上威服"③ 即非先王统治区域内的蛮夷，也要朝贡。至唐代朝贡体制日臻成熟，开元年间确定的朝贡七十余蕃，既有与唐交往的大食、日本、吐蕃等，又有唐羁縻州诸蕃，如东北地区的奚、契丹，安西四镇的龟兹、于阗、疏勒、焉耆等。④ 朝贡作为羁縻四夷的形态之一，既施之于唐境内诸蕃，又施之于唐境外诸蕃。

册封，本来是指天子以举行典礼颁发册书的形式分封诸侯，西汉以来也推及四夷，授予四夷侯王称号，确定天子与四夷的君臣名分⑤，也是羁縻四夷的形态之一。唐代册封既施之于归降后的吐谷浑、东突厥，唐占领后的西突厥，及安西四镇诸蕃，又施之于如吐蕃、天宝后为唐邻蕃的回纥等。唐代册封四夷作为羁縻四夷的形态也施之于境内外诸蕃。

和亲，"汉高始纳奉春之计，建和亲之议，岁用絮缯酒食奉之，非惟解兵息民，亦欲渐而臣之，为羁縻长久之策耳"⑥。自西汉以来和亲是处理与四夷关系的权谋之术，也属于羁縻的范畴。唐代将其施之于境内外诸蕃，先后曾与归降成为唐羁縻州的吐谷浑、奚、契丹等和亲，也与吐蕃及天宝后为唐邻蕃的回纥和亲。

---

① 《汉书》卷57下《司马相如传下》。
② [日]堀敏一：《中华思想》，载［日］谷川道雄主编《魏晋南北朝隋唐史学的基本问题》，中华书局2010年版，第24—43页。
③ 《册府元龟》卷968《外臣部·朝贡一·序论》。
④ 参见《唐六典》卷4《尚书礼部·主客郎中》，陈仲夫点校，中华书局2005年版，第129—130页。
⑤ 参见《册府元龟》卷963《外臣部·封册一·序论》。
⑥ 《册府元龟》卷978《外臣部·和亲一·序论》。

互市，不仅仅是王朝与四夷经济交往的方式，其宗旨是怀柔羁縻四夷，"和戎之一术也"①。唐代既与剑南道所属松、当、悉、维、翼诸州熟羌②，以及关内道所属六胡州诸蕃州互市，也与吐蕃、后突厥诸蕃互市。今人发现唐代与四夷互市在不同地区管理办法有所不同③，这是互市对象政治归属不同所致，恰恰表明互市作为羁縻四夷的方式，既施之于境内四夷，又施之于境外四夷。

唐代设置的蕃州，通常又称之为羁縻州，固然属于羁縻四夷的范畴④，然而唐"羁縻"蕃州部落，与上述朝贡、册封、和亲、互市诸种羁縻境内外四夷的形态与方式是有区别的。宋人的论述有助于理解这一点：

> 王师既开西疆郡县，皆复名山大川，悉在封内。惟是人物之未阜，思所以繁庶之理；风俗之未复，求所以变革之道；诗书礼乐之外，盖有佛氏之道大矣……恭圣主之服远也，不以羁縻恍忽之道待其人，必全以中国法教驭之。
>
> 故强之并弱，大之凌小，则有甲兵，刑罚以威之；擅山泽，专障管，则或赋或禄以易之；鸟兽惊骇，则文告期会以束之；闲田沃壤，则置兵募士以耕之。
>
> 耆老告勤，则金帛爵命以宠之；争讼不决，则置吏案法以平之；知佛而不知戒，则塔庙尊严以示之；日计之不足，岁计之有余，必世而后仁，尽在于是矣。⑤

---

① 《册府元龟》卷999《外臣部·互市·序论》。
② 参见（唐）白居易撰《白氏六帖事类集》卷24《市·羌互市格》帖册五，文物出版社1987年影印本。
③ 参见冻国栋《唐代民族贸易与管理杂考》，载《中国中古经济与社会史论稿》，湖北教育出版社2005年版，第340—356页。
④ 参见《旧唐书》卷195《回纥传》。史臣云："自太宗平突厥，破薛延陀，而回纥兴焉。太宗幸灵武以降之，置州府以安之，以名爵玉帛以恩之。其义何哉？盖以狄不可尽，而以威惠羁縻之。"
⑤ 张维、鸿汀编：《陇右金石录》卷3《广仁禅院碑》，甘肃省文献征集委员会1943年校印，第37—38页。碑立于宋元丰七年（1084）八月十八日，王钦臣撰，周璟书，张若纳立石，荔非恭刻字。

文中提出的"中国法教",即通常所说的"声教",包括了军队、刑法、置吏、赋役、宗教、诗书等各方面。上述声教的内容在唐代均有实施。关于军队,陈寅恪以为唐前期军事力量由蕃将与府兵两类组成①,而且唐以不同形式组织蕃兵将其纳入唐军事建制。② 唐刑法加诸纳入唐统治体制诸蕃,唐太宗有明确说明。东突厥突利可汗归唐,太宗向突利说明不再仿效隋立其祖父启民为可汗统领突厥部落的原委,并告诫突利"当须依国法,齐整所部,如违,当获重罪"③。开元九年(721)玄宗下诏告诫诸道所管部落,"既是王人,章程须依国法"④。唐对作奸犯科的部落或首领依法绳治并不鲜见。⑤ 关于置吏,唐代中央派员出任蕃州官员有品官与流外两类。⑥ 关于赋役,包括蕃州部落在内,不同地区、不同时间、不同类型的内附民承担不同形式的赋税。⑦ 至于诗书则是儒家典籍。《南诏德化碑》说南诏尊崇儒学无疑是唐在蕃州推行教化所及。乐史讲述剑南道茂州风俗,"一州本羌戎之人,好弓马,以勇悍相高,诗礼之训阙如也"⑧。蕃人缺诗礼之训自不足奇,乐史将其作为特有风俗记述,从侧面说明唐原则上是要在境内部落中推行儒学教化的,只是由于种种客观因素的限制,妨碍了文教深入四夷地区,以

---

① 参见陈寅恪《论唐代之蕃将与府兵》,《金明馆丛稿初编》,生活·读书·新知三联书店2015年版,第296页。相关论著参见章群《唐代蕃将研究》《唐代蕃将研究(续编)》;马驰:《唐代蕃将》,三秦出版社1990年版。

② 参见张国刚《唐代的蕃部与蕃兵》,载《唐代政治制度研究论集》,文津出版社1994年版,第93—111页;李锦绣:《大唐帝国与城傍》,载朱雷主编《唐代的历史与社会——中国唐史学会第六届年会暨国际唐史学会研讨会论文集》,武汉大学出版社1997年版,第198—235页;王义康:《唐代河朔移民及其社会文化变迁》,《民族研究》2007年第5期;王义康:《唐代边疆民族与对外交流》附录二《羁縻府州设置折冲府》,黑龙江教育出版社2013年版,第288—291页。

③ 《通典》卷197《边防十三·突厥上》。

④ 《册府元龟》卷992《外臣部·备御》。

⑤ 参见王义康《唐代"蕃州"监察制度试探》,《民族研究》2015年第3期。

⑥ 参见王义康《唐代中央派员出任蕃州官员吏员考》,《史学集刊》2015年第5期。

⑦ 参见王义康《唐代周边内附诸族赋役问题探讨》,《中国经济史研究》2016年第2期。

⑧ (宋)乐史撰:《太平寰宇记》卷78《剑南西道七》,王文楚等点校,中华书局2007年版,第1574页。

至于茂州蕃人诗礼之训付阙，故而乐史予以说明。除此之外，唐代也不乏一些蕃人出身的官员具有汉文化修养。哥舒翰是西突厥突骑施哥舒部落首领子弟，祖、父为安西都护府属将，其本人好读《左氏春秋传》《汉书》。① 张孝忠出自奚部落，其子茂昭好儒书。② 李宝臣出自范阳节度使所属的奚部落，其子惟诚"好儒书理道"③。这虽是个人行为，却应是唐在境内四夷中推及儒学影响所致。

虽然上述讲的是宋在西部郡县蛮夷中推行的法教，但是为唐及前代治理境内蛮夷经验的总结。历代论及王朝对周边四夷影响通常泛称"声教所暨"，然而针对具体对象唐代羁縻州，声教所暨非论者所说为虚辞，④ 实际上是唐政令、法令所及。显而易见，唐代蕃州虽然名曰羁縻，不同于内地行政制度，但仍是一种制度化管理。唐对境内四夷实行所谓"羁縻"，其不同于上述朝贡、册封、和亲、互市诸种羁縻四夷的形态与方式是伴随着管理制度以及政令、法令的实施。唐代在蕃州置寺观即是治理境内四夷的重要措施之一。

四 总 结

综上所述，唐代颁布的诸州置寺观规定不仅在经制州实施，而且也推及羁縻州。然而由于客观条件的限制，唐朝屡次颁布的诸州置寺观的政令，并不能在羁縻州普遍落实，只能在一部分羁縻州实施。尽管如此，却说明虽然唐代羁縻州原则上因俗而治，但是仍为唐政令、法令所及地区，有与经制州具有同质的一面。同时，寺观是佛教文化、道教文化的载体与传媒。唐在羁縻州推及置寺观的政令，说明唐代在羁縻州传播宗教文化以教辅政，不仅是治理境内四夷的措施之一，而且已经发展成为制度化的管理方式，并影响及为后世。

---

① 参见《旧唐书》卷104《哥舒翰传》。
② 参见《旧唐书》卷141《张孝忠传附茂昭传》。
③ 《旧唐书》卷142《李宝臣传附惟诚传》。
④ 参见谭其骧《唐代羁縻州述论》，载《长水集续编》，人民出版社1994年版，第133页。

建构与再现：吴凤传说与"汉番关系"[*]

施沛琳[**]

（闽南师范大学）

摘　要："吴凤传说"中的主角吴凤曾是台湾"舍生取义"的典型实例，在历史的洪流中，其故事与传说不断被形塑与建构，却也被解构与再现。由于缺乏较多史实考证依据，对于"吴凤传说"，该以历史视之或用文化对待？尤其在目前岛内民粹意识高涨情况下，汉人与少数民族之间关系常被作为政治操弄的议题，"吴凤传说"的演变脉络与文化传播途径，可作为现代探讨台湾汉人与少数民族关系之参考。

关键词：吴凤　汉番关系

前　言

不同时期，从祖国大陆移居至台湾的汉人与少数民族之间的关系，始终是一个值得探讨的问题。明末清初，由于大量移居自福建前往宝岛开垦，与更早居住岛内的少数民族之间，开始有了互动与冲突。"吴凤传说"中的主角吴凤是清代嘉义地方上之通事，日据

---

[*] 本文为国家社科基金课题"台湾少数民族文化遗产保护与传承研究"阶段性研究成果。
[**] 施沛琳，厦门大学历史系博士，闽南师范大学教授，兼任福建师范大学闽台区域研究中心特聘研究员。

殖民与国民党主政时期，皆曾在台湾的小学课本里被描述"为革除'阿里山番'出草馘首的习俗而舍生取义"。此一广为台湾人民熟知的传说，于台湾解严后，被认为内容过度夸大，有对少数民族"鄙夷"之嫌，其教科书中之传说故事被删除，甚至被有心人士直指"吴凤传说"具有造假嫌疑。然而，亦有持不同意见者认为，虽为传说，但与吴凤相关之民间文献与物质遗产仍然保存至今，从文化传播角度论之，于不同历史阶段，"吴凤传说"在"汉番关系"中，不断被建构、解构与再现。

一 吴凤生平

根据少数证据可以对吴凤做以下描述：吴凤，字元辉，清康熙三十八年（1699）二月十七日生于福建漳州平和乌口社。施琅入台后，漳泉两州人大量移垦台湾，吴凤亦于康熙四十二年（1703）随父母到台。

初居诸罗西堡美街，后移至六目根堡鹿蔴产社。吴父名珠，原经营闽台间贸易；至台后，可能获瞨社权，常与阿里山"山胞"[①]往来交易，兼做开垦事业，在业务上所使用的图章题刻"阿里山业户吴珠图记"，为后世子孙所保存。康熙五十六年（1717）19岁的吴凤与陈良德结婚；康熙六十一年（1722）24岁时，生一男，取名汀援；乾隆十一年（1746）47岁时再生二男汀巽。[②]

由于吴珠业务关系，吴凤常随父亲出入阿里山，与当地"山胞"进行贸易，对其语言、习俗、性情甚为通晓，也颇受他们欢

[①] "番""山胞""原住民""原住民族"，为不同时期台湾对少数民族之称法。本文标题使用"汉番关系"乃配合当时代对少数民族之称呼。

[②] ［日］中田直久：《杀身成仁吴凤》，1912年，第53页；［日］三浦幸太郎：《灵は辉やく义人吴凤》（义人吴凤），嘉义南瀛新报社1931年版，第27页；［日］佐藤房吉：《吴凤传》，台南州嘉义郡，1932年版，第22页；［日］松田铁太郎：《吴凤》，1940年，第22页；李承仁：《多彩多姿的阿里山》，《台湾文献》1980年第31卷第2期。转引自张玉法《吴凤的历史地位》，《"编译馆馆刊"》第18卷第1期。

迎。吴凤24岁这一年，正值朱一贵作乱陷诸罗，"阿里山番"① 亦乘机掠杀。诸罗知县孙鲁委派吴凤为通事，期能稳定"山胞"情绪。另一方面，当时移民侵垦番地，于"汉番"之间兼理贸易的通事，贪残无餍者有之；在他前任之李姓通事即因鱼肉"山胞"被杀，孙鲁自然希望吴凤有所兴革。②

吴凤以地方官身份处理当地汉人与少数民族之间的贸易及抚化事宜，并和少数民族接触日益频繁，甚至解决了"汉番"连年争执不休的山界问题。他任通事达48年，可说政通人和。1912年，提母滕、达邦诸社老"番"所存口碑，其为人温良笃厚，神威为番人所畏怖；其为通事，番人仰之如父母，日夕来往，细大事端，一取决之。③ 乾隆三十四年（1769），时年70岁的吴凤由于不可确知的因素，为"阿里山番"所杀。其被杀原因成为日后不同时期演变乃至现代都还在讨论的重点。

二　与吴凤传说相关之早期民间文献与物质遗存

（一）民间文献记载

历史上出现与吴凤有关的史料，最早见于康熙与乾隆年间的两则契约文书。第一则契约文书的年代是康熙五十八年（1719）三月，第二则是乾隆二十五年（1760）三月。④

---

① 这里指后来正名为"邹族"之曹族人。曹族（Tsou）分北曹与南曹两亚族。北曹居阿里山为中心之区域，即"吴凤传说"中的曹族；南曹居高雄桃源与三民两乡。1998年，阿里山乡曹族人达成共识后，同意将族名改为邹族；而台湾当局也尊重族群意愿为邹族正名。2014年南邹两群之卡那卡那富族和拉阿鲁哇族分别被正名，成为"法定"少数民族。
② 《台湾史料稿本》，1914年12月11日条附"别纸"（1912年5月后藤新平文）。
③ ［日］中田直久：《杀身成仁吴凤》，1912年，第60—61页。
④ ［日］伊能嘉矩：《台湾文化志》，西田书店1928年版，第679—680页；翁佳音：《吴凤传说沿考》，《台湾风物》1986年第1期第36卷。转引自李亦园《传说与课本——吴凤传说及其相关问题的人类学探讨》。

第一则契约文书内容如下：

　　立合约人阿里山土官阿猫里，因本社饷课繁重，无可出办。将本社界内番仔潭草地一所并埔林，东至坑头、西至大溪、南至双圈潭、北至牛坑仑水流内，四至明白为界，将草地付与吴宅，前去招佃、筑坡开垦，每年公议、纳租三拾石，贴本社饷银。收成之日，车运到社交纳，务要经风扇净。其筑坡开圳工费，欲赎之日，估价清还，凡招佃之人，须当诚实不得容匿，此系二比甘愿，各无抑勒，今欲有凭，亲立合约一纸付执为照。

　　知见人伙长：吴凤　立合人阿里山土官：阿猫里　代书人伙计：黄勒

　　康熙五十八年三月

第二则契约文书内容如下：

　　仝立赦一九大租字，人业户张禄、通事吴凤二比因争山埒不平，久控公廷不能结案。时有埔尾庄耆董郑月，出为婉劝调处，二比息讼、定埒无争。禄等二比悦服听从，凤等无以为谢，商议月有山顶并山脚埔园一处，四至埒址载在契内，明白为埒，永免其一九抽的大租，以酬其劳。此系禄与凤二比甘愿，日后各无抑勒反悔生端滋事，口恐无凭，今欲有凭，合立赦合约字一绸，并竖立石碑一位，永远付执为炤。

　　代笔人：陈老　仝立赦免合约字人业户：张禄　通事：吴凤

　　乾隆二十五年三月

　　第一则契约文书中的吴凤，是康熙五十八年一位将阿里山曹族土地招佃开垦、以纳饷课的"伙长"。41年之后在第二则契约中的乾隆二十五年，吴凤已任通事。上述两则契约文书中，仅记载着有

343

"吴凤"之名及其所处时代的头衔。

而与吴凤有关的故事,最早见于咸丰年间刘家谋之《海音诗》及其附注。①

《海音诗》于清咸丰五年(1855)出版,距吴凤之死不足百年。诗的内容如下:

> 纷纷番割总殃民,谁似吴郎泽及人,拼却头颅飞不返,社寮俎豆自千春。

其附注则说:

> 沿山一带,有学习番语、贸易番地者,名曰"番割",生番以女妻之,常诱番出为民害。吴凤,嘉义番仔潭人,为蒲羌林大社通事。蒲羌林十八社番,每欲杀阿豹厝两乡人;凤为请缓期。密令两乡人逃避。久而番知凤所为,将杀凤;凤告其家人曰:吾宁一死以安两乡之人。既死,社番每次薄暮,见凤披发带剑骑马而呼,社中人多疫死者;因致祝焉,誓不敢于中路杀人。南则于傀儡社、北则于王字头,而中路无敢犯者。凤坟在羌林社,社人春秋祀之。

刘家谋《海音诗》附记中所描述的吴凤形象与前两则契约文之述,较为接近,不论在康熙或乾隆年间的吴凤,其在斯时社会中的地位都不是很显著的达官贵人。此外,这阶段的吴凤传说中,他为保护乡人而阻止曹族人的猎首却不幸被杀,乡人为感念他的恩泽,年年春秋上坟祭拜,就如同对待逝世的先人一样。

接下来较早期之记载,尚有光绪二十年(1894)倪赞元《云

---

① 吴守礼校注释:《校注海音诗王卷》,台湾省文献委员会1953年版,第27—28页。邱奕松辑:《吴凤成仁二百年纪念专辑》,嘉义县纪念吴凤成仁二百年筹备委员会1968年版,第27页。

建构与再现：吴凤传说与"汉番关系"

林县采访册》①：

> 吴凤，打猫东堡番仔潭庄人。少读书，知大义，能通番语。康熙初，台湾内附，从靖海侯施琅议，设官置戍，招抚生番，募通番语者为通事，当各社贸易事。然番性嗜杀，通事畏其凶，每买游民以应。及凤充通事，番众向之索人；凤思革敝无术，又不忍买命媚番，借词缓之，履爽其约。岁戊戌，番索人急，凤度事决裂，乃豫戒家人做纸人持刀跃马，手提番首如己状，定期与番议。先一日，谓其眷属曰："凶番之性难驯久矣，我思制之无术，又不忍置人于死。今当责以大义，幸而听，番必我从；否则，必为所杀。我死勿哭，速焚所制纸人；更喝'吴凤入山'。我死有灵，当除此患。"家人泣谏，不听。次日番至，凤服朱衣红巾以出，谕番众"以杀人抵命，王法具在；尔等既受抚，当从约束，何得妄杀人！"番不听，杀凤以去；家属如其戒。社番每见凤乘马持刀入其山，见则病，多有死者；相与畏惧，无以为计。会社番有女嫁山下，居民能通汉语，习闻凤言归告。其党益惧，乃于石前立誓永不于嘉义界杀人，其厉乃止。居民感其惠，立祠祀之。至今上四社番犹守其誓，不敢杀扰打猫等堡。

此两则较早有关吴凤的传说版本，也呈现出不同的吴凤风貌。《云林县采访册》的内容比《海音诗》的附记多出近两百字，情节更多。《云林县采访册》中所记载之吴凤为保护乡人而亡的主题与《海音诗》中所述一样，但增添了若干成仁取义的情节，而具有更强的神化形象。尤其是，《云林县采访册》文末所记"居民感其惠，立祠祀之"，与前述《海音诗》所云："凤坟在羌林社，社人春秋祀之"其中的内容情节显示，光绪时，居民立祠祭祀此意味着："吴凤被神格化"了。自《海音诗》出版的1855年至《云林县采访册》成书的

---

① 倪赞元：《云林县采访册》，载《台湾文献丛刊》，台湾银行研究部1894年版。

1894年，吴凤传说成为民间信仰中由人变成神的典型，即在这39年之间，该传说进入神化阶段。①

尔后，于民国八年（1919）连横著《台湾通史》中"吴凤列传"相关记载：

> 士有杀身成仁，大则为一国，次为一乡，又次则为友而死。若荆轲、聂政之徒，感恩知己，激愤舍生，亦足以振懦夫之气，成侠客之名，历百世而不泯也。呜呼！如吴凤者，则为汉族而死尔。迄今过阿里山者，莫不谈之啧啧。然则如凤者，汉族岂可少哉？顶礼而祝之，范金而祀之，而后可以报我先民之德也。
>
> 吴凤，诸罗打猫东堡番仔潭庄人，今隶云林，字元辉。少读书，知大义，以任侠闻里中。
>
> 康熙中，诸番内附，守土官募识番语者为通事。凤素知番情，又勇敢，诸番畏之。五十一年，为阿里山通事。阿里山者，诸罗之大山也；大小四十八社，社各有酋，所部或数百人、数十人。性凶猛，射猎为生，嗜杀人，汉人无敢至者。前时通事与番约，岁以汉人男女二人与番，番秋收时杀以祭，谓之作飨，犹报赛也。屠牛宰羊，聚饮欢呼，以歌颂其祖若宗之雄武。然犹不守约束，时有杀人，而官军未敢讨。凤至，闻其事，叹曰："彼番也，吾汉族也，吾必使彼不敢杀我人。"或曰："有约在，彼不从奈何？且岁与二人，公固无害也。"凤怒叱曰："而何卑耶，夫无罪而杀人，不仁也。杀同胞以求利，不义也。彼欲杀我，而我则与之，不智也。且我辈皆汉族之健者，不能威而制之，已非男子；而又奴颜婢膝，以媚彼番人，不武也。有一于是，乃公不为也。"其年番至，请如约。凤飨之，告曰："今岁大熟，人难购。吾且与若牛，明年偿之。"番诺而去。明年至，

---

① 李亦园：《传说与课本——吴凤传说及其相关问题的人类学探讨》，载"编译馆"主编《吴凤及其相关问题之研究》，"编译馆"1990年版，第3—4页。

建构与再现：吴凤传说与"汉番关系"

又给之。如是五年。番知凤之终绐己也，群聚谋曰："今岁不与人，则杀凤以祭。"闻者告凤。凤曰："吾固不得去。且吾去，公等将奈何？彼番果敢杀我，吾死为厉鬼，必歼之无遗。"凤居固近山，伐木抽藤之辈百数十人，皆矫健有力者，编为四队，伏隘待。戒曰："番逃时，则起击。"又作纸人肖己状，弩目散发，提长刀，骑怒马，面山立。

约家人曰："番至，吾必决斗。若闻吾大呼，则亦呼。趣火相，放煤竹，以佐威。"越数日，番酋至，从数十人，奔凤家。凤危坐堂上，神气飞越。酋告曰："公许我以人，何背约？今不与，我等不归矣。"凤叱曰："蠢奴，吾死亦不与若人。"番怒刃凤，凤亦格之，终被诛。大呼曰："吴凤杀番去矣！"闻者亦呼曰："吴凤杀番去矣！"鸣金伐鼓，声震山谷。番惊窜。凤所部起击之，死伤略尽。一、二走入山者，又见凤逐之，多悸死。妇女惧，匿室中，无所得食，亦槁饿死。已而疫作，四十八社番莫不见凤之驰逐山中也。于是群聚语曰："此必吾族杀凤之罪。今当求凤恕我！"各社举一长老，匍匐至家，跪祷曰："公灵在上，吾族从今不敢杀汉人。杀则灭！"埋石为誓。自是乃安。尊凤为阿里山神，立祠祷祀。至今入山者皆无害。

连横曰：凤之死也，或言康熙五十七年，或言乾隆三十四年八月十日，相距竟五十二年。

余以后说确也。朱一贵既平之后，阿里山番始内附，则凤为通事，当在乾隆时也。凤生于康熙三十八年正月十八日，殁时年七十有一，配陈氏，生二子，曰汀援，曰汀巽。光绪中，其后嗣请列祀典，嘉人士亦以为言，未成而遭割台之役。然凤之威棱，至今犹在阿里山也。君子疾殁世而名不称，如凤者岂有死哉？①

《台湾通史》中"吴凤列传"大致也与《云林县采访册》情节相似，基本立场可说一脉相承。该传一开始即说明"如吴凤者，则

---

① 连横：《台湾通史·列传3 吴凤列传》卷31，1923年。

为汉族而死尔",其后也说出如何与曹族人格斗,最后被杀而死。传末也以汉族神鬼传说为结尾,即吴凤是为了汉族的利益,与山胞格斗时死亡。只是,"吴凤列传"之内容又比《云林县采访册》增加新情节,其说法被视为"斗争说"。

(二)相关之物质遗存

根据中田直久于1912年的调查,吴凤所遗于世之物质遗存有4项①:

1. 家庙:在打猫东下堡番子潭庄有称公馆者,即吴氏旧邸,约百坪,土墙围绕。康熙六十一年(1722)吴凤为通事时营造家庙;庙在后庭中央,仅存墙壁一部分;后续以竹柱茅盖做修补。坛上列祖父吴连以下八世灵牌,但吴凤孙吴奇玉以下牌位,错杂形损。坛又安置吴凤木像,凭榻而坐,双狗在下,为燕居之态。

2. 祠庙:在嘉义东堡社口庄东北端,祠庙内有吴凤武装像。吴凤死后,被当地百姓认为他的"取义成仁"能为当地带来安居乐业,其精神值得敬佩,因此当时仰慕其功德的社口乡民,推举继任吴凤为通事的杨秘为主委,向四方募款,立祠奉祀吴凤。于清嘉庆末年建立一祠庙于社口支廨原址,百姓私谥为"阿里山忠王庙",这是吴凤成仁庙的起源。后于每年农历八月初十吴凤殉职之日,即设坛盛大祭祀,多年后因受风雨侵剥颓废,在光绪十八年(1892),乡民再议鸠工修缮恢复旧观。光绪三十二年(1906)嘉义发生大地震,祀宇倒塌,面目全非,庙宇管理人只好将吴凤神像及神位迁到私宅供奉。日本殖民期间,分别于1910年与1927年两度修庙。②

3. 坟墓:在中埔与社口庄之半程(二庄相距约300米),碑碣已失,存其形而已。

4. 子孙:有吴凤之七代孙吴发。

---

① [日]中田直久:《杀身成仁吴凤》,1912年,第66—69页。
② 邱奕松辑:《吴凤成仁二百年纪念专辑》,嘉义县纪念吴凤成仁二百年筹备委员会,1968年,第24—25页。

1930年到1931年间，日本人新调查的资料又有以下发现[①]：

1. 吴凤六代孙吴哮及吴福的住宅，为一农家；家中正厅有祖先牌位及吴凤神像。牌位有凤祖父以下名，背面记生死年月日。唯名字的排列，新旧错杂。吴哮、吴福住宅数间，皆为温驯的农民。

2. 祖先的遗物有祭具、印章及与土地租税有关的一些文书，包括康熙五十七年四月吴凤署名的土地契约书。[②]

上述从民间文献与物质遗存相关之记载，吴凤和其通事一职应当可以确认，然仅是地方上一个官卑职小的人物。在清代之前，其一生事迹亦未见于官方文书，迟至事件发生86年之后，传说的故事内容才陆续被记录而流传下来，但也纯属口传故事层次。斯时，曹族确实存在，也有猎首之俗。

《海音诗》及附记应该是最接近吴凤传说面貌，亦即吴凤是一个好的通事，受到曹族人信任，不像其他通事那样一方面欺骗土著，另一方面又鱼肉乡人。在任内，他颇能调解"番汉"之间的关系，然却无法阻止土著猎首出草之俗。

早期的吴凤传说着重外来力量的凸显，其说明在当地人与外来者为了土地资源的再调整分配而激烈冲突时，吴凤通事因为捍卫移垦汉民而被杀。他被曹族人所杀是为了保护乡人，而其乡人为感念他的恩德，每年上其坟祭拜，后来并为其立祠。

三 殖民化与儒化之建构

（一）殖民化的"他者"建构

日本侵占台湾之后，为了开发阿里山的原始森林，得到曹族人大力相助，在无"番害"问题之下，进而发现了嘉义地区人民口中

[①] ［日］三浦幸太郎：《灵は辉やくヌん吴凤》（义人吴凤），嘉义南瀛新报社1931年版，第18、33—34页；［日］佐藤房吉：《吴凤传》，台南州嘉义郡1932年版，第24—25页；［日］松田铁太郎：《吴凤》，1940年，第24—25页。

[②] 张玉法：《吴凤的历史地位》，载"编译馆"主编《吴凤及其相关问题之研究》，"编译馆"1990年版，第23—47页。

的吴凤传说。① 而由当时"嘉义厅长"津田毅一请"台湾民政长官"后藤新平写碑铭,即《阿里山番通事吴元辉碑》②,节录如下:

> 吾初莅台湾也,巡览阿里山森林;阿里属嘉义厅治,峰峦襞积,谿壑回环,而番人驯服,愈于他番,吾甚异之。父老皆曰:"此吴元辉流泽所致也。"……元辉名凤,姓吴氏,元辉其字也;清福建漳州平和县人,考名珠,妣蔡氏,航台湾居诸罗之贌产社。元辉读书知大义,旁通番语,年二十四为通事。是时移民侵垦番地,有社商、社棍,又有番割介在民番之间,贪残无餍,元辉忧之,设定轨则,悉心措办,宿弊渐革,民番悦服。但番每祭必杀人,盖积习而不可移也。番人屡请馘首,元辉罪物,百方开谕不听,爰设词延至数年,番以为诳,嗷嗷不已。元辉厉声谓曰:"杀人者王法所不赦,然予既与汝约矣,其必履之,异日仍有天殃,汝曹悔莫及也。"戒家人曰:"予将授首,永绝后患!"即命以后事,一家掩泣。届期徐步赴会,番迫而杀之,始知为元辉,相顾骇去。家人殓之,焚刍灵纸马祷曰:"公推诚拊循,冀革其非心,今赍恨以殁,灵其不泯,当祸祟番社,靡有孑遗。"遂葬于枋树脚。元辉之死也番见其横刀跃马,驰骋如电;既而阴雨绵延,疫疠大作,死亡相踵。番酋震惧,请巫以祓禳,巫曰:"祭吴公之灵,乃可免也。"番即营祭,沥血埋石,誓不杀人,于是阿里四十八社犷戾嗜杀之习除矣……铭曰:"瞻言阿里山一色,扫开烟雾辟榛棘,庶士交正品物兴,协和民番教耕织;畴知犷俗难猝除,慨然授命破顽惑,功在家国泽在民,赫濯声灵殊莫测。乡人感激常咨嗟,炭祠明禋报遗德;气磅礴兮神彷徨,缅成仁兮可秭式,山青青兮水泠泠,碑屹立兮曷有极。"明治四十五年五月,原任台湾

---

① 汪志勇:《从民间文学的歧义性看吴凤传说的真相》,载《台湾民间文学学术研讨会论文集》,1998 年,第 180 页。
② [日]后藤新平:《阿里山番通事吴元辉碑》,载邱奕松辑《吴凤成仁二百年纪念专辑》,嘉义县纪念吴凤成仁二百年筹备委员会,1968 年,第 40—41 页。

建构与再现：吴凤传说与"汉番关系"

总督府民政长官从三位勋一等男爵后藤新平撰文。

此外，"嘉义厅长"津田毅一请中田直久编了《杀身成仁通事吴凤》①：

> 阿里山番。每年谷熟。祭祀必供头颅。青人遭害甚多。吴通事莅职。欲除其残暴。然恶习染以成性。不能猝革……告曰："八掌溪岩石有销尽。决不杀人。神灵赦我罪。宥我等青。若有渝誓。殛罚所不辞也。"即埋石立誓。于是番境腥膻之地。始致蒸蒸向化。逾涵濡一百五十岁。

后藤新平《阿里山番通事吴元辉碑》与中田直久《杀身成仁通事吴凤》中的吴凤，是为了根除曹族人猎首祭的恶习，在屡劝不听的情况下，他决定自我牺牲，餍足曹族人的需求，使吴凤形象开始出现根本转变。而因为土地争执的问题，则被一笔勾销。

日版吴凤传说与前两阶段不同之处，在于日本人强调吴凤之死是为了要感化曹族人，而清代的民间文献呈现的是着重在他为保护汉族而死。此显见殖民当局刻意且"过分捧场"地将吴凤传说给予"戏剧化"。其转移吴凤故事的重点，指称吴凤为感化曹族人而牺牲，表面上是强化吴凤"成仁"的伟大之处，但实际上，是一石二鸟，用这"加油添醋"后的传说故事，一方面显示不与异族对抗且愿为其牺牲，另一方面衬托出高山族是可用仁义来感化的。不仅要凸显殖民当局在统治台湾初期对汉族的期望，也将准备灌输于"土著"的观念表露无遗。同时，也借此故事树立殖民官吏在被统治者心中的形象。②

对于吴凤事迹感兴趣的日本殖民当局，不仅由时任"行政长官"为他立碑，由"嘉义厅长"请人为他写传，殖民当局更将其

---

① [日]中田直久：《杀身成仁通事吴凤》，引自张玉法《吴凤的历史地位》，载"编译馆"主编《吴凤及其相关问题之研究》，"编译馆"1990年版，第23—47页。

② 李亦园：《传说与课本——吴凤传说及其相关问题的人类学探讨》，载"编译馆"主编《吴凤及其相关问题之研究》，"编译馆"1990年版，第20页。

事迹编入教科书，小学为他演剧、讴歌。同时，开拍电影。① 就文化传播中之文化增值功能视之，文化传播的实现有赖于人们创造新文化，并对文化价值有所认识。文化传播进程，一方面会发生损耗，丢弃一些信息内容；另一方面，又会增加新的信息。日本军国主义殖民者善于透过多层渠道的传播，将台湾阿里山于一两百年前的传说故事再予以扩张，一种在"他者"所建构下的文化认同于焉形成。

（二）吴凤传说的儒化

台湾光复后，首先亦由嘉义地方官员向台湾省政府转国民党当局，要求将吴凤去世日期订为"公务员日"，以激励公务员。由嘉义县议会建议当局将该庙改为省辖，恢复日据时代每年10月1日为祭典纪念日，并请修葺庙宇，以敬忠烈。② 该建议虽未被当局采行，但嘉义地方当局展开连串修葺吴凤庙及对事迹扩大宣扬的动作。

1954年由时任"考试院"院长贾景德撰写《重修吴凤碑》，碑文指出吴凤庙于1952年再修，且其事迹引起蒋介石关注，并颁额曰："舍生取义"等。③ 贾碑文描述吴凤去世后情节仍沿用日本人的版本，不过重点放在强调儒家伦理精神的意义及其发挥。在当年的氛围下，吴凤的抚番、革弊，从文化人类学的立场，是两种文化接触后所导修的同化，亦即涵化的表现。吴凤杀身成仁、舍生取义，实为人性中至真至善至美的表现，堪为伦理的典范而编入教材。进而，教育当局将吴凤的故事列入小学课本中，同时，也有相关主题电影《阿里山风云》与《吴凤传》的拍摄。

在台湾光复后，前往接收的国民政府陈仪当局在文化上首要工

---

① ［日］三浦幸太郎：《灵は辉やくよん吴凤》，嘉义南瀛新报社1931年版。
② 嘉义讯：《嘉县议会建设 恢复吴凤祭典 请将成仁庙改属省辖 借以表彰民族正气》，《联合报》1951年11月27日第5版。
③ 邱奕松辑：《吴凤成仁二百年纪念专辑》，嘉义县纪念吴凤成仁二百年筹备委员会，1968年，第42—45页。

作是"去日本化""就中国化",消除文化方面与日本有关的语言、文字等。然而,在吴凤传说上,反其道而行,不仅沿用日据时代的内容,且针对传说之传诵更为普遍。何故如此,除了未深究日本殖民官员较深层的用意之外,也基于之前的内容极适合中国传统伦理价值"成仁取义"之最高精神,不论在电影或教科书本里的吴凤形象均符合传统儒家仁义伦理,此时期为吴凤形象被儒化阶段。

四　解构与再现

1980年7月,台湾岛内掀起推翻吴凤神话之声。由时任台湾"中研院"民族所研究员陈其南在媒体上的一篇文章开始,陆续有民意代表对于日据时代与连横有关吴凤之死的原因提出质疑。主编教科书的"编译馆"更召集了学界人士,从方方面面探讨吴凤传说的真实性。[①] 其重点均指向于吴凤"舍生取义"的故事可能只是个神话,不宜当作历史载入教科书,将导致伤害山胞的感情云云。汉族与山地同胞当年的生存竞争已是历史的陈迹,过去的痛苦与过错,最好让它被时间冲淡,再继续渲染下去,除了刺伤山胞感情,实在没有其他意义。

质疑声浪认为,不论在日据或国民党执政时代,统治者政权为的是提升民族优越感、文明与其高人一等的地位,贬低少数民族是残忍、无知、野蛮、未开化与不文明的"番"。事实上,当年,吴凤遭受杀害,应为族群利益冲突的结果。当年曹族人流传的说法,在吴凤死后该地区与西部平原汉人一样受到天花、瘟疫与流行性感冒疾病影响,虽然一度在原始信仰思维下,被若干部落成员视为吴

[①] 陈其南:《一则捏造的神话——吴凤》,《民生报》1980年7月28日;陈其南:《文化结构与神话》,载《文化的轨迹》(上册),允晨文化1986年版,第113—118页;雾峰讯:《吴凤故事存疑省议员促澄清》,《联合报》1980年11月8日第3版;李亦园:《传说课本——吴凤传说及其相关问题的人类学探讨》,《"编译馆馆刊"》第18卷第1期;张玉法:《吴凤的历史地位》,《"编译馆馆刊"》第18卷第1期。

凤亡魂作祟报复。① 在人心惶惶之下，阿里山曹族从此不再刻意向西侧汉民族聚落实施猎首，而集中力量防堵另三个方向的布农族群。因此，到了清末，汉民族的开垦范围很快地进入嘉义八掌溪流域、阿里山前山山脉西坡、清水溪源头和陈有兰溪上游。

1987年"台湾原住民权益促进会"发起破除吴凤神话运动，拆毁嘉义火车站前的吴凤铜像等，要求平反邹族（曹族更名为邹族）人长期被扭曲的形象。该会要求更改"吴凤乡"为"阿里山乡"，并删改教科书中过分美化的吴凤故事。同年5月，小学教科书中吴凤故事被删除。1988年"编译馆"废止中小学教科书有关吴凤故事之教材内容，形成初步政治形式的"文化和解"。② 1989年，"台湾原住民权益促进会"先行决议于会内组织文书废止"山胞"之名，改称"原住民"；同年，嘉义县"吴凤乡"改为"阿里乡"。1994年台当局第三次"修宪"后增修条文，"原住民"取代"山胞"；1996年台当局成立"原住民委员会"，后来又将"原住民"改为"原住民族"。

陈其南发表《吴凤的神话》《再论吴凤》《历史的断层与褶曲——吴凤、连横和日本人》等文；其后，薛化元《吴凤史事探析及评价》、翁佳音《吴凤传说沿考》、林建发《寻找吴凤》、江庆林《吴凤史实研究》、张玉法《吴凤的历史地位》、李亦园《传说与课本——吴凤传说及其相关问题的人类学探讨》、叶煬彬《顾颉刚与吴凤神话》等讨论文章相继发表，对吴凤故事真相的探讨，都有极大的助益。

不过，针对陈其南等人的说法，亦有一些文章反驳认为，其说词乍听之下似都有理，但其所指责的是故事，实际上故事与真实历

---

① 《民族志道德与人类学家的困境：台湾原住民运动研究的例子》，《当代》1987年第20期；浦忠成：《从部落出发——思考原住民的未来》，台北："财团法人国家展望基金会"。转引自杨政贤《吴凤事件》，《台湾原young》2006年第14期。

② 吴明勇：《教科书与台湾原住民族：一个历史的反思》，《教科书研究》2013年第6卷第1期。

建构与再现：吴凤传说与"汉番关系"

史不符，用历史故事来攻击历史人物是无聊的事情。① 提出反驳者分析出，吴凤故事在不同时代呈现不同面貌，因而提出批驳。然而以吴凤生平事迹的不足，本身又是微不足道的小吏，缺少任何官方记录资料，仅从后世片言只语而整理的故事，要来考证吴凤故事的真相，光从人类学角度来推断，难以得到真实面相。然而，作为历史人物的吴凤，由于第一手资料太少，文献不足征，无论从人类学和历史学角度来发掘真相，都十分困难。②

在1980年之前，吴凤史迹可说是处在发掘与重建时期，即便后来有更多的研究出炉，然并未发现更多史料去厘清当时的真相。就相关资料来看，由于传闻的事迹众说纷纭，这些资料有着某种程度的冲突性。既是民间流传之故事，未在任何史料上呈现，自然与史实有某种程度的距离。不论各方怀疑之点是否有据，其依据是否服人，至少史学界自此注意到两个事实：一是以汉族开发史为中心的历史，有伤"山胞"的自尊；二是百余年来，由于将吴凤作为忠义的典型来崇拜，有关吴凤的故事，已有溢美神化之处。③

事实上，汉人移垦者、殖民统治者眈眈虎视的是少数民族的土地，在社群诠释权的争夺里，吴凤形象被重现得更为典型化、尊崇化。在这里，可以看到乡土想象以介入的姿态，参与这块土地上曾经发生或正在发生的社群关系，外来力量如何不断营造并掌握诠释的优势，将他们的土地掠夺行动合理化、正当化。及至20世纪80年代，新的诠释力量兴起，一些反驳过去传说故事的说法赋予吴凤传说新意。然而，所谓少数民族的意识，并非仅仅以少数民族为承载者，而是经由复杂的社群互动、传播后出现的新社区意识，由原本"蕃"的观念激荡、蜕变、凝聚、跃升而出，建构出一种跨族群、

---

① 杨景文：《由历史、地理、社会背景看吴凤》，前卫出版社2004年版，第4—5页。
② 汪志勇：《从民间文学的歧义性看吴凤传说的真相》，载《台湾民间文学学术研讨会论文集》，台湾省政府文化处1998年版，第189—205页。
③ 张玉法：《吴凤的历史地位》，《"编译馆馆刊"》第18卷第1期。

跨地域的认同。①

若从"历史"与"文化"两词的边界及互动而论,"历史"与"文化"常常连用,但实则两者颇有不同。历史学的根本目的是求真,因此历史必须务真务实,历史学的研究必须坚守学术标准。然而文化却往往依赖阐释,甚至需要加工和包装,有时不免与历史发生冲突。但历史与文化并非全然相悖,而是密切相关。一方面,文化从历史而来,任何文化都建基于一定的历史事实之上。这提醒我们在阐释文化时,一定要注意其相应的历史传统。另一方面,历史一旦成为文化,就会形成一种不可撼动的主体,甚至某种程度上可独立于历史而存在,并且影响着对历史的解释。②"吴凤传说"到底要用历史或文化看待,确实是个有意思的问题。

五　结　论

斯图尔特·霍尔的"再现"或"表征"理论视之,现实生活与符号是两个互动领域,在不同的社会和历史时期的文化意义与价值系统,均具有丰富的政治、道德与宗教等的观念。而文化符号的表征领域,不仅是一个知识生产和信息交流的象征,其实亦是一个利益争夺和权力斗争的领域,不论阶级、性别、民族与种族等权力关系,都可能以各种形式渗入且融入其中。

"吴凤传说"的背后其实隐含着两种不同族群(汉人与少数民族)之间利益关系,然而,在较早历史时期,当资源分配未形成一个稳定的社会系统时,其冲突在所难免,正如台湾早期汉人移民之漳泉械斗、闽客之争一样。在一块土地上,确实存在着争夺诠释、界定其主要指涉意义的不同势力,而土地的意义指涉成为个人身份认同的重要凭借。

---

① 《嘉义县志　文学志》,嘉义县文化观光局,第91页(https://www.tbocc.gov.tw/ModuleMsg/Files/750/AttachFile/10-文学志091-123.pdf),浏览时间:2017年7月30日。
② 陈支平:《历史与文化的歧义与超越——家族和族谱研究中的一个思考》,《安徽师范大学学报(人文社科版)》2014年第1期。

台湾解严后一些反对与驳斥反对的种种诠释,代表台湾这块土地上的社群互动。面对着外来统治阶层的同化,初期,少数民族无力量参与发言,仅能被动地扮演着故事的接受者,可是一旦社区意识凝聚完成,他们也可以积极参与乡土的重新诠释。站在民族共融角度,这些讨论理应能被接受。

不幸的是,近年来岛内受地方主义及种族主义高涨影响,又卷入政治的情绪,使吴凤事迹更难以拨云见日。部分人士在提到"吴凤传说"时口径一致直指是"虚构",事实上,由过去的文献与物质遗存来看,充其量只能说现存史料要呈现其"舍生取义"的事实较薄弱,但吴凤其人其事、其与当年之少数民族互动之事实为确有。从教科书中删除故事的政治形式"文化和解",其实是目前岛内民粹意识下的产物,若要以此改变来证明台湾的少数民族已受到汉族尊重,少数民族要以文化身份进入当局体制内,进而在整体资源分配中取得一定程度的优势,其实还有一段很长的距离。

有些历史典故是在漫长的时间长河中,被后人用自己的想象与臆断,加深典故结构的丰富性,却也不免走向史实的反面,此即所谓的"历史层累说"。"吴凤传说"已如尘烟般散去,也许有历史的错误影响了文化传承,但并不会消失。与吴凤神话相关的事物依然存在,要平息这一切,可能只有交由时间去冲淡了。于此,宁可用历史的回归历史、文化的回归文化、政治的回归政治等态度视之,族群间彼此包容是唯一的方式。

西夏的"二十四节气"

彭向前

(宁夏大学西夏学研究院)

摘　要：二十四节气深深地影响着古代我国境内的少数民族，如在黑水城出土的西夏历日文献中就有关于它们的记载。西夏汉文文献显示，二十四节气原本称作"二十四气"，下分十二节与十二中。西夏文文献中则保存着一套完整的二十四节气名称，其中部分节气名称有所改动。西夏历的二十四节气之日与宋历或同或前后相差一二日。二十四节气引入西夏历日文献，是农业在西夏社会得到发展的体现。二十四节气对西夏社会生活的影响是多面的，如冬至在西夏既是节气又是节日。

关键词：西夏　二十四节气　历法　黑水城

2016年11月30日，中国申报的"二十四节气"被批准列入联合国教科文组织人类非物质文化遗产代表作名录。二十四节气分别标志着太阳在一周年运动中的二十四个大体固定的位置，是对太阳周年运动位置的一种特殊的描述形式，又能较好地反映一年中寒暑、雨旱、日照长短等变化的规律，它们不但具有重要的天文意义，而且对于农业生产有着重大的指导作用。"二十四节气"沿用时间之长，覆盖地域之广，堪称世界文明史上的一朵奇葩，列入"名录"，当之无愧。

远在春秋时期，中国古代先贤就定出仲春、仲夏、仲秋和仲冬四个节气，以后不断地改进和完善，到秦汉年间，二十四节气已完全确立。《淮南子》一书第一次系统、完整地阐述了二十四节气。

起源于黄河流域的二十四节气,逐步推广到全国各地,也深深地影响着古代我国境内的少数民族。如在黑水城出土的西夏汉文文献和西夏文文献中都有关于二十四节气的记载。

西夏汉文文献显示,以往"节气简称气"的说法是错误的。二十四节气原本称作"二十四气",下分十二节与十二中。《俄藏黑水城文献》第5册有这方面的记载,转录如下。[①]

二十四气

立春正月节,雨水正月终(中)。

(惊蛰)二月节,(春分二月)中。

清明三月节,谷雨三月中。

立夏四月节,小满四月中。

芒种五月节,夏至五月中。

小暑六月节,大暑六月中。

立秋七月节,秋处(处暑)七月中。

白露八月节,秋分八月中。

寒露九月节,霜降九月中。

立冬十月节,小雪十月中。

大雪十一月节,冬至十一月中。

小寒(十)二月节,大寒(十)二月中。

也就是说气有"节气"和"中气"之分。远古先民认为宇宙万物都充满着气,气为生命之本,更是万物运动的源泉。天有天气,地有地气,四时寒暑也各有不同的风气。随着季节的变化,尽管天气的凉热可以为人们明显地感知,但地气的萌动与变化却不易被人察觉,于是至少在8000年前,我们的先人就学会了以候鸟骨

[①] 俄罗斯科学院东方研究所圣彼得堡分所、中国社会科学院民族研究所、上海古籍出版社编:《俄藏黑水城文献》第5册,上海古籍出版社1999年版,第121—122页。

骼制成的律管候气。正是基于对这种以地气验时的认识，致使古人自然地将记录时间的节令称为"气"。为与一年十二月为基础的历法体系相适应，气由最初的四个（二分二至），发展到十二个。每月有一"节气"与一"中气"区分。黑水城出土文献"二十四气"表明，宋元时期仍然有"节气"与"中气"之分。后世所谓"节"为月之始，"气"的最后一日为月之终（这里指星命月），统称之为二十四"节气"，恐失本义。也就是说，所谓"节气"一词，"古今词义"发生了转移，现在说的"节气"相当于最初的"气"。这种转移由来已久，最迟在南宋就已经发生了。南宋人陈著《本堂集》有诗曰："二十四节气，来自混元前。老息他无分，新阳例有缘。从教寒又暑，惯得海为田。此理须看破，何妨日当年。"[①] 这里出现了"二十四节气"的提法，表明其时已经将"节气"混同于"气"了。

西夏文文献中则保存着一套完整的二十四节气名称。汉武帝太初改历，正式把二十四节气纳入历法，此后二十四节气一直是我国传统历注的重要内容之一。西夏时期的历书中，也采用二十四节气注历。1908—1909年、1914年，俄人科兹洛夫（Козлов）和英人斯坦因（Stein）相继在黑水城遗址（今属内蒙古额济纳旗）掘获大批西夏文献，内有十余件至为珍贵的西夏古历日，分藏于俄罗斯科学院东方文献研究所和英国国家图书馆。其中俄藏 Инв. No. 8085 西夏历书，共176面，从西夏崇宗元德二年（1120）庚子延续到夏襄宗应天二年（1207）丁卯，跨西夏崇宗、仁宗、桓宗、襄宗四朝，共计88年，是目前所知我国保存至今历时最长的古历书。该部历日文献中有6个年头加注"二十四节气"。（一）如西夏崇宗元德二年（1120）上部表头第二行正月栏有数字"十四"，二月栏有数字"十五"，前者为正月中气"雨水"之日，后者为二月中气"春分"之日。（二）西夏桓宗天庆四年（1197）上部表头第二行正月栏有"十一立春"，"立春"原为西夏文𘞌𘟂，意思是正月十一

[①] （宋）陈著：《本堂集》卷11《次韵王得淦长至》。

为立春节气。十二月栏"二十立春","立春"原为西夏文𗧘𗇋,意思是本年十二月二十为立春节气。（三）西夏桓宗天庆十一年（1204）至西夏襄宗应天二年（1207）。此四年分别用西夏文注明全年的二十四节气，有残缺。史金波先生从俄藏黑水城文献 Инв. No. 7926、8214 中辑得一整套西夏译"二十四节气"的名称，与本历书一致，转录如表1所示。①

表1　　　　　　　　西夏汉对照二十四气

月份	节气（节）		中气（中）	
正月	立春	𗧘𗇋（春立）	雨水	𗏹𘋨（水雨）
二月	惊蛰	𘂤𗒛（虫惊）	春分	𗧘𗏇
三月	清明	𘑨𗰔（离丁）	谷雨	𘉑𘋨（稻雨）
四月	立夏	𗼑𗇋（夏立）	小满	𗍁𘝯（草稠）
五月	芒种	𗣼𗟲（土耕）	夏至	𗼑𗗚（夏季）
六月	小暑	𗧘𗒘（微热）	大暑	𘉋𗒘（大热）
七月	立秋	𗟻𗇋（秋立）	处暑	𗤋𗒘（小热）
八月	白露	𗯴𘊐（露冷）	秋分	𘊐𗏇
九月	寒露	𘌽𗠏（寒霜）	霜降	𘊐𘎑（霜白）
十月	立冬	𗍁𗇋（冬立）	小雪	𗠁𗤋（雪小）
十一月	大雪	𗠁𘉋（雪大）	冬至	𗍁𗗚（冬季）
十二月	小寒	𗤋𘌽	大寒	𘉋𘌽

从中可以看出，西夏的二十四节气显然来自中原地区，只是有几个节气的名称小有区别，如惊蛰，指春雷乍动，惊醒了蛰伏在土中冬眠的动物，西夏人称作"𘂤𗒛（虫惊）"。清明，指气清景明，万物皆显，西夏人称作"𘑨𗰔（离丁）"，二字皆与火有关，有明亮的意思。小满，意思是麦类等夏熟作物籽粒开始饱满，西夏人称作"𗍁𘝯（草稠）"。芒种，"芒，是指有芒作物的收获，北方最常

---

① 史金波：《西夏文教程》，社会科学文献出版社2013年版，第172页。

见的就是小麦;"种"指的是谷黍类作物的播种。芒种是一个既包含收获、又包含播种的节气,西夏人称作"𘝯𘏲(土耕)",只保留了播种的含义。白露,西夏人称作"𘜶𗦲(露冷)",即冷露。霜降,西夏人称作"𗹙𗼻(霜白)",即白霜等。

在二十四节气中,反映四季变化的节气有:立春、春分、立夏、夏至、立秋、秋分、立冬、冬至8个节气;反映温度变化的有:小暑、大暑、处暑、小寒、大寒5个节气;反映天气现象的有:雨水、谷雨、白露、寒露、霜降、小雪、大雪7个节气;反映物候现象的则有惊蛰、清明、小满、芒种4个节气。西夏人对二十四节气的改称,多集中在天气现象和物候现象方面,尤其是对反映物候现象的四个节气"惊蛰、清明、小满、芒种"全部作了改动。刻写于西夏乾祐十六年(1185)的西夏文诗集《月月乐诗》[1],对河西地区一年十二个月的天气现象和物候现象作了仔细描述。从中不难发现上述改动与《月月乐诗》中的内容多有相符之处。[2] 如二月里"冬日寒冰春融化,种种入藏物已出",与之相应,西夏人把惊蛰改作"𘟥𗟲(虫惊)"。三月里"东方山上鹃啼催植树,鹃啼树茂日光明",与之相应,西夏人把清明改作"𗿒𗰽(离丁)"。四月里"夏季来临草木稠",与之相应,西夏人把小满改作"𘓺𗸘(草稠)"。此外,西夏人把芒种称作"土耕",只保留了播种的含义而舍弃了收获的含义,这是因为农历五月银川平原春小麦尚未成熟的缘故。上述改动,是西夏人根据自己对自然界的观察和理解,因地制宜而对二十四节气加以发展的反映。尤其是把小满改作"草稠",使西夏的二十四节气带有明显的游牧民族风格。

研究表明西夏宋历日之间,二十四节气具体日期之差要大于朔日之差。西夏历的朔日与宋历或同或前后相差一日,没有相差二日或二日以上者。西夏历的二十四节气之日与宋历或同或前后相差一

---

[1] 俄罗斯科学院东方研究所圣彼得堡分所、中国社会科学院民族研究所、上海古籍出版社:《俄藏黑水城文献》第10册,上海古籍出版社1999年版,第271—274页。

[2] 本文所引《月月乐诗》译文,均出自聂鸿音《关于西夏文〈月月乐诗〉》,《固原师专学报》2002年第5期。

二日。这里选取俄藏 Инв. No. 8085 历书中的西夏桓宗天庆十二年（1205）乙丑年历，略作说明。

与大多数西夏历法文献一样，这份年历是以表格的形式撰写的，右部表头第一列自上而下为纪年干支和日、木、火、土、金、水、首、孛、炁九曜星宿。上部表头自右而左，第一行为一年十二个月的月序、月大小、朔日干支。第二行为每月的二十四节气分布。第三行为二十八宿注历。表格中填写的内容为数字与地支的组合，是以十二次为背景，记载九曜星宿运行情况的。[①] 除汉文数字外，其余皆为西夏文。残破严重，没有一项历法要素是完整的。下面将其中的西夏文翻译出来，并制成下表，括号中的汉字是根据历法知识推理出来的，□代表模糊不辨的字或无法推理的阙字。

表2　　　　　　西夏天庆十二年（1205）残历上半年

[六][小][丁亥]	[五][小][戊午]	[四][大][戊子]	[三][大][戊午]	[二][大][戊子]	[正][小][己未]	[乙]丑
□□[小暑] □□[大暑]	□□[芒种] □□[夏至]	□立夏 □□[小满]	□清明 [廿]五谷雨	□惊蛰 □□春分	八立春 □□雨水	
[昴]	胃	奎	室	虚	女	
	廿九未	卅申	廿九酉	廿五戌	廿三亥	[日]
		廿九酉			戌	木
			廿七午			火
					□戌 廿二□	土

---

① 彭向前：《西夏历日文献中关于长期观察行星运行的记录》，《西夏学》第11辑，上海古籍出版社2015年版。

363

						□丑 □子	金
							水
							首
							[孛]
							炁

表3　　　　西夏天庆十二年（1205）残历下半年

[十二] [大] [癸丑]	[十一] [大] [癸未]	[十] [小] [甲寅]	[闰] [大] [甲申]	[九] [小] [乙卯]	[八] [小] [丙戌]	[七] [大] [丙辰]
五大寒 十八立春	□冬至 [十]九小寒	□小雪 □□大雪	□□立冬	□□ [寒露] □□ 霜降	□□ [白露] □□ [秋分]	□□ [立秋] □□ [处暑]
轸	张	星	鬼	井	参	[毕]
□子	六丑	九寅	九卯	六辰	三巳	
五子		廿八丑	廿一寅	十卯		
十四亥	□子	五寅 十六丑				
五丑						

西夏的"二十四节气"

在二十四节气分布方面,上部表头第二行三月栏"□五谷雨",宋历则为"廿五壬午谷雨"①。西夏宋历日节气对比上,大致相同,如果有差别,也仅在一二日之内。"五"前的缺字要么是"十",要么是"廿",参照宋历"廿五谷雨",只能补"廿"字。上部表头第二行十一月栏"□九小寒",宋历则为"十九辛丑小寒"。同理,可补阙字"十"。西夏历闰九月,只有一个节气"立冬",那么中气"霜降"肯定被移到上一个月,即西夏历九月有"寒露"和霜降"。从宋历来看,第十个月"初一甲申霜降",只需一日之差,"霜降"就分布在第九个月。从而导致宋历闰八月,而夏历闰九月。西夏宋历日该年二十四节气分布方面的差异,见表4:

表4　　　　1205年西夏宋历日二十四节气比对

西夏桓宗天庆十二年(1205)		宋宁宗开禧元年(1205)		二历相差
正月小	八立春,□□雨水	正月大	初八丙寅立春,廿三辛巳雨水	
二月大	□惊蛰,□□春分	二月小	初八丙申惊蛰,廿三辛亥春分	
三月大	□清明,[廿]五谷雨	三月大	初十丁卯清明,廿五壬午谷雨	
四月大	□立夏,□□[小满]	四月小	初十丁酉立夏,廿五壬子小满	
五月小	□□[芒种],□□[夏至]	五月大	十二戊辰芒种,廿七癸未夏至	
六月小	□□[小暑],□□[大暑]	六月小	十二戊戌小暑,廿七癸丑大暑	
七月大	□□[立秋],□□[处暑]	七月大	十三戊辰立秋,廿九甲申处暑	

---

① 张培瑜:《三千五百年历日天象》,河南教育出版社1990年版,第296页。本文宋历节气日期均出自该书,下引不再出注。

365

续表

西夏桓宗天庆十二年（1205）		宋宁宗开禧元年（1205）		二历相差
八月小	□□［白露］，□□［秋分］	八月小	十四己亥白露，廿九甲寅秋分	
九月小	□□［寒露］，□□霜降	闰八月小	十五己巳寒露	西夏历多中气霜降
闰九月大	□□立冬	九月大	初一甲申霜降，十七庚子立冬	西夏历只有立冬，缺中气
十月小	□小雪，□□大雪	十月小	初二乙卯小雪，十七庚午大雪	
十一大	□冬至，［十］九小寒	十一大	初三乙酉冬至，十九辛丑小寒	
十二大	五大寒，十八立春	十二大	初四丙辰大寒，十九辛未立春	西夏历大寒晚一天，立春早一天

由上表可以看出，双方在本年第九个月和第十个月的节气排布上有别。在第九个月，西夏历有"寒露、霜降"，宋历只有"寒露"，缺中气。在第十个月，西夏历只有"立冬"，缺中气，宋历有"霜降、立冬"。这样导致西夏历闰九月，宋历则闰八月。此外，据残存日期，西夏历十二月"五大寒，十八立春"，与宋历"初四丙辰大寒，十九辛未立春"不一致，"大寒"晚一天，立春早一天。

西夏历日中有些年历虽然没有涉及二十四节气，但闰月情况也透露出一些节气排布的信息。如西夏崇宗大德元年（1135），本年西夏闰正月，宋历则闰二月。宋历二月三十甲辰为春分，西夏历应该是把春分放在了本年第三个月的朔日乙巳（宋历和西夏历差别不大，朔日或节气一般只差一二天）。这样本年第二个月只有节气惊蛰而没有中气了，根据"无中置闰"的法则，因其在正月之后，所以要闰正月。

二十四节气是中国古代农业文明的结晶，具有很高的农业历史文化研究价值。西夏王朝建立后，随着封建生产关系的调整和发展，其社会经济基础到西夏社会中期，也逐渐由以畜牧业为主发展到半农半牧，农牧并重的局面。二十四节气引入西夏历日文献，正是农业在西夏社会得到发展的体现。

二十四节气对西夏社会生活的影响是多面的，如在西夏冬至既是节气又是节日。据《隆平集》记载："其俗旧止重冬至，自曩霄僭窃，乃更以四孟朔及其生辰相庆贺。"[1] 又据《西夏书事》记载，西夏于冬至行大朝会礼，"令蕃宰相押班，百官以次序列朝贺、舞蹈、行三拜礼"[2]。宁夏拜寺沟方塔出土西夏汉文佚名诗集中有《冬至》一首："变泰微微复一阳，从兹万物日时长。得推河汉珠星灿，桓论天衢璧月光。帝室庆朝宾大殿，豪门贺寿拥高堂。舅姑履袜争新献，鲁史书祥耀典章。"[3] 其中"帝室庆朝宾大殿"，可以印证《西夏书事》所载不谬。从诗中可以看出，西夏冬至这一天十分热闹，皇室要举行规模宏大的朝会活动，大会文武百官。豪门大族则举家团聚，大摆酒宴，为高堂父母祈福求寿。沿用汉族的习惯，儿媳在冬至要向公婆献履贡袜，表示长久履祥纳福，等等。

八字算命术离不开二十四节气，而西夏也流行测八字，这方面的文献有俄藏黑水城出土 Инв. No. 5022《谨算》[4] 和中国藏黑水城出土 M21·005［F220：W2］《西夏乾祐二十四年（公元1193年）生男命造》[5]。八字算命术在求出月干支的时候，就得了解命主出生当年的二十四节气排布情况，这是因为星命家的"月"不是从本月朔日算起的，而是从二十四节气中的"节"算起的。以 Инв. №5022《谨算》为例，文献记载命主九月十七生，属虎，生辰八字为"年庚寅木，月丙戌土，日甲午金，时戊辰木"，占卜时此人

---

[1]（宋）曾巩：《隆平集·夏国传》。
[2]（清）吴广成：《西夏书事》卷13。
[3] 宁夏文物考古研究所编：《拜寺沟西夏方塔》，文物出版社2005年版，第272页。
[4] 俄罗斯科学院东方研究所圣彼得堡分所、中国社会科学院民族研究所、上海古籍出版社编：《俄藏黑水城文献》第10卷，上海古籍出版社1999年版，第175—188页。
[5] 宁夏大学西夏学研究院、中国国家图书馆、甘肃省古籍文献整理编译中心编：《中国藏西夏文献》第17卷，甘肃人民出版社、敦煌文艺出版社2006年版，第154页。

三十七岁。这里面就暗含有该年节气分布的情况。命主出生的九月十七日，如果在九月节"寒露"前，就用八月的干支乙酉；如果在十月节"立冬"后，就得用十月的干支丁亥。文中"月丙戌土"，用的是九月的干支丙戌，表明九月十七日一定在该年的"寒露"后"立冬"前。这两件文献也可以看作西夏利用二十四节气的例证。

具有浓郁民族特色的西夏文化是多民族文化交融的产物，西夏的二十四节气就是一个显例。西夏的二十四节气来自中原地区，是对汉族传统文化认同的一种体现。这种文化认同，是中国之所以成为一个历史悠久的、统一的多民族国家的思想基础，也是中华民族凝聚力的内在底蕴。西夏在原有基础上因时因地对二十四节气加以发展和利用，为传统二十四节气增添了新的内容。

新疆汉族移民的社会融入及其经验价值

——基于典型案例的实证研究

张晓琼[*]

(曲阜师范大学)

摘　要：自中央启动了对口援疆战略以来，新疆的发展与稳定成为全国人民十分关注的焦点之一。然而在援疆背景下的民间交流对于新疆基层社会发展所产生的积极影响和成效却长期未能得到足够的关注与重视。本文通过典型个案的考察与研究，展示了汉族移民成功实现社会融入的具体过程，以及这种成功融入所产生的对迁入地和迁出地的积极影响，并探讨了这种影响对于内地和新疆民间社会不同民族、文化交往的经验及启示，以期对当下的新疆发展和社会稳定有所助益。

民族之间的迁徙、交流、交往、交融是古今中外历史上从未断绝过的正常现象。随着全球化的迅速来临，各民族之间的交往交流更加频繁与便捷，不同地域不同民族间的迁徙现象更加普遍。针对迁徙现象的研究，人口学、社会学、民族学、人类学、经济学等各门学科都多有涉及，并从不同学科视角提出了有关迁徙研究的各种理论学说。本文将在各学科研究的基础上，通过新疆汉族移民社会

---

[*] 张晓琼（1962— ），云南昆明人，历史学民族学教授，法学博士，现为曲阜师范大学山东新农村建设研究中心主任。

融入的典型案例，具体分析研究不同民族不同文化相互融入的成功经验及其对迁入地和迁出地社会所带来的积极影响，以有助于对当代中国各民族交往交流交融情况的正确认识和理解，同时也期望能以此对当下中国内地与新疆各民族之间的正常交往提供值得借鉴的经验与教训。

一 王某的迁移故事——个案情况

本文所赖以成篇的个案对象是20世纪70年代中期迁徙到新疆巴州（巴音郭楞蒙古自治州）的山东人王某。笔者在新疆调查时无意中了解到他的故事，深为感慨，一直想把这个故事整理出来做一番研究，因为王的经历所揭示的内地汉族与新疆少数民族交往交流交融的经验，对于当下新疆防恐维稳、改革发展都有着十分有益的启示。

王某于1976年7月唐山大地震之后来到了新疆。之所以会在那个时候前往新疆，是因为唐山大地震后，全国各地都掀起了防震高潮，王某的老家山东临沂也一样，无论城市还是乡村，都大搞防震抗震，人们都不敢在家里睡觉了，都住在空地上搭起的简易棚屋中。当时实行的是政社合一的公社制，农民们的生产积极性都不高，生活也比较贫困。王某当时正值20出头，因家贫尚未娶妻成家，乘着这不用生产的空档萌生了想去家乡之外的地方看看的想法。上哪去看呢？当时王某的村里有一位因家庭"成分高"而被迫离乡的村民，据说去了新疆讨生活。王家在外地并无亲戚朋友，要去外地看看，没人投靠，王某还是有些心虚的。打听到村中到新疆谋生的同村人消息后，王某有了具体的去向计划。但新疆路途遥远，家中又无余钱作为盘缠，于是王某把家中的一头猪卖了，换得了出行的车旅费后就直奔新疆巴州和静县，找到了在和静县粮食局开车的同村人，靠他的帮助找了一个生产队落下了脚。当时到处查盲流（城乡二元体制下，迁徙无正式证明将被视为盲流，抓住一律遣返回原籍），没有地方落脚，被抓到是要给送回原籍的。王某就是这样来到了新疆。

　　王某在生产队落下脚后，虽然没有熟人朋友，但因为生产队就是种地，王某打小生活在农村，农活样样精通，所以地里的活是一把好手，加之因为是外地人，又无亲戚朋友可以依靠，就只能靠自己。王某在落脚的生产队是任劳任怨地认真干活（王的原话），除了农活外，由于王某在家乡上过学（据说上到了初中），有文化，所以其他工作也有求必应，认真去做，很快就赢得了当地老百姓的认可。王某的能干不仅得到了老百姓的认可，还引起了当时公社书记的关注。一次书记来王某的生产队视察生产情况，看到了正在干活的王某，大为惊叹："这小伙子太会干活了！还有技术！"公社书记赞叹之余决定，"这个娃我得拿走！"（书记是山西人）就把王某找去谈话了，想让他去另一个生产队当队长。这个公社的二大队九队基本都是维吾尔族人。公社书记想让他去这个队当队长，把生产搞上去。后经公社党委研究，直接把王某安排到二大队九队当生产队长，王在到达新疆大约三个月后，就由一个外乡人成了当地一个生产队的小队长。

　　王某担任队长的九队一共200多户，只有8户是汉族，其他都是维吾尔族，维吾尔族占比达到96%。王某语言不通，开会安排任务协调各种事情都靠翻译。为了实现增产，王某仔细考察了当地的土壤及农业生产条件，发现该地多为盐碱地，种苗都是传统品种，所以产量难以提高。针对这一现实，王某首先考虑改良土壤。当时改良的办法一是去碱，但需要大量的水，不现实；二是涵养土地，增加农家肥。但维吾尔族习惯，种的是卫生庄稼，不习惯用肥施肥，也无积肥习惯。王某通过翻译把为什么要改良土壤、提高产值给村民开会沟通，取得村民赞同。同时，王某了解到和静县钢铁厂有大量积肥，因此和钢成了王某实施其增产计划的对象。和静县钢铁厂又名新疆维吾尔自治区和静钢铁总厂，简称"和钢"。始建于1970年8月1日。和钢投产后下设多个生产企业，因此职工不少。但当时企业条件简陋，职工用厕全为旱厕且无专人清理。王某通过对村民的充分沟通与动员，利用冬季农闲，带领汉族、维吾尔族村民到和钢清理厕所，村民积极性很高，连妇女小孩都出动了，去挖厕所、拉粪肥，晚上也干，拉出来后找个地方弄上土垫底，把粪倒上，积肥，用以改造土壤；同时又与当地兵团联系，更换了老品种麦苗。开春后，改良土壤，种植新苗，加强施肥防虫除草田间管理，当年小麦增产 16 万斤。当时一亩地能产 200 斤就算高产了，一下子增产 16 万斤，王某所在的生产队在公社出了名，王某也出了名，县上公社大队天天大喇叭宣传。增产在当时是件大事，干部群众都很高兴。当时队里的粮食、油、肉（集体养殖）供应都由队里统一管理，所有东西都放在生产队的仓库里，按时发放。集体生产共同生活，王某担任生产队长将近七八年，与生产队的维吾尔族群众结下了深厚感情，他感到这里已经是他难以离开的第二故乡。

改革开放后，公社制取消，农村实行家庭联产承包责任制，分田单干，王某的生产队长不能干了。当时正好乡里组建了基建队，王某于是到乡里干了一个基建队的队长。后来乡里的三个基建队合并成立了公司（乡镇企业），从 1984 年一直发展到现在。这个公司改制后基本上成为王某的独资公司，其包括一个物业公司，一个房地产公司，一个城建公司，一个果业公司。王某的产业仅固定资产粗略计算就已经达到了近亿元。在事业成功的同时，王某的家庭也非常幸福。他的大儿子从小生长在和静，是名副其实的"疆二代"，现在是和静一个乡的党委书记；女儿大学毕业后返回了和静，正在了解熟悉父亲的产业，做好接班准备。

王某在新疆 40 年的人生经历，使他从一个一文不名的农民成为一名年产值上亿元的企业家。王某的成功经历一定程度上颠覆了我们对新疆这块神奇土地及生活于这里的少数民族的了解和认识，也让我们对于民间社会内地汉族与新疆少数民族自由流动交往交融的历史过程有了新的认识，并急欲探究是什么原因让王从一个无亲无故的外地人在一个完全陌生的环境中如鱼得水，成就了自己的成功人生？他的成功，对于他所迁入与迁出的农村基层社会又带来了怎样的影响？

二 内地汉族迁移新疆所带来的社会影响

王某迁移新疆的成功经历,不仅给他自己的人生谱写了成功的篇章,同时也因他的成功给他所迁出和迁入的农村社会带来了不同的积极影响。

(一) 对迁入地的影响

1. 推动当地经济发展促进当地农牧民就业增收

由王某的迁徙与成功经历可以看出,他是一个地道的农民,他的成功也全赖他作为农民所具备的知识与技能,同时还因为他所施展的舞台也是农村,与他的知识和技能非常吻合。所以他虽然来到新疆以后无亲无故,但在同样是农业社会同样从事农业生产发展农村经济的新疆,他的能力得到了施展。由他的能力得以施展也可以看出,新疆的农业(兵团农业不包括在内)当时相较于内地,确实是比较滞后的,滞后的重要原因显然与自然条件和民族文化有关。新疆土地辽阔,光热条件极好,但土地的沙化与盐碱化使得自然优势受到了限制。传统少数民族农业种植基本靠天吃饭,施肥、除草、剪枝、嫁接等田间管理相对薄弱,王某以一个农民的常识和内地相对较高的农业经营技术与技能首先使自己得以在迁入地站稳脚跟,同时将内地的农业生产经验直接运用于土壤的改良与粮食种植生产,在较短时间内就获得了增产效果。增产不仅解决了生产队的吃饭问题,同时由于县和公社的宣传,也让更多的当地群众尤其是维吾尔族群众接受了内地的农业生产经验,以相对科学的生产经营方式进行生产,直接推动了和静县的农业生产发展。

改革开放后,王某虽然开辟了新的生产领域,由农业进入建筑、商贸等领域,但农业依然是他发展的基础。在实施建筑业奠定发展基础以后,王某投资1250万元注册成立了果业有限公司。公司充分利用戈壁荒滩,投资6000万元,建设了1万亩红枣种植基地,2013年建成了面积达6000平方米、年生产加工3000吨红枣的和静县规模最大的红枣深加工生产线，有力地推动了和静县现代农业由生产型向市场经营型转变、基地建设由规模数量型向质量效益型转变、产业层次由农产品初级加工型向精深加工型的转变，有效提升了和静县现代农业发展水平和综合效益，对当地的经济发展和农产品生产升级换代做出了积极贡献。

在推动地方经济发展的同时，还推动了当地农牧民的就业与增收。王某的果业有限公司红枣加工线的投产填补了和静县林果业及红枣深加工和包装的空白，大大提升了红枣的附加值。王某说，现在（2016年秋）收购的红枣价格是23块到26块钱1公斤，经过深加工后红枣卖到了100块钱1公斤，特级红枣达到了130块钱1公斤，二级的是80块钱1公斤，而且整个销售形势还是不错的。红枣附加值的提升，也增加了种植农户的收入。王某的果业公司不仅是红枣种植加工基地，同时也是黑枸杞、核桃、葡萄种植加工基地，也是新疆毛驴、羊等特色养殖繁育基地。其中黑枸杞种植面积200亩，经过2013年以来的种植经营，到2017年产量预计可以达到十余吨，预计产值达100余万元。王在经营模式上采取的是"合作社+基地+农户"经营模式，成立了和静养殖专业合作社，利用合作社带动各族群众一起致富，合作社发展好了，合作社社员的收入也就增加了。生产加工基地还专门聘用公司周边农村的贫困户到公司工作，以帮助当地解决贫困问题。例如，公司员工米力古木·艾合买提就是和静县农民，冬闲在家，经招工培训后实现了就业，她和她的工友们在公司当工人，吃饭、住宿免费，每月还有2000元的工资，所以在公司工作很高兴。王某的集团仅果业公司就吸纳了近60名农牧民长期在这里工作。同时公司在收获采摘季节还大量聘用短期工人，每天大约可以聘用80名到100名，每天每人收入不低于100元。有的家庭同时会有2—3人来干活，一个采摘季的收入就很可观了。王某的公司让农牧民有了更多的创收渠道，生活水平都在提高。

2. 促进民族交往与交流增强民族交融与团结

王某的成功故事中最让人感兴趣的是，一个外乡人，而且是一个语言不通、文化习俗不同的外乡人，如何能够成功地让占总人口96%的维吾尔族群众听他的话并不顾传统的宗教禁忌和文化习俗的束缚，跟着他同心协力去努力改造自然改变命运？如果说当年公社党委的任命还可以强制的话，如出肥积肥这样的活显然不是强制就可以干的，毕竟信仰与习俗的力量并非一夜之间就能改变。但王某确实改变了这一情况。王某总结：关键在沟通。怎么沟通？首先让少数民族社会的权威人士赞同，再由他们去说服群众。王某说，当时的生产队权威主要体现在两个方面，一是体制内的权威，如生产队的书记（维吾尔族），他是队长，与书记搭档，生产安排没有书记支持显然不行；二是体制外的权威，主要是宗教权威。王某说，你的意图怎么让维吾尔族群众接受？让谁去说服群众？让一个赶小毛驴车的农民去说服行吗？他去说有人听吗？当然不会有人听。但如果让书记去说，让阿訇去说，效果就不一样了。书记懂得发展生产增产增收的重要，阿訇明白增产能够吃饱的道理，这样再告诉他们如何才能增产增收就容易接受了，再由他们去向群众解释，用他们的语言他们的逻辑他们的文化可以表达可以推演可以接受的方式去向群众解释，结果就大不一样了，就成功了！这样宗教的禁忌与习俗的束缚就解决了，所以大家积肥都非常积极，男女老少都出动，没有群众的赞同和积极参与，增产增收是不可能的。而因为群众的积极参与实现了增产增收，群众得到了实惠，同时证明了付出与收获的真实，你在群众中的形象也就树立起来了，群众对你就有了信任感了，以后的工作就好做了。一个生产队上上下下同心协力，向着一个目标努力，还能发展不好？汉族和维吾尔族还是别的民族，还能不团结？王某对少数民族社会的了解与认识，对民族工作的观察与领悟，无形中契合了中国共产党民族工作的一个重要方法：争取和团结民族宗教上层爱国人士，这是中国共产党民族理论与政策的成功经验。[①] 虽然生产队书记和村里的阿訇可能算不上民族上层人士，但在少数民族基层乡村社会，他们却是号召乡里的权

---

① 《邓小平文选》（第一卷），人民出版社1994年版，第161、168—169页。

威。当年年轻的王某或许并不了解中国共产党的民族理论与政策，但通过与维吾尔族农民的共同生活与交流，通过对民族社会的观察与体验，他感悟到了民族社会的运行逻辑，并顺势利用这一逻辑实现了与各少数民族的相互尊重与团结。就如他自己所说，为了一个共同的目标，真是像"石榴籽那般紧紧地抱在一起！"王某由此与维吾尔族群众结下了深厚的感情，他始终记得，当年粮食短缺，维吾尔族群众用玉米去换来了有限的大米做抓饭以庆贺传统节日，一定要请他一起享用；妇女们也不把他当外人，在冬季农闲时节，她们往往会穿着大皮袄到他家做客，聊到高兴处就在家中翩翩起舞，俨然一家人的感觉。

王某对民族社会和民族交往的感悟一直保持到现在，即便他已经不再是当年那个一无所有的外乡人了，但对少数民族社会的理解和真情却始终不变。已经取得成功的王某，一直想要报答这块给予他精彩人生成功事业的热土，但报答的方式依然是以尊重当地少数民族为前提。他并不主张无偿援助，以主要聘用贫困家庭人员为公司职员的方式，帮助贫困的维吾尔族同胞改变现状。但如何才能够精准获得扶助对象？仍然依靠农村社会中的权威来确定，阿訇为王某带来需要扶助的对象，让他们通过自己的劳动，有尊严地获得改变现状的条件，这是一种助人自助的理性援助，也是一种对弱者的尊重。当然，除了贫困户是首要的招聘对象外，王某还实施着另一项深具意义的行为，那就是对当地民族下一代的帮助。

收获季节常常和学校暑假同期，不少大中专学生甚至高中生放假后都会来基地干活，王对学生工，不论干好干不好，一样都是100元一天。一个假期下来，学生们挣到了学费，为家庭减轻了负担，同时也体现了自我价值。他对学生工们则有着另一番想法，他说，学生们来干活，公司看重的不是他们的劳动力，看重的是他们通过在公司干活，能够接触到现代企业生产加工技术，能够从观念上得到改变，技能上得到收获，在工作中潜移默化的影响和锻炼，能让这些新疆未来的建设者得到培养和提高。王某的眼光与胸怀不得不让人敬佩！正是这种为他人真诚着想的行动，赢得了维吾尔族群众的真情回报,所有公司的员工,不仅以自己的诚实劳动为公司做贡献,而且也都真诚地维护着公司的权益。王某所聘用的果业公司维吾尔族总经理曾经讲述过这样一件事情,两位来自阿克苏的维吾尔族务工者来到公司,但只工作了不到两天,维吾尔族总经理就让他们离开了,因为他感觉到这两位求职者不能按照公司的要求认真工作。他毫不犹豫地做出停止二人工作的决定,维护了公司的正常工作秩序。正是这样润物细无声的真诚交往交流,富有成效地促进了各民族之间的团结融合。在王某的员工中,从未出现过与暴恐有关联的任何行为,民族团结切实维护了社会稳定,因为不论哪一个民族,都不会愿意让自己追求幸福美好生活的过程受到破坏。

(二) 对迁出地的影响
1. 带动了迁出地的人口流动,推动了民间社会对新疆的援助

王某的成功不仅对迁入地带来了积极影响,对迁出地也引发了不小的震动和影响。改革开放后,随着交通通信的便捷,王某与内地家乡的交流也不断增多,他在新疆的成功在家乡引发了不小的震动,村中不少人也想要尝试更多的发展可能,于是不少人前往新疆投奔王某,希望在他的帮助下获得发展机遇。据王某粗略估计,家乡的亲戚朋友目前在新疆各地从事各种行业和工作的,已经有100多人,仅王姓家族就多达几十人。他们的入疆,带来了内地先进的技术与发展经验,更潜移默化地把内地的发展理念融入其生活与工作的地方,在国家大规模援疆尚未开始之前,他们就以民间的交往,与新疆各族人民一起共谋发展,新疆也以丰厚的收获回报了他们。这种内地与边疆、汉族与少数民族之间以经济交往为纽带的交流,实现了不同区域不同民族不同行业之间的互利互惠、共赢发展的良好态势。

2. 有助于形成内地对新疆和少数民族的正确认识与判断

迁出地流动到新疆人口的增多,不仅有助于缓解内地人多地少、人口与就业、资源与环境的压力与矛盾,同时也有助于迁出地对新疆自然地理、人文风情的了解与认识。迁出地的入疆人员不断

往返于内地与新疆之间,势必带回对新疆更多真实而具体的信息。通过迁出地流向新疆人员以不同方式输送回来的信息,增进了内地与边疆、汉族与少数民族的相互了解与认识,有助于双方形成对彼此的正确认识与判断,使遥远的距离不再成为阻隔汉族与少数民族相互了解与认识的屏障,从而也为国内各民族的大团结奠定了基础,为社会的总体稳定培育了土壤。

三 由新疆汉族移民个案所带来的经验价值与启示

(一)融入少数民族社会其实"很简单"

王某在新疆的成功经历颇具传奇色彩,然而他认为其成功非常简单。王某以一个农民的朴实道出了他的秘籍。他说,其实少数民族是非常单纯的。因为他们单纯,所以他们质朴真诚,只要你对他们好,他们一定对你好,这就是关键!你对他好了,他当然对你好。尤其是对少数民族充满戒备,那他们还会和你来往吗?得不到信任与尊重,交往没有真情与实感,不论物质上给予再多,也难以获得他们的真情,甚至还会把大多数少数民族推到对立面去,这正好是我们的敌人、是暴恐分子所希望看到的结果!我给他们开会讲,作为中华人民共和国的一个公民,应该团结在一起,把自己的生活搞好,把自己的国家建设好。他们很认同很认同!要不认同他们怎么会跟着我干?生产队的时候,出去粪积肥,多臭,可男男女女都去了,大家一起同心协力干,结果就增产了,有了好收成了,能吃饱了。现在我种灰枣、葡萄、黑枸杞,仍然用农家肥,拉那个粪多臭,可少数民族员工都给我拉到地里给果树上肥。你对他们好他们知道,所以都听你的,你怎么安排他怎么去干,你不去安排的事情他也给你出谋划策,教你怎么干。你说这不是很简单吗?

王某认为融入过程"很简单"的结论与我们已有的经验显然有

所不同，同时也与社会融入理论有所不符①。在王某的融入过程中，迁入者并未与当地民族实现文化或行为同化，王某在新疆生活40年，至今除了日常用语外，依然不能讲或听维吾尔族语，其日常行为和生活方式也并未与当地民族同化。如他所说，当与维吾尔族同胞共进抓饭时，"他们用手抓，我用勺子"；他也没有与当地人婚姻同化，他是回到内地老家娶的媳妇，并带回新疆成的家。但是，他能够融入当地民族社会，改变他与当地少数民族关系的关键，在于通过与少数民族一起生活工作，使他改变了对少数民族的成见甚至偏见。这种族群间偏见观念的消除，使得他在行为上得以平等真诚地与少数民族交往和交流，在彼此尊重的基础上真心实意地交往换回了同样的尊重与真情。所以在他的社会融入过程中，少数民族群众强化了对国家主流价值观的认同，从而实现了民族之间为着同一目标的团结与协作，实现了一方社会的稳定与安宁。这样的认识与判断合乎新疆实际情况，这样的行为与交往也是适用于新疆绝大多数少数民族社会的。如果都能如此"简单地"实现汉族与其他民族的交往与融合，民族团结、社会稳定的局面是不难实现的。

（二）彼此尊重宽容与理解其实很重要

王某认为融入少数民族社会其实"很简单"，但要做到"很简单"，彼此的尊重宽容与理解就很重要。王某能够"很简单"地与少数民族交往最后实现交融，很不简单的是他始终秉持对少数民族尊重宽容与理解的态度。在王某担任生产队长后，由于语言不通和文化不同，他选择了对体制内与体制外双重权威的尊重态度，同时还选择了通过一位重要的联结人来表达他的尊重，这就是他的维吾尔族语翻译。这位翻译时年40余岁，上过学懂汉语，是当时少有的维吾尔族知识分子。充分的信任与理解使得这位维吾尔族知识分子深为感动，全心全意地为王某做好翻译，不仅准确传达他对民族社会的尊重，同时也把为生产队发展的真心实意完整到位地加以解

---

① See G. Milton, *Assimilation in American Life*, Glencoe, IL, Free Press, 1964.

释，从而赢得了当地民族社会的理解与认同。对此王某深为感慨："语言沟通很重要。他给你翻译得好跟翻译得不好，也是两个概念。"

改革开放后，虽然王某事业越做越大，但是他对少数民族的尊重始终未变。在他的养殖场里，最肥最壮的羊都是给维吾尔族员工过节用的。平时的生活交往中也非常注意尊重少数民族的习俗，绝不强迫员工违背意愿去工作。对少数民族的尊重让王某也获得了同样的尊重与爱戴。王某对待少数民族的态度让他不仅获得了公司员工的尊重与爱戴，同时也获得了当地维吾尔族干部群众的信任与尊重。和静镇可再村的阿訇，一直为王某引荐村民到王某的公司工作，并且他自己就是一位能干的农技员，剪枝、嫁接、除草、施肥都干得很好，不仅自己干，还培训村民和员工，同时还承担着向村民和员工宣传党的宗教政策发展政策的重任。王某对少数民族的信任与尊重，使他得到当地少数民族的真诚合作与鼎力协助，为他的发展提供了重要的条件。

参考文献

梁在主编：《人口学》，中国人民大学出版社2012年版。

刘生龙：《中国跨省人口迁移的影响因素分析》，《数量经济技术经济研究》2014年第4期。

沈益民、童乘珠：《中国人口迁移》，中国统计出版社1992年版。

杨菊华：《从隔离、选择融入到融合：流动人口社会融入问题的理论思考》，《人口研究》2009年第1期。

［美］范芝芬：《流动中国：迁移、国家和家庭》，社会科学文献出版社2013年版。

See G. Milton, *Assimilation in American Life*, Glencoe, IL, Free Prees, 1964.

传承与变迁：柬埔寨狮子桥村土生华人的土地神崇拜探析

郑一省

(广西民族大学)

摘　要：狮子桥村是由潮州籍土生华人先辈建立起来的，他们除了保持着祖先崇拜外，对原乡的土地公崇拜仍然情有独钟。在历史的变迁中，狮子桥村的土生华人将高棉人的"涅达神"纳入自己的神灵体系，并赋予了一些中国（华人）的元素。从狮子桥村土生华人由以往的土地公崇拜，再到逐渐信仰"涅达神"，表明他们开始融入柬埔寨主流社会中，以求得自身在当地的生存与发展。

关键词：传承　变迁　柬埔寨狮子桥村　土生华人　土地公

狮子桥村在柬埔寨实居省森隆东县洛良格乡，该村庄形成的历史久远，在西哈努克时期就已经出现。从聚居的数量和方式来看，狮子桥村是一个沿公路两旁聚居的密集型农村聚落。该村除了一定数量的高棉人外，大多是受血缘关系、宗教习俗的影响聚集而成的华人，即以潮州籍华人为主，他们聚居在一起，过着自给自足的生活。

一　柬埔寨狮子桥村的地理与人口生态

有关狮子桥和狮子桥村的来历，当地土生华人和高棉人各有自己的说法。当地土生华人认为，狮子桥原本是一座木桥，桥面是由条木拼合而成，一片片的木板铺在铁链之上，而铁链连着桥的两端，支撑着桥上的过客。因建造这座桥的是一位叫作"刀"的人，"刀"在柬埔寨语中意思是"狮子"，所以称之为"狮子桥"。① 而当地的高棉人则称，狮子桥原本是一座铁桥，在法国殖民时代建成的，在铁桥桥头有狮子像，每边各2头，共4头，但在西哈努克时代狮子像被人破坏了，由于有这4头狮子，所以称之为"狮子桥"。不过，对于狮子桥村名的由来，当地土生华人与高棉人一致认为：1980年柬埔寨政局稳定下来后，乡政府要求滞留在当地一所学校（洛良格小学）的一些土生华人和高棉人全部到附近的松波村居住，但这些滞留者都不同意，并要求组建自己的村庄。当时这些滞留者联名写了一封信给县政府，信的内容主要是关于组建村庄及如何命名村庄的建议。后来县政府同意后，狮子桥村村名便得以产生。②

根据2015年洛良格乡人口普查数据显示，狮子桥村共有74户人家，其中土生华人有44户③，高棉人有30户，总人口357人④，土生华人人数占60%。从狮子桥村来看，高棉居民主要居住在离公路大约500米的村中，而华人居民则居住在村边公路的两旁，似乎没有与高棉居民混居在一起。据访谈，其实刚建村时华人与高棉居民是居住在一起的，即两者都居住在离公路大约500米的村中，后来华人逐渐搬出村中而居住在现在村边的公路两旁。狮子桥村华

---

① 2016年2月5日，笔者在柬埔寨实居省狮子桥村与平·春玲（女，60岁）的访谈录。

② 2016年2月16日，笔者在柬埔寨实居省狮子桥村与村长班·冲（男，67岁）的访谈录。

③ 这44户土生华人中，位于狮子桥东边的占了16户，其余28户在西边。在狮子桥东边居住的16户土生华人中，有8户是从外面迁居过来的土生华人家庭，另外8户是原来住在狮子桥西边的，因西边人多地少，他们才搬迁到东边居住。

④ "在柬埔寨，统计每个村落的人数不会把华人和高棉人分开来统计的，只有越南人和穆斯林人我们才需另外统计，男的有199人，女的有158人。年龄为11岁的有6人（男2人），12岁的有7人（男3人），13岁的有9人（男4人），14岁的有6人（男3人），15岁的有4人（男1人），16岁的有11人（男6人），17岁的有11人（男5人），18周岁以上的有303人（男175人）。"资料来自于柬埔寨实居省森隆东县洛良格乡乡长办公室。

人与高棉居民没有混居在一起,虽然平日的交流少了些,但是两大族群之间的关系较为融洽,一般在节日、婚礼、葬礼等仪式上的互动较为频繁。狮子桥村村长班·冲(高棉人)这样说道:"在我们村,华人与高棉人关系很密切,唇齿相依,互相帮助,有着兄弟姐妹一样的情谊。"①

事实上,在柬埔寨历史上的各个发展阶段,华人与高棉人之间的关系一直以和谐相处为主流,在生产生活、物质文化、精神文化等构成社会环境的基本要素中贯穿始终,为柬埔寨多元和谐文化形成和发展奠定了基础。

二 柬埔寨狮子桥村土生华人的原乡土地神崇拜

在狮子桥村,土生华人所崇拜的原乡土地神有家厅(堂)内的土地神,以及坟墓后面的土地神(后土神)。原乡,即土生华人的祖籍国——中国。狮子桥村土生华人的这两个原乡土地神的设置,彰显了具有华人血统或华人性家庭的标志。

(一) 家厅(堂)内的土地神

《高棉华侨志》记载称:"土地神,有本头公之处即有潮州人,本头公乃潮州人称土地之谓。"② 在狮子桥村,几乎每个土生华人家庭都会供奉着土地神,有的家庭甚至每天都会祭拜,以求生意兴隆、吉祥如意。与"祖位"和"神位"一样,土地神的摆置也极为讲究,通常置于地上,且背靠一根石柱或木柱。笔者拜访了狮子桥村一些华人家庭,其土地公崇拜十分虔诚,且土地神摆设各异。

(1) 丘·松安家供奉的土地神:房屋一层摆放着土地公和土地婆的神龛,置于水泥地上,神龛由血红色的木材制作而成,高约30厘米。整个神龛由精美的木雕组成,木雕有叶形,有圆形,有

---

① 2016年2月16日,笔者在狮子桥村村长家里与班·冲(男,67岁)的访谈录。
② 《高棉华侨志》,中正书局1978年版,第23页。

花纹形。神龛的两侧雕刻着两个红色的小灯笼，宛如垂帘。神龛的最上方中央写着"聚宝堂"，"聚宝堂"的下方刻着一朵莲花。神龛的左侧写着"灯焰光辉呈瑞彩"，右侧写着"香烟盤绕吉祥云"。神龛的中央是一个镶着金边的镜子，镜子的上头也是写着"聚宝堂"，下侧写着一段话，内容由右往左依次是"土龙生白玉，五方五土龙神，前后地主财神，地可出黄金。先姑先友之神位"。侍奉着四面八方的土地神灵。在神龛的底部还放置着土地公和土地婆的神像，并在神龛的右下侧摆着一个香炉，供平时烧香拜神所用。

（2）甘·美丽家供奉的土地神：在房屋客厅正前方的地板上放置有一个土地神的神龛，神龛背靠着木板内墙。神龛的底座由红色的木材制作而成，底座略显单调且陈旧，布满了厚厚的一层灰尘。底座上镶有一个如相框式样的金黄色框架，框架上点缀着金银珠宝。在框架内贴有一张外围白色、内部红色的纸张，纸张的上方写有"聚宝堂"，"聚宝堂"的正下方写有"五方五土龙神，前后地主财神"，两侧还有一副对联"土龙生白玉，地可出黄金"。纸张的外围是双龙戏珠的图案。在神龛的前方摆有一个粉色的香炉，香炉的外壁上有"四脚龙"的浅浮雕，栩栩如生。香炉内插满了残余的香根，仍未清理，甘·美丽说道，一般要在春节时才会清理，一年清理一次香炉。香炉旁边叠放有几个杯子，是平时祭拜土地神时盛酒和茶使用。

（3）朴·娜文家供奉的土地神：土地神的神龛位于房屋一层大厅正前方的瓷砖地上，背靠着水泥内墙。崭新的神龛底座是由红色的木板修建而成，底座的门楣上书写有"聚宝堂"三个大字，字体为金色。门楣的两侧由叶状饰、凤凰饰、花纹饰的木雕组成，在门楣下方还有一朵睡莲，整个雕刻十分细腻，夺人眼球。底座大门的两侧有两根木柱，木柱由一个个正方形木制串联而成，在木柱上面还写有金色的文字，即为对联"灯焰光辉呈瑞形，香烟盤绕结祥云"。底座的内壁上贴有一张外围银色、里面红色的长方形纸张，上方写有"聚宝堂"三字，两边配有中式灯笼的图案，下方写有"五方五土龙神，前后地主财神"，两侧写有"土龙生白玉，地可出黄金，先姑先友之神位"。还有栩栩如生的凤凰和飞龙包围着所有的文字。往前看是土地公和土地婆的雕像，土地公手持一个大金宝，土地婆手持一把扇子，雕像通体为金色。在土地神前方是一个粉色的陶瓷香炉，香炉上刻有莲花莲叶的雕纹，旁边放有两个点蜡烛用的白色莲花盆。在香炉前方还摆有五个金色的杯子，杯子里盛有茶水。

（4）苏·恩家供奉的土地神：在木瓦结构落地屋的客厅正前方，土地神的神龛坐落于水泥铺就的地板上，背靠木板结构的内墙。神龛的底座由水泥砌成，并在周围涂上红色的油漆，底座周围无各种精美的雕饰，略显单调乏味。在底座的内壁上贴有一张红纸，红纸上方有一条红色的长带图案，在长带上写有"聚宝堂"，"聚宝堂"的下方写有"五方五土龙神，前后地主财神"，字体为金色。两侧写有"土龙生白玉，地可出黄金"，字体也为金色。最外围处是画有双龙戏珠的图案，造型十分生动。前方摆有一个粉色的香炉，香炉的周围刻有莲花莲叶的雕纹，并刻有一个"财"字。香炉前方放置着土地公和土地神的雕像，雕像通体为金色，脸上都是以微笑待人。

（5）平·春玲家供奉的土地神：土地神的神龛位于家厅内由瓷砖铺就的地板上，背靠着水泥内墙。神龛的底座为木质结构，涂有红色的油漆，但因年代久远，现大体上已褪色。底座由两块木炭撑起，以防潮和遭虫蛀。底座的结构很单一，无雕纹，在内壁上镶着一个金色外框，并有金宝似的图案点缀四周，闪闪发亮，带着神圣的感觉。金色的木框内贴有一张深蓝色的纸，最上方画有一个扇形图，扇形图上写有"聚宝堂"三字，下方是金色的太阳，再下方竖着书写有"五方五土龙神，前后地主财神"，两侧还有一副对联，即为"土龙生白玉，地可出黄金"，最左侧还有一行字即"先姑先友之神位"。纸张的两侧是凤凰与飞龙的图案，最下方是三个大小不均匀的金宝，金宝上都写有"财"字。在底座上还放置着土地公和土地婆的雕像，土地公手持一个大金宝。另外还有一个粉色香炉，香炉被洗得很干净，十分光亮。

（6）陈奥家供奉的土地神：土地神位于离客厅门口约一米处的地板上，背靠着水泥内墙。土地神置于一个用不锈钢制成的金色底座之中，底座上方两侧挂着正闪闪发光的小灯泡。底座内部贴有一张红纸，红纸周围是双龙戏珠的图案，中间两行字是"五方五土龙神，前后地主财神"，两侧的两行字是"土龙生白玉，地可出黄金"。红纸前方摆有一个棕色的香炉，之下再摆着三个金色的酒杯。其布置简单大方。

（7）平·信家供奉的土地神：土地神的神龛位于铁皮棚屋家厅正前方的水泥地板上，背靠着木板结构的内墙。神龛的底座是由木板制成，并涂上了红色的油漆，但现在已大部分褪色，加上底座也有部分被虫蛀。底座的门楣处和外壁都无雕纹。底座的内壁上贴有一张红色的纸，红纸周围画有金条的图案。在纸张的上方写有"聚宝堂"三字，下方竖着书写有"五方五土龙神，前后地主财神"，两侧还有一副对联，即为"土龙生白玉，地可出黄金"，最左侧还有一行字即"先姑先友之神位"。所有的文字都是金色。在底座上摆有一个用锈迹斑斑的铁皮做的香炉，香炉里什么也没有。

（8）陈平家供奉的土地神：土地神的神龛位于木瓦结构落地屋家厅正前方的地板上，背靠着水泥内墙。神龛的底座很精美，门楣上方从右往左写有"聚宝堂"三字，门楣的周围刻有叶状饰、花纹饰的木雕，雕琢十分细腻。"聚宝堂"的下方有一朵莲花状的雕纹，两边分别安装着木制的尖形吊灯。底座上立有两根木柱，木柱由一个个正方形的木块串联而成，而且在每一个木块上写有一个金色文字，综合起来便是一副对联，即为"香烟盤结云，盤光呈瑞彩"。底座内部贴有一张红纸，红纸周围是双龙戏珠的图案，中间两行字是"五方五土龙神，前后地主财神"，两侧的两行字是"土龙生白玉，地可出黄金"。红纸前方是一个棕色的香炉，设计颇具中国文化气息，两旁分别放着两叠美元假钞。香炉前方有四个杯子，放有香蕉、龙眼、柿子、苹果、甜石榴等。

（9）温安朵家供奉的土地神：供奉土地神的神龛位于离家厅门口约两米处的地板上，地板由棕色的瓷砖铺就而成，神龛背靠着用白色瓷砖筑成的内墙。神龛的底座由上好的红木制成，显得十分高贵。底座的门楣处写有金色的文字，为"金玉满堂"。门楣周围有叶状饰、圆形饰、花纹饰的木雕。"金玉满堂"的下方两侧还有两个吊灯,宛如垂帘。底座上立有两根木柱,木柱由一个个正方形的木块串联而成,而且在每一个木块上写有一个金色文字,综合起来便是一副对联,即为"香烟盤结云,盤光呈瑞彩"。底座的内壁上竖着写有三行文字,中间为"地主神位",右侧为"兴财大旺",左侧为"盛合安家",每一个文字都为金色。底座门口处放置有土地公和土地婆的雕像,前方摆有一个棕色的香炉,香炉下方压着金银珠宝。香炉的下方摆有一个白色的小碗,装有饼干,碗的前面即是两个用托盘盛放着的茶杯。而在香炉的两侧分别摆有三瓶饮料(苹果汁、可乐和雪碧)和两盘水果(龙眼、橘子、苹果、香蕉、柿子)。值得注意的是,在底座的上方还有一个五颜六色的八卦图。

从访谈内容来看,狮子桥村土生华人祭拜土地神的时间和方式各有不同,一些被访谈者这样说道:

> 我每天早上起来会祭拜家里放置的土地公和土地婆,希望当天做生意能够顺顺利利。①

> 每逢过中国的传统节日,我们会祭拜家厅内的土地神,通常祭品有茶水和一些水果,在重大节日我们才会摆放熟鸡。②

> 年初一早上我们需要给祖先上香,但一般先祭拜中国的土地神,祭品有水果、饮料、饼干等。③

> 我们家里放有土地神,是为了保护家人生意兴隆,这是每个华人家庭基本都有的,我是看到大家都这样做,我也这样做。④

---

① 2016年1月29日上午9点,笔者在狮子桥村与丘·松安(男)的访谈录。
② 2016年1月30日下午4点38分,笔者在狮子桥村与贵·辛姆(女)的访谈录。
③ 2016年2月1日上午9点,笔者在狮子桥村与平·碧(女)的访谈录。
④ 2016年2月3日下午4点,笔者在狮子桥村与林梅贵(男)的访谈录。

每逢春节，早上九点拜土地神，祭品有水果、饼干、饮料，拜祭土地神需要上五根香，也有人烧三根香。拜土地神时，我会用柬埔寨语说："今天拜你，是想求你给我们家带来好运气，保佑我们生意兴隆，财源滚滚。"①

拜土地神是在结婚当天拜祭，早上六点到八点祭拜，祭品有香、纸钱、白酒、熟鸡、水果等，还需要点两支红色的蜡烛。拜土地神时，我是按照父母的说法去做，具体什么意思我是不知道的。②

拜土地神时，供品有一只猪头、啤酒、水果、纸钱，没有米饭和杂菜，分别有两杯茶和酒，还需要拿五根香。③

建好房子后，通常有一个祭拜土地神和祖先的仪式，祭拜土地神时，祭品有烧猪、水果（龙眼、橘子等）、两只熟鸡、两杯茶、两杯酒。手里拿着五根香祭拜。阿嘉也对中国土地神说道，梭·索肯在建好房子后，没有忘记把你请过来，你以后要守望着他们家。④

在狮子桥村，有的土生华人家庭只有在中国的一些传统节日如春节、元宵节、清明节、端午节、中秋节、中元节等以及举办婚礼、进宅等仪式上祭拜土地神，以求家庭幸福安康；也有的家庭是每天上午和傍晚时分都会祭拜，一般这些家庭都是做生意的，如开杂货店、咖啡店、缝纫店、摩托车修理店、照相馆等，以求生意兴隆、家财万贯。祭拜的方式多数是手里拿着五根香微微俯下身体祭拜，供奉土地神的祭品有饮料、啤酒、熟鸡一只，各种各样的水

---

① 2016年2月4日，笔者在狮子桥村与陈平（男）的访谈录。
② 2016年2月10日上午10点，笔者在狮子桥村与林金丽（女）的访谈录。
③ 2016年2月15日上午9点10分，笔者在狮子桥村与平·信（女）的访谈录。
④ 2016年2月18日上午8点5分，笔者在狮子桥村与梭·索肯（男）的访谈录。

果。同时,多数家庭都会在土地神的神龛装饰上各式小灯,并长时间开着,以求金玉满堂、生意红红火火。

(二) 坟地中的土地之神

在狮子桥村,当地土生华人父辈或祖辈的坟地后都会设有"土地之神",在中国称为"后土神"。设"土地之神"的目的,顾名思义,是为了守护坟墓。在中国有这种说法,后土是善治水之神,有后土神守护,就可以免水浸坟墓之祸。当地土生华人在修筑好坟墓后,会在坟地后堆一个土墩,并在土墩前立有一块石碑。石碑的做工各有不同,有的单纯是用水泥做成,然后在上面刻有红色的文字"土地之神",十分简单;也有的人用水泥做成后,在其边缘会涂有红色的油漆,显得更美观;甚至有的人在石碑上方装饰有葫芦形的雕纹。虽然位于坟墓的背后,但是当地土生华人并没有将之称为"土地之神",如果询问他们不在石碑上刻写"后土神"的字样,他们都无法回答甚至听不懂其意思,只知道这是大家一贯的做法,其深层含义很少人会知晓。事实上,在中国,这个后土神的作用是防止别人侵葬。久而久之,在民间自然而然形成一条规矩:凡后土神与坟墓之间的距离是不允许别人占葬的。

在狮子桥村,每逢中国农历的清明节,当地土生华人便会步行、骑车前往墓地祭扫,通常全体家庭成员都会一同前往祭拜。对于坟墓的土地神(后土神)崇拜,一些土生华人说道:

> 清明节祭祖,我的妻子和孩子都与我一起过去。我们不仅要祭扫坟墓,也要祭扫"土地之神",若上面长满了花草,我们要给他除掉,若土墩被雨水或人为破坏了,我们要重新进行堆土。①

> 清明节拜祖我们也会做点糕点、有一只烧猪。拜祭"土地

---

① 2016年1月29日上午9点,笔者在狮子桥村与丘·松安(男)的访谈录。

之神"也是同样的祭品。①

花钱最多的是过清明节,因为拜祭祖先和"土地之神"需要熟鸡、烧猪、水果、饮料、米饭、纸钱(金银珠宝)、纸屋等等。②

清明节时,应准备一只烧猪,按照家人的经济条件而定,有的人家自己制作烧猪,有的在市场上购买,还需要准备鸡、鸭、饼干、水果等供品,还要买一些纸钱。这些供品在献给先人之前,先祭拜"土地之神",对于为什么要这样做,我们都不知道其内涵,只是看到过去父亲是这样做过来的。③

拜祖前,我们先会拿锄头过去清理墓地和"土地之神"附近的杂草,如果土墩偏低了,我们会到田里铲土将其填高。④

每当清明节,孩子们都会和我一起拜祭祖先,到阿龙山村拜祭我的爷爷奶奶和父母。因为路途遥远,通常会骑摩托车过去。祭拜"土地之神"时,会摆有一只烧猪、饼干、熟鸡、猪肉、水果等。⑤

清明节我们家每年都会扫墓,会准备各种供品如烧猪一只、熟鸡一只、水果、饮料、纸钱(衣服、房子、电视机、手机、飞机等)。在给祖先上香之前,每人需要点一捆香祭拜"土神之神",拜时会说上几句诸如身体健康、生意兴隆之类的话语。⑥

---

① 2016年1月30日下午4点38分,笔者在狮子桥村与贵·辛姆(女)的访谈录。
② 2016年1月31日上午8点20分,笔者在狮子桥村与平·奈(女)的访谈录。
③ 2016年2月1日上午9点,笔者在狮子桥村与平·碧(女)的访谈录。
④ 2016年2月2日上午8点20分,笔者在狮子桥村与春·天(女)的访谈录。
⑤ 2016年2月6日下午4点30分,笔者在狮子桥村与李恒(女)的访谈录。
⑥ 2016年2月6日下午4点30分,笔者在狮子桥村与林·杜森(男)的访谈录。

传承与变迁：柬埔寨狮子桥村土生华人的土地神崇拜探析 ◆◆◆

每逢清明节，狮子桥村的土生华人都要到祖先的坟墓去祭拜。在华人的坟墓正面同方向左侧，有一块石碑，上面用汉字祷文"土地之神"，字体颜色为深红色，夺人眼球。家庭成员为先人摆上供品前，首先要祭拜"土地之神"，并在其前放上供品，供品有一头烧猪、柬埔寨菜肴、米饭、甜糯米团、粽子、茶水、啤酒、饮料等。拜祭时，每人手里都会拿有数根香（具体多少都无规定，烧得越多表示越旺）附身祭拜，还会用柬埔寨语说些吉利话语。拜祭完后，家庭成员会给"土地之神"烧各种纸的金银珠宝，如果烧后的灰烬飘浮到高空，则表示"土地之神"已领到他们的心意，待金银珠宝和黄纸钱都烧完后，家庭成员方可拿供品到先人坟前祭拜，在他们看来，这是对"土地之神"的敬意，也是希望他能够继续守护坟墓，给全家人带来好运气。

三　柬埔寨狮子桥村土生华人的在地化土地神崇拜

所谓在地化的土地神，就是狮子桥村土生华人在日益高棉化的进程中，将当地的土地神——"涅达神"，作为一种保佑自己家庭的土地神灵而崇拜。这是一种文化涵化现象。不过，在崇拜这种在地化的"涅达神"时，当地的土生华人却在崇拜的信仰过程中赋予了一些中国（华人）的元素，而使这种信仰具有了不同的现实意义。

（一）何谓"涅达"

在柬埔寨，对于"涅达"信仰的属性和内容，人们见解不一，争论颇多，主要有四种说法。一为本村庄或地区先驱者或英雄传奇人物的远祖崇拜，二为家庭内普通宗祖崇拜，三为泛神灵崇拜，四为本村庄或地区的土地守护神崇拜。[①] 第一、二种看法的根据是：

[①] 「柬埔寨」波万：《柬埔寨社会中的涅达神》，http://www.cen.com.kh/culture/detail-culturereligion/MDNJYTk1ZWEzODA。

"涅达"中涅（Neak）在柬埔寨语中是表示尊称的前缀词，"达(Da)"是男性长辈的称谓，因此，用"涅达"来统称祖灵是很好理解的。持第三种看法的人认为，"涅达"一词是"涅德瓦达"（Neak Devata）的缩略词，"德瓦达"（Devata）在柬埔寨语中是"神祇"。对"涅达"的第四种说法可以看作是前一种说法的具体化。

实际上，四种说法并不是互相冲突的。归纳起来，"涅达"包含有两层意思：一方面代表一定区域或社区内的土地，另一方面是该区域或社区内所住人们的祖先。其所代表的土地特指被人类文明驯化后的土地，也包括人类活动所及地域；其所代表的祖先都是真实存在过的历史人物，可能是第一位在此开荒辟地，把野地变成为文明化耕地，造福后世子孙的人，也可能是历史上对该氏族、村落做出杰出贡献的氏族首领或军事将领。但很多时候这位祖先的姓名和事迹无法考证。不论是开荒先驱还是首领勇士，他们的共同点在于他们都为在该地区生活的人们创造了良好的生活环境，并保护守卫着这种环境。因此祖先之灵常常兼任其所居地域的土地神，久而久之，先祖与土地神两种观念便合二为一了。拜涅达既是在拜先祖，也是祈求地方土地神的庇佑。

祖灵崇拜与土地崇拜相互混用的文化现象在中国客家社会以及东南亚整个华人社会中都是很常见的。① 在称呼上，柬埔寨语中用尊称祖父、伯父的"涅达"来统称某种神鬼的称谓方式，在某种程度上跟潮汕话中的"大伯公"相似，以此来表达与神鬼的亲密关系。在信仰体系上，客家人的"大伯公"也是代表土地和祖先两类神灵，拜大伯公既是在拜祖，也是祈求地方神的庇佑，维系着"祖"与"社"的互动关系。当然，在文明发展历程中，柬埔寨涅达信仰已经具有很多不同于大伯公信仰的内涵，带有明显的本土特色而成为当地信仰体系的重要组成部分。

---

① 郑志明：《客家社会大伯公信仰在东南亚的发展》，《华侨大学学报（哲学社会科学版）》2004年第1期。

传承与变迁：柬埔寨狮子桥村土生华人的土地神崇拜探析 ◆◆◆

涅达神有一定的等级。每个村落有一位涅达，临近的几个村子共有一位稍大的涅达，整个乡有一位更大的涅达。涅达信仰的对象可以分为"地神"类与"祖灵"类。地神涅达包括了社稷、山川、林泽百物等有关的神明精灵，如山涅达、水涅达、掌管土地和水的涅达、寺院涅达、丛林涅达、花园涅达、围场涅达等。而祖灵涅达则多是真实的历史英雄人物，不同地区的人们有各自崇拜的涅达神灵。

（二）土生华人供奉的涅达神

在狮子桥村，土生华人在逐渐融入当地社会的过程中，也将涅达神引入自己的信仰崇拜体系中。笔者在一些土生华人的住宅看到的"涅达神"神龛位置及内容，分述如下。

（1）丘·松安家供奉的"掌管土地的涅达神"：该神龛在房屋外面靠近墙边的土地上，还供奉着柬埔寨的涅达神。该涅达神置于一个小房子上，小房子高约50厘米，宽约30厘米，长约20厘米，共有三面墙，外墙被涂成了粉红色，内壁被涂成了绿色，结构简单而色彩鲜艳，柬埔寨土地神则被置于顶上。该涅达神的设计极具柬埔寨特色，独特的尖顶房屋设计一下子就吸引了行人的眼球，而立于尖型房屋右前方的僧侣模样的土地神也体现了柬埔寨浓厚的小乘佛教文化，房屋的左前方则放着一个类似酒杯的物件。涅达神和杯具前方立着两个动物造型的小木雕，头微微扬起，向着行人，像是随时洞察着周围发生的一切，及时给有需要的人提供帮助。涅达神及其所有的摆设都置于一个金黄色的方形小木框里。小木框的四周随处可见精美的雕刻，涅达神的上方还用一把金黄色的雨伞撑着，为涅达神遮风挡雨。所有这些，无不说明房屋主人为了求得庇护，对柬埔寨涅达神的祀奉也是极为用心的。

（2）平·奈家供奉的"掌管水和土地的涅达神"：涅达神的神龛位于房屋门外的右侧，距离房屋约有3米。神龛底部开凿有一个小水池，四周由水泥砌成的围墙呈圆形环绕，高五六尺。池中盛放的水都是雨水，因为正处于旱季，所以没有及时更换雨水，池中都长满了青绿色的苔藓。水池中矗立着一根石柱,石柱的顶端有一倒立的基坛,周围刻有莲花花瓣的纹饰,纹饰都为金色,所以倒立基坛看起来又像是佛祖的莲花底座。石柱上方托起一座小屋,小屋四周有一回廊围绕,回廊的四个角落与朝东方向的大门两旁都有一块金色的林伽石。小屋装饰十分精美,底座由水泥筑成,底座的壁上都刻有莲花花瓣的纹饰,象征着佛教的纯洁。小屋有四个柱子撑起,柱子颜色为红黄相间,小屋朝东而开,两侧开有两扇窗户,蓝色的窗帘正被掀开挂起。小屋顶端的门楣由一个个银色的三角形串联而成。屋顶四个方向都呈三角形,三角形的两侧延伸出一条金制那伽,中间弯曲翘起,宛如大象的鼻子,下方配有叶形纹饰。屋顶中央有一高高竖起的覆钵形金色尖塔。仔细观察小屋,会发现里面什么也没有摆放着,带有象征意义的林伽石也没有。

(3)甘·美丽家供奉的"掌管土地的涅达神":神龛位于大门的右侧方向,距离房屋门口约2米处。神龛的底部有一条方形石柱,高高地矗立在沙土之上,石柱中间为红色,四周分别有一个佛像的浅浮雕,佛像双手合十坐落在莲花底座中,由莲花底座下方延伸出一串金色莲叶。石柱的上下两端有一倒立基坛,周围刻有莲花花瓣的金色纹饰。石柱上方托起一座小屋,并由一层回廊围绕着,回廊的四个角落与朝东方向的大门两旁都有一块金色的林伽石。小屋的门口朝东而开,其他三面都为假门,且被涂上红色油漆。镶嵌在小屋外墙的柱子通体为金色,柱子上下端都刻有莲花纹饰。小屋之上有一层屋檐,屋檐上部为红色,且纹饰如格子式样,四周边框雕琢有叶状饰的金色浮雕,串联起来宛如金链子。屋顶四个方向都呈三角形,三角形的两侧延伸出一条金制那伽,中间弯曲翘起,宛如大象的鼻子,下方配有叶形纹饰。屋顶中央有一高高竖起的覆钵形金色尖塔。屋内放有一个木制的香炉,与高棉人用林伽石代表涅达神不同,香炉即代表了涅达神。

(4)朴·娜文家供奉的"掌管土地的涅达神":涅达神的神龛坐落在院子的右侧,在一棵椰子树之下。神龛结构十分简单,木柱矗立在地板上,木柱不高,约1米,没有任何雕饰。木柱上方托起

传承与变迁：柬埔寨狮子桥村土生华人的土地神崇拜探析 ◆◆◆

一块方木板，方木板之上有一崭新的铁皮弯曲覆盖着，即成"屋顶"。木板上放有一个棕色的香炉，香炉由水泥制成，里面还可以看见残余的香根未清理。香炉代表了涅达神。

（5）平·碧家供奉的"掌管水和土地的涅达神"：涅达神的神龛位于门外的左手边，离门口约3米。神龛的底部有一方形水池，并由水泥砌成的外墙环绕四周，池中盛放的是雨水，无人工添加过。在水池中央矗立着一根石柱，石柱通体为红色，且四周画有黄色纹饰，有三角形、棱形、圆形等式样。石柱顶端有一倒立基坛，周围刻有莲花花瓣的金色纹饰。石柱上方托起一个小屋，小屋由一层回廊围绕，回廊的内外壁都为红色，其设计就像是铁栅栏。小屋的大门朝东而开，其余三面被设计为假门，假门上有各种大小的金色圆圈纹饰。小屋的屋檐镶嵌着叶形纹饰，串联一起宛如金链子。房屋屋顶呈"人"字形，表面涂有蓝色油漆，两边外框呈三角形，边缘是火焰状的纹饰。屋内放置有一个铁罐似的香炉，香炉前方放有两个小碗，碗里装着一些饭菜。

（6）平·石洛家供奉的"掌管土地的涅达神"：涅达神的神龛位于房屋门外的右边，距离门口约3米。水泥石柱矗立在沙土地板上，方形石柱通体涂有青蓝色的油漆，并画有棱形、华纹形的纹饰。石柱顶端有一倒立的基坛，基坛也为青蓝色，四周壁上刻有莲花花瓣的纹饰，犹如佛像的底座。石柱上方托起一个小屋，四周由水泥砌成的回廊环绕，青蓝色的回廊宛如栅栏，保护着里面的屋子。小屋的门朝东而开，其余三面为红色的假门，门楣和门框都雕琢有各式图案，十分精美。屋顶由红色的小方格相砌而成，四个角落有四头青蓝色的那伽。屋顶中央设计有一个覆钵形的尖形小佛塔，小佛塔四周都筑有一块三角形的石板，石板的边缘呈火焰形，极具柬埔寨佛教建筑特色。

（7）温安朵家供奉的"掌管水和土地的涅达神"：涅达神的神龛坐落在咖啡店门外的右边，距离门口约2米。神龛底部是一个水池，由水泥砌成，里面盛放的是雨水。水池中央矗立着三根宛如树干的水泥柱，如果不走近观察，会理所当然地认为是木柱。水泥柱上方托起

395

一块水泥板，水泥板的四周被浅绿色的外墙环绕，朝北方向的外墙开有一个门口，门口两侧矗立着两根宛如树枝的青绿色水泥柱，柱上悬挂着各种色彩的小灯和一盏白色的吊灯。在石板的中间建有一间小屋，小屋通体的颜色都是青绿色，门口朝北而开。屋顶呈"V"字形，犹如落地屋房顶的设计。神龛里面坐落着土地公和财神爷，把所谓的"无偶像崇拜的涅达神"转身变为"有偶像崇拜的涅达神"。在两个神像前面摆放有两杯茶水和一个用铁皮制成的香炉。

随着土生华人逐渐把涅达神灵纳入自己的信仰体系之后，在他们的日常生活和节庆习俗中也逐渐形成了祭祀涅达的活动。一些土生华人谈到"涅达神"的崇拜时这样说道：

> 我们祭祀涅达神一般在佛教日，一个月拜三或四天，高棉人是每天会祭拜的。祭拜需要摆放水果、饼干等祭品。我们拜高棉土地神是祈求风调雨顺、六畜兴旺，有什么好处都带给我们。有时孩子买了零食，也会给些土地神，让它保佑孩子能够健康成长。[1]

> 平常我也会拜柬埔寨涅达神，不一定是在春节时祭拜的，主要是希望涅达神好好地看守我们的土地，保佑家庭成员。[2]

> 其实在祭拜这三大神灵外，我们还会祭拜柬埔寨掌管水和土地的涅达神。在柬埔寨，华人家庭若有涅达神，在拜其他神灵时，一般先祭拜涅达神。在实居省市场，我知道有一位华人对涅达神很虔诚，每天都会祭拜两到三次，但是大多数华人因为忙于各种事情，不会每天祭拜涅达神。涅达神，在我看来，是可拜可不拜，因为在我们的信仰中显得不是特别重要，只是它作为我们与高棉人共同的信仰文化，所以我们也会像高棉人

---

[1] 2016年1月31日上午8点20分，笔者在狮子桥村与平·奈（女）的访谈录。
[2] 2016年2月3日下午4点，笔者在狮子桥村与林梅贵（男）的访谈录。

传承与变迁：柬埔寨狮子桥村土生华人的土地神崇拜探析 ◆◆◆

那样供奉它。也许我们是把其看作"天神"来祭拜了。拜涅达神主要有一碗水果、花束，不会放熟鸡的，是因为涅达神不吃肉，涅达神灵喜欢吃水果，看鲜花。一般高棉人会摆放自己日常吃的东西，比如米饭和汤，而且每天中午祭拜它。拜涅达神需要上五根香，香的颜色不规定。①

柬埔寨涅达神也不是每天需要祭拜的，一般去寺庙那天祭拜一下。②

春节时我们会拜一下涅达神，一般先拜涅达神，再拜祖先。拜涅达神，需要五根香，供品有水果、啤酒、菜等，也有给涅达神烧些金银珠宝。③

祭拜柬埔寨土地神时，供品有水果、饭菜、甜品（米糕）等，都是用一个小碗装着。同时需要点五根黄色的香并双手合十祭拜。阿嘉会告诉涅达神，梭·索肯在这块土地上建了新房子，今后也在这里落地生根了。④

在狮子桥村，当地的大多数土生华人家庭会在距离其房屋约2米到3米处供奉有涅达神。在他们看来，"涅达"代表着自家土地范围内的神灵，确切来说，是守护土地的神灵，与家厅内放置的"土地神"有类似寓意。对此，可以认为土生华人供奉的涅达神实则为"掌管土地的涅达神"。此外，也有土生华人供奉的涅达神为"掌管水和土地的涅达神"，也就是说，土生华人不仅期望涅达神能够守护着这片土地，也期望着涅达神能够带来风调雨顺的日子。因此，与狮子桥村高棉人供奉的涅达神不一样，当地土生华人的涅

---

① 2016年2月4日上午10点10分，笔者在狮子桥村与陈平（男）的访谈录。
② 2016年2月5日上午8点30分，笔者在狮子桥村与平·春玲（女）的访谈录。
③ 2016年2月15日上午9点10分，笔者在狮子桥村与平·信（女）的访谈录。
④ 2016年2月18日上午8点5分，笔者在狮子桥村与梭·索肯（男）的访谈录。

达神崇拜并没有"供奉涅达神也是供奉祖先神灵"这一说法，而涅达神仅仅是代表一定区域内的水和土地。值得注意的是，狮子桥村土生华人信仰这种被称"涅达"的高棉土地神时，也赋予了一些中国（华人）的元素，比如将中国的土地公、财神爷神像放入神龛中，给本来应该是属于无偶像崇拜的涅达神增添了实质性的内容。

当然，在狮子桥村，并不是每一户土生华人家庭都会供奉有涅达神，有的家庭因为生活条件困难购买不起涅达神的神龛，有的家庭是不信仰柬埔寨的涅达神，因为家里已经供奉有土地神了，所以他们认为这是"可有可无的神灵"。但是，据调查发现，土生华人对涅达神的主观期望并没有祭祀原乡的土地神和祖先崇拜那么强烈。究其原因，笔者认为，一是土生华人在家厅内供奉的土地神与高棉涅达神的属性几近相同，共通的一点是守护土地和保护土地上的子民；二是土生华人对涅达神的认知与接受程度不高，他们的父辈或祖辈过去一直都是以中国土地神和祖先崇拜为主，甚至在他们的记忆中，父辈或祖辈从没有供奉过涅达神，而他们修砌神龛、供奉涅达神或许是刚开始的事情。

结 论

柬埔寨狮子桥村是一个沿公路两旁聚居的密集型农村聚落。该村除了一定数量的高棉人外，大多是受血缘关系、宗教习俗的影响聚集而成的华人，即以潮州籍华人为主，他们聚居在一起，过着自给自足的生活。

在柬埔寨狮子桥村，当地土生华人崇拜的土地神有原乡土地神，以及在地化的土地神。原乡的土地神崇拜即崇拜中国传统的土地神，也就是潮州人所崇拜的"土地公"。这种土地神主要分为两类，一是置放在家中的土地神，狮子桥村土生华人称之为"本头公"。二是在坟墓后面树立的土地神，即后土；在地化土地神，即柬埔寨高棉人所信仰的"涅达神"，它为土生华人所引入而成为另一个土地神崇拜。可以说，狮子桥村土生华人所崇拜的原乡土地神有家厅（堂）

内的土地神，以及坟墓后面的土地神（后土神）。这两个土地神的设置，彰显了具有华人血统或华人性家庭的标志。而狮子桥村土生华人信仰对被称为"涅达"的高棉土地神时，也赋予了一些中国（华人）的元素，比如将中国的土地公、财神爷神像放入神龛中，给本来应该是属于无偶像崇拜的涅达神增添了实质性的内容。虽然这种"涅达神"崇拜在狮子桥土生华人那里还不是很普遍，但是这种信仰说明狮子桥土生华人希望通过涅达神这一信仰逐渐融入柬埔寨主流社会中，以求得自身在当地的生存与发展。

美国北卡罗来纳州华人基督教会的文化调适

刘 丽

（首都经济贸易大学外国语学院）

摘 要：20世纪70年代末，北卡罗来纳州华人基督教会开始陆续建立，由来自中国港台地区的华人创办。20世纪80年代后，大陆华人逐渐步入北卡罗来纳州华人基督教会。自成立始，北卡罗来纳州华人基督教会在语言使用、宗教活动、组织与管理等方面进行了一系列调整，既彰显了基督教的宗教文化特征，又突出了华人族群的传统文化特性，展现出较强的调适功能。

关键词：北卡罗来纳州 华人基督教会 文化调适

一 引 言

美国宗教类别繁多，呈现出多元化的态势，其中基督教始终占据核心地位。据2016年12月美国盖洛普民意测验公司的报告，美国总人口中74%是基督教信徒，5%是基督教以外的其他宗教信徒，21%的人宣称自己无任何宗教信仰。[①] 在美国强大的基督教文化影响下，美国华人宗教信徒中信仰基督教的人数是最多的。伴随着华人基督信徒人数的增多，美国华人基督教会也纷纷顺势而生，

---

① 盖洛普民意测验公司：*Five Key Findings on Religion in the US*（http://www.gallup.com/poll/200186/five-key-findings-religion.aspx?g_source=American+religion&g_medium=search&g_campaign=tiles），2017年3月。

特别是在20世纪60年代美国实施新的移民法案后。北卡罗来纳州华人基督教会便是在这样的政治环境下创建的。北卡罗来纳州（下文简称北卡）位于美国东南沿海，属于美国南部。20世纪60年代前，华人一直很少涉足北卡。1960年北卡华人人口仅有404人。[①]随后该州华人人口迅速增长，特别是在21世纪后，突破了1万人。截至2010年，北卡华人人口已有32301人。[②] 北卡华人的主要宗教信仰为基督教。北卡华人基督教会大多脱胎于北卡当地美国白人教会。虽然北卡华人基督教会是美国的主流宗教文化的产物，但是保留了中华传统文化的精髓，彰显出华人族群的鲜明文化特性，形成了独特的华人基督教文化。文化背景的差异是形成北卡华人基督教会逐渐独立局面的主要原因，美国所倡导的宗教自由和多元文化主义是北卡华人建立华人基督教会的助力。本文将主要采用参与观察法和访谈法，剖析美国北卡华人基督教会的文化调适过程。

二 创建背景

李爱慧把美国华人教会按照信徒构成分为四类：第一类是传统的华人教会，大都设在唐人街，不少属于主流教会的分会，信徒多数为早期移民，小部分为土生华裔，20世纪70年代开始吸纳中国留学生及专业人士。第二类是20世纪70年代至80年代中国港台地区的留学生所建立的教会。最早多是查经班，而后转型为华人教会。第三类以中国大陆新移民，尤其是留学生为主体的教会，建于20世纪90年代初，多是由其他形式转型而成。第四类是由土生华裔构成的自立或独立的教会。这四类教会中以第二类数量最多，其

[①] 美国人口普查局：*Asian and Pacific Islander, for the United States, Regions, Divisions, and States*（http：//www. census. gov/population/www/documentation/twps0056/tabC - 005. pdf），2014年7月21日。

[②] 社会探险家网站：*Asian Alone with One Asian Category for Selected Groups*（http：//www. socialexplorer. com/tables/C2010/R10692722），2014年8月。

次是第三类。① 北卡华人基督教会于 20 世纪 70 年代末开始陆续建立的，因此在北卡不存在第一类华人教会。由于中国大陆新移民进入北卡的时间晚于来自中国港台地区的华人移民，所以大陆新移民移居北卡时，北卡的华人教会基本已经成型并日渐成熟。再者，由于多数大陆新移民以往与基督教接触和对基督教的了解甚少，加之北卡华人人口规模相对较小，因此截至目前，大陆新移民还尚未在北卡建立基督教会，而北卡现有的华人基督教会也完全可以满足当地华人的信仰需求。由此可见，北卡华人基督教会大致属于李爱慧所讲的第二种类型。目前，分布在北卡的华人基督教会有罗利华人基督教会、教堂山华人基督教会、华人福音基督教会、中华浸信会、北卡中华圣经教会、北卡台福基督教会、博爱路、北卡威明顿华人基督教会、绿堡华人基督教会、夏洛特沐恩华人浸信会。其中，前七所教会均在北卡研究三角园区（Research Triangle Park of North Carolina），后三所分别位于北卡的其他三个城市。② 罗利华人基督教会的规模在北卡各华人教会中首屈一指。本文主要以罗利华人基督教会为例，分析北卡华人基督教信仰的文化调适过程。

罗利华人基督教会的前身是 1963 年成立的一个查经班。这个查经班的主要信徒是北卡三角区的台湾留学生和学者。他们每周在北卡州立大学戈登·米德尔顿教授家中聚会学习圣经。米德尔顿教授的岳父在新中国成立前曾经在中国做过传教士，米德尔顿教授的妻子西莉亚便出生在中国。西莉亚是罗利森林山浸信会一名虔诚的基督信徒。西莉亚和她的妹妹玛丽·赫林共同创立了这个查经班。玛丽出生在中国山东，并在湖南长大。因此，两姐妹对中国有着特殊的情感，与北卡华人交往也比较密切。1978 年，在罗利森林山浸信会的扶持下，查经班迁至罗利森林山浸信会，改称为罗利华人

---

① 李爱慧：《当代美国华人基督信徒的构成》，《世界民族》2009 年第 4 期。
② 北卡研究三角园区始建于 20 世纪 50 年代，聚集了电子、软件、生物、医学以及制药等高科技产业，被称为"美国东部的硅谷"。特别是 21 世纪后，北卡研究三角园区吸引了大量从事相关领域工作的华人精英人士前来。

浸信使命会（Raleigh Chinese Baptist Mission）。1984年，罗利华人浸信使命会改称为罗利华人基督教会。由于当时的甯威亚牧师和其他教会牧师认识到罗利华人需要一个独立的、没有宗派的教会，因此罗利华人基督教会成立之时就是一个非教派教会。1988年，罗利华人基督教会在罗利的维克森林路另立新址。20世纪90年代，大陆留学生和学者陆续来到北卡，罗利华人基督教会中开始出现大陆信徒，至21世纪初，大陆基督信徒人数增长迅速。随着北卡三角园区凯瑞镇的大规模开发，搬至凯瑞镇居住的华人也越来越多，超过了居住在罗利华人的人数，于是罗利华人基督教会开始筹备把教会搬至凯瑞镇。2003年，新的教会在凯瑞镇建成，占地10.6英亩。2017年，罗利华人基督教会又在现址的基础上进行动工扩建，以满足自身的需求。

关于北卡华人为何要建立自己的教会，与北卡其他非华人教会——尤其是白人教会，又有何不同的问题，罗利华人基督教会的谭牧师阐述了自己的看法。谭牧师是新加坡华人移民，在美国做牧师已有30年。他曾经在得克萨斯州做过8年牧师，之后移居北卡，在罗利华人基督教会做兼职牧师。谭牧师讲到，除了坐落于纽约、洛杉矶、旧金山等华人早期移居的大城市华人基督教会外，美国其他地区的华人基督教会历史一般不会超过50年。由于建立一所教堂需要较大的人力和财力，所以很多华人通常先会到美国的教会参加崇拜和其他活动。同时，美国基督教会也想吸纳更多的国际人士和新移民。一旦某一美国基督教会的华人数量达到一定规模，就会培养自己的牧师，筹划建立华人自己的教会。其他族裔也是一样。在得克萨斯做牧师时，谭牧师也曾对他所在的美国教会提议过为西班牙裔和越南裔建立独立的教会，并且不收取任何租金，只支付水电费即可，目的是帮助他们成为自立的教会，就像很多华人教会一样。罗利华人基督教会是从白人浸信会中发展起来的，在力量强大后买下了自己的房子。[1]

---

[1] 整理自笔者与谭牧师的访谈笔记。2014年6月，罗利华人基督教会。

三 语言的使用

语言是人们进行思想文化交流和沟通的工具。语言不通势必会导致交流和沟通的失败。夏洛特沐恩基督教会的黄牧师认为华人在美国建立自己的教会，最主要的原因还是语言的差异。美国教会讲英语，但很多华人基督信徒的英文并不好，无法进行有效的交流。①

（一）语言使用的转变

在成立之初，罗利华人基督教会只使用中文进行主日崇拜和主日学活动。在随后的几年中，教会尝试使用中文讲道，同步翻译成英文，但效果并不理想。由于同步翻译和后来使用并排翻译的限制，教会对青少年的讲道受到了一定的影响。1989 年，教会成立了英文堂，聘请华人牧师负责英文崇拜。英文堂事工和信徒开始有了自己的英文崇拜，但同时英文堂的成立也遭到了部分信徒的反对。有的信徒希望自己的孩子使用中文而不是英文来崇拜；有的信徒认为罗利华人基督教会是一个华人教会，不是英文教会，应该使用中文；还有的信徒觉得成立英文堂的时机未到。目前，罗利华人基督教会的主日崇拜和主日学使用汉语普通话、粤语和英语讲授，满足了不同群体的需求。由于该教会成立时，以台湾地区的信徒居多，因此讲道信息、报告事项和文书印刷都使用中文繁体字。建立英文堂后，书面资料则使用中文繁体和英文两种，一直延续到现在。随着大陆新移民教徒的增多，对中文简体字的需求也变得越来越迫切。罗利华人基督教会正面临着亟待解决的语言问题。汉语和粤语主日崇拜的时间是每周日上午九点半至十点四十五分，主日学的时间是上午十一点十五分至十二点半。每周日参加的人数有四百多人，为当地华人信徒。英语主日崇拜和主日学的时间，与汉语、

---

① 整理自笔者与黄牧师的访谈笔记。2016 年 7 月，夏洛特沐恩基督教会。

粤语主日崇拜和主日学的时间正好相反。每周日的英文崇拜人数有二百多人，以二代华人青少年为主，也有一些父母陪伴。此外，还有一小部分当地的非华人基督教徒参加每周日的英文崇拜。适逢基督教的重大节日，如复活节和圣诞节，罗利华人基督教会都会举办联合崇拜活动，使用汉语和英语同步翻译。

（二）英语作为第二语言的课程

为了让英语程度较低的华人信徒能够更好地掌握英语，同时也为了让当地英语程度不高的华人非基督教徒了解基督教，罗利华人基督教会一直以来都开设有与《圣经》相关的ESL（英语作为第二语言）课程。ESL课程每年开设两个季度，分为春季和秋季。根据罗利华人基督教会ESL编班测试结果，每个季度会分设有初级班、中级班和高级班，每个班的人数在十人左右。每个季度学员需缴纳学习材料费用25美元。授课地点就在罗利华人基督教会，时间是每周日下午。授课教师既有教会英语水平很高的华人信徒，也有英语为母语的白人信徒。罗利华人基督教会的一个华人信徒家庭和三位白人信徒承担了ESL课程的教学工作，他们都是凯瑞镇的居民。华人家庭的先生Buil是在美国出生的第三代移民，祖籍广东台山。Buil告诉笔者，他的爷爷于20世纪30年代来到美国，最初经营洗衣店，本想挣些钱再回广东台山老家，但后来在美国定居了下来。他的父亲在中国出生，13岁来美，二战期间参加了美国军队，后有机会上了大学，成了一名工程师。Buil的父亲回台山娶了他的母亲，把他的母亲也带到了美国。Buil在美出生，因为母亲不太会讲英语，讲台山话，所以Buil能懂一些台山话，但不懂普通话。他的父亲希望他的英语能讲得很好，这样可以接受高等教育。Buil退休前，在IBM工作。Buil的妻子Meilong在台湾出生长大，大学毕业后，在台湾曾经做过教师，后赴美学习，并定居下来。退休后，Meilong和Buil一起在罗利华人基督教会专注于ESL课程的教学工作。他们有两个儿子，一个女儿，均为基督教徒。Buil和Meilong

有一个孙子和一个外孙女，给他们取的名字均来自圣经人物。① 他们最小的儿子 Young 周末也和他们一起从事 ESL 教学工作。每周五下午，Buil 和 Meilong 都会前往北卡州立大学校内的汉堡王快餐店，帮助中国留学生和学者学习英文，以《圣经》内容为主。待到北卡州立大学学生团契在埃文特·费瑞联合循道宗教会（Avent Ferry United Methodist Church）举办的活动结束后，Buil 和 Meilong 会转到那里继续教授英语《圣经》。他们有时采取阅读和讲解、讨论的形式，有时采取看圣经故事电影和讲解、讨论的形式。除了像 Buil 和 Meilong 这样的华人 ESL 教师外，罗利华人基督教会还有三位白人教师，和他们一起教授英语《圣经》，其中有一对中年夫妇 Anne 和 Shawn，另一位是年近花甲的 Pauletta 女士。Anne 和 Pauletta 教高级班，Shawn 教中级班。Anne 的专业是心理学，Shawn 的专业是音乐。Shawn 也经常会到其他班级弹起他的吉他，为学员们献唱一曲。ESL 课程主要是阅读和讨论《圣经》的内容，也兼有英文语法学习和语音学习纠正，同时还会对比中美文化。罗利华人基督教会 ESL 课程的学员都是华人，少数是该教会的信徒，多数是留学生和附近的居民。留学生的年龄普遍在 20 岁左右。笔者发现附近的居民学员有些虽然已经年过七旬，但还在学习英文。询问之后，得知他们是因为儿女在这里定居才在最近两年从中国移民美国的。由于语言不通，给生活带来了很大的不便，所以他们才来到罗利华人基督教会学习英语，同时教会的华人多，还可以聊聊天。

四　宗教活动

　　北卡华人基督教会举办的宗教活动类型多样，颇为丰富。每周日在教会举办的主日崇拜和主日学是最重要的活动，参加的信徒人数也是最多的。除了每周日固定的主日崇拜和主日学活动外，北卡

---

① 整理自笔者与 Buil 和 Meilong 的访谈笔记。2014 年 5 月，埃文特·费瑞联合循道宗教会。

华人基督教会还会在其他时间举办各种宗教活动，像教会祷告会、妇女祷告会和姐妹祷告会。例如，罗利华人基督教会祷告会的时间是每周三晚，妇女祷告会的时间是每周六上午，姐妹祷告会的时间是每个月最后一个周六的上午。规模较大的北卡华人基督教会通常都拥有自己的团契和家庭学习小组等附属组织，定期举办各种活动。下文以罗利华人基督教会为例进行阐述。

（一）主日活动

罗利华人基督教会最重要的活动莫过于每周日上午的主日崇拜和主日学。在无特殊情况下，所有的信徒都要赶到教会参加，还有一些慕道者，共计450人左右。每周日早晨执事人员都会在教会大门处发放刊有本周主日崇拜内容和主要事宜的中英文活页。教会信徒和慕道者可以根据自己的语言偏好选择适合的主日崇拜堂和主日学课堂。笔者曾以慕道者的身份分别参加了罗利华人基督教会汉语堂和英文堂的主日崇拜活动。参加汉语堂主日崇拜的信徒基本上都是一代华人和留学生。汉语堂主日崇拜以赞美耶稣基督的合唱拉开帷幕，由教会唱诗班伴奏和领唱，极具感染力。在赞美结束后，执事主席会对首次参加崇拜的人士表示欢迎，然后汇报最近一周教会所发生的事件以及近期教会的活动安排。在汇报结束后，进入主日崇拜的主要环节——《圣经》学习，由当职牧师上台就《圣经》中的某一主题进行讲解和分析。牧师经常会把中国传统文化中的价值观念同《圣经》联系起来，让台下的华人信徒更加清楚地理解其所讲解的内容。正如Liang所讲，"华人基督教徒发现儒家的道德规范和保守的基督教道德价值观是相容的，可以很自然地心怀对基督的信仰来践行儒家思想"[1]。牧师讲解《圣经》结束后，会带领信徒一起做祈祷。最后的环节是奉献。执事人员会把一个红色的布袋交给边座的一位信徒，然后逐排逐个地传递下去，愿意奉献现金

---

[1] F. Yang, *Religious Conversion and Identity Construction: A Study of a Chinese Church in the United States*, Ph. D. Dissertation, Department of Sociology, Catholic University of America, Washington, DC., 1997, p. 236.

或支票的信徒可以把现金或支票放入红布袋，不打算奉献的信徒也不会勉强，可以直接把红布袋传给下一个人。英文堂主日崇拜以二代华人为主，有的由父母陪同。此外，还有少数的其他族群人士参加英文堂主日崇拜，多数是白人，他们或者是华人信徒的家属，或者是居住在附近的基督教徒。英文堂主日崇拜活动内容和汉语堂基本一致。在主日崇拜活动结束后，信徒可以根据自己的语言和兴趣偏好选择主日学班深入学习和探讨《圣经》。通常一个主日班有十人左右，由一位牧师或资深信徒主持，持续一个小时左右的时间。

除了正常的主日崇拜和主日学活动外，北卡华人基督教会主日活动中另一项必不可少内容就是聚餐。中午主日崇拜和主日学结束后，罗利华人基督教会都会有专门人员为大家准备好午餐，通常是炒菜和米饭，还配有披萨、意大利面、面包等西餐。午餐的价格是每人2.5美元，如果家庭有困难，可以免费享用。对此，谭牧师讲到，礼拜天崇拜活动结束后，几乎百分之九十九的华人教会都有午餐会，原因是那是一周中华人移民可以聚在一起的一天，是华人相互交流和帮助新朋友、新移民的最好方式之一。这在美国教会是不会存在的。对于华人与美国人饮食习惯的不同，谭牧师举例说，大多数华人，包括他本人和他的太太，都吃意大利面和披萨，但绝对不会一周中五天都吃，然而他们却几乎每天都会吃米饭。反过来，美国人也绝对不会每天都吃米饭的，也只是偶尔尝试一下而已。因此，在美国我们还是按照中国人的方式做事情的，在教会中亦是如此。① 对于北卡华人基督教会周日提供午餐的惯例，Anne 说道：

> 主日活动结束后，大多数华人教会都会通过某种方式以最低的价格为教会信徒提供午餐。通常都会有中国食物。夏洛特的华人教会既有中国食物，也有披萨。大多数美国教会不像华人教会那样每周日（主日）都提供食物并且一起聚餐的。我个人认为华人教会这样做是个很好的惯例，可以增强社区交流。

---

① 整理自笔者与谭牧师的访谈笔记。2014年7月，罗利华人基督教会。

人们可以有时间坐在一起吃饭，可以相互了解得更多一些。谭牧师告诉我，如果华人搬到一个新的城市，那里有好几个华人教会的话，他们会先把每个教会都参观一下，然后选择去饭菜最好吃的那家教会。我不知道他说的是真的还是在开玩笑呢。对于大多数文化而言，我们习以为常的食物对我们非常重要，适应一种不同的食物不是一件容易的事情。①

（二）儿童事工部和青少年事工部的活动

为了在进行主日崇拜和主日学期间能够照顾到五年级及以下的儿童和婴幼儿，罗利华人基督教会开办有儿童主日学，由儿童事工部负责，时间是每周日上午九点半至十二点半，以英语交流为主。除了每周日的主日学外，儿童事工部每周五晚也会举办活动，适合学龄前儿童至五年级学生。此外，儿童事工部每年还会定期举办全家同乐的节目，如复活节捡蛋、夏季暑期圣经学校、八月的升级典礼和十月的秋收庆典等。儿童事工部遵循《圣经》的倡导，旨在教导儿童了解基督耶稣，与其建立个人的关系，把儿童培养为上帝所需要他们成为的人。

罗利华人基督教会青少年事工部成立的目的是为了帮助六年级至十二年级的学生了解基督和基督同行并建立亲密的关系。青少年事工部为教会的青少年提供崇拜、查经、门徒训练、服事和团契的机会。除了每周日的主日崇拜和主日学外，青少年事工部每周五晚有固定的聚会时间。周一至周五有以性别区分的小组分别在家中或教会聚会。罗利华人基督教会通过短宣队、退休队和外展事工，帮助青少年成长和学习服事，如30小时饥饿体验活动等。青少年事工部还经常举办其他类型的活动，如烧烤、掷飞碟、运动会，鼓励青少年彼此之间建立更深入的关系与团契。

---

① 整理自笔者与谭牧师的访谈笔记。2014年9月，Anne家中。

（三）家庭小组和团契的活动

罗利华人基督教会大约有 30 个家庭小组和团契，分别在小组成员的家中或教会聚会，目的是增进信徒之间的情谊、关怀和扶持，在基督的关爱下彼此相互勉励。家庭小组，如神州、赞美、真爱、信心等，通常是在信徒的家中轮流举办聚会。笔者以慕道者身份参加了家庭小组聚会活动。通常聚会时间是每周五或周六的晚上，大家都有时间的时候。聚会当天，如果有的小组成员不便开车前往，其他成员可以帮忙接送。每次聚会所在的家庭都会提前准备好晚餐，供小组成员食用。此外，小组成员大多也会各自准备一个菜品或主食，带到聚会家庭，一则可以减轻聚会家庭的负担，二则可以分享不同的美食。菜品和主食以中国传统饮食为主，也兼有美国特色饮食，采取自助餐的形式。用餐前，牧师或小组中的一个成员会先带领其他成员做餐前祷告。餐后，小组成员共唱赞歌，然后再开始学习圣经的相关主题内容并进行讨论。整个过程大概持续两个小时。如果参加学习的成员较多时，会分成两或三个小组学习。

罗利华人基督教会一个重要的团契是北卡州大学生团契，由北卡州立大学的华人学生、学者、博士后、毕业生及他们的眷属组成，以中国留学生为主。初到异国，置身于陌生的环境中，难免会产生不安、孤单和思乡的情感。海外学子渴望寻找一个和自己有同样族群背景的组织，缓解自身负面的情感。学业、生活和家庭等方面的种种压力，也促使海外学子重新思考人生的意义。北卡华人基督教会通常会及时伸出援助之手，凭借其强大的宣教力量和感染力，吸引海外学子加入其中，以抚慰自身惶然和寂寞的心灵。每年秋季北卡研究三角园区的三所主要大学（北卡州立大学、北卡大学教堂山分校和杜克大学）都会迎来上千名中国留学生前来学习。罗利华人基督教会每年都会有迎新生的活动，如提供机场接机服务，为新生提供短期住宿，带新生购物、办卡，邀请新生来家中做客，带新生熟悉周边环境，邀请新生参加教会、家庭小组或团契的活动。同时，华人基督教会是华人聚集的场所，看到同样的面孔，大有他乡遇故知的熟悉感觉。在北卡州大学生团契中，大家基本都讲中文。笔者观察到，用中文交流让大家感到非常舒服和放松，这也是能够吸引众多中国留学生和学者愿意加入的一个原因。聚会时间是每周五晚上七点，聚会地点为上文中提及的埃文特·费瑞路联合循道宗教会，便于居住在北卡大学附近的学生、学者及其眷属前往。和家庭小组一样，团契成员先是聚餐，之后进行各项学习活动。晚餐通常由北卡州立大学的教授及其眷属准备，也是采取自助形式。每周的晚餐都是备受期待，因为可以品尝到久违的家乡味道。北卡州立大学团契每周五晚聚会的主要活动形式有唱诗歌、祷告、查经、见证、专题、座谈、分享、电影欣赏等。来自北卡其他地区或美国其他州的教会信徒时而还会光临这里，和团契学生交流信仰历程或心得等。每逢基督教的重大节日和中国的传统节日，如复活节、感恩节、圣诞节、春节和中秋节，团契会精心设计特别的聚会。此外，北卡州大学生团契还会不定期地举办各种户外活动，包括郊游、烤肉、赏枫叶、钓鱼、抓螃蟹、溜冰、打保龄球、唱卡拉 OK 等。

五 组织与管理

在组织与管理方面，北卡华人基督教会与美国主流基督教会存在一定的差异性，主要表现在财务管理、领导层和教会交流三个方面：

（一）财务管理

由于北卡华人基督教会资金有限，通常不能聘请全职付薪的牧师、秘书和管理人员，都是兼职人员。美国基督教会通常资金比较充足，基本都是聘请全职付薪人员。此外，受中国传统价值观的影响，华人一向勤劳、节俭，华人基督教会也是如此。对此，谭牧师却持有不同的意见。他认为节俭有时是很愚蠢的行为，像罗利华人基督教会，总是习惯买最便宜的设备。谭牧师曾质问教会管理者，周日是人们来教会的一天,这本来就是人员密集、需要花费的事情,为什么非要在灯光和音响等花销上这么吝啬呢?据谭牧师所知,大多数美国基督教会在音响设备上的投资非常高,而华人基督教会还从来没有置办过一套价值50万美元的设备。① 对于华人基督教会的勤俭精神,夏洛特沐恩基督教会的黄牧师也有同感,但并没有对此持反对态度。

(二) 领导层

一代华人教会领导和二代土生华人教会领导之间在管理教会的神职观念上存在着冲突。目前,大多数美国华人基督教会是由在中国或其他国家出生的华人建立和领导的,而最近二十多年,很多华人基督教会开始由美国土生华人建立和领导。由于和老一辈华人基督教徒在神职理念上的冲突,华人基督教会的土生年轻一代长大后,倾向于脱离原来的华人基督教会,创建新的教会或加入其他教会。北卡二代土生华人基督信徒虽然目前还没有能力另立门户,建立自己的教会,但同第一代华人教会领导之间存在着隔阂。这和整个美国土生华裔基督信徒具有相似性。很多土生华裔大学生受基督教普世主义思想的推动,试着与非华裔基督信徒交往。然而,他们却常常发现自己为美国主流群体所排斥。他们的少数族裔身份及与主流群体的族群分野似乎是无法超越的。② 因此许多土生华裔的族群意识被唤醒,转过头来又回归到了华人教会。黄牧师谈到,在夏洛特,即使美国土生华人基督信徒不存在语言障碍,也倾向于和其他华人聚集在一起。这在很大程度上和他们的华人族群身份有关。此外,在北卡由于华人人口规模相对较小,并且大多数华人基督教会都设有英语堂,基本可以满足土生华裔的需求,因此矛盾还没有达到不可调和的程度,也还未曾出现土生华裔建立基督教会的情况。

---

① 整理自笔者与谭牧师的访谈笔记。2014年7月,罗利华人基督教会。
② 李爱慧:《当代美国华人基督信徒的构成》,《世界民族》2009年第4期。

(三) 教会交流

北卡华人教会与其他美国教会之间的交流很少，但各华人教会之间交流较多。谭牧师讲到，罗利华人基督教会是无派别的独立教会，很少与其他美国教会有联系，主要原因还是受众不同，语言也是一个大的障碍，但是罗利华人基督教会与北卡其他华人教会关系密切，如每月举办牧师祈祷会，周期性地举办福音会等。夏洛特的华人教会情形也是如此。黄牧师认为这并不意味着华人教会完全置身于美国其他教会之外，但理想的状态应该是，先把华人教会内部的事情处理好，再扩展与其他美国教会的关系。①

六 调适功能

基督教作用于信仰者个人的精神世界，对其思想和行为产生影响，正如奥戴所说："宗教可以使个体和他的群体协调一致，可以在变幻无常中给他以支撑，在失望中给他以安慰，可以使他归属到社会目标之上，鼓舞他的士气，为他提供认同因素。"② 北卡华人基督信徒在宗教信仰和个人以及家庭生活中寻求着内心的平衡。面对与中华传统文化的相悖之处，北卡基督教会试图寻找到一条共通之路，让更多的北卡华人投入基督的怀抱。北卡华人基督教会也为当地华人提供了族群交流的机会并加强了当地华人的族群认同。

(一) 对个人与家庭生活的调适

从个人层面上讲，基督教信仰可以在一定程度上缓解内心的压力，尤其是当个人处于新的环境中不能较快地适应时，或是当个人生活或工作中遇到困难不能得以解决时，常常可以借助宗教信仰的方式，例如祷告、诵经，换取内心的平和，祈祷困难早日解决。在

---

① 整理自笔者与黄牧师的访谈笔记。2016 年 7 月，夏洛特沐恩基督教会。
② [美] 托马斯·奥戴：《宗教社会学》，刘润忠译，中国社会科学出版社 1990 年版，第 29 页。

杜克大学某部门工作的华人 LB 博士，面临失业时，内心非常彷徨、痛楚。对基督教的信仰，使他撑过了最艰难的一段时间，最终又在杜克大学另外一个部门找到了一份满意的工作。

北卡华人的基督教信仰对北卡华人家庭的稳定起到了调适作用。罗利华人基督教会《教会会章及附则》（第四版）会章部分的第三章教义与信仰的第九条为："我们相信并确认圣经中的教导，即婚姻是神所设定，是一男一女终身的结合。我们不接受有人将神所制定的婚姻，重新定义为民间的一种制度，或是一个死人的情事。婚姻是一男一女终生结合神圣的约定，是神特别的恩赐。神并借着基督与教会的联合来启示一男一女，在婚姻架构中的亲密关系、合乎圣经标准的性表达方式、与繁衍后代的方法（《创世纪》，二 24；《以弗所书》，五 22-29）。"[1] 这无疑会强化北卡华人基督信徒婚姻的稳定。黄牧师向笔者叙述了基督教是如何挽救了他的婚姻。1981 年黄牧师和妻子从中国台湾到美国留学，学成后在美国定居。虽然在美国经常接触到基督教，但他们始终心怀抵触。1994 年前后，在工作上遭受挫折后，两人的婚姻也出现了问题，濒临离婚。于是，他们试着接受了基督教，希望通过信仰基督来扭转他们的婚姻危机，结果是乐观的，他们也因此成为虔诚的基督信徒。[2] 不难理解，信仰基督后黄牧师夫妇在心态上得到了较大的调整和改变，对于缓解他们的婚姻危机起到了积极的作用。在代际问题上，基督教主张尊重父母。父母不可以在情绪冲动的情况下管教孩子，不能在冲动之下滥用父母的权利与尊严。北卡一代华人基督教徒普遍认同，让自己的孩子接触或信仰基督教，在孩子的教育问题上遇到的麻烦相对会小些，特别是青春期。此外，如果家庭中的一个成员信仰了基督教，通常也会影响家庭中的其他成员，在一定程度上可以缓解紧张的家庭气氛。

---

[1] 参见 http://www.docin.com/p-137641094.html。
[2] 整理自笔者与黄牧师的访谈笔记。2016 年 7 月，夏洛特沐恩基督教会。

（二）对文化冲突的调适

相对于佛教本土化的进程，华人基督教会根植于美国基督教文化，似乎并不需要做出调整和适应。然而，基督教思想和中国的儒释道思想经常会发生碰撞，对于刚刚开始接触基督教的华人而言尤为激烈。以罗利华人基督教会的 ESL 课程为例。大多数非基督教学员对《圣经》还是比较陌生的，有的人甚至从未接触过。因此，在 ESL 课上，非基督教学员对《圣经》教学的内容存在异议。时而会用佛教、道教的思想与《圣经》中的思想进行博弈；时而也会用儒家的思想来反驳《圣经》中的思想。Anne 在课程中提到，《圣经》认为人生下来就是有罪的，即原罪，因此要信仰上帝，努力洗清自己的罪恶。Anne 的话立刻遭到了几名非基督教徒学员的反对。有学员回击说："人生下来是无罪的。中国的《三字经》中说'人之初，性本善，性相近，习相远，苟不教，性乃迁。'人是在出生之后开始变坏、做坏事的。"这种文化差异所造成的观念冲突表明，华人非基督教学员在文化上还是更认同中国传统价值观。诚然，他们可能会像华人基督教徒那样，对中国传统价值观的认同会随着思想的渐变或某些偶然事件的发生而减弱或改变。有些 ESL 学员第二个学期便在罗利华人教会受洗成为基督教徒。然而，另一些仍然与基督教保持着一定的距离。一位在教会上 ESL 课程两年有余的中年女士从不参加教会的主日崇拜和主日学。她说她尊重基督教的信仰，但还不想受洗。可见，她对基督教还没有达到较大的认同程度。Anne 为了改变基督教和中国文化中存在的冲突，试图在基督教文化和中国文化之间建立起关系。为此，她常借助各种资料，把基督教文化同中国文化联系在一起，向 ESL 学生讲述，如对"义"的繁体字——"義"的解释，即《圣经》中的义（righteousness）：

> "義"字看起来像是起源于崇拜这一最初的行为，即请求宽恕自己的罪。"義"字中包括"羊"字。"羊"字下面是

"我",也就是自己。"羊"和"我"结合在一起表示我们跪在上帝之羊面前。他独自保护着我并带了义。可以把"我"字再进一步分解为"手"字和"戈"字,意味着"是我用我自己的手屠杀了羊"。这种解释可以通过"我"和"义"的古体字形式"𢦏"和"義"得到佐证。这两种古体字形式都描绘了"手"和"戈"。①

(三)对华人社区交流的调适

从文化人类学的角度来看,许多华人新移民到美国以后热衷于参加基督教会的活动,不仅追求一种信仰,对大多数中国人来说,教会是他们社交的一个重要场所,是他们获得族群归属与文化认同的一条重要途径。② 每到周日,在北卡华人基督信徒都会驱车前往各自的教会,参加教会活动。正如谭牧师所指出的,这些宗教场所不单单是崇拜和修行的地方,吸引华人纷纷前往的一个重要原因是在教会里可以和具有同样面孔的其他华人相聚一堂,可以尽情地聆听和使用中文,遇到工作和生活中的难事,还可以在这里向同胞倾诉,也许就能得到解决。北卡华人教会融合了来自中国大陆、港台地区以及其他国家和地区的华人,虽然各自原来生活背景有所不同,但都是源于同一祖先,族群认同的原生性把他们无形中紧密联系在了一起,加强了北卡华人社区的内在凝聚力。此外,还有一些北卡华人非基督教徒,在华人朋友的指引和带领下,或是在当地华人教会宣传活动的影响下,很快就走进了北卡华人教会。久而久之,其中一些人也皈依了基督教。杨凤岗认为,在工作或者学校里,当民族意识被唤醒或强化后,移民及其子女们都发现,为寻求社会归属、心理慰藉与宗教满足,他们需要民族教会。换句话说,

---

① C. H. Kang & Ethel R. Nelson, *The Discovery of Genesis: How the Truths of Genesis Were Found Hidden in the Chinese Language*, St. Loiuse MO: Concordia Publishing House, 1979, p. 83.

② 万晓宏:《美国华人基督教会研究——以大波士顿地区为例》,《世界宗教研究》2010年第1期。

在工作单位和学校等公共领域的社会融入，燃起了他们周末与华人同胞聚会的愿望。①

七 结 论

费孝通在讲到中国乡村社会中的人时，曾说道："很多离开老家漂流到别地方去的并不能像种子落土中一般长成新村落，他们只能在其他已经形成的社区中设法插进去。"② 这同样适用于北卡华人基督教会。为了适应美国主流文化，北卡部分华人选择了信仰基督教。然而，北卡华人适应美国主流文化并不表示他们要抛弃中华传统文化，被动地接受同化，而是充分发挥其主观能动性的过程。北卡一代华人移民历经沧桑，建立起了华人自己的基督教会，实现了宗教自治。在宗教信仰方面，既努力保持和美国主流文化相适应，又顽强地保留了自身的族群文化特性。这是北卡华人基督教会采取积极文化调适的结果，也是华人族群认同的重要表现。此外，北卡华人基督教会还吸引美国其他族群人士参与其中，在一定程度上形成了与美国主流社会和其他少数族群主动接触的局面。

随着北卡华人新移民的增多，北卡华人基督信徒的人数也会呈上升趋势，北卡华人基督教会也将面临新的机遇与挑战。北卡华人基督教会是继续保持自身的独立性和族群文化特性还是会再次融入美国主流教会之中呢？笔者认为这会受到以下三个主要因素的影响：一是美国基督教的开放程度；二是美国的多元文化政策；三是北卡华人基督教会的自身发展。前两个因素是影响北卡华人基督教会存在与发展的外在因素，最后一个因素则是影响北卡华人基督教会存在与发展的内在因素。一种宗教的开放程度对它的发展空间起着至关重要的作用。经过两千年的发展和演变，基督教已经成为开放性很高的世界性宗教，在美国尤为突出，这也是未来基督教发展

---

① ［美］杨凤岗：《皈信・同化・叠合身份认同——北美华人基督教徒研究》，民族出版社2008年版，第124页。

② 费孝通：《乡土中国》，江苏文艺出版社2007年版，第78页。

的一个总体趋势，为北卡华人基督教会提供了自由发展的空间。自20世纪60年代美国实施多元文化政策以来，诸如其他族群文化一样，华人所代表的中华文化在美国也得到了弘扬。因此，美国的多元文化政策是北卡华人基督教会存在与发展的有力保障。北卡华人基督教会的长远发展更大程度上取决于其自身。在发展过程中，北卡华人基督教会应当设法避免教会和信徒的功利化、盲目化，这是制约和威胁很多华人教会发展的瓶颈。另外，北卡华人基督教会需要妥善处理代际隔阂，促进教会的良性发展。充足的经费是支撑北卡华人基督教会可持续发展的经济基础，因此北卡华人基督教会还需积极拓宽奉献的渠道。此外，北卡华人基督教会之间的资源整合、分工合作和相互扶持也是解决教会经费不足的行之有效的手段。

"一带一路"视野下的海港发展：
以淡水港为中心探讨
(1860—1895)

卞凤奎[*]

（台湾海洋大学海洋文化研究所）

摘　要：2013年，随着"一带一路"倡议的提出，了解昔日海港的历史发展是不可缺少的重要议题之一。由于台湾地区与中国大陆有密不可分的关系，如何使台湾地区的发展过程让各界认识，进而与"一带一路"相互联系，成为一个需要重视的内容。本文以台湾淡水港为中心，就1860年淡水开港后的台湾航运的变化以及西方文化的进入等为中心，作一分析和讨论。

关键词：淡水　港口　清代　西方势力

一　前　言

淡水位于台北盆地西北方，濒临台湾海峡，为淡水河的出海口。东边与台北市北投相接，北与三芝为邻，向南则是隔淡水河与八里对望。它是台湾北部最早开发的良港，由于处于台北盆地的大动脉——淡水河河口，因此成为出入台北的重要门户。自咸丰十年（1860）淡水因《天津条约》开放为对外通商口岸以来，不仅成为全台最大的贸易港，更是西方文化进入台湾的重要门户，以及台湾

---

[*] 卞凤奎，台湾海洋大学海洋文化研究所所长，教授。

接受西方文化的重要地。本文就以1860年淡水开港后台湾航运的变化以及西方文化的进入等为中心，作一分析和讨论。

二　台湾航运的变迁

台湾的开发主要归功于移民的渡台，移民的渡台与台湾港口市镇的发展有极密切的关系。盖因移民皆乘船来台，首先建立的根据地，都是能停泊船只的海港或河港。且接踵而来者亦多在已建立的港口登岸。在垦拓之后，农产品的输出与日用必需品的输入，都依赖港口。当时岛上开辟不多，陆上运输不便，水运远比陆运为优。因此，已开拓各地的联络都利用海运或河运。是以安平、鹿港、淡水，成为大陆移民开发内陆的起点，也成为盛极一时的港口。[①]

早期淡水港繁盛的原因主要有二：一为地理位置优越，是台北盆地唯一出口；一为淡水河的水道畅通。[②] 当时台北盆地对外交通线，往南大汉溪河谷至桃园、新竹，须越过龟仑岭，通行不易。《淡水厅志》记载：

> 由竹堑北行，经凤山崎、大湖口（湖口）、杨梅、中坜、桃园、大邱园（大园），两边皆山，八里龟仑脚，七里新庄，大村市。[③]

文中指出从新竹往北行走至大园止的地区，因两边皆山，呈现路程山多行走不易的状况，相较之下，淡水港因有淡水河之便，因此促使当地繁盛。

关于淡水通往基隆方面，《诸罗县志》中对于往北沿基隆河谷通往基隆、宜兰记载：

[①] 戴宝村：《清季淡水开港之研究》，《台湾师范大学历史研究所专刊》1984年第11期。

[②] 李鹿苹：《淡水港衰退的地理因素》，《地学汇刊》1969年第1期。

[③] （清）陈培桂：《淡水厅志》卷3建置志·水利，第56页。

"一带一路"视野下的海港发展：以淡水港为中心探讨（1860—1895） ◆◆◆

由干豆门（关渡），乘潮循内北投，大浪泵；（大龙峒），至峰仔寺（汐止）。泝滩河可四十里而登岸，踰岭十里许，即鸡笼（基隆）内海口。①

文中指称之岭，系指狮球岭。由淡水往鸡笼，经关渡、八芝兰、锡口、水返脚、岭脚，距基隆5千米，船行不能越过此地，人们必须登陆，改乘肩舆以便越过一处甚为险峻的高地，而一出这高地便可眺望盆地、城市和鸡笼港的壮丽景象。由于陆路有山岭阻隔，通行较不易，故台北盆地唯有沿淡水河出海，淡水港自然成为盆地出入要津。

因淡水河各支流均能通航小型船只，其主流在台北与淡水之间，可航行吃水四尺之汽船及千石左右之中国戎克船（junk）。由于淡水河系网括整个台北盆地，并深入周边各地，南可至桃园、新竹，北可通基隆、宜兰，故沿主流、支流形成甚多的聚落、市镇，尤其促进台北市的开发、成长，使其继安平、鹿港之后，成为台北的都会中心。台北市的发展，淡水港确实扮演一重要的角色。开港之前，它是台北盆地和福建港口的移民和贸易商品的转运港；开港之后更"一跃而为国际上之贸易港"，"在十九世纪末确实是岛上最重要的港口"。虽然淡水港因淤浅而没落，甚至失去港口功能，终为基隆所取代，但其在台湾历史上之地位，则无法抹灭。②

淡水自1860年开放为对外通商口岸以来，洋商在此取得租地建屋居住、设立洋行、船舶靠岸、经营贸易的权利。当时在东亚活跃的一些洋行；如英商的怡和洋行、颠地洋行、宝顺洋行、德记洋行、嘉士洋行。其中得忌利士洋行，以及德商的公泰洋行、美利士洋行等皆到淡水设立据点。这些洋行经营鸦片、樟脑、米、糖的进出口，亦投资制茶与煤矿、石油开采等产业，使淡水港成为台湾北

---

① （清）周锺瑄、陈梦林：《诸罗县志》卷一封域志·建置，台银文丛第141种，1962年，第4页。
② 戴宝村：《清季淡水开港之研究》，《台湾师范大学历史研究所专刊》1984年第11期。

部与大陆之间重要的贸易港口。①

19世纪80年代东亚各港市之间的航运,逐渐由汽船取代传统的帆船。汽船的远洋航线以香港、上海、横滨三大港为据点,近海航运则由这些国际大港向邻近的地方港口延伸航线。清末东亚的航线主要为英商太古洋行控制的中国航运公司、怡和洋行控制的印度支那航运公司、美商旗昌轮船公司与清廷设立的轮船招商局、日本政府支持的大阪商船株式会社、日本邮船株式会社等大型航运公司所掌控。其中英商"得忌利士洋行(道格拉斯汽船公司)Douglas Steam Ship Co. Ltd.",是联系当时中国大陆与台湾两地汽船航运的先驱者,至1891年,台湾海运全被该公司独占。直到1895年日本侵占台湾后,日本人为垄断航运网络,施与强势手段,企图将该公司赶出台湾,迫使该公司至1902年完全撤出台湾航线,结束在台湾近40年的经营,但该公司仍持续经营中国华南的沿线航路。②

三 开港后的船舶贸易

清代的糖业生产过程,是由生产甘蔗的蔗农到制糖之糖廍,最后再透过糖贩、糖行经由洋行输到海外。③ 砂糖是台湾主要之输出品,与帆船贸易也有相当密切的关系,因此,渡台船只的多寡与这些行业之兴衰息息相关。但是渡航台湾船只的数目究竟有多少?在清代档案中并无明确的记载,目前仅可由西方海关资料得知清末的状况。1874年至1876年间出入淡水港的船只,仍以中式帆船为主。当时中国帆船数量统计,以及对中国主要贸易港市的情况,如表1所示。

---

① 黄俊杰:《地方闲置空间的国际性意义:淡水得忌利洋行旧址的再诠释》,载淡江大学历史系、台湾史研究室主办《第五届淡水学国际学术研讨会论文集》,2010年10月15—16日,第11页。

② [日]松浦章:《日据时期台湾海运发展史》,卞凤奎译,博扬文化公司2004年版,第155—202页。

③ 参见庄英章《林圯埔:一个台湾市镇的社会经济发展史》,台湾"中研院"民族学研究所1977年版,第63页。

表1　　　　　淡水历年入出港帆船数量（1874—1876年）　　　单位：只

船籍	1874年 入港	1874年 出港	1875年 入港	1875年 出港	1876年 入港	1876年 出港
泉州	234	215	259	214	195	193
福州	166	149	154	130	163	157
宁波	100	138	105	108	114	106
厦门	11	26	11	13	11	16
温州	11	—	—	—	—	—
上海	8	8	7	5	6	13
香港	6	5	6	5	11	8
新加坡	2	—	—	—	—	—
鸡笼	—	15	—	12	—	1
天津	1	2	1	7	—	—
汕头	1	—	3	1	—	—
台湾府	—	1	—	—	—	2
舟山	—	—	—	—	—	—
三沙	—	1	—	—	—	—
山东	—	—	—	—	—	—
合计	541	560	546	496	501	497

资料来源：《清末台湾海关历年资料》（Ⅰ），台湾"中研院"台湾史研究所筹备处1997年版。

清朝后期，出入淡水的船只，在1879年之前帆船的比例比汽船高。帆船运费较低廉，但运量较小又费时间，不足以应付日益蓬勃发展的贸易，逐渐为汽船所取代。1872—1894年，进出港的帆船占总数的23.3%，汽船为77.7%，特别是从1880年开始，从1879年的37082吨，迅速增加至65620吨。进出口帆船吨数，则是从1879年的51746吨，骤减至1880年的24153吨。汽船数量增加，吨位增加，而淡水港又渐淤浅，出入不便，刘铭传遂有建设基隆港之计划，虽在其任内未完成，但日本侵占之后，大力建设基隆港，兼以台北基隆间有铁路之便，终而取代了淡水港。[①]

表2　　　　　　　　　　淡水海关船只数量　　　　　　　　单位：吨

年份	出口汽船吨数	进口汽船吨数	总汽船吨数	出口帆船吨数	进口帆船吨数	总帆船吨数	总出口吨数	总进口吨数	总进出口吨数
1867	—	—	—	—	—	—	—	—	—
1868	—	—	—	—	—	—	33536	33536	66893
1869	—	—	—	—	—	—	20544	19866	40410
1870									
1871	—	—	—	—	—	—	28712	29696	58408
1872	14746	14746	29492	26561	27197	53758	41307	41943	83250
1873	23505	24029	47534	28703	26628	55331	52208	50657	102865
1874	11420	10896	22316	9590	9590	19180	21010	20486	41496
1875	14314	14314	28628	20503	20895	41398	34817	35209	70026
1876	14596	14596	29192	32120	33293	65413	46716	47889	94605
1877	22475	22196	44673	22320	22986	45306	44795	45184	89979
1878	18541	18541	37082	26356	25390	51746	44897	43931	88828
1879	18541	18541	37082	26356	25390	51746	44897	43931	88828
1880	32810	32810	65620	11170	12983	24153	43980	45793	89773
1881	41379	41379	82758	16902	17500	34402	58281	58879	117160
1882	42339	42339	84678	17629	15228	32857	59968	57567	117535
1883	46311	46588	92899	14446	14446	28892	60757	61304	121791
1884	40342	40342	80684	10192	10192	20384	50534	50534	101068
1885	39152	39152	78304	2946	3539	6485	42098	42691	84789

---

① 戴宝村：《清季淡水开港之研究》，《台湾师范大学历史研究所专刊》1984年第11期。

"一带一路"视野下的海港发展：以淡水港为中心探讨（1860—1895）

续表

年份	出口汽船吨数	进口汽船吨数	总汽船吨数	出口帆船吨数	进口帆船吨数	总帆船吨数	总出口吨数	总进口吨数	总进出口吨数
1886	50353	50353	100706	9182	8769	17951	59535	59112	118657
1887	56510	57991	114492	2778	3014	5792	59279	61005	120284
1888	62096	61487	123583	11856	12562	24418	73952	74049	148001
1889	78608	77727	156335	9765	9401	19166	88373	87128	175501
1890	85537	85537	171074	3440	3303	6743	88977	88840	177817
1891	88032	88032	176064	6052	6007	12059	94084	94039	188123
1892	80483	80483	160966	2791	2836	5627	83274	83319	166593
1893	113889	113889	227778	3161	2829	5990	117050	116718	233768
1894	107702	108987	216689	2663	3027	5690	110365	112014	222379
1895	44775	43490	88265	364	0	364	45139	43490	88629

资料来源：戴宝村：《近代台湾海运发展——戎克船到台长荣巨舶》，玉山社2000年版，第81—82页。

至于淡水地区的发展，则主要是与茶业的兴起有关。台湾茶叶的兴起，首先是英国领事 Robert Swinhoe 于1861年向英国政府报告，说明台湾茶运给在本土的清国生意人相当的数量，并寄台湾产的茶叶给各茶叶检验专家，检查结果认为该茶味道甚佳，唯制茶及包装方式过于粗劣。之后英商杜特（John Dodd）来台，于1865年向淡水农民探询茶生意的可能性。翌年由厦门安溪运送茶树之插枝来台，并对农民贷款，发展茶业。从表3和表4中更可看出糖、茶、樟脑及煤四大产业出口值占台湾总出口值之百分比状况，茶的出口值由1868年的7.33%，开始逐年增加，超过其他产业。自1878年开始，高达台湾出口总值的53.89%。由此可看出，淡水地区的茶产业对于当地发展极具影响。

表3　　　　　糖、茶出口值占台湾总出口值之百分比

（1868—1895年）

年份	出口总值	糖 淡水	糖 打狗	糖 总计	糖 百分比(%)	茶 淡水	茶 百分比(%)
1868	882752	8335	506075	514410	58.27	64783	7.33
1869	976004	10916	483828	494744	50.69	89367	9.16
1870	1655390	3001	1078338	1081339	65.32	177403	10.72
1871	1693925	104917	1070896	1175813	69.41	301118	17.78
1872	1965210	117	1135063	1135180	57.76	582872	29.66
1873	1474482	9758	881881	891639	60.59	353445	23.97
1874	1812181	202	1168760	1168962	64.51	477329	26.34
1875	1815255	3185	1037717	1040902	57.34	620067	34.16
1876	2628982	4217	1366987	1371204	52.16	1060209	40.33
1877	2757717	19954	1262990	1282944	46.52	1253332	45.45
1878	2788673	—	1020853	1020853	36.61	1502685	53.89
1879	4125126	305	1912377	1912682	46.37	1974381	47.21
1880	4874355	—	2155058	2155058	44.21	2156373	44.24
1881	4160960	527	1675619	1676146	40.28	2231896	53.64
1882	4050154	—	1421222	1421222	35.09	2402428	59.32
1883	4113833	1772	1650374	1652096	40.16	2235179	54.33
1884	4165314	255	1629140	1629395	40.32	2330920	55.96
1885	3819763	—	955987	955987	25.03	2711803	70.99
1886	4449852	154	930233	930387	20.91	3333052	74.90
1887	4562478	62	1076121	1076183	23.59	3286972	72.04
1888	4543406	4222	1312676	1316898	28.98	2914921	64.16
1889	4411069	187	1028983	1209170	27.41	2873075	65.13
1890	5255880	1252	1753386	1754638	33.38	3083879	58.67
1891	4735628	229	1462915	1463144	30.90	2712776	57.28

续表

年份\出口值	出口总值	糖 淡水	糖 打狗	糖 总计	糖 百分比(%)	茶 淡水	茶 百分比(%)
1892	4959830	—	1306663	1306663	26.34	2929435	59.06
1893	6336580	—	1272757	1272757	20.09	4050980	63.93
1894	7245035	—	1897968	1897968	26.20	4083265	56.36
1895	3423792	—	1244607	1244608	36.35	1552798	45.35
1868—1895	99683590	173517	35929475	36102992	36.22	53319692	53.49

资料来源：林满红：《茶、糖、樟脑业与晚清台湾》，台湾研究丛刊第115种，第2—3页。

表4　　樟脑、煤出口值占台湾总出口值之百分比
（1868—1895年）

年份\出口值	樟脑 淡水	樟脑 打狗	樟脑 总计	樟脑 百分比(%)	煤 出口值	煤 百分比(%)
1868	94385	6376	100761	11.41	39304	4.42
1869	81159	10153	91312	9.36	19410	1.99
1870	87746	15443	103189	6.23	10258	0.62
1871	47674	—	46674	2.81	31745	1.87
1872	63645	967	64612	3.29	71566	3.64
1873	71718	—	71718	4.86	94260	6.36
1874	76449	—	76449	4.22	32764	1.81
1875	33949	—	33949	1.87	52009	2.87
1876	51179	—	51179	1.95	62943	2.39
1877	79058	—	79058	2.87	65436	2.37
1878	81356	2461	83817	3.01	69233	2.48
1879	71885	519	72374	1.75	52303	1.27

续表

出口值 年份	樟脑				煤	
	淡水	打狗	总计	百分比（%）	出口值	百分比（%）
1880	100745	—	100745	2.07	45103	0.93
1881	79625	—	79625	1.91	84289	2.03
1882	39945	2918	42863	1.06	79015	1.95
1883	36229	194	36423	0.89	60108	1.46
1884	3482		3482	0.08	56015	1.34
1885	28	—	28	0.00	13961	0.37
1886	10569	4445	15014	0.34	41523	0.93
1887	22397	2519	24916	0.55	34375	0.75
1888	24065	—	24065	0.53	76355	1.68
1889	31394	5789	37183	0.84	134958	3.06
1890	100838	7875	108813	2.07	80026	1.52
1891	259871	25409	285280	6.02	80369	1.70
1892	228226	72319	300545	6.06	40792	0.82
1893	596608	130330	726938	11.47	61806	0.98
1894	569365	263878	833243	11.50	806969	1.11
1895	242654	176029	418683	12.23	1361	0.04
1868—1895	3186214	727624	3913838	3.92	1571713	1.58

资料来源：林满红：《茶、糖、樟脑业与晚清台湾》，台湾研究丛刊第115种，第2—3页。

关于旅客方面，在1880年以后，出入淡水港的旅客，绝大多数都搭乘汽船。出入旅客以国人居多，历年出入港的外国人很少超过百人，旅客大多是来往于香港和中国沿海各港口。1894年出港旅客总数为1873年的20倍，入港旅客总数则高达44倍，由此可看出入出港的频繁。对于入出港之中国旅客比较，自 1884 年以降，入港多于出港，可以推定是由大陆来台之移民。另外在大批旅客中，尚有很多来台从事茶业产销工作，每年制茶工人有 8000—10000 人之多，许多制茶工留居在台。来台之旅客，尚有很多搭乘民船，淡水海关缺乏纪录。但从现有资料数字的增加，可知这段时期淡水与大陆之间往来的频繁，也反映茶业的蓬勃发展。

值得一提的是，根据戴宝村教授的研究，鸦片是由淡水港进入的重要贸易货品。1865—1894 年由淡水海关进口的鸦片，历年均在 1000 担以上，且有逐年增加之趋势。鸦片进口节节上升的原因有三个：1. 开港之后，茶、樟脑的出口带来极大的利润，人们的财富增加，鸦片消费量增多。2. 清季人民嗜食鸦片成风，服役兵丁亦不能免。驻台军队购买鸦片，使鸦片大量销售。甚至有长官以鸦片代替银两月薪，并上下其手，从中投机牟利。3. 为加强台湾海防而增加军队，鸦片进口量也增加。[①]

四　西方文化的进入

（一）海关的设立

除了港口以及洋行的设立之外，开台以来第一个海关亦设立于淡水。1862 年 7 月 18 日清朝政府征用了原水师守备使用的旧营房，以提供设置关口办公并开征税收。两年之后，打狗海关也在 1864 年 5 月 5 日正式成立，这些措施均是为了应对台湾开港后所必须面对处理的国际事务。

（二）宗教的传入

西方宗教传入台湾，虽肇始于荷西时期，但时间短绌，因此成效不彰。马偕在台时间约 30 年（1872—1901），因时间长久，

[①] 戴宝村：《清季淡水开港之研究》，《台湾师范大学历史研究所专刊》1984 年第 11 期。

口才流利，吃苦耐劳，博爱为怀，对台湾了解深刻。他认为在台湾北部布道工作的主要计划是训练本地布道牧师。其原因为：一、台湾气候恶劣，疟疾流行，少有外国人能抵抗；二、由于语言、风俗习惯的差异，本地人较能胜任布道工作；三、用本地人比较经济。[①] 因此，宗教深入台湾各地，设立教会约有 21 处[②]，继而开枝散叶。

（三）西式教育的展开

1. 牛津学堂

该校是加拿大基督教长老教会传教士马偕博士（Rev. George Leslie Mackay）于 1882 年在台湾淡水创立的西式现代化学校。该校主要为培养本地传教人才而设立。学堂课程内容除传授知识之外，对培养良好的生活习惯尤为重视，马偕认为传教士的身体、道德、精神之发展与传教之成败息息相关。因此在课程中包括了唱歌和军队式体操，以提振精神，要求培养整齐、清洁的生活习惯。

2. 淡水女学堂

马偕因目睹台湾女子地位较低，知识闭塞，传授教义不易。因此有志培育女教师，有助于妇女界的布道。1884 年淡水女学堂成立，在当时开社会风气之先，让久遭压抑的台湾妇女也能受西式教育熏陶、革除昔日不当的封建束缚、开拓知识领域，以提升社会地位，带动台湾妇女接受教育运动之风气。这些受教的妇女至各地布道站的工作持久而有成绩，使马偕对该计划非常满意。而这些妇女接受新教育的熏陶，除知识的熏陶外，也改变许多生活习惯，例如缠足之陋习。

3. 教会书房

除牛津学堂和淡水女学堂之外，马偕在各地教会设立教会兼设

---

① 《台湾六记》，台湾研究丛刊第 69 种，台湾银行经济研究室 1960 年版，第 14、49 页。
② 戴宝村：《清季淡水开港之研究》，《台湾师范大学历史研究所专刊》1984 年第 11 期。

书房,免费教育民众。1882年设立的"理学堂大书院",1914年迁至台北市双莲,改名为"台湾神学院",1922年改为"私立淡水中学"。学生多有留学经验。

(四)西医的引入

马偕并非医师,但因学习过基本的医疗知识,在传教时兼为人诊病施药,之后创设医馆,成为台湾北部西方医术的倡导者。马偕的医疗工作有:①淡水北部的医疗工作。马偕抵达淡水开始传教后,同时开始为人诊疗。医疗工作对于改善他与本地人的关系有相当大的助益。②旅行医疗布道。台湾居民由于喜爱食用槟榔,因此易引起牙病。马偕在旅行布道时,也会替人拔牙治病,替患者解除痛苦,此项服务赢得民众好感,减少民众对传教士的排斥。③偕医馆的开设。马偕以淡水传教、医疗及教育的中心,他先以自己之寓所为人诊疗,继而租屋为诊所。但患者日益增多,地方不敷使用,于是计划建立医院。经过多年的努力以及热心人士的捐赠,1879年"偕医馆"完工,这是台湾北部最早设立的新式医院。医馆的经费来源,除外商洋行的捐赠之外,亦不乏本地士绅的捐献。此说明北部台民对于新事物有较高的接受取向。[①]

(五)欧式建筑风格的进入[②]

1862年,英国于淡水设立领事处之后,英商也在此设立代理人或商行。1865年安平有洋商进驻;1867年大稻埕亦受到洋商之青睐,部分原淡水及打狗之洋商迁往大稻埕。如表5所示,当时的淡水地区洋商有5家之多,就洋商的国籍来看,以英商和德商为主,前者进入台湾市场较早,德商则稍晚。

[①] 戴宝村:《清季淡水开港之研究》,《台湾师范大学历史研究所专刊》1984年第11期。

[②] 林惠承:《台湾清末洋式建筑研究(一)洋关、领事馆、灯塔及洋行》,《艺术评论》2002年第13期。

表 5　　　　　　　　　　清末在台的主要洋行

英中文名称	国别	开设年	所在地	主要业务
Jardine, Matheson & Co. 怡和洋行	英	1860 年 1862 年	初设于打狗 设代理人驻淡水， 后设于大稻埕	樟脑、茶叶、 糖、保险代理
Dent & Co. 颠地洋行	英	1860 年 1862 年	初设于打狗 设代理人驻淡水	樟脑、糖
MacPhail & Co. 天利洋行	英	1864 年以前	打狗、台湾府均有	樟脑
Lessler & Co. 勒士拉洋行	德	1864 年以前	打狗	樟脑、糖
Kielmann & Alisch 柯尔曼·亚力基洋行	德	1865 年	打狗	
Milisch & Co. 美利士洋行	德	1865 年	淡水	樟脑、鸦片、 海运、拓殖
Field Hastis & Co. 费尔·哈士迪斯洋行	美	1865 年	淡水、鸡笼均有	樟脑、煤
Elles & Co. 怡记洋行	英	1866 年	打狗	樟脑、茶叶
Tait & Co. 德记洋行	英	1867 年 1872 年	原安平、打狗均有 迁往大稻埕	茶叶、保险 代理
Boyed & Co. 和记洋行	英	1867 年	安平、大稻埕均 有，本店设于厦门	茶叶、保险 代理
Brown & Co. 水陆洋行	英	1869 年	安平、大稻埕均有	茶叶、保险 代理
Case & Co. 嘉士洋行	英	约 1869 年	安平、大稻埕均有	茶叶、保险 代理
Dodd & Co. 宝顺洋行	英	1869 年	安平、大稻埕均有	茶叶
Douglas Lapraik & Co. 得忌利士洋行	英		大稻埕	

续表

英中文名称	国别	开设年	所在地	主要业务
Reuter, Brockelmann & Co. 刘达·布罗格尔曼洋行	德		大稻埕	
Buttler & Co. 公泰洋行	德		淡水、大稻埕均有	樟脑
Bain & Co. 怡记洋行	英		安平	保险代理、电线工事
Wright & Co. 咪记号	英		安平	糖、杂商
Hankered & Co. 旂昌洋行	英		台湾府	煤
Julius Mannich & Co. 东兴洋行	德		安平	樟脑、糖、轮船
瑞兴洋行	德	1866年	台湾府	樟脑

资料来源：林惠承：《台湾清末洋式建筑研究（一）洋关、领事馆、灯塔及洋行》，《艺术评论》2002年第13期。

洋行商馆以及洋式建筑，是依据洋人的信仰与文化上源远流长的风格，展现出其独特的建筑风格，带给当时人们相当大的刺激，也影响到日后台湾当地的建筑风格。

五 小 结

中国因1895年甲午战争失败，被迫割让台湾给日本。日本殖民台湾之后，日本与台湾之间的航运关系，由国际航运演变成国内航运。对于日本统治台湾之后，日本政府为能迅速地加强台湾与日本国内之间的航运之联系，根据台湾总督府的《公文类纂》中的相关记载，最早从日本殖民统治台湾的翌年，即1896年4月开始，由台湾总督府以补助金 6 万元的方式①,支付大阪商船会社担任台湾与内地之间的命令航路,此为本岛航线补助之起源。在命令书中第一条之规定,船舶共有二条航线:

一、从神户出发,经由马关、长崎、鹿儿岛、大岛、冲绳、八重山到基隆。(每月航行一次)

二、从神户出发,经由鹿儿岛、大岛、冲绳到基隆。(每月航行二次)②

前揭二条航路都有经由鹿儿岛县到达基隆,因此可以提供日本岛民向外移民发展的便利,基隆当然被日本视为最近距离地选择移民地。就船舶安全性而言,可提供移民者安全往返海上的交通工具,吸引日本岛民来台湾之动机。在此情况之下,昔日风光的淡水也因此走上衰退之路。

其次,日本侵占台后,淡水港因为港口淤积、铁路兴起以及贸易对象的改变,昔日的航运功能也开始改变。

淡水是河口港,泥沙淤积严重,大型船舶要等涨潮才能进出,非常不便。而淡水河上游地区过度开垦,水土流失大,随山洪而沉积河床,河运日渐衰落。再加上当年中法战争时,在河口沉塞数十艘石船,战后并未打捞,也加速了河口的淤塞。日本人在台北盆地铺设多条铁路支线,形成网络。同时更将纵贯铁路延长至高雄,改变了全台湾的交通结构,各地的货物都可由铁路直达基隆港。而淡水虽然也有北淡线,但没有直达港口,运输量也小得多。清代台湾的贸易对象以大陆为主,洋行也多半先将货物运往厦门或香港,再转运到欧美各地,淡水与厦门、香港之间的航程较近。日本侵占台后,日本取代了昔日中国大陆,成为最主要的贸易地,而基隆比淡水接近日本,更受日人重视,成为全台第一大港。淡水港则日渐没落,变成渔港小镇了。③但其在台湾历史上之地位,则无法抹灭。如今,透过观光视野,却也展开另一海洋观光之风貌。

---

① 《大阪商船會社ニ内臺間定期航海ヲ命ス》,《公文類纂》乙種 31 卷之 34。
② 同上。
③ 庄展鹏主编:《淡水》,远流出版公司 1990 年版,第 57 页。

"一带一路"视野下的云南侨乡新开放探讨

何作庆

(红河学院云南侨乡文化研究中心)

摘　要：本文在实地田野调查和大量收集资料的基础上，对20世纪末至21世纪初在改革开放形势下，云南侨乡聚合区位优势，发挥沿边跨境民族"民心相同"特色，开展边境小额贸易互市和先行先试优势以及少数民族侨力资源优势，有效利用境内外两种资源、两个市场，使对外开放取得了令人瞩目的成就。在主动对接和融入国家"一带一路"倡议背景下，云南侨乡对外开放的外在条件和内在动力已经发生变化，云南侨乡面临着新的挑战，迎来了新的机遇，必须打破禁锢节点，加快构建云南侨乡开放新优势。

关键词："一带一路"　对接战略　云南陆疆侨乡　开放新优势

云南是中国五大重点侨乡之一，也是唯一的陆疆侨乡大省。云南历史上曾有传统的南方丝绸之路，在21世纪"一带一路"倡议下，云南是"通江达海"的陆疆南方丝绸之路核心区，生态文明建设的排头兵，辐射南亚东南亚地区的合作战略支点，必须充分发挥云南侨乡政策和跨境民族"民心相同"等的叠加优势，加快先行先试步伐，推进体制机制创新，打造云南侨乡对外开放新优势，努力成为"一带一路"西部陆疆建设的举旗者、引领者和带动者。在"一带一路"倡议背景下，云南侨乡对外开放的外在条件和内在动力已经发生变化，应以云南侨乡为主，加快构建开放型经济体系，培育竞争新优势迎来了新的机遇，又面临着新的挑战。

一 云南侨乡对外开放面临的新机遇

（一）与传统"通江达海"的陆疆南方丝绸之路沿线国家优势互补的机遇

推进"一带一路"建设，加强与"通江达海"的陆疆南方丝绸之路沿线国家和地区友好交往，加快陆疆南方丝绸之路核心区建设，将为云南省以沿边为主的对外开放创造更加广阔的发展空间。"通江达海"的云南历史上与现实中的南方丝绸之路"一路一带"沿线国家和地区的城镇化、工业化水平都不高，基础设施缺口大，云南省企业可借机参与南亚东南亚周边国家和地区的交通、能源、港口等基础设施建设。通过基础设施的互联互通，境外投资、跨国兼并重组，推进重点商品出口基地建设，积极主动"走出去"，有利于云南侨乡将区位优势转化为开放新优势。随着区域发展和差异动态变化，沿海侨乡地区传统产业加快向西部陆疆和南亚东南亚地区转移，为云南省发展转口贸易经济、服务外包、农业种植、金融保险和旅游观光等重点产业提供新的机遇，有利于加工贸易和服务贸易转型升级。

（二）云南对外开放载体建设强化的机遇

东盟华商会（华商论坛）作为西南地区的一个对外开放的重要平台，致力于汇聚世界华侨华人，聚力中国西南，积极参与"一带一路"建设，促进区域合作；同时倡导绿色生态发展方向，帮助华侨华人寻找新兴投资创业机会，促进各国华商之间的经济贸易合作，实现互利共赢；同时，南亚博览会暨昆交（商洽）会举办开幕式及会展活动，并组织部分华商赴州市进行投资考察。2016年6月10日至13日由中国侨联、国务院侨办、云南省政府联合主办的第十四届东盟华商会，开展投资项目签约，新侨创新创业展示，瑞丽开发开放区推介，部分嘉宾赴相关园区、州市考察投资项目。会议期间举办第 4 届中国—南亚博览会暨第 23 届中国昆明进出口商品交易会。昆明滇池国际会展中心和一批相关服务设施得到有效利用与强化。上述投资贸易平台，有利于与"通江达海"的陆疆南方丝绸之路沿线国家地区项目对接，促进资本运作、品牌经营、市场拓展和技术转移，加快建设陆疆境外产业园区、高新技术开发区和出口基地，搭建与"通江达海"的陆疆南方丝绸之路沿线国家地区产业合作平台，促进资源整合和国际产能合作。云南省跨境电商发展迅速，随着省、沿边地州先后跨境电子商务的开展，有利于整合资源，推进政府高效运作、创新服务和对外贸易发展。可依托云南国家级、省级、地州级跨境经济合作区、保税区的先行先试政策，探索实施可复制推广的成功经验，能够在更高起点更高层次更宽领域，加快构建云南侨乡开放型经济新动力。

（三）推进与传统"通江达海"的陆疆南方丝绸之路沿线国家文化交流的机遇

从秦汉、唐宋、明清直至近代，云南省都是陆疆南方丝绸之路最重要的参与者与见证者，对推进以南亚东南亚地区为主的不同国家、不同民族之间的文化交流合作发挥了重要作用。对接和融入"一带一路"，开展与丝绸之路国家和地区文明互鉴与相互交融，建立与沿线国家和地区政府定期合作的交流机制，合作开发跨境跨国旅游市场，推进文化教育培训，加强医疗卫生领域协作，有利于推进投资贸易便利化，能够对接和融入更多的"一带一路"元素，形成"文化搭台，经贸唱戏"的发展新机遇，促进要素资源跨境跨国流动，提升跨境跨国合作的资源配置效率。

（四）跨境、跨国、国际贸易投资机制创新的机遇

云南国家级、省级、地州级（尤其沿边）跨境经济合作区应着力制度和规则创新，坚持睦邻导向和跨境民族（国家）需求导向，以负面清单管理为核心。随着跨境经济合作投资管理体制改革逐步深化，以跨境、跨国、国际贸易"单一窗口"为重要抓手的贸易便利化程度不断提高,以沿边地区资本项目可兑换和跨境、跨国、国际金融服务多元化为目标的金融创新措施稳步推出,以社会信用体系建设为基础的事中事后监管制度持续完善,有利于对标国际先进规则,通过对比互补试验,形成更多的跨境跨国创新点和突破点,加快建成西部陆疆一流的商贸环境,提升云南侨乡新一轮的对外开放广度和深度,增强区域沿边侨乡特色与发展空间。

(五) 要素集聚和发展动力转换的机遇

云南省处于产业转型升级的关键时期,加快改造提升传统产业,引进新产业,促进高技术产业和价值链高端环节取得新的突破。大力发展战略性新兴产业,加快培育新一代生物医药产业、节能环保产业、新能源产业、矿冶化工产业、新材料产业、扩大沿边开放现代服务业,着力发展互联网和信息服务、跨国文化教育服务、跨境金融服务、国际商务和国际旅游服务、健康医疗养生服务等重点产业,有利于助推经济发展动力转换,进一步优化提升云南省开放型经济结构。

(六) 互联互通优势提升的机遇

基础设施互通互联,服务西部陆疆地区对外陆路开放出境通道持续完善,云南省与"通江达海"的陆疆南方丝绸之路沿线国家地区核心区地位不断提升,有利于加快形成对外开放互联互通的综合优势。陆港方面,云南省将形成核心港区,强化与"通江达海"的陆疆南方丝绸之路沿线国家地区陆港、河航港合作,共同推动陆路交通与河流航运物流业发展。航空方面,加快以昆明空港国际航运中心为主,不断拓展沿边支线机场空港的境外航线,有利于提升空中通道和航空枢纽地位与辐射作用。铁路方面,随着滇越、中老、中缅等铁路建设,将形成便捷的铁路跨国运输网络,有利于拓展经济辐射国家与地区,加快"跨境云南"、"跨国云南"和"国际云南"建设。

二 云南侨乡对外开放面临的挑战

（一）国际经济大形势日益复杂，云南周边国家经济更加动荡

当前世界联系日益紧密，尽管各国加快发展开放型经济，加强协调宏观经济政策，加快重构全球投资贸易规则体系，但美国特朗普上台之后，以美国国内经济发展为主来考虑国际问题，宣布退出《巴黎气候协定》，减少承担的国际性义务；英国宣布退出欧盟，启动"脱欧"谈判；国际经济发展的不稳定、不确定因素明显增加，外部需求疲软，全球价值链拓展不断深化，利益关系更加复杂与多样化。随着我国经济持续下行压力增大，云南与南亚东南亚的经济关系因中国与南海区域周边国家之间的竞争与矛盾日趋激烈及中国与越南、缅甸等国的关系时好时坏而起伏不定，位于对南亚东南亚开放前沿的云南省开放型经济发展将面临巨大的压力与阵痛。

（二）产业发展面临着国内外的"双重"挤压

随着人口老龄化、城市化发展，要素资源成本上升，将削弱云南省参与国际分工的优势条件，一些传统的劳动密集型产业的"洼地"效应减弱，正加速向越南、老挝、柬埔寨、斯里兰卡、缅甸等周边国家转移。同时，发达国家日益重视制造业，美国制定重振或鼓励制造业"回归"政策，其他发达国家纷纷效仿，中高端制造领域优势回升，产业间竞争加剧。云南周边国家鼓励本国经济发展，越南、柬埔寨、斯里兰卡、缅甸等周边国家承接发达国家的产业转移，与中国展开中低端产业竞争，云南省产业发展将面临"高端回流"与"中低端分流"的双重挤压。

（三）跨境、跨国与国际贸易摩擦的不利影响

虽然云南省转口外贸规模不断扩大，出口产品结构日趋合理，工业制成品出口比例上升，但是云南省真正拥有自主知识产权的产品较少，在相当长时期内仍将以劳动密集型产品出口为主，以低价

竞销、以量取胜为主要竞争手段。随着国际贸易自由化发展，关税、配额、许可证等传统贸易措施的影响减弱，技术标准、环境保护、质量控制、检验检疫和产品认证等技术壁垒增强。中国与越南、缅甸、印度等南亚东南亚国家因边境摩擦、南海争端等问题致使国家关系时好时坏，起伏不定，从而影响到国家之间的经贸文化交流往来。云南省作为中国面向南亚东南亚地区的前沿省份，经常成为双方国家关系危机引发贸易摩擦的重灾区，也会造成外贸出口"肠梗阻"，外贸出口增长"丰产不丰收"。

（四）国际分工中产业结构需进一步优化

云南省第二、三产业比例较低，服务贸易滞后于货物贸易发展，对出口贸易贡献率降低。云南省利用外资集中在矿冶业、重化工，以低端开采、粗加工为主，技术引进、消化吸收、再创新能力不足。由于缺乏龙头企业带动、先进技术引领，云南省产品附加值不高，缺乏市场竞争力。加上要素市场化改革滞后，市场配置资源的决定性作用没能充分发挥，导致部分行业过度扩张，不仅具有传统矿冶、重化工产业产能过剩问题，而且战略性新兴产业所占比例不高，部分新兴产业缺乏核心技术和竞争力。虽然云南省以旅游业为主的第三产业比例有所提升，但是服务水平、质量与国内外发达地区相比，差距较大，还需进一步优化。

（五）沿边地区对外开放区域协调难度大，跨境经济辐射带动能力不强

云南省区域经济协调发展能力较弱，一些深层次矛盾仍制约沿边地区对外开放程度，不利于沿边地区开放型经济发展。加之，地方行政分割、局部利益保护、民族隔阂，企业商贸抱团合作意愿不强；滇中经济圈同质化，滇南融入滇中经济圈一体化进程缓慢，要素流动不畅，资源配置效率不高。由于区域产业关联度不大，同质化程度较高，难以根据市场条件变化发挥协作生产力作用。随着云南沿边地区以陆港、空港为依托，连接高速公路、高速铁路、跨国

干线，南出东进的现代化立体交通网络不断完善，云南省沿边陆港、河港、空港等不断打通通道，提升基础设施质量，服务西南部地区，辐射南亚东南亚，拓展经济能力不断增强，但形成对外开放"通江达海"新通道的制约因素较大，桥头堡地位尚未真正形成，尤其是集疏运体系、口岸通关功能不完善，市场空间有待提升，跨境跨国产业、交通通道枢纽、生态环境保护、口岸通关等领域的协调发展需要进一步健全。

（六）政府服务开放型经济的管理水平有待提高。

云南省简政放权、放管结合和优化服务水平尚难满足跨境、跨国、国际等境外市场需求，跨境、跨国、国际等境外投资管理制度创新不足，跨境、跨国、国际等民营企业"走出去"实力不强，跨境、跨国、国际等境外资源配置效率不高。随着跨境电商迅速发展，对跨境、跨国、国际等相关的海关、检验检疫、财政、税务、商务、质量监督、金融等部门合作提出了更高要求，边境地方政府快速反应、创新合作能力急需提升。

三 打造云南侨乡对外开放新优势的对策

加快21世纪云南省面向南亚东南亚的南方丝绸之路核心区建设，必须突破关键环节，进一步深化改革开放，加快构建云南侨乡对外开放新优势。应以"一带一路"倡议下的"五通"为目标，以"让利互惠"方式，实现中外跨境区域的对接，实现双方的有效对外协作；以"便利互通"满足云南与周边国家的通道对接，实现市场要素内外联通的国际大通道；以"平等互信"营造双方规则对接，构建以我方为主的国际市场要素高效集散的制度高地；以"合作共赢"实现双方经贸对接，实现全球生产网络价值的链接；以传统互信互谅的"民心相通"的人文对接，营造以睦邻为主的对外开放的优良民族环境。

(一) 以"让利互惠"方式，实现有效对外协作——跨境区域对接

云南省对接和融入"一带一路"建设，形成对南亚东南亚地区为主的全方位对外开放新格局，打造以睦邻为主的对外开放新优势，需要以共商、共建、共赢原则，建立互惠互利机制，构筑新的跨境、跨国等区域合作模式。

1. 选择优先开放的跨境、跨国等对接区域

云南侨乡与涉侨企业"走出去"发展要符合需求导向，有较强的经济互补性，通过建设跨境经济合作区和创新贸易投资方式，形成互利共赢的合作机制。云南省优先选择的开放合作区域，包括能与云南省边境接壤及境外主要通道优势相结合，具有低成本优势的发展中国家和地区，如中越的昆河经济走廊中对接的中国河口与越南老街跨境经济合作区，中老的昆曼经济走廊中对接的中国磨憨和老挝南塔跨境经济合作区，中缅通道对接的木姐姐告跨境经济合作区；历史悠久，距离近、成本低、联系密切的周边国家地区，如中泰对接的昆曼公路与经济走廊、中国与柬埔寨等；与云南省经贸往来较多、政治关系好的国家和地区，如孟加拉国、斯里兰卡等国。以此为基础，云南省优先推进板块依次是东盟、南亚、中亚地区、欧美。东盟国家发展潜力大，越南、老挝、缅甸等具有跨境开展经贸合作与民族交流的独特优势，是云南省21世纪丝绸之路核心区对接建设的重点地区。

2. 推进睦邻协作，建设对接机制

一是"丝绸之路"睦邻对接核心区。加强对中越、中老、中缅等接壤国家的顶层规划，促进政策衔接，提升协作机制，破解地方利益保护障碍。要改革地区政绩考核指标，突破本位意识，合力形成对外开放新优势。以红河州河口县、西双版纳州勐腊县、德宏州瑞丽市等国际陆港、河港中心为龙头，统筹构建国家级的现代跨国航运通道体系；以云南省的保山腾冲、文山天宝等口岸为龙头，促进云南省沿边地州的一体化发展，构建跨境经贸交往主通道。二是"丝绸之路"跨国对接区。加快构建"南方丝绸之路"云南出境沿

线地区协作机制，发挥昆曼公路主通道作用，推进云南省与泰国、柬埔寨等国协作发展。发挥载体平台功能，加强与沿海的广西、广东、福建、深圳等省市区合作，共享自贸试验区政策"红利"；在此基础上，建设经贸交往合作的通达"两广"、福建等省市区的主通道，完善互利合作机制，强化与港澳地区协作，构建由东南亚国家"中转型"与台湾对接的"一带一路"协作机制。

3. 以跨境民族"民心相通"，探索对外合作新机制

一是以跨境民族"民心相通"优先，注重边境一线的互惠互利、便利往来的对外新机制的探索。依托中国—东盟自由贸易区、APEC 等国际组织，推进云南省与周边国家越南、老挝、缅甸等国的跨境深度合作，除边民证等举措外，应实现旅游签证互免，便利人员往来。二是注重官方高层引领，跨境民族"民心相同"民间传统方式方法的承袭与创新。以提升传统跨境小额经贸关系为重点，助推跨境民族互惠互利机制，实现信息沟通的及时性，探索全面合作的新关系与新途径。三是以互联互通为目标，吸引周边国家开展主动借道，通过"通江达海"，拓展亚欧美市场。建设内地产品开拓南亚东南亚国家市场的中转库场，与东南亚国家率先建立关检合作机制，形成内地商企投资东南亚重要通道，拓展对外经济市场。

（二）以"便利互通"满足云南省与周边国家的通道对接——国际大通道

以中越、中老、中缅三条国际通道为重心，构建云南与南亚东南亚国家的现代国际交通立体通道体系，加快建设云南省连接周边国家的"一带一路"的重要枢纽门户和综合立体运输大通道。

1. 提升跨境通道硬件建设，构建"通江达海"的陆海空集疏运体系

充分发挥中越、中老、中缅三条国际通道中心作用，统筹云南沿边地区陆港、河港建设，加快建设中越、中老、中缅三条国际通道区域性物流中心，发展现代物流服务业。实施国别差异化发展，通过沿边地区管理创新、发挥资本跨境融通作用，促进陆

港、河港合作，优化空港资源配置。完善"通江达海"的陆海空集疏运体系，积极发展联合国际远洋运输、铁水联运和公水联运，畅通与西南周边省区为主的陆空路联系，打通对接和融入周边国家的陆路、水路运输通道。强化与周边国家的海陆交汇处的海港战略支点联运，提升"通江达海"的运输国际通道保障服务能力；强化境外机场合作，加快建设沿边支线小型枢纽机场，不断拓展国际新航线。

2. 提升跨境通道软件建设，构建现代化的信息畅通新体系

充分利用云南沿边开放区创新优势，提高通关便利化效率、降低运营成本。一是创新沿边陆港、河港开放政策。比照沿海发达地区侨乡，实行具有竞争力的陆港、河港对接区优惠政策。探索实施中越红河河流航运联合发展新模式，允许设立外商独资中越红河、中老、中缅跨境国际河流航运船舶管理企业，允许外商以合资、合作形式从事河流国际船舶航运业务，提升跨国河流航运服务功能。二是促进中越红河、中老、中缅跨境陆港、河港通关便利化。推进公共信息服务平台建设，推动水运口岸形成"单一窗口"；实现港航、海事、海关、国检、边检等信息互换、监管互认、执法互助合作机制。三是加强陆港、河港交通运输合作。开辟与邻国新交通线，拓展新通道；发挥沿边自贸区优势，加强云南与周边国家陆港、河港对接合作。

3. 规划沿边跨境经济走廊，落实畅通跨国对接市场通道

构建高效的跨境、跨国、国际运输市场环境，推进农产品、工业品输出与矿产能源资源进口互动发展。一是打造矿产能源进口及加工基地。利用中缅石油管道的大宗石油集散基地和昆明石化基地，扩大石油、天然气、矿石等大宗物资进口。二是建设"中国—泰国农产品产业合作暨交易平台"。为农产品进出口贸易提供快捷陆路、河道、空中运输，打造农产品中转基地。三是建设铁路、河港集疏运体系。推进河港专用公路、铁路专用线建设，加快构建跨境大型集装箱港区、大宗干散货港区的铁路集疏运通道，加快发展支线的陆港、河港建设，对接越南、老挝、缅甸的陆港、河港，加

强沟通协作，积极发展以陆港、河港为枢纽的跨境联运业务，提升陆港、河港、空港对南亚东南亚地区经济的辐射带动作用。云南城乡规划委员会编制的《云南省沿边城镇布局规划（2017—2030年）》已经由云南省人民政府于2017年8月批复实施。该规划将重点推进云南省沿边3个增长极、5个特色组团和8条经济走廊。①

（三）以"平等互信"营造规则对接，构建跨境、跨国、国际市场要素高效集散的制度高地

主动对接跨境国家、东盟、国际规则，充分发挥多重叠加政策优势，加快构建沿边睦邻经贸交往主通道。

1. 实施重点突破，推进中越、中老、中缅"跨境经济合作区"建设

建设中越"河口北山—老街金山"、中老"勐腊磨憨—南塔磨丁"、中缅"木姐—姐告"三个主要"跨境经济合作区"，扩大对跨国接壤国家开放医疗、保险、银行、物流仓储、货运代理等领域，实施对跨国接壤国家商品旅游免税限额；建设跨境国家贸易对接中心，实施对跨国接壤国家航运、通关、检验检疫新模式，推动跨境贸易便利化；建设跨境对接金融服务中心与货币清算中心，推动人民币跨境结算业务以及人民币与越盾、老币、缅币兑换业务；建设跨境经济新兴产业和现代服务业合作示范区，打造跨境共同参与国际合作竞争新平台。

2. 发挥睦邻惠边政策优势，促进中越、中老、中缅经贸融合发展

推进中越"河口北山—老街金山"、中老"勐腊磨憨—南塔磨丁"、中缅"木姐—姐告"三个主要跨境经济合作区发展，积极扩大"跨境经济合作区"辐射功能，运用"前店后厂"或"前店后仓"政策，挖掘和提升外商投资区优势。推进中越"河口北山—老

---

① 《〈云南省沿边城镇布局规划（2017—2030年）〉获批实施，重点建设八条经济走廊》，《云南政协报》2017年8月21日第1版。

街金山"、中老"勐腊磨憨—南塔磨丁"、中缅"木姐—姐告"等跨境经济合作区睦邻惠边政策对接,开展货物通关、贸易统计、原产地核查、检验检测认证等方面合作,构建对接跨境国家政策与东盟、国际规则及"一带一路"沿线国家地区的贸易、资金和人员便利往来的集散地和中转站。

3. 对标跨境跨国成熟市场,打造规范有序的营运环境

提供更加公平、透明、规范的发展环境,统筹进出口贸易,促进"引进来""走出去"平衡发展,实现跨境现代农业和跨国现代服务业协同发展。推进政府治理边疆体系和治理云南沿边民族侨乡能力现代化,真正落实法无授权不可为、法定责任必须为、法无禁止皆可为,加快建设21世纪中国西南丝绸之路核心区。

(四)以"合作共赢"实现彼此经贸对接,实现全球生产网络价值的链接

支持沿边民营经济先行"走出去",加快形成协同跟进的"南方丝路"产业价值链布局,提高资源跨境跨国配置能力。

1. 鼓励云南沿边侨乡民营经济先行"走出去"

发挥民营经济比较优势,创新民营企业"走出去"模式,打造对接"一带一路"民生经济先行的市场新优势。强化政策支撑,搭建各种载体平台,有效防范规避各种投资风险。发挥侨乡、侨力资源优势,创新抱团发展模式,促进分工协作,鼓励民营企业创办境外产业园区、出口加工区,实现产业集聚发展。

2. 提升对云南侨乡、侨居区综合服务水平

强化跨境国家、东盟等"一带一路"沿线国家和地区投资环境研究,完善境外投资产业导向和国别指导政策,为侨乡企业"走出去"发展提供综合服务。促进国内金融机构机制创新,支持金融机构率先,为境外企业提供全方位金融服务。有效规范境外企业行为,鼓励"走出去"侨乡企业符合当地法律要求,尊重民俗习惯、保护环境、促进民生改善。

3. 依据不同对象，实施跨境、跨国、国际差异化发展政策

与泰国的产业合作，重点放在旅游、金融、港口、航空、物流等现代服务领域；与马来西亚和印尼产业合作，着力推进国际产能合作，扩大装备制造设备出口，促进产业互补互惠；对柬埔寨、老挝、缅甸、越南等国产业合作，以输出资金、技术和设备为主，鼓励企业在当地投资办厂，设立工业园区，促进产业转型升级。

（五）以"民心相通"对接，营造以睦邻为主的互信互谅与对外开放的民族传统环境

按照自然舒适为原则，以民族文化旅游为重点，加强打造和提升"七彩云南"，全面升级云南自然和民族文化旅游，增强对南亚东南亚国家的吸引力。

1. 促进跨境、跨国民族民心相通与融合

以跨境、跨国区域单一、多元民族文化为基础，以民间交流与交融为主体，政府交流为支撑，加强跨境、跨国文化交流和各民族人员往来。强化跨境、跨国迁徙民族的族源意识，加强与祖地深度交流，建议由政府牵头，在云南省沿边八个州市选择适当的少数民族侨乡设立"沿边民族侨乡与侨缘馆"、构建寻根谒祖综合服务平台，通过展示族谱和文献资料，返乡谒祖、寻亲认亲、青少年夏（冬）令营等形式，在沿边少数民族地区侨乡适当时机设置"鉴真学校"或"鉴真课堂"，加强与境外少数民族华侨华人交流与合作。

2. 促进跨境、跨国民族文化交流

依托云南省与越南、老挝、缅甸等国接壤，跨境少数民族众多，族源相同，文化相通等优势，加强与"一带一路"沿线国家地区、陆海交汇重点国家合作，提升"南方丝绸之路"旅游文化品牌效应。构建信仰认同载体，加强迁徙族源意识与祖地文化、民族民间文化交流，建设沿边民族文化生态保护区等载体平台，发挥少数民族民俗和原始宗教信仰凝聚人心作用，打造民族民心交流与融合重要纽带，睦邻安边。打造跨境、跨国精品旅游线路，串联沿边州市侨乡"马帮驿道"遗址文化旅游，构筑陆路丝路文化遗产长廊，打造"一

程多站"旅游精品线路,推行睦邻安边惠民旅游,通过公益基金、旅游优惠等措施,吸引跨境、跨国沿线国家地区人员旅游度假,促进云南旅游圈与东盟旅游深度融合发展,并面向国际进行推广。

参考文献

陈斌、何作庆、辛利波、杨芳:《多彩时空的交融——云南边境侨乡文化》,云南大学出版社2015年版。

大理州侨务办公室:《大理白族自治州侨务志》(内部版),1993年。

何作庆、丁菊英:《红河陆疆侨乡的文化特征探讨》,《红河学院学报》2012年第3期。

何作庆、朱明:《云南红河县侨乡文化的历史与开发研究》,《红河学院学报》2006年第1期。

红河县地方志编纂委员会:《红河县志》,云南人民出版社2015年版。

红河县人民政府侨务办公室、红河县归国华侨联合会:《红河侨乡60年》(内部版),2011年。

红河县人民政府侨务办公室、红河县归国华侨联合会:《侨乡迤萨》,云南民族出版社1995年版。

李鸿阶、林心淦:《对接国家"一带一路"倡议,发挥福建侨乡开放新优势》(内部版),载《第三届"比较视野下的中国侨乡研究"学术研讨会论文集》,2016年。

王明达、张锡禄:《马帮文化》,云南人民出版社1993年版。

王谦、何作庆、黄明生:《陆疆侨乡名村》,社会科学文献出版社2010年版。

许百均:《云南省志·侨务志》(卷六十五),云南人民出版社1992年版。

云南省侨联:《云南侨乡文化研讨会论文集》(内部版),2005年。

赵和曼:《少数民族华侨华人研究》,中国华侨出版社2004年版。

汉民族与区域文化研究

蜕变中的台湾农村[*]

陈祥水

(台湾清华大学人类学研究所)

摘 要：本文主要是以笔者的个人田野经验，论述20世纪70年代以后台湾农村的一些变迁现象。虽然国民党来到台湾后曾经进行了一连串农业改革政策，但是这些措施都没使农民真正获益，农业收入江河日下。同时，年轻人口的外移，在外就业，使农业人口呈现老化现象。农民在痛苦中求变，并随着现代科技的引进和应用，农村的面貌就一直在蜕变中。本文就是想探讨这些科技和政策对农村所带来的影响是什么？家庭结构本身的变化及家庭和外在大社会的联结机制又是什么？农民又如何来重新结构农村社会、适应和创造农村的新景观？

一 前 言

台湾的农业先后历经荷兰、明郑及清朝的统治，奠下日后日本在台的农业发展基础。日本为了"工业日本，农业台湾"，把台湾当作日本的粮食供应基地，因此推动了不少农业发展的策略。除了作物品种改良外，并积极从事各种基础设施的建立，例如大型水利灌溉的建筑，又引进农业改良场、农会、水利组合、农事组合（生

---

[*] 本文原为2006年5月26日由笔者主办的"持续与变迁：跨学科的农村社会研讨会"（台湾"清华大学"）的会议文章，并加以增删修改而成。

产合作）等许多社团及政府机构（吴田泉，1995：359—72）。及至国民党来台，鉴于在大陆农村失败的惨痛经验，遂进行了一连串的农业改革政策。先是土地改革政策（三七五减租、公地放领、耕者有其田）、化学肥料及饲料的引进、农业机械化的推广、粮食平准基金实施保证价格稻米收购及许多农业措施。但似乎都没有真正使农民获益。农家的农业收入却是江河日下，在1986年农家每户平均所得为新台币289822元，其中农业所得只有105544元，仅占农家所得的36.4%（吴田泉，1995：389）。根据相关家庭收支调查结果，2015年的农家收入总额为1026000元，其中农业及相关收入只有230000元，仅占22%；受雇人员报酬为376000元，占37%。年轻人口的外移，在外就业，使农业人口呈现老化现象（农业就业人口平均年龄是55岁以上）。虽然工商业的发达及社会文化的变迁带给农村莫大的变化，但农村并没有因此而完全举旗投降。农民在痛苦中求变，应用农业新科技可能带来的优点而努力，因此在农业政策改变后，小农种植还是继续存在着，只是成本相对提高许多。随着现代科技的引进和应用，农村的面貌一直在蜕变中。本文就是想探讨这些科技和国家政策对农村所带来的影响是什么？家庭结构本身的变化及家庭和外在大社会的联结机制又是什么？农民又如何来重新结构农村社会、适应和创造农村的新景观？

二 蜕变中的农村

Redfield（1942）在墨西哥乡民研究时发展出来的乡村—都市连续体观念（rural-urban continuum），胡台丽在《消逝中的农业社区》（1979：105—7）一文中，也把台湾人类学的农村研究作品列出并依其成员职业异质化、农业机械化程度、土地利用及工业化影响等因素，将这些农村归类成ABCD四类。A类社区是农业性质比较高的农村。D类则是相反，通常这些社区较靠近都市，农业沦为副业，土地利用是保值式的粗放农业，新式工厂纷纷出现。这样的分类法在目前虽然还可用，但其内容却值得再商榷。因为机械化已很普遍，已和邻近都市与否无关，很难再作为很好的指标。新式工厂在各乡村的增加并不像以前那么明显。除了深山外，农民因为交通方便及教育程度提高，职业异质化的现象变得非常普遍。D类的粗放式的农业经营都可能已变为科技化的精致经营模式。

　　台湾农村经济并不是在最近才和岛内、外有所互动。但不可否认的是，因为科技的发达，对外经济活动的普及和影响，时至今日才更明显地彰显出来。Appadurai（2002）曾以五个图像（族群、传媒、财经、科技、意识）来说明全球化的现象。笔者认为，这五个图像也可以用来说明今日台湾农村的新面貌。因此本文想探讨变迁中的个人、家户、社群、地区、全岛，甚至全球其他国家地区的互动和结合，并了解农民的种种生活策略、意义和可能产生的结果。在全球化的飓风中，当地农村受到的影响是什么？在农业的转型过程中，农民又如何应对？农民是完全接受，还是加以改良成为新的合成文化？政府在整个农村社会变迁的过程中，又扮演什么角色？提供了哪些需要的帮助？地域性或跨地域性的生产合作团体在中央政府力量的介入下，对生产或人际关系又产生了何种新的变化？不论是硬件的建设，或是软件的信息传输，在农村生产、消费及各种文化的持续与变迁中，又扮演了哪些角色？

（一）家庭结构的改变

　　一直至今，家户都还是被认为是一个基本的生产和消费单位。但我们也得承认家户在表面上虽然还是一群有血缘关系的成员住在一起，但在工作就业或组成形态上已有许多变化。至少可以从下列几点新的变化来论述：

　　1. 家庭经济形态的变化

　　以前农家的收入几乎都来自农业。但随着工商业的发达，农家的经济结构起了很大的改变。虽然专业农还继续存在着，但兼业农及非农家已日渐增多。自从肥料换谷制取消及鼓励稻作转作后，利润的考量就变成农作物种植的重要依据。以屏南村（陈祥水，1996）而言，每季种稻的面积不超过10公顷，很多村民改种经济利益较高的莲雾及其他果树，或饲养泰国虾、鳖和其他养殖类动物。研究的100户例子中属于专业农（夫妻两人都从事农作，或是一人做农，另一人无业）有52户；兼业农（夫妻中仅有一人从事农业，另一人从事非农业活动）有24户；非农户也有24户。但若把住在家中成员的职业也算进来，专业农大概只有二十几户而已。由于高速公路的兴建及汽车的普及，在外就业的家中成员就以开车或骑车的通勤上班方式，过着离农不离乡的新形态生活。至少有两样是2017年笔者在屏南村发现的新现象。第一，家庭成员职业的多样化：举一、两位朋友的例子。户长是务农，太太已过世多年，户长也于今年年初过世。大儿子是知名大型营建厂的工程师，每天开车至南部工地上班；大儿子太太在娘家的国术馆上班；二儿子原先也在大型营造厂工作，但因工作事故过世；三儿子在北部的环保局上班；最小的儿子在家务农。这个例子透露出现代农家就业的多样化。另一个例子是先生在公务机关上班；太太在家养猪；两个女儿都已大学毕业，有工作，且已结婚在外地居住了。小儿子刚退伍没多久。随着教育水平的提高及外在就业机会的增加，家庭成员的多样化变成很自然的现象。过年、过节或重要的日子，外出的儿子们才会带着妻儿回家。虽然在外的子女们，表面上是经济独立，但实际上有些重要的经济或其他决定，还是需要由父亲或透过父亲来协调。庄英章（1972：88）笔下联邦式家族的结构至今还存在台湾农村，虽然有时父亲也有"力有所不逮"，无法让儿女们接受自己想法的感慨。因为交通方便、教育水平提高及外在工商业就业机会的普遍增加，使农业人口老化现象更加突显。第二，部分妇女的农业角色加重。由于有些丈夫担任公务员或在外打拼，因此家中农事就完全落到太太身上。笔者认识的两位妯娌，她们的丈夫都是公务员，两位太太都是专业农。一位养了近千头猪，另一位种植果树及养猪。两人都是非常成功的专业农。当然村内也有一些媳妇是在外面就业。不可否认，随着这些经济形态的转型，村中农民会有一种互相比较的心态，譬如说农民认为做工赚的钱多又容易，一日两三千元；但做工的却不认为天天有工可做，所以钱没那么好赚。因此不同工作类型的村民在彼此间产生了比较，但阶级意识是否会因此而产生呢？这种异质化的现象会不会形成马克思学派眼中的阶级对立呢（Lenin，1898）？笔者想不同阶级的意识是有可能逐渐形成，但是在一个非常重视血缘关系及有不同阶级成员并存的家户或农村里，许多兄弟或邻居都是朋友或同学的情况下，阶级对立是不太可能形成的。这情况和研究中南美洲的学者的观点可能是不一样的。Deere（1987）、de Janvry（1981）和 Cancian（1989）等人认为小农变成无产阶级是不可避免的，但柯志明（1990）和笔者个人的观点与其相反。

2. 外籍配偶的引进

外籍配偶大量进入台湾大约是在 20 世纪 80 年代以后，先是泰国及菲律宾，20 世纪 90 年代以后开始了印尼及越南新娘的引进。据夏晓鹃说此现象和台湾资本外移的趋势是一致的（2004：64）。此趋势并扩及其他东南亚国家及大陆地区。我们在报纸上可以看到许多相关的报道，例如：每八个出生婴儿中就有一个是外籍配偶所生。《中国时报》（2006 年 5 月 8 日）报道说每五对新人有一对为外籍配偶，因文化冲突和生活适应不良，频频出现外籍配偶带着孩子返回即消失的例子。但根据有关统计资料显示，2013 年以来，外籍配偶的生育率已低于于 7%，2016 年只占 6.18%。

对人类学家来说，异国婚姻牵涉涵化和濡化的两个重要概念。易言之，牵涉到新移民（成人及小孩）两地不同文化的接触经验及文化培育经验。涵化可包括许多事情，不论是饮食的嗜好、夫妻及家人关系的建立及维系、不同文化待人接物的观念及准则；濡化就是家庭或外在环境对小孩的文化栽培。其实涵化和濡化这两个概念在移民社会里常是互相交织在一起的。李慧美（2017）在其硕士论文里探讨台湾新住民的第二代小学生在所谓火炬计划下的涵化和濡化同时并行的成效。这个实行三年的计划是为了培养新住民小孩的多元文化观，认识新家乡及外籍配偶的母国文化。

其实大部分到越南娶妻的人是社会中被边缘化、被排挤，并在台湾婚姻市场边缘的一群人（夏晓鹃，2002：5；张雪真，2004：

47)。从上述这些有关外籍配偶的文章中都告诉我们这些婚姻很多都是站在中国父系社会"传宗接代"的自私立场上——"太太没关系，但孩子一定要带回"。在越南乡下，女性负担家庭经济，因此经济地位较高，婆媳间的地位比较平等。但嫁到台湾来，却处处受到婆婆的牵制。有些婆婆因为台湾媳妇不肯与公婆同住，或因为自己的儿子有缺陷、条件较差，因此刚开始时对同住的外籍媳妇有比较大的接纳度。可是日久生变，婆婆的要求日增，也要建立自己的权威地位，但媳妇却也因对环境的熟悉，而有自己的想法。因此婆媳间的紧张关系就开始增加（吴育美，2017年硕士学位论文初稿）。张雪真（2004：61）就提到媳妇因上市场花钱买菜而引起婆婆的不快，而常有争吵。她也提到相信还有一堆文化差异可以引起大人之间的不和谐或嫌恶，例如有些人觉得外籍配偶的坐姿不端庄、谈吐不雅、喜欢成群结队出游等。

另外，有许多地方设有识字班或姐妹班等协助外籍配偶认识台湾文化或当地习俗，夏晓鹃在《流离寻岸》中提到她和美浓爱乡协进会在当地引导外籍配偶识字及融入该社区的努力成果及这些成果也影响其他地方的相互成立识字班之类的活动。这些努力值得肯定，但在笔者看来，许多努力还是局限在要将外籍配偶单轨地同化入台湾社区，而较少注意到鼓励或培养就近当地人民或台湾地区人士认识他国文化的双向涵化取向。也许我们比较容易看到只是食堂等小餐厅的出现而已，并没有真正去欣赏到异文化的美丽内涵。纽约皇后区的皇后节日（Queens Festival Day）在1985年以后的每年庆典礼都设有一个"亚洲村（Asian Village）"，使几个主要的亚洲移民族群可以在两天的活动里，表演她们自己族群的文化活动，让来自纽约或其他地区的不同族群可以来分享亚裔文化（陈祥水，1991）。虽然近年来各地也会办些移民表演活动，例如近年来在新北市中永和地区每年都会举办东南亚的泼水节活动。但如果有更多元化（越南及印尼）的各种民俗文化活动会，就会让不同文化间的交流会更多元，让文化涵化能更普遍，更广泛。

我们必须重视新住民小孩在发展过程中可能会发生的一些阻

碍。外籍配偶初来台湾，对语言、风俗、习惯等文化都不了解，只为夫家的传宗接代而努力。小孩一诞生，除了负起照顾小孩，还得侍奉公婆及承担许多繁重的家务工作（吴玉爱，2004：52—3；张雪真，2004：45），因此还是不易完全了解及适应台湾社会文化习俗。小孩在两种不同文化的教育下，难免会产生适应不良的情形。即使到了上小学也不见得可以立刻融入学校生活。其实笔者对于所谓移民子女的语言障碍或混合性发展迟缓现象的可能发生并不奇怪，但也不认为是永远的阻碍。以笔者所熟悉的华人新移民子女在纽约的适应来说，有些不懂英文的父母忙着谋生，小孩几乎完全无法适应英文环境，因此刚进入学校（可能是小学或初中）的第一、二年，学习情绪比较低落，也因为无法和他人沟通而显得孤僻。但在逐渐适应后成绩就进步迅速，表现优异。在做论文调查时，有一个朋友的小孩告诉笔者说，他（小学毕业赴美）在中学的前几年，根本听不懂老师在讲什么，于是他就安静的一个人在座位上涂鸦，可是到了十年级（相等于台湾的高一）逐渐听懂老师的话，进步很快。后来一所相当有名的大学接受他的入学申请。蔡盈修的《台越婚姻子女照顾与社会化》研究显示，外籍配偶的小孩在学校的适应（如和同学的互动、人际关系）问题并不是因为母亲是外国籍的身份，而是因为家庭的经历及社会地位。但比较遗憾的是，只提到学校老师及学生对这些孩子的感受，却没有真正涉及两种不同文化对小孩培养可能产生的正面及负面的影响。陈碧云（2006：12）的文章提供了很有趣的第一手资料，诠释当地老师对这类孩子的正面印象，若没有"她们的大量生产，我们乡内学校的运作可能就得缩编或并校，得再重新调整……"但是一般民众和家人其实还是对外籍配偶持有较多的负面印象或防范心态。

报刊或学者所谈及外籍配偶在台湾所引起的许多问题，可以说是错综复杂，需要多方面一起努力改善。

（二）新技术的引进和使用

为了农产生产量的增加，农业技术的改良及引进时时刻刻都在进行中。年约60岁或以上的农民对这些技术的影响是有非常深刻的印象。俗称铁牛的小型耕耘机的引进是农民体会最深刻的耕种技术改进。20世纪70年以前，台湾农民普遍以牛耕田，因此大部分农村都有几十头或上百头牛。当时虽有进口日制的拖拉机，可是为了扶植台湾的工业，因此只有购买本地生产的拖拉机才会获得补助款。虽然农民常常向笔者埋怨台湾机器容易故障，但看在钱的分上也只好认了。几年内，农村耕牛数量就迅速锐减。除了一些牛贩所饲养的牛外，有些村落在几年后就再也看不到牛了。20世纪70年代初期在农作技术的引进还有除草剂、化学肥料、化学饲料；在生产组织的改变则是共同经营的推广及育苗中心的成立。农民接受耕耘机或育苗中心等或新生产组织这类新技术的态度和农民的社会关系是有很大的相关。黄应贵在《农业机械化》一文中有相当精辟的论述（黄应贵，1978：67）。王崧兴（Wang，1974：185-93）谈论到花坛一百甲共同经营失败的原因之一，是相关技术人员不尊重当地农民的意见。文崇一等人（1980）的水稻及毛猪共同经营的研究，指出共同经营是和中国人家族观念有关。因此当时许多共同经营都是名存实亡，只是因为在有经费补助的情形下，为达到绩效而产生的对上面应付而已。吴聪贤（1985：15）也曾论及农民的传统观念对农业发展的阻碍，并希望能透过外在环境的改善和农民内部自立图强来提高农民信心。若台湾有关当局不以权威态度出现，只站在辅导立场上，或许反而更有成功的可能。事实上，许多新技术的引进，常是农民自行研发的或去向别人请教而得来的；或是可以说有些新技术也许不需要台湾有关当局去摸索，只要在必须协助时再加以辅导即可。

新生产技术是农民自行研发或向其他农民请教的例子是不胜枚举的。以屏南村来说，詹德福是该村第一位饲养泰国虾的村民，而其饲养技术是来自住在潮州的小舅子所传授的。农会或水产所的技术人员并没有提供技术援助且在病变发生，虾子死亡的情形下，这些技术单位都束手无策，无法找出病因。由于利润相当不错，成功后就吸引不少村民相继加入饲养的行列。屏南村莲雾的种植也是因为里港乡一位农民无心插柳的试验成功后，村民先后被可观的利润所吸引而逐渐成为多人接受的新兴作物。刘吉祥是该村第一位饲养牛蛙的农民，而其技术来自海丰村的朋友所传授。他说由于他是第一位饲养牛蛙的村民，因此许多饲养技术都是自己摸索而来的。同样的原因，高利润吸引了几十户村民加入饲养的阵容。只是1985年卫生主管部门未经检验就发布"牛蛙带有大肠杆菌"的信息，使得牛蛙价格一落千丈。这原本是农林主管部门自美国引进，透过农会"青年创业贷款"的鼓励政策，到头来却变成噩梦一场（陈祥水，1995：51—60）。类似的错误问题，这并不是头一遭。我们在做共同经营研究时，即已发现肉牛共同饲养所引发农民负债累累的悲惨窘境（文崇一，1981）。

但有时候却必须从远地的农民朋友处才能取得这些新技术。徐文若在彰化玉树村的研究例子指出，自家的独特技术是自己的生财工具，多一个人学会就等于在市场上多了一个竞争者，因此都不愿将技术外传，彼此间也不会主动询问用药、用肥的事情。因此"金水的芭乐种植技术是跑去燕巢向一位当兵时的同袍请教的""金水不断在四处学习以及不断实验中，终于找到牛奶加醋再加肥料的正确配方，种出来的芭乐不仅甜度高……而且口感鲜脆容易入口。用套袋的方式减少病虫害对果实的侵扰……""种葡萄的振华也有类似的经验，……村子里找不到肯教他的人，后来还花了半年时间到南投信义乡的山上，找自己当兵的朋友学会种葡萄"。她指出之所以会如此，是因为即使是亲人或同村居民还是会有相同生产品的竞争心态（徐文若，2005：58—62）。虽然大多数人不是真正的创新企业家（innovating entrepreneur）而只是所谓的模仿企业家（imitating entrepreneur），但是这种到处寻求技术改善或投资冒险的精神是大多数台湾农民的农业种植心态，也是农业发展的一个重要因素。

这些年来，更有许多新的种植或养殖技术为农民所采用。譬如育苗中心的代种广泛被农民接受，养猪场的污水处理池等等。在耕牛逐渐从农村消失，家庭式的饲养几只小猪及鸡鸭的村景也淡出农家后，取而代之的是饲养数百只以上的养猪户或养鸡户。为了保持环境卫生，这些饲养场都必须建污水处理池，把家禽的排泄物引进水池，可利用沼气来生产瓦斯，冬天可变成家禽取暖之用。如台糖等大型的养猪场，污水池里堆积的大量渣渣可做有机肥之用；但在一般近千头的小型养猪户，也会让村民拿去当有机肥使用。这些养猪户可以用土地向农会申请低息贷款，但必须自己找公司来设计及建盖污水池。笔者所熟悉的屏南村养猪户，在早年就是如此来兴建污水池。但他说因为觉得很麻烦，所以并没有利用沼气作瓦斯。她采用半自动化的方式来喂养猪。一进门就可看见两座高高的饲料桶，像水泥搅拌机般地竖立着。时间一到，按钮一按，饲料就会沿着管道进入猪槽。据他说现在连洗猪槽的技术都有所谓水连式的新方法，水流会自动回收，因此农户可不用自己清洗猪舍。

　　许多产销班都标榜着农业改良场技术指导、农会协助运销等，但实际上有许多产销班的班员却认为所谓技术指导并不是真的，像有些高接梨产销班及莲雾产销班的班员都认为农会根本无法做技术指导，主管部门所能作的只是一些金钱的补助，例如买套莲雾等水果的袋子。至于销售的渠道也很少依赖农会。屏南村莲雾的销售常是委托货运行及行口来处理。刘清泉本人就兼做运销站的接货工作。运货行和各地的行口都有联络，把货款收回，把个人应收支款额放入信封，由刘清泉转交给各个农户。有时果农会打电话去向行口抱怨价格太低。为了维持生意上的来往，有些行口会来村里和种莲雾的农民打交道，建立比较亲密的人际关系（陈祥水，1995：60）。其实农会从以前到现在都有毛猪共同运销的服务工作。但是农民运用的意愿很低。三十几年前的屏南村农民就向笔者埋怨农会毛猪共同运销的许多不便，至今仍不是很受农民的喜欢。现在反而是许多养猪户会加入各地养猪协会（分会），因为虽然需要缴费，但却可获得一些福利，例如灾害补助的申请。

　　另一种新技术的引进是新兴事业。最近数年，为了解决农村经济萧条，相当主管部门拨款给许多农村成立各种不同形态的产业班，譬如北宜村醋酒班、宜兰白米社区的木屐、尚德社区的竹编、苗栗地区的雕刻班等等。两年前北宜村新风貌促进会获得相关补助款，成立醋酒班。北宜村还因此召开村民大会，宣布此消息并公开招募股东。进入第二年后，但补助金额已减少。现在又在申请第三年的计划。在此计划下，醋酒班租了一个原来是成衣加工的工厂作为厂房，班员就在工厂内进行工作。请了一位在大学营养系的教授担任顾问，指导一些酿醋的基本技术。由于有一位董事长本人是做水果行口的生意，因此对于水果的收购价钱相当清楚。笔者曾经和他们去桑葚园采买桑葚，发现他的谈价技术很好。该班生产有李子、柠檬、桑葚、金橘等多种醋酒。目前最大的困扰可能是专业营销经理人才的欠缺，因此对外的工作虽有进展，但却不如预期。这种情形可能是乡村农业加工业的困难，除非搭配着民宿或休闲农业等含有观光性质的活动，在刚开始的前几年，工作的进行是会有困难的。另外也可能因为醋酒的进入门槛并不高，目前市面上的品牌相当多，因此如何保持质量及各地特色外，营销人才的培育也是刻不容缓的当务之急。

（三）民宿、休闲农业及地方文化

不论是民宿或是休闲农场，近年来是如火如荼地被推广着。有由相关主管部门主动规划的休闲农业区，或是个人经营规划投资的休闲农场以及个人经营的民宿。不过以笔者所知的宜兰县来说，也许就像萧教授所说的，因为"相关主管部门的积极参与，所以休闲农业区之划定是最多数，而且其休闲农业区已开始朝带状整合方向运作"（萧崑杉，2006：15）。宜兰县每年的三星葱蒜节、绿色博览会等较大型的休闲活动，确实吸引了不少游客。宜兰县的有些民宿或休闲农场也具有像陈昭郎教授说的特质，"休闲农业园区有别于一般游乐区，它必须是运用特有乡土文化、乡土生活和风土民情去发展……是建立在乡村性、地方性、生态性与体验性等产业特性与休闲价值基础上"（陈昭郎，2006：7）。

宜兰地区的休闲农业相当兴盛。笔者曾和一位民宿经营者谈过话。他说宜兰的民宿（供客人过夜的房间不得超过15间）及休闲农场有五六百家。虽然他认为有多种渠道可以贷款，但可能有2/3经营者都有资金压力，因为投入的资金太大，回收不易。他认为将来北宜通车后，可能会版图重整。他认为有些经营者只重视硬件，软件却跟不上。其实这可能是目前许多经营者所患的毛病。譬如有一位老板在自己的五分地上，自行投资将近两千万元来建休闲农场（或民宿）。一楼是房间，二、三楼是餐厅，屋外有一场地可骑四轮车，但是知识性的软件设备却非常不足。另外有时也可从网络上看到一些民宿，标榜着豪华的卧室及大型的卡拉OK，却缺少一些有乡土性及其他教育性的信息。

"波×农场"是一相当小型的民宿兼休闲农场，其特色就在于主人所规划的有关猪笼草园解说及DIY设计，具有生态教学的功能，也具有民宿工人过夜的特色。有位刘老师经营有机农场。除了植物的温室外，另种有火龙果、西红柿及其他果树。他目前正在进行第二期的建设工作，要将七分多土地开放成赏鸟园。因为目前引进的鸟类品种相当多，也许可和赏鸟学会合作。他也希望能和邻近地区的景点相互结合，譬如和尚德地区和北宜村合作。游客可以到尚德地区看工艺品，到他这里来观赏生态作物，可以到北宜村（醋酒）吃餐点。

近年来台湾农村流行着有机植物的栽培。电视台也会介绍有机农场经营概况。陶华缘（2006：30）有一篇有关花莲县富里乡罗山有机农业村的报道。由当地的行政及农业机构，还有村民的认同，共同组成罗山村有农业发展委员会，建构台湾第一位有机农业村。目前全村栽培有70公顷的稻米，已全部通过有机米的认证。此外果树与畜牧业部分也正朝着有机农场的愿景迈进。笔者最近曾和该村邻理事长联络，得知有机稻米现已扩展到近100公顷，另外也有大约30公顷有机梅、有机黄豆及泥火山豆腐，另有民宿及小型餐饮小吃。不过他也很感叹台湾的有机农业推广得并不顺利，认证面积增加的速度不快，成功的例子只是凤毛麟角。林理事长也认为如果能够有收购价格的提高，农会品牌的建立及农民的自我意识能够提高，可能对有机农业的推广才会产生更正面的加分效果。黄树民（2013）认为有机农业在台湾一方面是由上向下的推广性质，另一方面则是属于社会精英和知识分子比较会接受，因此成效不彰。实际上整个社会对于有机农业的认识不够，也不觉得有机农业的产品真的都是有机。对于"有机"还是存有不信任的感觉（笔者大约十年前在龙潭遇见一位有机农，但他却跟我说，台湾根本没有所谓有机农业）。其实有机农业的商机及接受者并不仅是社会精英或知识分子而已。洪明珠（2017）在竹北地区作的有关有机商店的研究，指出有机店的营运者或有些采用者常因本人或其家人有癌症的经历。

也许比较能具有乡土性、地方性、教育性等工作性质的代表应该是属地方性的文史工作室或地方性的协进会。现在台湾各县市的地方文史工作室很多，南桃园的杨梅镇的文史工作室在黄厚源老师带领下，出版不少有关杨梅镇的地方文史报道；北宜村的新风貌促进协会有点转型成为社区建设的风格；另外好几座寺庙也都成立文教基金会，从事地方文史工作的推动。吕欣怡（Lu, 2002）在其书中详细分析三个地方社区文化所代表的历史意义和地方政治间的关系，其中的宜兰县社区和农村更是有关联。吕玫锾（Lu, 2005）的论文提及白沙屯的一些文教基金会对拱天宫妈祖进香及地方文化保存的努力。当然美浓爱乡促进协会的工作更是教育性的、生态性的、乡土性的特性。北宜村在20世纪90年代末期也成立了一个"×××新风貌促进会"，展开该社区的文史工作。数年透过计划的申请为社区做了一些美化工作。后来在相关支持下，成立了醋酒班，为社区带来了几个就业机会。数年后，醋酒班解散，由社区人士接手经营至今。周休二日的上班制为民宿、休闲农场及地方文化带来一片很好的发展空间，也为人们带来到各地游览观光的机会。因此如何培养地方文史工作人员，使他们能够和上述观光事业做更好的结合，表现地方文化的综合特色，而不是散兵游勇的单兵作战，也许也是一件很重要的工作。如此或许可达到陈昭郎教授所认为"乡土文化、乡土生活和乡土民情"的休闲特色。

（四）大众传播工具和道路基础设备

　　早期在乡下最基本的大众媒体应该是报刊及收音机。由于当年村民识字的比率并不高，因此后者可能是更普遍被村民所应用。但是随着科技的发达，有线及无线电视陆续被引进乡村，村民每天可以看电视的时间已从以前的几个小时变成二十四小时。他们可以看到的节目内容更是从本地到世界各地的表演，是世界各地的球赛，是世界各地不同的动植物奇观。笔者到屏南村去，朋友的小孩和笔者谈的是笔者也算略知一二的 NBA 篮球赛，或是国内外的职棒赛；大人们有的看日本摔角，有的为韩剧着迷。当笔者坐在村民的客厅里，可以听到各地子女打电话或打手机来和家人谈事情，也可以听到村民和村内或其他地区的农友在谈论农事或农业行情，笔者也知道他们用传真机和日本商人谈论花卉的价格。这是一个视觉和听觉满足的年代。这种满足是包含着许多层面的：生意的、情感的、休闲的、世俗的、神圣的。这种满足也是无远弗届、去地域性的。现在几乎是家家有电视、电话（含手机）、许多人家里订有报纸或杂志，也有许多人会去看电影。这样的一个感官满足或许就是 Anderson 的 imagined community 或 Appadurai 的 imagined worlds 的写照吧！村民看到或听到在世界各地所发生的事情或所见到的景物后，实际和小说的界限变得很模糊（Appadurai, 2002：52）。他们就在这种去地域化的全球化视野下，更了解自己和其他族群的文化异同。那种模糊的电视跨国界的想象空间就透过实际的旅游观感来自行解说。屏南村那些到岛内各地进香；去过大陆、东南亚及美国的村民们会跟笔者谈论他们对大陆及美国的观感，告诉笔者他们的发现及适应与否的故事。这点和黄应贵教授谈及陈友兰溪流域的区域体系变化时所说的，由"原地方性的'微观世界观'扩大到'巨视世界观'"（黄应贵，2006：5）的看法是一样的（在下述及道路基础建设时会再提及）。笔者谈这些其实不只是想说村民的经验，而是想说台湾的人类学家或许也应该可做些农民消费和思想、行为之间的关系研究。人类学家以前似乎一直忽略了这块领域，或许在物质研究逐渐又被重视的同时，有兴趣的学者或学生都可进行这些研究。黄应贵教授（2004：416）提到东埔布农族人不像 Taussig 笔下的哥伦比亚或玻利维亚的原住民，把从资本家手上赚来的钱认为是邪恶的；布农族人认为这种工资的收入是应该分享而不是储蓄，因此盖新家屋或买新设备。笔者不知汉族社会是不是如此，但知汉族社会中有"输人不输阵"的好强及享受心态，却可能是消费性设备普及，并甚至有像"夸富宴"般的竞赛表现。

道路基础建设其实是应该和交通工具一并来谈论。上述的那些电信系统可以说只是缩短人跟人之间的感官距离，但实际上的空间距离还是存在着。因此公路及机场等基础建设和交通工具的大量使用才是缩短实际距离的办法。随着一高、二高及多条快速公路的完工，居民收入所得增加，各种车辆的购买及出外旅游的欲望都大大提升，因此台湾岛内、岛外及国际的来往甚为频繁。这样的去地域化交通便利，不仅提供人们到处观光、访友，更提供人们开车通勤或到外地就业的机会。在屏南村或北宜村都有人去大陆工作，更有许多村民是开车或坐通勤车到其他县市上班。屏南村有位早年离乡，目前回乡居住，但继续做营建包工的小商人。他每天开车载着他的工人到其他各地去做工。这些人过着离农不离乡的田园生活。从某个角度来看，这批多年离乡的回流移民解决当前每户农家平均耕作面积狭小的困境；另外，也给村民们带来政治意识的觉醒及日常生活的新知识。

但是这样的观光热潮或交通的方便对当地居民是好还是坏？可能还有待进一步的观察。张淑君、姜礼恩（2005：129—46）曾以中二高通车对雾峰乡南势社可能的影响作研究。他们认为由于居民教育程度偏低，因此不注意环境质量及美感，所以对中二高的影响先后排序是：1. 生活便利性；2. 景观质量；3. 环境污染。北宜村及宜兰一些关心环保的人是非常担心将来北宜快速公路开放后，大量观光客涌入，一定会对宜兰的好山好水环境造成很大的损害；但是一些商家对于可能形成的商机，却巴不得早日通车。现在虽然还没完全通车，但某些宜兰地区的房地价在两三年前已经被炒了一大段了。似乎这又是一个鱼与熊掌不可兼得的两难式。

　　笔者同意黄应贵教授的地域重组,但如上述所言,这样的重组有时是很难画出一个固定的地方区域作为界线。它可能是跨区域的,而且不只是在观光、商业、留学而已,宗教的传播亦是跨界的。慈济及佛光山的传教及社会服务遍及海外。到各地进香只是单轨性的活动,屏南村、北宜村和南桃园的许多寺庙都有到各地寺庙进香兼游览的进香团活动。黄应贵教授(2006:6)所举的会灵山的五个神明间的去地域化及建立各地信徒人际关系的互访活动,在本岛内许多神明的联谊会组织也都可见到。笔者接触的一些村落,有不少是参加三山国王、保生大帝及三官大帝等神明联谊会。屏南村甚至还因为三山国王庙体积很小,不好意思来主办联谊会的活动,还特别募款改建成一栋在一两百米外即可看见的辉煌碧丽的三层楼庙宇。新庙盖好后,就主办了一次三山国王联谊会的祭拜庆典。对笔者而言,这种神明联谊会的组成或许多少有受到妈祖进香热潮和早期妈祖会的影响,也可能是有其特殊的宗教意识理念在内。像三山国王联谊会是1997年才成立的。现在有140余座庙加入成为会员;保生大帝联谊会也创立于1997年,也有232座会员庙;三官大帝联谊会也有100多座会员庙。每年举办一次庆祝活动,由有意愿主办之会员庙向总会申请。笔者觉得有三个原因可解释上述现象。第一,交通及科技的发达,让岛内往还变得很方便。第二,宗教信仰和集会自由更加容易被有心人士加以应用。第三,这几位神明不像妈祖庙有明显的地位及势力的影响。如果要北港、新港、大甲、鹿港,甚至鹿耳门的妈祖庙来发起全省妈祖联谊会可能是有些困难的。前两大庙之间的争执已是多年之事;另外这两座庙可能认为其他庙跟她们是母女庙,而非平等庙宇的关系。因此平常没有这些争执或不强调母女(父子)庙的神明,或是因为个人领袖特质反而容易形成去地域化的大范围组织。原有的势力切割对去地域化反而是不利的。

　　当然并不是所有的活动都会或都得去地域化,有些还是固守着原有的活动范围,借着原有的组织来维持或更活化原有的宗教信仰活动。傅宝玉老师（2006）有关南桃园社子溪流域三七圳所形成的八本簿轮流祭拜活动，就是一个明显的例子。虽然基本上现在这些地区的灌溉用水已归属石门水库，但每年的轮拜活动却照旧举办不变，但是在一些祭拜品或器具的使用也愈来愈现代化了。譬如以车代步、以罐头当祭品等。

我们虽然不一定要套用 Skinner 的市场模式，也知道此模式在台湾的应用是不成功的（Crissman，1972），但是这些地域性的原来所有社会组织活动也会因这些去地域化的结果及新科技的使用而有相当大程度的改变。尽管敬拜神明的虔诚心意不一定要如此来表现，但借科技来显现的夸富图像却在此表露无遗。

三　结　语

笔者在台湾农村研究的经验是断断续续的，无法对台湾农村的巨变做很清楚地叙述和分析。但是这几个研究的经验显示出台湾农村的变化是全貌性的，不是片面性的。从传统三合院的平面住屋到三四楼的现代楼房；从农业为主变成农业为副；从农村定居变成移民四方；从牲畜的耕牛到吃油的耕耘机；从原有的"换工"插秧及收割习俗变成机器取代；从脚踩踏板的脚踏车变成脚踩油门的汽车；从一家都是小学的学历变成一家数位大学生的荣光。然而在这么大的巨变下，台湾的农民似乎还是很焦虑，好像不知道农业的前景前途无量，还是前途无亮？好像许多农民心中充满着无奈和彷徨。

早期 Inkeles（1969）及 McClelland（1966）是强调个人内在心理因素的成就动机是促进人们谋求更多经济利润的最主要因素；但 Schultz（1964）却认为外在环境及利润的高低才是最大的相关因素。他认为在传统农业社会里，教育程度高的人并不比教育程度低的人有更高的投资意愿，主要就是因为低报酬率的缘故。因此必须改善不利的投资环境及不良的捆绑制度。但从上述来看，农村的发展所包含层面很广泛，内容也很多重。农民本身的求变、创新及外在大社会的支持及机会都是必须互相配合的。不管这两派怎么说,他们的重点都只是在强调农业的生产面,忽略了农村的消费面及文化面。这篇文章的叙述其实是已超过传统的生产面论述,而涉及消费及地方文化面的陈述,只是都不够深入。笔者把农村社会的发展视为是持续与变迁的裂而不断的过程。因此新的农村风貌是农村内在资源和外在大社会网络的各种不同资源的重新整合及再结构。这其实也就是 Long（1996）所说的："在全球化过程中,必须探讨当地农村的再重组。"新的农村发展不能停留在以往的生产迷思中,而是必须把生产、消费及生态、文化等层面作更深入的结合,才能让当地农村有更健康的发展。

参考文献

蔡盈修:《台越婚姻子女照顾与社会化》,台湾的东南亚区域研究论文研讨会,2005年。

陈祥水:《屏南村的经济变迁》,《清华学报》1996年第26期。

陈祥水:《屏南村的土地利用:农业变迁和适应策略》,载庄英章、潘英海编《台湾与福建社会文化研究论文集》(二),1995年版。

洪明珠:《竹北周遭有机商店的经营研究》,硕士学位论文,台湾"清华大学",2017年。

胡台丽:《消逝中的农业社区》,《"中研院"民族学研究所集刊》1980年第46期。

黄树民:《台湾有机农业的发展及其限制》,《台湾人类学刊》2013年第11期。

黄应贵:《农业机械化:一个台湾中部农村的人类学研究》,《"中研院"民族学研究所集刊》1978年第46期。

黄应贵:《物的认识与创新:以东埔社布农人的新作物为例》,载黄应贵主编《物与物质文化》。

柯志明:《日据台湾农村之商品化及小农经济之形成》,《"中研院"民族学研究所集刊》1990年第68期。

李慧美:《火炬点灯、台湾传情》,硕士学位论文,台湾"清华大学",2017年。

陶华缘:《发现人间桃花源:罗山有机农村》,《台湾月刊》2006年第278期。

王金寿：《瓦解中的地方派系：以屏东为例》，《台湾社会学》2004年第7期。

文崇一、庄英章、陈祥水、苏雅惠：《传统行为对农业共同经营之影响》，《"中研院"民族学研究所集刊》1979年第49期。

吴聪贤：《传统与现代化农民性格内涵之研究》，《"中研院"民族学研究所集刊》1985年第59期。

吴田泉：《台湾农业史》，《自立晚报》1995年。

吴玉爱：《从家户到社区——新竹县枫林村老人安养网络的调查研究》，硕士学位论文，台湾"清华大学"，2004年。

夏晓鹃：《流离寻岸：资本国际化下的外籍新娘现象》，《台湾社会学研究丛刊》2002年第9期。

萧新煌：《一九八〇年代末期台湾的农民运动：事实与解释》，《"中研院"民族学研究所集刊》1991年第70期。

徐文若：《台湾小农的经营效益：以彰化玉树村的农业经营策略为例》，硕士学位论文，台湾"清华大学"，2005年。

杨明宪、陈吉仲、戴孟宜：《农业谈判有关市场开放议题对台湾稻米产业冲击之模拟评估》，《农业经济》2005年第78期。

张淑君、姜礼恩：《中二高建设对农村社区之影响研究——以台中县雾峰乡南市社区为例》，《农林学报》2004年第54期。

张雪真：《越南新娘在台生活之适应：以苗栗县头份镇为例》，硕士学位论文，台湾"清华大学"，2003年。

周文茵：《民族文化观光产业的实践与反思——以布农文教基金会为例》，硕士学位论文，政治大学，2005年。

庄英章：《台湾农村家族对现代化的适应——一个田野工作的实例分析》，《"中研院"民族学研究所集刊》1972年第34期。

金钱在华人文化与宗教中的观念与仪式

张 珣

（台湾"中央研究院"民族学研究所）

摘 要：俗话说"有钱能使鬼推磨"，一语道尽金钱的威力无比，这句话可以用在此世（阳间），也可以用在他世（阴间）。"一手交钱一手交货"指出人们在阳间用钱交换货物，而"进钱补运"与"寄库"仪式则指出在阴间也可用钱换取运气或寿命。先秦已经有钱币的使用历史，让钱的象征意涵与实质作用渗透华人生活各层面，而且在华人宗教信仰与仪式上面也反映出来，各式各样的"纸钱"被运用在各种祭祀礼仪之中。华人文化中，各地的仪式与概念皆有不同，本文选择人类学中相关著作进行回顾，并透过台湾与海南岛两地进钱补运与寄库仪式，佐证华人民间信仰中的金钱与命运的交换观念。

关键词：金钱 纸钱 库钱 进钱补运 寄库

一 前 言

民间信仰在两岸于 20 世纪初期，都历经现代化过程而有不等的改革。台湾方面，除了要求民间信仰的庙宇、管理委员会、信徒要向主管部门登记，庙宇财产要公开，仪式也尽量力求简约不要浪费。进入 21 世纪，更是以环境保护名义要求信徒减少烧香烧金纸放鞭炮，或以噪音管制等方式来约束放鞭炮或庙会的噪声，或以动物保护等方式管制杀猪数量以及以不人道方式喂养猪。2017年7月23日，因为台湾减香/灭香运动引起民间信仰庙宇人士担忧，而串联全台98所宫庙与众神前往凯达格兰大道抗议，号称"捍卫信仰守护香火大游行"，其口号有"宝岛无香不美丽，信仰灭火无热情"等等。

笔者曾经撰文讨论过烧香的宗教仪式内涵，本文仅集中在讨论纸钱。历经现代化之后，不只台湾民众依然需要烧化纸钱，甚至世界各地华人社区均可见到，因而值得加以研究。我们可以理解台湾民间所发起的2017年的抗议游行以及民间信仰在两岸之间的波折命运。除了纸钱，华人宗教使用的纸制供品还有很多形式，例如符令、剪纸、纸扎、年画、纸糊、甲马神马、纸人替身等。其使用目的有作为祭祀牺牲，或装饰，或神像替代品，或礼物，或供品。因此，如果全面性地讨论纸制宗教物品，不同的学者可以采取不同角度，有以之为社会生活的反映，有以手工艺术表现视之，有以迷信风俗视之，有追溯其历史演变者，有考察其各地民俗异同者，不一而足。

本文不讨论其他纸制宗教用品，而企图讨论华人世俗与超自然用钱之间所可能具有的一种连续性。先举例说明华人社会无所不在的金钱概念和华人宗教观念与仪式中的烧纸钱观念，二者之间有一种延续的关系，再说明社会生活中的金钱与仪式生活中的纸钱具有互相转换与彼增此减的可能性。

二　华人生活中无所不在的金钱

早在现代欧美资本主义横扫全球之前，中国人生活中就充满了金钱交易以及累积资本的观念与做法。

（一）弗理曼的观察

英国已故人类学家 Maurice Freedman（1959）早年旅居新加坡时，发现东南亚的华人有如欧洲的犹太人，都是天生善于经商工于算计的民族。移民到东南亚的华人都是在中国原乡的农民或工匠，但是凭着勤劳奋斗，很多都在东南亚成为殷实富商。他发现华人不是囤积金钱的人，只要不需急用的钱，华人就会拿去借贷或投资，有的人会拿钱去批货贩卖来做生意，有人会拿钱去购买土地以累积不动产，有的人会投资教育，读更多书，以争取更高的社会地位，跻身士绅阶级。即使是一笔很小的钱，华人都会拿去滋生利息。华人在原乡就学会这种金钱投资与再利用的技术，而不是在东南亚学到的。

  Freedman 引述更早之前，在福建的传教士 Rev. J. Macgowan 观察到华人一辈子都处于借贷或放贷的情境中。每个人的一生都随时在借贷与放贷中，一个人可以同时是借贷者也是放贷者，一手借贷一手放贷，赚取其中的差价。总之，借贷也是为了让金钱长出更多金钱。穷人可以借贷，等他有一点小钱，他也可以放贷给更穷的亲友。借贷并不可耻，放贷也不可耻，每个华人终其一生都在与周遭的人发生金钱上的关系。放高利贷的人并不是一群特别阶级的富人，而是每个人都可能是放高利贷的人。只要有两个闲钱的苦力或是婢女，都会将钱拿去借人滋生利息。好像中国的国土之内的每个人都是金钱的算计高手，一辈子都处于放贷款时间中，一辈子都在算计如何还债或借贷。而如我们会讨论的，即使历经一辈子还债，华人还是积欠天曹地府的钱。亦即，一辈子还不清，人间的债务或是阴间的债务。永世都还不清的债，因此让人可以世世轮回，投胎做人。

  Freedman 注意到在新加坡的华人一生当中也都会参加几个标会。几个好友或同事在一起，就可以起个会，让其中一位朋友筹到钱，以便结婚或是办理丧事，要盖新房子，或是远行的盘缠。总之，人生当中不愁没钱办事。只要起个会，即可以筹到钱，担心的是如何以债养债，如何周转。起会可以是需要用钱的人本人，也可以是替别人起会。大家互相轮流标出会，拿到利息。急需用钱的人，早一点标会，拿到钱，可以不怕人跑会，但是必须付出较多利息。不须用钱的人，晚一点标会，可以拿到更多利息，但是有被跑会的风险。即使是不识字的贩夫走卒,都可以在生活中学会这套标会的算计与利息滋生方法。就在这起会与标会的小型金融技术当中,华人也学会了融资、风险与做生意的技术。亦即,每个华人都知道钱是活的,债务是还不完的,旧债结束,又可以另起一个新债。人一生就是处于新债与旧债之间的循环当中,人与人之间也是绑在互相欠债、借债、还债之中。可以说,人情就是债务。许多人故意不还清债务,以便永远与人有来往。华人似乎乐此不疲,每个人都在玩金钱游戏,他们不是市侩,而是市井小民的生存之道。

Maurice Freedman 的结论是,华人的金融(标会)技术有三个前提:1. 追求财富与金钱是令人尊敬的,而不是龌龊肮脏的事情。2. 政治相对稳定,不会将个人财富充公。3. 亲朋好友之间相互的信任与对金钱经营的肯定(Freedman, 1959: 65)。

(二) 葛希芝的"华人资本主义"观点

美国人类学家葛希芝(Hill Gates, 1987)进一步从华人对金钱与纸钱的观念与仪式解读出"具有华人特色的资本主义"。她调查的对象是台湾的乡镇摊贩店家、都市的店铺老板、工匠师傅、小型厂商等中小企业人士,这些人深具中国文化长远的经济交易技术与金钱交换世界观。相对于世界上许多民族认为金钱带来罪恶与堕落,有钱使人沉溺于物质享受或道德沦丧,很多外国人惊讶于华人对于金钱几乎是持正面的态度。华人的生活中几乎离不开金钱话题。

与世界上其他民族一样,金钱在华人生活中可以用来购买货物,换取劳力,是满足生活的必需品。但是与其他民族不一样的是,金钱更经常被华人当作重要的礼物而运用在各种场合与人生重要节日。小孩满月,寿星生日,结婚红包,丧礼白包,远行或入伍从军时,探望病人时,庆祝小孩学业毕业,都可以送钱当作礼金,其用意可以是祝贺,可以是厌胜与避邪,有如新年除夕夜的压岁钱。大家送钱或收钱时,一点也不难为情,丝毫也不尴尬。

华人结婚时,女方给嫁妆,男方给聘金,双方可以事先讨论聘金数额，甚至常因为双方对聘金意见不合而影响婚礼的举行。好似聘金比男女双方的爱情更重要。事实上，聘金代表男女双方对彼此的感情深浅，聘金也代表双方家族的面子大小。新娘父母要求聘金除了反馈父母养育的酬劳之外，还包括新娘未来工作的收入。如果新娘年岁长大，工作多年，孝养父母多年，聘金可以少一些。如果新娘年纪尚轻，未进入社会工作，未孝养父母就要出嫁，聘金要多一点，以赔偿父母。如果新娘貌美其聘金要多于长相平庸者。

（三）当代的田野调查

另据笔者（张珣，2000）调查，20世纪50年代之前，台湾有养女习俗，小女孩可以送给别人家当养女或养媳，甚至婢女，换取数额不等的金钱。无法生育的家庭可以将一笔称为"哺乳钱"的金钱给子女众多的穷苦人家，以收养其子女。鸨母年老时，买一个小女孩来照顾自己或是传承衣钵。经常听到对妇女的斥责就是"赔钱货"，好似妇女是可以买卖的货物。乡村地区或是穷苦人家不乏买卖女儿或妻子的传闻。台湾报纸杂志经常报道女儿或是出于自愿，或是应父母的要求，牺牲自己的幸福，赚钱给兄弟读书或是经商，以之为孝顺父母的方式。虽然目前已经让女儿可以合法继承父母财产，但是多数女儿不敢回娘家与兄弟争产。多数女儿认为父母养育之恩比天大，父母给予自己一个身体，一个生命，已经是无法回报的恩惠，不敢奢求财产继承。

美国人类学家 Jack Potter 在中国改革开放的初期，到广东进行田野调查，看到华人的孝心也用金钱来衡量，让他惊讶不已（Potter, 1990：193）。女儿对父母来说，是迟早要嫁出去的外人，因此养女儿是"赔钱货"，女儿未婚之前，所有工作赚来的钱悉数要交给父母，以回报父母生养之恩。女儿对父母的孝心深浅就以给出的金钱多寡来衡量。儿子长大不赚钱，也会被称为不孝子。子女按月拿钱奉养父母，父母按月向子女索取金钱，双方一点也不尴尬。华人认为"养儿防老，积谷防饥"是天经地义的事情。在子女成长过程中，父母每天都可以对子女做这样的教训，让子女了解到父母的付出，将来是要回报的。最实际的回报就是金钱，比起嘴上说的孝顺，金钱还是最实际的。父母会在几个子女拿回的钱数之间做比较，评价哪一个子女比较孝顺。父母子女之间经常以金钱多少来衡量彼此的感情。

可以说，金钱渗透在华人的日常生活中。不只是在公共场域，雇佣或买卖契约关系中，以金钱来交易，在商言商，锱铢必较，各取所需的利益交换。即使是在私人领域，家庭亲情，一般社会人际关系，乃或个人情绪，也经常与金钱分不开。所谓"亲兄弟明算账"，亲友之间清楚算账并不减损彼此感情。所谓"有借有还，再借不难"，反而可以长久交往。外国人以为华人爱面子，家族主义胜过个人主义，殊不知，在金钱方面，华人可以"人若不私，天诛地灭"。只要是"取之有道"，赚钱并非坏事。

（四）华人金钱中的公与私

传统中国家族财产有公、私两份，大家族未分家之前，有一份公账，是全家族的收支与开销，另外，各房有一份私账是自己的收支与开销。例如《红楼梦》中贾家王熙凤主掌公账，各房另有私账。未分家之前，家人所赚金钱都入公，分家之后，则"兄弟登山，各凭本事"。"分家"是析分公的家产，分家之后，则各房各自拥有财产。家族仍拥有祖坟、宗祠或祖田等公产。分家之后的各房可以开始累积人丁或财产，又可以形成一个新的公产与公账，开始一个新的循环。相对于祖业的公产与公账，族人可以共享不分，对于各房的私产与私账，彼此则精打细算互不相让。因此，华人在从小长大的家族人际关系中，即已经学会财产与金钱的公私两面性。"公"与"私"并非恒常不变的两笔金钱或财产，而是阶段性、循环性的交替出现。"公"是一个人生命与身体所来自的大家族，"私"则是一个人长大之后，势必离父母自立门户的过程，无奈伤感却又必然。无"公"则无"私"，反之亦然，无"私"亦无"公"，二者相生相克，有如阴阳。

荷兰汉学家 J. J. M. De Groot（高延）研究 19 世纪华人移民婆

罗洲的公司制度，发现华工组成各个"公司"，如"义兴公司""九龙公司""兰芳公司""三发公司"等等，以各个"公司"的名义在海外耕种或开矿置产。华工每个人缴交一定数额的金钱凑集成一笔基金，成立公司，公司亦即大商业集团，有如在中国原乡的村社组织。公司内的成员人人平等，有能力服众者，为老大为首领。众人缴交之份钱保存在相当健全的股份制财库中，遇有紧急时刻可以借贷，老死异乡时，可以埋在义山，也可以借贷带骨灰回原乡。正因为有此一互助合作的公司，所以源源不绝的移民敢于跋山涉水远赴南洋，赚取外汇回乡（袁冰凌译，1996）。

如同家族财产有公私之分，华人村社组织或是商会公司制度，也可以设立有公财产，每人缴交一份基金成立财库，彼此为公共财库打拼，其所获利多过于也快过于个人打拼。个人可于公财库中借贷，亦须如期如数还债，以不伤众人利益。为了彼此长久利益，大家共同遵守契约，并互相约束，无须国家或法律的外在监督。因此，传统华人在家族、村社组织、公司制度之中均可以学习到公有与私人双重财产之治理，也学得公私财产之间疏通互利之理。笔者以为华人从小学会此一公私财产的管理知识与交换技术，是本文在描述人出生之时，向天曹地府借贷观念的文化逻辑与基础来源。

三　宗教仪式中的金钱与纸钱

让外国人惊讶的是，不只是男女感情、妇女可以用金钱来计算与交换，甚至神圣的宗教仪式也处处充满金钱的影子。其中，尤其以纸钱很早就吸引研究宗教的日本民俗学者（增田福太郎，1935），台湾学者（曾景来，1938），或是欧美人类学家（Doolittle，1865；Dore，1914；Wolf，1974；Gates，1987；McCreery，1990）的注意。在人类学分析理论上，可以采取功能论，或是象征论，或是结构论，或是历史唯物论，或是现象学存有论（Blake，2011：3-4）。本文采取的是人类学的结构论，视宗教观念为社会生活的反映，纸钱的使用逻辑反映出帝制中国钱库与税收的制度。

此一论点或有其不足之处，但是笔者以为是目前广被多数学者接受的论法。

（一）真钱与纸钱一起使用

很多人都可以观察到，华人祭祀时，真钱可以奉献给庙宇，可以赏赐给戏班，可以在庙里购买香烛，可以付钱给神职人员执行仪式。信徒还愿时，可以赠送神明金牌，丧礼中将钱币丢到棺材上，祈愿人丁兴旺。婚礼的新人床上也可以放一些钱币，祈愿生丁好运。除了真钱之外，宗教仪式中更多是需要纸钱，香炉用纸钱来垫高以示尊敬，神轿用纸钱来隔离地面以免污染，神猪口咬纸钱以示敬神，乩童烧纸钱并以之净化神坛。可以说在宗教仪式中，真钱与纸钱都需要用到，也都不避讳大方用钱。相对于西方文化视钱为龌龊肮脏不道德的物品，更不可进入神圣宗教仪式中，钱在东西文化中之差异，有如天壤之别。

（二）纸钱的简史

根据萧登福（1997）、黄清连（2005）等人之考据，古代贵族墓葬有埋玉币、玉帛、汉代瘞钱的习俗。汉初，铜钱供应有限，若干墓葬曾使用泥制冥钱代替。汉末，铜矿产量更为减少，到六朝时期的南朝，许多墓葬出土有不少钱文砖，以代替钱币随葬。

纸钱的出现必须在造纸技术成熟之后才有。考古发掘证实，公元前2世纪，汉初已有纸，东汉蔡伦是纸的改良者，东晋之后，不再出现简牍文书，说明公元4世纪应该是纸转为普遍使用的时期。至于宗教用纸钱，初期仅流行于民间，唐玄宗时，逐渐进入帝王祭典中，成为君民共享之习俗。宋人逐渐认为纸钱比真钱更适合给阴间使用，且一定要经过烧化，阴间才能收到。唐僧道世《法苑珠林》提到"剪白纸钱，鬼得银钱用，剪黄纸钱，得金钱用……良由人鬼趣殊，感见各别……"（黄清连，2005：189）。

（三）纸钱的种类

华人拜神、祭祖、祭鬼都要用到纸钱。烧给神明的纸钱称为金纸，烧给祖先与鬼的纸钱称为银纸，祖先的是大银，鬼的是小银（李亦园，1978：129）。依照吴雅士（Arthur Wolf，1974：179-181）神、鬼、祖先是华人民间信仰的三个主要范畴，恰可吻合纸钱的三个范畴：金纸、大银、小银。神最高位，祖先其次，鬼最低位。祖先与鬼范畴接近，都使用银纸。当代台湾民间的纸钱可以区分为，给玉皇大帝的是天公金。给天上圣母、关圣帝君等高阶神明的是寿金、卦金、福金。低阶神明如福德正神是福金与卦金。给祖先的纸钱有大银与库钱，烧给鬼的有小银、经衣、甲马等。在台湾的祭解或补运仪式中，还会用到更多种形式的纸钱。

虽说神、鬼、祖先三个范畴各有其应用之纸钱，笔者在新竹调查时，观察到不乏个案，信徒可以烧金纸给"圣妈庙"，或是"王先生庙"，此二者均为无主孤魂，照理应该烧银纸，但是信徒基于信仰或提升其鬼地位为神而烧金纸。

（四）岁时祭仪与生命仪式，须用各种纸钱

从大年初一到腊月三十，当中有各个节日，清明、端午、中元、中秋、重阳、除夕等，这些岁时祭仪须用到纸钱拜神，拜祖先，或祭鬼（阮昌锐，1982）。在台湾各地均可见到，在此不赘述。

人的一生有许多生命礼仪也需要烧化金银纸。当代台湾由于家庭都市化变迁，比较少见。在古都台南，仍然有一些讲究的人家，会举行传统生命仪式：

1. 出生仪式中，包括有"三朝"：婴儿出生之后第三天向神明、床母与祖先禀告，神明以寿金，床母以床母衣，祖先以大银。"满（弥）月"：婴儿出生满月，准备油饭祭拜神明与祖先，神明以寿金，祖先以大银。"做四月日"：小孩出生满四个月，祭拜神明与祖先，神明以寿金，祖先以大银。仪式之后，小孩可以照镜

子，可以带出门。"周岁（度晬）"：小孩出生满一年，祭拜神明与祖先，神明以寿金，祖先以大银。"挂䰈"：婴儿出生之后，父母向七娘妈，或其他神明祈求䰈牌来带在身上，称为"挂䰈"。每年七月七日七娘妈生日或神明生日时，换上新的红线或䰈牌，称为"换䰈"。待小孩十六岁成人，在神明诞辰时，除去䰈牌称为"脱䰈"。祭拜七娘妈与床母时，以寿金加上床母衣。祭拜神明则用寿金（施晶琳，2008）。

2. 满十六岁举行"成年礼"，亦即"做十六岁"仪式，要祭拜七娘妈、床母，有些人家还会加做"谢天公"，以感谢众神明的保佑。祭拜七娘妈与床母时，以寿金加上床母衣。拜天公则用天公金、黄高钱、寿金等。

3. 婚姻仪式中，简化成"小聘""大聘""结婚谢天公""拜堂"等仪式，女方与男方家中都要祭拜神明与禀告祖先，所用纸钱如尽献给天公以天公金，神明以寿金，祖先以大银。

4. 人的一生难免生病或遭遇厄运，医石无效时，到庙宇中请法师或道士举行"祭解""补运"仪式（详见张珣，2008）。其中驱邪制煞的"谢外方"小法仪式会用到多种"外方纸"。

5. 丧葬仪式：人刚死亡，要烧"脚尾钱"给死者，往阴间沿途买路费用。棺材运到家之后，家人要围成一圈烧化"随身库钱"，让死者在阴曹地府还债。封棺大殓之后，家属每天要拜饭、烧纸钱。满七日或百日之后，改为初一、十五晨昏，各拜一次饭，烧纸钱。对年（满一整年）之后，才不再个别拜饭，而是将新亡者的香灰合进祖先大炉（称为合炉）之后，与祖先一起于年节祭拜，烧化纸钱。传统家庭还有"做七"或"做旬"的祭拜亡魂，拜饭与烧纸钱。比较讲究的家庭在"做旬"时，延请僧道，做功德，还库钱。

我们常在台湾乡间，看到街头巷尾在做丧葬时，最后一家人围着一个火圈，里面烧着大把大把的库钱。乃因民间相信人出生之时，向地府十二库官借钱投胎，死必还之。还清之后，才可以顺利超生。华南与台湾有行"捡骨"二次葬的地区，祭祀时，也需烧化纸钱给死者以及土地公。

于2017年来台湾"清华大学"客座讲学的美国人类学家John McCreery，于1973年取得康乃尔大学人类学博士学位，当年他在台湾的调查，也看到田野地点的人家烧化大量纸钱给新亡者，以替亡者偿还在阴间的债务（McCreery，1990）。

四 "进钱补运"与"寄库"仪式

从烧化给亡者的库钱，我们可以开始讨论"进钱补运"与"寄库"仪式。

（一）侯锦郎的研究

前述旅法汉学家侯锦郎，很早就对进钱补运仪式做深入的研究。他到法国留学原想钻研艺术史，然而，幼时在台湾的成长经验中，接触到五花八门的道教纸钱，让他迷恋不已，收集有两百多种纸钱样本，让他转而探讨纸钱的相关概念与仪式。他的博士论文爬梳了考古上的纸钱出现过程，各朝代纸钱的使用历史，纸钱的设计图案，纸钱的制作过程，纸钱在仪式中的用途，等等。由于论文对于本命观念与进钱补运仪式做了深入的讨论，引起道教学者Isabelle Robinet（1976）、Anna Seidel（1978）为其做书评，也启发Hill Gates（1987）写《给神明的钱》一文。这是道教研究中一个很重要的议题。对比较宗教学来说，是一个研究人神关系的重要切入点。对人类学来说，也是一个深富金钱文化比较研究的议题。

补运与改运仪式，在今人许多道教学术著作中均有提及。侯锦郎除了博士论文讨论进钱补运仪式，还在论述华人的星命信仰时，说病人需要延请道士向本命太岁星进钱以补运，道士要念《进钱咒》，烧纸钱以赎回本命（Hou，1979：202）。

（二）更多人的进钱补运研究

李丰楙考察闽粤移民渡台之初，也将故乡的"改运""补运"

仪式带到了台湾（李丰楙，1995）。吴永猛、谢聪辉也针对澎湖、台湾信徒求平安、延年益寿的"安太岁""进钱补运""祭解改运"等仪式做了解释（吴永猛、谢聪辉，2005：263）。留学法国的道教学者许丽玲，也写过台北市大稻埕妈祖庙的"补春运"仪式（许丽玲，1999）。

施晶琳写过台南临水夫人庙祭解仪式中的进钱补运段落（施晶琳，2005）。笔者在台北市保安宫观察祭解仪式中，也看到必须先有进钱补运段落，再继续"送外方"制邪（张珣，2008）。显而易见，进钱补运可以单独做，也可以是祭解仪式中的一环。

在台南，当人有疾病或灾厄时，可到庙宇举行进钱补运仪式。可向天曹、地府、水府（天地水三官、三官大帝）进钱，所烧化的是天库与天钱、地库与地钱、水库与水钱，三类六种纸钱，通称为"补运金"（施晶琳，2008：69）①。该仪式祈求延命益寿，身体无灾殃病痛，以躲过灾厄。

依据台南妙寿宫小法团所称，所有的进钱仪式一定要向天曹进钱，或称"进金""上天曹"。至于是否向地府与水府进钱？则向庙宇主神掷杯决定，视信徒的八字与流年，再个别决定是否需要进钱。进给天曹的金纸有太极金、财子、运金、寿金四种。进给地府或水府的纸钱，则有财子、运金、寿金三种。太极金给玉皇大帝，财子与寿金给神明。运金则是补运用（张珣、洪莹发，2012：22）。在下一节，笔者将以道教经典做说明，何以人生病或遇灾厄时，需要向本命太岁星君或天曹进钱呢？

（三）寄库与库钱

在台湾，有人死亡时，家属会烧库钱给亡者。库钱是银纸的一种，而称之为"寄库"或"还库"，是给地府，是用来还债，以偿还受生时，借贷身体之债务。寄库仪式在中国并不陌生，徐宏图、

---

① 在祭拜玉皇大帝、地藏王菩萨、东岳大帝、水仙尊王时，也可以使用天库天钱、地库地钱、水库水钱。但施晶琳未说明此时是补运，或纯粹将纸钱当供品给神祇？

项铨（1996）记录了浙江缙云县船埠头村的寄库仪式。陈怡君（2007）记录浙江大陈岛的烧库屋习俗。

　　向地府烧化的库钱，可以供新死者、祖先或旧亡魂在阴间使用。库钱还可以是在"做旬"时，一起做寄库、还库、缴库、填库使用。张懿仁（1996）提及在台湾印制纸钱大本营的苗栗地区，还可以区分"公库钱""私库钱"。但是台南地区则不加区分，所用库钱只有一种（施晶琳，2008）。

　　"买命钱"也是一种银纸，每卷上面印有六枚古代铜钱，每一捆代表价值是一百万元，一大捆价值一千万元。烧化买命钱目的，则是增加祭拜者的寿命。

　　人在生时，要进钱之外，死后还是要还钱还债，这是两笔不同意义的钱。进钱补运的金纸钱是给天曹地府，是进献祈求或是贿赂的意思。人刚死时，或是死后多年要还库钱，则是还债的银纸钱，是偿还受生者的身体与本命的债务钱。Gates 文章未加区分给天曹或是地府的钱。施晶琳调查台南造纸业，给予不同纸钱的照片与制作过程，读者才可以区分，进钱补运使用的纸钱其形式样貌与库钱完全不同。但是依据笔者 2012 年在海南岛定安县玉蟾宫元辰殿调查的资料，人（信徒）要向天曹地府二者都偿还，可于一次仪式中一并烧化偿还，其纸钱形式样貌是一样的。另外，萧登福以为"天曹库"是在阴间，并不是在天上（萧登福，1997）。这些都有待未来研究者深入研究。

五　以钱换命，以钱买命

　　何以民间相信当人生病或遇灾厄时，需要向天曹进钱呢？何以人死后，要烧钱给地府还库？何以人出生之时，要同时向天曹与地府借贷本命与身体？这些问题，我们来看道教经典的说明。

（一）《太上老君说五斗金章受生经》

　　道教《太上老君说五斗金章受生经》开宗明义说：

"受生之时，五斗星君，九天圣众，注生注禄，注富注贫，注长注短，注吉注凶，皆由众生，自作自受。"

继而说：

"若复有人，能知根本，但遇三元五腊，本命生辰，北斗下日，严置坛场，随力章醮，供养五方五老，乃吾化身，注生圣众，五斗星君，本命元辰，醮献钱财，以答众真，注我生身，得生中国，得遇大道，荫祐之恩，当生之时，天曹地府，愿许本命钱。且甲乙生人，命属东斗，九气为人，受生之时，曾许本命银钱九万贯文。丙丁生人，命属南斗，三气为人，受生之时，曾许本命银钱三万贯文。戊己生人命属中斗，一十二气为人，受生之时，曾许本命银钱一十二万贯文。庚辛生人，命属西斗，七气为人，受生之时，曾许本命银钱七万贯文。壬癸生人，命属北斗，五气为人，受生之时，曾许本命银钱五万贯文。"

继而列出；

"十二本命，十二库神

子生之人第一库中，辰生之人第二库中

申生之人第三库中，亥生之人第四库中

卯生之人第五库中，未生之人第六库中

寅生之人第七库中，午生之人第八库中

戌生之人第九库中，已生之人第十库中

酉生之人第十一库中，丑生之人第十二库中"

最后说明：

"乃是生人，各有财禄命库，若人本命之日，依此烧醮，了足别无少欠，吉德见世安乐出入通达，吉无不利。"

从上文可知，台湾庙宇进行进钱补运仪式时，乃依据道经所说，人出生时，天曹地府愿许本命钱，若能于本命之日烧化纸钱还债，则可得吉利，可免除病痛。因此，生病时，或医药罔效时，只能改运或补运，以求本命太岁星或天曹库官延缓还债日期。

(二)《灵宝天尊说禄库受生经》

另据《灵宝天尊说禄库受生经》：

"天尊言，十方一切众生，命属天曹，身系地府。当得人身之日，曾于地府所属冥司，借贷禄库，受生钱财，方以禄簿注财，为人富贵。其有贫贱者，为从劫至劫负欠，冥司夺禄，在世穷乏，皆冥官所克阳禄填于阴债。是使贵贱贫富苦乐不同。"

人之生身，向十二值年官曹借钱，官曹姓属如下：

"子生人欠钱一万三千贯属第一库曹官姓李，
丑生人欠钱二十八万贯属第二库曹官姓田，
寅生人欠钱八万贯属第三库曹官姓雷，
卯生人欠钱八万贯属第四库曹官姓柳，
辰生人欠钱五万贯属第五库曹官姓袁，
巳生人欠钱七万贯属第六库曹官姓纪，
午生人欠钱二十六万贯属第七库曹官姓许，
未生人欠钱十万贯属第八库曹官姓朱，
申生人欠钱四万贯属第九库曹官姓车，
酉生人欠钱五万贯属第十库曹官姓郑，
戌生人欠钱二万五千贯属第十一库曹官姓戊，
亥生人欠钱九千贯属第十二库曹官姓亢"，

继而开演十二所属元辰姓名钱数：

"子生人本命元辰刘文真当得人身许钱七千贯，
丑生人本命元辰孟侯当得人身许钱九千贯，
寅生人本命元辰钟元当得人身许钱六千贯，
卯生人本命元辰郝元当得人身许钱一万贯，
辰生人本命元辰李文亮当得人身许钱六千四百贯，
巳生人本命元辰曹交当得人身许钱一千贯，
午生人本命元辰张巳当得人身许钱九千贯，
未生人本命元辰孙恭当得人身许钱四千贯，
申生人本命元辰杜准当得人身许钱八千贯，

金钱在华人文化与宗教中的观念与仪式

酉生人本命元辰田交佑当得人身许钱五千贯，

戌生人本命元辰崔渐进当得人身许钱五千贯，

亥生人本命元辰王爽当得人身许钱六千贯"，

根据上述道教两部经文所说，"欠钱"与"许钱"两个词汇具有不同意义。笔者在海南岛的调查，受生债计算表将其解释为"受生借款"与"助生谢恩"两个不同意义，可于同一个仪式中烧纸钱偿还。在台湾则分成两个截然不同的仪式。生人可以进钱补运，亡者则做寄库仪式。

其次，这两部道经文内，所述应许本命钱数目不同。依据道教学者萧登福（1997）考证，两部道经出现时代应为唐中叶。萧登福认为两部经典都产生于中唐前后，时间相近，互相不知对方造经，以至于内文有异（萧登福，1997：104）。依照《灵宝天尊说禄库受生经》经文所说，人受生之时，向天曹地府借钱，天曹十二库管命，地府十二库管身体。也因此在台湾做进钱补运仪式时，可以区分向天曹进钱，或是向地府进钱。而还库钱时，仅称所归还者为地府的身体钱，并未提及偿还天曹的本命钱。从张懿仁、施晶琳等调查，似乎只要归还身体受生债务，无须归还本命债务。人出生所得之本命，并非借债而得，无须还债务。另外，张懿仁依据《道士文检》其曹官姓氏与道经《灵宝天尊说禄库受生经》所载有些许出入，所缴交库钱数目亦有出入。施晶琳依据台南道士口访，亦与道经记载有所出入。这些是因为地区差异或是道教教义分歧？也有待未来研究。

笔者于2012年在海南岛定安县玉蟾宫元辰殿，记录到"受生债计算表"乃将"五斗十天干助生谢恩银钱""十二地支属相助生谢恩银钱""十二地支属相受生借款银钱"三者合计而一并填还，其数目与库官姓氏则完全依照道经所记载。这说明依据两部道经经文所说，天干本命钱、地支助生钱与地支受生借贷钱，分别是三笔。三笔都必须偿还。不区分金纸钱或银纸钱，也不区分纸钱烧化的去处是天曹或地府。

485

(三)《佛说寿生经》

《佛说寿生经》是台湾某些佛教寺院为亡者烧化纸钱做法的依据来源。

"贞观十三年有唐三藏法师往西天求教，因检大藏经，见寿生经一卷，有十二相属，南赡部洲，生下为人，先于冥司下，各借寿生钱，有注命官，抵押人道，见今库藏空闲，催南赡部洲众生交纳寿生钱。……不纳寿生钱，睡中惊恐，眠梦颠倒，三魂杳杳，七魄幽幽，微生空中……纳得寿生钱，免得身边一十八般横灾……今生早烧寿生钱三世富贵，今生不烧，三世贫贱，后世难得人身，纵得为人瘸手瘸足，无目跛腰痴聋喑哑，衣不盖形食不充口，被人轻贱。若早烧寿生钱，注衣注食，注命注禄……"

此部佛经与前两部道经有许多差异之处，1. 佛经《佛说寿生经》中未曾言所欠寿生钱数目，与道经极大不同。2. 未曾细数十二库官或其姓名，经中所隐含之国家与禄库观念比较稀薄。3. 言明信徒若看《金刚经》《寿生经》能折本命钱，可证佛经法力之大。4. 细数十八般横灾，与其他佛经类似。5. 明列诸天菩萨摩诃萨名称。假托佛说，其实经文内的一些重要观念，诸如三魂七魄，青龙白虎星宿，北斗七星，应该都是中国传统观念，而非佛说。笔者同意萧登福考证佛教《寿生经》是在这两部道经之后所造，时间也大约在中唐前后期（萧登福，1997：105）。

而根据历史学者黄清连考证，纸钱的使用应该先在民间信仰出现，早期佛道两教经典很难找到使用纸钱之记载，唐代中期纸钱普遍使用之后，佛道两教受到民间习俗影响，而相继有烧纸钱的做法（黄清连，2005：220）。可以说明佛道两教经文都是唐代或是唐代之后的作品，而民间烧纸钱则远远早于唐代。

(四) 儒释道三教的融通与家族主义

纸钱最早仅有一种，唐朝时，分为黄白两种，寓意为金银两种。金者给神，银者给鬼与祖先。越到后世，制作出越多种纸钱。

买命钱、受生钱、库钱，三者应该是以上述二部道经为依据。同样的，华人的宇宙观，由先秦信仰死后一个去处，阴间，再区分为天曹与地府，再分为各有十二库官，是官僚体制日趋完善的秦汉后期产物。黄清连认为佛道两教烧纸钱是受到民间信仰的影响。笔者加以延伸，认为影响因素还有儒家的国家观念，宗族观念，生命与身体来自父母，父母之恩，以钱来报，天地之恩，以钱来偿还，等等。从父母家族的公账，延伸到国库，超自然的天库，是同一观念的延伸。

海南岛玉蟾宫对于"受生债"的解释文字，说明"道教文化认为，凡一切生命降生之时，都要向自己的本命之神（太岁），借银重生，以求顺利来到人世"。笔者以为这是佛教入华之后，加上本土道教信仰，综合以后的宇宙观。佛教未传入中土之前，并没有"重生"的观念。然而，再以佛道两教的经文来看，佛教寿生经应当是在道教受生经之后制造的（萧登福，1997）。

Gates 认为，中国古代长达两千年的成熟的国家体制，防止了中国式的资本主义走向欧洲式的工业革命与资本主义（Gates, 1987: 260）。笔者以为中国式的资本主义，有了家族主义的修饰，防止投资者过于崇拜个人而走向虚无灭亡。中国式的资本主义，有了宗教与道德约束，引导投资者做长期的三世因果累积资本，避免短线（今生今世）投资。亡者的库钱由子女烧化给亡者，祖先欠债的库钱可由子孙烧化偿还，强调家族祖孙之间通财之义以及家族命运共同体的观念与烧化纸钱的仪式作法。

笔者认为进钱补运仪式与受生借债观念，是在儒释道三教融通之后的观念与仪式，而且还必须有古代的官僚制度与成熟的资本累积与金融转换制度，才催生出此一套观念与仪式。

六 结 论

人类学家 George Foster 在 20 世纪 60 年代研究墨西哥乡民社会时，提出一个概念："资源有限观"（image of limited good），以之来说明农业社会的一种宇宙观,认为各种宝贵的资源都是有限的,包括土地、财富、健康、友谊与爱情,甚至男子气概与荣誉,尊重与声望,权力与影响力,安全与平安,等等。其数量一定,无法增生。这些资源的本质是固定的,只是在不同的人之间,重新分配而已,无法产生新的出来(Foster,1967:300-323)。盖因农业社会土地是唯一的资本来源,也是生长万物的来源,然而土地虽生生不息,生命必有死才有生;而土地又不可能无中生有,是以会产生资源有限的宇宙观。

传统中国也是以农立国,也有与墨西哥乡民文化相同的"资源有限观",但是中国国家与官僚制度早在周朝已经确立,至秦汉更为成熟。笔者以为道教《受生经》或佛教《寿生经》中表现出来的华人"资源有限观",与墨西哥社会不同的是,首先,华人的"福禄寿有限观"与"福禄寿注定观"有强烈的天曹地府官僚体制在掌管。其次,华人的"福禄寿有限观"与"福禄寿注定观"已经发展出一套数字运算。所有人均可以落入一个生肖属相,均被严格规定了一个借贷数字。最后,阴阳之间可以转换,阴间与阳世寿命可以转换,可以透过寄库仪式来填还,进行交换。

虽然农业时代的华人也有忌妒别人,以为别家发达就减损自家的机会,自家发达不敢张扬以免引人眼红等,这种总体资源有限观。但是,《受生经》或《寿生经》表现出来的宇宙观,并不强调总体国家资源是否固定,甚至说隐含了可以无限扩大的可能。经文当中强调的仅是固定的个人福禄寿。福禄寿三者可以转换,但是总数是一个有限的定额。《受生经》或《寿生经》带有道德经济观念(moral economy),一个人如果做善事可以累积福禄寿的数额,作恶事则减少福禄寿数额。亦即,个人的钱财多寡与道德修养是息息相关的。

福禄寿三者可以转换,亦即,华人信仰认为金钱与寿命之间可以转换,个人的寿命长短与金钱多寡相互影响,相互生灭,二者总数固定。个人是向天曹借贷才有投胎本钱,天曹是宇宙之间最大的资方,万物都只是贷方。补运或改运所烧纸钱,含义是赎命，可能是给利息，可能是还本钱。究竟每一次烧纸钱是在给利息？或是还债？让人猜不透也无法确认，以至于永远无法还清债务。所以，华人一辈子都很努力地赚钱。此一生命永远的焦虑感，恰似德国社会学家韦伯（Max Weber），所谓西方基督新教伦理与资本主义精神之间的辩证关系。所以葛希芝称此为"具有华人特色的资本主义"。

与本议题相关而未来可以继续探讨的观念是"功德""功过格""阴骘文"等观念与行为。功德可以累积，可以转换成在世的福禄寿，功德还衍生出阴德和阳德之区分，阴德胜于阳德之说法。相关的观念还有中国传统"报"的观念，"积善之家必有余庆，积不善之家必有余殃"，等等，均可以给出东西方文化比较上的人类学解读。

本文虽然认为纸钱为金钱之模拟与延伸，但是尚未处理"宗教的金钱"与"世俗的金钱"之间的关系究竟是什么？是否单一的逻辑可以贯穿？本文仅在有限的篇幅内，处理金钱与纸钱在华人社会的历史悠久以及普遍使用，继而说明具有华人特色的资本主义，私有财与公有财之区分，再谈到宗教仪式内烧纸钱的普遍，再谈到烧纸钱仪式中有库钱与进钱补运这种类似像金融经济里的信用扩张与融资的形式。最后在结论中，笔者用生态学的观点，强调在资源有限的社会里，金钱不是赤裸裸地累积，道德经济的观念时时夹杂在其中。

参考文献

一 中文文献

J. J. M. DeGroot：《婆罗洲华人公司制度》，袁冰凌译，《近史所丛刊》1996年第33号。

陈怡君：《富裕的阴间当代大陈女性与烧库屋习俗》，硕士学位论文，台湾大学，2007年。

黄清连：《享鬼与祀神：纸钱和唐人的信仰》，载蒲慕州编《鬼魅神魔：中国通俗文化侧写》，麦田出版社2005年版。

李丰楙：《台湾送瘟改运习俗的内地化与本地化》，第一届台湾本土文化学术研讨会论文集，台湾师范大学，1995年。

李亦园：《信仰与文化》，巨流图书公司1978年版。

阮昌锐：《庄严的世界》，文开出版公司1982年版。

施晶琳：《台南兴泉府祭改法事之研究》，《台南大学台湾文化研究所学报》2005年第2期。

施晶琳：《台湾的金银纸钱》，兰台出版社2008年版。

吴永猛、谢聪辉：《台湾民间信仰仪式》，硕士学位论文，空中大学，2005年。

萧登福：《由佛道两教〈受生经〉看民间纸钱寄库思想》，《宗教哲学》1997年第1期。

徐宏图、项铨：《浙江缙云县船埠头村寄库仪式》，《民俗曲艺》1996年第100期。

许丽玲：《台湾民间信仰中的补春运仪式：以北部正一派道士所形成的法事仪式为例》，《"中研院"民族学研究所资料汇编》1999年第13期。

曾景来：《台湾宗教と迷信陋习》，台湾宗教研究会1938年版。

张珣：《道教祭解仪式中的忏悔与替身》，载余安邦主编《本土心理与文化疗愈：伦理化的可能探问》，"中研院"民族学研究所2008年版。

张珣：《妇女生前与死后的地位：以养女与养媳等为例》，《台湾大学考古人类学刊》2000年第56期。

张珣：《海南岛民间信仰踏查记》，《"中研院"民族学研究所资料汇编》2013年第23期。

张珣、洪莹发：《进钱补运科仪分析：台南安平妙寿宫小法团为例》，《道学研究》2012年第19期。

张珣：《香之为物：进香仪式中香火观念的物质基础》，《台湾人类学刊》2006年第4期。

张珣：《馨香祷祝：香气的仪式力量》，《台湾大学考古人类学刊》2006年第65期。

张懿仁：《金银纸艺术》，苗栗县政府编印，2006年。

［日］增田福太郎：《台湾本岛人の宗教》，东京财团法人明治圣德记念学会1935年刊行。

二　英文文献

Blake, C. Fred, *Burning Money: The Material Spirit of the Chinese Lifeworld*, Honolulu: University of Hawaii Press, 2011.

Dolittle, Justus, *1865/1966Social Life of the Chinese.*

Dore, Henri, *Research into Chinese Superstitions*, Trans. M. Kennelly, Shanghai: Tusewei, 1914.

Foster, George M., "*Peasant Society and the Image of Limited Good*", in Jack M. Potter ed., Peasant Society: A Reader, *Boston: Little, Brown and Company*, 1967.

Freedman Maurice, "*The Handling of Money: A Note on the Background to The Economic Sophistication of Oversea Chinese*," Man, 1959.

Gates, Hill, "*Money for the Gods*", *Modern China*, 1987.

Hou, Ching-lang (侯锦郎), "The Chinese Belief in Baleful Stars," in H. Welch and A, Seidel eds, *Facets of Taoism*, New Haven: Yale University Press, 1979.

McCreery, John, "Why Don't We See Some Real Money Here? Offerings in Chinese Religion", *Journal of Chinese Religion*, 1990.

Potter, Sulamith H. and Jack M. Potter, *China's Peasants: The Anthropology of a Revolution*, Cambridge: Cambridge University Press, 1990.

Robinet, Isabella, "Review of Hou Ching-lang, Monnaies d' offrandes et la notion de tresorerie dans la religion chinoise", *Journal of Asiatique* 264, 1976.

Wolf, Arthur P. (武雅士), "Gods, Ghosts, and Ancestors", in *Religion and Ritual in Chinese Society*, Stanford: Stanford University Press, 1974.

Zeidel, Anna, "Buying One's Way to Heaven: the Celestial Treasury in Chinese Religion", *History of Religion*, 1978.

坐月子的仪式性功能与象征意涵

翁玲玲

（台湾佛光大学创意与科技学院）

前 言

  人虽为万物之灵，但忝为动物界之一员，自也无法摆脱自然法则所支配的各个人生阶段与经历。这些阶段与经历，常带来身份的转换与权力资源的重新分配，也形成了个人或社会都须面对的关键时刻或关口。为了顺利渡过这些关口，每一个社会都会设法因应，种种礼俗仪式也就应运而生。尤其在结构较严谨的社会中，社会秩序的维持来自于结构的明确稳定，因应这类关口的仪式在文化中的地位就十分重要，而仪式的内容与规范也相对繁复。

  在社会功能上，"仪式"是人类社会维持其动能所必需的媒介。在每一个仪式中，社群内的成员，使用各种"象征"从事彼此间的"对话"，互相将关于对方角色地位的认定、与对方的关系距离、对对方的观感、今后的意图等等，在仪式中作某种程度的沟通。此种沟通所传递的信息，是此后社群间社会关系的调整、重组及社会互动，赖以进行的依据。在文化研究上，仪式可以说是了解社会文化的一个有效途径。我们一方面可以从制度化的仪轨（仪式进行的形式）中，了解该社会结构性的一面，例如：集体公识、宇宙观、价值观及社会的基本结构等等。我们也可以从仪式的实践中，了解行动者个人的情感欲求、生活经验、与其他成员的互动、选择行动的机制，乃至于文化论述的形成。简言之，仪式是个人与集体在文化观感与社会互动上紧密联系的场域，仪式研究可以帮助我们更贴近社会文化衍制（reproduce）及创制（produce）的内容、机制、过程及动力。在诸多仪式中，通过仪式尤其是与社会生活密切相关又能够较明确传达此类信息的一种仪式，此一理论模式的普遍性，数十年来亦广为学界所肯定。

传统汉人社会，是一个结构十分严谨，极为讲求社会秩序的群体。对于影响社会结构以及社会秩序的"身份转换"之重视，自不待言。学界对于汉人社会有关身份转换的通过仪式，如：成年礼、婚礼、丧礼等亦有相当丰富的研究成果。唯对妇女由"外人"转换为"自己人"，此一重大社会界限（social boundary）的跨越，在研究上却相对忽视。本文即以此一身份转换关口为主题，以通过仪式为分析的理论架构进行探讨。

一　传统汉人社会的特质

传统汉人社会，根据英国人类学家 Mary Douglas 的"群""格"理论（Douglas, 1973），可归类为团体约束力极强，而个人角色地位规范极严格的社会；十分着重于社会界限的控制、个人角色的本分以及社会秩序的维持。费孝通先生所说的"差序格局"（费孝通 1939），王崧兴先生所说的"有关系、无组织"（王崧兴，1986），乃至于台湾早期移民的拓垦组织与械斗冲突，都说明了社会界限（social boundary）的难以跨越。在社会秩序的维持上，神明的存在，不但在于主宰宇宙合理的运行，更重要的意义在于控制人类社会使之和谐有序（Hsu, 1969；李亦园，1992）。张德胜先生在其书中则明白指出：儒家伦理千条万条，但归根结底，不外乎从一个追求秩序的情结衍生出来（张德胜，1989）。坂出祥伸先生也认为中国思想家养气、治气的目的，在于重建社会秩序（坂出祥伸，1993）。在这样的社会结构思维下，家的意义对汉人而言又更为重大，因为家庭是社会界限划分以及社会关系建构的起点与基础，数千年来汉人实际上就生活在这一套家族文化的网络中（李亦园，

1990：113—124；王崧兴，1991）。凡此，皆可见传统中国社会之特质，也点出了从内外关系以及社会秩序来了解汉人行为意义的重要性。

"家庭"既是传统汉人社会建立人际关系网络的社会结构基础，则敬祖传宗、绵延香火也就成了汉人思维中最重大的人生义务。因此，"生育"对汉人而言所包含的意义，除了使家族得以传承延续的生物性意义外，也包含了家庭成员身份地位转换、社会结构重组及权力资源重新分配的社会性意义。使家族延续传承所依赖的条件固然很多，然其中最首要者为妇女的生育力，这也使得"生育"成为妇女以及家庭社群，在社会结构与互动上，产生转换的"关口"。

在传统社会中，妇女社会地位取得的基地并不在"生家"或娘家，妇女的"成人"之道是出嫁、生子，为自己在另一个家庭中取得一席之地；而真正成为"内"人的关键，则在生子而非结婚。中国家庭的最小单位——房，是人们成为祖先的结构性基础，必须要有子嗣才能构成。为了避免死后成为游荡无依的孤魂野鬼，妇女的产育功能被极度强调，使得"无子"成为七出之条中的首恶，不孝也以"无后"为大。这些社会价值说明了女子必须在"房"的架构下，也就是生子之后，才有机会成为祖先（自己人）而非野鬼（外人）（陈其南，1991）。日本学者池田敏雄也指出：女人在生下初儿以前，只被认为是家庭中的工作人员，直到生下男孩之后，才被接纳为家庭的一员（池田敏雄，1962）。这说明，传统社会中"生子"才是女性被确认为"自己人"的关键。换言之，结婚所取得的只是"候选人"的资格，得等到生子之后，才算真正得到"自己人"的文凭，才能确立其在系谱上及人际网络中的位置。

其身份之转换，除了体现在内外的关系上，也体现在权利义务上。妇女在生了孩子之后，就从单纯的妻子转而成为母亲，对其社会地位的提升具有关键性意义。"母亲"，在中国社会所具有的崇高地位，从小说戏曲到社会史料随处可见，无须赘言。跟随着母亲此一身份而来的，则是与其在系谱上及人际网络中的位置相应而来的权力；不但在家庭及村子中或居处的社群中都开始拥有了发言权（Wolf，1972），也会随着影响力的扩大而逐渐成为一个掌权者，参与家庭资源的分配。换言之，透过"生育"所转换的不只是"称谓"，也是"权力"及影响力。

从这样的观点来看，妇女透过"生育"所产生的身份地位的转换及社会关系的改变，于社会既有秩序之影响不可谓不巨，不但引起家庭及社群结构较重大的秩序重组，亦可能因权力的重新分配，对既有社会秩序带来威胁甚至破坏。这样重大的"身份转换"，汉人社会又是以怎样的文化设置来因应呢？

二 坐月子仪式

在汉人社会中，有关产育的习俗，从产前的安胎换斗，到产后的坐月子都是大家耳熟能详的。唯身份转换此一议题，必待产后方能论及。因此本文以产后的习俗"坐月子"作为分析的文本。坐月子之习俗内容，除了包括以饮食行为上的规范与禁忌来调养产妇的身体，也包括许多仪式性的行为。因篇幅及主题所限，本文仅就坐月子中的仪式行为部分加以分析。坐月子的仪式过程，依田野调查及文献考察所得（林明峪，1989；周治蕙，1983；郭立诚，1979；冯作民，1989），其资料大同小异。笔者将较具普遍性及典型性的仪式过程分为隔离、碛腹、三朝、报喜、送庚、满月等，并将简要的仪式内容列如表1。

这样的仪式过程如何达到调整社会结构，稳定社会秩序的功能呢？笔者试以通过仪式为分析架构，加以论述。

三 通过仪式

通过仪式（the rites of passage）又称生命仪礼，为荷兰学者 Arnold Van Gennep 所主张。Van Gennep 在其著作 *The Rites of Passage* 中指出：人从出生到死亡之间的种种阶段，会产生很多不同的发展过渡情形。这种过渡阶段，也都是社群内关系及互动必须作若干调整的时机。通过仪式就是使用一再重复的礼仪模式，将社会地位以及角色转换的信息，确实的通知社群中所有相关的成员，以便彼此能据以调整重组其间之互动关系，重新界定互相的权利义务；也使通过者本身得以借机调整其身心状况，以便顺利肩负起新身份的责任，表现出适当的行为，以符合该文化情境的需求。因为这类仪式所欲表达的信息是相同的，所以具有一个共同的礼仪。

表1　　　　　　　　　　坐月子仪式过程

地区/项目	隔 离	磕 腹	三 朝	报 喜	送 庚	满 月
红罗村	临盆时即令产妇独处于产房（通常为原产妇之卧房）中，除帮助接生者外，严禁入内。产后亦只允许家人进出，外人禁入	鸡蛋数枚以麻油煎，不可加盐	用草药泡水为婴儿洗浴，开始喂奶	口头通知，多不送礼物至岳家	较松懈，多无礼物或少量补品至婿家	满三十日剃儿发，剃下之发有仪式性处理，产妇及婴儿净身穿戴祭拜祖先床母，至岳家媒人亲友处回礼
望海巷	同上	鸡蛋数枚以麻油煎，不可加盐麻油鸡一小杯麻油	用草药小石子泡水，为婴儿洗浴，开始喂奶	同上	同上	满二十四日剃发，剃下之发多丢弃，产妇及婴儿净身穿戴祭拜祖先床母，至亲友处回礼

续表

地区/项目	隔离	碛腹	三朝	报喜	送庚	满月
江北地区	同上	红糖小米粥	焚化神袱送神，为小儿洗浴，水中放染红之干果，请亲友观礼吃面，拜床公床母，开始喂奶	婿家专人送红蛋至岳家报喜	岳家于第十二日送多样食物补品至婿家，为女儿补月子	满三十日剃发，剃下之发有仪式性处理，产妇及婴儿净身穿戴祭拜祖先，设宴会亲友
江南地区	同上	红糖、桂圆、红枣、莲子汤	为小儿洗浴烧太均纸，祭拜床公床母，请亲友观礼摆酒	婿家专人送喜果蛋酒等物至岳家，岳家随备衣物食品等回礼	同上	满三十日剃发，剃下之发多丢弃，产妇及婴儿净身穿戴祭拜祖先，游走四邻，设宴会亲友

注：表中所列之红罗村位于台湾澎湖县湖西乡，望海巷位于台湾基隆市，皆为笔者田野调查的地点。江北地区与江南地区系以长江为分界线，长江以北之华中华北各省资料皆列于江北地区，长江以南之华中华南各省资料皆列于江南地区。资料来自笔者对具有该省籍之台湾居民的深度访谈及文献查考。

模式，即分离仪式（rites of separation）、过渡仪式（rites of transition）与结合仪式（rites of incorporation）。这三个隐含不同象征意义的仪式，在不同的情境下所占的比重可能不同，例如：象征分离的仪式在丧礼中是不可或缺的，象征过渡的仪式常特别表现于怀孕、订婚、入会等习俗中，而象征结合的仪式在婚礼中则是最重要的（Van Gennep, 1960）。

Victor Turner 对这三个层面的礼仪模式也有过一番阐释，他认为：所有通过性的仪式（过渡性仪式）都可以从三个阶段来看，脱离、中介或边缘，以及整合。第一个阶段包括意味着个人或群体脱离的象征性行为；可能是从社会结构中一个先前的定点或是从一个相当稳定的文化情境中脱离。进入中介状态时，仪式当事人（通过者或中介者）的现状就变得模棱两可，并不具有或只有少许过去或未来地位的属性，是夹在各种有明确定义的文化分类当中（betwixt and between）而并不属于任何一种明确的文化类别的状态。在第三个阶段中，整个过程已经圆满完成了，当事人也回到了某种分类清楚的、神圣的或凡俗的社会生活中。此时不论这个仪式的当事人是个人或团体，他们又重新处于一个稳定的状态中，并且在明确定义的结构形态里，具有他的权利与义务。同时人们会期待他的行为举止能符合大家所熟悉的社会规范，也会希望其道德标准能合于新身份的要求（Turner & Turner, 1978）。此外，多位学者也都指出，通过分离、过渡、结合等仪式的象征意义，发挥了帮助人们顺畅通过生命关口，稳定社会秩序的功能［Kimball, 1960；La Fontaine, 1986；Lewis, 1976（1990）］。

上述各家的论述，说明了通过仪式在人类社会中的普遍性，也说明了通过仪式对于社会整合的功能性意义。在此一理论架构下，"坐月子"可以说是一个结构完整功能明确的通过仪式。笔者试从通过仪式之理论模式，来分析说明坐月子的仪式过程，传递了何种信息，达成了何种社会功能。

四　坐月子仪式与通过仪式

通过仪式固然可以从分离、过渡、结合这三个层面的仪式行为来进行分析，但并不表示，这三者是截然不同的三个具有阶序性的仪式过程。事实上，这三种性质的仪式，会随着整个通过仪式的进行，以不同的比重反复出现，互相联系。笔者将其分别处理，一则便于论述，一则得以凸显每一种仪式的象征性意义。

（一）分离仪式

产妇临盆时，首先遵循的仪式规范就是"隔离"。家人会将产妇留在卧房内或置于另外一个房间中，如《礼记》内则篇中所述之"侧室"（王梦鸥，1992）。除了接生的人以外，其他人都不许入内。婴儿出生后，产妇所居之处所，俗称"月内房"，则几乎成了禁地，只限家人进出，其他人士一概禁入。产妇本身亦被禁止离开月内房，更不可出家门，尤其严禁去别人家。这些规范，显示了分离仪式的意味。产妇从原来的生活情境中脱离，被孤立于月内房中，象征着从原来的定点或阶段—人妻的身份脱离。

在生孩子这个事件中，使社会结构产生变化的主体，除了产妇还有婴儿。婴儿在出生的那一刻即被剪断脐带与母体分离，在传统社会中，接下来施之于婴儿的规范为：将婴儿身上的血污擦净（并非洗净），以布巾（不是经过剪裁的衣服）包起，喂以甘草水或糖水（并非哺以来自母体的奶水）维持一线生机。在几乎不闻不问三日后才举行三朝的仪式。这三日的"孤立"就具有分离的意义，像产妇一样，象征从一个先前的定点（母体）脱离。

（二）过渡仪式

从前述 Victor Turner 对通过仪式的阐述可知，过渡时期所表现出来的是一种暧昧不清的状态，处于过渡时期的行动者或当事人，不但是不再分类过的，同时也是尚未分类的。换言之，他们既不属于前一阶段也不属于后一阶段，是相当混沌不明的。基于这样的思想基础，Turner 甚至将通过仪式视为过渡性仪式，非常强调通过仪式的过渡性意义。坐月子的仪式性表现颇能呼应 Turner 的论点；整个仪式不但是一个女人从人妻过渡到人母，从外人过渡到自己人的过程，也是一个婴儿从胎儿过渡到家庭成员的过程，更是其他相关成员转换原有身份的过程，如：丈夫从人夫到人父，家长从人父（母）到人祖等等。因此笔者将坐月子中的过渡仪式，分从产妇、婴儿及其他家庭成员等几个不同层面来加以讨论。

对产妇而言，隔离于房中，固然是一种分离仪式，象征脱离先前的身份；然而因隔离而来的不可与外界接触，亦同时具有过渡仪式的意味。产妇此时已然生下了孩子，脱离了单纯的人妻角色，但却非立即具有人母的身份，因为一方面母亲的身份必须借由孩子的存活才能确定，另一方面则须得到家族的接纳与认同才能拥有。在这两项条件尚有变量之际，产妇仍然处于中介状态，她的身份是尚未定位的。在身份不清的情况下，人际间的互动就无"礼"可循，自然也就无法参加社群生活。产妇以"不可与外界接触"这种具有隔离意味的过渡仪式，表现了身份不明、角色暧昧的地位属性，也以自一个社会结构中"消失"象征了不属于任何一个既定结构的过渡状态。

以产妇为主体的过渡仪式还包括了"不修饰"，这个层面的仪式行为又包括了不洗头、不洗澡及衣饰简单化等等。从修饰的角度来看，古今中外无论哪一个时代哪一个地区，穿着打扮都与身份地位息息相关，表达了极其丰富的象征性意义，其重要性自不待言。对妇女而言，亦是日常生活中不可稍加忽视的一环。在传统的汉人社会中，妇女的装扮如果不得体合宜，甚至有被"出"之虞。除了汉朝班昭所著的《女诫》中对"妇容"的要求外，《礼记》内则篇更明文规定了妇女应注意整洁与修饰的礼仪规范：

> 妇事舅姑，如事父母，鸡初鸣，咸盥漱，栉纚、笄总、衣绅。左佩纷帨刀砺小觿金燧，右佩箴管线纩，施縏袠，大觿木燧衿缨，綦屦。（王梦鸥，1992：358）

历代妇女的穿着打扮虽有不同的规范，但注意修饰则一。然妇女在坐月子期间既不许梳洗，也不须注意装扮，这样的反结构行为，如同 Van Gennep 所言，是一种暂时性区分的身体毁饰行为，以区别暂时身份不明者与有明确身份者。在一个衣着打扮皆须依身份地位而行的社会中，一个没有明确身份地位的人就会因为没有依据而无法装扮，也因此而形成与有明确地位者之间的差别。因此坐月子期间"不修饰"的仪式行为，所表现的正是一种"结构与反结构的区分"，所象征的就是从一个社会结构中的定点到另一个定点时的转换与过渡。

就婴儿来看，最明显的过渡象征就是从出生到行"三朝"仪式之间的三天期间。婴儿在这三天之中，不喂母奶，只能喝甘草水、糖水之类的东西。身上的血污也只是擦拭一番，并不洗净，只围以布巾不穿戴衣物。这样的仪式行为，可类比于上述"不修饰"的过渡仪式。此时婴儿已经离开子宫，脱离胎儿阶段。然早年社会中较高的婴儿死亡率，使婴儿在确定存活前，无法进入有明确身份地位的阶段。因此这三天，可以说是婴儿能否在社群中占有一席之地的考验期，也可以说是过渡期。既处于过渡状态，就像产妇一样，人们也以不洗头、不洗澡、不穿戴，来象征婴儿身份地位不明确的暧昧状态，更以不喂奶来隔离与母亲（家庭成员的表征）的实质关系，以象征从胎儿到家庭成员的过渡状态。

从家庭中其他成员的角度来看，当家中有人坐月子时，不但产妇平日的劳务须由其他成员分担，产妇的生活起居反要别人照顾，还要供应产妇最好的饮食。提供劳务为产妇服务的人，常是平日产妇所服侍的人，如：婆婆。给产妇吃的好食物，平日也都是位尊者才能享用的东西。这样的仪式行为显然是一种反结构的角色转换；E. R. Leach 曾撰文指出：仪式中的过渡性质，常透过角色转换来表达社会秩序的混乱（Leach，1979）。Victor Turner 也认为过渡时期，就是一种由日常生活的规律步调中脱离，却尚未进入正常运作之前的秩序颠倒或混乱的状态（Turner，1969）。在坐月子仪式中，家庭成员借由"角色颠倒"此一仪式性行为，象征所有相关成员，乃至整个家庭，因"生育事件"而来的过渡状态。

（三）结合仪式

坐月子仪式中的第一个结合仪式是"碛腹"，孩子一下地，须由家中的女性长辈，通常是婆婆喂以产妇滋补性的热食。此一仪式以"食物"为桥梁，勾连起先前被分离的产妇，也透过"婆婆"

的家长性地位，象征产妇与家庭间的联结。接着就是以婴儿为主体的结合仪式"三朝"，在经过此前三天的分离、过渡仪式后，在三朝的仪式中，仍然以"沐浴"这样的分离仪式先行。借由"洗净婴儿身上来自出生的血污"，象征脱离与社群成员无明确关系的胎儿阶段，然后才能穿上家人缝制的衣物，由家中长辈抱着祭拜祖先，正式被介绍给家族成员，象征家族成员对新成员加入的接纳以及该新成员与家庭的结合。

随着母子二人身份地位趋于稳定，规模较大牵涉较广的结合仪式也一一展开。这个阶段的结合仪式包括报喜、送庚与满月。所谓报喜，就是婴儿行了洗三朝的仪式后，到出生七日前，婿家须备礼物至岳家通报。岳家收下礼物之后，多于产后第十二日，备置给产妇补身的食品送至婿家，俗称"送庚"。两个家庭以报喜与送庚这两个仪式中礼物的往来，不但将产妇身份转换的信息宣告给岳家及其亲友，更将此一由缔婚而来的联结延伸至下一代，借以象征二家血统的交换与融合，更由此而进一步加强二家的结合关系。

满月是整个坐月子仪式中最盛大隆重的结合仪式，也是结束此一通过仪式的休止符。当孩子出生满一个月时，当天先行剃发，以"剃去胎毛"的分离仪式象征从头到脚完完全全脱离胎儿阶段，接着再一次祭拜祖先，以确认新员的加入，从此婴儿成为"自己人"。产妇亦于当日脱离过渡时期，以"人母"的身份与丈夫、孩子一起出现于社群中，所参加的活动包括至岳家、媒人家致谢，分送回礼给亲友邻居，祭拜祖先，宴客等等。宣告产妇已脱离过渡期，并已具有"自己人"的新身份。其他的家庭成员也于此时结束反结构的过渡状态，返回正常的社会生活。透过满月，所有与此一产育事件相关的社会成员，都结束其中介状态，带着明确的身份，重返社群。

上述种种结合仪式显示，母亲与新生儿的身份转换，必须透过一套仪式才能够得到不同群体的认同并加以合法化。其过程及所及的群体如下：

碛腹：产妇的"家人"地位取得婆家的认同。

　　三朝：婴儿的"家人"地位取得家族（包括祖先与近亲）的认同。

　　报喜：产妇与婴儿身份已转换，并且已为婆家接受的初步宣告。

　　送庚：产妇与婴儿身份转换取得娘家亲友的认同。

　　满月：产妇与婴儿身份转换的正式宣告，并取得社群的认同。

　　汉人社会透过这套结合仪式，经由产妇、婴儿、其他家庭成员等不同的角度立场，以行动者为圆心，内外纵横周延细腻的层层联结个人与家庭，家庭与家族，乃至家族与社群的关系。这些由内而外由小而大的结合仪式，不但宣告且合法化了新员的加入及旧员身份的转换，也象征了个人家庭与社群之间的联结。

五　结　论

　　为了使相关的成员能顺利通过因"生育"而产生的社会性关口，汉人社会以"坐月子仪式"为文化上的设置，透过"宣告→净化→重组→宣告"这样的仪式过程，以分离仪式告知各有关成员或群体，产妇身份转换的信息。另一方面又透过反结构的行为及角色互换等过渡仪式，将产妇来自前一身份（外人）的种种社会性质予以净化，并使其了解新身份的权利、义务及社会互动，当变动的社会结构重组完成后，再以结合仪式正式宣告重组的结果并合法化产妇的新身份（自己人），整个的身份转换过程于焉完成。

　　由一个静态的或和谐稳定的社会结构来看坐月子仪式，诚如 Van Gennep 所言，是一套十分周延绵密严谨细致的仪式行为，用以帮助汉人妇女顺利通过一生中最重要的身份转换关口。使通过者（产妇及相关的成员）在生理、心理及社会结构都已重新建构的状态下，重返社会生活；并进而稳定了社会秩序，使社会能够和谐稳定地继续运转并传承下去。然而，社会生活并不总是处于和谐稳定的状态。人生如戏，戏台上所演出的种种冲突、矛盾、危机、纷争，也同样出现在以社会为舞台的社会剧中，甚至更为惨烈。在一个不和谐的社会氛围中，妇女如何跨越这道社会界限的鸿沟？就有待进一步的研究了。

参考文献

一 中文文献

陈其南：《家族与社会》，联经图书公司1991年版。

费孝通：《乡土中国》，观察社1939年版。

李亦园：《文化的图像》，允晨图书公司1992年版。

李亦园：《中国人的家庭与家的文化》，载《中国人：观念与行为》，巨流图书公司1990年版。

林明峪：《台湾民间禁忌》，东门图书公司1989年版。

吕玉瑕：《妇女就业与家庭角色权力结构之关系》，《"中研院"民族学研究所集刊》1983年第56期。

王梦鸥：《礼记今注今译》，台湾商务印书馆1992年版。

王崧兴：《汉人的家族制——试论"有关系、无组织"的社会》，载《第二届国际汉学会议论文集：民俗文化组》，1986年。

王崧兴：《中国人的"家"制度与现代化》，载乔健主编《中国家庭及其变迁》，香港中文大学社科院、香港亚太研究所1991年版。

翁玲玲：《麻油鸡之外：妇女坐月子的种种情事》，稻乡图书公司1994年版。

张德胜：《儒家伦理与秩序情结：中国思想的社会学诠释》，巨流图书公司1989年版。

章英华：《都市化与机会结构及人际关系态度》，载杨国枢、瞿海源主编《变迁中的台湾社会》，"中研院"民族学研究所1988年版。

周治蕙：《传统观念与习俗对孕妇的影响》，《公共卫生》1983年第4期。

庄英章：《台湾宗族组织的形成及其特性》，载李亦园、杨国枢、文崇一主编《现代化与中国化论集》，桂冠图书公司1985年版。

［日］板出祥伸：《贯通天地人之"一气"——其自然观与社会秩序观》，卢瑞容译，载杨儒宾主编《气论及身体观》，巨流图书公司1993年版。

［日］池田敏雄：《台北市万华之生育习俗》，《台北文献》1962年第1期。

［日］铃木清一郎：《台湾旧惯习俗信仰》，冯作民译，众文图书公司 1989 年版。

二　英文文献

Ahern, Emily M., "The power and pollution of Chinese women", *Women in Chinese Society*, 1988.

Cohen, M. L., "Agnatic Kinship in South Taiwan", *Ethnology*, 1969.

Douglas, Mary, *Natural symbols*, New York: Vintage, 1973.

Furth, Charlotte, "Blood, Body and Gender: Medical Images of the Female condition in China", *Chinese Science*, 7, 1986.

Hsu, F. L. K., *The Study of Literate Civilization*, New York: Halt, Rinehart Winston, 1969.

Kimball, S., "Introduction to The Rites of Passage", by A. Van Gennep, trans. By M. Vizedom & G. Caffee, Chicago: University of Chicage Press, 1960.

La Fontaine, J., *Initiation*, Manchester: Manchester University Press, 1986.

Leach, E. R., "Two Essays Concerning the Symbolic Representation of Time", *Reader in Comparative Religion. 4th ed*, Taipei: Shuang-yeh, 1979.

Lewis, I. M., *Social Anthropology in Perspective*, Cambridge: Cambridge University Press, 1976（1990）.

Pillsbury, Barbara, "Doing the Month: Confinement and Convalescence of Chinesewomen after Childbirth", *Anthropology of Human Birth*, Philadelphia: F. A. Davis, 1982.

Sangren, Steven P., Female gender in Chinese Religious Symbols: Kuan Yin, MaTsu, and the "Eternal Mother", Signs 9（1）, 1983.

Seaman, Gary, "The Sexual Politics of Karmic Retribution", *The Anthropology of TaiwaneseSociety*, Stanford: Stanford University Press, 1981.

Turner, V. & E. Turner, *Image and Pilgrimage in Christian Culture—Anthropological Perspectives*, New York: Columbia University. Press, 1978.

VanGennep, A., *The Rites of Passage. M. B. Vizedom & G. L. Coffee trans*, Chicago: The University of Chicago Press, <1909> 1960.

Wolf, Margery, *Women and the Family in Rural Taiwan*, Stanford: StanfordUniversity Press, 1972.

Wong, Ling-ling, *Tso Yueh-tzu: The Post-natal Ritual of Han Chinese Womenin Taiwan*, Unpublished D. Phil Dissertation, University of Oxford, 1998.

生命的流动与安置：台湾与槟城华人女性的族群叙事、移动与日常[*]

简美玲

（台湾交通大学人文社会学系）

一 前 言

  相对于人类学典型的固定的田野研究，移动议题的民族志与田野研究在当代的人类学研究，是另一凸显的民族志议题与研究方法的范式。人类学、历史等人文社会科学，对客家的家族、宗族、社区、仪式研究等，已累积了颇为丰厚的成果。这个基础提供给我们关于何谓客家的一些共识。本文在这个基础上，以移动的客家与海外华人女性，作为进一步探索客家的对象。客家社会的女性，如同人类的许多社会一样，并非社会的主要发言人，也非主要仪式场合的带头人或该社会所认可之主要文书（如族谱）的书写者。然而1980年以来的女性主义人类学者已然指出女性在人类社会的静默、出声的形式与内容都应该给予更细腻的描述与讨论。我们应该更关注女性说话者的言说脉络以及说话者的立场，乃至言说背后的装备。

  在前述的客家议题与女性作为社会的行动与言说主体的人类学

---

[*] 本文为笔者研究计划"客家女性的流离、家园与族群之想象与再现"的部分研究成果。感谢在进行田野工作时，协助我们的长辈与朋友。谢谢计划助理潘怡洁、杜岳洲、陈曦、田靖、尤士豪，在研究计划推动期间，所付出的心力与支持。

理论背景里，本文研究描述与讨论拥有跨越国与国、城与城、城与乡、乡与乡，家与家等不同大小格局，远近之距，涉及不同地景、文化、语言之间诸多移动经验的台湾客家女性与槟城华人女性对于流离、家园、族群的经验与不同形式的出声或静默。也因为在全球客家之形成的内容与意义，在台湾的客家与海外华人之间已然形成或仍在开展中的关联，客家或海外华人女性的生命史与移动经验的叙事都应该是不可缺少的一环。

通过将近三年的研究，笔者所进行的是以台湾客家女性与海外华人女性作为主体，以口说、书写或影像记录其对流离、家园与族群的想象与再现研究为主题构想，并且透过北美、东南亚与台湾的比较研究来进行。在本文，笔者主要聚焦在描述与讨论东南亚与台湾的部分。由此，本文还延展出一个重要性——以客家女性的主体性为主轴，通过她们对于家园流离与族群的想象与再现之经验，讨论全球客家形成过程中所带入的女性经验与观点，并以此记录与讨论全球客家的概念与内涵中的在地性与移动性。

本研究的田野工作，首先在马来西亚槟城开始（2014—2015）。从第二年起（2015—2016），研究的田野点，拉回台湾，并在北台湾与南台湾分别进行客家女性对于其移动的个人生命史与对流离、家园与族群的想象与再现的叙事探讨。过去笔者所进行的台湾客家女性的研究，多半是老年的普遍女性。本文的研究对象，则是以有都市生活经验、能书写的台湾客家女性与槟城的客家女性以及其他方言群的海外华人女性为主。因为田野里的因缘际会，本文的叙事材料还包含了一对槟城的普通夫妻。

除了口述的叙事材料，本文也搜集台湾客家与槟城华人女性的书写与绘画。换言之，这篇文章将针对台湾客家女性的材料与东南亚客家及其他方言群华人女性的叙事资料进行对照的书写，以期能对华人女性在流离、家园与族群的想象与再现，提供一个跨区域的描述与阐释的观点。

笔者在这个研究所动用的是生命史叙事。它一方面是所拟搜集、描述与分析资料（也是经验现象本身），另一方面也是一种整合展演、存有与语言实践等理论的意义与研究路径。如人类学家 Janet Hoskins（1988）在《传记的物》（*Biographical Object*）[①] 一书指出，生命史叙事的研究，并不是在面对一个既存、固定的文本。所有的叙事，都不是轻易就能被发现。因为人在述说自己的生活，并非只是提供关于自己的信息而已，同时也是以特定的方式向外面的世界宣告，在述说故事的当下，自己是如何看自己。就如印度尼西亚东部的 Kodi 人，以叙述自己亲密、贴身之家常物的故事，来述说他们的生活、生命经验所经历的重要事件，并由物与故事作为中介，表达出他们对自我的观感及看法（selfhood）。

二 研究对象

本文探讨台湾及马来西亚槟城的客家女性与其他方言群女性的生命史素材以及女性对家园与族群的想象。台湾的研究部分，透过文献阅读，关注两位不同世代的客家女诗人（20世纪20年代出生与50年代出生），以及女诗人作为一名书写者（writer）的角色，如何透过"诗作"来表述女性生命的主体经验，以及她们对于家园与族群的想象与再现。在槟城的研究，我们则面对了六位分属于不同年龄世代（20世纪40年代至80年代出生），以及由中国来到马来西亚之不同迁移世代的研究对象，并且他们在家庭内的方言群组成各有差异。除了有父母皆来自客家族群的背景，也还包括较为混杂的方言群族裔背景，如峇峇娘惹与客家族群的后代。透过台湾客家与槟城客家与不同方言群族裔背景华人的女性叙事，本文拟探求家园、移动、族群经验之间的关联，如何在她们身上展现。

（一）台湾：两位客家女性书写者

为探索台湾当代的客家女性生命史素材以及女性如何面对家园

[①] Janet Hoskins, *Biographical Objects: How Things Tell the Stories of People's Lives*, New York: Routledge, 1998.

想象，与族群经验的想象，我们透过一手和二手文献的阅读与爬梳，讨论两位客家女诗人的生命史。在研究过程中，我们尤其侧重于两位女诗人作为书写者的角色，如何透过诗作来表述女性生命经验。这两位书写者分别为杜潘芳格（1927—2016）与利玉芳（1952— ）。

1. 杜潘芳格

杜潘芳格为二战前出生，是受到日本教育，深受日本文化影响，创作从日语到中文的转换，被诗评家认为是"跨越语言的一代"。结婚后（1948）的杜潘芳格，仍持续在文字上创作。直到1964年加入笠诗社后，开始大量参与诗人集会，与书写团体频繁接触。因此，我们可以看到从1980年起杜潘芳格大量参与这些文艺形式的聚会（诗人大会）。杜潘芳格亦参与诗社，在《笠》中从1960年到20世纪90年代发表了众多诗作。直到2000年后较少发表作品，亦较少在外面露面参加活动（参见蓝建春，2014）[①]。

2. 利玉芳

而晚杜潘芳格25年出生的利玉芳（1952— ），则是在笠诗社成立14年后加入。1989年与1991年分别由笠诗社出版《活的滋味》和《猫》两本诗集。利玉芳也于1987年参与台湾笔会，1998年参与女鲸诗社。利玉芳因为长居于台南，2000年后的书写作品大部分由台南地方文化单位协助出版（《向日葵》《淡饮洛神花茶的早晨》《听故事游下营》）。

上述对二者的简述，可以理解杜潘芳格与利玉芳，代表的两代女性书写者在诗坛活跃程度。同时间，笠诗社亦是她们共同参与，且交互影响的社群。因此，回到书写者的表述经验方式，文后我们将回到诗作所讨论的概念为主，相关的生命史访谈资料为辅，来试图理解两位台湾客家女性书写者生命中的家园、移动与族群的经验、想象与再现。

[①] 蓝建春：《新竹县客家文史学家口述历史专书——杜潘芳格生命史》，新竹县文化局2014年版。

（二）马来西亚槟城：六位移动经验与族群身份共构的生命史叙事者

在此研究中，我们面对了六位分属于不同年龄世代（20世纪40年代至80年代）与来自中国的不同迁移世代①（第一代至第四代）的受访对象（其中一对是夫妻），并且他们在家户内的方言群组成各有差异。除了父母皆来自于客家族群的背景（两位）、潮州族群的背景（两位），其余都有较为混杂的族群背景，包括了峇峇娘惹与客家族群的后代（一位）、潮州与福建族群的后代（一位）。而在其中，有三位（包括郭女士、杨女士与叶女士）是出生于槟城，而另外三位（范女士、林女士与庄先生"叶女士的丈夫"）都是自他地迁徙到槟城。前两者为马来西亚境内的迁移，最后者则是自中国迁移而来。透过对于不同族群背景与迁移历程及现今从事不同职业的受访者，希望能够探求在他们生命经验中所牵涉的移动过程中，族群特色与家园之间的关联，如何在他们身上展现。

1. 郭女士（20世纪80年代出生）：第四代峇峇娘惹的福建家庭与客家家庭

对于27岁的郭女士而言，父方与母方的家族族群经验，是她现在认识自身重要的参照点。祖母在其幼小时就去世，因此对于家族的记忆与认识，大都透过姑姑口述而来。郭小姐的高祖父约在19世纪末期就从中国来到槟城。比起20世纪初大量华人移民来到的采矿潮还早一步。算起来，郭小姐是家族的第四代移民。郭小姐家族具有槟城峇峇娘惹②的血缘传统，其曾祖父是当时槟城五大姓

---

① 通常，此迁移世代的算法主要是以父亲方为主，本分析也以此种方式进行，唯在受访者林女士的部分，由于其并不大清楚父亲的迁移年代，并且在日常生活中，其受到母方文化背景较多的影响。因此在她的例子中，以母亲那方来计算。

② 峇峇娘惹社群，指涉南来的华人移民与本地马来人通婚后所形成的社群，主要分布于三个城市，槟城、马六甲与新加坡。在18世纪末至20世纪初的槟城，峇峇娘惹社群多以英文教育为主，并占据着社会文化的上层位置。

邱氏家族①的一员，从事一些小生意。而如槟城大多数的家庭一样，郭小姐的父方家庭是一个以福建话为主的环境。

但是，父方家庭中具有的峇峇娘惹文化传统，很少在郭小姐的日常生活中被提及。或许是因为这对于父亲而言太过自然。直到后来，随着生命经验状态的累积，郭小姐才逐渐去理解、挖掘。由此，她回想起过往小时候总是埋藏在心里的记忆，是关于祖母每次都穿着Sarong的好奇及其与自己外婆（maternal grandmother）穿着的差异。

在家庭内，郭小姐与其核心家庭成员（父母、兄弟）以英文沟通，与外婆则是以福建话、华语或者简单的客家话沟通。从她的叙述可以了解，家户内所使用的语言选择本身，并非是全然中性的过程，而是彼此协调或者甚至是挣扎的结果。这必须放置在更广泛的社会环境脉络下理解。自18世纪末开埠以来，槟城华人社会以福建移民居多。至今，福建话仍作为公共领域间的重要沟通语言。郭小姐提及，由于外婆出生与成长自20世纪30年代以客家人居多的吉隆坡，曾经想以客家话与孙儿沟通，总是会被父亲制止。提醒在家庭内不要太常使用客家话，担心影响小孩福建话程度，导致日后难以在槟城生活。

2. 范女士（20世纪70年代出生）：第二代客家移民

范女士的父母亲皆从中国的客家地区迁移至马来西亚，一个来自惠州，一个来自大埔。初来到马来西亚时，父母定居于柔佛新山豆沙村，之后才搬到了新山居銮。范女士上面有九个兄弟姊妹，她排行最小。家中经济在范女士成长过程中，逐渐转好。当时，父母曾经询问范女士要不要出国读大学，当时她并不想读那么久的书，想要早点出来赚钱，于是就选择了槟城的韩江学院新闻系就读。20岁出头毕业后便开始工作。第一份工作在一个手工艺中心，工作了两年，老板便让她掌管中心。这是她当的第一个老板。过后还在怡

---

① 槟城五大姓家族，包括邱、陈、林、杨、谢氏成员，皆为峇峇娘惹社群，于18末期至19世纪形成强大的社会经济网络。

保等地开漫画店，但都持续不久。结婚之后，先生在槟城工作，分隔两地。不久，她便搬来了槟城。她的先生任职于广告公司，她就在他的一个小部门里发展传单生意。过后越做越大，成了在马来西亚非常有名的北马传单大王。

2012年，范女士于槟城浮罗山背开设了"客家山寨"。原本仅是一个想供亲朋好友体验乡村风情的旅游地方。没想到，却意外地成为她重新探索自身生命经验中客家文化的起点。当人潮愈来愈多，范女士开始重新思考如何让"客家山寨"成为推广客家文化的地方，这包括了开设"客家文物馆"，并推广客家美食，及透过园区内的标语设置，教导客语。这些构想，对她来说，尤其在客家语言逐渐消逝的马来西亚，显得非常急迫与重要。在这个过程中，范女士所做的，不仅是单方面传承客家文化给予参观者（无论其是否为客家人），更重要的，重新让她主动积极地去追寻自身曾经拥有的客家经验，在这个过程中，她的认同逐渐产生了转变，从原本自豪的"马来西亚人"，到世界客家人（华人）的过程。她自身开始意识这个微妙的转变，"我开始有使命感，是因为开了山寨之后，我才'正确'做一个客家人"（笑）。

3. 林女士（20世纪70年代出生）：潮州与福建通婚的第二代移民

林女士于20世纪70代年出生于马来西亚柔佛新山，母亲是从中国移居的第一代移民（母亲是在中国出生，幼时与外婆同待在中国，外公独自从中国汕头来到马来亚西打拼，待生活较为稳定后，才接在中国的母亲与外婆前来），潮州人；父亲则是来自怡保的福建人，父母双方在新山认识。幼时在新山居住的屋子，是单层的木板屋，而外公外婆与阿姨、舅舅就住在隔壁的屋子，在夜晚时，有时两家人会透过装电话留下的孔，聊天谈话，这是彼此生命靠近的时刻。由于父亲那方的亲戚都在怡保，较少往来，而母方亲戚则成为林女士幼时生活经验的重要来源。

刚结婚的前一两年，林女士一家人与家公、家婆住在一起，在那时，她基本不需要负担家庭内的做饭工作。在婚后的第三年，林女士一家人搬离了原有的居住环境，与先生的外婆同住，从那时候起，她开始需要面临家庭内较多的照护责任，而食物，则成了她日常生活中很密集的家务事项。起初，对于做饭还处于不断尝试与练习的阶段，她能够挖掘的经验与资源，来自于之前与家婆同住时的学习经验，那些口味与料理方法，便成为她的一部分。家婆虽然是广东人，但家公是福建人，因此她烹煮的方式与菜肴大都是融合本地福建口味的地道菜色。

食物曾经在林女士幼时的生活经验，扮演着既日常却又深刻的角色，其中承载着外公与外婆方言群的特色与记忆，然而在她婚后的日常生活中，食物的烹调方式，并非重回那些记忆，而是弹性地受到了当时外在生活环境的影响。"其实我家里面煮的东西，是普通的东西，没有说特别什么口味，家常便饭而已。"移居到槟城后，林女士并不会特别想念过往在新山家户内的菜色，"不会（笑），因为槟城美食太多了。其实就是因为没有特别要求，就什么都觉得很好"。

4. 杨女士（20 世纪 50 年代出生）：第三代客家移民

杨女士于 20 世纪 50 年代出生于槟城 Air Itam 区 Paya Terubong（垄尾）的半山腰上，父母皆为客家人，杨女士是家中唯一的女儿，另有四位哥哥和一位弟弟。她是迁移至马来西亚的第三代客家移民。公公来自中国广东省惠来县吉告乡，自幼家贫，于是从小便跟随流民教教徒四处流浪学习功夫，流浪了 19 年。不仅学习武术，公公也在流浪的过程中，向流民教师父学习了许多当地的药草知识，以此医治病人并且谋生。来到南洋后，公公第一个落脚处并不在槟城，而是靠近暹罗的吉打，从事烟叶的种植与贩卖。而后，公公又自吉打迁移到了槟城，来到杨女士出生的 Air Itam 区定居。

杨女士于 23 岁步入婚姻前后，即离开了童年居住的垄尾地区，搬到了槟城威省的北海。过了几年，迎接了儿子与女儿的出生，往后生命经验的主轴都围绕在家庭打转。然而，在陪伴小孩成长的过程中，在教导小孩画画和辅导课堂作业的因缘际会之下，意外获得了好评，便当起了小孩同学的画画老师，开班授课。这个过程，意外地开启了杨女士的艺术道路。她逐渐发现自己绘画的兴趣,即使再忙也要在生活中挪出一些空档绘画。在孩子5、6岁时,甚至趁着孩子睡觉时去学习画画,继续探索与学习艺术。直到40岁,她开始正式学习油画,走上了现在正进行的艺术之路。

绘画,是杨女士在踏入婚姻后重要的个人追寻。在画布上,她得以展现生命中所热爱的事物与重要的记忆,包括动物,与幼时家人生活的记忆。但是,艺术创作并非仅是怀旧的场域,更包括了她对于未来"理想家园与生活"的想象。她希望能持续创作,有朝一日能够与女儿一起开设一家咖啡店,结合她自己绘画与女儿服装设计的才能,并且以友善动物、环境为宗旨。另外,她也希望能有一个面海的家,前面有一片种满向日葵的草地,能邀请志同道合的艺术朋友一起谈天、创作。这些梦想都出现在她的绘画创作里。

5. 庄先生(20世纪40年代出生)与叶女士(20世纪40年代出生):第一代与第二代潮州移民

1960年,15岁的庄先生首次踏上前往遥远的南洋之路。已在槟城落脚数年的叔叔,从槟城为他买了从中国到槟城的船票,大约数百元马币。坐上了名字为"大宝来"的大轮船,轮船开了四天四夜才来到槟城。这个大轮船不仅载客,也载满了要在沿岸各港口卸下的货物。轮船上放满货物旁的角落,是庄先生与其他同伴几夜的暂时栖身之地。一个草席、一个枕头,是他们度过漫漫长夜的良伴。

来到槟城后,首先抵达的地点是木寇山。过几天,同行的老伯带着庄先生到新街的一个布庄,找叔叔一家人。那时候马来西亚没有生产太多的布,布庄不仅是一个布行,贩卖从中国与其他地方来的布外,也贩卖由国外进口的洋货,如日常用品、被单、牙膏、肥皂等。在布庄的工作包括打扫、贩卖商品,日复一日,年复一年。当初是由叔叔申请庄先生来到布庄工作,工作没有额外的薪水,每个月叔叔会给3块理发钱。直到5年后,庄先生一个月有了约50块的薪水。这样,他就在琼安布庄度过了10年的光阴。

1969年,庄先生离开布庄时才25岁,还正是年轻的时候,他

生命的流动与安置：台湾与槟城华人女性的族群叙事、移动与日常 ◆◆◆

想多去闯闯。认识一个住在泰国的朋友，是潮州戏的班底。庄先生就跟随他四处去转转，有的吃也有的住。他们在不同地区间流动，在1969年，庄先生决定自己买一些小孩的衣服，到巴刹①贩卖，这个决定就开启了其往后40多年，直到现今的工作身份：卖衣小贩。

然而在20世纪70年代末期，在槟城自由港地位取消后几年，当进口货物的价格逐渐上涨后，新街就逐渐没落了。于是，庄先生又继续他在各处流动贩卖衣物的生活。他骑着他的老摩哆车，载衣服到Teluk Bahang（位于槟城南端）、丹绒武雅去卖。有时候会赶两场，那里卖了，又赶到丰盛园去卖。

叶女士出生于1946年马来西亚槟城，父母从中国移居到槟城，皆为潮州人。家中共有8个兄弟姊妹，5位女孩，3位男孩。小时候，一家人住在槟城的Kampung Kolam②乡村的一间店屋③里，那是和别人租的屋子，一个月租金20多块。屋子共有两层，一楼是咖啡店，叶女士一家人挤在二楼的一个房间里。叶女士一家人大约都读到小学、初中，她读书读到初中一年级，姐姐读到六年级，其中一个妹妹受的教育最高，读到高中。

父母都是潮州人，但是在幼时的日常生活中，潮州菜并非是主要的桌上菜肴。或者说这是因为家中的劳动背景与居住环境的限制，因而对于饮食并没有太多讲究。在父亲十多年的卖菜生涯中，卖菜摊不仅是家里经济的来源，也是家庭另外的重要的生活空间。因为家里租房的空间太小，父亲每天晚上回家吃完饭后，就会走路回到卖菜摊，在那里过夜，持续了十多年都是如此（但叶女士觉得睡在菜摊很舒服）。哥哥考中学时，因为家中是租房，不方便开灯到太晚，就会跑去父亲的卖菜摊，开着灯读书，时常读到12点才回家。

庄先生与叶女士来自相异的生活空间，俩人唯一的共同点是潮

---

① Bazaar，中文音译为巴刹，是市场之意。
② Kampung，是马来文乡村的意思，有时华文音译为甘榜。Kampung Kolam，华文名为甘光甲甲。
③ 这是槟城常见的居住形式之一，一楼为店面，二楼为居所或储藏室。

州人，而这也是将他俩拉到一块儿的重要原因。1973年，在庄先生仍然四处移动摆摊的日子，他认识了叶女士。帮两人牵线的是叶女士父亲的朋友。这位长辈时常会回去中国探亲，便会在布庄买些布带回中国，因此认识了在里头工作的庄先生。在知道两人男未婚、女未嫁，又同样是潮州人的好机缘后，便介绍两人认识。由于不久后，叶女士的外公过世了，在华人百日内须要结婚的习俗下，两人在认识两个月后便成亲了。

对于两人而言，潮州人的背景是决定两人在一起的重要理由，因为同样方言群在日常生活中的习惯上，会比较合得来。在马来西亚已度过了人生的大半岁月后，庄先生在护照身份上才得已从"中国公民"转为"马来西亚公民"。但这身份早就与他实际的认同无关了。对于他来说，槟城是他从青年待到老年，有了妻儿早已安身立命的"家"，关乎的是父亲的责任、培养孩子。因此，有没有拿到公民权都已经不那么重要了。并且，即使他没有公民权，他在这片土地上所出生的下一辈，皆能拿到马来西亚公民权，享有一切公民会有的权利与义务。这对他而言，早已足够了。而中国，是从小生长的那片土地，并且是家人都在的地方，是"老家"。

三 女人作为一种认同与身份的历程及经验

在人群的流动经验中，女性的主体性及其所表述的经验与想象为何，是本文核心的关怀。这点关怀往客家的议题延伸，也就形成本文书写的轴线之一——女性经验与叙事对于客家形成的论述有其不可缺少的重要层面。这也可连接到从性别来书写客家民族志的积极性。例如针对客语社群里的女性，在仪式与休闲两个场域的结群现象，徐霄鹰（2006）的民族志作品《歌唱与敬神》，说明1950年前后，在粤东梅县地区的客家地方社群，女人与女人之间，以"童身"与"护法"的关系，展现其仪式结群的社会关系，以及女性由其中所获取的行动与认同的主体性。虽然徐霄鹰不直接论述女性与客家性之形成的关联，但她以梅县地区客家女性所主述的民族

生命的流动与安置：台湾与槟城华人女性的族群叙事、移动与日常 ◆◆◆

志材料的本身，就已经展现与客家社会或客家性之形成的批判与论述的能量。与此相关的客家与性别的台湾经验，《客家形成与变迁》一书（下册）的性别篇，简美玲（2010）[①]与洪馨兰（2010）[②]的民族志书写，分别以客家女性在日常与仪式里的叙事经验与社会行动中的女性文化角色来与客家社会的特性，进行以女性民族志材料为基础的论述性对话。

（一）作为女人与作为书写者

在既有的与杜潘芳格相关的文献里，讨论到她作为女性的社会责任，生育的、哺育下一代的辛劳，主要是来自她接受访谈时的生命史陈述（参见曾秋美，1997；蓝建春，2014）。[③] 而在《芙蓉花的季节》一书中，我们也看到很有趣的谈论杜潘芳格的叙事内容。也就是在杜潘芳格口述历史的访谈稿之后，有很多家庭成员来谈他们眼中的杜潘芳格样貌是什么？谈论的家庭成员涵盖她的丈夫（杜庆寿）、女儿、儿子，乃至移民到国外出生的外孙，使用英文讨论自己的"Grandmother"。从家人谈论杜潘芳格的样貌，我们可以看到除了"诗人""诗作"以外的杜潘芳格是谁。另外，这些亲属的叙事，也在提醒我们杜潘芳格所处的绵密亲属网络以及杜潘芳格受到客家家族重视的程度。

杜潘芳格写她自己作为母亲与儿子之间的关系与心情：

[①] 简美玲：《殖民、山歌与地方社会：北台湾客庄阿婆生命史叙事里的日常性（1895—1955）》，载庄英章、简美玲主编《客家的形成与变迁》（下册），台湾交通大学出版社2010年版，第621—666页。

[②] 洪馨兰：《六堆地区外祖敬拜与地方社会形成之初探：一个姻亲关系实践的土著观点》，载庄英章、简美玲主编《客家的形成与变迁》（下册），台湾交通大学出版社2010年版，第667—692页。

[③] "所以有时就想要逃避这个现实的环境，常常独自搭上火车，又不知道该到哪里去。不能去亲戚哪里，一去他们一定会责怪我耐心不够，必定会更严厉地怪我，怎么办呢？只好写一首诗、画个画儿，然后又再回来。回到家后，看到婆婆年纪那么大了，还得帮我带小孩。看着瘦弱的她和小孩，心里更是难过，又开始责怪自己的不该。也曾经想过要离婚，但是看到孩子又舍不得了。"（曾秋美，1997：182）另外，杜潘芳格在受访时也提到她的丈夫杜庆寿曾不忠于婚姻。这个脉络是因为杜潘芳格认为自己年老，且当时操烦着出国移民事情（蓝建春，2014：132）。

517

考进夜间部的儿子／穿过街灯的阴影向我走来，那个行动／犹如昔日的你抢着同样的风——。／儿子呦／该这样，或是那样／为何反复着爱的唠叨与激辩／疏误的出发就是必然的负数吗？／你和我，从两极凝视所产生的一点，后退……。／柠檬的切片，静寂地／浮沈在你我的杯子里显得青酸。／又到半夜，儿子才如被我胸脯吸住般回来说："妈妈，你又等得这么晚？"

(杜潘芳格，1966a)①

以大树与小鸟，比喻身为母亲保护儿女的心境，与煎熬受苦的身体经验：

一到黄昏，鸟儿们争先地回到我这里／因我身上的小枝，我那嫩叶，如同温馨地暖床／今天即夕阳，娇艳地下落／可记得，台风的那天

我强撑着，终于熬过去了／外皮被风剥走，直露出白色的树肉／漆黑的天空，又加上强风豪雨，可悲惨极了／但，天晴了，已平安／也许，台风又会有再来袭的一天，／到时再看吧！

(杜潘芳格，1986b)②

而在基督教信仰的底蕴里，杜潘芳格写她与父亲之间的情感。在季节与岁月的交织里，写她对母亲的思念。

白白小小的蝴蝶／象是祝福的象征／住在很远很远的星星的父亲哟！／蒙了神的祝福变成白白小蝴蝶来访问我。／你靠近我的时候我深深祷告。／此刻我要展开爱的臂膀伸出爱的能力／开始爱最靠近我的人／慢慢至及远方的人／不只是人、植物、动

---

① 杜潘芳格：《儿子》，《笠》1966年第15期。
② 杜潘芳格：《树的话》，《淮山完海》，笠诗社1986年版，第38页。

物、所有生命的东西，我爱它。/特别是对人。人是寂寞的生命体。/无我梦中就出生到世上来的，自出生到离世，生死之间仍继续生活。/虽然有实时行乐。变成蝴蝶像星星那么远的父亲哟！/我深深地在祈祷

(杜潘芳格，1997b)[1]

读着诗而哀伤地/浮现与母亲分别落泪的/秋天，我要独处。/今年十一月我四十岁/多云的那天/见过母亲的归途/我忧郁/无终尽的忧郁。/今天/秋深了/无终尽的秋深/会持续到何时何处？/秋。/我。

(杜潘芳格，1986a)[2]

利玉芳的亲属关系与家庭。面对女人这个身份，有很多种的思考取境。为了不被划定的"客家女性"刻板印象，在研究的过程中，我们屡屡思考着利玉芳作为女人，所面对的生命处境。我们想了解她成为女人过程中的蛛丝马迹。如此一来，似乎可以更广阔地将利玉芳的生命历程包纳进来。在她成为女人的过程中，包含作为女儿——利玉芳提及，到中国客家原乡寻根，是来自父亲的交托（陈丽珠，2011）[3]。作为妻子的她描述与丈夫初识的诗作，《我的虚荣心》（利玉芳，2000b，《淡饮洛神花茶的早晨》，54）[4]与《男人》（利玉芳，1986c，《活的滋味》）[5]；作为孩子们的母亲；以及作为将白鹅事业交给下一代的婆婆。

例如《我的虚荣心》这首诗作：

---

[1] 杜潘芳格：《母地》，《芙蓉花的季节》，前卫出版社1997年版，第27—28页。
[2] 杜潘芳格：《秋》，《淮山完海》，笠诗社1986年版，第62—63页。
[3] 陈丽珠：《河坝个歌——利玉芳诗作之客家书写研究》，台湾交通大学客家文化学院客家社会与文化硕士学位论文，2011年。
[4] 利玉芳：《我的虚荣心》，《淡饮洛神花茶的早晨》，2000年，第54页。
[5] 利玉芳：《男人》，《活的滋味》，笠诗社1986年版，第16页。

为人妻的我/不只一次/在熟识的人面前/炫耀/一九四七年二二八以后出生的/转世的你/热情/智慧/冲动/搁搞怪

(利玉芳,2000b)

从文学批评的观点,在女性意识的特性上,利玉芳有别于陈秀喜与杜潘芳格。后两者动用了女性主义观点,也有如后殖民的论述,以女性的书写与父权体系抗衡。陈秀喜、杜潘芳格两人的女性书写,是在松动原本的权力体制。"两位女诗人诗篇中显露出的早期女性觉醒意识。不过,受到陈秀喜影响的杜潘芳格,她的女性书写更具哲思的深刻性。"(王琼芬,2008)[1] 这种女性意识的传承,将陈秀喜与杜潘芳格之间的关系连起。相对地,利玉芳的作品在有些文学评论人的眼里,则是一种"女性意识被父权殖民后内化的呈现"(同上)。

利玉芳诗作中,甚至呈现某种对于"爱情与婚姻"的渴望。这种对于爱情与婚姻的渴望,是一种诗作文本上的象征(叶斐娜,2011)[2]。另外,也是可以跟我们所要面对的女性书写者(woman writer)有所对话。这一方面,我们可以参考利玉芳在《活的滋味》中的自序:"我有家,拥有丈夫的爱、拥有子女的爱、又拥有写诗的日子,这样的女人很幸福吧!"[3] 从这个自序中,我们可以看到这诗集中提到婚后生活的点滴,或可归类在爱情与婚姻。例如,她的作品《嫁之(一)》[4]《嫁之(二)》[5]与《婚姻》[6]。但另一方面,利玉芳极富写实技巧的诗作,也提供我们靠近她当时的社会角

---

[1] 王琼芬:《台湾前行代女诗人之研究:陈秀喜和杜潘芳格》,硕士学位论文,中正大学,2008年。
[2] 叶斐娜:《追寻、认同与关怀——利玉芳诗中的乡土书写》,硕士学位论文,中兴大学,2011年。
[3] 利玉芳:《自序》,《活的滋味》,笠诗社1986年版,第12页。
[4] 利玉芳:《嫁之(一)》,《活的滋味》,笠诗社1986年版,第18—19页。
[5] 利玉芳:《嫁之(二)》,《活的滋味》,笠诗社1986年版,第20—21页。
[6] 利玉芳:《婚姻》,《活的滋味》,笠诗社1986年版,第17页。

色——写诗的、知识分子、女性、妻子、母亲等等不同位置的社会角色。下一小节我们将透过她的作品，从新看待何谓"爱情与婚姻"，我们将可以理解她的诗作，所拼凑的是一种女性书写者再现其婚姻中的日常生活。①

台湾客家女性书写者的作品，呈现了女人作为女儿与母亲，展现为一种具有宗教与哲学经验的反思（如杜潘芳格）。与同时作为妻子、母亲与写诗的女人（如利玉芳）。此二者都超越了我们向来对于客家女人的刻板印象，而是将族群论述脉络下的女性，回置更为宽广、深厚的生命本质与格局。

（二）移民家庭中的性别政治与女人作为绘画者

对照之前，笔者将以马来西亚槟城的郭小姐、范小姐与杨女士的叙事为例，讨论与阐述身为与客家有关的女性生命与生命史经验，如何展现于互动关系下的家庭与性别政治，以及同时作为女儿、妻子、母亲与绘画者的女人。

在家庭内，郭小姐（20世纪80年代出生）与其核心家庭（父母、兄弟）以英文沟通，与外婆则是以福建话、华语或者简单的客家话沟通。郭小姐提及，外婆曾经想以客家话与孙儿沟通，然而总是会被父亲制止。郭小姐将此现象称为槟城时常可见到的"福建中心思想"。对于郭小姐而言，家庭内核心家庭（父母）与家户外的英文教育所带来的开放性，对她人格形塑造成最深远的影响。这些影响都不能以特定的方言群来源与相伴的文化习惯所解释（如福建或者客家）。在她的叙述中，与英文教育相对的是，大多数华文教育的教养方式，相对而言是比较"保守"的。在她的家庭里，父母总是开放地面对小孩的任何问题，他们总是被鼓励谈论任何事情。

---

① 谈婚姻后，回娘家的经验，则可以从《回娘家》此诗作中见到利玉芳内心的挣扎表达。利玉芳谈婚姻后："回娘家。婚后的女孩，一般来讲喜欢回娘家……我好像半年回一次！回娘家是件兴奋的事，以前要坐火车，不像现在一天就可以到达，走南二高一小时就到我们家了，有够快的，时空拉近了。以前因为遥远才会想念，有距离感，（思念）会越浓……"（参见陈丽珠，2011，附录的访谈稿）

教养方式的差异对小孩所带来的深远影响,在她家族中即可以明显察觉到。如她的家族中,即有小孩在家庭外选择英文教育,然而在家庭内与孩子说华语的父母,仍然会局限子女的想法,并且容易以性别刻板印象去框架孩子的发展。

在当今槟城已跻身为公众人士,同时也是第二代客家移民的范女士(20世纪70年代出生)则认为,女性应该选择自身的角色,而这些角色也应该是多元、不应该局限于任何一种类别,或者是因循社会的价值观。从她在社群媒体的贴文自述,我们看见她所曾经验过的不同女性角色①,及曾经在这些不同角色之间的游移过程。她表示,最难为的是"家庭主妇",而这个评论也与她在特殊时刻与情境下所做的自我宣告有所对应,那是关于身为母亲身份的阐述。从这些叙述中,我们能够看见她生命经验中关于母亲角色与工作间的挣扎。在2016年3月8日妇女节当日,她在贴文中如此回溯这个过程:"我承认自己不是个称职的妈妈。我生了三个女儿,估计没有亲自喂过十次奶,没错!三个女儿加起来,喂不到十次奶!从出生到十一岁,完全交给印度尼西亚女佣及托儿所照顾。我热衷做我的生意,搞我的事业。孩子小,老娘照样背包去落后国家旅行。我的孩子在独立自由的奔放的环境下长大,我从来没有望女成龙的心态,我只希望她们快乐健康幸福的生活。我想,我又有什么义务,非要向群众解释我这种行为?这个世界有人负责耕种,有人负责传教,有人负责美,有人负责爱,每个女人使命一样伟大,走自己的路,做自己喜欢的事,闲话就让别人说去!三八妇女节,做自己。"

在社群媒体的这类书写,范女士的贴文,总是会引发许多讨论。有的网友批评她私人空间不整洁,或是不够投入母亲角色。有的网友则是支持她,欣赏她追求自己理想道路的勇气。然而,无论这些对话的内容为何,我们都能清楚地看见范女士公开论述的特色,是一种多重对话、相互交流、碰撞的过程(暂且不论其真实生

---

① 2016年3月24日的贴文,"做过贵妇、艳妇、泼妇、媳妇、荡妇,发现最难做的是'家庭主妇'……决定挑战!老娘拼了"。

活中究竟受到何种程度的影响）。一如范女士一贯表明的立场，开放对话，却也坚持自己。

身为客家第三代移民的杨女士（20世纪50年代出生），从20世纪90年代习画至今，将绘画视为重要的个人追寻。杨女士逐渐认识也参与了当地的艺术社群，并时常有机会在槟城各式的艺文空间中展览。对照于客家女性杜潘芳格、利玉芳生命中的书写，出生于客家家庭的杨女士，以绘画者身份积极参与跨国组织的"Women Artists"。这是一个全由女性艺术家所组成的社群，并时常与世界其他国家与地区的女性艺术家交流，每隔几年会在国外展览。杨女士另一个参与的艺术社团是"浮罗山背艺术协会"（Balik Pulau Art Society），此协会目的在于推广浮罗山背地区的特色，但参加人员不限于与此地域有所联结的艺术家。Balik Pulau是槟榔屿岛上客家社群最集中的地区。在市集、咖啡店的日常生活里，处处可耳闻人们以客家话在交谈。自2010年起，Balik Pulau Art Society每年皆会举办年度画展，杨女士时常参与。此外，杨女士也会不定时在槟城本地画廊举办展览。2015年11月，她举行了第二次个展，主题名为"猫之乐"。以猫作为主题的想法，源自于她在日常生活中对于猫、动物的喜爱与关心，她期待借由这个展览，能够唤起更多社会大众对于周遭动物的重视。

绘画，是杨女士在踏入婚姻后重要的个人追寻，在画布里，她得以展现生命中所热爱的事物与重要的记忆，包括动物，与幼时家人生活的记忆。对于动物的疼爱与友善，来自于幼时居住在山林时，父母与家庭成员与自然环境、周遭动物彼此和谐相处、充满情感的生活经验。而与童年住家有关的生活与经验，可见于在名为 *My Memory（Paya Terubong）* 的画作（参见图1）。此画以杨女士成长的垄尾山头为背景，杨女士与父亲是画面里的两个主角。父亲的肩上背着一担菜，往下坡路走，杨女士走在父亲的前头。这幅图刻画的是幼时她与父亲时常上山的童年记忆，深刻而美好。

但是，艺术创作并非仅是怀旧的场域，更包括了她对于未来理想家园与生活的想象。她希望能持续创作，有朝一日能够与女儿一起开设一家咖啡店，能邀请志同道合的艺术朋友一起谈天、创作。

图1　*My Memory*（*Paya Terubong*）

在本研究对于海外客家经验的探索过程中，我们透过以上三位置身于相异家族迁移背景的槟城女性生命故事中，看见其与"客家"的关联，如何在其中有着异质性展现，包括透过家族叙事与日常生活实践等不断展开。从中，我们可以看见海外客家女性所拥有的在地性质。然而更为凸显的，还是这些不同的女性生命经验与生命史的独特性，与所对话而出的女人作为身份与经验的认同，是远远超过在族群脉络下所论述的性别意义。我们很难以对客家女性的简单刻画，来框住这一个个充满生命自主发展的女性生命的存在与生命史的历程。

四　移动中的族群经验

女人的移动，与她们的生命史经验，及所处的时代，紧密的关联着。出生相隔将近一世代的两位客家女诗人，杜潘芳格与利玉芳。她们生命中的移动经验，不在大范围的地理移动。杜潘芳格通过书写展现的移动，乃至流离的经验，表述于殖民语言更替、跨越与转

生命的流动与安置：台湾与槟城华人女性的族群叙事、移动与日常 ◇◆◆

译的历史经验，与想象父亲所寄望的原乡。利玉芳的移动经验，则起于女人婚姻的生命史，到对于乡土的重新刻画与体认。而客家的族群意识，也在两位女性书写者的笔触与生命经验中，缓缓侧写。

（一）诗人的原乡、女性意识与生命的流离

> 现在我常写一些诗，不过现在我常写一些诗，不过感觉上像是那些言语自己来找我、来催促我赶快写出来的……应该是因为我脑海里一直萦绕着一些念头，或许是一些历史性的因素在内，可能从前我亲眼看到爸爸那样苦，又不敢讲出来……
> （曾秋美1997年访谈录，《芙蓉花的季节》）[①]

从诗人书写的诗作中，我们见到杜潘芳格谈论与"原乡"之间的关联，事实上恰好可以与利玉芳谈论"乡土"作为一种对照（谢嘉薇，2002[②]；叶斐娜，2011[③]）。而当我们回到诗人的生命经验理解时候，是潜藏在这些围绕在杜潘芳格的口述历史、诗作与散文。这些文本书写的过程中，都带出了所谓的原乡（暂时译做homeland）经验，并且是"还负有对故乡历史文化及自我生命处境的深层复杂情感的延伸"。例如，在1990年书写的《秋天的故里》中，"故里的山峦平稳平稳而不陡地横卧着"提到故乡平稳的感觉，是诗人内心的憧憬。同时，诗人感受到"原乡复杂"的情感，正如这首诗作的叙事中提到故乡的景色，

在《秋天的故里》这首诗中，所描述的故乡与原乡的样貌：

[①] 曾秋美：《消失中的阿妈——杜潘芳格访问记》，《芙蓉花的季节》，前卫出版社1997年版，第151—189页。
[②] 谢嘉薇：《原乡的召唤——杜潘芳格诗作研究》，硕士学位论文，淡江大学，2002年。
[③] 叶斐娜：《追寻、认同与关怀——利玉芳诗中的乡土书写》，硕士学位论文，中兴大学，2011年。

> 故里的山峦平稳平稳而不陡地横卧着/来日往日，目送着那些不曾染于天空的青蓝/也不染于夕阳猩红的白鹭鸶往回她们/那和平的，爱之巢的那个少女的眼眸/为夕阳微微地映成紫红色，而甘甜甜溶尽于/穿着紫色云彩的少年中，好比是含在舌头上的/巧克力糖一般。/……
>
> （杜潘芳格，1990a）[1]

当时正值第二次世界大战。因此，军事的战争场景与诗人所描写的一位少女叠合在一起，所谓当时家园与战火是一并出现在诗人的记忆当中（谢嘉薇，2002；41—42）[2]。而在女诗人17、18岁早年作为青年时期的日记中，则记录了1944年—1945年间在《秋天的故里》诗作精练语言，无法提及的战争细节脉络。杜潘芳格写下了躲避空袭警报与日后国民党来台进行的相关活动（刘维瑛，2013）[3]。

作为1945年战后出生的诗人，"语言转换"往往是一个重要议题。杜潘芳格与陈秀喜都被称之为"前行代"女诗人。这一辈分的诗人被称之为"跨越语言的一代"。他们的书写工具从昔日熟悉的日文，到了战后重新学习中文（王琼芬，2008[4]；李敏勇，2014[5]）。而杜潘芳格则在这种跨越的过程中，展现一种"语言原乡"之间的关联。例如，以杜潘芳格的《中元节》分别以日语、中文与客语呈现。此诗中一方面在文字呈现"语言"上，与杜潘芳格的分别跨越的语言环境相关（客语母语、求学时期日语与战后的中文书写）；另一方面，这首诗所表达反讽的，正是这种使用语言的原乡经验，是与家乡扮演平安戏的一种面对统治者的日本殖民经验相关："只晓得顺从的平安人/只晓得忍耐的平安人……/保持仅

---

[1] 杜潘芳格：《秋天的故里》，《朝晴》第5期，笠诗社1990年版，第55—59页。
[2] 谢嘉薇：《原乡的召唤——杜潘芳格诗作研究》，硕士学位论文，淡江大学，2002年。
[3] 刘维瑛：《从"杜潘芳格日记"重新看见台湾女诗人》，《笠》2013年第296期。
[4] 王琼芬：《台湾前行代女诗人研究：陈秀喜和杜潘芳格》，硕士学位论文，中正大学，2008年。
[5] 李敏勇：《听》，《台湾在吟唱：诗的礼物1》，圆神出版社2014年版。

生命的流动与安置：台湾与槟城华人女性的族群叙事、移动与日常 ◆◆◆

有的身份/看"（杜潘芳格，1997a）①而在《故乡的庭院》，则是讨论了这种诗作的语言书写中，充满着跨越地域、流离的身份认同："走到哪里，想起故乡的庭院/……/虽然已经长出了好高的草丛/就让它延伸吧，不要割除呀！"

  相对于在北台湾新埔客家出生成长的杜潘芳格，利玉芳是在南台湾土生土长的农家子弟。在她二十岁以前，大多生活于屏东内埔乡间。二十岁，结婚后的利玉芳，来到台南下营夫家定居，就此未曾搬迁。她的生活体验，深受乡村种种日常、仪式、风土、人情的洗礼。也因为她关怀着近邻、远亲、乡人，进而对本乡、本土，产生浓烈的认同，对于脚下这块土地有着亲近的关怀。而这些都是她从事诗创作的泉源与方向。因此，她以诗的文类，写人民、写土地、写历史、写政治。透过诗传达她的本土之爱。利玉芳诗中的乡土，是超越南台湾的乡间，其所指涉的是乡土台湾。（叶斐娜，2011：25）②

延续前节所述，我们可以见到文学批评上所谓的"乡土"，在概念上是与创作者本身关怀的空间与地景上的乡土息息相关。然而在人类学研究，由我们所熟悉的民族志研究方法来进入，如果利玉芳作为我们的田野报道人，则我们更想关注的是利玉芳作为一个女人与书写者的生命状态与生命史经验。

利玉芳在1969年（17岁）已经使用"绿莎"为笔名，在一份名为《中国妇女》的刊物上发表第一篇散文作品。1972年结婚（20岁），利玉芳长女出生。1975年长子出生。此时期利玉芳开始在下营乡的小学代课。这期间仍维持她在婚前已经开展的创作习惯。直到1978年（26岁），她以家庭主妇身份参加盐分地带的文

---

① 杜潘芳格：《平安戏》，《庆寿》，笠诗社1997年版，第47—49页。
② 叶斐娜：《追寻、认同与关怀——利玉芳诗中的乡土书写》，硕士学位论文，中兴大学，2011年。

艺营，这是利玉芳生命史的转折点（叶斐娜，2010：29—31）①。另外，我们更可以从利玉芳《活的滋味》一书的《自序》（1986，12）②中看到，利玉芳是在什么样的生命处境中，出版了这一本由笠诗社协助的诗集。她的文字书写中透露出其中所蕴含的女性意识与流离经验的交织：

> 我有家，拥有丈夫的爱、拥有子女的爱、又拥有写诗的日子，这样的女人很幸福吧！是的，我极愿写出喜悦与快乐的诗章，其实不可能全部都是喜乐的。也许脉搏里流着先民的苦难吧！所以写出的就不是一篇静止的风，不安与焦虑仍然不能从排油烟机抽出，所以才大胆地以生涩乳臭的语言，向大地的母亲祷告。
>
> （利玉芳，1986a）③

从这个序文也可以看出，利玉芳作为一名女诗人，她的创作缘起是与诗人生命状况，意即婚后的生活相关。而这也告诉我们，利玉芳的创作是贴合着她的生命境况的。

另外，在1978年（26岁）这一年很重要的一件事，利玉芳开始与过去被放在"乡土文学"（乡土在此指的是台湾本土）的笠诗社接触并且认识。利玉芳也认同笠诗社的言论，更进一步加入了这个以本土、乡土为号召的文艺圈子：

> 一九七八年才从事诗的创作，但我观望诗的动静，已很久了。以前我所能接触到的诗，是从国内大报副刊而来，读得懂的诗既未获得我的青睐，读不懂的诗亦未曾获得我的怜悯，以为诗就是这样的表现，我仍然观望不前。在盐分地带营请教林宗源诗人前辈，辗转知道"笠"诗社的存在，进而展读笠诗社

---

① 叶斐娜：《追寻、认同与关怀——利玉芳诗中的乡土书写》，硕士学位论文，中兴大学，2011年。
② 利玉芳：《活的滋味》，笠诗社1986年版，第12页。
③ 同上。

生命的流动与安置：台湾与槟城华人女性的族群叙事、移动与日常 ◆◆◆

同仁代表性作品，了解他们坚持的本土之爱后，其个性深深吸引着我，随着加入"笠"，并获得同仁可贵的友谊。

（利玉芳，1986a）[①]

事实上，"写诗的利玉芳"是在加入笠诗社后才出现的（叶斐娜，2011：54）[②]，如同上段引文："理解他们坚持的本土之爱后，其个性深深吸引着我。"事实上，在讨论笠诗社所呈现的乡土文学，我们要先问的是："为什么利玉芳会受到笠诗社所吸引？"这个问题的解答，要回到利玉芳的生命经验中去回答。

出生、成长于屏东内埔客家村落的利玉芳，曾闯荡高雄都会城市。婚后定居台南下营，自1978年开始跨入现代诗的国度。在这三个地方的移动，展现出利玉芳不同阶段的人生节奏：屏东（故乡与成长）、高雄（离开故乡与工作）、台南（结婚后从事诗作）。

由诗的内容与以客语写诗，利玉芳的部分诗作浮现出了族群意识——客家意象。这一方面可以解释为与利玉芳在屏东客家农村成长的童年经验有所关联。但更深一层次，我们也可理解为，利玉芳诗作里所再现的客家意象，即是她对乡土的论述——"本土之爱"。例如，在作品里，利玉芳以高屏溪作为童年屏东故乡的河流意象。以及在某些诗的创作，使用的是客家语言。然而，不论这些创作是关联着本土或乡土的意识，或者客家的族群意识与意象，利玉芳的诗作都紧紧地贴近作者身为女性的生命经验（陈丽珠，2011[③]；叶斐娜，2011[④]）。

（二）移动叙事里的家园交涉

探索女性叙事中的移动经验与族群意识，我们从台湾岛转进马来

[①] 利玉芳：《活的滋味》，笠诗社1986年版，第12页。
[②] 叶斐娜：《追寻、认同与关怀——利玉芳诗中的乡土书写》，硕士学位论文，中兴大学，2011年。
[③] 陈丽珠：《河坝个歌——利玉芳诗作之客家书写研究》，硕士学位论文，台湾交通大学，2011年。
[④] 叶斐娜：《追寻、认同与关怀——利玉芳诗中的乡土书写》，硕士学位论文，中兴大学，2011年。

西亚的槟榔屿。在这个研究里，我们所接触到几位槟城的海外华人女性，她们都拥有不同的家族迁移背景。在这群海外华人女性的生命故事里，族群经验往往有着异质的展现。通过她们对家族历史与日常生活的叙事，海外华人的族群经验，蕴含丰富的在地性。然而，因个人的移动经验，这几位槟城华人女性随着离家而迈入生命史的不同阶段，族群认同与她们的关联，往往产生新的联结或形塑，而其中的过程是相当富有弹性且多元的。在这一节我将以六位受访者中，有潮州及福建背景的林女士与有潮州背景的叶女士为例子来进行描述。

如本文前头所述，林女士于1970年出生于马来西亚柔佛新山。她的母亲是潮州人，是从中国移居到马来西亚的第一代移民。父亲则是来自怡保的福建人，父母双方在新山认识。由于父亲那方的亲戚都在怡保，较少往来，母方亲戚则成为林女士幼时生活经验里，最重要的家族网络。林女士第一次离开新山的家，是在中学毕业后申请到奖学金，前往吉隆坡的美术学院修习室内设计课程，那时她18岁。在吉隆坡读书的三年过程中，她认识了现在的先生，这是在另一个城市生活带给她最大的收获与影响。而离开家里独自生活，有机会接触到不同的人、事、物，也让她的眼界变得开阔许多。毕业后她回到新山短暂地从事了几年室内设计工作，在25岁结婚，婚后便搬到了槟城定居，直到现今。从出生地新山，到求学阶段的吉隆坡，直到婚后搬到槟城定居，这些经验固然形塑了她现在的部分。然而，她并不将自身局限于来自哪里（这包括了在家户关系内的潮州背景）。活在当下的个性，让她并不会特别去回想、思考太多关于过去不同生命状态对于她的意义。她觉得现在在哪儿，哪里就是最亲密的地方（家园）。"其实我是比较活在当下的那种性格，所以，过往的那些经历，或者成长的地方，也不是说没有念旧的心，而是说现在在那里，就是这个地方跟我最亲密。"

叶女士于1946年出生在马来西亚槟城，父母从中国移居到槟城，皆为潮州人。家中共有8个兄弟姊妹，5位女孩，3位男孩。小时候，一家人住在槟城的Kampung Kolam村的一间店屋里。母亲是家里最主要的照顾者，父亲则在外工作负担家计。父亲最早在新街头巴刹①卖菜，经营之初和几个股东一起合伙经营，当时因为父亲不认识字，时常被欺负。加上时常亏损，后来决定和股东拆伙时，又"讲输"。于是，有好几年的时间，父亲摊子的收入，都得挪出一部分来偿还积欠的债务——可能是钱或者是一些蔬菜。拆伙后，父亲自己一个人经营一个摊位，那时20多岁的叶女士还未婚，便与姐姐开始比较密集地帮忙父亲看摊，并另外请了一个伙计，负责送货给槟城一些地方的餐馆，如槟岛北方丹绒武雅区域（Tanjung Bungah）。过去家里生活贫穷，家里的兄弟姐妹互相扶持，比较年长的兄姐工作后会赚钱贴补家用，照顾兄弟姐妹。家里女性比较常选择的工作是裁缝，如叶女士的二姐小时候会帮人家车衣服、洗衣服。洗衣服一个月可以赚6块钱，在20世纪70年代的槟城已经算很多了。在困苦的环境中，兄弟姐妹间互相扶持，在一些日常生活的细节都可见到。叶女士印象很深刻，小时候她为了不让学裁缝的姐姐走太多路，会特地把脚踏车骑到姐姐上课的地方，再自己走路回来。

五 结 语

台湾客家女性书写者的作品，呈现了女人作为女儿与母亲，展现为一种具有宗教与哲学经验的反思（如杜潘芳格）。与同时作为妻子、母亲与写诗的女人（如利玉芳）。此二者都超越了我们向来对于客家女人的刻板印象，而是将族群论述脉络下的女性，回置更为宽广、深厚的生命本质与格局。而海外华人女性的生命史叙事，展现出家园、族群与移动的记忆，则形成一个细密的交织与联结。同时也指向海外华人的多元生活、多重存在的样态。这些细微的、平凡女性的生命流动与安置，回应海外华人的族群论述，或乃至全球客家的想象与再现。

总之，对于本研究而言，通过口说与书写所记录的台湾与槟城

---

① 这是槟城早期的老市集之一。

的客家与海外华人女性生命史资料,除了可对于台湾客家与海外华人族群经验的探讨,提供一个具体且微观的视野与生动的个案,也是一个与既有的东南亚客家与华人书写与对话或参照理解的起始点(如 Chin, 2008[1]; Kuah-Pearce and Davidson, 2008[2]; Wang 2000[3], 2001[4])。其中与本文的探讨关联尤其深的一书,即是 *Hakka Soul: Memories, Migration and Meals*(Chin, 2008)。Chin Woon Ping(2008)本身作为具有海外移动经验的客家女性——生长于马来西亚而如今夏威夷大学任教,其亲人甚至扩及台湾——关于童年记忆与微观的日常经验之书写。这个较文学性笔触的自传性文本,呈现两个重要的思考轴线。第一,从作者的文字当中,贯穿其生长经验与中年后对于过往的遥想,凸显记忆(相关联物质性、日常互动等细密经验)如何让作者经历移动的生命过程,却在沉淀中重新找拾客家族群的身份认同。第二,则是作者以家族局内人的叙事视域,作为复数而多元的逼近现实呈现。所以不只其中人物的形象,会有相互矛盾、前后差异的一面。也同样的,Chin 本身的思考也随着时间流逝,而有所变化。虽然文本所记录的是一个小人物所能够理解之片段,可是却从各种日常生活的细节当中,使读者窥探到 Chin 一家人如何置身在政治、经济与历史结构与事件当中。

如同我们在本文所描述与倡议的,Chin 的视角,也指出由女性去理解全球客家或海外华人的处境,更可以贴近复杂真实生活中,客家或海外华人的族群性的可能与存有的特性。简言之,透过各种日常经验的微观视角,Chin 从童年的过往联结在即使离散于全球的处境,却也于未来的往后。使她持续地存有与客家人的情感联结,

---

[1] Chin, Woon Ping, *Hakka Soul: Memories, Migration and Meals*, Singapore: NUS Press, 2008.

[2] Kuah-Pearce, Khun Eng and Andrew P. Davidson, eds, *At Home in the Chinese Diaspora: Memories, Identities and Belongings*, Palgrave Macmillan, 2008.

[3] Wang, Gungwu, *The Chinese Overseas: From Earthbound China to the Quest for Autonomy*, Cambridge: Harvard University Press. 2000.

[4] Wang, Gungwu, *Don't Leave Home: Migration and the Chinese*, Singapore: Time Academic Press, 2001.

亦即不断地想象自身的家园与族群而成为乘载身份认同的回忆。

在客家与海外华人族群议题与女性作为社会的行动与言说主体的人类学理论背景里，本文描述与讨论拥有跨越国与国、城与城、城与乡、乡与乡、家与家等不同大小格局，远近之距，涉及不同地景、文化、语言之间诸多移动经验的台湾客家女性与槟城华人女性对于流离、家园、族群的经验与不同形式的出声或静默。本文对于台湾客家与槟城华人女性生命史经验的研究，回应了 Chin（2008）指出的，作为客家（或华人）、具移动经验的女性献声/现身之于日常生活与记忆的书写，那么从此绵密絮语，将指向更多客家或华人与族群认同之间的稠密主体接合，乃至于看到背后（若文化作为意义体系）的族群性，如何影响她去再现、诠释其所经历的经验。

对于本文所探索的台湾客家女性诗人与槟城华人女性细琐、细微的言说与书写，记忆不只是个体对于所经历之过往（家园、流离与族群）的经验呈现，也同时正在推动认同此身份者的日常生活实践。所以，行动者对记忆的书写与再现，另一方面也重新脉络化，族群与其文化肌理如何牵引着个体的生命流变。也由此，对于全球化下族群经验的形成，得以有更稠密与深厚的理解途径，去梳理贯时性的移动经验、女性/家园之于族群的位置，如何被经验，也同时被生产意义。

参考文献

一　中文文献

陈丽珠：《河坝个歌——利玉芳诗作之客家书写研究》，硕士学位论文，台湾交通大学，2011 年。

杜潘芳格：《出差世》，《台湾时报》1990 年。

杜潘芳格：《到个十时就揭个旗》，《庆寿》，前卫出版社 1993 年版。

杜潘芳格：《儿子》，《笠》1966 年第 15 期。

杜潘芳格：《母地》、《芙蓉花的季节》，前卫出版社 1997 年版。

杜潘芳格：《平安戏》、《庆寿》，笠诗社 1997 年版。

杜潘芳格：《青凤兰波》，前卫出版社 1993 年版。

杜潘芳格：《秋》、《淮山完海》，笠诗社 1986 年版。

杜潘芳格：《秋天的故里》，《朝晴》1900年第5期。

杜潘芳格：《树的话》、《淮山完海》，笠诗社1986年版。

杜潘芳格：《相思树》，《笠》1966年第14期。

杜昭玫：《认同与批判：论杜潘芳格现代客家诗》，《台湾文学学报》2014年第24期。

洪兰馨：《六堆地区外祖敬拜与地方社会形成之初探：一个姻亲关系实践的土著观点》，载庄英章、简美玲主编《客家的形成与变迁》，台湾交通大学出版社2010年版。

黄惟誼：《试析客家女诗人杜潘芳格之诗歌》，《美和学报》2013年第32期。

简美玲：《殖民、山歌与地方社会：北台湾客庄阿婆生命史叙事里的日常性（1895—1955）》，载庄英章、简美玲主编《客家的形成与变迁》，台湾交通大学出版社2010年版。

蓝建春：《新竹县客家文史学家口述历史专书——杜潘芳格生命史》，新竹县文化局2014年版。

李敏勇：《听》，《台湾在吟唱：诗的礼物1》，圆神出版社2014年版。

利玉芳：《淡饮洛神花的早晨》，台南县文化局2000年版。

利玉芳：《活的滋味》，笠诗社1986年版。

利玉芳：《梦会转弯》，台南县政府2010年版。

利玉芳：《台湾诗人选集50·利玉芳集》，台湾文学馆2010年版。

利玉芳：《向日葵》，台南县文化中心1996年版。

利玉芳：《向日葵》，台南县文化中心1995年版。

刘维瑛：《从〈杜潘芳格日记〉重新看见台湾女诗人》，《笠》2013年第296期。

王琼芬：《台湾前行代女诗人之研究：陈秀喜和杜潘芳格》，硕士学位论文，中正大学，2008年。

谢嘉薇：《原乡的召唤——杜潘芳格诗作研究》，硕士学位论文，淡江大学，2002年。

叶斐娜：《追寻、认同与关怀——利玉芳诗中的乡土书写》，硕士学位论文，中兴大学，2011年。

曾秋美：《消失中的阿妈——杜潘芳格访问记》，《芙蓉花的季节》，前卫出版社1997年版。

二 英文文献

Chin, Woon Ping, *Hakka Soul：Memories, Migration, and Meals*, Singapore：NUS

Press, 2008.

Hoskins, Janet, *Biographical Objects: How Things Tell the Stories of People's Lives*, New York: Routledge, 1998.

Kuah-Pearce, Khun Eng and Andrew P. Davidson, eds. *At Home in the Chinese Diaspora: Memories, Identities and Belongings*, Palgrave Macmillan, 2008.

Wang, Gungwu, *Don't Leave Home: Migration and the Chinese*, Singapore: Time Academic Press, 2001.

Wang, Gungwu, *The Chinese Overseas: From Earthbound China to the Quest for Autonomy*, Cambridge: Harvard University Press, 2000.

福建省民俗学研究的兴起与发展

陈育伦[*]

（厦门大学中文系）

摘　要：中国民俗学研究于五四前夕在北京大学兴起，1927年以后民俗学研究中心转移到广东中山大学。在由北向南转移过程中，1926年前后，厦门大学云集了一批全国知名民俗学研究者，开展了福建民俗调查与研究，成为这一过渡时期全国民俗学研究的中心。

关键词：中国民俗学运动　厦门大学　福建民俗

我国现代民俗学的科学研究肇始于1919年五四运动前夕的北京大学歌谣学运动，又称民俗学运动。在这一股浪潮的推动下，20年代初期，福建现代民俗学研究破土萌生。1922年11月厦门大学发行的《厦门大学旬刊》第1—3期连载刘国祯撰写的《蕉岭县的调查》，文章从社会学的角度对蕉岭地区各种民俗事象做了颇为详细的记述，并分析其对社会的利弊。运用现代民俗学田野作业方法对福建地方民俗进行调查和研究的最早一篇文章是温寿链发表于1923年10月14日北京大学《歌谣周刊》第28期上的《福建龙岩县的民俗调查》。该文是一份当时北京大学风俗调查会发出的风俗调查表，文章记录了龙岩地区的方言、歌谣、故事、宗教等11个方面的民俗事象。作者对一个地区的民俗事象进行科学的调查与记

---

[*] 陈育伦，厦门大学中文系教授，福建省民俗学会顾问。

录，开创了福建现代民俗学调查的先声。

1925年春，曾是北大民俗调查会成员及参与北大《歌谣周刊》编辑工作的董作宾到福州协和大学国学系任教，与先前回榕的陈锡襄等人开展了福州地区的民俗调查和研究工作，并于当年4月间成立了闽学会。虽然闽学会成立只几个星期即行夭折，但是他们的调查活动和研究成果对发轫期的福建民俗学研究起到了先导和示范作用。如董作宾的《民俗琐闻》《福建畲民考略》①。这一时期厦门有谢云声、鲁毓泰等人开展闽南地区的民俗调查与研究。谢云声的《厦门风俗谈》②、鲁毓泰的《民间风俗谈》③ 即是此时期的民俗学研究成果。

1926年，沈兼士、林语堂、顾颉刚、罗常培、黄坚、孙伏园、容肇祖、潘家洵、丁山、章廷谦等学者从我国现代民俗学研究的发源地北京大学到厦门大学任教。沈、顾、容等人是北京大学歌谣学运动的得力干将。他们的到来，对刚刚兴起的福建现代民俗学研究犹如雪中送炭。当年9月18日下午，有林语堂、沈兼士、黄坚、顾颉刚、孙伏园、潘家洵、陈万里、丁山等学者参加的厦门大学国学研究院编辑事务谈话会上，决意组织风俗调查会④，这是继北京大学1923年5月成立风俗调查会之后建立起的从事民俗调查与研究的学术团体。同年10月10日在厦门大学国学研究院成立大会上，院主任沈兼士教授在演说中说："本院于研究考古之外，并组织风俗调查会，调查各处民情、生活、习惯，与考古学同时并进。考古学则发掘各处文物，风俗调查则先从闽省入手。"⑤ 1926年12月13日，风俗调查会召开了工作讨论会，决议刊物出版归入厦门大学国学研究院周刊，通过该会章程。章程中对风俗调查会的任务作了明确规定："本会调查风俗从闽南入手，次及福建全省，再次

---

① 董作宾:《民俗琐闻》《福建畲民考略》,《国立第一中山大学语言历史研究所周刊》1927年第1集第2期。
② 谢云声:《厦门风俗谈》,《通俗报》1926年第1—3期。
③ 鲁毓泰:《民间风俗谈》,《通俗报》1926年第3期。
④ 《厦大周刊》1926年第156期。
⑤ 《厦大周刊》1926年第159期。

及全国。"章程中还提出："本会收受外间捐赠并自购风俗物品，设风俗物品陈列室，作为风俗博物馆之初步。"①厦门大学风俗调查会存在的时间虽不长，但其任务、目标明确，组织机构健全，对福建民俗学调查与研究起了发动和组织作用。

这一时期以厦门大学为中心，民俗学调查和研究在闽南地区迅速发展起来。厦门大学一批教授、学者纷纷到闽南、福州等地进行民俗学以及相关学科的社会调查。张星烺、陈万里两位教授赴泉州调查中外交往史料、古迹、宗教信仰、郑成功传说故事；顾颉刚对泉州、安海土地神祠的调查，对厦门墓碑的调查；罗常培对厦门方言以及闽南方言、歌谣、故事进行调查与记录；容肇祖调查厦门偶像崇拜以及福建地区的民俗事象；林语堂对闽南民间文化的调查；林惠佰对闽南乡村生活习俗的调查；林惠祥对闽南民间宗教信仰民俗的调查，福建早期民俗学研究成果大都是在田野作业的基础上形成的。在厦门大学校园内，民俗学研究的学术气氛甚浓厚。这时期国学研究院组织的学术报告大多跟民俗学有关或是与民俗学交叉的课题。如1926年11月13日国学研究院举行第一次公开学术讲演，由张星烺教授主讲《中世纪之泉州》，内容中有相当部分是有关中世纪泉州民间风俗习惯、宗教信仰。1926年12月18日举行第二次学术演讲，由林语堂博士主讲《闽粤方言之来源》，是与民俗学密切相关的课题。1926年12月30日罗常培先生向全校师生员工讲演《朱子与闽南文化之关系》，其主要内容是关于朱熹在闽南为官时倡导儒家礼教对闽南风俗所产生的影响。这篇演讲后来写成文章，题目即《朱熹对闽南风俗的影响》，发表在1927年11月22日《国立第一中山大学语言历史学研究所周刊》第4期。厦门大学民俗学研究的风气渗透到学生中间，有的学生加入了风俗调查会，参与各地的民俗调查。当时学生举办的国语辩论会，内容大多与民俗学相关。如1926年12月12日第四次辩论会，题目为《我国大家庭制

---

① 《厦大周刊》1926年第169期。

度有无存在之价值》①。1926年12月19日第五次辩论会，题目为《为人类幸福着想男女婚姻应有相当形式的限制》②，辩论内容涉及家庭、婚姻习俗问题。最能代表这一时期福建民俗学研究成果和水平的是厦大学者所发表的一批具有重要学术价值的研究文章，这些文章大多刊载于当时的《厦门大学国学研究院周刊》上。

1926年12月国学研究院决定发行周刊，刊载考古、歌谣、风俗宗教、方言方面的研究文章，由风俗调查会成员顾颉刚、容肇祖担任编辑主任③。第1期登了3则启事：第一则是征求本省家谱，第二则是收集各地古器物及风俗物品，第三则是征求海神、土地神、洛阳桥、朱子、郑成功、郑和（三宝公）及倭寇的传说、遗迹并一切事实的记载；歌谣、谜语、绕口令及歇后语、儿童故事及游戏；通行于福建全省或一局部之富有地方性的戏剧及其剧本；苗民（或散居各地之盘、雷、蓝等姓）之生活状况；关于各地古迹、古物之调查记录。这是沿用北大歌谣学会在北大日刊上刊登启事的做法，起了广泛发动和向社会作宣传的作用。本期有关民俗学调查与研究的文章有3篇：林幽的《风俗调查计划书》，该文对风俗的定义、风俗调查的意义、调查的范围、方法都做了科学的阐述。文中对风俗给予较明确和完整的定义。关于风俗调查的范围文中列出了10类，其中有物质生活——粮食、房屋、道路、衣服、制造、工业、工具。早期我国民俗学研究大都未涉及物质民俗方面。该文明确把物质生产方面的习俗归到民俗学的范围内。这篇文章不仅对风俗调查的实践具有指导意义，并且对我国早期民俗学理论的建设也有所贡献。顾颉刚的《泉州的土地神》④一文，对泉州地区土地神祠的分布、分派、所祀各种神的名称以及某些神祇的来历，何以归到土地神范围内都做了调查和考察，着重对泉州土地神庙里杂祀种类众多的神祇这一特殊现象作了分析。这对探讨民间信仰民俗的产

---

① 《我国大家庭制度有无存在之价值》，《厦大周刊》1926年第168期。
② 《为人类幸福着想男女婚姻应有相当形式的限制》，《厦大周刊》1926年第169期。
③ 同上。
④ 顾颉刚：《泉州的土地神》，《厦门大学国学研究院周刊》1927年第1卷第1期。

生、演变规律是很有价值的。土地神崇拜是我国民间最为普遍的民俗信仰，这篇文章是早期研究福建土地神信仰的发轫之作。陈万里的《泉州第一次游记》①，记述作者到泉州调查考察历史风物、古迹的经过，对中世纪阿拉伯人到泉州传教留下的遗迹、古墓记述尤详，为研究泉州宗教民俗提供了珍贵资料。周刊第 2 期除叙载《泉州的土地神》《泉州第一次游记》外，有林语堂的《平闽十八洞所载古迹》②。周刊第 3 期刊载高子化的《云霄的械斗》③。旧时代闽南一带宗族间的械斗经常发生，形成恶俗。该文从地理环境的闭塞、造成经济不发达，民智不开、教育未能普及、浓厚的家族主义等方面分析械斗恶俗形成的原因。这类研究文章，在我国早期民俗学研究中是很少见的。这篇文章未完，后周刊未再出版，无法读到它的下文。周刊第 4 期只登了目录预告，刊物未出版，此后周刊就停刊了。第 4 期目录中有：潘家洵的《观世音》、顾颉刚的《天后》。《天后》一文后收在福建民俗学者魏应麒编著的《福建三神考》一书中，是我国早期研究妈祖信仰的重要文章，风俗调查会成员中尚有一批已确定的研究课题，由于周刊停刊，他们的文章未能发表。据周刊第 1 期上报道的有：林惠祥的《闽南的下等宗教》、顾颉刚的《厦门的墓碑》、王肇鼎的《石湖的五圣》、林幽的《儿童游戏的种类》、容肇祖的《神鬼迷信》、丁山的《新风俗论》、林惠佰的《闽南乡村生活》。

  此一时期，以厦门大学为中心的福建民俗学研究生机勃勃。一批北京大学民俗学运动的健将和当时一部分全国人文科学界知名学者云集厦门大学，以此为民俗学研究的大本营，奔向八闽大地进行民俗调查，撰写文章，成立学术团体，建立民俗学研究队伍，创办周刊，征集民俗资料和风俗物品，准备建立陈列室和民俗博物馆。而此时正是全国民俗学运动处于低谷之期，以厦门大学为大本营的民俗学研究，震撼八闽，影响全国，在我国民俗学运动史上有着特殊的意义。

---

① 陈万里：《泉州第一次游记》，《厦门大学国学研究院周刊》1927 年第 1 卷第 1 期。
② 林语堂：《平闽十八洞所载古迹》，《厦门大学国学研究院周刊》1927 年第 1 卷第 2 期。
③ 高子化：《云霄的械斗》，《厦门大学国学研究院周刊》1927 年第 1 卷第 3 期。

历来阐述中国民俗学运动发展的专著、文章都认为：中国民俗学运动1927年以前以北大为中心，1927年以后以广东中山大学为中心。如段宝林教授在《中国民俗学与北京大学》一文中说："1927年以后，由于军阀横行，北京大学进步学者纷纷南下投奔革命中心——广州，民俗学研究的中心就由北京大学南移到了广州中山大学。"[①] 但细考其历史史实是：1918年2月北京大学成立歌谣征集处并向全国征集近世歌谣，5月20日开始在北京大学日刊上登载歌谣选，因此，以此作为中国歌谣学运动（又称为民俗学运动）的起点。1925年6月《北大歌谣周刊》停刊，以此为标志作为以北大为中心的歌谣学运动的终止。钟敬文先生在《"五四"前后的歌谣学运动》一文中说："这个新的学术运动的大本营就是五四运动策源地的北京大学。它的活动开始于1918年，结束于1925年。"[②] 这里说的新的学术运动即指歌谣学运动。广东中山大学民俗学会成立于1927年11月，从此时开始全国民俗学运动的中心转移到中山大学。从1925年6月北大歌谣学运动终止到1927年11月中山大学民俗学会成立，其间尚有两年左右的时间，而这一时期正是福建民俗学研究迅速兴起之时。特别是1926年，一批在北大从事民俗学运动的学者来到厦门大学，把在北大从事的事业带到厦大继续开展起来。全国民俗学运动此时期并没有停息，这股洪流从北向南，先经过厦门大学然后转向中山大学，从北大南下的学者，大部分都先到了厦大，再转到中大。厦门大学是全国民俗学运动中心由北大向中大转移时的过渡站，是这一过渡时期全国民俗学研究的中心，起了承前启后的作用。尽管其时间短暂，影响和意义远不如北大和中大，但这毕竟是历史的事实，不容忽视，是20世纪20至30年代全国民俗学运动链条上一个不可或缺的环节。在书写这一段民俗学运动史时，是应该补上这一笔的。

1927年以后，在厦大任教的顾颉刚、荣肇祖、罗常培、沈兼

---

① 段宝林：《中国民俗学与北京大学》，《民间文学论坛》1992年第6期。
② 钟敬文：《"五四"前后的歌谣学运动》，载《钟敬文民间文学论集》（上），上海文艺出版社1982年版，第354页。

士、林语堂等一批学者，相继离开厦大，原先成立的风俗调查会名存实亡，原先计划的各项工作无人继承，《国学研究周刊》仅出3期就停了。但已点燃的民俗学研究之火并未熄灭。此后，福建民俗学研究从学府走向社会和民间，以福州、厦门两地为中心，一批本省的文化人继续深入民间，开展民间文学作品和民俗事象的调查与研究。1929年谢云声在厦门组织了民俗学社，1930年1月6日，得到广东中山大学民俗学会的承认，成为该学会的厦门分会，是该学会在全国范围内最早的一个分会。厦门分会创办了《民俗周刊》，附在当时《思明日报》副刊上发行，同时编辑出版民俗学丛书，以刊物和书籍出版带动和推进民俗学的研究。厦门《民俗周刊》刊行50期，成为民俗学研究的重要学术阵地，不仅刊载闽南地区和福建各地的民俗调查和研究的文章，还载有全国各地知名学者的研究文章。谢云声在1933年写的《十年来的民俗学运动》一文中提到的有："顾颉刚、周作人、钟敬文、赵景深、江绍原、朱自清、钱南扬、樊演、娄子匡、清水、容肇祖、刘万章、于飞、叶镜铭、曹松叶、黄仲琴、薛澄清、叶启馨、王成竹、叶绍夫。"[1]几乎囊括了当时国内民俗界所有知名学者，由此可见厦门民俗学会所具有的影响。厦门分会编辑出版的民俗丛书有：《福建民间故事》8集、《泉州民间传说》2集、《郑成功传说》。还有一部分书稿在上海印刷时，毁佚于日本侵沪战火之中。据谢云声列出的有：《泉州史荟》《闽歌乙集》《闽谚集》《闽南风俗集》《民俗学论文集》《闽中撷闻》《漳州民间传说集》[2]。

福州地区的民俗学研究，在董作宾、陈锡襄离开福州协和大学之后，同厦门大学一样，民俗学研究由学府走向社会。1930年春，魏应麒、江鼎伊两人组建了广东中山大学民俗学会福州分会。分会创办《民俗周刊》，在当时的福州《民国日报》副刊上发行，周刊出版了150多期，刊载了大量福建各地民俗事象的调查与研究的文

---

[1] 谢云声：《十年来的民俗学运动》，《厦门民俗方言》1992年第7期。
[2] 同上。

章。漳州于1931年初成立了广东中山大学民俗学会漳州分会,主持人翁国梁。分会出版《民俗周刊》30多期。

这一时期,福建的民俗学研究者还撰写了一批民俗学基本理论的文章和专著,其中影响最大的是当时任教于厦门大学的林惠祥教授所著的《民俗学》。该书于1934年由商务印书馆出版,至1947年再版了4次。全书系统论述了民俗的定义、范围、分类、效用、研究方法、民俗学的历史及信仰、习惯、故事歌谣及成语。书的内容和体系是以英语民俗学家班尼(C. S. Burne)的《民俗学概论》为蓝本,作者按自己的观点进行改写。这是我国最早的一本民俗学理论专著,在当时我国民俗学理论尚十分匮乏的情况下,此书对我国民俗学理论的建设及指导民俗调查实践起了积极作用。

福建民俗学研究兴起于20世纪20年代中期,30年代初期是继承发展的时期。这一时期的民俗调查和研究从高等学府里解放出来在社会上较普遍地展开,民俗学研究队伍从少数专家学者扩展到人数众多的一般文化工作者。在福建形成了以福州、厦门、漳州三个地区的民俗学会为研究据点,以这三个地区的民俗周刊为学术阵地的民俗调查和研究格局。民俗调查的地域和范围比前期有了较大的拓展,搜集整理出数量相当可观的福建各地民俗事象和口头文学作品,这是民俗研究极为珍贵的资料。对某些民俗事象,已有一些研究者作了较深层次的研究。如魏应麒编著的《福建三神考》[①],对福建三位最主要的神祇:临水夫人、郭圣王、天后(妈祖)的起源、历史演化作了较深层次的考述。总体上看,大多数民俗调查的成果尚停留在民俗表象的单纯记述。从研究方法看,基本上属于西方人类学派的范畴,这是受当时历史条件和学术水平所制约的。

---

① 魏应麒编著:《福建三神考》,广东中山大学语言历史研究所1929年版。

闽台区域文化的共性

石奕龙　陈尊慈
（厦门大学人类学研究中心）

本文所说的文化是人类学的文化概念，有广义、中义、狭义三大类。笔者在此陈述与讨论的文化定义以广义为主，其指某一族群的生活方式，其包括物质与精神的各个层面。闽台两地一衣带水，其文化有着某种共性，这种共性主要是闽南人文化的种种表现。

（一）

为何说闽台区域文化的主要是闽南人文化？首先，台湾人的语言除了国语外，主要是台湾人所说的"台语"，在台湾几乎有80%的人讲台湾人所谓的"台语"，而实际上"台语"只是闽南方言中的一种地方土话。按语言学界的分类，它是汉语言闽南方言中的"台湾话"，而不能称作一种语言。

语言是一种象征符号体系，其代表与象征着意义系统。除了文字外，语音是判断是否同一象征符号与意义体系的符号。当两个人用同样的语音即同样的符号陈述某一事务时，马上就可认知这个语音所表述的意义，形成一种共识或共鸣，也就是说，他们即刻就能认知与理解这一语音符号所表达的意义，这时这两个人绝对是同一文化甚或是同一地方文化的成员。如果表述同一事物或事务的语音符号上有些差别，就可能是同一文化不同地方的成员，例如同是闽南人，泉州话、漳州话与厦门话在语音上就有些差别。在台湾也是一样，台湾北部的台湾话与台湾南部的台湾话也有一些差别，在台湾，他们认为此是"顶港"与"下港"的差别。台湾由于80%的人讲闽南方言的台湾话，因此，它是台湾地区民间交流的主要语言，故讲客家话的台湾人外出时必定要遇到讲闽南话的台湾人，由于交流的需要，迫使他们学习闽南话，这样才便于生活，所以台湾有不少人称之为"福佬客"。这些人祖籍为讲客家话的客家地区，但在台湾却是对内、对外均讲闽南话，已不太会用客家话交流。另外，有不少台湾客家人虽在台湾的家里、家乡讲客家话，但也会讲闽南话，因为他们也有对外交流的需要。

造成台湾语言方面以台湾话为主的局面，主要是因为台湾的汉族移民主要都来自闽南地区各地，其祖籍地不是泉州、厦门地区，就是漳州地区。如新北市板桥的林家（林本源），来自闽地漳州府龙溪县的白石堡，但林维源的长子林尔嘉却是抗英名将、厦门人陈胜元总兵的孙子。台中市的雾峰林家，来自漳州府平和县五寨乡埔坪村。台中大肚林家来自漳州府漳浦县旧镇乌石村。新北市石碇区乌涂里的居民和嘉义县朴子市溪口里的居民来自今厦门市同安区新民镇乌涂社区。鹿港郭厝的郭姓居民来自泉州惠安县百崎镇。嘉义新港的曾氏祖籍地为泉州府同安县瑶江堡瑶头乡瓦埕尾（今厦门市同安区西柯镇瑶头村）。新港吕姓的祖籍地为泉州府同安县扑兜乡（今南安市扑兜）。新港蔡姓来自泉州府晋江县等。

其实，台湾人对其祖籍地还是非常在意与认同的。如果到台湾各地的坟地上，你只要看一下墓碑就可以清楚地看到他们的祖籍情结。笔者2014年到台湾大甲开会，当日正值清明节，为了解台湾人清明扫墓的习俗，在朋友的陪同下，去大甲墓地考察。在台湾大甲墓地中，笔者看到，在墓碑上写籍贯时，写"台湾"或"大甲"的很少，多是写大陆闽南各县的名称，如"金浦"（漳浦）、"铜山"（东山）、"南邑"（南靖）、"泉邑"（泉州）、"银同"（同安）、永邑（永定）等。这表明台湾人还是多认同大陆的祖籍地的。

由于绝大多数台湾人的始祖、开基祖多为闽南人，因此，闽南人的文化也随着移民而迁移过去，虽然在台湾也曾出现一些文化适应的问题或者文化合成的现象，但总体上，台湾的闽南人文化与大陆的闽南人文化的深层结构与大部分表层面貌都显现出共性多于差异的现象。上述语言的表现是为一例，台湾话与厦门话最为接近，而与泉州话、漳州话则有较多腔调上的差异，而这种差异是同一方言中的地方土语音变的差别。

（二）

汉人迁徙台湾在唐宋就开始了，最初可能是从事海外贸易时临时在台湾岛上停留，或捕鱼者在岛上驻留。台湾十三行遗址所出土的唐、宋、元、明各朝代的遗物，正可说明这种现象。明代中晚期开始，福建的海上私商多在台湾建立基地，作为与大陆走私贸易的据点与货栈，并进行垦殖等，以保证生存所需，如目前人们所了解的颜思齐（1589—1625年，海澄县海沧人）就于天启元年（1621）率其私商船队在云林县的笨港（今云林县北港、嘉义县新港）等地筑起营寨十寨，如主寨颜厝寮、左寨王厝寮、右寨陈厝寮、粮草寮土间厝、海防寨后寮埔、哨船寨船头埔、前寨兴化店、后寨考试潭、抚番寨府番、北寨大北门等，他们镇抚土番，垦殖土地，捕鱼打猎，维持自己的生命，并以台湾作为私商基地，与大陆进行走私贸易，投附者三千余人。其结拜兄弟有杨天生（晋江人）、陈衷纪（海澄人）、郑芝龙（南安人）等，1625年，颜思齐去打猎时不幸染上伤寒而逝，由郑芝龙为首领。1624年，荷兰人入侵台湾，占据了台南，在安平建城，招徕约四万闽南人来台湾从事开垦工作。1626年西班牙人占据基隆社寮岛，建圣萨尔瓦多城，1629年又入侵淡水河流域，建圣多明哥城（即红毛城）。1642年，西班牙人被荷兰人驱逐出台湾。1661年，郑成功驱逐了荷兰人，收复台湾，又有大量的闽南汉人移民台湾。康熙二十二年（1683）施琅平定台湾后，厦门成了当时对台交流、开展海外贸易的正式港口，到道光年间，台湾的人口大幅增加，基本奠定今日的县市行政格局，归属福建省。直到光绪十一年（1885）才建省，下辖台北府、台湾府（今天的台中地区）、台南府、台东直隶州。

闽南汉人移民台湾的初期，他们多寻找与家乡类似的环境生活，因此其民系的布局类似于福建，祖籍沿海的人也多在台湾沿海一带生活，祖籍内山的也找台湾内山或第二台地开垦。由于泉州人多依靠耕海为田，从事海外贸易与捕鱼，所以泉州籍的移民多集中在台湾西部沿海平地一带；漳州人多在内山耕作，故在台湾也多集中于第二台地上垦殖；而客家人在大陆原就是山区的居民，故在台湾也多在中央山脉的山脚下开垦。当然这种布局也是台湾曾经有过的分类械斗的过程中逐步定局的。例如台湾的俗语"一府（台南）、二鹿（鹿港）、三艋舺（台北万华）"似乎是在表述台湾先后的港口，在这些港口地方过去聚居的主要是泉州籍的移民，如台北万华有龙山寺、清水祖师庙、青山王庙、霞海城隍庙等泉州籍移民祭拜的庙宇，龙山寺由晋江籍移民所始建，清水祖师庙由安溪籍移民所始建，青山王庙由惠安籍移民所始建，霞海城隍庙由同安人所始建。又如鹿港人讲的闽南话有很浓的泉州腔。

由于这样的人口分布，也导致台湾的闽南人与大陆的闽南人的经济生活基本一致，即沿海的人除种田外，多从事贸易、捕鱼生活，而内山部分的漳州人与客家人多从事农耕。闽台两地都有浓厚的海洋文化的特质，并由于海洋文化多有艰险，因此两地的闽南人都具有"爱拼才会赢"的拼搏精神。

此外，茶叶是福建山区的重要经济作物之一，其有多种茶类，如红茶有闽北武夷山的正山小种，闽东的坦洋功夫茶、白琳功夫茶、政和功夫茶，乌龙茶有武夷山岩茶、泉州安溪的铁观音、泉州永春的佛手等乌龙茶等，花茶有福州的茉莉花茶，白茶有福鼎白茶等，其中以武夷岩茶、安溪铁观音等为著名。早在清代，这些茶中的上等品都曾作为贡品奉献给帝王，也有许多红茶、乌龙茶通过海上贸易远销到荷兰、英国等地，以致英国人养成喝下午茶的习惯。在1840年后，如1858年到1864年间，每年从厦门出口运输到欧洲的茶叶有400万至700万磅，而在1874年到1875年间，也有

700多万磅乌龙茶运到美国。还有的茶叶也通过晋商从陆路辗转远销到俄罗斯。

此外,随着闽南人大量移民台湾后,再加上台湾的自然环境与福建极为类似,福建的茶叶也移植到了台湾。最初这些茶叶在北部与中部的山区地带种植,如台湾南投的冻顶乌龙茶便是清咸丰五年(1855),台湾举人林凤池从福建闽南带去的乌龙茶的茶苗,种植在鹿谷山区而发展起来的。木栅铁观音是由安溪萍洲村人张氏于光绪二十二年(1896)引入台湾,在木栅樟湖山试种成功后发展起来的,以后又逐渐扩展到了台湾各地。在1868年到1895年间,台湾茶叶出口值占台湾出口总值的54%,是台湾对外贸易的第一大商品。现在台湾各地的山区都种有茶叶,东部台东的鹿野与花莲主产清香型乌龙茶;北部台北等地,主产文山包种和木栅铁观音;中部南投的鹿谷,出产冻顶乌龙茶,阿里山上海拔1000—2000米的高山茶园里则出产高山茶;南部的佳乐景区等地也产有港口茶。由此也导致闽台闽南人的喝茶习惯相似,都以"小盅罐"(盖碗或紫砂小壶)泡功夫茶待客和解渴,并形成今天一整套的"茶艺"文化。

(三)

由于移民多为闽南人,故台湾人所建造的厝、府第、庙宇、番仔楼多为闽南人沿海地区的红瓦建筑形式,而且台湾的客家人也受其影响,其传统建筑也多为红瓦建筑。台湾的红瓦建筑的特征为:红板瓦铺顶,庙宇或官衙加筒瓦,弯曲的龙脊,燕尾翘脊。墙体有花岗岩的石脚,有的用红砖砌墙或装饰等。民居多为三开间正屋加两伸手加围墙的四合院或没有围墙的三合院,多马鞍形山墙,少燕尾翘脊的屋顶,因为台湾人认为燕尾翘脊会伤人。另一说是当官的人家才可以用燕尾翘脊,如雾峰林家的府第建成于清代同治三年(1864)在现台中市雾峰乡民生路28、48号和菜园路91号,由顶厝、莱园、下厝三部分构成,其建筑均为燕尾翘脊的红瓦建筑,主体部分为五开间中轴递进的四进厅、双边各有两条护厝的四合院,花园部分则以散点透视为原则造园。因为雾峰林家的林文察曾当过清朝的总兵，与太平军作战，战死于龙溪的万松关，后赠太子太保、福建陆路提督。新北市板桥林家花园（林本源园邸）在板桥市西门街9号，其始建于道光二十七年（1847），建筑工匠与建材多来自大陆闽南地区，其也是燕尾翘脊的红瓦建筑，其左右两边为住宅，中间为花园。左边的建筑为五开间，沿中轴线对称递进的三进。双边加护厝的大厝。右边则为五开间两进的大厝。板桥林家的第二代林平侯曾捐官当柳州知府，第四代林维源曾当太仆寺卿、帮办台湾抚垦大臣等。新北市芦洲的李友邦故居也是五开间、三落、双边加护厝的燕尾翘脊红瓦大厝。台北的林安泰古厝是五开间两落双边带护厝的燕尾翘脊红瓦建筑，其始建于清代乾隆四十八年（1783），为富商的宅第。高雄美浓是个典型的台湾客家人的聚落，但其传统民居也都是红瓦厝。

台湾的红瓦厝与大陆闽南地区的沿海地区基本一致，还有一个原因是有些大厝、庙宇建造的工匠以及材料均来自闽南地区。如北港朝天宫光绪年间重修时的陶艺匠师（剪粘）是厦门人洪坤福，他还为员林妈祖庙、嘉义地藏王庙、台南普济殿、台北大龙峒保安宫及艋舺龙山寺等庙宇制作剪粘作品。他后来留在台湾，传徒甚多，其中以台北的陈天乞与彰化的江清露最出名。交趾陶的匠师为泉州东街人蔡锦。朝天宫精美的石雕均出自泉州惠安石铺之石匠，木雕则由来自汕头、泉州及台南的雕花师负责。[①] 又如厦门的著名书法家吕世宜在道光十七年（1837）被聘为台湾林本源林国华兄弟的老师，林氏建板桥别墅时，亭台楼阁的匾额、对联多出其手。1919年，惠安崇武溪底村的王益顺（1861—1931）率十多名匠师受聘到台湾，主持重建台北万华龙山寺，1923年竣工后，又留在台湾各地承建了多座庙宇。回福建后又主持修建了厦门南普陀的大悲殿。正因为如此的交流，闽台两地的建筑工艺也具有共性，如大木师傅分为泉派与漳派两类，石雕艺术主要受惠安崇武五峰石匠的影响，

---

① 李乾朗：《北港朝天宫建筑与装饰艺术》，财团法人北港朝天宫1996年版，第145页。

彩绘师傅也是受大陆闽南人的民间画师的影响，有的台湾人甚至直接到大陆来学习，剪粘、交趾陶亦分南北派，"南何（何金龙）、北洪（洪坤福）"，也是漳派与泉派的差异。民间木版年画主要是漳州年画，纸扎艺术、佛像雕刻等均与闽南地区如出一辙。

在闽南地区与台湾地区，称厝的宅子或为一正身加两伸手的三合院或加围墙的四合院与前后两落的四合院，或三落、四落的四合院大厝。通常厝正身的厅堂为开放的公共场所与神明厅，其功能是接待客人，举办红白大事，故厅堂的宝树正中为挂神像、神位或安置神龛之场所，厅堂的侧面壁上则可以悬挂条幅、镜心等书画，柱子上可以挂联。如果大厝为三落以上，通常后厅多做供奉祖先的场所，因此后厅的宝树上通常是悬挂祖先肖像的场所。而在书房、花园的楼阁中则可随便悬挂。这是建筑空间的社会功能所决定的。所以大户人家在正厅（或中厅）如果悬挂图画，一般是神像加对联，后厅挂的是祖先图像，其他地方随意，山水、花鸟等均可。这种限定，迫使民间职业画家画的中堂画多为神像和祖先图像，也就是艺术界所谓的人物画了。由于这种神像、祖先像的需求大，故职业画家所画的人物画多为神像、祖先像等，否则，单靠文人画他们如何维生。

（四）

闽台两地的闽南人的精神世界有着比较一致的共性，即两地的闽南人所崇拜的神灵也几乎是一样的。他们同样崇拜所有汉人都崇拜的神灵，如观世音菩萨、关帝、天公（玉皇大帝）、西王母、三官大帝（天官、地官、水官）、神农大帝、玄天上帝（玄武大帝）、东岳大帝、碧霞元君、阎罗天子、灶王爷、中坛元帅哪吒、二郎神、文昌帝君、魁星、孔子、城隍、龙王、风神、土地公（福德正神）、九天玄女、七娘妈（七仙女）、八仙（汉钟离、铁拐李、吕洞宾、曹国舅、张果老、韩湘子、蓝采和、何仙姑）、武财神赵公明、文财神比干、济公等，也同样崇拜历史上在福建本土形成的各种神灵，如妈祖林默娘（祖庙在福建莆田市湄洲岛)、临水夫人陈靖姑(祖庙在福建古田县)、保生大帝吴夲(祖庙在福建厦门市海沧区的青礁与漳州角美的白礁)、清水祖师陈普足(祖庙在福建安溪县蓬莱镇清水岩)、广泽尊王郭忠福(祖庙在福建南安市诗山镇)、法主公张自观(祖庙在福建德化县石牛山)、青山王张悃(祖庙在福建惠安县山霞镇)、开漳圣王陈元光(祖庙在福建漳州市漳浦县城关)及其部将如马仁、李伯瑶、许天正、沈世纪等、开闽王王审知(祖庙在福州市和厦门市同安区北辰山)、三平祖师杨义中(祖庙在福建平和县三坪)、定光古佛郑自严(祖庙在福建武平县岩前镇)、水部尚书陈文龙、五帝、池府王爷池然(祖庙为福建厦门市翔安区马巷元威殿)或池梦彪、萧太傅或萧王爷萧望之(祖庙为福建泉州南门外的富美宫)及其他各姓王爷、石狮王、古公三王、十八王公等,尤其是在闽南地区形成的神明。

如天上圣母妈祖的祖庙在莆田湄洲岛上,官方建造的第一座妈祖庙大约是泉州天后宫,在福建,妈祖庙至少有1500座以上,在台湾至少有八九百座妈祖庙,其中著名的有台中大甲镇澜宫、彰化鹿港天后宫、彰化南瑶宫、云林北港朝天宫、嘉义新港奉天宫、台南祀典大天后宫、鹿儿门圣母庙、台中万和宫、苏澳南天宫等。在农历三月廿三妈祖圣诞前,大陆各地与台湾,甚至海外的妈祖庙多会到湄洲岛妈祖庙或泉州天后宫、同安妈祖庙等进香、请火。

保生大帝的祖庙在厦门市海沧区的青礁与漳州市角美镇的白礁,其均称慈济宫。在福建,保生大帝庙甚多,以至其有两个祖庙,白礁慈济宫为原泉州府(包括现厦门地区)各地保生大帝宫庙的进香胜地,而青礁慈济宫为漳州府各地保生大帝宫庙的进香、请火胜地。在台湾亦有几百座保生大帝宫庙,著名的有台南学甲慈济宫、台中元保宫、台北大龙峒保安宫、台南市兴济宫等,其中学甲慈济宫的"上白礁"遥祭仪式甚为著名。

清水祖师祖庙在安溪县蓬莱镇清水岩,其为安溪县的境主,在福建也有许多清水祖师宫庙,如现厦门翔安新店镇的香山岩清水祖师庙就相当出名，每年正月初六的庙会非常热闹。在台湾亦有许多清水祖师宫庙，如台北万华的清水祖师庙、新北市三峡的清水祖师庙、彰化许寮厝的清水岩都是，其中三峡镇民生路上的清水祖师庙尤为著名，其原名长福岩，始建于清代乾隆三十二年，现代重建时，长年由已故艺术家李梅树亲自监修，宫庙中的木雕、石雕、石刻、砖雕、铜雕、彩绘等无不精制，栩栩如生，整个宫庙雕梁画栋，金碧辉煌，故被人誉为"东方艺术的殿堂"，其传统祭典与民俗阵头及赛大猪习俗也甚为有名。

观世音菩萨在闽南与台湾都是家中供奉的主要神明，在闽南地区，人们家中的神龛中，主祀的多为观音，其旁往往还供奉着土地公与灶王爷，而在台湾人的家中厅堂中供奉的神像，通常最上一层为观音菩萨，中层或妈祖，或妈祖与关帝，最下一层则是土地公与灶王爷。龙山寺是主祀观音的宫庙，其祖庙在闽南晋江市安海镇，在台湾也有不少龙山寺，其中最著名的是始建于清代乾隆三年（1738）的台北万华（艋舺）的龙山寺和彰化鹿港的龙山寺。

泉州富美宫据称为王爷总部，其主祀萧王爷萧望之，其下有24位王爷的令牌，如泉州有瘟疫之事，泉州人会在通淮关帝庙举办三堂会省仪式，请天后宫的天后妈祖、花桥慈济宫的保生大帝来会省、收瘟，然后请富美宫造木制的王船，派些王爷送瘟出境。这使富美宫的王爷传播到台湾，当然有的是通过从富美宫带着王爷保平安抵达台湾的情况而传播出去的。所以台湾也有不少供奉富美宫萧王爷的宫庙，如云林县麦寮乡麦丰村光大寮的聚宝宫（开台萧府太傅）、云林褒忠乡埔姜村聚保宫、嘉义朴子镇镇安宫、新竹堑港富美宫等。

请王、送王仪式（现也称"闽台烧王船"）是闽南厦门湾与泉州湾沿岸形成的一种特有的闽南人的宗教实践，在两岸多有请王（请客王来坐镇或做客）、送王仪式（用真船放在海里漂走的"游地河"和制作真船或纸糊的船以火焚化的"游天河"，现多为后者），如厦门市同安区西柯镇的吕厝，翔安区新店镇的后村，湖里区的钟宅、塔埔、何厝，海沧区的钟山、新垵，思明区的厦门港等地与漳州龙海的港尾、东泗，角美的鸿渐，漳州市区的疍民等都有请王送王仪式。通常是几年办一次，如吕厝通常在鼠、龙、猴年举办仪式，参与的村社广泛，故其送王时特别闹热。在台湾南部在清代以来亦有这类请王送王仪式，现代也扩展至台湾北部。台湾有句俗谚曰："北有西港，南有东港"，讲的就是台湾两个最著名的请王送王仪式。西港在台南，其庆安宫（主祀妈祖）每三年要举办一次请王送王仪式，其在农历四月举办，涉及的范围包括西港乡、七股乡、佳里镇、安定乡、安南区5个乡镇的98庄，其仪式号称"台南第一香"。东港在屏东县，其东隆宫（主祀温王爷温鸿）也是每3年举办一次请王送王仪式，其在农历九月举行，其涉及的空间范围为周边142个庄，其仪式隆重而热闹。其他如台南的安定乡苏厝长兴宫、真护宫、佳里镇佳里的金唐殿、将军乡的青鲲鯓朝天宫、马沙沟李圣宫、北门乡三寮湾东隆宫、蚵寮保安宫、芦竹沟西天宫、仁德乡田厝水明殿、大甲万龙宫、归仁乡保西代天府、关庙乡关庙山西宫、云林褒忠乡马鸣山镇安宫、台西安西府、嘉义东石先天宫、屏东南洲、小琉球、澎湖北寮保安宫等都有请王送王仪式。

（五）

闽台区域文化体现为闽南人文化的共性还表现在年节习俗上。如两岸的闽南人都有同样的年节，通常多注重过年、春节、天公生、元宵、二月二、三月三、清明节、端午节、七夕、七月半中元节、七月普度、八月十五中秋节、九月初九重阳节、冬节等。在这些节日中，其仪式用品、仪式食品和习惯也都比较一致。

闽南人的聚居地大都流行有"正月歌"或"过年歌"，大体概括了该地正月初一到十五或更晚一些的活动与风俗情况。如厦门地区的正月歌为："初一早，初二巧，初三睏甲（到）饱，初四接神（或神落天），初五过开，初六挹（浇）肥，初七七元，初八完全，初九天公生，初十地公暝，十一请团婿，十二返来拜，十三关公生（或饮泔糜配芥菜），十四搭灯棚（或相公生），十五元宵（或上元暝），十六看大烛，十七倒灯棚，十八无半圆（钱）。"而台湾的正月歌为："初一早，初二巧，初三睏卡饱，初四神落天，初五隔开，初六挹肥，初七七元，初八完全，初九天公生，初十有食食，十一请子婿，十二查某返来食诸糜配芥菜，十三关帝爷生日，十四结灯棚，十五上元暝。"[①]

闽台两地的闽南人都注重正月初九的天公生拜拜。通常闽台各地都在节前准备好，初九凌晨子时（初八晚上十一点）就开始祭拜，所以拜天公常是通宵达旦的仪式。有的地方也有提早祭拜的，如厦门市正月初八子时就开始祭拜。在祭拜时，闽南人通常在天井或庭院中用两条长凳架起一块八仙桌，下垫天公金，俗称天桌或"顶桌"，上摆一个纸糊的"天公座"（玉皇大帝神位）前供三牲（肉、鸡、鱼或其他）、五牲（猪头、肉、鸡、鸭、鱼）、四果、六斋（金针菜、木耳、豆腐、香菇、花生、粉条或面条，其代表金、木、水、火、土、粮）、发粿、甜粿、红龟粿、红圆、茶、酒等，而且拜天公用的鸡必须是有头有尾，鸡头用红线系住，使其昂起，尾部还应留有三五根鸡羽，有的地方如澎湖，连鸡头的毛也不能去掉。有的地方也有比较特殊的祭品，如厦门市同安区祥平街道凤岗社区岗头社通常会蒸两床高1.3米、各重720斤的"大笼甜粿"来祭拜天公。这样的大甜粿从初二就开始"炊"，熟了倒进八卦形的模子中成型，成为该社祭祀天公的主要供品，其制作技艺"岗头大笼甜粿手工制作技艺"在2013年被评为厦门市非物质遗产。台湾的天公桌两侧还各用红线拴一根甘蔗。有的地方除天公桌外，还需安放"下桌"。如这样，顶桌在"天公座"前供奉扎红纸的面线三束、清茶三杯和五果六斋等素的祭品。下桌则安放三官大帝神座，前供五牲、甜料、红龟粿等。如果拜天公时需要还愿，则牲醴需用生的全猪或全羊。祭拜时，点上大红蜡烛焚香叩拜（天公炉中常焚盘香），并烧"天公金"（专用供奉天公的金纸，最好折成元宝的形状化之）、盆金和"长钱"等，祭祀结束后，把红烛移到厅堂的

---

① 李文环、林怡君：《图解台湾民俗》，好读出版社2012年版，第18页。

神案上，炷香插在厅口檐下或灯梁下的天公炉里或天公灯上，拆除天公桌，完成祭祀。有的地方还可能请戏班在门口演戏"敬天公"。

两岸的元宵节也有许多共性，接近元宵节时，如正月十三日、十四日，闽台两地的绝大多数闽南人都会开始为元宵节做最后的准备工作，如扎鳌山，搭灯棚等，做元宵的仪式食品，有的地方在正月十三日就把早已准备好的灯笼挂出来，准备过元宵佳节。如厦门"自十三日起，络绎张灯"，到十五日元宵"是夕大盛"。现在也是如此，正月初一，有的人家就挂起字姓灯来，初八以后，街上就有小贩开始卖各种元宵花灯，有的孩子也开始玩起花灯来。澎湖也是如此，"各家先于十三夜起，门首挂灯，厅中张灯结彩"，准备热闹地过元宵节。云林元月十日就开始放灯。此外也有另外一些闽南人特殊的习俗，如正月十五元宵节"乞龟"，厦门、同安、翔安、澎湖、台湾等地的闽南人常以俗称"红龟"或"寿龟"、"枋片龟"的龟粿等供奉本境庙宇的神灵，并让人们乞求，人们可以向神明祈愿后请回家中。人们先在神明面前焚香祈愿，接着以"卜贝"的形式得到"神允"后，就可找庙方执事登记而带回，回到家中，先置于厅堂的神案上烧香拜拜，再与家人分食，以保佑家人平安、长寿，做生意兴旺发财，甚至是求子。隔年，如果愿望得以如愿实现，一般得加倍奉还。

昔日，闽台闽南人的年轻人还有在元宵夜出游窃得某些物件为吉兆的习惯。如未婚姑娘常去偷人家菜园中葱、菜，来祈望自己能嫁个好丈夫，因此闽南人有俗语曰："偷拔葱，嫁好翁，偷拔菜，嫁好婿。"而已婚妇女去偷拔葱或菜，则有隔年生男孩的吉兆，所以过去元宵夜中有人乐此不疲。台湾的闽南人也一样，如在元宵夜里，澎湖的"未字之女，必偷他人的葱菜"。所以当地的俗谚云："偷得葱，嫁好公；偷得菜，嫁好婿。""未配之男，窃取他家墙头硓'石古'石。谚云：偷硓'石古'，得好妇。又妇人窃得别人家喂猪盆，被人咒骂，则为生男之兆。"[①] 台湾岛上的闽南人也如此，

---

① 乾隆《澎湖纪略》，台湾银行经济研究室1961年版。

他们也有"偷挽葱嫁好尪，偷挽菜嫁好婿"的俗语，这表明在元宵夜台湾的闽南人也有去偷葱、菜等来祈望自己有一个好兆头的习俗。

闽台的闽南人俗称清明节扫墓为"陪墓""献墓""献纸"或"压纸"等，即备办牲醴、果品、酒、金纸箔与银纸箔等纸钱，带着锄头等到祖先坟墓去祭扫。闽南人的特殊之处是需在墓顶压墓纸，表示为修整完的阴宅盖瓦。此外家中也需要祭拜神、祖、地基主、鬼等。

还有七月普度，也是闽台两地闽南人所特有的。在闽南人的观念中，整个农历七月是"鬼仔月"。在这个月中人们不婚嫁、不祝寿、不乔迁，不办各种喜庆之事，唯恐将孤魂野鬼引进门。如果不幸有人在这个月里亡故，也只举行出殡仪式，而不举行"归虞"等引魂仪式，唯恐引（家鬼）入户时，孤魂野鬼也跟着入宅而不走，从而造成今后的麻烦。

闽台的闽南人七月初一多要举行"开鬼门"或"开地狱门"的仪式。这天几乎家家户户要在大门口设席祭祀无主的孤魂野鬼，主人焚香祝告，请诸位"好兄弟"来享用，并祈求他们勿骚扰家人，保佑合家平安等等，然后烧冥钞、经衣等，以供"好兄弟"在阴间使用、穿着。晚上，许多地方还会在门口悬挂"路灯"，给"好兄弟"照路用，到月底"关鬼门"后才收起来。然后，各村社和城市中的各街道轮流普度，祭祀"好兄弟"。在厦门市区和郊区都有众多祭祀仪式。[①] 此外，除了自己的普度日外，在七月十五中元节，各家仍要祀神、孝祖和祭鬼。

台湾的情况也一样，如在宜兰县，"七月初一日，为开地狱，亦曰开鬼门；三十日为闭地狱，亦曰闭鬼门。自初一至月终，寺庙各建醮，二三日不等，以祭无祀孤魂，谓之盂兰会。各街巷亦分别推举首事，醵金延僧作醮，念经超度，普施盂兰法食；家家供牲醴

---

① 《厦门指南》第四篇《普度日期》，1931年，第10—14页。

果品，焚化冥镪"①，轮流普度。又如在云林县，"七月一日至三十日，巷里街衢多延僧登坛诵经，寺庙亦各设坛建醮，二三日不等，以度无祀孤魂，或称'盂兰会'。俗谓七月一日为开地狱，亦为开鬼门关；三十为闭地狱，亦为关鬼门关"②。又如在鹿港流传一首《普度谣》，就描述了鹿港七月普度的盛况，其曰：初一放水灯，初二普王宫，初三米市街，初四文武庙，初五城隍庙，初六土城，初七七娘妈生，初八新宫边，初九兴化妈祖宫口，初十港底，十一菜园，十二龙山寺，十三衙门，十四饿鬼埕，十五旧宫，十六东石，十七郭厝，十八营盘地，十九杉行街，二十后寮仔，二十一后车路，二十二船仔头，二十三街尾，二十四宫后，二十五许厝埔，二十六牛墟头，二十七安平镇，二十八濠仔寮，二十九泉州街，三十通港普。八月初一龟粿店，初二米粉寮。据此我们可以看到，整个七月份鹿港的闽南人分角落与街道轮流普度的情况，十分热闹。

农历七月三十日是俗称"关鬼门"或"关地狱门"的日子，这天傍晚，有竖灯篙或招魂幡的村子都要将其倒下，此俗称"倒灯脚"，表示普度之月结束。各家各户则在自家门口摆上桌子或长板凳，摆上菜碗及酒、饭、米、水等，主人拈香祝告，今日普度之月已经结束，望众"好兄弟"走好、保佑等，然后焚化冥币、经衣等给"好兄弟"使用，至此，普度月宣告结束。在月初挂出去的"路灯"也在此时熄灭与收回。在七月前做过"收兵"仪式的村落，在"倒灯脚"后，也需开庙门，祭祀神灵，然后做"放兵"仪式，再把庙中神灵的五营神兵神将派出去，镇守在村落的边界，以阻挡擅自闯入的孤魂野鬼。

综上所述，我们可以看到，闽台两地的年节习俗，有不少是具有汉人的共性的事项，但也有不少是闽南人才有的事项，如七月轮流普度的现象，这体现了闽南人所具备的慈悲心肠，悲天悯人、施

---

① 《宜兰县志·岁时民俗》，转引自《中国地方志民俗资料汇编·华东卷》（下），书目文献出版社1995年版，第1458页。
② 《云林县志稿·岁时民俗》（1977—1983年铅印本），转引自《中国地方志民俗资料汇编·华东卷》（下），书目文献出版社1995年版，第1744页。

舍的精神似乎比其他汉人民系强些。另外，这种与其他地区的汉人民系不同之处，也许是在闽南人到南方后，在适应环境中，逐步形成的，如端午节的五瑞，中原用的是"艾草、菖蒲、石榴花、龙船花、蒜头"，但闽南人用的是"艾草、菖蒲、榕枝、桃枝、蒜头"，而不用石榴花、龙船花，因为在农历五月，石榴花、龙船花早谢了，所以用榕枝、桃枝等辟邪的物品来替代，这是一种文化替代的适应做法。

（六）

闽台闽南人文化的共性还体现在有比较类似的戏曲、艺阵上。闽台文化中虽有些汉人共有的东西，但在戏曲与艺阵方面也有一些闽南人文化所特有的事项。戏曲方面，闽台两地虽有京剧等汉人共有的剧种，但也有闽南人特有的剧种，如歌仔戏、南音、北管、布袋木偶等，尤其是歌仔戏，它是由闽台的闽南人共同建构出来的戏曲，流行于台湾、厦门、漳州地区，而泉州则流行梨园戏、打城戏，高甲戏则流行于泉州与厦门地区。此外，布袋木偶流行于泉州、漳州、厦门、台湾。南音流行于泉州、厦门、漳州部分地区和台湾与东南亚华人中。北管则流行于泉州、厦门、漳州与台湾各地。

艺阵也称"场地戏"，其多在迎神赛会、庙会中表演，闽台的闽南人不仅有汉人所共有的龙阵、狮阵、高跷、艺阁、跑旱船、海底反等，但也有闽南人特有的一些艺阵，如大神尪仔、蜈蚣阵、宋江阵、大鼓凉伞、车鼓阵等。下面以蜈蚣阵做一些较详细的比较。

蜈蚣阵也称"蜈蚣阁""蜈蚣座""龙阁"等，其流行于闽南漳泉厦地区、金门、澎湖和台湾南部。一条蜈蚣阁由龙头、龙尾和一节节串联起来的装阁龙身三部分构成。蜈蚣阵的龙头与弄龙用的布龙的一模一样，只是它的体积通常都要比布龙的大，起码也得高达1米左右，才能与坐着人的装阁龙身相匹配。龙身一般有12节、16节、24节、48节几种，最长的甚至可以达到108节，如台湾台南佳里镇金唐殿举办"萧垅香"时,他们装的蜈蚣阁就有108节。又如2007年元宵节,平和县也制作了一条有108节的蜈蚣阁,参与政府组织的民俗踩街活动。蜈蚣阁的每一节都是一台长2米宽1米,或为二人抬,或为四人抬的艺阁。其阁棚有的像个开口的盒子,阁棚边上有围栏,阁棚上面装饰有制作精巧的纸扎亭台楼阁等,围栏上也装饰得五彩缤纷;有的则在平板的阁棚上安放带有凉伞的座位,座位上坐着两个身穿戏装的孩子,典雅而又美观。阁棚与阁棚之间都打有活榫可以相接,一节一节阁棚串联起来,连接成长长的一串就成为龙身或蜈蚣身。由于其每节都有四人抬,整条龙像有许多脚似的,宛若百足之虫蜈蚣,故命名为蜈蚣阁。由于阁棚龙身的头尾用红布条或绘有龙鳞的布条与比布龙大一号的龙头和龙尾相连,远看也是一条巨大的蛟龙,所以也称"龙阁"。闽台的闽南人俗信蜈蚣阵具有驱邪逐魔、祛灾招祥的功用,所以闽台许多地方的大型刈香活动,都需要请出蜈蚣阵为刈香的先锋部队。

蜈蚣阁上化装的戏码多以具有吉祥如意或大团圆结局的故事为主,根据某些老人的回忆,所扮演的戏出主要有:描绘薛丁山与樊梨花大战寒江关故事的"寒江关"或"樊江关";描写狄青夺取珍珠旗故事的"珍珠烈火旗";描述刘备入东吴招亲故事的"龙凤呈祥";叙说魏、蜀、吴三分天下故事的"三国志";叙述薛平贵身兼西凉王情节的"两国王";陈述岳家军打西凉故事的"陆文龙回中原";倾诉唐玄奘师徒西天取经故事的"西游记";讲述郭子仪七子八婿大团圆故事的"郭子仪大拜寿";表现宋代杨家将一门忠烈故事的"杨家将";表达狄青和五虎将故事的"万花楼";展演哪吒在海边洗彩带,震撼东海龙宫神话故事的"哪吒闹海";展示武王伐纣,姜子牙封神故事的"封神演义"或"封神榜";展现梁山水泊英雄好汉替天行道故事的"水浒传",反映隋唐之际英雄好汉反隋故事的"说唐",等等。

蜈蚣阁上的化装展演的人一律由小孩担当,过去,有意坐在蜈蚣阁上担纲展演的孩童,事前应由家长陪同前往自己的村庙,以"卜贝"的形式上香请示境主公,只有待境主公应允后,才能参与，而且还有些烦琐的规矩，如在彩妆出演之前，孩童也需要沐浴斋戒；展演的当天，出演蜈蚣阁戏出的全部孩童还要集中到庙里统一跨越"净炉"，以示身心的洁净。如今，随时代的变化，这些限制条件有所放宽，任何5—8岁之间的男女孩童，只要事先向主办单位如庙方报名，都可以获得化装参加巡行的资格，不过，他们的家长虽不一定去扛蜈蚣阁，但却需要在蜈蚣阁边上协助照料，以免出差错。而在台湾的闽南人当中，仍保持传统，如"萧垅香"的108节的蜈蚣阵，扮演的是108位天罡地煞神，需要"好生肖"的孩童扮演。虽然每位参加者要乐捐1万元新台币，但由于当地的闽南人认为装扮神灵的孩童可以得到神佑、消灾得福，并能给家人带来平安、健康、大发财，所以报名者极为踊跃，以致还得以"卜贝"神选的方式来选择。

蜈蚣阁的组织者应该说都是民间的庙宇，有的庙宇置备了装配蜈蚣阁所需的设备，如戏装、阁棚、龙头、龙尾、蜈蚣头、蜈蚣尾等，到需要用时，再请人装饰，并为孩童化妆。由于财力的关系，在过去，蜈蚣阁都比较短，多数只有十来节，而且每节阁棚也较短，上面只能坐一个彩妆的小孩，故昔日每一节蜈蚣阁只需两人扛。而现在，由于经济发展，庙宇公家的财力大增，蜈蚣阁也越做越大和越来越长，每个阁棚上现都可以坐两个彩妆的小孩，所以每节阁棚需四个人扛。近些年来，有的还进行了现代改造，将阁棚架在四轮车上，推着运行，演变成了半机械式的蜈蚣阁。这种半机械式的蜈蚣阁在平坦的马路上巡行具有省力的好处，其龙头也与传统的蜈蚣阁一样可以稍为舞弄舞弄，但也有缺点，即它难以巡行在乡间小道上，故许多乡村中，仍保持具有古风的蜈蚣阁。

蜈蚣阁是在什么时候形成的？又是由谁创造发明的？现已很难考证了，不过在闽南泉州、晋江一带流传着一种说法，也许能引起我们的一些思考。据说明朝末年，晋江东石乡的乡亲移居台湾时，仿塑了一尊家乡人们顶礼膜拜的"九龙三公"带往台湾。在东石港出发时，家乡的父老乡亲举行了隆重的欢送仪式，为表达心意，乡亲们还将船装扮成泉州地区流行的"彩阁"，使得每艘船跟画舫一样漂亮,船上也像"彩阁"一样,有打扮成各种戏出人物,他们载歌载舞的,为"九龙三公"神像和移居台湾的乡亲送行。因为海上风大浪急,几十只帆船就头尾相接,连成一长串,前一艘船头装上龙头,最后一只船尾装上龙尾,这样船队既稳定又雅观,远观恰似一条巨龙浮游于海面。因此,这偶发的事件给闽台两地的东石人以启发,经过再创造、再发明,终于创作出现在这种形式的蜈蚣阁,并由于受到人们的欢迎而纷纷效仿,从而在闽南地区与台湾南部流传开来。[①]

综上,我们可以看到闽台两地的文化的共性,主要呈现出闽南人文化的共性,除上述一些外,其实还有许多,如台湾的道士虽有乌头、红头的区别,道法也有正一派和间山派的区别,但他们都由闽地的闽南人传播而来,如台南大人宫翁家"应会坛"来源于福建泉州正一派的灵宝派,翁姓的祖籍为泉州府南安县。故他们的道法与闽南地区乌头道士、红头师公的道法基本一致。此外,在祭拜仪式、人生礼仪中的生养习俗、成丁礼、婚礼、丧礼等的仪式过程以及背后的文化逻辑也都基本一致,但由于篇幅的关系,在此就不再赘言了。总之,闽台区域文化的共性,体现的是闽南人文化的共性。

---

① 参见《闽台民俗风情》,鹭江出版社1989年版,第238—239页。

从绥抚到威压：日本殖民台湾时期的理蕃政策

周典恩
（福建师范大学闽台研究中心）

日本借甲午战争侵夺台湾后，将台湾作为资源供应地，积极进行勘探和开发。在以殖产为宗旨的政策指引下，日本殖民当局在镇压台湾汉人的武装反抗后，立即将目光转向农林矿产资源甚为丰富的山地，对聚居在山地中的少数民族推行以掠夺自然资源为目标的理蕃政策。

日本据台初期，对于少数民族的处置方式有两种不同的论调：消灭与教化。若全族灭绝违反人道，也难以实行，故而教化论者逐渐占据上风。但对于如何教化也有五种不同策略：威压下的教化、绥抚下的教化、威压为主绥抚为辅下的教化、绥抚为主威压为辅下的教化、绥抚与威压并行下的教化。[1] 日本派驻台湾的首任"总督"桦山资纪主张在恩威并施中对少数民族进行抚育。他于琉球中城湾召集文武官员宣告治台方针时，对少数民族的统治策略作如是声明："台湾归于日本统治后，不仅平地之人民尚未归附，且在东部地区有蒙昧顽愚之原住民割据。所以抵达台湾后应怀爱育抚字之心对待，使其感受皇上覆载之仁而有悦归之心，但亦要恩威并行，以免有所

---

[1] 林素珍、林春治、陈耀芳：《原住民重大历史事件·七脚川事件》，台湾文献馆2005年版，第42页。

狎辱行为。"① 桦山资纪的恩威并施策略自此成为日本殖民台湾期间治理少数民族的基本原则。不过，日本殖民当局在恩威并施方针的指导下，因个人理念、阅历和兴趣的不同，以及台湾社会政治情势的变迁，在理蕃事务上会因时制宜，实施不同的措施。大致而言，我们可依据时间的先后顺序和治蕃侧重点的差异将日据时期的理蕃政策划分为四个阶段：抚垦署下的绥抚、隘勇线中的围堵、威压下的征剿和文教下的同化。

一 抚垦署下的绥抚

日本侵占台湾后，对台湾的汉人武装抵抗力量展开血腥镇压，大肆杀戮，数以万计的民众死于非命，但对于居住在山地中的台湾少数民族，则采取较为温和的安抚政策。1895年8月26日，桦山资纪对正在镇压汉人武装抵抗力量的日军官兵颁布抚绥少数民族的训令："匪徒因日军讨伐日趋窘蹙，平定指日可待，但随战区扩大及为确保守备，斥候兵或哨兵难免与原住民发生冲突。原住民虽然蒙昧愚鲁，但仍守古风，一旦对日本人心怀恶感，则难以抚绥，二百年来仇视汉人即其例证。现在日本要开发台湾，如原住民视日本人犹如汉人时，必定遭遇甚大障碍。因此本官认为必须善加抚绥原住民，冀望各位官员体察本官之意，并训诫部属遵行，使其早日归附。"② 桦山资纪强调对少数民族实行绥抚，难道是出于仁爱之心？显然并非如此。日本侵占台湾之初，汉人武装反抗运动风起云涌，此起彼伏，日军疲于应对，早已招架不住，根本分不出兵力来对付山地的少数民族。故而，绥抚少数民族乃是在平定汉人武装抗日运动之前，避免日军与少数民族发生冲突而采取的权宜之计。再者，绥抚少数民族不仅可以达到暂时怀柔他们之目的，而且可以有效防范汉蕃联合抗日，甚至可以利用少数民族的力量镇压汉人武装。此

---

① 台湾总督府警察本署编：《日据时期原住民行政志稿》第1卷，陈金田译，台湾省文献委员会编印，1997年，第2页。

② 同上。

外，最为关键的是，日本侵夺台湾之根本目的在于殖产。台湾不但盛产糖、米、茶叶，而且山地中蕴藏着丰富的农林矿产，这对于国土狭小、资源匮乏的日本来说不啻是难得的资源宝库。可是，自然资源丰富的山地恰恰是少数民族的栖身之地。所以，桦山资纪告诫其部属"欲拓殖本岛，必先驯服生番"。

对于如何治理少数民族和拓殖山地，水野遵在《台湾行政一斑》中作如是构想："教化蕃民为我政府之责任，开发蕃地则为我培养富源之要务。蕃民不通事理，迂于世事自不待言，虽然有时从事农耕，但经常跋涉山野，以狩猎为业而习于杀戮。先前支那人或其他人进入蕃地采伐樟木，开垦林野时经常与蕃民出现纠纷。前政府在数年前设抚垦局，并设分局于接近蕃地之要地以职掌蕃民之抚育、开垦及物品交换等事务。虽然不无因官员贪婪而产生弊端之事，但当局者颇得其人而有好结果，尔后与蕃民交涉时要圆融进行。樟脑之制造、山林之经营、林野之开垦、农产之增值、内地人之移住、矿山之开发，莫不在于蕃地，台湾将来之事业实在于蕃地。蕃地之兴业首先须使蕃民服从我政府，使彼等之得到生活之道而脱离野蛮之境遇。欲使蕃民服从，在使用武力的同时也必须实行抚育。蕃民经常杀害袭击支那人实因支那官民诡诈，欺骗他们。又蕃民虽然猜疑与复仇心颇重，因而容易产生纠纷，不可不常备兵力，但彼等有守信之天性，从其对西洋人友好即可得知。因此，如抚育得法，使其服从政府绝非难事。设立如前政府抚垦局之类机构，召集酋长及其他蕃民，于飨以酒食，赠以布匹、器物之际，不倦于予以谆谆教诲，必可使其怀有好感。则可期待见到樟树之采伐、樟脑之制造、山林之经营、土地之开垦、道路之开辟等顺道进行。同时，设法给予一定土地，使其就于耕种之业，则必可使其渐次感化，成为良民。"[①]

依照水野遵的构想，日本殖民当局立即着手少数民族绥抚事

---

① 吴建庆：《日据初期（1895—1903）宜兰地区的对蕃政策》，硕士学位论文，台湾大学，2008年，第40页。

从绥抚到威压：日本殖民台湾时期的理蕃政策

宜。1895年9月初，民政局殖产部长奉命携同台北县知事、随员、译员等自台北出发至大嵙崁约见泰雅族角板山社、奇那之社的22名社民，会见后向他们赠送酒食、香烟和布匹，随后又劝说其中的5名至台北谒见日本殖民当局相关人物，再赠送牛一头，并给予文书一份，告知他们台湾现已归日本统治，"今为表示信义，特赠牛一头作为纪念"。桦山资纪在接见他们时也叮嘱其必须诚心服从政府，并给予酒食及物品后送其回乡。①

1896年4月，日本政府以敕令第九十三号公布《台湾总督府抚垦署官制》，把少数民族居住的蕃地划为特殊行政区，将其与汉人所居住的普通行政区分开，并决定由抚垦署治理蕃人、蕃地。② 此为日本殖民当局承袭清政府的"开山抚番"政策，仿效抚垦局的机制设立抚垦署，意欲以此机构为中心来治理少数民族，开发山地。1896年6月至8月，日本殖民当局陆续在台湾各地设立11处抚垦署，各个抚垦署的名称及其管辖区域如是：叭哩沙抚垦署，管辖宜兰支厅；大嵙崁抚垦署，管辖台北县以及基隆和淡水两支厅；五指山抚垦署，管辖西南至红毛河、藤坪河，东北至新竹支厅辖区；南庄抚垦署，管辖西南至新竹支厅辖区，东北至红毛河和藤坪河；林圯埔抚垦署，管辖云林及嘉义两支厅；大湖抚垦署，管辖苗栗支厅；东势抚垦署，管辖台中县及鹿港支厅；恒春抚垦署，管辖恒春支厅；埔里社抚垦署，管辖埔里社支厅；番薯寮抚垦署，管辖台南县及凤山支厅；台东抚垦署，管辖台东支厅。③ 抚垦署设有庶务股和会计股，配有主事、技手、主事补和通译生等职员。其中，主事担任抚垦署长，受日本殖民当局指挥，监督管理抚垦署一切事务；技手受署长指挥，经理署务；主事补负责处理庶务；通译生担任翻译。

---

① 台湾总督府警察本署编：《日据时期原住民行政志稿》第1卷，陈金田译，台湾省文献委员会编印，1997年，第4页。
② ［日］藤井志津枝：《日据时期台湾总督府的理蕃政策》，台湾师范大学，1989年，第16页。
③ 台湾总督府警察本署编：《日据时期原住民行政志稿》第1卷，陈金田译，台湾省文献委员会编印，1997年，第11—12页。

抚垦署的功能在于绥抚和驯服少数民族，以保障和促进山地开发。为了达此目的，日本殖民当局制定了一些规章制度，以督促和规范抚垦署长的职责。例如，《抚垦署长须知要项》中规定各署长须执行的事务：与地方厅交涉、抚育原住民、交易物品、日本人及汉人出入山地、外国人事务、原住民的火枪、殖民地选定、原住民部落名称、户口、风俗之调查、通事、樟脑制造、伐木造林、取缔山火。[①]《抚垦署长处理事务注意事项》则对抚垦署长如何绥抚少数民族作出明确指导，其内容主要有：1. 选拔署员学习原住民语言，以代替汉人通事。2. 召集各社之头目、正副社长及有力者教以人道，并令其转告族人遵行，以教导和启发原住民脱离野蛮习性。3. 赐予原住民酒食和物品时，应尽量采取先令其劳动后才给报酬，或以物品表彰其善行之方法，以培养其努力或行善始能取得报酬之观念。4. 调查各社之地理、气候、户口、风俗、习惯及物产，力求与原住民接触，取得其信赖。5. 奖励原住民从事开垦耕作、伐木制材、制造樟脑、利用山林副产品、改良织布及木竹雕刻技术等，使其知悉获得金钱及使用方法，以资改善生活，认识厚生之道。6. 指导原住民开辟道路，便利交通，同时使其至平地增加见闻。7. 研习研究教育方法，教育原住民。8. 交换物品时，应派遣署员至现场监督，严防通事或日本商人玩弄和欺诈原住民。9. 发放锹、镰、斧、锯及柴刀等给原住民，教授使用方法。10. 革除原住民猎首之恶风。11. 训诫原住民不得滥杀汉人及严禁汉人欺侮原住民，以期顺利推行抚育原住民及保护汉人事务。[②]

由上述规程可知，虽然日本殖民当局在据台之初疲于镇压汉人的武装反抗，无暇顾及山地中的少数民族，理蕃政策尚不明确，但仍要求抚垦署长在以酒食和物品绥抚与笼络少数民族的同时，须注意调查少数民族的风俗习惯，选拔日本人学习少数民族语言，教导

---

① 台湾总督府警察本署编：《日据时期原住民行政志稿》第1卷，陈金田译，台湾省文献委员会编印，1997年，第12—17页。
② 同上书，第20—21页。

少数民族脱离野蛮习性，日本意欲征服和改造少数民族的企图心于此可见一斑。

二　隘勇线中的围堵

日本侵占台湾之初，口口声声指责汉人和清政府因诡诈和欺骗少数民族而时常遭到其出草，声称日本人绝不会像汉人那样遭到少数民族的仇视。然而，具有讽刺意味的是，日本人据台后亦频繁遭到少数民族的虐杀。例如，1896年11月，日军花莲港守备队新城监视哨的将校以下十三名军人被台东抚垦署辖内的太鲁阁人全部杀死。[①] 1897年1月，日本探险队一行十五人在奇来溪遭到雾社地区赛德克族悉数杀害。1897年12月，番薯寮抚垦署长率领署员、护卫兵经芒仔社去六龟里途中，遭到墩仔社人开枪射击。番薯寮抚垦署长在向上汇报中对此次袭击事件有甚为详细的描述："本月六日，我们自芒仔社出发至墩仔社时，恰巧有几名墩仔社人在芒仔社，要他们搬运行李时，他们要求报酬。抵达墩仔社依约发给工资之际，头目义劳前来要求赠品，言明以后赠送，但似乎甚不悦。后来令他调查当地情形，则强要我们的行李，甚至食器炊具，苦心劝阻后始肯罢手。七日再令他和副头目目比那来管教族人时又要求赠品，不得已赠送若干，但嫌太少。八日自墩仔出发至新成庄时，头目等五十三名不请而随一行同往，其中二十五名在途中离开我们回家。抵达新成庄后飨宴他们时，头目又要求赠品。头目始终贪得无厌，未能达成欲望抱不满。他们似乎认为文明要求不能达成目的，必须采取野蛮手段，于是表面上称要回家，实际上却偷偷跟在我们后面至二埤仔庄。他们在该庄附近看到来自加蚋埔庄之四名汉人所戴竹笠甚美，要以少许烟草交换，但遭到对方拒绝，遂将其杀害，而且乘势对我们开枪射击。本官立即命令让护卫兵应战，击伤一人后，他

[①] 台湾总督府警察本署编：《日据时期原住民行政志稿》第1卷，陈金田译，台湾省文献委员会编印，1997年，第31页。

们终于逃逸。"①

其实日本据台后不久,像番薯寮抚垦署长那样对少数民族满怀憎恶,认为他们贪得无厌、不可理喻,对绥抚政策的效果产生怀疑和批评者大有人在。例如,新竹县苗栗办务署长鸟居和邦就在呈给上级的《治蕃私拟》中指出:"抚育方法似无效果,抚垦署对原住民给予酒、肉、色丝、玻璃珠、色布等奖励就业生产,并劝诫不可杀人,但未闻有人听从,反而杀害汉人,甚至日本人之案件逐渐增加。据闻宪兵惩戒凶暴原住民时亦有持剑对抗者,宪兵说不听命令时要派兵队问罪,他们却说未战以前难定输赢,若战败则甘愿服从命令,可谓傲慢无礼至极。在此情况下,难免令人怀疑当局者之爱抚是否反而助长他们之凶暴。"② 与此同时,随着汉人反抗活动的逐渐平息,山地拓殖问题开始被提上日程,绥抚政策的改变势在必行。1900年2月,儿玉源太郎在向地方殖产主事者训示时公然表示:"栖息于山地之原住民顽愚难驭,可比野生禽兽,给予酒食加以慰抚时,长期间虽可获得某种程度之成果,但时下须要急速经营新领土之际,绝不可采取如此缓慢之手段,应锐意尽速排除一切障碍,推进山地拓殖业务为要。"③

1902年,日本殖民当局的持地六三郎在奉命考察北部一带蕃情后,借鉴美国西进运动中对付印第安人的做法,就如何治理台湾少数民族提出了一套以弱肉强食为基本原则的殖民统治理论。他在提交给日本殖民当局的《关于蕃政问题的意见书》中宣称,台湾的少数民族问题不能"作为人道问题解决,因为人道问题为宗教家及慈善家之本务,亦不能作为国权问题解决,因为不必对等于禽兽之原住民普及皇化及宣扬国威,而应该基于谋求国家发展及国利增进之国家目标,作为国家问题及殖民地经营问题解决。山地问题为土地问题,其难以解决之原因亦在此,但就法律上解决山地及原住民

---

① 台湾总督府警察本署编:《日据时期原住民行政志稿》第1卷,陈金田译,台湾省文献委员会编印,1997年,第65页。
② 同上书,第188页。
③ 同上书,第127页。

问题并非难事，因为国法上自无山地及原住民。就社会上解决此等问题亦非难事，因为劣等人种与优等人种接触时，劣等人种会被优等人种消灭或同化已为历史所证明"①。持地六三郎认为，"个人之土地所有等私权依国家之创立或认定始能发生，生番自帝国取得割让土地以来未曾服从帝国主权，反而采取叛逆态度。国家未对他们创设或认定土地所有等权利。他们占有土地只是事实，且视所占有之土地为其部落之共有物系出于观念，所以自无所有权"②。既然山地属于国有，日本殖民当局开发山地时当然可以不理会少数民族的感情和诉求。

台湾少数民族世代居住的山地之中矿产、林木资源丰富，尤以樟脑为盛，驰名世界。日本殖民当局在以追求经济利益为要务的方针指引下，把樟脑制造业作为台湾山地拓殖的施政重点。日本殖民当局通过颁布《官有林野及樟脑制造业取缔规则》《台湾总督府樟脑局官制》《台湾樟脑及樟脑油专卖规则》《台湾樟脑及樟脑油制造规则》等禁令和法规，以实行樟脑专卖的手段将德、英等西方国家在台湾的樟脑经营者逐渐排挤出去。与此同时，大力鼓励和扶植日本企业进入樟脑业，以实现对台湾樟脑业的掌控，变其为一项可观的财政来源。可是，制造樟脑的脑丁经常遭到少数民族的袭击和杀害，这严重阻碍了樟脑制造业的拓展。如何加强警备，取缔蕃害，保护樟脑业成为日本殖民当局亟待解决的一个棘手问题。在此情势之下，业已颓废的清代隘寮制度被重新拾起。

清朝时期，生活在近山地带的汉人与平埔族人为了防范山中的"生番"溢出滋事，在其经常出入的山口处设置隘寮③，雇佣隘丁驻守防番。清代台湾的隘寮有"民隘"和"官隘"两种。初期隘

---

① 台湾总督府警察本署编：《日据时期原住民行政志稿》第1卷，陈金田译，台湾省文献委员会编印，1997年，第149页。
② 同上书，第153页。
③ 据王世庆考证，隘起源于宋代为防御西南边界的苗瑶民族而设置要砦之名称，而台湾防番之构筑工事，亦名曰隘，则始自清初。参见王世庆《台湾隘制考》，《台湾文献》第7卷第3、4期。

寮多为民间自行私设，即民隘居多。乾隆五十五年（1790）清廷施行屯田制时，在台湾地方官员的奏请下，民隘多改为官办。"隘丁请循旧安设以重边防，台湾近山之地照旧设立隘丁，但从前或分地受耕，或支给口粮，均系民番自行捐办。今该处地亩归屯，应以官收租银内抽给，仍责成各隘首，督率隘丁，实力巡查，与营汛相为表里，蕃民益得安心耕凿。"[1]日本据台后，官隘多遭废弃，唯留存少数民隘。日本殖民当局决意开拓山地之初，为了防范少数民族出草杀人，曾以供给补助金和枪支弹药的形式支持民隘防蕃，扩大官督商办的隘勇线。在1902年赛夏族的南庄事件后，日本殖民当局意识到仅靠民隘难以保障樟脑业的顺利发展，于是决定将既存的隘寮全部改为官办的隘勇制。

1903年3月，日本殖民当局颁布《理蕃大纲》，其主要内容为：1. 原先由殖产局、专卖局、警察本署分别掌管的蕃人蕃地事务改为全部由警察本署主管；2. 对"北蕃"主以施威，"南蕃"主以施抚；3. 以隘勇线对"北蕃"进行包围施压。基于《理蕃大纲》的精神，日本殖民当局从两个方面入手具体实施对少数民族的管控。其一，实行警察政治。日本殖民当局在警察本署内新设立"蕃务掛"，由警察本署长专管。地方厅的蕃人蕃地事务亦由地方厅警务课接管。"蕃务掛"对下层的蕃地警备单位透过地方警务课进行指挥，在统一的警政体系内加强对少数民族的控制。其二，强化隘勇线。日本殖民当局制定《隘勇线设置规程》《山地警备员勤务规程》《隘勇傭使规程》等法令，以规范和加强隘勇线的构建。依据这些规程，隘勇线的设置、延长、名称变更、经费预算和人数配置必须具状向日本殖民当局汇报并获许可。隘勇线的结构由隘勇监督所、隘勇监督分遣所和隘寮三部分组成。隘勇监督所、隘勇监督分遣所各自划分监视区域，负责警备，并填具勤怠表、日志，记录警备状况。承担警备工作的隘勇，须是年满17岁以上45岁以下、身体强壮、精神及听力均健全、声音响亮、无犯罪记录、不吸食鸦

---

[1] 转引自李绍盛《台湾的隘防制度》，《台湾文献》第24卷第3期。

片、无酒瘾和暴行恶癖的汉人或熟蕃男子。隘勇负担的具体任务有：防御原住民；昼夜巡视管区，使原住民无法进入隘勇线内；隘寮之间的交通联络；保护山地营业者；警告或保护隘勇线及附近的通行者；清除隘勇线两侧的草木及障碍物；隘寮的清洁与修理；改良道路，以利交通；监视和维修电话线。此外，若出现原住民出没于隘勇线附近，原住民集合或骚动，行动可疑之人徘徊于隘勇线附近等情况时，隘勇应立即报告监督所或分遣所，同时对附近隘寮发出信号。①

日本殖民当局除了在制度和人事上加强隘勇线的建设外，还在硬件设施方面提升隘勇线的防御和攻击功能。1903年在蕃地各扼要地方设置了山炮和臼炮。1904年，在宜兰、深坑、桃园、苗栗各厅的蕃地各扼要地方，埋设了地雷，并在蕃害最为严重的宜兰、深坑两厅，设置了高压电流铁丝网。鉴于地雷和高压电流铁丝网对少数民族有超乎寻常的震慑力，日本殖民当局决定扩大其使用范围，委托日军驻扎台北的兵工厂去做研究，以便在适合装设的蕃地内多埋设威力更强大的地雷。至于高压电流铁丝网的采购和设计，则委托日本政府的递信省来办理。1905年，埋设地雷的地区扩大到新竹、台中两厅，1906年再扩大到南投、斗六、番薯寮、台东厅。电流铁丝网到1905年也在各地广泛应用。②

隘勇线是为保护樟脑业而构筑的防御设施，所以主要分布在台湾北部和中部盛产樟脑的山区。隘勇线的延长或新建通常基于两种情形：其一，保障新拓展的樟脑产区的安全。樟脑制造业难免因樟树资源枯竭而不断往内山推进，隘勇线也势必要紧随其后往前扩展。例如，1903年10月，为压制占据大湖桶山一带泰雅族的南澳和溪头部落，新设宜兰厅叭哩沙支厅辖内天送埤沿清水溪越大元前

---

① 台湾总督府警察本署编：《日据时期原住民行政志稿》第1卷，陈金田译，台湾省文献委员会编印，1997年，第287—292页。
② [日]藤井志津枝：《台湾原住民史：政策篇》，台湾省文献委员会，2001年，第62页。

山鞍部至小南澳，长约4里的隘勇线。① 到了1904年9月，因大量生产樟脑致使原料缺乏，又新设大元前山鞍部经凤纱山包围旧寮山至十三份山，长约14里，包围地区约7平方里的隘勇线。② 其二，围堵反叛的少数民族。对于向来不服从日本人的所谓凶恶少数民族，日本殖民当局采用隘寮线的推进和联结方式，对其进行压制和围堵。例如，南庄事件后日本殖民当局在新竹厅南庄新设隘勇线与苗栗、台中隘勇线相联结，并增派警察，构成跨越三厅联结一体的隘勇线。③

隘勇线在延长或新设时经常遭到少数民族的反抗和袭击，隘勇多有死伤。例如，1903年4月，新设深坑厅景尾支厅辖内狮头山经鹿阿坪至平广坑的隘勇线时，8名隘勇被大豹社人杀死，另有巡查及隘勇各2名被杀伤。④ 1903年10月，新设南投厅埔里社支厅辖内阿冷山及台中厅东势角支厅辖内白毛山附近的隘勇线时遭阿冷社南势群的攻击，巡查及隘勇5名被杀死，隘勇2名负伤。⑤ 诸如此类的案例不胜枚举。

为了减少修建隘勇线时与少数民族发生冲突，1906年佐久间左马太在其实施的理蕃计划之前期采取"甘诺政策"，即在维持以隘勇线围堵少数民族的基本政策不变的情况下，灵活地运用怀柔和欺骗方法，诱使少数民族同意在其境内设置隘勇线，等到隘勇线完成后，再以武力迫使少数民族从隘勇线的线外全部迁移到线内去，从而实现对其的围堵和管控。在执行甘诺政策时，为了达到麻痹和利诱少数民族的效果，日本殖民当局采取多种多样方法，如雇佣佛教和尚入山，借宗教熏陶改变其俗；组织少数民族村社头目赴日本

---

① 台湾总督府警察本署编：《日据时期原住民行政志稿》第1卷，陈金田译，台湾省文献委员会编印，1997年，第247页。

② 同上书，第297页。

③ [日]藤井志津枝：《台湾原住民史：政策篇》，台湾省文献委员会，2001年，第63页。

④ 台湾总督府警察本署编：《日据时期原住民行政志稿》第1卷，陈金田译，台湾省文献委员会编印，1997年，第237页。

⑤ 同上书，第247页。

进行"内地观光",让他们目睹日本强大的军事实力,而心生恐惧,不敢轻举妄动;由官方选拔若干到蕃地服勤的未婚日警,劝其为日本理蕃国策献身,与蕃社中的头目或有地位者的女儿结婚。这样一方面可以让他们在生活环境当中逐渐熟悉蕃语和蕃俗,成为通晓蕃情的人才;另一方面,使他们与番社头目拉上裙带关系,从而更易侦察蕃社内情,及时发挥牵制和防范功能。①

甘诺政策使少数民族在没有抵抗的状态下不知不觉地陷入隘勇线所构筑的包围圈中,活动区域被压缩,经济被控制,待到他们发觉自己上当时,早已无法摆脱困局,只得听命于日本人的摆布。日本殖民当局的卑鄙欺骗行径激起了少数民族的强烈不满,泰雅族的大嵙崁社、大豹社、马武督社、马里可万社,赛夏族的大隘社、十八儿社,阿美族的七脚川社相继发生袭击隘寮或驻所事件。面对少数民族此起彼伏的抗日活动,日本人意识到甘诺政策根本无法发挥预想的效力,于是撕下伪善的面装,改变策略,开始采取军事镇压手段。

三 威压下的征剿

佐久间左马太鉴于甘诺政策难以制服台湾少数民族,于是在其理蕃事业后期,改弦易调,放弃甘诺政策,决定以武力手段制服少数民族。可是,台湾少数民族因打猎之故,手中拥有大量枪支弹药。不仅如此,他们还依据传统和血缘关系,蕃社间往往形成攻守同盟关系,一旦与外敌发生冲突,彼此互相支援,即使同盟以外者,如为同一种族亦多出援助,以斩获首级、抢夺枪支为家门之荣耀,日本人对此甚为忌惮。为了掌握少数民族的民族秉性和武装状况,以减轻征剿之困难,日本殖民当局在军事行动之前通过蕃地警察详细侦探每个蕃社的人口构成、社会组织、风俗习惯,特别是枪

---

① [日]藤井志津枝:《台湾原住民史:政策篇》,台湾省文献委员会,2001年,第88页。

支弹药的种类和数量。根据蕃地警察搜集的情报，日方估计台湾东部和南部的少数民族，每百人拥有的枪支不超过20支，而台湾北部的少数民族则每百人拥有的枪支多达40支。按照拥有枪支的多寡及其对日本人的态度，日方将台湾东部及南部平原地带的少数民族定性为性情温顺的少数民族，将盘踞在北部及中部山区的少数民族定性为性情凶暴的少数民族。日本殖民当局以此为依据，施行的征剿策略是：以收缴少数民族的枪支弹药，解除其武装为征剿之最大目标。其中，对于性情较为温顺的少数民族，尽量以欺骗或威胁等和平方式收缴枪支弹药；对于性情凶暴的少数民族则直接以军警联合围剿，武力收缴枪支弹药。

那么在征剿过程中日本殖民当局是如何欺骗和威胁台湾少数民族以收缴枪支弹药的呢？在此不妨以花莲港厅收缴辖内阿美族的枪支为例，以资说明。花莲港厅辖内阿美族的荳兰、薄薄、里漏、屘屘、饱干五社人多势众，枪支弹药亦多，而且各社相邻，互通气脉犹如一大部落，势力强大。阿美族人视枪支弹药为其生活中不可或缺之物，甚为珍惜。花莲港厅担忧强行收缴他们的枪支会引发其激烈反抗，因而煞费心机，决定采取诡计收缴。首先，花莲港厅以检查火枪烙印之名义，通知五社附近势力较弱的鲤鱼尾社和月眉社人交出火枪。两社人携带自己火枪至管辖派出所后，警察官告知他们明日检查烙印，并使其是夜宿于荳兰及薄薄等社的知己之家，翌日检查烙印后，火枪发还。荳兰等五社人目睹鲤鱼尾和月眉两社人带回火枪后甚为安心，放松了警惕。于是花莲港厅通知五社人携带火枪至荳兰派出所交出，以备检查烙印，同时派警察官和巡查至各户劝导交出火枪。荳兰等五社人以为自己会像鲤鱼尾及月眉两社人一样，交出火枪检查烙印后便可带回，于是陆续交出火枪六百余支。当警察官命令五社的头目和长老会同搬运火枪，欲将其送往花莲港厅时，五社二百多名壮丁簇拥阻止，要求当场检查烙印后发还枪支。警察官欺骗他们说，因火枪数量太多，无法在当日检查完毕，次日将会同头目等检查烙印后归还，并招待他们喝酒。五社人得到承诺和款待后陆续返家。

翌日，花莲港厅厅长石桥亨召集头目及长老，告知他们火枪将被收缴，因为"本来我国之制度规定除军人及警察官以外，任何人亦不准携带火枪，本官亦不能携带火枪为汝等所知。往时土匪等挑梁时，汝等亦要携带火枪保护自己。现今自北方海岸至北埔、七脚川、鲤鱼尾已有隘勇线及铁丝网，平地亦有军人及警察官驻于各处，取缔恶人，保护良民，因而社会已安静，不必携带火枪。汝等从事各种工作时，一日可得二十五钱工资，但携带火枪狩猎时，因野兽减少而大多空手而归，而且平地正在计划开垦，不出数年会变成田园，已无栖息地之野兽会绝迹，因此将火枪交给官府，领得资金购买农具、牲畜较为适宜"。五社头目和长老对于日本人采用欺骗手段收缴枪支的做法显然难以接受，据理力争。荳兰社头目说："我们不可无火枪，因为每年的小米祭要以火枪为仪式品，若无火枪，小米会歉收，而且违反神意，社人一定不肯交出，请速还。"石桥亨反驳道："小米祭要用火枪系迷信，不用火枪亦会丰收，若一定要用，可用木制仿造品充用。"荳兰社头目说："火枪之仿制品不能用以祭典，因为我们祖先在狩猎中发现小米带回种植，因此一定要用火枪。使用仿造品会受神灵惩罚使小米歉收，我们会饥饿。"石桥亨威胁道："认为使用仿造品会受神灵惩罚系错误，汝等往昔举行猎首祭时使用人头，现在改用枯骷髅或猪头亦不会受神灵惩罚，为何仅火枪不能使用仿造品。身为头目者应该理解，提出如此意见难免令人感觉意外。"薄薄社头目说："我们确实需要火枪，尤其驱赶糟蹋农作物之山猪。若谓用以防御太鲁阁群出草亦有一理。况且，壮丁以拥有火枪为无上之光荣，因而枪支确有必要。"石桥亨辩解道："山猪糟蹋农作物，可利用其他方法驱除。各蕃社可组织壮丁团，团员在敌人来袭时应负责防御，此时会贷与精良火枪，平常要放在派出所。统御众多社人之头目不可主张火枪为必需品，懵于理义之社人会相信而难免作出不稳之言语与行动。头目应体奉政府命令，负责加以训诫。"五社头目在石桥亨的威胁和命令下，只得返回蕃社，召集社众至集会所，告知他们：日本人要收缴枪支，若不顺从他们的命令交出火枪，恐重蹈七脚川人覆辙，被讨伐杀戮，陷于惨淡命运。五社人虽极不情愿枪支被无故收缴，无奈枪支早已被日本人骗去，只得悲愤地接受事实。①

日本殖民当局对于那些被归类为凶暴狰猛的少数民族，则以军警挟枪炮之威，武力迫使他们交出枪支弹药。例如，日方认为埔里社支厅辖内雾社方面的泰雅族，叛服无常，动辄忤逆官命，时时夸耀勇武，恣行凶虐之事，因此决定对其进行武力征剿。1910年12月3日，日方调集军警共计一千余人组成讨伐队，对泰雅族的雾社、万大、土鲁阁、道达等社群进行征剿。讨伐队分为六个分队，另设炮队、输送队，本部设于眉溪隘勇监督所，分队配置于三角峰、立鹰、眉溪、哈朋、巴兰等监督所，另于三角峰、立鹰、巴兰等各监督所及见晴、西宝、溪上、石牙山、关头等各分遣所设置炮台。讨伐队采取各个击破的方式，首先命令土鲁阁社群缴械以表恭顺，否则将予以炮击。土鲁阁社群拒绝交出枪械，并声称要攻取日本人的三角峰监督所。讨伐队于12月17日凌晨开始炮击土鲁阁社群中反抗态度最为坚决的武西西卡、武西达雅、达罗湾三个蕃社。炮弹击中三社聚落，造成庐舍与谷仓尽毁，社民死伤惨重，幸存者惊慌失措，窜匿于附近溪底和森林之中。其后几日里，讨伐队又相继对土鲁阁社群中的其他蕃社进行炮击。12月22日，因炮击遭受重大损失，致而引起惊恐之状的土鲁阁社群，在头目巴沙波兰的率领下举白旗投降，交出枪械62支。然而，土鲁阁社群上缴的枪械数目与蕃地警察先前调查之数量严重不符，讨伐队乃予以诘责，并命他们交出残存枪械，否则继续炮击。23日中午当讨伐队准备再次炮击聚落时，头目巴沙波兰率四名壮丁又交出枪械5支，布拉要、布西达雅、沙阿杜、布西西卡等各社亦交出枪械5支。可是按照调查之数，残存枪械尚有89支，于是讨伐队一方面继续炮击，一方面派人赴各社催缴枪械。

在催缴枪械过程中，讨伐队可谓不择手段地严格按照情报所获

---

① 台湾总督府警察本署编：《日据时期原住民行政志稿》第2卷上，陈金田译，台湾省文献委员会编印，1997年，第185页。

悉的数目收缴,即使枪械已经作为死人的陪葬品埋入了坟墓也要挖掘出来。这绝非危言耸听,有南投厅厅长兼讨伐队队长久保通猷上呈日本殖民当局的报告为证。其报告曰:"道达原住民社群之枪械,依据去年十月之调查,其总数为五十七挺也。然而,此次缴械截止二十八日止为四十八挺,另陪葬死人为二挺,故所剩为七挺。其残存枪械内与土鲁阁原住民群交换六挺。其中三挺已由土鲁阁原住民群缴我方讨伐队,又因结婚而出售三挺,其姓名亦已查明。另外一挺,据谓与死者同埋,则与曾经查得之数量相符,认为其所言不讹。原来原住民之习惯,持有枪械者死亡时,将其枪械作为陪葬品为惯例,且一旦埋入之后,不论何种理由绝不挖出,盖被视为不尊敬死者之所为,且相信遭受鬼神作祟,子孙因而死绝。据原住民供述,此次若不交出即遭炮击,故欲与土鲁阁原住民群交换以充其数,但未能如愿,不得以掘挖坟墓,取出枪械上缴。然另一挺因死者无遗族,故无可奈何。于是,派松本警部赴现场检查,其回报谓,见到有挖掘埋葬于屋地内仓库下死体之形迹,故应无怀疑之余地。又挖掘无遗族之坟墓,见有陪葬管打枪一挺,予以取出后再行埋入。征诸以上状况,认为已无剩一挺。"①

据日方统计,在佐久间左马太后期的军事征剿中,共收缴少数民族枪支22958支、枪身1736支、子弹30858发、粗制火药7979目。② 少数民族手中的枪支弹药基本上被收缴殆尽。丧失武装的少数民族迫于日本人的武力淫威和威胁恫吓,只得向其俯首称臣。

四 文教下的同化

军事征剿虽可暂时迫使少数民族屈服,但却难以令其心悦诚服地接受日本人的统治。故而,随着军事征剿接近尾声,日本殖民当

---

① 台湾总督府警察本署编:《日据时期原住民行政志稿》第2卷下,陈金田译,台湾省文献委员会编印,1997年,第132—152页。
② [日]藤井志津枝:《台湾原住民史:政策篇》,台湾省文献委员会,2001年,第97页。

局开始调整理蕃政策,推行同化主义政策,意欲彻底解决蕃地蕃人问题。

1914年9月,日本殖民当局负责规划少数民族抚育事宜的教化事务主任丸井圭治郎就如何抚育和改造少数民族向佐久间左马太提交"抚蕃意见书",分别从教育、卫生、授产、威压、蕃社合并、土地调查、编入普通行政区、劳役以及蕃地警察勤务等方面提出一系列具有同化主义的抚育措施。抚育的对象是所谓的"归顺蕃",即军事征剿后投降归顺的少数民族。丸井圭治郎认为,这些"归顺蕃"不能以旧有的"化蕃"称之,因为这些"归顺蕃"仅是因战败才在表面上向日本表示恭顺,以暂时求得生存的机会,而并非真心臣服。故而,日本殖民当局必须对"归顺蕃"进行同化抚育。

丸井圭治郎的同化主义抚育政策,重点在于精神教育,这与绥抚时期的抚育政策有所不同。绥抚时期的重点在于利用物质上的恩惠引诱和刺激少数民族,企图勾起他们对文明的向往,进而由衷地服从日本人的统治。然而,物质商品虽可在一定程度上对少数民族的精神文化生活发挥影响力,但效果缓慢,不能立竿见影地破除隐藏在少数民族内心深处的传统习惯和祖先遗训。丸井圭治郎同化主义抚育政策的宗旨是利用少数民族地区的警政系统,借警力强制向少数民族推行日本文化,尽可能彻底破除"蕃人文化"和"蕃地意义"。[1]

同化抚育的重点在于教育且对于成人和儿童亦区别对待。对于少数民族中的成年人,重点在于改变他们的生产生活方式,将其从猎人改造成农民。为了达成此目的,日本殖民当局主要从三个方面入手:其一,鼓励少数民族以农谋生。日方在授产交易中故意将猎物价格压低,提高农产品价格。不仅如此,日方还在交易所中放置廉价农具,以利诱他们从事农业生产。其二,组织少数民族头目或有势力者赴平地都市或日本观光,以激发他们对文明生活的向往。

---

[1] [日]藤井志津枝:《台湾原住民史:政策篇》,台湾省文献委员会,2001年,第112页。

从绥抚到威压：日本殖民台湾时期的理蕃政策 ◆◆◆

其三，开展日语培训，向少数民族传授简单的日常性生活用语。

日本殖民当局认为，少数民族儿童教育是同化抚育之根本。日本殖民当局在少数民族居住地陆续设立了很多儿童教育所，并颁布学校规则加以约束。1914年4月，颁布《原住民公学校规则》，其主要内容为：1. 原住民公学校以对原住民教授德育、国语（日语）及生活所需知识、技能为主旨。2. 修业年限为四年。3. 教学科目为修身、国语、算术、唱歌及艺能等学科。4. 教学科目皆应实施适合原住民生活状态、学生之心身发达程度及男女特性之教育。5. 修身以指导学生涵养德性、实践道德为要旨。6. 国语以教授普通语言、文章及启发知识、道德为要旨。7. 算术以熟悉日用计算方法及生活所需知识为要旨。[①]

从《原住民公学校规则》来看，少数民族儿童教育的重点在于教授简单的日语会话、修身礼节，以及农耕、木材加工、裁剪等生产技艺，其目的无外乎一方面从思想和文化上将少数民族儿童形塑成日本的顺民，另一方面从孩童时起就刻意改造其生产生活方式。这种灌输日本文化的方式、破除少数民族文化的教育方式和理念势必难以得到他们的认同。很多少数民族家长认为子女接受四年教育后了解国语（日语）、文字、算术，虽感喜悦，但日常家居应用之机会甚少，仅下山至平地，接触日本人或购买物品时较为方便而已，并无其他益处。儿童在教育所上学期间，不但未能协助农作，反有厌烦农业倾向，而且狩猎技巧较未上学者笨拙。所以，不欢迎子女上学者大有人在。少数民族儿童亦认为，在日常生活上尚未感觉教育之必要，入学仅系获得借用猎枪之补偿性义务，只需熟练狩猎，即可保障生活，无须上教育所就读。[②] 既然台湾少数民族的家长和孩童都认为上学有弊无益，拒绝上学现象自然难免。例如，高雄州屏东郡拉库斯社一带少数民族就曾经拒绝让儿童上学。我们可

[①] 台湾总督府警察本署编：《日据时期原住民行政志稿》第2卷上，陈金田译，台湾省文献委员会编印，1997年，第437页。

[②] 台湾总督府警察本署编：《日据时期原住民行政志稿》第4卷上，陈金田译，台湾省文献委员会编印，1997年，第122页。

从拉库斯分遣所巡查督促少数民族儿童就学的报告中窥见他们反对意志之坚决。"他们最怕将其儿童送往教育所就读。得知巡查来社后即藏匿儿童于树林里，或带至耕地走避。向巡查宣称，彼等原居住台东厅辖区，系善良原住民，迁来后亦未曾作恶，请免除儿童就学。尤其拉博兰社全体拒绝就学，声称抵死不将儿童交给日本官员一日。彼等常以勇猛自豪，对有人将儿童送往拉库斯原住民儿童教育所就读颇不以为然，在酒宴或其他场所嘲笑其父为弱者，因害怕日本官警关系始将孩童送往就学。现在如自己孩童也上学，自必受到对方轻视。无论如何，仍尽力规避上学。"①

尽管台湾少数民族对日本殖民当局的同化抚育有所抵触，但不容否认，日方的同化措施确实对部分少数民族产生了深远影响，致使他们生活方式日本化明显。在此不妨摘录《日据时期原住民行政志稿》中有关少数民族同化的例证以作佐证。其文载："台北州苏澳郡寒溪社女子皮雷肖宾，于大正八年由寒溪儿童教育所毕业后下嫁同社知识青年尤敏那卡兹。尤敏那卡兹受雇于藤田组雾罩铜矿，大正十年经济不景气，铜矿关闭，改任警手。此后奋发上进，本年三月晋升巡查。夫妇二人经常羡慕日本人，不仅衣食住，即日常生活起居无不模仿日本人。长女出产时亦远自罗东延请日籍助产士接生，长男命名太郎，长女命名卜子。妻子以身为警察眷属，必须去除纹面，行止、仪态也应与日本人相同。赴宜兰街进入加藤好文医院，除去纹面。"②

综上所述，日本殖民台湾时期在以殖产为宗旨的政策指引下，对台湾少数民族采取恩威并施的统治策略。不过，随着台湾社会政治形势的变迁，理蕃政策的侧重点在不同的历史时期会有所不同。据台初期，日本殖民当局因疲于应对汉人的武装反抗，无暇顾及山地中的少数民族，故而效仿清政府的"开山抚番"措施，在台湾各地设立多处抚垦署，以酒食和物品绥抚与笼络少数民族。迨至汉人

---

① 台湾总督府警察本署编：《日据时期原住民行政志稿》第4卷上，陈金田译，台湾省文献委员会编印，1997年，第433页。
② 同上书，第582页。

的武装反抗力量被平定后，日本殖民当局开始加强对少数民族的管控，采取的策略是仿效清代的隘寮制度，修筑隘勇线，逐步包围和压缩少数民族的活动区域，迫使他们听命于日本人的摆布。面对隘勇线围堵所激起的少数民族的强烈反抗，日本殖民当局撕下伪善的面具，转而采取赤裸裸的军事镇压手段。军事征剿以收缴少数民族的枪支弹药，解除其武装为最大目标。其中，对于被定性为温顺的少数民族，以欺骗或威胁等和平方式收缴枪支弹药；对于被定性为性情凶暴的少数民族则直接以军警联合围剿，武力收缴枪支弹药。然而，军事征剿虽可暂时迫使少数民族屈服，但却难以令其心悦诚服地接受日本人的统治。故而，军事征剿结束后，日本殖民当局开始推行同化主义政策，意欲促使野蛮的少数民族完全进化为纯然的日本人。以蕃童教育为重点的同化政策尽管遭到少数民族的不断抗拒，但经过长期的浸淫，同化政策对少数民族的思想、文化和生活都产生了较大影响。

中药大黄的名称变异、药用与转运

杨东宇

(陕西师范大学)

摘　要：大黄在中国用于医药有着悠久的历史，西汉初已有记载其运销外域，为中国古代至近代以来的主要外销药材之一。其间，大黄的名称在各地使用中多有讹误，同时，随着运输路径和集散地的变更，其名称变化多能追寻到当地语言的痕迹。本文不揣冒昧，简要论述中国大黄的名称与异名的关系，以及在域外传播中转运的途径和少数民族医药中的使用情况，最后将现代医学对于大黄的药学临床与实验研究进行简述，相信随着医学研究深入还可期待更为良好而广阔的应用。

关键词：大黄　异名　药用

　　大黄是多种蓼科大黄属多年生植物的通称，也是中药材的常用名称。大黄在中国主要作药用，但在欧洲及中东地区，他们所称的大黄一般是指另外几个作食用的大黄属品种。药用大黄属于中国特产，全世界约有60种大黄，原产中国的占2/3。国际上公认中国的大黄质量最好。目前，欧洲药用的大黄仍然主要从中国输入。质量最好的药用大黄产于以青海为中心的甘肃、陕西、四川、西藏一带，虽然国外也曾有人试行移植，但药效都远逊于这一地区大黄的质量。《名医别录》载：大黄"生河西山谷及陇西"，基本与此一致。很可能随汉代西域开发、民族交往，青海一带民族用药经验流传内地，大黄也于此时传到内地。当时汉族与其他民族杂居的地带，恰恰也是野生大黄的分布地区，汉族极易接受这些民族应用大黄治病的经验。①

一　中国医籍所载大黄

《神农本草经》最早记载大黄的使用②，但从出土的《武威汉代医简》就已载有含大黄的方药佐证，我国使用大黄的经验应该不迟于公元1世纪。更早时期的书籍，包括医药著作和非医药著作，都从未出现过大黄的药名，也没有见过可能属于大黄别名的名称。不但《内经素问》《灵枢》《五十二病方》中没有，仓公《诊籍》中也没有；西汉元帝时（公元前48—前32年）黄门令史游据《仓颉篇》撰成的《急就篇》中，有十八句谈到医药，其中九句全是药名，共四十几种，仍然没有提到大黄。

东汉时期，大黄突然作为一种重要的药物而于方剂医术中频频出现。《伤寒杂病论》所载的承气汤、泻心汤、大陷胸汤（丸）中，大黄的重要作用显得不可替代。这一时期，大黄的功用已不全在于攻逐、泻下，茵陈蒿汤、栀子大黄汤以治黄疸、利小便；鳖甲煎丸、大黄䗪虫丸以攻补兼施；大黄牡丹皮汤则是一个至今治疗急性阑尾炎诸多方剂的祖方，说明彼时对大黄药用已经有多方面的了解。南北朝初期的疮科医书《刘涓子鬼遗方》中，大黄被列为一种非常重要的药物。书中所载的内服药方中17%有大黄；外用药方中，有大黄的竟占39%。该书对大黄的主要剂型、炮制都有较详细记载。

大黄在《名医别录》中始有"将军"之称。至今中医处方中仍把"川军"当作大黄的一个通用名称。酒大黄称酒军；醋大黄称醋军；熟大黄称熟军；生大黄称生军。陶弘景解释说："将军之号，当取其骏快矣"，其实，这样的解释未必确当。中药巴豆、大戟、

---

① 高晓山等编著：《大黄》，中国医药科技出版社1988年版，第5页。
② 劳佛尔认为，大黄大约是在汉代为中国人所认识与应用。详见［美］劳佛尔《伊朗中国编》，林筠因译，商务印书馆1964年版，第381页。

甘遂、芫花、朴硝的通下作用都不次于大黄，且比大黄用药历史久远，却无一有将军之称。同时，称"军"却不称"将"，也不像是"将军"的简称。然而，从藏语中大黄的发音，或可找到另一种解释与联系：按照藏医对上品大黄（包括掌叶大黄、鸡爪大黄和药用大黄）的名称为 jumza 或 jun，一般音译力君木札、君母札、君札、竣章或竣、曲札①，其实都可转读为简捷的"军"音，若是这样，则大黄称"将军"，很可能是"军"音的衍称，似乎保留着古代吐蕃语音的遗迹，或可作为大黄入药来自青海、甘肃一带古代民族医疗经验的佐证。很有可能，"将军（jumza）、军（jun）"之于大黄，犹如当初的"盘尼西林（Penicillin）"之于今天的青霉素，"加流漠（Kalium）"之于今之"钾"元素，"水门汀（cement）"之于"水泥"，等等。起初，"将军（jumza）、军（jun）""盘尼西林（Penicillin）"刚传入内地，人们只闻其名、知其用，不论见过或未见过实物，至少还未认识其真正本质为何物，只好用以音传音的称呼。当人们真正熟知其本质后，方知"将军（jumza）、军（jun）"原来是一种"本地可以生长的"，"根非常粗壮巨大且呈深黄色、可供药用疗效甚好的植物"时，便依本地语言习惯名之"大黄"（中药也可读为"dai huang"），则更其贴切，遂以"大黄"名之得以流传。早期青霉素称为"盘尼西林（Penicillin）"的名称转化过程亦类似，当知"盘尼西林（Penicillin）"乃为"黑色的霉菌—青霉所产生的精制物质"时，"青霉素"之名则因更贴切、达意，也更符合本地语言习惯而被普遍接受和流行。外来物的原有名称传入以后，必有一个名称被本土化的过程，借由这一过程，从历史研究的角度，无妨可探知其当时传播的途径及时期。大黄可为其一例。②

---

① 西藏自治区卫生局等：《西藏常用中草药》，西藏人民出版社1971年版，第366页；青海高原生物研究所植物室：《青藏高原药物图鉴》（二），青海人民出版社1978年版，第86页；毛文山等：《中药真伪鉴别》，陕西科学技术出版社1987年版，第57—64页。

② 请参见拙文《大黄小议》，《陕西师范大学继续教育学报》2007年第3期。

二　大黄向域外的传播与转运

大黄由于药效峻快而较早就从我国传播到域外之地，劳佛尔认为大约是 10 世纪由中国输入西亚①。随着中国医药学传入朝鲜半岛和日本，大黄也可能很早随之得到传播与医疗应用。

公元 757 年，鉴真和尚东渡日本，带去的药材中就有大黄。据鉴定，保存在日本正仓院的大黄是最上等的掌叶大黄或鸡爪大黄根茎。日本人相信这些药都是鉴真和尚带到日本的。但是，他们长时期不知道大黄正品的基源植物是什么样子。江户时期（1603—1867）移植日本的大黄被称为唐大黄，当时误以为是真正的中国大黄，其实是野生在我国东北及西伯利亚远东地区的波叶大黄（Rheum undulatum L.）。朝鲜称为唐大黄或大黄的也常指这一种。

中亚一带生长有野生大黄属植物，只是不产中国药用的大黄。波斯人大约在公元 10 世纪知道中国大黄。波斯萨曼王朝的阿布·曼素尔（Abū Mansūr）《药物大全》（约 970）中记载两种大黄，使用最广的一种称为"中国产大黄（reward-i sini）"。此后，又有许多阿拉伯人论及中国大黄。劳佛尔（B. Laufer）推测，大黄在公元 10 世纪（唐末至北宋初）才发展成中国输往西亚的一宗商品。

古代中国的大黄是通过丝绸之路经波斯而运往西亚和欧洲。据劳佛尔引 Garcia da Orta 的话说："所有从霍尔木兹输往印度的大黄，都是从中国经鞑靼地区的乌兹别克运到霍尔木兹的。相传它是由陆路从中国运来的，但有人说它出产在乌兹别克的一个名叫撒马尔罕的城市。然而撒马尔罕所产大黄质量不高，而且分量很轻，在波斯用此仅作兽药用为马的泻药，我在 Balagate 也看到它是作这样用的。我认为，这就是欧洲所谓的土耳其大黄。并不是土耳其所产，而是经从土耳其运来的。"Garcia da Orta 甚至强调，除中国所产大黄外，没有其他大黄运到波斯或乌兹别克。又由此两地运往威

---

① ［美］劳佛尔：《中国伊朗编》，林筠因译，商务印书馆 1964 年版，第 381 页。

尼斯和西班牙，有些是取道亚力山大里亚到威尼斯的，大半是取道阿拉伯和叙利亚的的黎波里。直到1576年，Chr. Acosta还说："大黄只有中国出产，在广州出售，然后由该港海运到印度。由海路运输的先到鞑靼地区，又从乌兹别克转运到霍尔木兹、波斯、阿拉伯和亚力山大里亚，从这些地方又转运到欧洲各地。"[①]

三　大黄在域外的名称与讹传

由于古代中国陆路转运的大黄主要经由中转站波斯，才输往欧洲的。在波斯语中，中国产的大黄叫 cīnï（中国的）；阿拉伯语叫 sini（中国的）。但大黄在域外的通称是，中古波斯语的 rēwās，新波斯语的 rēwās、rēwand、rïand，并由此而衍出读写相类的亚美尼亚语 erevant，库尔德语 rīwās、rïbäs，俾路支语 ravaš，阿富汗语 rawāš 等类音同义词语。同样拼写法的词也传到阿拉伯语和突厥语，俄语 Ревень（reven）、塞尔维亚语 reved 等词也都同此语源。以前，这两个波斯语字只是指伊朗土产的大黄属植物，而阿富汗语则专指穗序大黄（Rheum spiciforme Royle），但从10世纪起，前述通称也用于称转运来自中国的大黄。这就可以推测为何许多国家、民族语音里的大黄，同汉语大黄的发音相去甚远，而同波斯语音反而较为相近，这也可以理解为中国大黄经由波斯再行销西亚和欧洲的一个语音学上的证据。犹如中国内地习称的藏红花一名，人们多误认为产于西藏，实则是经由西藏输入内地而已。

大黄的英文名 rhubarb，中世纪英文名 rubarbe，法文名 rbubarbe，中世纪法文名 rubarbe、reubarbe，德文名 rhabarber，意大利文名 rabarbaro，西班牙文名 rabárbaro 等都可能源于中世纪拉丁文 reubarbum 或 reubarbarum，拉丁文源于希腊文 ρᾶ + βαρβαροр。ρᾶ 或 ρ？ου 在现代希腊文就是 rhubarb 的意思。βαρβαρos 义为 barbarous，原指非希腊的，转义为外国的。据说，原义特指不讲希腊语

---

① [美]劳佛尔：《中国伊朗编》，林筠因译，商务印书馆1964年版，第379—380页。

的波斯—玛代人，就好像我们中国称原产外国的东西为"洋""胡""番"等一样。这个合成的希腊字，实际上相当于外国大黄或波斯大黄的意思。与此相对应的 ρā 或 rhubarb 则专指食用大黄（Rheum rhaponticum L），这种大黄的质量很差，一般不能入药。这种食用大黄（Rheum rhaponticum L）也不产于欧洲，其名称显然与波斯语 rēwās、rēwand、rïand 有关。公元 4 世纪时 Ammianus 错误地说，这种植物生长在伏尔加河畔，因而得名。ρā 或 ρ？ου 是伏尔加河的古希腊名，至今，许多外国著作仍然沿用这种说法，有的甚至明指伏尔加河畔生长的是药用大黄（Rheum officinale Baill）或食用大黄。其实，伏尔加河流域并不产大黄，《苏联植物志》中也没有药用大黄的记载，书中的食用大黄也是从保加利亚引进的。以根本不产大黄的伏尔加河的河名作为希腊文大黄一词的语源，显然不妥。劳佛尔也认为这是由于植物名与河流名称同音而引起的误解。也可以说，正是由于古代欧洲人对于大黄的了解很少，才会有这样的误解和讹传。①

英语有时把大黄称为 Turkey rhubarb（土耳其大黄）、East Indian rhubarb（东印度大黄），主要是因为中国大黄后来经由土耳其或印度转运而得名，并非由于在这两地出产。现在的 Turkey rhubarb 常指食用大黄，而 East Indian rhubarb 则指藏边大黄（Rheum eodii wall，喜马拉雅大黄）。印度人自己则称多种药用的大黄为中国大黄（旁遮普语 rewand-chini，乌尔都语 rewan-chini，梵语 revatchini），英文也有 Chinese rhubarb（中国大黄）的叫法。

英文中有时还把药用的大黄称为 Russian rhubarb（俄国大黄），猜测应该也是与中国大黄的运销路径有关。由于直到 1842 年，中国仅有广州一处是对外开放商埠，而绝大部分中国大黄要经由陆路运往欧洲，其中，途经苏联中亚部分的一条路最为捷便。俄国人侵占中亚以后，遂垄断了大黄贸易，并制定自己的质量标准，这样的情况约持续了一、两百年，这应该就是 Russian rhubarb（俄罗斯大

---

① ［美］劳佛尔：《中国伊朗编》，林筠因译，商务印书馆1964年版，第381—382页。

黄）名称在部分英语文献中出现的缘由之一。

19世纪以来的交通方式大为改变，使得大黄行销范围亦更为广阔。"中国大黄"也已成为世界性的药物，世界上只有少数几个国家的药典未收载大黄，可见使用的普及与广泛。西方国家虽然使用大黄各有自制的配方和制剂，不尽相同于中医的方式，但在大黄的使用方法、治疗范围方面都远远不及中国使用的广泛、精到。[①]

四 大黄的植物学命名认定及域外引种

西方人认识中国大黄作为药用的历史，可以上溯近千年。但欧洲人仍一直不了解中国大黄真正的基源植物。直到1732年，德国植物学家Boerhaave从一个卖鞑靼大黄（鞑靼大黄 Tartaria rhubarb，即土耳其大黄）商人处获得大黄种子，经过种植以后，送到圣彼得堡。这些种出来的大黄实际是两种，1763年Linnaeus（林奈）定名为Rheum rhaponticum L.（食用大黄）和R. palmatum L.（掌叶大黄）。1867年，法国驻汉口领事Dabry de Thiersant从四川南部采得大黄的活根茎，送往巴黎。此根茎由Bailon栽植成活，于1872年定名为R. officinale Baill.（药用大黄）。1871—1873年间，俄国人Н. М. Пржевлъский从青海获得大黄种子，送往圣彼得堡植物园进行种植，由Maximowicz定名为R. palmatum L. var. tanguticum Maxim.。1900年，Tafel也从青海获得大黄种子，在瑞士种植成功，由Tschirch作为一个新种，定名为R. tanguticum，在1929年，Hinmelbaner则将其定名为R. palmatum的变种。现在通用的R. palmatum L. var. tanguticum Maxim. ex Regel. 之名，也有人仍称R. tanguticum Maxim. ex Balf.（唐古特大黄、鸡爪大黄）。这样，历经约二百年，中国大黄的三个主要品种才算初步厘清，即：掌叶大黄（Rheum palmatumL.）、药用大黄（R. officinale Baill.）和唐古特大黄（R. tanguticum Maxim. ex Balf.）。现在我们知道，还有一些边缘的

[①] 高晓山等编著：《大黄》，中国医药科技出版社1988年版，第3—7页。

品种在国内部分地区有时仍然作为药用大黄使用，但主要使用的还是前述三个品种。①

五　维吾尔民族医学所用的大黄

维吾尔民族医学是中国传统医学的重要组成部分之一，有独特的理论。由于新疆本地出产大黄，维吾尔民族医学中也以大黄入药，然而所用大黄，系蓼科植物天山大黄（新疆大黄，Rheum wittrockii Lundstr.）药用根及根茎。多年生草本植物，高50—200厘米。直根粗大，下部分枝，皮棕褐色，内部黄色。茎直立单一，有纵沟纹，中空。基生叶大，丛生，有柄；茎叶互生，叶片类圆形，全缘或呈波状，下部有短柄，上部叶抱茎，托叶膜质，棕色。圆锥花序，顶生。花被片6枚，雄蕊9枚。瘦三菱形，具翅，粉红色或紫红色，成熟时棕黄色。

　　生态分布：喜生于高山坡湿地、平原，新疆山区均有。
　　采集加工：药用根及根茎。春秋挖取，去掉杂质，洗净，切片，晒干，生用或炒用。
　　性味功能：苦，寒。泻实热，通大便，破积、行瘀，消痈肿。
　　主　治：（1）急性阑尾炎；（2）吐、衄血；（3）湿热黄疸；（4）火盛、大便秘结；（5）烫火伤；（6）疮疖痈肿。
　　成　分：含蒽醌衍生物，鞣质，黄酮化物，维生素P等。
　　附　注：尚有矮大黄（Rheum nanum Siew.），品质较差，一般不作大黄入药。②

---

① 高晓山等编著：《大黄》，中国医药科技出版社1988年版，第7—9页。
② 新疆维吾尔自治区卫生局、新疆生物土壤沙漠研究所编：《新疆中草药》，新疆人民出版社1975年版，第352页。

目前，中医药里供药用的大黄最主要的有3个品种，已如前述，即：掌叶大黄（Rheum palmatum L.）、药用大黄（R. officinale Baill）和唐古特大黄（R. taguticum Maxim ex Balf）。中医将大黄用于泻实热，下积滞，行瘀，解毒。治便秘、积滞、肠梗阻、烧伤、疳积等。此外，除用作药用的天山大黄，维吾尔语名称为"万热"，主要产于新疆，已如前述。还有一种为藏边大黄（Rheum emodi Wall.），分布于藏、云、川。藏医名"曲扎"，将之用以治胃肠炎，外用止血、治疮、消炎、促伤口愈合。[1]

六　大黄的现代临床应用研究

现代医学在临床研究与应用方面较前代更为广泛与精到，大致归结如下：

（一）出血性疾患

1. 上消化道出血：现代临床用单味大黄治疗上消化道出血，累积病例数超过2000例。原发病最多的是十二指肠球部溃疡和胃溃疡，见于报告的还有慢性胃炎，出血性胃炎，应激性溃疡，复合溃疡，吻合口溃疡，十二指肠炎，胃癌，十二指肠、回盲部、结肠或胆囊恶性肿瘤，回肠息肉、憩室，肝硬化性门脉高压症，过敏性紫癜，阵发性睡眠性血红蛋白尿等多种疾病。止血有效率，大黄制剂为85%—100%，多数超过95%，大黄提取物的有效率较低，70%—80%左右。2. 咳血（咯血）：咳血或咯血是指呼吸道（尤指下呼吸道）出血。临床应用大黄治疗咳血或咯血，尚未见大量报告。支气管扩张反复咯血、肺结核咯血等长期咯血，用其他疗法无效者，大黄疗效较好。3. 其他含大黄的止血制剂，如桃花散（止咳、止血）、大黄石灰水等止鼻衄、用于各种外伤出血品，均报告疗效较好。

（二）感染性病变

痈疮疖肿、皮肤感染；五官科的结膜炎、急性扁桃体炎、慢性

---

[1] 毛文山等：《中药真伪鉴别》，陕西科学技术出版社1987年版，第57—65页。

化脓性中耳炎；肺炎（麻杏石甘汤）；阑尾炎及阑尾周围脓肿（肠痈，大黄牡丹皮汤）；痢疾；出血性坏死性肠炎；面部痤疮、疖肿；淋巴结结核；传染性肝炎；胆道系统感染等，均报告有一定疗效。

（三）尿毒症、氮质血症及肾功能衰竭时应用，以排除血液中毒素。

（四）其他，流行性出血热、高脂血症、急性胰腺炎、肠梗阻、烫火伤、精神病（癫狂）等。此外，尚有广泛性大动脉炎性头痛、挤压综合征、前列腺疾患、湿疹用途极为广泛。[①] 大黄正作为我国先民智慧结晶之一，以其"一药即一复方"的功效多样性、成分复杂性、作用广泛性以及研究前景的深远广阔性，服务于人类的健康。

七 大黄的现代实验研究

自20世纪初叶起，开始有人对大黄进行化学研究。从20世纪40年代起，有人开始进行实验药理学研究，迄今不断从大黄中发现新的生物活性物质，也有一些已知成分又陆续发现了新的药理作用。J. W. Fairbairn 和楼之岑在1947、1951年实验证明，大黄的泻下成分蒽醌甙类或结合状态蒽醌类，实为结合状态的大黄酸和其类似物。1967年，宫木益雄等人首次从大黄中分离出番泻叶甙A，并证明其泻下作用，开创了大黄研究的新局面。

大黄作为一个具有多种生物效应的中药，已经越来越引起医药学界的广泛注意。欧洲学者在1975、1978年先后两次召开以大黄为主题的天然蒽醌类药物国际学术会议，会上除了讨论蒽醌类缓泻作用的有关问题外，已开始注意其他多种生物效应，我国科学工作者的研究成果尤其引起重视。早年，国内外对于大黄的研究多限于其泻下作用，从20世纪30年代到60年代，许多工作仍以蒽醌类衍生物为中心。从中医对于大黄认识以及应用的广泛情况来看，这

---

① 高晓山等编著：《大黄》，中国医药科技出版社1988年版，第179—234页。

些既往的植物化学及动物实验研究工作都还太过于局限了。

　　从20世纪50年代起，我国有些医药工作者广泛结合中医药理论与实践，进行了多方面关于大黄的临床实践和实验研究，越来越多的成果证明，我国古代对于大黄的许多认识，具有很高的科学价值。近年来，大黄的退热、止血、消炎、抗菌以及治疗尿毒症、保护与修复胃肠道黏膜屏障等诸方面多范畴作用的发现，都远远超出了早年只知蒽醌衍生物有泻下作用和仅以此作用所能解释的那种狭小范围。如今，大黄再不仅仅是简单的一味天然缓泻药了。国内外学者对于大黄的关注和研究兴趣正可谓日益高涨，称这是一次罕见的为时持久的"大黄研究热潮"也绝非言过其实。[1]

---

[1] 高晓山等编著：《大黄》，中国医药科技出版社1988年版，第9页。

资本积累与本土身份建构：以清初迁台的浯江郑氏家族为例

王建红[*]

（闽南师范大学历史与社会发展学院）

摘　要：明清之交，内地迁台家族"本土化"并获得生存资源的途径各异，浯江郑用锡家族围垦并以"文"建构在台家族世系，复兴诗礼之教，再造中华传统，完成了本地地望身份塑造。

关键词：本土身份　文化资本　浯江郑氏　世系建构

明末清初移民由闽迁台，多以家族组织形式进行。家族原有的生存途径、社会背景，与移民后在新区域重新获取社会资源的方式往往大相径庭，新的本土条件左右着家族移民的生存选择。

从根本上说，身份是个体人群标识其自身的符号或其拥有的独特气质和社会内涵。经典的身份理论认为，身份是一种常驻不变的"人格状态"，人们一旦从社会获得了某种身份，也意味着他获得了与此身份相适应的种种社会权力。但爱德华·萨义德认为，"身份决非静止的东西，而在很大程度上是一种人为建构的历史、社

---

[*] 王建红，男，1973年11月生，甘肃灵台人，历史学博士，闽南师范大学历史与社会发展学院教授。研究方向：社会经济史、闽南家族与社会。拙作为闽南文化研究专项"闽南家族移民及其本土化意识分野研究"系列成果，项目编号：SS1228。

会、学术和政治过程"①。移民家族本土化过程中的世系建构也不例外，且更多地体现了新环境社会要素发挥的塑造功能。明末清初迁台的郑用锡家族即是如此。

一 迁徙入台，垦读立业

《浯江郑氏族谱序》载，浯江郑氏世籍闽，清初由漳浦迁金门，再迁新竹，皆闽地也。②另有郑氏五世裔孙用鉴所撰家谱序称，"……明鼎革时，人民迁徙纷纷。族中伯叔相传，弼公自仙游迁居漳浦，子姓繁衍，第三房分住官任之田中央新楼仔漳浦之石壁、东坑二处，宗亲皆为怀仁祖所出，世远年湮，信疑莫必夫"③。可见，郑氏家族迁台前，由莆田仙游迁入漳州府漳浦县。

明末清初，郑成功揭反清复明大旗，台、厦、漳、泉即为戎马之郊。二世祖怀仁公于康熙十四年（1675）自漳浦迁居金门，单传一子世辉，派衍五房，长房国周、次房国汉、三房国晋、四房国唐和五房国庆。康熙二年（1663）底，清兵攻占金门，严令迁界，金门鞠为空城。迄至康熙十三年（1674），耿精忠据闽反清，遣使赴台结援，郑经复返金门，原遭迁界之民，陆续返回。离乱之间，城郭虚废，郑氏门祚衰微。

金浯蕞尔小岛，风沙苦寒，仅操耕海鬻贩为事。《家乘》载，乾隆三十九年（1774）国庆携国唐子崇和、崇吉兄弟初迁台居后垄（今苗栗县后垄镇）。乾隆二十五年（1760）国晋、国汉与子侄迁居竹堑（今新竹），垦殖立业。崇和子郑用锡《本族谱序》言，"追至我父，有志诗书，窃奉先公家训，屡试不酬，且遭凶馑，又与三伯及叔祖渡台，寄居台之淡北，遂入籍焉，至今经数十年矣"④。

---

① [美]爱德华·赛义德：《东方学·后记》，生活·读书·新知三联书店1999年版，第426页。
② 《浯江郑氏族谱·陈望林序》，清光绪抄本，第10页。
③ 《浯江郑氏族谱·孙用鉴序》，清光绪抄本，第8页。
④ 《浯江郑氏家谱序·五世裔孙用鉴序》，清光绪抄本，第11页。

资本积累与本土身份建构：以清初迁台的浯江郑氏家族为例 ◆◆◆

较之金门，台岛在移民眼中是有地可垦的希望之所。此间，大批闽、粤移民渡海来台，定居屯垦。垦户制度就是清代早期台湾移民社会的产物，以台南府城为中心，地方官员责成垦户管理租佃移民，以监督西部平原四散各处的村落治安。

郑成功入据台湾后，汉人移民蜂拥而至，迨至清廷收复台湾，流居动荡的移垦社会形态逐渐向安土重迁的定居社会转型。组织屯垦过程中成长起来的士绅阶层成为当地社会的主导力量。社会形态发展取向逐渐与大陆内地省份趋同，本土文化传统复兴，文治代替粗放管理，内地母体文化的凝聚力，使这些迁台家族纷纷仿效内地母体社会组织结构与行为方式，重建当地社会。血缘家族式移民群体，或以原籍地域，或以宗族血缘，扩大家族的在台本地世系建构，宗族制度移建渐具规模。

郑氏一族对竹堑地区隆文教化，贡献巨大。该地区原为平埔族竹堑社活动区域，康熙晚期，汉人移垦，平埔族人弃土异迁，由武营头（即今社教馆附近）迁往旧社、新社和后来的新埔与北埔。郑氏迁台第二代郑崇和设帐教授，名著乡里，誉为时彦。连横先生著《台湾通史·列传六·乡贤郑崇和》载："郑崇和字其德，号怡庵，金门人，年十九来台，课读于淡水厅竹堑，遂家焉。……当是时，竹人士议建文庙，崇和慨然出巨款，命次子用锡董工。庙成行释菜礼。"[1] 士乃四民之首，郑氏家族敦教向学，子弟出入庠序，跫跫自守，于新辟之地弘风导俗，师儒为业，劝唱斯文，力行名教之圭臬，抚养后学，开一地新风。与先来移垦商贾之家相比，郑氏富而尊文，由耕垦以祀学，文章经国之大业，不朽之盛事，于孤悬一岛续绝发扬中华文运，乡里瞩目。郑崇和"道光七年卒，年七十有二。九年，邑人请祀乡贤祠，十二年诏可。次子用锡，亦有名"[2]。

至郑用锡辈，已富甲淡北，且博获功名，家族成一方之望。

---

[1] 连横：《台湾通史》（下册），商务印书馆2010年版，第727页。
[2] 郑鹏云：《新竹市志》卷7《人物传》，载台湾银行经济研究室编《台湾文献丛刊》第61种，1963年版，第467页。

"用锡名藩,谱名文衍,字在中,号祉亭。嘉庆十五年取为彰化县学廪生,嘉庆二十三年,二应乡试,取中恩科举人,道光三年,赴京会试,取中进士三甲及第,此开台以来,变为'至'字号台籍考生首次登科进士,人皆称开台黄甲"①,这段《新竹市志》说明,郑用锡为台湾入清版图后第一位进士,号称"开台黄甲"或"开台进士"。名动士林,成台北社会一时之高标,代表了台湾士人社会建构当地秩序独特的生活情趣和价值取向。《台湾通史》载,"尤力尽农亩,家日殖,岁入谷万石。晚年筑北郭园自娱,颇有山水之乐。好吟咏,士大夫之过竹堑者,倾尊酬唱,风靡一时,至今文学为北地之冠……同治十一年,诏祀乡贤祠,至今子孙犹受其业"②。

郑用锡家族在台影响日益扩大,不仅倡导文治教化,躬身庠序,且于地方治安、公益事业方面多有建树,跻身台北社会发展的不同层面。董筹竹堑石城、倡建竹堑文庙、奉办团练、劝喻止斗,深孚人望。

郑氏"用"字辈,以文学称者,更有用锡胞弟用钴,堂兄弟用鉴、用钰、用谟、用钟,子侄"如"字辈用锡长子郑如松、侄如梁、如兰等,皆成生员与府廪优贡,一时学风蔚成,指为大观。郑氏由原来移垦家族转型为台北地区颇具影响力的书香世家。木本水源,慎终追远,清嘉、道间,用锡等十四位迁台第四代族人,分八股成立祭祀公业,陆续在金门和新竹修建郑氏家庙,奉祀祖先,书联挂匾,表彰祖先之德谊风范与嘉言懿行,借以光大宗族门楣,垂范后昆,惕厉子孙踵武前贤,继往开来,成就宗族不朽之功业。此耕读之家,已成台湾地方豪族。

---

① 郑鹏云:《新竹市志》卷7《人物传》,载台湾银行经济研究室编《台湾文献丛刊》第61种,1963年版,第467页。
② 连横:《台湾通史》(下册),商务印书馆2010年版,第728页。

资本积累与本土身份建构：以清初迁台的浯江郑氏家族为例 ◆ ◆ ◆

二 西化语境中"本土文化"的"当地"意义与郑氏地望积累

近代新航路开辟以来，西欧国家积极寻求海外殖民地，荷兰、西班牙接踵而至，台湾被纳入近代全球贸易体系。1602年，荷兰联合经营亚洲商务的所有荷兰公司，成立巨大的贸易实体，即"荷兰联合东印度公司"，总部设在今阿姆斯特丹。公司享有好望角以东与南美麦哲伦海峡以西范围内所有地区的贸易权利，并在亚洲行使如开辟殖民地，与外国缔约、执行司法裁判且进行战争等权力。荷兰联合东印度公司在1605年占领印尼摩鹿加省省会安汶，设立公司的亚洲中心，1609年在日本平户设立商馆。

新成立的荷兰联合东印度公司，指令首批赴亚洲司令官韦麻琅在1604年率船队占领澎湖，1624又自澎湖迁往台湾西南沿海的狭长小岛大员，即今台南市的安平区，于其上的北线尾岛开设商馆。1625年，荷兰人以十五匹棉花，从平埔族手中换取赤坎地方土地，建立市镇，并在大员岛上建成热兰遮城。1634年外城堡竣工，即今天的台南安平古堡原址。随后，荷兰人与日本因垄断在台贸易发生激烈商业冲突。

新航路开辟后，西班牙势力也到达东南亚。1586年4月，西班牙人在吕宋的马尼拉建议国王菲利普二世攻占台湾、海南、爪哇、暹罗等地区，以扩大传教范围。作为中国与日本间的要冲之地，须占领台湾北部鸡笼（基隆）港，并附台详细地图。1626年5月抵达鸡笼港，取名"圣三位一体城"，两年后攻占淡水河口。[①]

"荷兰联合东印度公司"具备政府职能，1650年在日本长崎、东京、台湾大员、美洛居（印尼东部的摩鹿加群岛）、克罗曼尔德、赫尔德利亚（印度东岸港口）、苏拉特（印度西北部港口）等

[①] 韩家宝：《荷兰时代台湾的经济、土地和税务》，郑维中译，台北播种者文化有限公司2002年版，第97页。

地拥有商馆，拓展商务。大员商馆是荷兰人在台和亚洲商务的主要据点之一，目的是追求绝对利润。特许状让"荷兰联合东印度公司"各地商馆享有极大的自治权。因为该公司对台原住民进行过血腥征服，对地方控制能力较好，所以大员商馆在台运作类似政府统治。

从新航路开辟后，台湾进入欧洲人视野，成为欧洲霸权全球商业扩张海上通道的东方站点，台湾不论从政治军事力量对比、全球市场供需法则，还是文化浸染，都被一个正在兴起的新世界所裹挟，东西方制度与文化的新旧交替，以及这种变迁引起的任何动荡，都敏感地影响着尚待开发的台湾。荷兰与西班牙人到来前后，台湾主体居民是原住民，欧洲人所谓"土番"，近似原始状态。荷兰人以武力征服为后盾，使用近代以来的欧洲规则教化并改造台湾，以当时欧洲文明定义之下的形式契约与宗教信仰改造，获得对台湾的所有权。

荷兰联合东印度公司占据台湾，欲以事半功倍的途径最大限度地获得利益。实现土番归宗，改变其宗教信仰，强力推行基督教文明。荷兰人开设教会学校，并在台湾西部海岸建立教堂，实施基督教教育。甚至1659年，在台南萧垄社开办了一家神学院。在此期间，郑芝龙集团海上势力崛起，辗转日本、台湾和厦门内地进行转口贸易的同时，自置耕牛粟麦，召集流民，载移台湾，垦殖荒土。时内地被灾，附者如流，大量内地汉人移垦台湾。郑成功据台后，力推农业垦殖，宣示教化。明郑初期台湾南北二路原住民多执荷兰风尚，遂严法禁止使用荷兰姓氏，拆毁荷据时期教堂，尊崇儒道、定制度、被尊卑、令民向化。鼓励昔日荷化教育最深的新港、目加溜湾、萧垄和麻豆四大社接受汉化教育，劝谕其子弟就乡塾入学者，免服劳役，渐以化之。

但汉人数量过少，直至台湾入清版图，依然"野无村落，行人孤少"，1720年前后，"后垄至竹堑区间，流民开垦甚众，惟竹堑仍地广无人，野番出没"[①]。约19世纪30年代，竹堑"漳、泉、

---

① （清）伊士良：乾隆《台湾志略》，九州出版社2003年版，第118页。

资本积累与本土身份建构：以清初迁台的浯江郑氏家族为例

潮、惠之民耕种生理者，日渐云集"。朝廷虽严令仅士农工商之良民，可获照单入台籍居，但闽、广无产无业游民偷渡者更多。移民接踵，渐有非商非农者，违法乱纪，啸聚为奸。无业游民流荡街市，秘密会党结伙为恶，乡里混乱。富者巨富，贫者极贫，已垦区域多归富户。肩挑行脚，窝赌贩烟以求生计者，更比比皆是。富者称"头家"，他们不重诗书礼义，却结交权贵，钻营投机，唬吓贫弱，亦恶亦善，两面邀利。

每一个势力的短期占据，更替频繁，内地家族入台移垦，并无经久的制度与文化传统所遵循。荷兰人和西班牙人据台时期，推行西式教育，近代以来西方文化传统较有保留，趋利避害之个人理性精神与重商主义的货币财富意识，已成风气。由于较早融入国际贸易体系，当初荷兰人设立联合东印度公司，台湾即隶公司之下，土田初垦，一岁三熟，出口货物丰富，仅许荷人贸易，"故商务独大"，且"荷制利禄薄，不足用，各自为商，博私利"[①]。博利与重商成为西方人治理台湾的要旨。

延平克台后，因海上交通与南洋贸易，富可敌国，财用不匮。中国诸货，海外皆仰给，故而台岛弹丸之地，能养七十二镇之兵。商船往来暹罗、爪哇和吕宋，诸国皆与台贸易，岁至十万金。通商之策，裨益国计民生，故漳、泉人争附之。[②] 至此，台湾成为重商的农业区域。

清朝得台，渐开海禁。台、漳、泉、日以及南洋诸国，皆成开洋区域，互通有无，仰赖彼此，一家禁海，诸家皆损。《天津条约》签订后，许开台湾互市，英、美、法、德相继而来。许开淡水后，凡淡水河所至之地，皆可互市，闽、粤、江、浙之商，多往来贸易，台湾商务日进。

郑氏家族迁入时，台岛已欧风渐被。全球贸易正从海洋通道悄悄地改变着这条航道的东方世界，台岛已先于原乡内地，连续遭遇

---

① 连横：《台湾通史·商务志》（下），商务印书馆2011年版，第476页。
② 同上书，第477页。

国际变局。欧洲人推行基督教与西洋文字，治理的功利与高度理性相辅相成。清领台湾前后，流民、会党横行，闽粤、漳泉分类械斗不止，竞争的功利与争夺的血腥，导致台湾当地社会混乱、世风浇薄，文治诗礼传统，几成边缘。

郑用锡家族在清一统版图后迁入竹堑，当时台湾已设社学义塾教化蒙童，并设学政、教谕与训导。台自康熙二十二年（1683）设学①，授朱子《四书》《诗》《书》《易》与《左传》，建树内地儒教文治传统，旨在宏奖风教，劝爱宗国，以希长治久安。连横先生论到，"淡为新辟之地，民少读书，崇和劝励之，富家子弟多就学，奉师厚，故修脯亦丰。……竹堑文风之盛始于此。崇和好宋儒书，尤守紫阳家训，及门之士多达才"。新辟之地，民不谙诗书，这与台湾其他已垦地方情形相似，西洋与本土管理标准的连续替代，加之文教不倡，能整合大变后社会秩序的同一制度与文化价值尚未确立。郑氏家族能以内地儒家诗礼传统，鼎立一方之望者，除有学养根基外，关键在于顺应清廷一统之潮流，于内地本土之外复兴中华文教传统，使科举作为国家意志行为在新辟之域，能与民间社会本土化进程相结合，以自下而上的方式承接内地主流制度在新区域普遍适应，并发挥持久的政治影响。

内地传统文化在台湾生根繁茂，是在与先己之西洋、东洋等世界文化抗衡中展开的。士大夫自励立身，致力地方社会公益事业，实践传统文化所赋社会身份，同时也是在国际商业文化中开辟本土文化的生存空间。郑氏入台第一代，即积极投身竹堑地方社会秩序的建构。《淡水厅志》记载，郑家与竹堑土地开垦，关系密切。因竹堑沿山一带屡遭番害，郑崇和设隘防御。"竹堑多山野，土番辄出杀人，岁且数十。崇和乃集壮丁，据形势，鸠资设隘，以保卫行人，樵苏便之。"② 依当时移垦惯例，堵隘关防乃开垦番地之先声，

---

① （清）于文仪：《续修台湾府志》卷8《学校、学宫、书院、社学》，载台湾银行经济研究室编《台湾文献丛刊》第66种，1963年版，第227页。

② 连横：《台湾通史》（下）卷34《列传六·郑崇和》，商务印书馆2010年版，第727页。

资本积累与本土身份建构：以清初迁台的浯江郑氏家族为例 ◆◆◆

郑氏家族是组织者也是出资者。凭借监生身份，识文断字，事有见识，于初辟的竹堑，已是声望颇高的大家族，接受垦户委托，洽谈垦权，并因此以"郑吉利"之家号，成为淡水众多商社在番社交易的代理"通事"[1]，众望瞩目，是竹堑地方的领袖人物。时蔡牵唱乱，侵扰淡水，郑崇和募勇守防，当道嘉许。嘉庆十一年（1806），淡属闽、粤杂处，分类械斗，历年不息，崇和奉檄劝谕，力陈利害以解之。移垦动荡中可维安一方，郑氏家族势力及其地望影响是关键要素，在当地已有所谓"喝水坚冻"之能耐。

郑氏族人富而能仁，修身以儒，乡里誉成表率。《淡水厅志·先正门》记载，"郑崇和，监生，籍金门，设教于淡。淹贯群籍，准先辈法程。门下多达材，晚益好宋儒书。令子弟时读数行，以窥圣学源流。先因贫困，有劝以刀笔营生者，崇和不肖为衣食丧所守。洎家渐饶，粗砺如恒。不亲势要，尤敬惜字纸，待亲族恩义备至。嘉庆二十年，岁歉，发粟平价，二十五年，施药活命不少。死者助以棺，后垄旧居，也设塾延师教之，每人给薪米，月以数百计。自少至老，不履公庭"[2]。修身自持，兼济博施，身兼商人、地主与士绅之身份。其子用锡登第后，郑家声望达于巅峰。

台湾文教制度，始于康熙二十五年（1686）。1683年台湾兵备道周昌曾奏在台"立学校、社教官、开科考、收人心"，主张"除观风月课，以励士习；并颁行乡约，然生员稀少，每学暂设教职一员，听部候选，以教生徒"[3]。清领台初期，文教制度缺乏整体规划，但移民大量涌入，安置教化等具体事务，实质由地方望族、士绅以及郊商团体协助官方或代替官方来完成。郑用锡捐建竹堑文庙、捐献学田、筹措儒学资款，并积极建言官方建置学宫，鸠资捐

---

[1] （清）陈培桂编：《淡水厅志·列传》卷9《先正·郑崇和》，载台湾银行经济研究室编《台湾文献丛刊》第172种，1963年版，第126页。
[2] （清）郑鹏云：《新竹市志》卷7《人物志·郑崇和》，载台湾银行经济研究室编《台湾文献丛刊》第61种，1963年版，第97页。
[3] （清）高拱乾辑：《台湾府志》卷10《艺文志·公移·周昌曾详请开科考试文》，载台湾银行经济研究室编《台湾文献丛刊》第65种，1963年版，第58页。

建金山书院、浯江书院。① 助推儒学教化体系完善，忠孝仁义诗礼传统深入人心。道光九年（1829），用锡掌铎明志书院，力振学规，施教明伦。重视文教传统的养成。在《明志书院勖诸生》一诗中，郑用锡用心拳拳，"多年解组寄浮沤，文字因缘一席留。聊借豪端评月旦，敢夸皮里有春秋。赋成为色虽迷目，笔扫千军始出头。我倘识图惭老马，年年栈豆欲何求"②。姿态谦恭，劝勉诸生博览群书，切勿贪恋名位。不仅勉励家中子弟，亦勉励明志书院诸生，主讲八年，每有课日，勤于诗文，勉诸生表率，考评学生秉存公正，人皆信服。

三国曹丕在《典论·论文》中言，文章经国之大业，不朽之盛事③。横渠四句教"为天地立心，为生民立命，为往圣继绝学，为万世开太平"④，此儒家天下己任，道尽传统文化内圣外王之命意。然台湾荒服已久，俗殊中华，又逢千年未遇之大变局，连横先生曰"文运之衰，至此极矣"。言中华文化传统在台至此已是风雨如晦，"洪钟毁弃，釜瓦雷鸣，道术将为天下裂，苟不出而葆之，惟见沦胥以亡尔"⑤。当此文运绝续之时，一发千钧，郑氏在台社会文化活动，正是在此失序的多元语境中复兴再造中华文化传统，本土文化的"当地"意义，堪当其称，这也是该家族获取地望的深层秘密。

三　家族世系建构与地方话语权力的获取

世系关系是主动建构的过程，而且是一个历史范畴，它往往超越父系单系血缘的生物学意义。一个宗族要证明自己的身份和地

---

① （清）林焜煌撰，（清）林豪续修：《金门志》卷4《浯江书院碑记》，载台湾银行经济研究室编《台湾文献丛刊》第80种，1963年版，第172页。
② 《浯江郑氏家乘》（附录）《明志书院勖诸生》，清光绪抄本，第12页。
③ 《文选》卷52《典论·论文》，中华书局1977年版，第719—722页。
④ （宋）张载：《张载集·语录》（中），中华书局1978年版，第320页。
⑤ 连横：《台湾通史》（下）卷34《列传六·文苑》，商务印书馆2010年版，第729页。

资本积累与本土身份建构：以清初迁台的浯江郑氏家族为例

位，须认真且合乎规范地展现自己的世系。中国式宗族的建构过程，就是一个用刻有明确取舍标准的世系"卡尺"来精心构筑"理性化社会系统的典范"[①]。郑用锡家族的世系建构，是以儒家诗礼文化传统的当地重构而展现出来的，殊异于好利无义、不洋不中，或奢靡悍狠且无文粗鄙的社会流俗。

自迁入竹堑后，家族房支衍派渐丰。世系的自然成长与家族发展自我定位日益突出，《浯江郑氏家乘发凡》[②]特别明显地反映了这一取向。家乘《凡例》共12条，多为正面崇仰儒家传统价值践行的日常规范。"重派系，溯本源"为《发凡》第一款，据旧谱载世系序行，云"光国崇文德，安邦建武功；绍先雄继志，功业际昌隆"。后各依行辈取用，世系行辈用字讲究，习尚文治武功，修身安邦，襟抱宏远，慨然有天下志。"重恩纶"为第二条，凡子孙有文武官职，并捐保职衔顶戴，得有封典；以及请旌膺奖，诰命公赎，均得详书。所以纪褒荣，即光家乘也。看重朝廷褒奖，捐身家国天下，建功立业，这是光大家族门楣的最高荣耀，也是该家族以文教立命，拓展世系的目标。其后，"重科名""重功名"条，明书子孙登甲、出仕、能勤劳国事，政绩可纪，为民兴利除弊，则详书于乘。"重忠烈""重孝友""重睦族""重乡行""重亲葬""重表章""重著述"等条，都是符合传统中华文化主流价值的行为规范。以此明志，在世系绵延展开和秩序建构过程中，要求子孙严加恪守，光大家声。只有最后一条是反面训诫的"谨败类子孙"款，有三种行为者，坚不入谱。十恶凶逆，不得书；诈孕抱养子者，亦如之；子女再嫁，妇人再嫁，及犯恶逆者，亦如之。所以严家法，防乱宗也。家族有约，如国之有法，大家族往往如在地之一国。以"儒家哲学之实践性，维持社会、政治秩序。所谓仁义道德并非独善其身的个人主义，而是社会化，修身齐家只是个人修养的基础，

[①] 陈奕麟：《重新思考Lineage Theory与中国社会》，《汉学研究》1984年第2卷第2期。

[②] 《浯江郑氏家乘发凡》（编辑摘要）。该谱例发凡在维持1913年版原样基础上，加入第三条"重科名"中的"凡大学以上学历，拥有学位者，详述系、所及校名"款。

以之达到治国平天下的目的"[①]。郑氏家族在新辟蛮荒之地，世系建构持守国家认同，家国一体，将传统治国之"礼"，引为家族自治、进而乡族自治的规矩与典范，以礼为法。家谱凡例，往往有家法大纲之喻，郑氏家乘世系凡例，以儒家诗礼传统，重建朝廷新领之地的社会秩序与乡族认同，客观主导了地方社会治理的话语权。

郑氏"文"字辈，即郑用锡辈时，家族已步入黄金期。钜富之外，世系建构中的后昆文化养成才是泽近遗远，崇隆声望的真正秘诀。儒家个人修身以致"达则兼济"的仁，其实践的象征性资源是宗教和伦理式的，又是政治式的，强调经济与社会手段参与管理，更需文教在文化意义上改变世界，以深刻的社会良知及其道德合理性而获得领袖资格。自"文"字辈，郑氏学术、孝义等日常文化实践，开始获得社会影响力，原有修身进学的文化资源，具备了"文化资本"的含义，内地传统文化身份在台湾当地被成功再造。

郑用鉴是郑崇科长子，郑用锡族弟。乾隆五十四年（1789）生于淡水厅，嘉庆二十二年（1817）归淡水厅儒学"屡冠军"。同治元年（1862），诏举"孝廉方正"，今新竹家庙仍存诏举"孝廉方正"圣旨牌一面。秉性至孝，双亲衰老，朝夕侍侧，不赴科场，专以授徒为务。主明志书院讲习三十余年，诲人谆谆，主张学以致用，而非应制。治学"究心易理，时以宋儒为宗。在济济于科甲的环境里，仍重天理性命之学。教导学生强调"国家取士多求体用兼备之人"，"尚节廉，戒浮靡，衣服饮食淡薄自甘宴如也，自修金赀节外，无一苟取于人而人亦不敢干以私"。淡北地方文教事业，常以郑氏兄弟马首是瞻，弟子遍及北台地区，大有桃李不言之风。"文"字辈中，用谟、用钰、用钟、用锡皆有名，一门四杰，三人正途科举，这在当时的台湾大家族世系建构中，极为罕见。

以文会友，建构庞大的世系交往圈。光绪初年，淡新分治之前，竹堑乃清代北台湾行政中心与文化重镇，文学活动向来活跃。连横先生《台湾通史》推之"北地文学之冠"。诗礼、诗文、文化

[①] 瞿同祖：《中国法律与中国社会》，中华书局2003年版，第292页。

资本积累与本土身份建构：以清初迁台的浯江郑氏家族为例 ◆◆◆

气及文人身份，成为上流社会交往的通行证。北台文坛，郑氏家族无疑有着举足轻重的地位。郑用锡自筑"北郭园"，招徕文人雅士，诗酒兴会，全台文人以此为平台，往来频繁，甚至能以受邀而自矜。

文友中最负盛名者莫如"竹堑七子"，自比中国文化史上魏晋"竹林七贤"，文化世系建构的志气抱负可见一斑。"竹堑七子"中郑用锡、郑用鉴、郑用铦、郑如松皆为郑氏家族中人，而郭成金、刘星槎与郑士超为竹堑本地人。用锡在三处诗作中表达了七贤结社的缘由，其中《赠斯盛社同人》诗一曰："磊磊英姿正少年，诸君结社各翩翩，留松开径邀三益，种竹成林得七贤。"英才相赏，风姿翩翩，结为"斯盛社"，业同道合，聚为七贤。另有诗曰："积薪望汝能居上，联臂相期尺五天"，或"得失全凭三寸管，榜中花即笔中花。"①

郭成金号应钰，淡水厅竹堑西门人，原籍泉州南安，家贫寒，幼以聪颖闻名，乾隆五十六年，以"幼童"取进彰化县学，嘉庆二十四年，中举人，与郑用锡并誉"竹堑双璧"②。道光三年春闱，特准录取台籍进士一名，皆应考，用锡中榜而成金落第，乃退以振兴文教为志趣，主讲明志书院多年，陈维英即出其门下。陈后来扩充学海书院，备受尊崇，从业子弟中举、入为生员者，不下数十人。

甚至连儿女婚姻，也慎选门当户对之书香门第。陈维英不仅是用锡文友至交，又是儿女亲家。用锡次女嫁陈维英三兄维菁长子鹭升为妻。维英曾于用鉴门下执弟子礼，陈、郑两家皆隶淡水厅，同出书香世家，热衷文教，发展历程多有类似，学缘、血缘和地缘交错，世系重合。

用锡长子如松娶林占梅之妹，可谓世家联姻，书字相合。"林

---

① （清）郑用锡：《北郭园诗钞·赠斯盛社同人》，载台湾银行经济研究室编《台湾文献丛刊》第149种，1957年版，第114页。
② （清）陈朝龙：《新竹县采访册》卷8《贡生·文进士》，台湾历史博物馆2002年版，第109页。

占梅字雪村，号鹤山，淡水竹堑人。始祖三光以明季自同安来台，居于台南府治椰子林，数迁至竹堑。祖绍贤，垦田习贾，复办全台盐务，富冠一乡。占梅少颖异，读书知理，无纨绔气，进士黄骧云奇之，妻以女。年十一，挈游京师，出入缙绅之门，学乃日殖。"①《淡水厅志》记载，道光二十五年，英人犯鸡笼，其资捐防费，得旨嘉奖，遂以贡生加道衔。② 林氏工诗书，精音乐。抗击英军、平定戴春潮之乱期间，文移批答多出其手。筑"潜园"于西门内，士之出入竹堑者无不礼焉，文酒之盛冠台北，著《琴余草》八卷。其家族形迹事功，规模与影响，与郑用锡家族在台发展如同一辙，世系绾结，相得益彰。

  以文为媒，结官交富，是扩张家族世系圈，积累家族影响力的又一关键途径。郑氏世系交往圈中的官吏政要，有丁日键、黄骧云、汪昱、曾玉明等。丁日键是京师宛平人，道光二十七年（1847）起，先后任凤山知县，继任嘉义知县，咸丰四年（1854）调任淡水同知。任内平定小刀会，升任福州储粮道。同治元年（1862），得林占梅之助，领台湾道平戴春潮之乱，在台称良吏。郑用锡时以《颂述安司马德政》诗，表达对丁日键用心治理淡水之感慨。"盘根错节独恢恢，两载需公保障才。每为鞭长防远道，却愁火灭更燃灰。"③丁任职内地后，依然以诗文往来互答，"无分攀辕爱日瞻，音书一纸到闾阎。暮云春树三年别，流水桃花两度兼"④。举业入仕者，必能诗赋，入秩虽有事功历练，依旧文人本色，诗书文教认同宜在必然，这也是郑氏家族获取当地主导话语权的社会资本。

  黄骧云，字雨生，原籍嘉应州，父参将黄清寄籍凤山，嘉庆十

---

① 连横：《台湾通史》（下册），商务印书馆2010年版，第679页。
② （清）林占梅：《潜园琴余草简便序》，载台湾银行经济研究室编《台湾文献丛刊》第6卷第202种，1968年版，第170页。
③ （清）郑用锡：《北郭园诗钞》卷3《颂述安司马德政》，载台湾银行经济研究室编《台湾文献丛刊》第149种，1957年版，第110页。
④ （清）郑用锡：《北郭园诗钞》卷3《有感·寄述安司马》，载台湾银行经济研究室编《台湾文献丛刊》第149种，1957年版，第112页。

资本积累与本土身份建构：以清初迁台的浯江郑氏家族为例

一年（1806），任竹堑守备。骧云肄业鳌峰十年，为文益邃。道光九年（1829）成台湾一个客家进士。道光十二年（1832），戡定嘉义张丙之乱，奖拨入京供职，偕林占梅北上，时值郑用锡亦入京奉职，同游西湖。道光十四年（1834），同郑用锡、郑用鉴合编《淡水厅志稿》[1]。曾玉明曾任台湾南路营千总、台湾南路营守备北路协副将，护台总兵[2]。咸丰三年（1853）平定林恭事件，与郑用锡结为儿女亲家。

郑用锡酬答人际之诗作，表明其家族世系圈建构的基本取向和范围。其包括了亲族、师长、友人等社会层面。也有意气相投，文学相赏的文人雅士，还有为官一方，衔任御民的地方高官等，皆以文化同质而结为世系交往圈，构成北台地方独特的人文意象。

四 小 结

迁台移民当地身份的获取，是一个不断交换社会信息、融入、改变且被改变的过程。内地原乡意识其观念、价值以及行为取向等静态部分，都被现实生存所需的社会条件重新建构。对迁台个体或家族群体而言，原有文化特质的确定性和家族身份的同一性，根本不是可以持久固存的本质，而是持续选择且遭遇外在经验，适应社会环境并主动融入大历史的时代命题，将此经验转化为自身成功的秘诀。郑用锡家族的地望积累与本土身份建构，通过内地诗礼文化传统，连续选择、适应且改变或重建当地人文社会环境的过程，故而是一个充满固守拒斥和持续演变的过程。

---

[1] （清）陈培桂编：《淡水厅志》卷9《列传·先正二》，载台湾银行经济研究室编《台湾文献丛刊》第172种，1959年版，第565页。

[2] （清）刘宁颜编：《重修台湾省通志》卷9《人物志》，台湾文献委员会1994年版。

闽台戏曲传播与两岸民族文化认同研究[*]

张小琴[**]

摘　要：闽台戏曲是中国戏曲文化的重要组成部分，富有思想感染力和艺术表现力，蕴含深厚的民族文化情感。闽台戏曲作为两岸民族文化交流与融合的重要平台和媒介，对促进与巩固民族文化认同有着重要的作用，对加强两岸民族文化的进一步融合作出了应有的贡献。21世纪以来，闽台戏曲得到广泛的传播与传承，与两岸同胞对共同民族文化的认可与积极弘扬是密不可分的。闽台戏曲传播与两岸民族文化认同之间存在着互动、互促的关系。进一步挖掘闽台戏曲文化内涵，正确认识闽台戏曲传播对民族文化认同的促进作用，充分发挥闽台戏曲"文化软实力"的功能，对于加强两岸民族团结，促进两岸民族文化的繁荣和发展，促进祖国文化统一事业，具有重要的理论价值与现实意义。

关键词：21世纪　闽台戏曲传播　民族文化认同　文化交流与融合

在远古时期，台湾与祖国大陆紧密相连。此后，由于地震灾害，将台湾与大陆分离，在闽台之间出现了台湾海峡。台湾同胞与

---

[*] 本文为福建省社科基地重大项目"闽台戏曲传播研究"（项目编号：2016JDZ026）研究成果。

[**] 张小琴（1981—　），女，福建平和人，副教授，文学博士，主要从事闽台戏曲传播与民族文化研究。

大陆居民犹如孪生姐妹，虽隔海相望，却感情深厚。到了明代，一大批大陆居民，尤其是闽南人，为了躲避战乱，求取生存，渡过台湾海峡，移居台湾岛。他们在台湾岛上努力开垦荒地，大量种植农作物，台湾经济得以迅速发展，促进了台湾与大陆居民尤其是闽南人之间的经济、文化往来。同时，大陆移民与台湾同胞在生活习惯、思想观念和文化品位上互相融合、互相认可、互相渗透，进一步巩固了感情基础。闽南文化、客家文化与台湾南岛文化在台湾岛上共融共处。

闽南戏曲文化是闽南文化的重要分支。闽南戏曲是闽南人酬神演戏的重要民俗活动与娱乐方式。闽南人移居台湾的同时，也将闽南戏曲文化传播到台湾。闽南戏曲主要有歌仔戏（芗剧）、高甲戏、梨园戏、木偶戏等剧种。本文所述闽台戏曲，主要指歌仔戏（芗剧）、高甲戏、梨园戏和木偶戏等剧种。

在21世纪，随着新环境与新形势的发展，进一步深入探讨闽台戏曲在两岸的传播现状及趋势，深入剖析闽台戏曲中所蕴含的思想感情、乡土文化及民族气节，对挖掘闽台文化的同根同源性，促进闽台同胞在价值观、审美观和伦理观等方面的融合与交流，促进两岸民族文化认同，加强两岸民族团结统一，具有重要的意义。

一 21世纪两岸人民对闽台戏曲的接受与传播

闽台戏曲是植根于两岸民族文化融合与认同沃土中的一朵奇葩。21世纪以来，大陆综合国力得到极大发展，对民族文化艺术投入力度也不断增强，在两岸文化交流方面呈现主动趋势。随着闽台两岸政治、经济、文化交流的日益深入和频繁，闽台戏曲文化传播和交流演出也日渐深入和广泛。

台湾同胞对歌仔戏（芗剧）、高甲戏、梨园戏和木偶戏等戏曲剧种给予相当程度的关注和接受。他们对《山伯英台》《连升三级》《陈三五娘》《杨家将》《邵江海》《假凰戏凤》《金刀会》《五虎平南》等诸多知名戏曲剧目，十分熟悉，百看不厌，了解非常深刻。

根据相关资料记载，从2000年开始，漳州市芗剧团、厦门市金莲升高甲戏团、泉州市梨园剧团、泉州市木偶剧团等，每年都要频繁应邀赴台演出。各戏曲剧种分支剧团、私人戏班或戏曲学校，如龙海市石码镇芗剧团、惠安掌中木偶戏剧团、安溪县高甲戏剧团、龙海市菁艺歌仔戏团、厦门翔安民间戏曲学校、新笋仔芗剧团、漳州南靖县芗剧团，也随着闽台戏曲互动交流的良好现状，纷纷应邀赴台参与戏曲演出交流。

台湾戏曲剧团也频繁赴闽交流演出。近年来，台湾著名的歌仔戏艺人叶青、杨丽花、唐美云等一批优秀演员多次带领歌仔戏剧团回大陆交流演出。闽台戏曲传播范围不断扩大，除了厦门、漳州和泉州成为台湾戏曲剧团演出交流的重要根据地以外，江西、四川等地也是台湾剧团演出传播的重要据点。两岸戏曲演出阵容逐渐加强，规模也越来越大。闽台民族文化认同通过戏曲文化交流取得了实质性的进展。闽台戏曲剧团之间的循环互动交流，首先保证了闽台戏曲的传播量，在一定程度上反映了闽台同胞对本土戏曲文化的接受、吸收与认同程度，说明两岸同胞极其喜欢闽台戏曲。闽台戏曲以交流演出为传播方式，是一种可持续发展的趋势。

闽台戏曲除了受官方文化部门邀请参与文化交流演出以外，更多的是受民间信众邀请参与酬神演戏、岁时节庆演戏及婚生喜庆演戏。政府部门对闽台戏曲的喜好和扶持对朝野上下作出榜样，影响了闽台同胞对戏曲的接受与传播。闽台两岸上自官方，下自平民百姓，都受到戏曲文化的熏陶和感染。闽台戏曲在两岸有广泛的群众基础，两岸同胞对闽台戏曲文化高度认同。闽台文化交流和融合的良好趋势在闽台戏曲传播中可窥见一斑。

戏曲专家、戏曲创作者、戏曲艺人也通过文本传播、媒介传播和延伸传播，促进闽台戏曲的传播深度和广度。《福建戏曲传统剧目选集（芗剧）》、《荔镜记》和《明刊闽南戏曲弦管选本三种》等剧本受到闽台戏曲专家、学者的高度关注。为符合更多两岸同胞对闽台戏曲的情感体验和审美品位，戏曲创作者还经常对剧目进行改编。如《连升三级》经过改编之后演出，受到更多观众的青睐。这样的改编效果十分明显。改编剧本在一定程度上更符合闽台同胞的情感体验和审美观念，加强了两岸同胞对闽台戏曲文化的认同意识，对巩固民族团结，促进民族文化认同具有重要意义。

随着21世纪网络科技的发达，闽台戏曲传播不再局限于戏台和电视台演出，其传播途径也多种多样。"互联网+闽台戏曲"的传播方式，让闽台民众通过电脑、手机、iPad等媒介，极其便捷、迅速地观看《孟丽君》《陈三五娘》等闽台经典戏曲。新兴网络科技，对闽台戏曲文化在两岸的普及无疑是一种助推器。

为满足闽台同胞观看戏曲的文化需求，厦门市金莲升高甲戏剧团、漳州芗剧团、泉州木偶戏剧团与台湾歌仔戏剧团等经常进行切磋交流，频繁往来，互相传艺。各戏曲剧团纷纷挂牌成立传习中心。同时，闽台戏曲负责人还开办戏曲学校，聘请戏曲艺人进行言传身教，培养两岸戏曲新秀，使闽台戏曲文化得以薪火相传。厦门翔安民间戏曲学校、台湾戏剧学院，努力培养戏曲生力军，使得闽台戏曲传播后继有人，为闽台戏曲的可持续传播输送了新鲜血液。这些戏曲剧团的交流活动和戏曲学校的开办，大大促进了闽台戏曲的发展和广泛传播。两岸同胞对同根同源的闽台戏曲的喜爱，体现了闽台文化的亲缘关系。

尤为难得的是，闽台戏曲不仅是一门舞台艺术，也成为戏曲研究学科之一。近年来，出现了一大批闽台戏曲研究专家和学者，如陈世雄、王汉民、陈耕、曾永义、蔡欣欣、林显源、曾学文、陈彬等专家学者，对戏曲文化理论和戏曲艺术有较深厚的研究。他们对闽台戏曲的文化渊源、传播趋势及思想内涵等研究取得了可喜的学术成果，并频繁开展学术研讨会，促进两岸戏曲文化的交流与发展。学术界的广泛参与体现了时代的发展与进步，这是此前三百多年来闽台戏曲交流中前所未有的局面，尤其是两岸歌仔戏的研讨与合作，呈现了诸多新的交流特征。[①] 这对闽台戏曲文化的进一步传播产生了很大的影响。

---

① 陈耕：《闽台民间戏曲的传承与变迁》，福建人民出版社2013年版，第488页。

从闽台同胞对戏曲的高度热情与关注,可见两岸民众对闽台戏曲的接受与传播呈现可持续发展的良好趋势,说明两岸同胞对携手传承、弘扬闽台民族文化产生了共鸣,反映了他们对民族文化认同的心理。

二 闽台戏曲与闽台同胞价值观、审美观和伦理观的融合

闽台戏曲具有一般戏曲剧种的共性特征,即舞台综合表演艺术,包含较大的文化信息量,同时也具有浓厚的闽台地域乡土文化特色,有利于闽台文化的深入和广泛交流。闽台戏曲剧种如芗剧(歌仔戏)、高甲戏、梨园戏、木偶戏等,不仅促进了闽台同胞间的彼此了解,也对两岸同胞间的价值观、审美观和伦理观的融合起到了潜移默化的作用。

从闽台戏曲演出与传播情况看,两岸同胞选择与自身价值观、审美观和伦理观相符合的剧种、剧目。闽台歌仔戏(芗剧)、高甲戏、梨园戏和木偶戏等剧种剧目,如《刘秀复国》《八仙过海》《孟姜女》《杨家将》《管甫送》《武松打虎》《凤冠梦》《存忠剑》《战马超》《半把剪刀》等剧目,多能反映祖辈们在恶劣的自然环境和贫乏的经济资源条件下,艰苦奋斗、勇于拼搏、忠孝仁义的文化精神。这些戏曲剧种、剧目具有中国戏曲扬善惩恶的总体审美特征,表现对民族气节的赞美,对仁、义、礼、智、信的推崇与肯定,对廉洁清正的清官形象的赞颂,对爱拼敢赢、忠贞勇敢的劳动人民的歌颂。戏曲创作者往往善于塑造正反两面形成鲜明对比的人物形象。他们在颂扬自强不息、舍生取义、无所畏惧的民族精神的同时,也批判、鞭笞奸佞卖国、阴险狡诈的民族败类。

高甲戏中的包公戏剧目繁多,如《探阴山》《铡美案》《打銮记》《乌盆案》等,这些戏曲剧目在一定程度上宣扬了人性之善。《铡美案》一剧,塑造了扬善惩恶、铁面无私、正义良知、廉洁清

正的包拯形象与坚贞勇敢的秦香莲形象，表现因果报应的伦理观念。正如余秋雨所说："有谁能够确切的估计戏剧舞台上的公正法庭，对于社会心理的巨大作用呢？正是这些假定性的法庭，加固了人们心头的正义；在人头攒动的演出场所，这种心头的正义又变成为一种集体的心理体验。于是，久而久之，对于非法行为产生了一种舆论上的震慑，而对于被欺压的弱者，则起了精神扶助作用。舞台上的法庭，既然已成了心中的法庭，因而也就从假定性的存在变成了一种现实的力量。"① 显然，闽台戏曲创作者正是将历史上的包拯形象加以艺术化和理想化，宣扬廉洁清正的执政理念。这与两岸同胞正直朴素的价值观相契合，自然引起两岸民众对公平正义的共鸣。包公戏也因此在闽台两岸得到广泛传播。包公戏的频繁演出，正反映了两岸同胞对汉民族文化的认同心理与价值取向的一致性。

高甲戏、芗剧中的关公戏，也颇受欢迎，广为流行。闽台同胞将关公作为尊贵的神灵加以供奉。这一共同的信仰传统促进了两岸关公戏在民间的广泛传播和发展。关公戏在闽台两地得到不断发展，出现了"剧种多、剧目多、名家多、观众多"②的繁荣景象，反映了闽台同胞对关公文化的喜爱与认同。《关公斩子》《关公整周仓》等剧目，所折射的仁义忠勇价值观也随着戏曲的频繁演出与广泛传播而深入人心，感染一代代戏曲爱好者。

从审美观上看，闽台戏曲剧种，多以白话体语言代替古典诗体语言。各戏曲剧种各具特色。典雅细腻、精致优美的梨园戏，促进了民众雅正醇厚的审美观的形成。高亢粗犷、率性达观、通俗易懂、谐谑风趣的高甲戏，符合闽台平民的审美标准与欣赏品味，容易产生共鸣。木偶戏则以形神兼备的雕刻艺术、精美绝伦的服装设计和悦耳动听的音乐为审美特色，以细腻传神的技巧表演人戏难以体现的动作。台湾布袋戏则延伸和移植了闽南木偶戏的特色。两者

---

① 余秋雨：《中国戏剧文化史述》，湖南人民出版社1985年版，第184页。
② 王政尧：《清代戏剧文化史论》，北京大学出版社2005年版，第128页。

之间颇能体现两岸一家亲的民族认同感。芗剧与歌仔戏在唱词语言、音乐曲调及思想蕴含上，也具有高度的一致性。芗剧的前身即是台湾歌仔戏。歌仔戏是形成于台湾地区，最具代表性的地方民俗戏曲艺术。台湾歌仔戏的形成与闽南人移居台湾及锦歌技艺的传播，具有十分密切的渊源关系。芗剧与歌仔戏同根同源，具有丰富的乡土情怀和表现力，兼具闽南和台湾文化特色，是闽南人和台湾同胞共同栽培和喜爱的戏曲。

闽台各戏曲剧种为两岸同胞所喜闻乐见，它们在交流演出中，相互吸收，相互借鉴，相互渗透，促进了两岸民众欣赏品位与审美观念的趋同性，加强了两岸同胞审美观的交流与融合。

自古以来，人们认为戏曲"于人心风俗，殊有关系"[①]。因此，多数观众对表现忠孝观念和伦理纲常的戏曲剧目加以倡导和宣扬。综观闽南戏曲剧团赴台演出剧目，可见台湾同胞对宣扬伦理纲常和忠孝理念的闽南戏曲剧种、剧目尤为兴趣，给予高度的关注。如《目连救母》《恩仇报》《太子斩夫》《文贞公主》《李三娘》《妙审白绫》，这些剧目竭力抨击奸佞、颂扬忠孝节烈的民族文化精神，具有强烈的感染力，在大陆演出时，即引起了观众广泛的接受和吸收，赴台演出后更是让台湾同胞产生非同凡响的共鸣。

闽台戏曲把台湾同胞对儒家孝道、伦理纲常、仁义忠诚、勇于进取等文化精神的认识，通过戏曲剧目的频繁演出与广泛传播进行系列性的连串，使得台湾民众在耳濡目染中得到熏陶与教育，形成一种坚固的文化精神，与大陆民众形成文化认同的共振效应和文化心理满足。

正因为闽台戏曲聚集了这么浓厚的汉民族文化精神，才更应引起两岸戏曲学科的关注，才更需要两岸戏曲学者对其进行更为深入、细致的研究，探讨如何传播、继承闽台戏曲文化精华。

---

① 江苏省博物馆编：《江苏省明清以来碑刻资料选集》，生活·读书·新知三联书店1959年版，第295页。

三 基于闽台戏曲的两岸民族文化认同与融合

早在古代时期，戏曲就已在人们的社会文化交流中充当重要的媒介和渠道的作用。间叙清代朝野士夫之事，而以伶人经纬其间。① 新世纪以来，戏曲所充当的这种媒介和渠道的功能更为明显。一场戏曲的顺利演出与传播，需要社会各界人士的积极交流与配合。戏曲剧团的管理者、出资者、创作者、经营者、演员、观众等各角色之间，需要不断联系与沟通，增进各界人士之间的情谊，促成共同的文化认同理念。这在一定程度上促进了闽台政治、经济和思想文化的交流与融合。因此，闽台戏曲的频繁演出与传播，极大地促进了两岸政府与民间的互动与交流，一定程度上促进两岸民族文化认同，促进两岸文化统一事业的发展。

闽台戏曲在两岸文化交流中起到了润滑剂的作用。综观闽南戏曲剧团演出情况，有受官方邀请赴台进行文化交流演出的，有因祝寿、婚庆生子等富贵豪门邀请的，有因民俗节庆活动酬神演出的。其中以民俗节庆活动酬神演出居多。节庆民俗活动的开展本身就以参与者对同一民俗文化的认可为思想基础的。民族节日习俗是形成民族文化联想的极重要的因素。日后，由这种民族文化联想和记忆引发的自觉或不自觉的重复传统节日行为，则是民俗教育产生的民族文化心理共振的结果，而这种民族文化心理共振是民族文化认同意识的重要情感基础。② 闽台戏曲的频繁、反复演出与传播，留给人们的戏曲记忆与闽南文化精神，是使两岸同胞唤起民族文化融合与认同心理的重要因素。

四 总　结

民族文化认同是人的文化存在方式，其核心是文化主体间的价

---

① 潘镜芙、陈墨香：《梨园外史》，京华印书局1925年版，第524页。
② 何彬：《从海外角度看传统节日与民族文化认同》，《文化遗产》2008年第1期。

值选择与体认，反映着个体的一种文化价值观和归属倾向。[①] 闽台民间戏曲是中华传统文化，尤其是民间文化传承的主要内容和重要载体。[②] 闽台戏曲的演出与交流，起到聚合群体，强化群体的内部认同意识，增强集体凝聚力的作用。闽台戏曲的被接受与广泛传播，有力地促进了两岸民族文化的融合与认同，促进了两岸同胞价值观、伦理观和审美观的融合。这与两岸同胞的共同喜好与努力是密不可分的。而两岸文化统一事业的发展，也对闽台戏曲的进一步传播提供了坚实的精神支柱。可以说，闽台戏曲的频繁演出与传播，得力于两岸同胞对民族文化的一致认同，是两岸民族文化融合的丰硕成果。两者之间存在着互动、互促的关系。

闽台戏曲文化，作为一种具有独特性民族特色和地域特色的文化，具有强烈的吸引力和亲和力，让闽台同胞产生强烈的向心力，对闽台民族文化产生深深的认同与依恋。从民族文化认同角度看，闽台戏曲在两岸同胞的民族想象、民族记忆和民族认同中具有举足轻重的作用。戏曲唱、念、做、打的特征，融合了音乐、文学、表演、舞蹈和美术等灵活多样的综合舞台艺术，集娱乐性、文化性与共享性于一体，上自皇家贵族，下自平民百姓，雅俗共赏，老少皆宜。从这个意义上看，闽台戏曲对两岸民族文化融合与统一事业的贡献应该得到足够重视。

[①] 王沛、胡发稳：《民族文化认同：内涵与结构》，《上海师范大学学报》2011年第1期。

[②] 吴慧颖：《高甲戏》，鹭江出版社2013年版，第29页。

非物质文化遗产的生产性保护探究

——以宣纸为例[*]

汤夺先[**]

（安徽大学社会与政治学院）

摘　要：生产性保护是对非物质文化遗产传承与保护的一种重要模式。以宣纸为例，依托对泾县的田野调查，分析了非物质文化遗产生产性保护的内涵，呈现出非遗生产性保护过程中的相关问题诸如现代工业技术的影响、标准化的冲击以及传承人才的匮乏等。对非遗生产性保护进行学理反思，认为非物质文化遗产生产性保护的核心在于传统技艺传承而非商业化与利益化，在尊重文化本源基础上适当进行技术革新、实施带徒传艺的师徒传承模式等是非遗生产性保护的重要路径。

关键词：非物质文化遗产　生产性保护　制作技艺传承　宣纸

非物质文化遗产保护是社会各界关注的话题。学术界形成了关于非物质文化遗产的保护理念与模式，大致有施与式保护、开发式

---

[*] 本文为教育部重点研究基地中山大学中国非物质文化遗产研究中心重大项目"非物质文化遗产生产性保护与产业化问题研究"委托课题"宣纸的生产性保护及其产业问题的调查研究"、安徽省高校学科（专业）拔尖人才学术资助项目（项目编号：gxbjZD01）、安徽大学百门精品素质教育课程建设项目"文化的冲突与融合"（项目编号：ZLTS2015248）研究成果之一。本文已发表在《文化遗产》2017年第6期。

[**] 汤夺先（1977—　），山东邹城人，安徽大学社会与政治学院教授，博士，中国社会科学院博士后，美国康奈尔大学访问学者，从事文化人类学、民族人口学、民族社会学等研究。

保护与发展式保护;[1] 有研究者从行政保护模式、法律保护模式进行探讨;[2] 还有抢救性保护、生产性保护、整体性保护、立法性保护等。其中，抢救性保护是对那些濒危的、现在又难以传承延续的非物质文化遗产进行抢救。整体性保护主要是对一些文化空间的保护；立法性保护则是通过制定并依靠法律法规来实现遗产保护目的；生产性保护是针对传统美术、传统技艺和部分传统医药类非物质文化遗产项目而提出的一种有效的分类保护方式，强调从文化生产角度探索非物质文化遗产可持续保护的方法。[3] 这三者均为积极保护的类型。还有一种消极保护类型即博物馆式保护，把濒危的非物质文化遗产放到博物馆通过录音录像等方式保存起来。[4] 生产性保护作为一种崭新的模式，其兼顾经济效益与文化精神、传承与发展，已成为当前非遗界的热点内容。如何理解生产性保护之于非物质文化遗产的意义，如何看待并反思非遗生产性保护的相关问题，本文将尝试给出答案。

中国宣纸源于唐代、兴于明代、鼎于清代，已走过上千年时间。因纸质洁白、柔软细腻以及润墨性、变形性、耐久性、抗虫性等特性，宣纸享有"纸中之王""千年寿纸"等美誉。通常，只有原产地在泾县、纸的成分中必须含有一定数量的青檀纤维的书画纸才是宣纸，否则只能称为书画纸。[5] 宣纸按照是否进一步加工可分为生宣（白宣纸，未进行再加工）与熟宣（加工宣或矾宣）；按照原料配比即含青檀纤维的比例可分为棉料（40%左右）、净皮（60%以上）、特净（80%以上）等类型。宣纸的制作工艺依然遵照古法流程，多以人力手工进行操作，细节上未发生本质性变化。一张优质宣纸从准备制作到最终成纸需要100多道工序，充分说明

---

[1] 牟延林、谭宏、刘壮：《非物质文化遗产概论》，北京师范大学出版社2010年版，第62—64页。
[2] 曹新明：《非物质文化遗产保护模式研究》，《法商研究》2009年第2期。
[3] 宋俊华：《文化生产与非物质文化遗产生产性保护》，《文化遗产》2012年第1期。
[4] 王文章：《简谈传统手工技艺的生产性保护》，《中华文化画报》2010年第9期。
[5] 汤夺先：《论多工序性民间制作技艺类非物质文化遗产的传承》，《文化遗产》2016年第2期。

宣纸制作的技艺精细，程序复杂，工序繁多，耗时较久。就宣纸而言，在非遗层面其属于制作技艺，依靠代际的传承维系着其固有的活态流变性与原生态性，具体表现为宣纸的制作技艺是通过宣纸制作师傅们以口传心授等方式传承下来，其所具有的手工制作技艺没有中断，也没有较大改变，保证了宣纸制作技艺作为非物质文化遗产的延续性、原生态性以及本真性。2012年与2013年暑假期间，我们对宣纸发源地和主产地泾县进行田野调查，以中国红星宣纸厂等大中型宣纸厂为主，同时辅以小型宣纸厂、私人作坊及宣纸销售店等。采用参与观察、深度访谈、小型座谈会等方法获得大量第一手资料。在此基础上以宣纸为例探讨制作技艺类非遗生产性保护的相关问题，从学理上对非遗生产性保护进行反思。

一 非物质文化遗产生产性保护的内涵意蕴

作为一种非遗保护方式，生产性保护最早出现于2006年王文章的著作《非物质文化遗产保护概论》一书，其名为"生产性方式保护"。2009年，中国非物质文化遗产传统技艺大展系列活动于正月十五在北京农业展览馆开幕，"生产性保护"成为探讨的焦点。2011年，文化部开展国家级非物质文化遗产生产性保护示范基地建设工作，公布了41个国家级非遗生产性保护示范基地，北京等省（自治区、直辖市）也公布了89个省级示范基地。2012年2月，文化部印发了《关于加强非物质文化遗产生产性保护的指导意见》（文非遗发〔2012〕4号），明确了非遗生产性保护的内涵，包括核心、前提、方式与领域，其中核心要素是保持非遗的真实性、整体性与传承性；前提是有效传承非物质文化遗产技艺；实现方式是以生产、流通、销售等为手段，通过生产性实践实现向物态产品的转化；覆盖领域主要包括传统技艺、传统美术和传统医药等。2012年6月文化部副部长周和平在非物质文化遗产生产性保护论坛上再一次明确提出非物质文化遗产生产性保护的内涵。

宣纸系有固定消费群体、需求量较大的小众文化产品，主要面向从事书画艺术的人群，有着特定的消费群体与需求对象。"民间手工技艺类可以通过生产过程来实现这一个或这一类非物质文化遗产名录的传承与保护，这是由其技术性和工艺性决定的，如果没有这一过程，其技术无法得到传承，其产品不能形成，其产品质量也无法保证。"① 宣纸制作技艺作为非遗本身就属于可以进行生产性保护的类型，能够由非遗转化为物态化的文化资源。宣纸制作技艺通过其附着的宣纸产业，以生产性方式满足特定群体的现实需求，同时实现了对该技艺的发扬光大。"将非遗这个常常被理解为过去形态的日常晶体融入于当代生活之中，还原和激活其日常能量，强调日常生活是非遗的本质来源，强调日常需求作为一种保护观念，在当下的生产性保护中突出其核心地位，进而真正实现生产性与生活性的非遗保护理想。"② 虽然宣纸不能作为广大老百姓日常生活的必需品，不能满足普通人的日常生活需求，但其却在某些特殊群体中成为一种生活的必需品，维护与延续着我国书画文化艺术的发展，满足人们的审美需求与艺术追求。

非物质文化遗产的生产性并非单纯的物质产品生产，还包括精神文化的生产。宣纸作为一种地方性文化产品，具有较为深刻的文化内涵，在进行生产性保护时，不仅仅在创造物质财富满足人们的物质生活需要，而且对传承宣纸文化、延续精神产品等有积极的意义。"中国宣纸文化是以泾县小岭曹氏为代表的皖南人民千百年来在总结先前纸业文明基础上形成和发展起来的，以主要作书法和绘画载体的，并逐步超出地域文化而形成的一种中华文化，是一种集器物文化和精神文化于一体的创造性的雅俗共具的杰出文化。"③

---

① 陈华文：《论非物质文化遗产生产性保护的几个问题》，《广西民族大学学报》2010年第5期。
② 高艳芳、孙正国：《日常需求与文化创意："生产性保护"的观念与路径》，《民俗研究》2014年第3期。
③ 曹天生：《论"中国宣纸文化"的定义诸问题》，《安徽教育学院学报》2007年第1期。

而宣纸制作技艺的传承与生产性保护实际上为宣纸文化的生产与承续提供了基础与平台。"精神生产性保护首先是对非遗之中所蕴含的人的历史性优秀品质的保护。"① 通过对宣纸制作技艺的保护，了解泾县人对独特环境的适应性利用及其形成适宜性的地方知识，了解宣纸发展过程中当地人的艰苦奋斗与甘于奉献精神，体现宣纸蕴含的徽州造纸文化精髓，反映出当地人们善于创造、勤于思索的品质内涵，真实再现宣纸制作技艺对于我国书画艺术以及中国传统文化的意义。

二 非物质文化遗产生产性保护实践中的问题呈现

当前，国家非常重视传统文化，大力发展文化产业，加强对非物质文化遗产保护，人们对书画艺术等热情度高涨，再加上国内外书画艺术界的大量需求，这给宣纸发展提供了良好契机，宣纸行业进入四处开花时期。作为非物质文化遗产的宣纸制作技艺在生产性实践中得到了有效的传承，宣纸企业也获得了长足的发展。然而，据调查发现，宣纸行业依然面临某些困境，宣纸制作技艺的生产性保护实践呈现出某些问题。

（一）传统制作工艺与现代科技的冲撞

宣纸仍在坚守被称作"日月光华，水火周济"的制作流程，工艺过程烦琐细致，需要较长时间学习与训练才可以学会，宣纸行业中流传的俗语"一张宣纸，千滴血汗"就足以说明这一问题。精细化的操作方式保证了传统技艺不走样，使得宣纸能够有较高的品质。然而，过于考究的制作流程拉长了宣纸的制作周期，减缓了生产速度，降低了产量。

---

① 高艳芳、孙正国：《日常需求与文化创意："生产性保护"的观念与路径》，《民俗研究》2014年第3期。

在科技飞速发展、机械化程度不断提升的今天，在不断追求经济效益最大化的时代，为了提高宣纸产量、更快地获得更多利润，有企业利用科技手段对宣纸制作流程加以改进，现代化机械和合成化工产品在某种程度上取代着传统加工器具和天然材料。20世纪六七十年代，宣纸企业引入机械抄纸、化学制浆、化学漂白等新工艺，将生产周期从原来1—2年缩短为几天。据我们调查，宣纸曾有过一段宣纸抄纸机械化即生产机制宣纸的历史。原泾县宣纸二厂在科技部门推动下进行机械化抄纸实验，生产出所谓的"机制宣纸"。虽然节省了人力与时间，但是机器生产的整齐划一和生硬强制却使宣纸变得"千人一面""灵气失却"，丧失了手工操作的灵性和独特气质，制作出来的宣纸最终落得无人问津的结果，原因就在于机制宣纸质量与手抄宣纸有很大差距。利用机制长网造纸机来抄造宣纸，会出现两个问题，一是有形的方面即润墨性不理想，二是无形的方面即耐久性不够。[①] 而润墨性好、耐久性佳等是宣纸固有的重要优势，也是其得以立世的法宝。这两个特点没有了，机制宣纸就不是真正意义上的宣纸。

不仅如此，原来依靠阳光自然晒干漂白的皮料稻草经过烘干机、漂白剂等缩短时间；造纸原浆中掺入合成药剂取代猕猴桃藤汁来提高纸浆的黏合度；原本靠人力的捶打过程改为依靠电力操控的机械来完成——诸如此类的做法虽然缩短了宣纸的制作周期，提高了宣纸的产量，但是，却使宣纸制造工艺失去了传承至今的神秘色彩与独特性质。使用改进后的现代工艺生产出来的宣纸失去了在润墨性、耐久性与稳定性等方面的品质，也失去了书画艺术家们的青睐与支持。更为严重的是，因为其保存时间较短，若用类似宣纸进行艺术创作、修复书画文物与传统古籍等，则会带来难以预料的损失。

对非物质文化遗产进行生产性保护，本来要促进传统生产技艺与现代社会更好地结合，结果却成了为了追求产品数量与经济效益的粗制滥造与见利忘义等，事实上阻碍了宣纸制作技艺的有效传承

[①] 刘仁庆：《论宣纸》，《纸和造纸》2011年第6期。

与真正保护,违背了非遗生产性保护之技能保护这一根本原则。有鉴于此,"要努力恢复或增加其文化底蕴,充分把握生产性保护中的人文内涵,而不仅仅是经济内涵。开发决不能改变非遗的内涵,更不能一味地求大、求全、求新,而是要尊重历史和传统,尊重历史上已经形成的生产方式与销售方式的多样性,坚持传统工艺流程的整体性与核心技艺的真实性,绝不可随意改变非遗的传统生产方式"[①]。宣纸传统工艺的改革,不仅仅是一项技术、一个行业的革新,更多涉及人们对待中华民族传统文化遗产的认知问题。

(二)山野的灵气与工业时代"标准化"的冲突

宣纸的标准化是指政府为规范宣纸质量,促进宣纸行业的规范化生产,在宣纸生产制造部门制定的有关"宣纸技艺"标准的各项规程。这是工业化时代对产品的一种规制,也是宣纸适应现代工业发展的必然选择。《中华人民共和国 GB/T 18739—2008 地理标志产品 宣纸》从原料要求、工艺要求、感官指标、规格重量及偏差、理化指标以及试验方法、检验规则、标志标签包装与储存等方面对宣纸进行了标准化规定。规定只有"采用产自安徽省泾县境内及周边地区的青檀皮和沙田稻草,不掺杂其他原材料,并利用泾县独有的山泉水,按照传统工艺经过特殊的传统工艺配方,在严密的技术监控下,在安徽省泾县内以传统工艺生产的,具有润墨和耐久等独特性能,供书画、裱拓、水印等用途的高级艺术用纸",才是宣纸。

其实,对宣纸进行"标准化"的做法由来已久。20 世纪 60 年代,泾县宣纸厂根据古宣纸特点,在征集有关造纸研究机构、著名书画家、宣纸生产厂家、经销单位等意见后,制定出了一套涵盖各制造工序的操作规程即企业标准,这可视为宣纸"标准化"的起点。到了 80 年代,宣纸制造厂家明显增多。为了保证宣纸质量,当时的国家轻工业部在泾县宣纸厂企业标准基础上制定了新的标准,性质

---

① 刘德龙:《坚守与变通——关于非物质文化遗产生产性保护中的几个关系》,《民俗研究》2013 年第 1 期。

为专业标准，于 1988 年执行。1999 年，国家将宣纸制造专业标准进一步修改完善，将其提升为行业标准，标准号为 QB/T 3515—1999。两年后，又一次进行修订，增添了区域、原料、工艺等内容，2002 年 9 月 1 日开始实施，标准号为 GB 18739—2002，性质为强制性国家标准。2006 年，中国标准化协会、安徽省质监局、中国宣纸集团公司联合对宣纸国家标准 GB 18739—2002 重新进行修订，修订后的标准号为 GB/T 18739—2008，性质为推荐性国家标准，2008 年 10 月 1 日沿用至今。① 2011 年 9 月，安徽省宣纸与书画纸标准技术委员会正式挂牌成立，承担起安徽省宣纸与书画纸领域的标准化技术指导与监督工作。显然，宣纸的标准化经历了一个由企业到地方到国家、由一般性到强制性到推荐性的转变过程。

标准化文本如同一把刻度清晰的尺子，用审慎而严格的眼光对宣纸的品质进行衡量。与非物质文化遗产宣纸制作技艺固有的"活体传承"相比，"白纸黑字"的方式保证了宣纸传统制作技艺能够以文本方式完整地保存下来，不会轻易地流失、走形。"通过制定项目标准，可以保护传承主体的知识产权，助力非遗传承人打造品牌、提升效益；同时有效维护消费者利益，为识别、监管与仲裁工作提供依据。"② 标准化的采用有助于非遗产品在进入市场流通与消费渠道时，能有一个与当地社会以及市场接轨的保护标准。宣纸标准的制定在某种程度上对于购买者认知与了解宣纸有着一定意义，对应对国内外假冒产品、劣质产品的"围攻"有较大价值。对宣纸企业而言，若能够在承继传统造纸优秀基因的同时又需严格遵循标准化的要求，则能够实现坚守传统文化和坚持质量标准的双赢。

标准化的制定与宣纸传统制作技艺传承存在看似矛盾的悖论：一方面，宣纸制作技艺工序繁多，没有一个人可以全部掌握所有工

---

① 吴明华、方承炎：《打造新兴文化产业集群——专访中国宣纸集团公司总经理胡文军》，《决策》2011 年第 6 期。
② 王霄冰、胡玉福：《论非物质文化遗产保护工作的规范化与标准体系的建立》，《文化遗产》2017 年第 5 期。

序,且每个人对某一项技艺的理解有所不同,致使技艺的传递在师徒之间、代与代之间存在着差异性,再加上传承人老龄化等因素,用标准化程序采用文本方式记录的确有利于保护与传承技艺;另一方面,因为宣纸制作技艺的传承更多依靠师徒之间的口传心授、口耳相传、示范体验、悟性感受等形式,使得宣纸制作技艺成为一种只可意会甚至不需要言传的东西,宣纸国宝艺人曹人杰认为:"宣纸生产的每道工序关键技术要领,都存在于我头脑中,藏在我肚子里,掌握在手心中,无法用文字记载,全凭师徒间心授相传。"[①]文本记录下来的标准化流程并不能得到民间宣纸艺人的认可,师傅仍然按照经验传承方式来教徒弟。也就是说,宣纸制造流程的"标准化"为宣纸的保护与发展带来了某种忧患。"文化差异性则是非物质文化遗产生产性保护的重要基础,是最重要的'非物质因素'。"[②] 完全依靠大工业的现代技术与生产方式带来的直接后果就是生产出来的产品缺乏个性,属于典型的同质化产品,缺乏必要的文化差异性,而尤其是在产品标准化与统一化的限制下,产品失去了个性,非物质文化遗产成为流水线产品,其中包含的文化独特性与手工艺个性也渐渐消失。"引入标准并不是要将非遗项目固化和一体化,以至于破坏文化的原生态与多样性。"[③] 因为对非物质文化遗产进行生产性保护的重要原则之一是保存和发扬传统文化,关键在于维护文化的独特性和差异性,而不是将其现代化、模式化。宣纸"标准化"生产方式的本质,在某种层面上可以理解为追求利润的增长,或者抵御不合乎标准的假冒伪劣产品的冲击,但结果却以宣纸灵性的消失来换取更高的产量和更大的销量。忽略传统手工艺的自身特点、规律和条件,一味地去追求商品化、产业化和市场

[①] 吴世新:《宣纸世家——记安徽泾县曹氏宣纸技艺传承人曹人杰》,《纸和造纸》2012年第2期。

[②] 谭宏:《对非物质文化遗产生产性方式保护的几点理解》,《江汉论坛》2010年第3期。

[③] 王霄冰、胡玉福:《论非物质文化遗产保护工作的规范化与标准体系的建立》,《文化遗产》2017年第5期。

化，强硬地沿袭重点强调产量、效率和标准化的工业化生产方式，将会把珍贵的非遗送入坟墓。

非物质文化遗产代表的是其所产生年代的社会思想和手工技术水平，无论它是否符合当代的审美与技术水平，我们都不应对其核心要素进行变革，否则将会使非物质文化遗产面目全非，失去应有的灵性。传统制作技艺赋予了宣纸独特的灵魂和高品质，若放弃这一点则会使宣纸丧失其手工制造的内在魅力。手工技艺依赖于人的手工操作和情感表达，出现个性化的作品实属正常，这种"活态流变性"正是导致手工制品和工业机械化产品产生区别的根本原因，也是手工技艺作为非物质文化遗产值得保护和继承的精髓。

（三）人才匮乏与后继乏人的苦恼与无奈

宣纸工艺技巧是智力与体力的结合，充分展现了手工造纸艺术的魅力。原料的质量奠定了宣纸品质的基座，而"宣纸是捞出来的纸"——造纸师傅的手工操作对宣纸的质量起着重要的作用。随着一些造纸企业在某些环节采用了机械化、自动化的操作方式，造纸工人的劳动强度大大减少。然而，总体来说，宣纸生产至今仍旧保持着传统的手工操作方式，习艺周期相对较长且需要长时间练习，技术要求高，劳动强度大，苦、脏、累工种多，但待遇相较其他行业较低。年轻人耐不住寂寞或是被高工资和繁华生活所吸引而放弃继续学艺，最终导致宣纸行业技术人才常年缺乏，技艺传承难以为继。[①] 我们在泾县明星宣纸厂调查发现："捞纸工一天走动的距离相当于常人走几十公里的路程，收入却勉强与在沿海地区打工者的工资持平，使得当地年轻人纷纷外出务工。"尤其是高级熟练技工的大量流失困扰着宣纸企业的发展，不利于保证宣纸的质量。一些熟练技工在离开大型宣纸企业后转投新开的小宣纸厂担任某种技术职务。小宣纸厂以追求利润最大化为运营的根本目标，在挑选原

[①] 汤夺先：《论多工序性民间制作技艺类非物质文化遗产的传承》，《文化遗产》2016年第2期。

料、制作加工等方面不愿意坚守宣纸的传统工序,生产出来的宣纸成品不完全合乎正规宣纸的要求。小厂宣纸以其牺牲质量为代价换取的高产量和低廉价格,对那些大厂宣纸的市场占有率造成了较大冲击,不仅会扰乱宣纸市场的正常秩序,更会破坏宣纸文化与宣纸品牌,使人们对宣纸产生偏差性印象。

随着就业渠道的不断增多,年轻人普遍不愿意从事祖辈们传下来的宣纸生产工作,尤其是劳动强度相对较大的工种如抄纸、晒纸等,致使宣纸行业面临很大的瓶颈问题即后继乏人,一线员工老龄化日趋严重,难以补入新鲜血液,出现技术工人青黄不接的现象。有不少宣纸企业连续数年招收不到新的技术人员与普通工人,即使是宣纸龙头企业中国宣纸集团公司也受此困扰,结果宣纸行业正常的生产制造进程受到影响。人员的缺乏还直接威胁着宣纸制作技艺的传承,失去传承的载体与主体而面临断层危险。缺乏人才使得宣纸企业通过宣纸产品的生产来传承保护宣纸制作技艺的尝试变得有心无力。

三 对非物质文化遗产生产性保护的学理反思

在中国传统社会,宣纸作为文人墨客的书画用纸,为古代文化艺术的发展和传播提供了媒介基础。在当下,宣纸已经成为一种文化、一种非物质文化技艺的代名词,是安徽区域文化发展的重要名片,其生产制造的每一个环节都可以看成区域文化的传承与延续,看成是中国书画艺术发展与传统文化复兴的标志。

就宣纸制作技艺而言,它属于民间创造出来的民间文化,属于"小传统"与"地方性知识";就宣纸产品而言,则是进入中国主流文化生活与上层知识精英的精神文化产品的载体,属于典型的"大传统"范畴。宣纸之所以能够进入"大传统"主流社会中并一直以书画艺术载体的形式流传下来,根源于其作为"小传统"的特质即作为民间文化的制作技艺,也就是说,先有作为民间知识的"小传统"技艺才能够成就"大传统"的精英书画艺术,后来"大传统"书画艺术的发展导致对宣纸的大量需求反过来使得"小传统"技艺有了传承与延续的必然。从这个意义上理解,宣纸之所以成为非物质文化遗产且得到人们认可与追捧在于其传统制作技艺,而非宣纸产品本身。事实上,在宣纸制作技艺成为非遗前就有很多宣纸企业存在,宣纸生产事实上在对宣纸制作技艺进行生产性保护之前。也就是说,宣纸生产最初并非为了非遗的保护与传承,至少保护与传承并非其唯一目的。在宣纸制作技艺成为非遗后,宣纸生产与产业化发展的路子就要围绕着保护与传承非遗的目的上。

著名学者刘锡诚先生认为:"非遗保护成败的标志在于:不论采用何种方式,包括生产性和产业化方式,都必须以非遗项目的核心技艺(而不仅是技术)和核心价值(原本的文化蕴涵)得到完整性的保护为前提,而不是以牺牲其技艺的本真性、完整性和固有的文化蕴涵为代价。"[1] 生产性保护是对传统技艺的传承与保护,不是要求制作过程"纯手工",极力排斥其他工具,而是强调要守住手工制作的核心技艺,也就是最能够体现劳动者的创造力、智慧、能力以及它的文化历史积淀的那一部分技艺。[2] 就宣纸而言,要体现出技术变通与文化内涵坚守的统和,展示出精神生产、文化精髓保持与物质产品创造的辩证统一,不能仅仅保留了物质产品的"技"而丢失了作为文化内核与精神内涵的"艺"。

对非遗进行生产性保护的目的就是为了保护制作技艺的有效传承,通过制作技艺的留存来实现宣纸的世代传续。保护的核心不在于宣纸产业本身,而在于通过生产产品与发展产业的方式使宣纸制作技艺得以传承,不能舍本逐末,不能为了刻意发展地方经济而实行一种不顾宣纸传统制作技艺保护的大工业生产,也不能为了追求经济利益任意更改传统工艺流程进而以假乱真、以次

---

[1] 刘锡诚:《"非遗"产业化:一个备受争议的问题》,《河南教育学院学报》2010年第4期。
[2] 刘德龙:《坚守与变通——关于非物质文化遗产生产性保护中的几个关系》,《民俗研究》2013年第1期。

充好的小厂家行为,这都是没有未来的不可持续发展行为,本身就违背非遗保护的原则,对于宣纸行业健康发展非常不利。乌丙安先生指出:"严加防范和严厉打击一切借生产性方式保护之名,行以假乱真、粗制滥造、见利忘义之实,破坏遗产保护的行为……要严格区分合理利用与不正当竞争的界限,使科学的生产性保护方式在遗产保护的最高原则统领下走出一条良性发展的健康之路。"① 宣纸制作技艺能否得到保护与传承,与宣纸企业能否坚持采用传统制作技艺生产宣纸有很大关系。设若宣纸失去其固有内在品质,不按照传统制作技艺来生产或者导致传统技艺变形、丢失与废弃,而仅仅为了当前的短期经济利益,那么宣纸将不再得到人们与市场的认同最终必将失去在书画界的地位。因此,必须放弃那种不顾宣纸技艺传承的短视行为,很有必要对那些主观上不采用传统技艺、客观上不利于宣纸制作技艺保护与传承的宣纸企业进行整顿与处理,不可因暂时赚钱的"小利"而丢失非遗保护与传承的"大节"。

对一个民族来说,不论是有形的(物质遗产)抑或无形的文化遗产(非物质文化遗产),不管其诞生的年代是否荒蛮久远,其灵魂都应是不可改变的。物质文化遗产是固化的、凝定的,非物质文化遗产呈现的形态则是活态的、不断变化的。② 对非物质文化遗产而言,加以现代化改革是有必要的,但必须保留其本源性东西,不能破坏其传统技艺与文化内涵,否则只能适得其反。非物质文化遗产是在一个民族或地区的民众世代延续中逐渐积累形成的,在历史长河中不断进步和发展,每一个时期不仅是其传播时期,也是其再创作时期。非物质文化遗产代表的是当时的社会潮流、思维方式和技术水平,由于时代进步,后世不一定能够完全理解其历史内涵,因此只能尊重文化遗产并对其进行保护和发展,不能根据表面

---

① 乌丙安:《非物质文化遗产保护:理论与方法》,文化艺术出版社2010年版,第207页。
② 王文章:《正确认识和把握非物质文化遗产的传承规律》,载王文章《非物质文化遗产保护研究》,文化艺术出版社2013年版,第30—47页。

看到的落后与不足而对其按照当代标准进行篡改和删除。如果过于强调非遗项目在现代经济发展中的价值，只顾最大限度追求经济利益、重开发轻保护，一味搞遗产商业化、产业化，尤其借保护之名进行过度开发，那就从本质上颠覆了遗产保护的意义，难以保证非遗的长远传承与良性发展。当然也不能因此而因噎废食，忽视应有的技术改造与技术创新。据我们调查得知，宣纸的重要原料为沙田稻草，在手工割稻的时期，可以挑选秆子在50厘米以上的稻草，然而采用了收割机收割后，导致出现"只要稻子不要草"的局面。通过对收割机进行技术改造，调整到"既要稻子也要草"，解决了稻草收割问题。类似技术革新对缓解当地人口大量外流、人力收割缺乏以及沙田稻草原料短缺的问题有重要意义。

由于宣纸制作技艺的集体性，势必会有多个传承人，怎样才能实现传统技艺的有效再传承与延续，如何确保非遗传承机制的合理运行，如何考量非遗传承机制的效果，这是需要努力的方向，也是衡量非遗生产性保护得失成败的重要内容。当前，宣纸制作技艺的传承与延续出现了一些问题，传统的师徒传承模式被工厂内以一带多、流水线式的集体传授模式所取代，虽然实现了传授某种工序技艺的原初目的，但却没有完成让新学者对宣纸技艺的真实理解，没有让他们产生出源自内心深处的文化认同，宣纸技艺依然停留在作为谋生工具的层次，而没有产生初学者心灵的认可与融入。由此可知，坚持在认同宣纸文化的基础上，进行师傅带徒传艺的传承机制，则是不可或缺的重要方式。宣纸企业应当坚持维护宣纸制造工艺中的传统元素不动摇，同时与地方政府合作，配合政府出台优惠政策保障技术工人的福利并提升薪资，为宣纸进行生产性保护吸引并留住必需的人才与人力资源。

中国对于非物质文化遗产的生产性保护还处于探索阶段，通过与西方的交流和学习以及自身的实践摸索，我们积累了一定的经验和成功方法。在进行宣纸的生产性保护实践时，我们要坚持的是保护宣纸的传统文化精髓不改变，保证传统文化的特有魅力不会为"现代化"的热潮所侵袭，并在这一前提下开展生产性保护实践工作。

粤东北客家地区墓祭与女性祖先崇拜

夏远鸣

(嘉应学院客家研究院)

摘　要：在粤东北客家地区，普遍存在女性祖先崇拜现象。女性祖先崇拜，是以墓祭的方式进行，传统与礼法并不相冲突。随着儒家正统宗族观念的普及，民间开始编修族谱，修建宗祠，以墓祭方式存在的女性祖先崇拜仪式，在祠堂这个空间里不符合礼法。通过士大夫改造后，祖先崇拜转到以男性为主的祠祭，以符合儒家正统礼法。祭祀空间的变化，也是祖先体系的变化。二者在士大夫的文化操作下实现了衔接。但在现实生活中，这种女性祖先崇拜现象至今仍然在民间存在，二者并行不悖，成为一种特有的文化现象。

关键词：客家　女性祖先　宗族　墓祭

在有关客家的经典的论述中，"客家文化"是纯正的中原文化[1]，素有传统文化活化石之称。其中祖先崇拜是客家文化中重要的内容之一。在今天粤东北的客家地区，随处可见规模庞大的祠堂以及年节时热闹庄严的祭祀活动。在今人看来，这些文化现象颇具古韵，给人一种"礼失而求诸野"的感觉，同时也印证了"客家文化"是中国传统文化活化石的命题。但透过这些表象，可以发现客家地区的祖先崇拜存有更为复杂的情况。其中之一便是女性祖先

---

[1]　罗香林：《客家研究导论》，上海文艺出版社1992年影印版。

崇拜现象的广泛存在。① 传统文化中以男性为中心的祖先崇拜，在华南客家地区并非理所当然。

一 粤东北客家地区女性祖先崇拜的表现形式

闽粤赣边区，被称为"客家"大本营。其中粤东北地区，即清代嘉应州，今天广东梅州市，现下辖梅县、蕉岭、平远、兴宁、五华、丰顺、大埔七县及梅江区。嘉应州被认为是最早有客家意识的地区。在这里的许多宗族，都有女性崇拜的传统。女性崇拜又可分为婆太崇拜与外祖婆崇拜两种类型。

（一）婆太崇拜现象

婆太崇拜是最常见的女性崇拜现象。所谓"婆太"，是客家话中对于曾祖母及其以上辈分女性长者的统称。每年农历八月或正月，许多姓氏会择日前往婆太的墓地进行扫祭，然后共享宴席。这一天，往往也是最隆重的日子。婆太之所以被当作祖先高度崇拜，主要是因为她们是宗族的开基者，或者对于宗族有特殊贡献。

蕉岭县高思汤姓宗族，存在着何婆太开基传说。高思是一个以汤姓为主的聚落。因其四周高山，中间低凹，地貌似一锅形，加之全部姓汤，故有"高思一锅汤"之称。虽然奉四十七郎公为汤姓开基祖，但当地传说中，实际开基祖为何婆太。据说何婆太从福建长汀用箩挑着五八郎公、五九郎公两个孩子来到高思开基。后五八郎公又生六一、六二、六三郎公三个儿子；五九郎公生六四、六五、六六郎公三个儿子。遂繁衍成地方大族。现虽有四十七郎公祖祠，供奉四十七郎公为一世祖。但在民间，祭祀何婆太为最隆重的仪式。

蕉岭县同福的曾氏宗族，有"无范无聂不成曾"的说法。曾姓是当地最大的姓氏，奉裕振公为入粤始祖。据口述与族谱资料记

---

① 另一种现象是家族祖先的道教传统。

载，元末明初，适逢世乱，裕振公有二子，长天政，次天祯。长子天政于兵乱中遇难，时始祖裕振公已故，在福建宁化石壁居住的长媳聂氏，肩挑父母骨骸①，并携天祯入粤。后天祯公娶范氏。开基祖裕振公的长媳聂氏，次媳范氏，对于宗族发展起着重要作用，在曾姓家族中具有崇高的地位。同福民间有"无聂无范不成曾"之说。聂、范二墓穴为同福曾姓视为风水宝地，是全族人最主要祭祀的对象。

另外，笔者还在饶平县上饶镇古竹排张姓宗族发现明显的女性祖先崇拜现象。张姓为当地大族。这里祭祀的开基祖是女性祖先。这座女性祖先的墓地，为婆婆与儿媳合葬之墓。其墓碑上竖排书写："明祖妣张母七十八赖氏，附媳勤淑大晚刘氏墓"，落款时间为"雍正庚戌年重修"，重修人为"五大房子孙"。这座墓，是张姓人隆重祀奉的墓地。

除以上个案外，粤东北地区女性崇拜的个案仍然随处可见。特别是明代发展起来的宗族，这种现象更加明显。如粤东石窟河流域的赖姓、林姓等，均有类似现象。通过祭祀这些女性祖先，宗族得以维系。

（二）外祖婆崇拜现象

相较于婆太崇拜，外祖婆崇拜现象更超出日常的经验。笔者在田野考察中收集到几例个案。其一是蕉岭徐溪钟姓的外祖婆罗氏婆太崇拜。钟姓是徐溪一大姓，分成龟形与旗形二祠聚居，是两个房派，也是两个聚落。其中龟形的钟姓在以前最隆重的祭祀活动，便是祭祀外祖妣罗太孺人。1943年，罗太孺人墓被水浸土壅，坟迹不见。钟氏族人重修该坟，并刻墓碑以志。该墓碑现存于龟形祠内，上书"外祖妣慈顺节寿罗太孺人墓"，其中明确记载了外祖妣其人与碑的由来。

---

① 客家地区存在二次习俗。即先将去世的人安葬，待若干年后取出捡骨，将骨骸放在一个陶器中，另行安葬。

外祖妣罗氏，生于大明成化八年壬辰岁八月初八日辰时，卒于大明嘉靖三十二年癸丑岁六月初三日丑时，享寿八十有二。癸丑岁秋月吉旦柩葬于此，扞点作法，俱蒙国师廖炳公苦心经营，形□飞鹅浮水……

落款为："婿：钟秀文；外孙：钟徐川、钟南田、钟茂望、钟柳泉、钟沈田"，并标明"中华民国三十二年九月初一日辛酉月庚寅日卯时起工动土，九月二十六日壬戌日卯日卯时□坟树碑。坟式及分金度数均依炳公旧制，不敢变更分毫，谨记"。这说明钟姓人对于外祖婆坟墓的高度重视。

第二个个案是蕉岭徐宗族的女性崇拜现象。徐姓是蕉岭县城区一带最大的姓氏，有"徐半城"之称。据族谱记载，徐姓迁自惠州博罗，奉徐探元为开始祖，祖妣为田氏。其坟墓所在地为城西五公里处燕岌山，风水形为"燕子伏梁"。徐姓至今仍然保持隆重的墓祭传统。每年清明节，各地前来祭祖墓的裔孙络绎不绝。从清明前一天晚上12点便开始有人到墓前烧香。徐姓始祖墓地上却有三座坟墓，分别是开基祖徐探玄、始祖妣田氏、外祖母发祥刘孺人。田氏的墓在中间，上书"正壹孺人田氏之墓"；始祖探玄公的墓在右边，上书"探玄先生徐公墓"；发祥刘孺人的墓在左边，上书"发祥刘孺人之墓"，落款为"徐氏三大房立"。刘孺人的坟墓由"徐氏三大房"同立，规模比前二者均小，但从余留下的灰烬来看，香火之旺不逊于前二者。因为徐氏是当地大族，明前期便有功名者，受儒家教化较早，所以对于自己宗族进行文化改造较早，刘孺人的墓得以留下，应是对于女性祖先崇拜妥协的结果。

这些女性墓地成为宗族轴心，维系着宗族。人们通过墓祭的方式达到这一目的。墓祭因此成为粤东北客家地区主要的祭祀方式。《嘉应州志》载："春秋分及冬至设享，而清明墓祭尤盛。宰牲列俎，挂纸钱墓上，祭毕，聚饮冢旁。八月初一谓之大清明。或清明不祭，必祭于大清明。此虽不尽合礼，犹有敬祖睦族之义，未可厚非也。"① 这里虽然没有说明这"不尽合礼"的墓祭所祭的祖先是谁，但根据田野考察可知，其中相当一部分是女性祖先。正是这些墓祭，达到了"敬祖睦族"的目的。

二 女性祖先与宗族建构的关系

女性祖先坟墓对宗族的维系。之前将族谱、祀产、祠堂当作宗族的三大要素。近年来，随着研究的深入，许多研究者也主张将祖坟作为宗族要素之一。② 在客家地区，女性祖先坟墓也与男性祖先坟墓一亲，维持宗族的团聚。每年大规模的墓祭是维持宗族的重要手段。

随着儒家正统思想普及到民间后，这套以女性祖先为宗族维持方式遭到挑战。传统研究中，将祖坟理所当然地认为是男性祖先，并将墓祭与祠祭一脉相承。③ 但事实上，以女性祖先为轴心的宗族体系，在载入族谱以及在实施祠祭时，与儒家正统不相符合，故需要调适。

（一） 族谱的编纂与对祖先序列的改造

在宗族史上，墓祭早于祠祭。一般情况下，祠祭是墓祭的延续，二者一脉相承。但是，在华南客家地区，许多祠祭则是在通过对墓祭改造的基础上实现的。即将原来的女性祖先的传统进行改造，使之加入男性祖先的序列，以符合儒家正统礼法。这个改造过程，首先是通过族谱来实现的。

族谱的编修，是宗族建构的重要一步。传统汉人社会，墓碑上

---

① 乾隆《嘉应州志》卷1《舆地部·风俗》。
② 郑振满：《宋以后福建的祭祖习俗与宗族组织》，载《乡族与国家：多元视野中的闽台传统社会》，生活·读书·新知三联书店2009年版，第103—131页；冯尔康：《清代宗族祖坟述略》，《安徽史学》2009年第1期；王日根：《从墓地、族谱到祠堂：明清山东栖霞宗族凝聚的变迁》，《历史研究》2008年第2期。
③ 王日根：《从墓地、族谱到祠堂：明清山东栖霞宗族凝聚的变迁》，《历史研究》2008年第2期。

的谱系，是族谱基础。族谱纸质化以前，通过墓碑记载来留传。纸质化以后，开始将宗族成员世系写在纸上，成为宪章性文件，也是祠堂祀奉祖先的文本依据。但现实是，对女性祖先墓祭时，没有对男性始祖崇祀与记载，也没有世系概念。为了使之符合这个礼法，于是通用的做法是：在修族谱时，先虚构这位开基女性的丈夫，使祖先序列完整，从而实现从墓祭到祠祭的衔接。以上述饶平张姓宗族为例。在田野调查中，笔者问祖先在哪里，当地人说，始祖称为"肇基公"，族谱上也是这样记载。但"肇基公"的墓地不知所在，张姓族人曾多处寻觅无果。事实上，从其名字可以看出，这是一个杜撰出来的名字，这种被称为"肇基公"的始祖，在客家地区的族谱并非个案，许多宗族在编修族谱时，因为无法确认开基始祖，均以"肇基公"称之。这种不得已的方法，从形式上解决了有女性开基祖而无男性开基祖的尴尬。但也有宗族在这一点上处理得相当"完美"，如上举徐姓宗族。徐姓三世祖徐应时，在墓祭时已经将男性祖先加入其中，使男性序列建立起来了。徐应时（号竹斋）是一位受过儒家正统教育的士子，知道徐氏墓祭女性祖先的做法不合礼法，所以把探玄公作为开基祖进行祀奉，这样男性的序列在墓祭时代已经完成，以后修族谱以及祠祭时便顺理成章，避免了尴尬。

男性序列的祖先崇拜系统建立以后，被儒家正统改造的女性开基祖，便以男性祖先附庸的身份请入宗祠供奉后，其在墓祭中所享受的崇高地位被弱化与稀释。在上述蕉城徐姓、高思汤姓、同福曾姓个案中都存在这种状况。即虽然开基祖为女性祖先，但当地一世祖的祠堂内供奉的是这些女性开基祖的丈夫。这种文化操作在岭南其他地区也存在。刘志伟的《女性形象的重塑："姑嫂坟及其传说"》一文中显示，对于岭南女性不合礼法的情况，士大夫有一个重塑的过程，使之符合礼法。[①]

---

① 刘志伟：《女性形象的重塑："姑嫂坟及其传说"》，载《二十世纪中国民俗学经典·传说故事卷》，中国科学技术出版社2001年版，第357页。

（二）祠祭完成女性祖先崇拜的衔接

正因为墓祭传统发达，在整合宗族祭祀活动占据非常重要地位，所以客家地区祠祭始祖大规模出现的时间很晚。多数情况下是各房派的分祠先出现，再出现综合各房派的宗祠或总祠。相应宗族与总祠的祠祭相应也出现得晚。祠祭出现，等于从空间上、制度上将男性为主的祖先崇拜形式固定下来。祠祭需要的硬件是修一幢祠堂，这需要财富支持，也要强有力的精英出面组织，否则这些宗祠很难修建。所以常常需要等待一个非常好的时机来得以实现。清末兴学，各姓氏纷纷设立族学。因为族学需要教学场所，许多姓氏以祠堂作为学校校址办学。有的宗族一直维持在墓祭的传统，并没有一个可供全族共享的公共空间。这逼迫一些宗族开始以兴建学校的名义创建宗祠，从而实现祠祭。

梅县瑶上乡丘姓在村子的东西两面聚族而居，分作东西两房。每年两房族人都会祭祀他们共同的祖先谢婆太的墓。虽然两房有共同的女性祖先坟墓，但却没有共同的祖祠，且两房墓祭的日子也不同。在科举时代，东西两房各有塾馆，两房的子弟分别在各自的塾馆读书，没有统一的族学。1905年科举制度废除后，各地纷纷设立新式学校。该年，丘氏族内先贤丘象坤等人于是倡设族学，作为丘氏宗族子弟进德修业之所。于是合族商议，决定重修开基祖（婆）墓，筹建祖祠，续办学校，并从东西两房中各选出2人作为总理，以董其事。在族人群策群力之下，于宣统二年（1910）动工重修始祖（婆）之墓，于东西两房之中心的位置建筑念二公祠。祠内房间及祠外空地，则为族校之用。[①] 念二公祠于1911年修成。根据当地风俗，于民国元年（1912）正月初一子时，举行安放神牌仪式，请入历代祖先神牌入祠内神龛，同时兼办学校。因为东西两大房皆属"玉"字辈之裔孙，故创校之初，即以"玉成"为校名。

[①] 丘钦享：《梅县瑶上乡玉成学校概述（兼记民国卅八年以前丘氏族况）》，载丘秀强、丘尚尧编《梅州文献汇编》（第八集），梅州文献社1978年版。

丘氏宗族通过这种建祠设校办学的方式，一举两得，既达到了办学的目的，也使得宗族得到重新的整合与强化。并通过建祠，使得祠祭得以开展。祭祀活动回到以男性为祖先崇拜序列。这也使得宗族祭祀活动，从原来谢婆太的墓祭，转移到对丘姓念二公的祠祭。

上举玉成学校的个案，旨在说明，在华南客家地区，对于以墓祭女性祖先的宗族而言，祠祭除了在空间上改变外，最大的改变是对于祖先祭祀序列的改变。

三　两套祖先崇拜话语在民间的表现

当墓祭转到祠祭时，祖先崇拜便形成了两套话语。一是以族谱为中心的儒家正统体系；一是以传统女性祖先为主的体系。前一种体系祖先也许是为了符合形式而虚构的，是文人传统；后一种是通过民间口传或参与实践而保留下来的。这两种话语，体现在不同的层面上。

在笔者长期关注的石窟河流域（主要范围在蕉岭县境内），清康熙以来，大量人口迁入台湾，同时，也将原乡的社会组织方式与文化带入新的地区。在开拓过程中，以原有的文化为基础，组织人群。此时，作为一种意识形态的文化，便对实践产生了作用。

早期台湾开发史，祭祀公业是一种重要的组织方式。所谓祭祀公业是通过祀奉大陆始祖或远祖而成立的一个拓垦组织。以同福曾姓为例，二百多年前由蕉岭渡台之曾姓族人，在台湾建有始祖裕振公、三世祖启沧公二祖之尝会；尝产达土地四十甲之多。1927年，由裕振、启沧两祖会之基金，在现在的屏东县屏东市胜丰里谦仁巷，建有规模宏大的曾宗圣公祠。这种组织形态，完全是通过祀奉原乡开基祖或远祖而形成的。在台湾也称为合约字宗族。这种宗族的经济取向明显[1]，其实是大陆原乡宗族制度的台湾垦殖过程中的

---

[1] 李祖基：《晚清台湾社会的转型及其特征》，《厦门大学学报（哲社版）》1996年第4期。

一种变异。这种祖先认同，是以族谱编纂为基础的。

而带有口传性质的女性祖先崇拜，也在移民中保留下来。因为早期的人口结构中，除少部分业主、富户之外，多是佃民、工匠以及大量无业游民（俗称"罗汉脚"）。①这样一个底层民众居多的社会，口传的传统可能更容易保留。其中，在石窟河流域原乡的外祖母崇拜现象被这些移民保留下来。至今在台湾高雄美浓地区，保留"敬外祖"的习俗应与此有关。②何谓"敬外祖"，在此引述美国人类学家孔迈隆（Myron L. Cohen）在20世纪70年代的描述：

> ……（婚礼举办的前一天）这天下午，准新郎的父亲或比较近亲的男性，会陪着准新郎准备祭祖牲礼……准新郎家也在当天举行祭祖，但这是在较为细腻地进行"荣耀女系的祖先"（"敬外祖"）之后。在整套"敬外祖"仪式中，最重要的就是准新郎到母亲的父亲，以及他祖母的父亲的祖堂去祭祖。

孔迈隆认为敬外祖的意义在"荣耀母方祖先，并为父系群建立姻亲亲族的联结"。洪馨兰则将这一礼俗置于六堆社会史一起思考，认为是"方言群内婚的强化"。这两种解释都从功能角度出发。其实位于台湾南部下淡水溪流域上游的美浓地区，这是一个以石窟河流域为主的移民社区。自清康熙以来，不断有移民进入该地开发并定居于此。至今仍然保持着许多石窟河流域的语言与传统风俗。所以，敬拜外祖的现象，应是大陆原乡的带入风俗。这种风俗在一个原乡人口聚居地区，得以保存下来。之所以这样，是因为台湾长期是一个移民社会，士大夫的教化与规训缺位，一些不合儒家正统的风俗得以保存。而在石窟河原乡地区，由于至乾隆以来，石窟河流域开始得到发展，一些士绅阶级的出

---

① 李祖基：《晚清台湾社会的转型及其特征》，《厦门大学学报（哲社版）》1996年第4期。

② 洪馨兰：《台湾六堆美浓地区之外祖敬拜与族群边界》，第16届人类学与民族学世界大会会议论文，2009年，云南昆明。

现，导致这种风俗的消失。这一推论，虽然无法证明，但认为比功能主义解释更符合历史逻辑。

在民间关于女性祖先的口头传说依然流行。以同福曾姓为例，关于聂氏与范氏的传说，一直随着移民带到台湾。笔者曾遇一位同福曾姓后裔回乡寻根，就打听"聂氏坡"这个地名。因为其长辈说，这是一个很重要的祖先祭祀场所。事隔几百年，这个关于女性祖先的记忆一直流传，可见其已深入民间。

四 客家地区女性开基的社会文化环境

客家地区这种以女性祖先墓地为祭祀对象的传统，有其赖以生存的文化环境。客家女性以勤劳闻名，在社会生活中扮演十分重要的角色。任何有关客家文化的论述，女性是不可或缺的篇章。史料中有关"女劳男逸"的风俗常常被提到。有关这方面的记载，可谓俯拾皆是，此不赘述。这里需要重点提及的是在开拓垦殖过程中，客家女性也扮演重要角色。

嘉庆年间，今蕉岭三圳镇石埂上彭姓某家娶钟氏为妻，生缵延、缵泗、缵政三子。嘉庆甲子年，缵延前往今台湾苗栗三义乡收取租息，返回过程中，被船东谋财害命，推入海中淹死。家人久等多年仍不见归，于是钟氏与其子缵泗、缵政以及缵延之岳母张氏，带着缵延的三名幼子一同渡台寻找。最后因没有租约和田契，佃农不肯承认，就此失去了在台湾的所有土地。亦无路费回大陆，只好在台湾定居谋生。现在彭氏墓园奉侍的钟氏婆太金罐内[①]，有缵延公银牌一面，两人共一个金罐。[②]

该故事由《彭氏族谱》编写者以《财不露白》一文载于族谱内，旨在告诫后代子孙财产不要外露，以免招来横祸。但其中反映出的家庭结构以及女性在家庭中的地位可见一斑。即家族女性钟氏与岳母

[①] 金罐，即客家人二次葬时安放骨骸的陶罐。
[②] 《财不露白》，载（台湾）《彭氏族谱》，彭氏建墓委员会，1989年。

张氏，在社会事务上，表现得非常强势；另外，在家庭结构上，岳母与家母可以共居一家，这与今天一般的家庭结构不尽相同。

另一个案是蕉岭兴福乡浒竹村刘姓婆太。刘姓十九世祖刘伯理去世之后，其妻毅然带领二子于乾隆二十五年（1760）渡海赴台，落脚在桃园县杨梅镇枫树坑，为人佣工，挑担度日，母子克勤克俭，不出数年家道乃兴，在下河背购置田园，落户定居。刘家来台祖婆再返祖籍，迎回其夫的骨骸来台，重新建墓奉葬，完成夙愿。后子孙创立了祭祀公业。1912年又建刘氏宗祠。在宗祠前，塑有祖母携二子渡台创业的雕像，以示纪念。①

除了渡台外，前往四川的移民拓殖中，也有女性祖先的辉事迹。今梅州五华县转水镇钟姓家族，康熙年间以后，便分批陆续迁入今天四川简阳县踏水镇。在入川征途中，有多个祖婆携儿孙辗转数千里，跋山涉水、不畏艰辛入川创业的个案。在此根据简阳《颍川堂钟氏族谱——四川简阳东成上（字宏予）公派》（2013年冬续修）辑录如下：

> 第一位为十三世俶沛公之妻黄氏，带领九子、媳、孙、曾等数十人，由广东长乐铁炉坝（今隶属五华县华城镇），于雍正四年（1726）迁徙到四川简州东乡仁善乡小龙溪立家。入川后，这一派由黄太孺人统领的钟姓家族有九子、三十一孙，曾孙一百九十一人。第二位是杨太孺人，生四子：成上、寅上、信上、明上，世居广东长乐县黄龙约（今五华县转水镇矮车村）。杨太孺人虽然没有亲自率子孙入川，但她深明大义，大力支持儿子入川的行为，是迁徙的策划者。第三位曾氏，为文进公十三世孙宁斋公之妻。康熙庚子年（1720），时曾氏七十岁，古稀老人不服输，她高瞻远瞩，博大胸怀，率领五子昆长、庆长、仑长、友长、仁长及媳、孙多人，由广东长乐，迁往重庆永川县东山寺侧立基。曾太孺人卒时，子孙再次分流。

---

① 《苗栗文献》第20期"新旧头份"，第75页。

其中一支于乾隆年间在崇宁县购业千余顷。这支钟氏尊曾太孺人为入川之始祖婆。第四位是十二世孙敏炀之妻陈氏，生七子：奎、璧、壁、台、陛、堡、垄。敏炀公卒后，陈太孺人携七子入川，行至川东，路资已尽，不能至蜀。祖妣母子迟留川东（不知小地名）务农为生，祖妣陈太孺人卒葬于川东。由长子奎公率领六个弟弟，后积银两，将祖婆骨骸起筋，随迁成都府简州（今成都市龙泉驿区）西河场楼子林。第五位九世孙兴栋，妻蒋氏，生四子：朝宦、朝宪、朝宣、朝安。在清初，兴栋公与蒋氏决定：公与次子朝宪、三子朝宣留在湖广永州府零陵县；蒋氏携长子朝宦（未娶）、四子朝安迁西蜀。儿子奉母蒋太孺人于康熙四十一年（1702）入川插业潼川州南院子寺沟（今三台县幸福乡院子寺村）。[①]

以上个案显示，在家族创业与开拓中也扮演非常重要角色。这也就不难理解为什么有女性祖先崇拜现象，其在家族中作出的贡献，是其受崇拜的现实因素。另外，从婚姻形态来看，这种不以男性为中心的文化现象，在岭南客家地区广泛存在。主要表现在入赘往往是一种重要的婚姻形态。在许多宗族，都有女婿通过入赘而定居的例子。如蕉岭县新铺镇下南山曾姓便是一例。新铺南山的曾姓开基人曾上寿，是林姓九世祖敏盛的女婿。岳父敏盛招他来南山一同耕种居住，于是中南山有曾姓自然村。梅县松源王姓的开基与定居，也通过招赘婚的形式。松源王姓开基祖为千八郎公，于明宣德年间到松源洞做小木生计，寄居于林茂山公家，林公见千八郎公人才颖异，将女配招。千八郎公遂寄迹林门。千八郎公立志创业，求得岳父同意，在蕉头圆（即今径口祠址）建筑屋宇落成后，遂成开基之业。

甚至在祖堂内，也有女婿与岳丈共祀祖先的个案。在白渡镇莲塘背钟氏祖堂内，除供奉自己的钟氏祖先外，还供奉钟姓女婿祖先

---

① 《颖川堂钟氏族谱》。

牌位。这种包容，与礼法极不相符合。但可见对于女婿进入自己家族的一种包容。正是有这种文化现象背景，才使得女性开基定居不奇怪。

五 余 论

从墓祭女性祖先，到祠祭男性祖先的衔接，这个过程在形式上已基本完成。但是，目前仍然可见女性崇拜的遗存。我们在田野考察中，经常在村边的墙上，发现组织婆太祭祀的公告。这表明今天婆太崇拜在客家地区是一种常态。

事实上，由祠祭需要而修建的宗祠或总祠，其历史都不太久，甚至晚清与民国时期，才借助某个机缘完成这一步文化实践与建构。前文中所举丘氏玉成学校便是一例。这些新立的宗祠，往往认同度不高。这种宗祠需要一个核心人物去维持，才不至于荒废。我们在乡间田野考察时，常见一些宗祠或总祠常常破败不堪，没有分祠或私祠维护得更好。从理论上讲，宗祠或总祠是全族人有份的祖堂，理应可以得到更好的维护，但现实却不然。笔者认为，除了经济等因素外，可能与族人们的认同有一定关系。

行文至此，需要提及一下清代以来的联合宗族始祖的墓祭现象。在华南客家地区，有些大的姓氏，联合各地同姓宗族，组成一个联合宗族。为了在形式上满足父系世序，联宗族谱上需要推举出一个共同的祖先，并对其祭祀，以维持这个联合宗族，如邓姓的太乙公、张姓化孙公等。这些祖先事实上多是虚构或攀附的，对其崇祀也主要以墓祭为主。这个墓祭传统是基于儒家正统礼法逻辑的产物，与女性祖先墓祭是不同的逻辑。

惠安雕艺中民俗文化的体现

林瑞峰

(惠安县委宣传部)

摘　要：惠安以石雕而出名，是"中国民间艺术（雕艺）之乡""世界石雕之都"。惠安石雕已有千年历史，是惠安的传统行业，又是惠安的支柱产业。在千年的发展中，形成了与之相适应的民俗文化，并在生产、生活中被遵循，发挥作用。本文分五部分，分别为概述惠安雕艺业、相关民间传说、习俗禁忌、惠安石雕的传统题材和惠安雕艺的文化意义。

关键词：惠安雕艺　惠安石雕　民俗文化

一　概　述

惠安县位于福建东南沿海中部湄洲湾和泉州湾之间，依山临海，与台湾隔海相望，是海峡西岸一颗璀璨的明珠。自北宋太平兴国六年（981）从晋江析出置县以来，一直辖属于泉州。惠安地域文化和传统特色文化凸显，有惠女、惠建、惠雕三大文化品牌。惠安石雕作为传统美术、惠安女服饰作为民俗、闽南传统民居营造技艺作为传统技艺，均列入国家级非物质文化保护项目，而惠建、惠雕则成为惠安的文化产业和支柱产业。雕刻是惠安的传统产业和地方特色产业，其包含石雕、木雕、泥塑、砖雕、漆线雕、金银雕、纸塑、树脂雕等等。在这些行业中，石雕居首，并已形成庞大的规模。

明代，惠安就有专门的工匠，编入"匠户"，另立簿册管理。20世纪50年代以来，惠安的建筑工匠参加境内外大批水利工程、国防工地，以及北京十大建筑、集美学村、陈嘉庚陵园、集美海堤等大型建筑物的建设。雕刻艺匠参加国内许多大型建设和纪念性碑塔、陵园的石雕件加工与安装，还参加台湾公用（包括寺庙）和民用建筑物的建设。惠安的石雕产品与作品遍布海内外，惠安建筑工人的足迹，走遍大江南北神州各处。惠安已被誉为"世界石雕之都""中国民间艺术（雕艺）之乡""中国雕刻艺术传承基地""建筑之乡"等等。

惠安石雕含建筑构件、碑刻墓石、宗教人物、园林景观、艺术摆件、实用器具六大系列上千个品种，主要用于房屋建筑、宫观寺庙、墓葬、神佛雕像、园林景观、城市雕塑、人物雕像、家具、日用器皿、摆设观赏、旅游纪念等，多以实用为主。产品畅销欧美、日本、东南亚等几十个国家及我国港澳台地区。工艺表现形式主要可分为圆雕、浮雕、透雕、沉雕、线雕、影雕。在加工能力上，具有雕刻原材料的多样性、机械化程度高、加工能力强等特点，是目前国内产业规模最大、工艺水平最高、品种最齐全、加工能力最强的石雕石材工艺品生产加工与出口基地，形成功能齐全的产业链，并延伸拓展玉石雕刻、建筑装饰装修产业。今日的惠安石雕，集设计研发、生产加工、建筑装饰、销售服务于一体，全县从事石、木雕生产企业900多家，其中规模以上企业195家。雕艺人才队伍不断壮大，全县从事雕艺产业人员达10.8万人；2016年，全县雕艺产业生产总值168亿元。

一个有着千年历史的产业，在漫长的岁月里，必定形成与之相适应的民俗文化，并告之世人其的存在。如果说，传说与禁忌，是民俗文化的一种隐性体现；那么，雕刻中的各种传统题材，则是非常直白的显性表现。

二　民间传说

关于惠安石雕的掌故，人们往往津津乐道"李周南台得月华"的传说。

传说中的李周，是惠安崇武五峰村出名的石雕师傅。他身材矮小又胖墩墩的，像个装酒的陶瓮，人家都叫他"瓮仔周"。据南郡会馆和兴化会馆的史料推算，李周应是清康熙至乾隆年间人，家住崇武五峰峰上村。少孤，资质敏悟，技艺超群，据传是他最早把绘画运用到石雕工艺上，使工艺大进。崇武石雕艺人推他为始祖，学术界推崇他为福建青石雕承上启下的人物。福州于山法雨堂的龙柱（原置于南郡会馆）、西湖开化寺的石狮（原置于兴化会馆）、万寿桥的十八只拳头狮等，都是他的作品，至今极受赞赏。

瓮仔周家境贫寒，十多岁就到福州一个开石店的同乡、石雕师傅那里当学徒。那时学功夫（闽南话：技艺）很不容易，学徒每日要烧水、泡茶、扫地、煮饭、炒菜、洗碗筷，有时还得上街买东西。学功夫只能偷空站在师傅身旁看几眼，全凭自己头脑灵巧，瓮仔周跟的这个师傅脾气坏，从不曾给他指点什么，遇上不顺心的事还打骂学徒出气。这年中秋节，师傅请了几个朋友饮酒赏月，让瓮仔周上街买酒。谁知买酒回来路过南台桥，手中的酒瓶被人撞掉在地上，瓶碎了，酒也没了。瓮仔周吓得浑身发抖，心想回店师傅是一定不会放过他的。将近半夜，游人散尽。瓮仔周还呆呆地立在路边，进退不得。后来见身后有一块番薯地，他就躺到薯畦沟里，把薯藤叶拉来盖在身上。他望着天上一轮明月，心里一阵悲凉。来福州半年多了，什么功夫也没学到手，又挨打挨骂，不如回家。可是一想到家里穷得几日揭不开锅盖，回家还不是饿死。

瓮仔周正想着，突然天黑地暗，星月无光，天像是要塌下来。他起先吓得半死，后来想到，左右都是死，就让天来压死好了，就壮起胆睁大眼睛要看一看天是怎样压下来的。谁知过了一会儿，天空露出一条缝，一道月光不偏不斜直射到瓮仔周身上，只见一位仙女从月宫里轻飘飘朝他而来。他赶紧站起身，只听得仙女轻轻对他说道："千年难逢的天开门让你遇上，你又独得了月华，世上没有第二个人有这个福气。现在，你可以说出一件你想得的世上最宝贵的东西来，我一定能满足你的要求。"瓮仔周听后又高兴又为难。他穷得一无所有，什么都欠，要金？要银？要珠宝……他突然想到母亲说过的：金山银山吃会崩，学会功夫吃不空。就对仙女说："我只要一件'不求人'"，仙女问什么是"不求人"，瓮仔周说："让我学起功夫一学就会，不必看人脸色求人。"仙女听了很欢喜，连说一定办到，说完又轻飘飘朝月宫而去。

第二天，瓮仔周回到石店。说也奇怪，师傅连问他一夜不归的事都没有，还听他讲巧遇仙女的事听得哈哈大笑，说是做梦。从这天起，瓮仔周真的拿起什么工具做什么像什么。他本来喜欢拿木炭在地上画画，只是画得不好，现在画起来活灵活现，谁见了谁称赞。他捏的坯更是神情毕肖，连老师傅也佩服万分。大家都说瓮仔周独得"月华"，功夫高超。

惠安雕刻艺匠的技艺，在国内外赞不绝口，人们称之为"心灵手巧""巧夺天工""中华一绝"。其实，得"月华"显示着"灵""巧"，既是古代惠安雕刻艺匠的企盼和愿望，把自己精湛技艺的显现归结于与神灵的天人合一，也是现代人对上述赞誉的最好诠释。

三　习俗禁忌

早期的惠安石、木雕，并非独立的行业，从属于闽南传统建筑营造业。其时，惠安是著名的"五匠"之县。"五匠"指的是：泥水匠、石匠（分晟石、打巧）、木匠（分大木、小或细木）、砖瓦匠、竹篾匠。前三种工匠从事现在的建筑业和雕刻业，而砖瓦匠从事作为建材的砖瓦的烧制，竹篾匠则编制装材料的各种竹料工具。由此，雕刻业中不可避免地带有传统建筑营造业的痕迹。

（一）行话

行话是行业自己制定，代代相传，本行业能听懂，别人听不懂的话。在商贸活动中，当着别人面前，为不让别人听懂，设这些数字行话，以免泄露价格、斤两信息。木、土、石行业数字（旧时代做账数码）即下：

1：（丨）；2：（二）；3：（川）；4：（×）；5：（ｇ）6：（丄）；7：（≐）；8：（≡）；9：（久）；10：（十）。

（二）寸白

民间建筑几百年来严格要求使用房屋寸白，而惠安石雕、惠安木雕产品的建筑构件，也须按寸白来制作。特别是宗教题材的石雕、木雕作品，讲究尺寸的"字"，即闽南习俗的"兴、旺、衰、微"。几尺几寸为"兴"、几尺几寸为"旺"、几尺几寸为"衰"、几尺几寸为"微"，是很明确的，不可混淆。尺寸一律使用鲁班尺，高、长、宽按照"天父""地母"之规定。所谓"天父"就是指墙身，厝顶高度，必须符合规定的数字，例如，一四七、三六九高度尾数。所谓"地母"就是指厅、房的长、宽度必须符合规定，例如，一三五、二四八的中丁尾数。厝顶坡"加水"，高度必须按后墙桷脚高度按130%、135%、140%系数及参照"天父"之规定进行施工。虽然已实施公尺制，但房屋寸白仍然存在。

使用鲁班尺作为丈量工具的，通常的长度单位为丈、尺、寸。其写法，如3丈4尺6寸，写作：川×丄；4丈，写作：×00；7丈9寸，写作：0久；5尺半（5尺5寸），写作：ｇｇ。

（三）民居建筑中的"石作"

闽南地区民居建造中，"石作"（石雕的建筑构件）在不同构筑部位，其有具体要求和不同的做法。

1. 下落、顶落厅前走廊大石砛的长度应略超过厅的"木心中丁线"，称为"出丁"，旧时传说只有"出丁"主人家里才能生男孩,寓意人丁兴旺。砖石的宽度大约是长度的十分之一多一点,台阶一定要"三踏"(即三级台阶),称为"天、地、人"三才,对主人家有利。

其使用工具:

(1) 构尺:长一丈三尺,每寸有一刻度,每尺一标识(汉字一至十以上单位)鲁班,主要记载大祖厝的长、宽、深、高度。不用时,要用金花(纸质)、红布绳捆好,放置于祖厝拜顶端的木栋之上,该"构尺"只有同"灯"号(本姓氏同宗支)的人建房方可使用。

(2) 丁竿:为六角形檐木制成,长度根据建筑厅堂宽度再加上入厅壁"半丁"出超若干,分五肚(即五面)彩绘凤凰等吉祥物,因长度超建筑物"半丁"才会出"人丁"(男性)。"丁竿"两头底座分别一边画螃蟹,一边画青蛙,吊在厅前次脊下空中。"丁竿"能起镇龙脉避邪的作用。

2. 下落、顶落厅前石砖与厢房之间应留有缝隙,称为"子孙缝",这样主人家才能子孙满堂,兴旺发达。

3. 下落、顶落厅前走廊的角门(即左右两扇边门)位置不能超出砖石,若超过称为"落丁"不吉祥。同时两扇门的开启应向内,不能向外,称为"开门入内",寓意招财纳宝。

4. 屋檐落水口应超出砖石四寸,滴水才不会滴在砖石上。

5. 安装大砖石,安装大门时要祭祀"土地公",以期庇佑。在安装大门时,门框上方双边均应压挂红布,以示主人家红运当头。安装砖石,俗称"下大石砖""点石砖"。点石砖由主持石作的匠师施仪主事,他用沾有公鸡鸡冠血的宝剑点大石砖,口中念诵吉语,并将包有五种谷子的红包置放于大石砖正中预先留好的地方。主人家要将事先准备好的"红包"发放给参与安装的所有人员,以图吉利。

(四) 对雕刻器具的尊敬与崇拜

匠师善待工具,不但能使工作顺利完成,同时也能体现他们对工具神的崇敬。多数匠师视工具为祖师爷所发明，亦可视为祖师爷的化身，工具亦被赋予神格。在学徒向师父拜师学艺时，除了设案祭神，师父通常要准备一种最具代表性的工具赠予新收的徒弟，一则赋予重任，一则告诫职业的规矩，他们视墨斗与曲尺为鲁班先师的象征。即将墨斗与曲尺视同为神敬拜，切忌有冒犯渎神的举动，墨斗与曲尺不可丢弃，不可用脚跨越。特别是墨斗与曲尺被妇女跨过，传言即将失灵不准确。因此，惠安石雕匠师在使用墨斗与曲尺完成弹墨绳定直线和划定直角与尺寸后，都要小心翼翼把墨斗与曲尺放在不易被人接触到的地方。

（五）石雕匠师在日常工作中的禁忌

不雕刻没配对的狮子、虎爷等瑞兽，不雕刻"石敢当"类似的辟邪镇煞之物。此类雕刻应由专业的"单身"匠师进行或由"道行"修养高的匠师化妆念咒后施作。"石敢当"碑是民间宗教信仰的表征，其碑是以花岗岩石浮雕狮头形象，其间眼瞪大，舌头露口，额上有"王"字，显得神力威武，旨在驱邪魔、镇境界、保安民。现在农村旧宅尚有"石敢当"，在道路直冲建筑物，直冲处的外墙壁镶"石敢当"的刻石或镶有雕刻虎上身的石雕。以前一般石雕工人不喜爱雕刻"石敢当"。原因是"石敢当"是神碑，不属于一般工艺品，要择良时吉日，三牲洗礼作为启工仪式敬奉。雕刻匠师生肖不宜属猴，避免寅申冲，而"石敢当"三字雕刻完后，要用牛粪覆盖起来，三字覆盖后谁也不能随意拉动，要待到立碑时道教法师开光点眼后，才能启动。逢年过节，初一、十五，恭奉者要亲视临酒礼牲仪供奉以敬之。

在设计创作与雕刻加工中，所表达的花枝（如梅花枝）和祥瑞动物（如龙、凤、麒麟等）的尾巴皆不能垂直朝下，因为闽南语方言中"梅"与"尾"谐音，都有"倒霉"之嫌，令业主讨厌，同时也使产品构图布局失去生机的美感。

（一）（二）（三）掺杂着风水文化的成分，（四）（五）既带有儒家文化的"三纲五常"伦理，也带有道教文化的扶乩制煞的内容，都是民间习俗在行业中的表现。

四　传统题材

　　题材源于生产、生活，并结合反映了一地、一时的风情风貌。随着时间的推移，不可避免地打上时代的烙印。惠安石雕表现的传统题材大概可以分为人物、动物、水族、山水、花草、花鸟、博古、草龙（雌虎）、草花（缎线）、卍字框、脚坐等十几类。

　　人物题材内容最广泛，应用最全面。在技艺表现形式上，圆雕、浮雕、透雕、沉雕、线雕、影雕皆有涉及，其他的题材就没有如此全面覆盖。

　　人物题材包括宗教题材（佛教、道教、伊斯兰教、基督教、印度教等的神祇，以神像为主，具体内容有如来、观音、弥勒、罗汉、达摩、和合仙、八仙等）、民间信俗（福禄寿神、天官、八仙、大力士、土地爷、关帝、土地神、妈祖、行业祖师、祖先等）、历史典故和戏剧故事（二十四孝、刘海戏蟾、三国演义、水浒传、红楼梦、说唐故事等）等。这里面，宗教题材的功能是宣传教义，对本教神祇的崇拜。民间信俗题材的功能是作为精神寄托，趋利避害。历史典故和戏剧故事题材的功能是宣扬传统的儒家思想、三纲五常、忠孝节义、惩恶扬善等，营造传统社会的文化风气，巩固传统社会的秩序。

　　动物题材包括狮子、麒麟、龙、鹿、虎、马、羊、象、龟等。图式有狮子抢绣球、二龙戏珠、麒麟送子、太平有象、万事如意、富贵万代、福寿双全、蟠桃献寿、多福多寿等。龙纹表示神威和力量，狮子象征人世的权势、富贵。这些题材的功能是祈求生活吉祥如意。

　　水族题材以鱼类为主。图案有鱼水相依、年年有余、金玉满堂等等，主要依谐音，来表达富贵、余裕，如两条鲇鱼并列，"鲇"谐音"年"，"鱼"为"余"，合成"年年有余"。如果两条鲇鱼首尾相连，或童子持着莲花、莲叶抱着鲇鱼，则称"连年有余"，有着生活富裕、年年有节余的寓意；图案中有多条金鱼，"金鱼"谐音"金玉"，代表生意兴隆，财源广进。

山水题材采用素描的山水画，呈现自然风光、田园风景、湖光山色，图案是各种山水相配，江河湖海，亭榭楼阁，小桥流水，皆可入画，喻义江山多娇。图案雕有山水松树或者青山海水，表示福如东海，寿比南山。线雕与影雕使用较多。

花草题材常被用来作边饰或主体装饰的陪衬，且占有很大比重。人们多用弯卷盘绕的造型强化蕴涵在植物图案中的动感，表现对欣欣向荣的生命与活力的期盼。如松、竹、梅"岁寒三友"，梅、兰、竹、菊"四君子"。牡丹代表富贵，芙蓉代表荣华，芙蓉花与牡丹花的纹图，象征荣华富贵。石榴，取其多籽的特点象征"多子"，并与佛手、桃合称"三多"，即"多子、多福、多寿"。葫芦或石榴或葡萄加上缠枝绕叶，表现"子孙万代"等。兰花、灵芝表现"君子之交"，灵芝、兰花、牡丹花组成"兰芝富贵"。

花鸟题材有凤、鹤、喜鹊、鹭、蝙蝠以及牡丹、芙蓉、海棠、松、竹、梅、灵芝、菊花、莲、莲藕、荔枝、寿桃等。凤凰是古代传说中的"百鸟之王"，凤凰的形象经常用于帝后的用具及衣物的装饰，所以也是帝后的象征。凤与龙在一起，表示男女和谐美满，是婚姻和婚庆的象征。锦鸡站在花丛上，意为锦上添花。月季花每月开花，喻为四季花，边上有太平鸟，寓意四季太平。

博古题材也是吉祥符号。图案内容有博古架上摆各种器物如花瓶、香炉的左右耳环上雕有象眼、象鼻，意为太平有象，表示天下太平，吉祥如意；摆有蝙蝠、寿桃、石榴、如意等，蝙蝠、寿桃和石榴表示多福、多寿、多子，一柄如意代表"九如"，是谓三多九如："九如"具体指"如山、如阜、如陵、如岗、如川之方至、如月之恒、如日之升，如松柏之荫、如南山之寿"，原为颂赞人君之语，逐渐变为祝寿之词；摆有毛笔、银锭和如意，则借其谐音表示必定如意的良好祝愿。或图案仅画葫芦、扇子、渔鼓、花篮、阴阳板、横笛、荷花、宝剑八种法器，这是八仙持的神物，用法器寓意八仙或八宝。

草龙（雌虎）题材。传说中没有角的龙，又叫螭龙。用螭龙表示美好吉祥，如二龙戏珠图案中两条神龙和一颗宝珠，宝珠可以避水火，代表逢凶化吉，吉祥如意。也有专门用曲齿龙来作为花纹，饰以图案之周。

草花（缎线）题材以各种植物抽象化为缎线。采用花卉或者农作物的叶、瓣、茎、果实，画成各种缎线，作为装饰花纹。如麦穗，喻岁岁平安，一连串禾穗则表示长命百岁。

卍字框题材即断字纹，起源于原始的太阳崇拜，本为太阳符号，后定音为"万"，象征无穷无尽，并被用于建筑檐口装饰，与"寿"字纹相配，取"万寿无疆"之意。用在门板雕饰上，与蝙蝠纹相配，取"万福"之意。比较常见的有卍（万）字、寿字和福字。除使用单个卍字，还将许多卍字上下左右相连，直至边框也不结束，寓意为卍字不到头。

脚坐题材。因其应用的位置，主要是虎脚（即勒脚又称大座），在于作品的下部，总体形态如同两只背对背行走的猛兽，脊背平直、腿脚有力。图案以兽类的脚，表示力度和气势，给人以平整稳定的感觉。

在惠安民间艺人眼里，天地万物，皆可为我所用。龙，传说是中国最大的神物，也是最大的吉祥物，具有至高无上的地位，称为百兽之尊。龙纹被作为"帝德"和"天威"的标志，龙的形象在传统建筑石雕装饰中大量出现。龙和凤都象征着吉祥，自古就有龙飞凤舞、龙凤呈祥的说法。虎，作为力量的象征被运用到各种装饰中。狮子有"百兽之王"的美称，具百兽中的地位和威望，用来象征人世的权势、富贵，作为单独的形象列于大门两侧，增添建筑物的气势；也直接用于建筑的装饰，比如说栏杆的望柱头雕刻各种神态各异的狮子，牌楼基座、柱础、建筑的木梁架上等部位都有狮子的形象。鹿在传说中常与寿星为伴，以祝长寿，且与"禄"同音，又表示俸禄或富贵。鹤也是长寿仙禽，常与其他长寿动植物组成"龟鹤齐龄""松鹤长春"等图案。蝙蝠的"蝠"字与"福"谐音，故在民居图案中运用极广，常见纹图有五只蝙蝠和篆书"寿"

组成的"五福捧寿"等。除此之外还有"麒麟送子""马上封侯（猴）""六（鹿）合（鹤）同春""丹凤朝阳""三阳（羊）开泰"等题材。麒麟多陈列于醒目之处，以象征天下安宁和仁德等。至今在民间仍流着"麟吐玉书""麒麟送子""麟子祝福""麟趾呈祥"等说法。"麒麟送子"和"观音送子"都是为了满足老百姓多子多孙意愿的象征形象。鹤是一种吉祥长寿的象征。它与龟、鹿、松树组合，构成"龟鹤齐龄""鹤鹿同春""松鹤长青"等象征长寿的图形。松、鹤二者共同寓示长生不老，多寿多福。蝙蝠，取其谐音"福"，在传统建筑、家具、服装和器皿上，它的图案到处可见。以龙、凤、麒麟等为代表的神异形象，几乎完全是人们为表达观念而主观臆造的；而狮、虎、龟、鹤以及其他众多的飞禽、走兽、虫鱼等动物也被赋予了人格化的精神，反映了人们欲借助这些动物神异实现自身理想的强烈愿望。至于小到吉祥符号、文字文辞，也非常广泛地应用，各种程式化的吉祥符号如常见的有"形"字流水、盘长纹、龟背纹、回纹等，常被用作花边装饰或衬托主体图案；有的字如寿字象征长寿，福字象征幸福，都有吉祥意味，被装饰成许许多多不同的字体寿字、福字，称为"百福百寿图"。这几种图案巧妙地组合在一起，还可表现各种各样的题材，如用蝙蝠、卍字寿字组成"万福万寿"图案；使用蝙蝠（或佛手）、葫芦（或石榴）、桃（或寿字）组成"多子、多福、多寿"；用万字、柿子、如意组成"万事如意"。

五 结 论

追求吉祥如意，是人们最大的愿望。惠安雕艺工匠们，千百年来，打开想象的空间，不断汲取历史知识，充实雕刻的题材，丰富了民俗文化的内容。他们以一个美丽的传说，烘托自己传神的技艺；又把建筑学上的禁忌和习俗，作为本行业的规矩，从而反证了惠安建筑和惠安雕艺互为交融、传承的民俗文化。与此同时，在传统营造技艺的实施过程中，大量应用各种雕刻题材的图案，巧妙反映了业主及本人对现实生活、未来的追求。

可以说，在现实世界中，各种界别各种层面对追求幸福生活有不同的认知程度。随着历史的发展，人们对社会文化的认知，从单调到丰富，使得民俗文化从各种形态上予以表现，故在喻示手法上既有明喻（题材）、也有暗喻（传说、习俗禁止）。最大的表现，在于题材的内容，集中反映着各种文化的交融，或直接，或间接，世间万物，为我所用，这应该也是惠安雕刻艺匠们心灵手巧的另一种体现吧。

2017 年汉民族研究会年会暨 "汉民族与陕西文化两岸学术研讨会" 综述

季 涛

(中国社会科学院民族学与人类学研究所)

由中国社会科学院民族学与人类学研究所、陕西师范大学、中国民族学学会汉民族研究会共同主办的 2017 年汉民族研究会年会暨"汉民族与陕西文化两岸学术研讨会",于 2017 年 9 月 15 至 16 日在陕西师范大学隆重召开。来自北京、安徽、福建、广东、广西、贵州、河北、河南、江西、吉林、辽宁、山东、山西、陕西、云南、浙江、黑龙江、新疆和台湾等地的专家学者 120 余人参加会议。他们分别来自国家民委、中国社会科学院、中华全国台湾联谊会、台湾"中研院"、厦门大学、陕西师范大学、安徽大学、吉林大学、东北大学、云南大学、闽南师范大学等高校、科研机构和有关部门,提交会议论文近 80 篇。

开幕式上,陕西师范大学副校长冯旭东教授,中国人类学民族学研究会原常务副会长、国家民族事务委员会原副主任周明甫先生,中华全国台湾联谊会副会长杨毅周先生,中国社会科学院民族学与人类学研究所原党委书记、汉民族研究会原会长张昌东先生,在开幕式上致辞。他们的致辞高度肯定了在汉民族和汉文化重要发源地之一的陕西省、"丝绸之路经济带"起点的西安市举办"汉民族与陕西文化两岸学术研讨会",具有重要的学术价值和现实意义,并希望通过本次会议的研讨,推动汉民族与陕西文化研究。

2017年汉民族研究会年会暨"汉民族与陕西文化两岸学术研讨会"综述

开幕式在主席台上就座的与会领导和专家

中国民族学学会汉民族研究会名誉会长、中国社会科学院荣誉学部委员、中国社会科学院民族学与人类学研究所杜荣坤研究员，台湾"中研院"民族学研究所原所长庄英章研究员，陕西师范大学西部边疆研究院周伟洲教授，中国社会科学院学部委员、中国社会科学院民族学与人类学研究所何星亮研究员，中国社会科学院民族学与人类学研究所新疆室主任曾少聪研究员在研讨会上做了主旨发言。其他与会学者围绕汉民族历史文化、民俗文化与保护、汉民族与陕西历史文化、闽台历史文化、边疆发展与治理、海外华人等议题，展开热烈讨论。与会领导和专家经过两天的学术交流，提出了许多新的观点和见解，深化了汉民族与陕西文化的研究。与会代表一致认为，这是一次成功的学术研讨会，切实推动了汉民族与陕西文化的研究。

闭幕式上，汉民族研究会常务副会长兼秘书长曾少聪研究员对本次学术研讨会做了总结。他指出会议主办方和承办方领导的重视是本次学术研讨会取得圆满成功的重要原因，特别是中国社会科学院民族学与人类学研究所党委书记、中国民族学会汉民族研究会会长方勇教授对本次会议的筹划和指导；强调与会代表的积极参与是本次研讨会取得圆满成功的重要条件；并总结了本次学术研讨会的特点和收获。